LE SYMBOLISME
TEL QU'EN LUI-MÊME

GUY MICHAUD

LE SYMBOLISME
TEL QU'EN LUI-MÊME

avec la collaboration

de Bertrand MARCHAL et d'Alain MERCIER

Librairie A. G. NIZET
3 bis, place de la Sorbonne
Paris (Ve)
1995

© 1995, by Librairie A.-G. NIZET
ISBN 2-7078-1193-9

AVERTISSEMENT

C'était vers la fin des années 30. Depuis qu'André Breton et les Surréalistes s'étaient réclamés des *Chants de Maldoror* et des *Illuminations* dont ils avaient compris le pouvoir subversif, la lecture de Rimbaud suscitait de vives controverses. Au *Rimbaud le voyant* de Rolland de Renéville, Benjamin Fondane opposait *Rimbaud le voyou* et Étiemble entreprenait de dénoncer le *Mythe de Rimbaud*. De son côté, le poète d'*Hérodiade* et du *Coup de dés* conservait son obscurité en dépit d'excellentes approches dues notamment à Thibaudet ou à Jean Royère qui ignoraient encore les révélations de la Correspondance dont le professeur Henri Mondor allait publier d'amples fragments en 1941 dans sa *Vie de Mallarmé*. Quant au mouvement symboliste proprement dit, les ouvrages d'ensemble qui lui étaient consacrés[1] étaient plutôt des essais ou des œuvres de vulgarisation qui n'empêchaient pas d'excellents critiques tels que Jean Cassou ou même Albert Béguin de le considérer comme l'expression d'une « époque ostentatoire » qui a « quelque chose d'artificiel » et qui repose sur un « malentendu », ou même, comme Camille Mauclair, de nier jusqu'à son existence, et Paul Valéry lui-même de le définir en paraphrasant une formule de Mallarmé : « Ce qui fut baptisé le Symbolisme se résume très simplement dans l'intention commune à plusieurs familles de poètes de reprendre à la musique leur bien ».

Pour ma part, j'étais plutôt attiré à l'époque par le Verhaeren des *Campagnes hallucinées* et de la *Multiple Splendeur* sur lequel j'envisageais d'entreprendre une thèse de doctorat, lorsqu'à la faveur d'un entretien qui fut décisif, Jules Romains m'encouragea vivement à voir plus large en affirmant que le Symbolisme considéré dans son ensemble n'avait pas encore trouvé son historien. Je comprenais soudain pourquoi celui-ci m'intriguait depuis longtemps, à la fois par le sentiment qu'il représentait un moment décisif dans notre histoire littéraire et par l'impression de mystère qui s'en dégageait et qu'on semblait prendre plaisir à entretenir autour de lui. Désireux de comprendre les raisons de cette apparente contradiction tout en étant conscient de la difficulté comme de l'importance de l'enjeu, je décidai donc d'y consa-

---

[1] OSMONT (Anne), *Le mouvement symboliste,* Maison du Livre, 1917 ; POIZAT (Alfred), *Le Symbolisme,* Renaissance du Livre, 1919 ; MARTINO (Pierre), *Parnasse et Symbolisme,* Armand Colin, 1925 ; CHARPENTIER (John), *Le Symbolisme,* Les Arts et le Livre, 1927 ; SCHMIDT (Albert-Marie), *La Littérature symboliste,* P.U.F., Coll. Que sais-je, 1942.

crer ma thèse et, me souvenant de l'affirmation de Fustel de Coulanges : « Il faut un siècle d'analyse pour un jour de synthèse », il me sembla que ce jour était venu concernant le mouvement symboliste, à condition de parvenir à conjuguer la rigueur de l'esprit d'analyse et les exigences d'une synthèse pour laquelle la méthode restait largement à élaborer.

Relire le Symbolisme avec un regard neuf, telle fut au départ l'ambition sans doute audacieuse qui inspira ce travail. J'y fus encouragé en découvrant chez le libraire Nizet et son associé Bastard un ensemble d'ouvrages de l'époque oubliés ou méconnus qu'ils avaient su rassembler, et qui semblait confirmer l'existence au sein du mouvement symboliste d'une véritable doctrine. A partir de là, plusieurs vérités s'imposèrent à moi qu'il peut être utile de rappeler brièvement telles qu'elles étaient évoquées dans l'Avant-propos de l'ouvrage.

1. Il est nécessaire en premier lieu, pour éviter toute confusion, de distinguer avec soin l'« *école* symboliste » qui se constitue autour de Mallarmé vers 1885 et le *mouvement* qui s'inscrit dans une époque et une durée d'environ trois-quarts de siècle, avec des prolongements ici et là dans la première moitié du XXe siècle.

> Un mouvement littéraire naît de la convergence de courants profonds et de la rencontre plus ou moins fortuite d'un certain nombre d'individus qui, grâce à cette convergence, redécouvrent une vérité oubliée.

2. Cette découverte, que formule plus ou moins explicitement l'« école » symboliste, se manifeste sous la forme d'une *révolution poétique* qui affecte tous les genres.

> Précisant la formule de Valéry : « une volonté nouvelle de saisir la poésie en son essence », la présente étude entend établir que le Symbolisme a, au sens littéral de l'expression, découvert le point de vue poétique et que cette découverte annonce et engage *la révolution poétique du monde moderne*.

3. D'où le décalage frappant entre l'ambition qu'elle traduit de définir une *doctrine* nouvelle et la plupart des *œuvres* publiées durant la même période.

> Une doctrine a-t-elle jamais, en tant que doctrine, donné le jour à des chefs-d'œuvre ? Le chef-d'œuvre, moment unique, fruit d'une expérience unique, ne peut être le produit d'une formule. Ce qu'on demande à une doctrine, c'est la révélation d'une vérité. Quant aux œuvres, il faut les chercher avant, dans l'effort de la découverte, ou plus tard, chez ceux qui l'ont dépassée dans une synthèse qui leur est propre.

4. A cet égard, le mouvement symboliste ne saurait être réduit ni à l'espace franco-belge, voire typiquement parisien, dans lequel on a souvent tendance à le confiner, ni au seul temps de la génération qui lui a donné son nom.

> La marque la plus importante du Symbolisme — au delà des crises qui lui

ont succédé — est peut-être son influence. La découverte symboliste a fécondé une partie de la littérature contemporaine, elle a créé un univers poétique qui se superpose ou s'intègre depuis lors à une certaine vision du monde. C'est dire que, s'il est depuis longtemps abandonné comme drapeau ou comme étiquette, nous n'en percevons pas moins nettement, aujourd'hui encore, les ondes qui en émanent.

5. Enfin, comme ceux qui l'ont précédé, le mouvement symboliste ne se limite pas au domaine littéraire francophone : la révolution qu'il a déclenchée s'étend à de nombreux aspects de la culture européenne, aussi bien à la peinture qu'à la musique, à l'esthétique qu'à la philosophie. D'où la nécessité d'une approche qu'on appellerait aujourd'hui interdisciplinaire, seule capable de mettre en lumière les liens qui les unissent.

L'étude d'un mouvement, considéré en tant que phénomène social, ne relève-t-elle pas de la psychologie collective ? Une doctrine poétique n'est-elle pas justiciable de l'esthétique autant que de l'histoire littéraire ? Ainsi les nécessités mêmes de la recherche me conduisaient à élargir les cadres habituels de la méthode historique en mettant à contribution des disciplines voisines avec plus de rigueur qu'on ne le fait d'ordinaire.

*
* *

La thèse, menée à son terme dans des conditions rendues difficiles par les circonstances, fut publiée par Nizet en 1947. Elle suscita un réel intérêt parmi les critiques, et son éditeur sut lui assurer une large audience internationale. Aujourd'hui, l'ouvrage, — qui n'avait cessé d'être réimprimé sous sa forme première —, étant épuisé, celui-ci a souhaité en publier une version abrégée pour la rendre accessible à un plus large public. Une véritable mise à jour qui tînt compte des nombreuses études parues au cours du demi-siècle écoulé eût exigé toutefois le concours de toute une équipe. Au demeurant, il apparaît aujourd'hui que celles-ci n'ont pas fondamentalement remis en cause l'essentiel des idées que l'on vient de rappeler.

Pour cette nouvelle édition abrégée de moitié, on a donc choisi de conserver à l'ouvrage son caractère de témoignage sur l'état de la critique à une certaine époque et de retenir avant tout ce qui constituait alors sans doute sa principale originalité et dont l'importance reste aujourd'hui encore souvent méconnue ou contestée : à savoir, à travers l'histoire du mouvement symboliste, la genèse, la lente élaboration et la soudaine manifestation d'une *doctrine* dont la cohérence lui confère son unité et sa véritable signification. C'est d'ailleurs l'émergence progressive d'une telle doctrine et de son influence plus ou moins visible sur les œuvres de l'époque qui communique au mouvement son rythme propre, marqué par trois générations successives auxquelles correspondent approximativement les trois parties qu'on a cru devoir conserver ici : L'AVENTURE POÉTIQUE, LA RÉVOLUTION POÉTIQUE, L'UNIVERS POÉTIQUE, suivies d'une anthologie de textes dont la confrontation contribue à éclairer la doctrine.

Pour mener à bien cette tâche, il fallait s'assurer le concours de compétences indiscutables. Alain Mercier, qui a consacré une partie de sa carrière de chercheur à l'étude de l'époque symboliste, a bien voulu se charger de proposer les suppressions et les ajustements qui lui semblaient souhaitables tout en respectant l'esprit et la cohérence de l'ouvrage, travail ingrat et difficile pour lequel je lui suis infiniment reconnaissant. Il a en outre accepté de rédiger le chapitre inédit qui s'imposait concernant la dimension européenne et internationale du mouvement symboliste, dont il était difficile et prématuré de présenter en son temps un panorama d'ensemble. Pour sa part, Bertrand Marchal, dont les travaux sur Mallarmé et son époque font autorité, a volontiers complété et mis à jour l'anthologie qui couronne l'ensemble et en constitue la pierre de touche et qui, nous a-t-il semblé, donne plus que jamais à cette relecture d'une histoire récente toute son actualité.

G. M. Juin 1994

PROLOGUE

Visage du Symbolisme. Il semble fixé pour l'histoire : un air mi-précieux, mi-rêveur ; une atmosphère de légende où dans un décor de forêts, de parcs et d'étangs, évoluent des princesses alanguies, entourées de colombes et de cygnes ; une âme « fin de siècle » qui se cherche, se sent malade, analyse son mal et trouve dans cette analyse même une jouissance perverse ; l'amour du rare, du raffiné, de l'artificiel ; le goût de l'arabesque et du fer forgé, des feuilles d'iris, des licornes et des améthystes ; la manie de ne pas s'exprimer comme tout le monde, d'écrire des vers obscurs et contournés, de parler par ellipses et par symboles. De Mallarmé à Henri de Régnier, de Verlaine à Samain et à Maeterlinck, on se transmet l'imagerie, l'attitude et les procédés comme s'il s'agissait d'une précieuse découverte. Telle est l'image que l'on se fait généralement du Symbolisme, image de légende, déjà. D'où une première tentation : nier au Symbolisme toute autre chose qu'un visage apprêté et artificiel. Mais qui ne voit, au seul contact des œuvres, que ce visage n'est qu'un masque ?

Visages du Symbolisme. Langueur verlainienne, hoquet tragi-comique de Laforgue, subtilité et hermétisme de Mallarmé, distinction mélancolique de Régnier, rêves dorés de Samain, hymnes de joie de Verhaeren, odes religieuses de Claudel : est-il, à la lecture, poésie plus riche et plus diverse que celle de notre dix-neuvième siècle déclinant ? Dans chaque œuvre, on croit percevoir un accent unique, un tourment propre. Non pas qu'il n'y ait, à travers l'abondante floraison des talents et des œuvres, des affinités, des résonances certaines : Maeterlinck comme Verlaine scrute ses plus subtiles émotions, explore l'inconscient et les profondeurs de l'âme ; Mallarmé précède Valéry dans la densité, l'obscurité au moins apparente, un certain goût de la préciosité et de l'arabesque ; les langueurs de Mikhaël, de Régnier, de Samain se répondent ; après Rimbaud, René Ghil et Saint-Pol-Roux s'engagent vers l'instrumentation verbale et la poésie des images ; Gustave Kahn cherche un vers libéré, une forme révolutionnaire ; Vielé-Griffin, Stuart Merrill, Verhaeren enfin se tournent vers la vie et chantent, avant Claudel et la comtesse de Noailles, leur cœur innombrable et leur amour des choses et des êtres. Mais dans toute cette richesse, aucune unité n'apparaît vraiment. La réalité du mouvement poétique lui-même est multiple, fuyante, insaisissable. — Deuxième tentation : nier l'unité du Symbolisme. C'est l'attitude adoptée par maints critiques. Mais ce jugement est-il sans appel ? Ceux-là, qui interrogent les textes, ne s'en tiendraient-ils pas à la lettre, au sens extérieur, à ce qui se « comprend », et cette multiplicité ne serait-elle pas encore qu'une apparence ?

Qui donc a tenté de soulever le voile sous lequel le Symbolisme semble se cacher ? Qui, au lieu d'analyser seulement les mots et de « dépouiller » les textes, a tenté de déchiffrer leur âme ? Pourtant, les titres seuls — *le Sanglot de la Terre, les Débâcles, les Flambeaux noirs, Apaisements, Joies, la Clarté de Vie, la Multiple Splendeur, Magnificat* — ne dessinent-ils pas une courbe saisissante, ne disent-ils pas les phases d'un véritable drame spirituel et l'hymne d'espoir auquel il aboutit ? Impatients que nous sommes ! Dans notre hâte à expliquer et à conclure, nous ne savons plus prêter l'oreille à certaines voix intérieures. En cette « ténébreuse et profonde unité » du mouvement symboliste, nous ne percevons que paroles confuses et, désorientés, sans guide, nous nous égarons dans la forêt de ses symboles.

Ne serait-ce pas que, hommes du vingtième siècle, nous avons manqué à la fois d'intuition pour pénétrer l'âme du Symbolisme et de recul pour en estimer et en situer l'importance ? Si nous parvenions à dépasser les bornes de notre horizon coutumier, les limites d'une mentalité où nous ont enfermés des habitudes de pensée séculaires, peut-être saisirions-nous alors, dans le drame intérieur de ces poètes, l'image de notre propre drame et celui de l'âme moderne tout entière ; peut-être verrions-nous qu'en posant le problème de la poésie, cette école a posé du même coup le problème de l'homme ; et que, pour *comprendre* la vraie signification de cette aventure collective, il nous faut *repenser* le drame du Symbolisme en fonction du drame humain dans son ensemble, avant de le *revivre* dans la réalité mouvante de ses vicissitudes.

*
* *

« Le combat spirituel est aussi brutal que la bataille d'hommes » (*Une Saison en Enfer*). Brutal et cruel, Rimbaud a raison. Car les anges, pour triompher, veulent du sang qui fume. Mais il faut dire plus : en fin de compte, il n'est de combat que spirituel. Celui qui ne veut voir dans nos luttes humaines qu'un jeu de forces matérielles renverse l'ordre. Et ce drame où Rimbaud, après tant d'autres, s'est consumé, ce combat des Anges et des Démons, c'est le drame de la création tout entière.

D'ailleurs, un tel conflit, nous l'éprouvons en nous. Chaque jour, nous faisons l'expérience concrète de notre double nature, nous vivons la nostalgie de l'innocence et la réalité de la chute. La chute : ce mot même donne à la vie un *sens* et une hiérarchie nécessaires. Oui, comme dit Rimbaud, « la théologie est sérieuse, l'enfer est certainement en bas, et le ciel est en haut ». Ce symbolisme n'est pas vain : il est la réalité la plus immédiate qui s'offre à notre condition humaine.

Il est des temps sans doute où l'homme, ayant chassé les démons impurs, vit dans l'unité reconquise et dans l'harmonie. En ces temps-là, l'esprit règne et sait imposer son ordre à l'univers qui l'entoure. En remontant au principe, à la cause première, d'où tout procède et où tout se résorbe, il nomme son Dieu. Alors l'homme retrouve les couches supérieures de l'âme, à un degré de conscience où se reconstitue sa personnalité véritable, dans l'unité du moi.

Mais il est aussi des temps où la bête semble se réveiller et monter de la terre. Avec elle se réveillent toutes les forces d'en bas, chacune tirant à soi, et se déchaîne toute la brutalité de la « bataille d'hommes ». Instruments aveugles entre les mains des puissances du mal, on dirait alors que nos progrès eux-mêmes, les prodiges de notre volonté ou de notre intelligence ne servent qu'à nous nuire. Nous perdons la vision de l'unité et de l'ordre et, croyant adorer la vérité, nous adorons l'image de la bête. Nous ne voyons plus qu'un fragment de la réalité, qu'un monde tronqué réduit à sa surface extérieure. Dans notre mental obscurci, tout se combat et s'oppose. Devant nous, la nature se dresse, hostile, incomprise ou inquiétante : en nous, sentiment et raison, pensée et action, esprit et matière se contredisent. Âges de déséquilibre où, dans un monde ramené au chaos, triomphent les faux prophètes.

Le moyen âge, en dépit des luttes, des persécutions religieuses, des désordres temporels, avait conservé, parmi les docteurs de l'Église, et peut-être plus encore parmi ceux qui, désavoués ou inavoués par celle-ci, étaient les dépositaires des traditions de la science antique, le sens du spirituel et l'accès aux couches supérieures de l'âme. Aussi était-ce dans une pleine conscience de l'harmonie universelle et du symbolisme qui en est comme la clef de voûte, que poètes et artistes s'unissaient pour célébrer les mystères de la création et les drames de la destinée, dans cette communion souvent anonyme dont les grandes épopées ou les cathédrales sont le magnifique témoignage[1].

La poésie occidentale a perdu le sens du symbole en même temps que l'esprit occidental, s'égarant dans des discussions stériles, réduisant la raison à la logique et à l'abstraction, perdait la vision de l'unité[2]. Un moment

---

[1] Ce n'est guère que depuis la fin du siècle dernier que l'on s'est avisé du sens symbolique de l'art médiéval (cf. infra, ch. XII, Paul Claudel). On commence seulement à entrevoir l'importance qu'attribuaient à ces traditions les poètes médiévaux. N'est-ce pas le plus grand d'entre eux qui proclame : « O vous qui avez l'esprit droit, admirez la doctrine qui se cache sous le voile de ces vers ! » Dante, *l'Enfer,* IX, v. 61-63. Ailleurs, Dante déclare que toutes les écritures, et non pas seulement les Écritures sacrées, « peuvent se comprendre et doivent s'expliquer principalement suivant quatre sens ». Banquet, II, ch. 1. (Textes cités dans R. GUÉNON, *L'ésotérisme de Dante,* pp. 1-2).

[2] C'est ce qu'a bien vu en particulier Anne OSMONT dans une étude pleine d'aperçus ingénieux, *Le Rythme créateur de forces et de formes,* Éd. des Champs-Élysées, 1942, p. 90. Cf. aussi C.-J. JUNG, *L'Homme à la découverte de son âme,* Genève, Éd. du Mont-Blanc, p. 3.

on put croire que la Renaissance, en rendant à l'âme chrétienne la curiosité du monde extérieur, le sens du réel et du concret, en restituant d'autre part à l'héritage antique la spiritualité qu'il avait connue dans son premier âge, retrouverait cette unité encore élargie et réaliserait véritablement l'homme nouveau. Mais l'appel du monde était trop fort. Ayant réduit l'homme à sa nature visible et sensible, on réduisit le monde à la mesure de l'homme. Dès lors ce sera le schisme dans l'âme occidentale, le divorce entre la logique et l'intuition, entre la raison et l'imagination.

A l'aube du romantisme, c'est dans la poésie que l'on va rechercher la trace de réalités devenues mystérieuses. Mais si dès le milieu du dix-huitième siècle nombreux sont ceux qui, en France, éprouvent le besoin d'une telle démarche[3], d'autres pays, en Occident, moins soumis à l'influence cartésienne et naturellement portés au rêve et au mysticisme, ne l'avaient en fait jamais complètement oubliée. Et ce sens du mystère que redécouvre la littérature pré-romantique, c'est d'abord en Angleterre et en Allemagne qu'il trouvera son expression.

La démarche romantique est donc avant tout, ou du moins veut être une démarche mystique. Ce sentiment d'un univers caché qu'exprimait déjà un Young, un Warton, un Hurd, et parfois un Klopstock ou un Herder[4], les romantiques l'affirment plus nettement encore. Pour Coleridge, la poésie est « la faculté d'évoquer... le mystère des choses ». Wackenroder dit son respect pour les « *sentiments obscurs...,* ces témoins authentiques de la vérité »[5]. Et Novalis déclare : « *Le sens de la poésie a beaucoup de points communs avec le sens du mysticisme. C'est le sens du particulier, du personnel, de l'inconnu, du mystérieux, de la révélation... Il représente l'irreprésentable, il voit l'invisible, il sent l'insensible* ». Le Romantisme anglais et allemand est donc une véritable découverte, la découverte d'un « *état poétique* qui est en nous », comme le dit Novalis, et qui n'est autre que « le monde intérieur dans son ensemble »[6]. Tieck, de son côté, n'affirmera-t-il pas : « Il n'y a qu'*une* poésie... ; elle n'est pas autre chose que l'âme humaine elle-même dans toutes ses profondeurs »[7] ?

---

3 Cf. A. MONGLOND, *Le Préromantisme français* ; D. MORNET, *Le Romantisme en France au XVIIIe siècle*, passim.
4 Voir les textes caractéristiques réunis par P. VAN TIEGHEM dans *Le Mouvement romantique*, p. ex. p. 6 : « Le poète a un monde à lui, où l'expérience a moins à faire que l'imagination conséquente avec elle-même. Il a, en outre, un monde surnaturel où il se meut. Il a à ses ordres les dieux, les fées, les magiciennes... Dans le monde du poète, tout est merveilleux et extraordinaire. » HURD, *Lettres sur la Chevalerie et la Romance*, 1762.
5 « L'homme, cet être faible, a-t-il le droit de rejeter dédaigneusement loin de lui ces *sentiments obscurs,* qui se penchent sur nous comme des anges voilés ? Je les respecte, moi, avec une profonde humilité : car c'est une grande bénédiction de Dieu qu'il nous envoie ces témoins authentiques de la vérité. Je joins les mains, et j'adore. » Cité dans VAN TIEGHEM, o. cit., pp. 32-33.
6 NOVALIS, *Fragments,* pp. 125-126.
7 TIECK, *Les Chansons d'amour de l'ancienne Allemagne,* dans Van Tieghem, o. cit., p. 31.

On peut donc dire avec Novalis que « le chemin mystérieux va vers l'intérieur ». Vers l'intérieur, c'est-à-dire vers la vie des sentiments et des émotions, vers les états les plus subtils de l'âme. C'est le moi caché qui se réveille, en une immense insurrection de ses profondeurs. Un monde obscur se révèle, un monde que ne sauraient apercevoir à l'état de veille nos yeux éblouis par la lumière du jour, mais où nous conduit le rêve. Pour les Romantiques, « le monde devient songe »[8], et c'est comme en rêve, à demi-conscient, qu'Eichendorff « sent d'éternelles sources de chansons lui baigner confusément le cœur de leurs ondes merveilleuses »[9]. De même que « le somnambulisme, l'enthousiasme et tous les états exaltés de notre nature », le rêve, selon C.-H. Schubert, ne nous mène-t-il pas « dans de belles contrées inconnues, dans une nature nouvelle créée par nous, riche et sublime ? » Ces contrées inconnues, c'est « le côté nocturne de la Nature », le royaume de la nuit. Non pas la nuit de Pascal, la nuit de ténèbres, qui n'est qu'un néant muet, vide et désespérant ; non pas le non-être absolu, domaine de l'impossible et de l'absurde ; non pas — pour reprendre la distinction de Schelling —, « le Rien qui est zéro », mais le « Néant qui est fécondité et plénitude ». Cette nuit des profondeurs maternelles, dont le poète éprouve la nostalgie, est en effet le lieu de tous les possibles, le « lieu des révélations », selon Novalis, le lieu des qualités et des sentiments indifférenciés, de la fusion et de la confusion originelles. Nuit peuplée de forces mystérieuses, tiède Nuit mystique, « affectueuse, transparente et fraternelle », qui, dans l'ombre, regarde l'homme de ses prunelles innombrables. Elle exige de qui veut pénétrer son mystère le silence et le recueillement, et elle le conduit à l'extase. Car c'est en se confiant à la Nuit que le poète aura les pressentiments de cette réalité suprême, de cet infini dont il éprouve la soif inextinguible[10].

Révolte, individualisme, mysticisme, recours au rêve, sens de la nuit, extase, nostalgie de l'infini, tels sont les principaux thèmes que vont développer les voix multiples du Romantisme étranger : immense effort pour remonter aux sources de l'état poétique que peu à peu l'on découvre à nouveau. Mais, quel que soit l'intérêt de cette découverte, le Romantisme allemand et anglais apporte encore davantage. Car il doit à Kant et à toute une lignée de philosophes issus du rationalisme un *sens critique* de plus en plus développé, un besoin et comme un appétit de réfléchir sur ses propres démarches et de prendre véritablement conscience de lui-même. Ainsi, en ce moment précieux, l'intellectualisme rationaliste rejoint la nouvelle recherche affective et poétique des profondeurs. Rencontre capitale : sous la conduite de ces poètes philosophes, le dix-neuvième siècle va entreprendre un long effort pour retrouver, en même temps que la réalité invisible, l'essence même de la poésie.

---

8   Novalis, cité dans C. SÉNÉCHAL, *Le Rêve chez les Romantiques, Cahier du Sud*, mai-juin 1937, p. 93. Cf. aussi A. BÉGUIN, *L'Âme romantique et le Rêve*, passim.
9   *Cahiers du Sud*, numéro cité, p. 91. Cf. aussi p. 87.
10   Cf. V. JANKÉLÉVITCH, *Le Nocturne, ibid.*, p. 76 ; et SPENLÉ, *Novalis*, p. 153.

Chez les Romantiques allemands, cette conception encore tout intellectuelle de l'art et de la poésie va se tourner vers la vie. Non pas la vie des hommes ordinaires, celles des apparences quotidiennes, mais la vie réelle, mystérieuse, la « vie des dieux ». Fichte, initiateur d'un « idéalisme transcendantal », n'a-t-il pas affirmé le pouvoir que possède l'imagination, faculté active et créatrice, d'effacer les limites entre le rêve et la réalité et de véritablement créer le monde[11] ? A sa suite, Novalis fera du poète « l'enchanteur, le prophète représentatif de la nature » ; car son génie, production spontanée venue des profondeurs de l'âme, est doué en vérité d'une divination démiurgique ; pouvoir miraculeux, acte de magie à proprement parler, qui par là s'apparente avec « le sens prophétique, le sens religieux, le délire en général »[12]. Et si la poésie, ou, comme dit Novalis, « la fantastique », est capable de créer la vie, c'est à la condition de retrouver le pouvoir dynamique et magique du langage, ou plus exactement du Verbe, dont la puissance suggestive, par le rythme, la cadence, l'harmonie, saura créer les *symboles* des réalités supérieures. Car, pour Novalis comme pour tous ceux qui, en ces dernières années du dix-huitième siècle, renouent, plus ou moins authentiquement d'ailleurs, avec les traditions de l'hermétisme et de la cabbale, la nature entière n'est qu'un vaste symbole, et tout, entre l'esprit et la matière, n'est que correspondances. Aussi ne peut-on dire que le symbole soit un équivalent, une représentation d'une réalité d'un autre ordre, mais bien plutôt par lui-même une force, une puissance suggestive : « Le symbole, dit Novalis, n'affecte pas directement, il provoque une activité spontanée ». Autant dire qu'agissant par le dedans, il fait naître un univers au plus profond de nous-mêmes.

Et quel art est capable de susciter cet univers intérieur si ce n'est la musique ? Tieck voudrait « qu'on fît de la musique avec des pensées et qu'on pensât en mélodies ». Car la musique, pour lui, est essentiellement « un art expressif et symbolique », capable d'apporter à l'homme moderne, divisé et appauvri, « la révélation de l'unité originelle ». Quoi d'étonnant alors à ce que, pour Tieck comme pour les autres Romantiques allemands, « la musique, la poésie et la peinture se tendent souvent la main »[13] et qu'ils soient les symboles interchangeables permettant de faire sentir aux hommes la réalité cachée au fond des choses ?

On voit jusqu'à quelles régions inexplorées se sont aventurés ces pionniers d'une poésie mystique et « transcendantale » : émotion spirituelle, poésie fantastique, délire prophétique, symbole, poésie-musique : prémisses d'un siècle d'efforts vers le symbolisme et la poésie pure.

---

11   Spenlé, o. cit., p. 123 sqq.
12   Novalis, *Fragments,* p. 125.
13   Cité dans R. Minder, *Ludwig Tieck,* pp. 36, 329-333. Cf. Novalis : « La musique et la poésie ne font qu'un ». Cité dans Wooley, *Wagner et les Symbolistes français.*

Mais constamment, au cours de ces explorations audacieuses, et par un besoin presque maladif de se juger sans cesse de peur d'être dupe, le Romantisme allemand fait retour sur lui-même, pratiquant cette « ironie » qui reste l'une de ses caractéristiques maîtresses. C'est peut-être à cause de celle-ci qu'un tel mouvement n'a pas entièrement tenu ses promesses. En proie au doute insensé de soi, dans un « incurable déchirement de l'être, partagé entre le Rêve et la Réalité »[14], il n'a pas su dépasser ce rêve. Rejoindre l'unité de l'esprit et du réel extérieur ne fut pour lui qu'un espoir. Et cette « jeunesse inspirée », aux yeux de la postérité, marque plus un commencement qu'une réalisation véritable. « Littérairement », selon le mot de Nietzsche, le Romantisme allemand « est resté une grande promesse »[15], la promesse de ce qu'une autre poésie allait tenter à son tour quelque soixante-quinze ans plus tard.

*
* *

Assurément, comme l'affirme si justement Pierre Moreau, « le symbolisme était au cœur même du Romantisme ». Guiraud n'écrivait-il pas dans la *Muse française* : « Tout est symbolique aux yeux du poète, et par un échange continuel d'images et de comparaisons, il cherche à retrouver quelques traces de cette langue primitive, révélée à l'homme par Dieu même et dont nos langues modernes ne sont qu'une image affaiblie... Si la poésie cherche des symboles dans les objets extérieurs de la nature, elle cherche dans les événements de ce monde la cause toute-puissante qui les produit ; car les événements, comme les êtres, ont une signification cachée qu'on doit s'efforcer de découvrir » ? Mais, bien que les philosophes français du temps, sous l'influence de l'Italie et de l'Allemagne, proclament, comme Cousin, que « la poésie n'est qu'une suite de symboles, présents à l'esprit pour lui faire concevoir l'invisible », nul de nos grands Romantiques, à l'exception de Vigny, ne semble s'en être vraiment avisé. C'est qu'ils n'étaient rien moins que philosophes. Pour Vigny, au contraire, tout le portait vers le symbolisme : son instinctive pudeur, la concentration de sa pensée, et cet art elliptique chargé, comme on l'a dit, « de solennels silences... pleins de rumeurs profondes »[16]. Et ce sens aigu de l'implicite devait bientôt l'amener à déclarer que « la forme extérieure ne fait que servir de parure à l'idée, consacrer sa durée et demeurer son plus parfait symbole », et que comprendre les pensées d'un poète, c'est les suivre « sous le double voile du symbole et de l'harmonie »[17]. N'est-ce

---

14 A. BÉGUIN, *Les Romantiques allemands et l'inconscient*, dans *Cahiers du Sud*, numéro cité, p. 95.
15 Lettre à Brandès, citée dans *Cahiers du Sud, ibid.*, p. 13.
16 ZYROMSKY, dans *Mélanges Adler*, p. 439.
17 P. MOREAU, *Les « Destinées » d'Alfred de Vigny*, Malfère, p. 149.

pas là, comme le disait Cousin, lier le visible à l'invisible ? Mais il importe de se rendre compte que ces idées, chères à Vigny, n'étaient connues que de rares intimes, et qu'en 1840 la notion de symbole et de symbolisme était plus diffuse que consciente dans le public français et même dans les milieux littéraires. On retrouve fatalement le mot au détour de tel ou tel texte, mais, s'il est vrai que le symbolisme était au cœur du Romantisme, il est nécessaire de dire qu'il n'y était, du moins en France, que latent et en puissance. Pour Vigny lui-même, le symbolisme n'est le plus souvent qu'un jeu ingénieux ; et, si l'on excepte des réussites comme *Moïse* et certains passages du *Mont des Oliviers* et de *la Maison du Berger,* qui atteignent à une suprême densité symbolique, on peut dire que Vigny ne rencontra cette densité que par hasard, que plus souvent, comme dans la *Mort du Loup,* le symbole reste « classique »[18], c'est-à-dire la traduction d'une idée abstraite, et que, précisément par ce refus d'un vrai lyrisme, sa poésie reste plus ou moins coupée des sources mêmes de la vie.

C'est que, pour retrouver une véritable poésie symbolique, il fallait davantage : une nouvelle manière de sentir, un véritable retour vers l'intérieur, qui donnât accès, comme chez les Romantiques allemands, à des couches de l'âme encore plus cachées. Une nouvelle découverte restait donc à faire, et, pour la faire, une simple intuition des exigences du cœur ne suffisait plus : il fallait y joindre l'analyse pénétrante des confins de notre nature.

Sainte-Beuve, poète timide et replié sur soi, et critique plus encore que poète, fut le premier en France à rompre avec le lyrisme oratoire. Si en effet Joseph Delorme est, plus profondément encore que Musset, un « enfant du siècle », s'il est lui aussi d'une génération désappointée, s'il a bercé son enfance de rêveries fraîches et riantes, et aussi de l'espoir de « mille aventures périlleuses... dont il était le héros », si, à vingt ans, son âme « n'offre plus désormais qu'un inconcevable chaos où de monstrueuses imaginations, de fraîches réminiscences, des fantaisies criminelles, de grandes pensées avortées,... des élans pieux après des blasphèmes, jouent et s'agitent confusément sur un fond de désespoir », il s'est toujours, au contraire de la plupart de ses contemporains, « écouté lui-même avant de chanter »[19] ; s'inspirant de la poésie romantique anglaise, et surtout de Wordsworth, il « s'occupe paisiblement à sentir sous ce monde apparent l'autre monde tout intérieur qu'ignorent la plupart, et dont les philosophes se bornent à constater l'existence ; il assiste au jeu invisible des forces, et sympathise avec elles comme avec des âmes ;

---

[18] Au sens où l'entend FISER, *Le symbole littéraire,* pp. 49-50.
[19] Cf. ce que Sainte-Beuve écrivait en 1861 à l'abbé Roussel : « Les Anglais ont une littérature poétique bien supérieure à la nôtre et surtout plus saine, plus pleine... Je n'ai été, poète, qu'un ruisselet de ces beaux lacs poétiques, mélancoliques et doux. » Cité dans LALOU, *Vers une Alchimie lyrique,* p. 19.

il a reçu en naissant la clef des symboles et l'intelligence des figures : ce qui semble à d'autres incohérent et contradictoire, n'est pour lui qu'un contraste harmonique, un accord à distance sous la lyre universelle. Lui-même il entre bientôt dans ce grand concert, et, comme ces vases d'airain des théâtres antiques, il marie l'écho de sa voix à la musique du monde »[20]. Littérature ? Non. Intuitions d'un poète dont l'inspiration reste inférieure aux aspirations de l'âme, pressentiments d'un critique qui ne parvient pas à être un philosophe. Du moins peut-on dire avec Banville : « Avant Baudelaire, et comme lui, Sainte-Beuve, rompant avec la psychologie de convention, regarda en nous et en lui-même, et traduisit en vers durables une souffrance nouvelle, un héroïsme nouveau ». Cette souffrance nouvelle, c'est déjà l'analyse lucide et impitoyable des recoins du cœur, la recherche exacerbée des sensations, le mal « moderne » qui, après Baudelaire et à sa suite, sera ce que nous appellerons le « le mal de fin de siècle ». Le tourment baudelairien, de même que les « correspondances », se lisent déjà à travers *la Veillée* ou *les Rayons jaunes : Joseph Delorme* est bien, selon le propre mot de Sainte-Beuve, « *les Fleurs du Mal* de la veille ».

*
* *

Ce renouvellement de la poésie que Sainte-Beuve demandait au lyrisme intime et à l'exploration des nuances subtiles de l'âme, deux autres poètes, vers le même temps, allaient le chercher dans une autre direction : dans la voie du rêve et du surnaturel. Aloysius Bertrand, le peintre des fantasmagories, l'auteur halluciné de *Gaspard de la Nuit,* d'où Baudelaire partira plus tard[21] ; livre fou, d'un fou qui seulement, selon le mot de Max Jacob, « fut trop exclusivement un peintre pour entendre l'appel de la divine musique ». Du moins son ironie toujours en éveil lui permet-elle de distinguer, derrière le fou qu'il porte en lui, la silhouette de Satan, du diable dont la présence hantera Baudelaire, mais qui, chez Bertrand, ne conduit pas encore le bal.

Quant à Gérard de Nerval, il fut d'abord, comme Gautier, le Romantique turbulent des grandes premières, le bohème de la rue du Doyenné. Et il définira fort nettement plus tard ce Romantisme français de 1830, « mélange d'activité, d'hésitation et de paresse, d'utopies brillantes, d'aspirations philosophiques ou religieuses, d'enthousiasmes vagues mêlés de certains instincts de renaissance ». Mais il dira en même temps combien déjà celui qu'il était

---

20 *Pensées de Joseph Delorme,* pp. 156-158.
21 « Mon point de départ a été Aloysius Bertrand. Ce qu'il avait fait pour la vie ancienne et pittoresque, je voulais le faire pour la vie moderne et abstraite. » *Carnets de Ch. Baudelaire,* cité dans LALOU, o. cit., p. 47, note 1.

alors, le Nerval qui à vingt ans traduisait *Faust,* dépassait une telle conception : « L'homme matériel aspirait au bouquet de roses qui devait le régénérer par les mains de la belle Isis ; la déesse éternellement pure nous apparaissait dans les nuits et nous faisait honte de nos heures de jour perdues »[22]. C'est dans la nuit en effet que Nerval va chercher la lumière ; et c'est en s'avançant de plus en plus dans les régions obscures de l'âme qu'il accomplira cette « descente aux enfers » qui fera de lui véritablement le premier des « aventuriers » modernes et dont *Aurélia,* née aux confins de la folie, retracera à la veille de sa mort les étapes succcessives.

Itinéraire hallucinant ! Ne s'agit-il pas pour Nerval, dès l'âge de vingt-cinq ans, de cultiver et d'explorer le rêve, de relier ses songes d'une nuit à l'autre, de les rendre « logiques » et de rattacher positivement au monde de la veille le monde du sommeil ? Étrange « recherche des puissances cachées de l'âme », d'une nuit sur laquelle il projette, avec une incessante lucidité, les « vifs rayons » de son génie, acquérant ainsi une véritable technique du rêve, féconde et dangereuse à la fois, puisqu'elle amènera Gérard aux *Chimères* et à la folie. En 1841 déjà, cette folie le guette ; elle le conduit, non seulement dans des états proches de l'extase, où il assiste à la dissociation de sa personnalité et où il voit son double, mais à la maison du Docteur Blanche, où on le soigne. Avertissement prophétique, dira-t-il plus tard, mais qu'il néglige alors : « Après la visite du *convive de pierre,* je m'étais rassis au festin ! »[23]

Car il est maintenant comme ensorcelé. Poussé par son démon, quand il tente d'échapper à la folie par le voyage, c'est l'Orient qu'il choisit. L'Orient qui lui révèle *ces réalités occultes* dont il pressentait l'existence déjà dans ses rêveries d'Ermenonville, quand il lisait Swedenborg, Cazotte, Restif de la Bretonne et les modernes adeptes des *sciences maudites* : ne se fait-il pas décrire les épreuves de l'initiation dans la Pyramide de Chéops ?[24] Évasion factice, car cette intuition reste, pour ainsi dire, platonique, et ne fait que renforcer en lui la nostalgie des mondes spirituels que le moderne ne saurait plus atteindre. Du moins lui permet-elle d'entrevoir et d'esquisser, dans *Isis,* une histoire des religions orientée vers un « syncrétisme » prophétique. Elle lui communique aussi une ardeur étrange, une inspiration « née de la pénétration des symboles et de la communion avec le divin ». Et c'est comme la visite d'une muse nouvelle, qui ne rappelle que de fort loin celle qui, aux beaux jours du Romantisme, inspirait le traducteur de *Faust* ou le poète des *Cydalises*. Cette muse-là est bien autrement ambitieuse : elle voudrait, comme le dit Aristide Marie, « réveiller cette alliance de la Poésie et de la Musique qui,

---

[22] Cité dans LALOU, *ibid.,* p. 53.
[23] *Aurélia,* éd. du Divan, p. 76.
[24] Cf. A. MARIE, *Gérard de Nerval,* p. 22.

sur la lyre d'ivoire ou la cithare d'or, a révélé le secret de l'harmonie des mondes, dans la pure lumière des Dionysos »[25]. Et par là elle voudrait faire se rejoindre dans la poésie la beauté et la connaissance. Cette alliance intime de la poésie et de la musique, Gérard la saluera peu après chez Wagner, en communiquant à Baudelaire son enthousiasme. Mais cette vision d'une poésie véritablement révélatrice de réalités inconnues, d'une « alchimie lyrique » qui, à la suite de Baudelaire, hantera les poètes cinquante ans plus tard, c'est en lui-même qu'il l'a trouvée, comme c'est lui l'initiateur en France de ces vers hermétiques où, après son *Voyage en Orient,* il exprime ses *Chimères.* Est-ce que ce sont elles, ces chimères, ces rêves systématiques, qui réveillent l'ancienne folie ? Ou au contraire est-ce la folie mal endormie qui lui dicte dès 1843 ces vers annonciateurs ? Étrange confusion du génie et de la démence ! Qui démêlera jamais, dans une expérience comme celle de Nerval, leurs cheminements inextricables ? En 1851, un accident réveille l'hallucination. A nouveau, celle-ci lui dicte tour à tour *Sylvie, les Filles du Feu,* et les derniers sonnets, *El Desdichado, Arthémis.* Gérard est bien maintenant le déshérité, « le ténébreux, le veuf, l'inconsolé ». Les dernières visites de la Muse disent son désarroi. « Elle était entrée dans son cœur comme une déesse aux paroles dorées ; elle s'en est échappée, comme une Pythie, en jetant des cris de douleur »[26]. Mais son expérience, comme *Aurélia,* sa confession autobiographique, reste inachevée : elle s'interrompt brusquement par le suicide.

C'est vers le même temps que, outre-Atlantique, un autre poète vivait une expérience analogue à celle de Gérard de Nerval. Edgar Poe, né en 1809 de parents alcooliques, avait ce qu'on appelle une hérédité chargée. Comment s'étonner de cette sensibilité suraiguë, de ces attitudes extrêmes envers ses parents, haine pour son père, amour morbide pour sa mère et, dès l'enfance, de ce sentiment de « n'être pas comme les autres » ? Ne dit-il pas dans une poésie de jeunesse, qui a pour titre *Seul* :

« Dès l'heure de mon enfance je n'ai pas été comme d'autres étaient ; je n'ai pas vu comme d'autres voyaient »[27].

Sentiment de solitude, tempérament de rêveur et, déjà, de visionnaire. Poe est un Edgar imaginatif, et dès l'âge de dix-huit ans, armé d'un intempérant orgueil, il publie des vers byroniens qui sont le miroir du « profond chaos de passions » qu'il sent en lui. Déjà il « dissipe sa jeunesse en des rêveries » dans lesquelles, suivant la trace de Coleridge et de tant d'autres illuminés, il s'abandonne à l'extase : providentielle révélation de la Beauté

---

[25] *Ibid.,* pp. 220-221. Cf. R. VITTOZ, *Les Conditions de la poésie pure.*
[26] A. MARIE, o. cit., p. 293.
[27] E. LAUVRIÈRE, *Le Génie morbide d'Edgar Poe,* p. 14.

idéale. Mais en même temps, par une contradiction de sa nature même, il éprouve son insuffisance infinie, et s'en désespère. Alternant sans cesse entre l'exaltation effrénée et la hantise du suicide, il s'engage, à vingt ans, dans l'exploration des frontières du réel et du rêve. Un moment, il semble devoir trouver dans l'extase la paix de l'âme et la plénitude ; et l'étrange *Al Aarnaf* esquisse une vision de cet univers idéal où règne la « musique des sphères ». Mais voici qu'un jour il demande à l'opium la révélation systématique des mondes imaginaires. Alors tout change : aux radieuses régions éthérées succèdent « les obscures régions de la Vallée sans Repos » et de cette « étrange Cité condamnée, toute seule au fond de l'Occident obscur ». Un univers fantastique hante maintenant, incessamment, ses jours et ses nuits, et le plonge dans une mélancolie qui va « jusqu'aux plus noires ténèbres, jusqu'à la désespérance du suicide »[28]. En son œuvre les thèmes extatiques s'unissent aux thèmes de la mort et de la mélancolie ; ses contes s'emplissent de macabre, d'angoisse et d'obsession ; et le reste de sa vie ne sera plus qu'une lente descente dans ces paradis artificiels qui ne sont que des enfers, et, comme chez Nerval, vers les hallucinations — au moins temporaires — de la folie.

Cependant Edgar Poe n'est pas qu'un rêveur. La nature l'a doué d'une intelligence fort exigeante qui, dès son plus jeune âge, s'est appliquée à « philosopher » sur la poésie. Comme Coleridge, il a voué cette intelligence à expliquer une conception née de son tempérament même, et, peu à peu, il en arrive ainsi à bâtir une véritable théorie poétique.

Sa tendance au rêve l'a conduit très jeune, nous venons de le voir, à ces extases où l'objet contemplé finit par disparaître au profit d'une vision vague, mélodieuse et vertigineuse à la fois. Mais en même temps elle le conduisait au désespoir de ne jamais trouver dans la réalité quotidienne l'équivalent de ses visions. Seule la mort peut nous donner véritablement accès aux mondes surnaturels. Ainsi son goût pour le macabre et sa mélancolie persistante sont-ils au cœur même de sa vie comme de son système poétique. Ce qu'il recherche donc dans « ces courts moments où les confins du monde des veilles se confondent avec ceux du monde des rêves », dans ces excitations poétiques courtes et intenses, c'est leur « nouveauté absolue »[29]. Et ce qu'il y trouve, c'est l'intuition de la Beauté, la vision d'un empyrée qui est la patrie idéale du poète, mais une vision toujours empreinte de la mélancolie inhérente à la vie même. On voit quelle pureté est nécessaire pour atteindre à ces révélations : il faut, comme le voulait Coleridge, rejeter de la vraie et pure poésie toute passion comme impure. Il faut ne garder que l'imagination, mais l'imagination créatrice, qui, par « de nouvelles combinaisons de ces formes de la

---

[28] *Ibid.*, p. 56.
[29] *Le Principe poétique.*

beauté qui existent déjà », simule la création divine dans une œuvre à la fois mystique, car elle est un écho d'une beauté plus éthérée, et artistique, car elle est le fruit d'un calcul conscient, comme voudra le prouver le *Corbeau*. Mais comment cette œuvre pourra-t-elle suggérer aux autres l'émotion d'où elle est née ? Par la musique, seule capable de transmette tout ce qu'a d'indéfinissable cette émotion. Car « c'est dans la Musique que l'âme atteint le plus intimement la grande fin pour laquelle, sous l'inspiration du sentiment poétique, elle lutte : la création de la Beauté supérieure ». En un mot, « la musique est la perfection de l'âme même de la poésie ».

*
* *

Nerval dans la poésie française, Edgar Poe dans la poésie anglo-saxonne assurent, chacun de son côté et à la même époque, le passage du Romantique au Moderne. Déchirés l'un comme l'autre entre les exigences de la sensibilité, de l'intellect et de la volonté, ils tentent à la fois de vivre leur rêve jusqu'au bout, d'exercer impitoyablement leur esprit critique et de jouer avec le feu de leur imagination. Déjà ils ouvrent ainsi, simultanément les trois voies où, après Baudelaire, vont s'engager, chacun en son sens, les grands aventuriers : la poésie lyrique, aux écoutes de voix intérieures toujours plus subtiles, de ces nuances que pressentait Lamartine ou Sainte-Beuve et que notera Verlaine avec, à la fois, tant de précision et de « méprise » ; la poésie fantastique où, après Novalis et Nerval, Rimbaud voudra trouver, par le seul jeu de son imagination, la véritable *poésie,* qui serait magie, démiurgie, création pure ; la poésie intellectuelle, à la recherche de ces rapports mystérieux et souverains qui unissent l'homme au monde et constituent la structure même de l'univers : « poésie pure » où Vigny s'épuisa, et où plus tard Mallarmé et Valéry s'épuiseront à leur tour.

Les trois aspects fondamentaux, les trois grandes tendances de notre vie psychique commandent bien, on le voit, et surtout depuis le Romantisme, toutes les démarches de la poésie moderne. Non que les poètes ne fassent pas effort, constamment, pour dépasser leur nature, leur humanité ainsi tronquée et morcelée. Sans cesse, ce qu'ils cherchent, c'est bien à retrouver cette unité qu'ils ont perdue, à reconquérir le feu souverain qui seul serait capable de réaliser la fusion en une suprême synthèse. Tous les poètes modernes sont plus ou moins poètes du feu, mais ce feu dans leur œuvre crépite et brille comme une promesse plutôt que comme une présence. Ils sont, répétons-le, voleurs de feu, car ils s'imaginent qu'il suffit de s'abandonner à la Muse pour conquérir la vérité et posséder la connaissance. Or ces émules de Faust ont, comme lui, perdu le sens des antiques disciplines ; la flamme qu'ils découvrent n'est jamais qu'une flamme poétique, qu'un feu qui, loin de les purifier, les brûle et les consume. Apprentis sorciers, en découvrant et en libérant leur moi, ils ont déchaîné la ronde des puissances mauvaises, des monstres qui se dissimulaient dans leur inconscient. Peu à peu, à la mesure même de leur progrès, le drame où ils se sont engagés les déchirera davantage : plus, dans leurs efforts maladroits, ils voudront se libérer, et plus ils seront et se sentiront esclaves ; enchaînés, maudits, écrasés par ces Destinées dont Vigny a l'un des premiers, dit la fatalite accablante. Toujours plus ambitieux, depuis Baudelaire, toujours plus avides de vérité et d'absolu, ils s'enferreront toujours davantage ; jusqu'au jour où, à la lueur des vérités entrevues par les aînés qui tour à tour auront renoncé, ils uniront leurs forces et chercheront dans les traditions du symbolisme retrouvé la solution de leurs conflits et, pour reprendre un titre du mystagogue romantique Eliphas Lévi, la clef des « Grands Mystères ».

PREMIÈRE PARTIE

L'AVENTURE POÉTIQUE

> Plonger au fond du gouffre, Enfer ou Ciel, qu'importe ?
> Au fond de l'Inconnu pour trouver du nouveau !
>
> BAUDELAIRE, *Le Voyage.*

Il n'est rien de plus caractéristique que cet effort incessant de la littérature du dix-neuvième siècle pour se ressaisir et pour retrouver un équilibre perdu. Loin de suivre un chemin régulier, de progresser vers un but lucidement choisi, sans cesse on la voit qui hésite, s'interroge, tente une route, puis l'autre, traçant ainsi un itinéraire fuyant et tourmenté, agrémenté de brusques virages et présentant les paysages les plus contrastés. C'est ainsi qu'entre les années 30 et 40 le Romantisme, soudain, tourne court et paraît s'éparpiller : d'un côté l'école des « intimes », ceux qui, comme Sainte-Beuve, se sont tournés vers l'intérieur et chantent déjà l'héroïsme silencieux de la vie moderne ; de l'autre, plus bruyante, l'école pittoresque, qui groupe autour de Gautier et des Jeune France ceux que rapproche l'amour de la forme éclatante, de l'« art » et de ses « jongleries ». Il semble alors que l'élan soit brisé, les grandes sources du lyrisme brusquement taries, l'idéal escamoté. C'est qu'en réalité, partagé entre le sentimentalisme mystique et la révolution formelle, le Romantisme français n'avait pas su trouver son unité, et qu'après 1830, laissant les uns et les autres se partager sa défroque — fantastique, vampirisme, diabolicisme —, le véritable Romantisme s'en est allé ailleurs : vers cette société qui l'appelait, vers cet amour des hommes qu'il avait retrouvé dans le fond de son propre cœur.

Entre la Révolution de Juillet et le Second Empire, l'heure est à de nouvelles valeurs. Après la Révolution de 1848, quoi qu'on en dise, le Romantisme n'est pas mort : il traîne une existence incertaine dans les convulsions du mélodrame et des derniers romans noirs[1]. La faveur croissante du *Faust* de Nerval après 1830, l'évolution du fantastique au démoniaque, l'amour de l'excessif et du hideux ne sont pas seulement les survivances d'une mode, mais les signes d'une névrose persistante. Et tout ce que le Romantisme semble avoir gagné avec le développement du rationalisme positiviste, c'est un esprit critique qui lui faisait défaut, certes, mais qui, en lui donnant le goût de l'analyse, rendra cette névrose encore plus aiguë. Ainsi au delà du Romantisme, se définit déjà le *moderne* : tyrannie toujours plus grande de la sensation, de l'émotion, de toutes les forces inconscientes ; en même temps, sen-

---

[1] Voir en particulier sur la survivance des modes romantiques : MAIGRON, *Le Romantisme et les mœurs,* passim, et A. FERRAN, *L'Esthétique de Baudelaire,* p. 84 sqq.

timent aigu de ce courant intérieur qui sans cesse échappe, de ce présent qui retombe au passé, de cette durée insaisissable, du relatif qui est la marque de toute chose, du temps irréversible ; et, au fond de l'âme, l'angoisse de cet irréversible, la soif de vaincre ce relatif, la nostalgie de l'unité et de l'absolu[2].

On ne peut s'empêcher d'évoquer à ce propos le philosophe danois de l'angoisse. L'œuvre de Kierkegaard pourra bien attendre près d'un siècle pour trouver audience en France, elle n'en a pas moins, à l'époque, des échos chez nous. Quelques-uns ne sentent-ils pas alors s'ouvrir un gouffre sous leurs pas ? Ne voit-on pas apparaître chez eux ces « existentiels » que sont l'inquiétude, l'angoisse, le désespoir ? C'est que, ici et là, les causes profondes sont les mêmes et déterminent, chez les plus sensibles, les mêmes bouleversements.

Mais là s'arrête l'analogie. Car si, pour échapper au désespoir et à l'angoisse, l'âme nordique se tourne vers la religion et la philosophie, l'âme française, elle, va prendre des chemins différents. Nourrie naguère encore, même aux plus beaux temps du Romantisme, de logique et de rationalisme, peu portée au demeurant vers la spéculation philosophique, il lui restait d'autres mondes à découvrir. En retard sur ses voisines germanique et anglo-saxonne, elle n'avait pas encore vraiment exploré l'univers de la poésie. Il s'agit maintenant pour elle, non seulement de parcourir à son tour le chemin qu'ont fait avant elle les Romantiques d'outre-Rhin, mais d'aller plus loin qu'eux. A la suite des Novalis, des Nerval, des Poe, il s'agit, pour dénouer le conflit qui la déchire, de tenter jusqu'au bout l'aventure poétique, et d'unir à l'expérience et à la vision subjectives du monde sa recréation par la poésie. Avant même que l'on puisse discerner la convergence d'un certain nombre de forces souterraines qui plus ou moins brutalement se feront jour, le Symbolisme se prépare et s'annonce dans l'aventure intransigeante de quelques pionniers.

---

[2] Sur la définition du « moderne », cf. D. SAURAT, *Modernes* (« Le moderne cherche la sensation ») et A. BERGE, *L'Esprit de la Littérature contemporaine* (« La littérature moderne se situe dans la durée »).

I
BAUDELAIRE L'INITIATEUR

L'appel de la Beauté n'aura jamais d'autre sens pour Baudelaire que celui d'une promesse de délivrance. Il espère trouver dans la création poétique la solution du dualisme tragique qui le hante, refaire grâce à elle son unité, réconcilier Satan avec Dieu. C'est là la raison d'être et le fondement de son esthétique.

Baudelaire est toujours parti d'une réalité, première pour lui, d'une expérience immédiate qui est l'extase[1]. Rappelons l'affirmation des *Journaux Intimes* : « Tout enfant, j'ai senti dans mon cœur deux sentiments contradictoires : l'horreur de la vie et l'extase de la vie ». Et celle-ci le sauve de celle-là. Rappelons la première phrase de *Mon cœur mis à nu* : « De la vaporisation et de la centralisation du *Moi*. Tout est là ». Rappelons les évasions d'*Élévation* ou de *Rêve parisien*. Rappelons le début des *Paradis Artificiels,* qui évoque le souvenir « de belles saisons, d'heureuses journées, de délicieuses minutes ». « Cet état exceptionnel de l'esprit et des sens », que Baudelaire qualifie de paradisiaque, « cet état charmant et singulier, où toutes les forces s'équilibrent » n'a pourtant rien de commun avec l'expérience des mystiques. Il en tire bien, aux meilleurs moments, « la certitude d'une existence meilleure ». Mais ces moments « où le sentiment de l'existence est immensément augmenté », où la profondeur de la vie se révèle tout entière dans le spectacle... qu'on a sous les yeux », ces « excitations angéliques » ont-ils, quoi qu'on en ait dit, un rapport quelconque avec des « états théopathiques » ?

---

[1] BLIN, *Baudelaire,* Gallimard, 1939, par exemple, en fait, à tort me semble-t-il, une étape de son itinéraire, une solution possible (p. 149 sqq.). Mais, comme on va le voir, il ne faut pas confondre l'extase baudelairienne avec l'expérience mystique. Béguin, tout en mettant en lumière le caractère fondamental de l'extase chez Baudelaire, semble près de commettre la même confusion quand il parle à propos de lui d'une « authentique expérience de l'extase » et de ces « instants de dépersonnalisation, d'oubli du moi et de communication avec les « paradis révélés », qu'il considéra lui-même comme les sommets de sa vie spirituelle, et comme les rares minutes où, échappant à l'exil « dans l'imparfait » et dans le Temps, il atteignait à la contemplation de l'Éternité. » (*L'Âme romantique et le Rêve,* II, p. 401).

Et peut-on affirmer que Baudelaire « ne convoite pas d'autre état que l'union transformante »[2] ? Non seulement on doit insister sur le fait qu'il n'a jamais eu « la force de consacrer l'impitoyable désappropriation de la Nuit des Sens » et de suivre une voie spirituelle authentique[3], mais il semble même ne l'avoir jamais vraiment souhaité[4]. Il le déclare lui-même : l'extase qu'il connaît n'est pas » la récompense de la prière assidue et des ardeurs spirituelles »[5] ; c'est « une espèce de hantise » qui se manifeste parfois, « après de coupables orgies de l'imagination, après un abus sophistiqué de la raison », ou, comme le « malade de trop de vie » des *Paradis Artificiels,* sur l'injonction de la musique, ou devant quelque paysage, quelque impression qui « s'élance des choses », mélodie monotone de la houle, immensité du ciel et de la mer[6]. État paradisiaque, « extase faite de volupté et de connaissance », sensation délicieuse, Baudelaire ne connaît vraiment qu'une extase ; seuls les *prétextes* diffèrent.

D'ailleurs, ce qu'il y cherche, ce n'est ni l'Amour, comme les mystiques chrétiens, ni, comme les mystiques hindous, la Vérité suprême : c'est la Beauté. Il le déclare sans cesse : n'est-ce pas elle l'Idole de la *Chambre double,* installée sur un trône de rêverie et de volupté[7] ? N'est-ce pas elle qu'il poursuit dans le *Confiteor de l'Artiste,* elle aussi qui lui ouvrira la porte « d'un Infini qu'[il] aime et [n'a] jamais connu »[8] ? Car la Beauté doit lui révéler non la Vérité, mais l'Inconnu. Elle en vient et elle nous y mène. Et si elle nous sauve du spleen, c'est parce qu'elle seule est capable de nous offrir « du nouveau ».

---

[2] Comme le voudrait BLIN (o. cit., p. 174), et malgré sa pénétrante analyse des étapes successives de l'extase (pp. 156-157).
[3] Du propre aveu de BLIN (p. 176).
[4] Quand il se trace à lui-même une voie spirituelle (*Journaux Intimes,* p. 42 sqq.), il envisage un processus bien différent : « Une sagesse abrégée. Toilette, prière, travail. »
[5] *Paradis Artificiels,* p. 196.
[6] « Le malade, *l'extase dans les yeux,* les regarde... avec un indicible mépris. Vouloir guérir un homme de trop de vie, malade de joie. » Cf. *Petits Poèmes en Prose, Le Confiteor de l'Artiste,* p. 157.
[7] *Petits Poèmes en Prose,* p. 159 : « Une chambre qui ressemble à une rêverie, une chambre véritablement *spirituelle.* Ici tout a la suffisante clarté et la délicieuse obscurité de l'harmonie... Sur le lit est couchée l'Idole, la souveraine des rêves... ».
[8] Cf. *Fleurs du Mal,* XXI : *Hymne à la Beauté,* où apparaît bien le caractère équivoque de l'extase baudelairienne : « De Satan ou de Dieu, qu'importe ? Ange ou Sirène, qu'importe ? » Et le *Confiteor de l'Artiste* : « Ah ! faut-il éternellement souffrir, ou fuir éternellement le beau ? » (p. 158).

UNE MYSTIQUE POÉTIQUE

Voilà donc le secret de ces extases délicieuses. Non état théopathique, mais *état poétique*. Les mots ne doivent pas nous tromper, et la voie de Baudelaire n'est mystique qu'au sens le plus large du terme, en tant que recherche du mystère et que cheminement mystérieux : elle est plus précisément une « mystique poétique ». Baudelaire est poète avant tout, même quand il se mêle d'esthétique, et son expérience est celle d'un poète. Expérience que confirment et que définissent très exactement ces lignes de l'article sur *Théophile Gautier* : « Ainsi le principe de la poésie est strictement et simplement l'aspiration humaine vers une Beauté supérieure, et la manifestation de ce principe est dans un enthousiasme, un enlèvement de l'âme »[9]. L'état poétique, cette « vaporisation du moi », est évasion d'abord, et surtout, comme l'indique Blin, à la fois « fusion et ascension ». Pour être celui

> Qui plane sur la vie, et comprend sans effort
> Le langage des fleurs et des choses muettes.

il faut s'élever, s'envoler bien loin de terre, « se purifier dans l'air supérieur » : *Élévation* de la rêverie contemplative, ascension liquide « vers les vastes cieux enchantés » : poésie aérienne, poésie de l'air et du ciel, qui se plaît aux « merveilleuses constructions de l'implacable ». Alors « la personnalité disparaît et l'objectivité... se développe en vous si anormalement que la contemplation des objets extérieurs vous fait oublier votre propre existence, et que vous vous confondez bientôt avec eux »[10]. Ainsi l'état poétique réalise-t-il la fusion du moi et du non-moi.

Dans cet état, et de ces hauteurs où plane le poète, il découvre alors le monde véritable, la « surnature ». Le surnaturalisme en effet, selon Baude-

---

[9] *Art Romantique*, p. 131.
[10] *Paradis Artificiels*, p. 221. Tout le passage est à citer : « Votre œil se fixe sur un arbre harmonieux courbé par le vent ; dans quelques secondes, ce qui ne serait dans le cerveau d'un poète qu'une comparaison fort naturelle deviendra dans le vôtre une réalité. Vous prêtez d'abord à l'arbre vos passions, votre désir ou votre mélancolie : ses gémissements et ses oscillations deviennent les vôtres, et bientôt vous êtes l'arbre. De même, l'oiseau qui plane au fond de l'azur *représente* d'abord l'immortelle envie de planer au-dessus des choses humaines, mais déjà vous êtes l'oiseau lui-même. Je vous suppose assis et fumant. Votre attention se reposera un peu trop longtemps sur les nuages bleuâtres qui s'exhalent de votre pipe. L'idée d'une évaporation, lente, successive, éternelle s'emparera de votre esprit, et vous appliquerez bientôt cette idée à vos propres pensées, à votre matière pesante. Par une équivoque singulière, une espèce de transposition ou de quiproquo intellectuel, vous vous sentirez vous évaporant, et vous attribuerez à votre pipe (dans laquelle vous vous sentez accroupi et ramassé comme le tabac) l'étrange faculté de *vous fumer*. »

laire, révèle dans chaque objet « un sens plus profond, plus volontaire, plus despotique »[11], il affirme, derrière la nature visible, la présence d'« idées innées » ; et Baudelaire évoque « ces admirables heures, véritables fêtes du cerveau, où les sens plus attentifs perçoivent des sensations plus retentissantes, où le ciel d'un azur plus transparent s'enfonce comme un abîme plus infini, où les sons tintent musicalement, où les couleurs parlent, où les parfums racontent des mondes d'idées »[12]. Ce que le poète retient de ces visions, c'en est la « splendeur » : la couronne mystique du Poète, « diadème éblouissant et clair », ne sera faite

que de pure lumière,
Puisée au foyer saint des rayons primitifs.[13]

Mais cette splendeur n'est sensible à l'homme qu'à travers les formes qu'elle revêt, la surnature s'incarne dans la nature. Nous touchons ici au cœur même des idées esthétiques de Baudelaire, idées qu'il a reçues de Swedenborg, de Lavater, d'Hoffmann, d'Edgar Poe et de bien d'autres, idées qu'il n'a nulle part exposées comme un « système », mais qui imprègnent si bien toute son œuvre qu'elles deviennent partie intégrante du « baudelairisme » et qu'à ce titre elles imprimeront une orientation décisive à la poésie de la fin du siècle.

Le même passage de l'article sur *Théophile Gautier,* écrit par Baudelaire en 1859, résume admirablement l'essentiel de ces idées :

« C'est cet admirable, cet immortel instinct du Beau qui nous fait considérer la Terre et ses spectacles comme un aperçu, comme une *correspondance* du Ciel. La soif insatiable de tout ce qui est au delà, et que révèle la vie, est la preuve la plus vivante de notre immortalité. C'est à la fois par la poésie et *à travers* la poésie, par et *à travers* la musique, que l'âme entrevoit les splendeurs situées derrière le tombeau ; et quand un poème exquis amène les larmes au bord des yeux, ces larmes ne sont pas la preuve d'un excès de jouissance, elles sont bien plutôt le témoignage d'une mélancolie irritée, d'une postulation des nerfs, d'une nature exilée dans l'imparfait et qui voudrait s'emparer immédiatement, sur cette terre même, d'un paradis révélé »[14].

Ce texte, que sa concision rend parfois sibyllin, s'éclaire par d'autres où Baudelaire a développé davantage sa pensée. Et d'abord sur « l'analogie universelle ». Déjà en 1856 il écrivait à Toussenel : « *L'homme raisonnable* n'a pas attendu que Fourier vînt sur la terre pour comprendre que la nature

---

11 *Curiosités Esthétiques,* p. 251 (d'après Edgar Poe).
12 *Ibid.* — Baudelaire ajoute : « La peinture de Delacroix me paraît la traduction de ces beaux jours de l'esprit. Elle est revêtue d'intensité et sa splendeur est privilégiée. Comme la nature perçue par des nerfs ultra-sensibles, elle révèle le surnaturalisme. »
13 *Fleurs du Mal,* I : *Bénédiction.*
14 *Art Romantique,* p. 131.

est un *verbe*, une allégorie, un moule, un *repoussé*, si vous voulez. Nous savons cela, et ce n'est pas par Fourier que nous le savons, nous le savons par nous-mêmes, et par les poètes »[15]. Les poètes en effet ont toujours pressenti « les mystères de l'analogie » et c'est chez eux que « l'humanité lisante fait son éducation aussi bien que dans la contemplation de la nature ». Mais si le poète Baudelaire a eu de tout temps l'intuition de ces mystères, il en a pris clairement conscience grâce à Swedenborg. Avant Fourier, dit-il, « Swedenborg, qui possédait une âme plus grande, nous avait déjà enseigné que *le ciel est un très grand homme* ; que tout, forme, mouvement, nombre, couleur, parfum, dans le *spirituel* comme dans le *naturel*, est significatif, réciproque, converse, *correspondant* ». La notion d'analogie entraîne donc celle de correspondances, et elle-même celle de symbolisme.

Même si, comme il le semble d'après ses écrits, Baudelaire n'a jamais cherché à se préciser, métaphysiquement, ces notions de microcosme et de macrocosme, s'il s'est arrêté au « mystère de la vie » sans remonter, comme Hugo, aux mystères de la Création, il n'en avait pas moins lu Swedenborg, et remarqué chez lui la description du Ciel, de ses sociétés d'anges, et l'idée de l'influence du monde spirituel sur le monde naturel. Plus précisément, il y avait appris que le monde extérieur d'une part, l'homme de l'autre sont respectivement les répliques du « monde des idées », qu'il y a dans l'un comme dans l'autre des degrés du naturel au spirituel, et que s'il existe des correspondances entre la nature extérieure et l'homme, il en existe aussi entre le « monde naturel » et le « monde spirituel » dont celui-là est émané[16]. C'est ainsi que Baudelaire, dans tel poème en prose, conduira son Amie dans une contrée semblable à elle, de manière qu'elle y ait « pour miroir sa propre correspondance »[17].

La nature et l'homme prennent alors un sens, une signification aux yeux du poète. La nature lui apparaît comme un temple d'où sortent parfois « de confuses paroles » ; car en toutes choses il est un sens symbolique, et chaque objet est la traduction d'une réalité spirituelle. Quant à l'homme, il est pour le poète le reflet du Ciel. Déjà « Lavater, limitant au visage de l'homme la démonstration de l'universelle vérité, nous avait traduit le sens

---

[15] Lettre à Toussenel du 21 janvier 1856 (*Lettres*, pp. 72-75). Cf. J. POMMIER, *La mystique de Baudelaire*, Belles-Lettres, 1932, p. 55 sqq.
[16] J. POMMIER, o. cit., p. 38 et les textes cités : Si « le monde naturel sert de corps et de vêtement au monde spirituel », c'est « pour nous rendre sensible comme effet ce qu'il tient de lui comme cause ; il tire son existence du monde spirituel, comme l'effet de sa cause efficiente. » Or « la manière dont l'action se fait, ou la manière dont la cause produit son effet, établit la correspondance. » En d'autres termes, est « correspondant tout ce qui existe dans le monde naturel d'émané du monde spirituel. »
[17] *Petits Poèmes en Prose*, éd. Conard, p. 296. Le texte est de 1857.

spirituel du contour, de la forme, de la dimension ». Mais Baudelaire, avec Swedenborg, va plus loin : « Si nous étendons la démonstration (non seulement nous en avons le droit, mais il nous serait infiniment difficile de faire autrement), nous arrivons à cette vérité que tout est hiéroglyphique, et nous savons que les symboles ne sont obscurs que d'une manière relative, c'est-à-dire selon la pureté, la bonne volonté ou la clairvoyance native des âmes »[18]. Pour le poète comme pour Eugène Delacroix, « la nature est un vaste dictionnaire dont il roule et consulte les feuillets avec un œil sûr et profond »[19]. « C'est alors que la couleur parle, comme une voix profonde et vibrante ; que les monuments se dressent et font saillie sur l'espace profond ; que les animaux et les plantes représentants du laid et du mal, articulent leur grimace non équivoque ; que le parfum provoque la pensée et le souvenir correspondants ; que la passion murmure ou rugit son langage éternellement semblable »[20]. Baudelaire alors se promène à travers les « forêts de symboles », non plus en étranger, mais en familier : sensible à la signification du soir, de la mer, de tous les spectacles de la nature, initié au « langage des fleurs et des choses muettes »[21].

Ainsi se révèle au poète en toutes choses une « ténébreuse et profonde unité ». Déjà en 1846 Baudelaire évoquait les lignes où Hoffmann, entendant de la musique, déclarait trouver « une analogie et une réunion intime entre les couleurs, les sons et les parfums » qui devaient, selon lui, « se réunir dans un merveilleux concert ». Oui,

> Les parfums, les couleurs et les sons se répondent,

mais ces synesthésies ne sont pas des rencontres fortuites, et la « révélation » de Wagner, a confirmé Baudelaire dans cette idée : « Car ce qui serait vraiment surprenant, c'est que le son *ne pût pas* suggérer la couleur, que les couleurs *ne pussent pas* donner l'idée d'une mélodie, et que le son et la couleur fussent impropres à traduire des idées ; les choses s'étant toujours exprimées par une analogie réciproque, depuis le jour où Dieu a proféré le monde comme une complexe et indivisible totalité »[22]. Totalité où le poète découvre une unité et une harmonie cachées, dans la nature comme dans l'homme, et en présence de laquelle il s'écrie :

> O métamorphose mystique
> De tous mes sens fondus en un ![23]

---

18 Article sur Victor Hugo, dans *Art Romantique,* pp. 244-245.
19 *Curiosités Esthétiques,* p. 109.
20 *Art Romantique,* p. 136 (article sur Th. Gautier).
21 Cf. le chapitre de J. POMMIER, o. cit., p. 71 sqq.
22 *Art Romantique,* p. 169..
23 *Fleurs du Mal,* XLI : *Tout entière.*

« SORCELLERIE ÉVOCATRICE »

Mais il n'est pas suffisant que l'âme du poète, « vaporisée » par son rêve, saisisse en une intuition plus ou moins vague les analogies et les correspondances que lui offrent le monde et sa propre nature. Le vrai poète ne saurait se contenter de cet état pseudo-mystique. Le *Confiteor de l'Artiste* nous l'apprend, la nature, cette « enchanteresse sans pitié », ne cesse de « tenter ses désirs et son orgueil ». Il veut, nous l'avons dit, « s'emparer immédiatement, sur cette terre même, d'un paradis révélé », capter et fixer ces splendeurs entrevues, et, pour tout dire, renouveler la Création elle-même. S'il est vrai que l'art consiste, non pas dans la « reproduction exacte de la nature », c'est-à-dire des apparences matérielles[24], mais dans la traduction de la réalité spirituelle qu'elles cachent, cela implique pour le poète la croyance en la possibilité de trouver une forme adéquate à cette réalité, de projeter le spirituel dans le monde visible, bref, selon la propre expression de Baudelaire à propos de Delacroix, d'inclure « l'infini dans le fini ». Certes, « l'idéal absolu est une bêtise... Quoique le principe universel soit un, la nature ne donne rien d'absolu, ni même de complet ». Pourtant Baudelaire, quand il définissait ainsi l'art de Delacroix, devait se souvenir de la formule de Swedenborg : « Tout être créé est fini, et l'infini est dans les finis comme dans ses réceptables ». Et toute son œuvre postule la foi dans cette notion de la plénitude infinie s'incarnant dans la perfection formelle, par un mouvement selon lequel à la fois l'esprit réintègre les limites et l'individuel se définit dans l'universel, et que Georges Blin après Louis Lavelle appelle la « participation esthétique ». Il s'agit d'enclore l'absolu dans les limites les plus étroites, de faire du corps un moyen d'accès, de la matière un instrument. Par là on sauve la différence. Dans l'infinie variété des déterminations, chaque être cherche la formule qui non seulement exprimera l'originalité de son tempérament, mais qui définira sa vocation, c'est-à-dire son harmonie propre et son idéal. « Un idéal, dit très justement Baudelaire, c'est l'individu redressé par l'individu, reconstruit et rendu par le pinceau ou le ciseau à l'éclatante vérité de son harmonie native »[25]. Baudelaire aurait pu ajouter : ou par la plume. Car, plus encore que le peintre ou le sculpteur, le poète a pour mission de se chercher lui-même, de se découvrir à travers ses états d'âme ou ses sensations, et par là, puisqu'il est une réduction du Ciel, de découvrir la splendide harmonie de la Création elle-même. Cela suppose de sa part, non plus vaporisation, mais

---

24 Cf. *Curiosités Esthétiques,* p. 268, où Baudelaire s'en prend aux « gens du monde », dont le *Credo* est, dit-il : « Je crois à la nature et je ne crois qu'à la nature (il y a de bonnes raisons pour cela). Je crois que l'art est et ne peut être que la reproduction exacte de la nature... Ainsi l'industrie qui nous donnerait un résultat identique à la nature serait l'art absolu. »
25 *Curiosités Esthétiques,* p. 143.

« centralisation », non plus rêverie extatique, mais concentration de toutes ses puissances intérieures. C'est ce que Baudelaire appelle le « rêve artistique..., vision produite par une intense méditation »[26].

En effet, s'il reconnaît « le don gratuit » qui élit ce moment « presque surnaturel où l'âme est *contrainte de chanter* »[27], Baudelaire ne saurait s'en contenter, et par là, comme l'a montré Blin, il se sépare de la plupart des Romantiques. Il se sent « blessé par le mystère et par l'absurdité », et pour lui vaporisation et rêve passif, chez le poète, doivent tôt faire place à la concentration et à l'intelligence. La fonction du poète n'est-elle pas avant tout de déchiffrer la langue sacrée de la création ? S'il est vrai que « tout est hiéroglyphique... qu'est-ce qu'un poète... si ce n'est un traducteur, un déchiffreur » ?[28] Et ne doit-il pas posséder, non seulement « l'intelligence innée de la *correspondance* et du symbolisme universels », mais aussi « l'outil qui sert si bien cette passion du Beau », c'est-à-dire le style ?[29]

« Le style, c'est l'homme même », a dit Buffon. Baudelaire pourrait dire : « Le style, c'est le tempérament ». Mais c'est en même temps l'usage de la langue. Or « il y a dans le mot, dans le *verbe*, dit Baudelaire, quelque chose de *sacré* qui nous défend d'en faire un jeu de hasard ». Le poète doit donc « manier savamment » cet instrument sacré, et c'est par là qu'à travers son tempérament et sa vision subjective des choses il a des chances de retrouver l'universel[30]. Car son rôle est bien, non de « représenter les choses telles qu'elles sont », mais d'exprimer une réalité spirituelle, d'« illuminer les choses avec [son] esprit et [d'] en projeter le reflet sur les autres esprits »[31].

A cet effet, mettant à profit son intuition des analogies et des correspondances, le poète cherchera « dans la nature extérieure et visible des exemples et des métaphores qui lui serviront à caractériser les jouissances et les impressions d'un ordre spirituel ». Exemples et métaphores qui ne doivent pas être laissés au hasard : « Chez les excellents poètes, affirme Baudelaire, il n'y a pas de métaphore, de comparaison, d'épithète qui ne soit d'une adaptation mathématiquement exacte dans la circonstance actuelle, parce que ces comparaisons, ces métaphores et ces épithètes sont puisées dans l'inépuisable fonds de l'*universelle analogie,* et qu'elles ne peuvent être puisées ailleurs »[32]. Il y a donc des métaphores fausses, ou trompeuses, ou

---

[26] Baudelaire ajoute : « ... ou, dans les cerveaux moins fertiles, par un excitant artificiel. »Cité dans MORRISSETTE, *Les Fondements de l'Esthétique symboliste*, p. 75.
[27] *Art Romantique*, éd. Conard, p. 348 et pp. 351-353.
[28] *Art Romantique*, p. 254.
[29] Baudelaire ne parle-t-il pas, à propos de Gautier, d'une « profonde science mathématique » ? Cf. *ibid.*, p. 135.
[31] *Curiosités Esthétiques*, p. 284.
[32] *Art Romantique*, p. 329.

inadéquates — chez les poètes médiocres — et des métaphores *vraies*, et la poésie peut donc acquérir une sorte de rigueur scientifique.

Qu'est-ce par ailleurs qu'une métaphore prise dans la nature visible et qui caractérise des impressions d'ordre spirituel, sinon un symbole ? Et voici Baudelaire conduit à concevoir une poésie ramenée à sa fonction véritable, qui est de « symboliser » la profondeur de la vie par l'évocation d'un spectacle plus ou moins extérieur[33]. Il était réservé aux générations suivantes d'élaborer la théorie du symbole poétique. Baudelaire s'est contenté de le pratiquer d'instinct, mais en se rendant compte de ce que le symbole n'est pas une simple représentation concrète d'une idée abstraite, comme le veut la rhétorique classique, mais le moyen, et le seul moyen de créer un monde nouveau avec les débris de l'ancien. Quant à l'allégorie, selon lui « l'une des formes primitives et les plus naturelles de la poésie », s'il la cultive avec prédilection, si, à proprement parler, elle prend corps chez lui, jusqu'à devenir véritablement vivante, ce n'est pas semble-t-il, parce qu'il la « modernise »[34], mais au contraire parce qu'il lui restitue son authentique et primitive réalité. Pour Baudelaire, la Mélancolie, la Débauche, la Peur sont vraiment incarnées en lui ; ce sont des forces spirituelles qui le travaillent et, comme on l'a dit, « tout son être est attaqué, désagrégé, à la merci d'agents sournois et implacables » ; non pas fictions, mais présences réelles dont sont faites son âme et sa chair.

On comprend alors ce que signifie cette « sorcellerie évocatrice » qui revient plusieurs fois sous sa plume. C'est d'abord la science du langage et de l'analogie qui permet à tout instant au poète de trouver la métaphore « mathématiquement exacte » dans la circonstance présente. Mais si l'on songe que le rôle du poète est, non pas seulement d'éprouver, mais de transmettre, de communiquer aux autres ses visions, on en viendra à considérer la langue et l'écriture comme des « opérations magiques » capables d'agir directement sur les âmes[35]. Baudelaire s'est beaucoup préoccupé de sorcellerie et de magie[36]. Il croit à « la sorcellerie des sacrements » et en particulier de la prière, à sa « toute-puissance, même matérielle ». Ce sont là les moyens, les grandes forces de la « dynamique morale » et spirituelle. Mais Baudelaire, au fond, laisse à d'autres le maniement de ces forces. Il n'est pas l'homme de la prière, si ce n'est celle qu'on adresse à Satan. Il est l'homme de la poésie,

---

[33] Cf. *Journaux Intimes,* p. 29 : « Dans certains états de l'âme presque surnaturels, la profondeur de la vie se révèle tout entière dans le spectacle, si ordinaire qu'il soit, qu'on a sous les yeux. Il en devient le symbole. »
[34] Comme le dit J. POMMIER, o. cit., p. 132.
[35] *Journaux Intimes,* p. 28 : « De la langue et de l'écriture, prises comme opérations magiques, sorcellerie évocatrice. »
[36] Cf. en particulier BLIN, o. cit., pp. 140-141.

et son souci est de « faire tressaillir » son lecteur, d'engendrer en lui une « sorte de convulsion nerveuse » comme celle qu'il éprouvait autrefois, en lisant Gautier, à « la sensation de la touche posée juste, du coup porté droit »[37].

C'est que la « sorcellerie évocatrice » de Baudelaire n'a rien de commun avec cette magie où les Romantiques allemands voyaient le secret d'un art fantastique et purement arbitraire. Comme le dit très justement Blin, « il entend au contraire de Novalis que le hasard soit soigneusement exclu et que l'intelligence choisisse la touche unique et nécessaire pour provoquer la réponse voulue : c'est en cela que consiste le jeu strictement défini du symbolisme »[38]. En tout état de cause, Baudelaire reste « le souverain de ses mots ». Ainsi, le but du poète est l'infaillibilité de la production poétique, dont il s'agit, à l'instar d'Edgar Poe, de découvrir les lois. « Il n'y a pas de hasard dans l'art, affirme Baudelaire à la suite de l'auteur de la *Genèse d'un poème*... Un tableau est une machine dont tous les systèmes sont intelligibles pour un œil exercé »[39]. Il repousse « le fatalisme de l'inspiration » et ne croit « qu'au travail patient, à la vérité dite en bon français et à la magie du mot juste ». Il repousse aussi, comme Edgar Poe, la passion, qui tend plutôt à dégrader l'âme qu'à l'élever et risque de troubler la pureté de l'âme en présence de la Beauté et son infaillibilité. Quelle est donc la faculté qui conférera au poète cette quasi-infaillibilité magique ? Ce n'est pas l'intelligence, qui ne permet que de comprendre et de déchiffrer le langage du monde, mais l'imagination.

Reprenant à son compte les remarques de Coleridge et de Poe, Baudelaire donne à l'imagination, « reine des facultés », un rôle primordial. « C'est l'imagination qui a enseigné à l'homme le sens moral de la couleur, du contour, du son et du parfum. Elle a créé, au commencement du monde, l'analogie et la métaphore. Elle décompose toute la création, et, avec les matériaux amassés et disposés suivant des règles dont on ne peut trouver l'origine que dans le plus profond de l'âme, elle crée un monde nouveau, elle produit la sensation du neuf. » Il ne s'agit donc pas de l'idée commune que l'on se fait de l'imagination, et qui n'est que fantaisie, mais, comme le disait « cette excellente Mme Crowe » dans *La Face Nocturne de la Nature*, « l'imagination *créatrice,* qui est une fonction beaucoup plus élevée, et qui, en tant que l'homme est fait à la ressemblance de Dieu, garde un rapport éloigné avec cette puissance sublime par laquelle le Créateur conçoit, crée et entretient son univers ». Aussi l'imagination doit-elle être la faculté maîtresse de cet apprenti créateur qu'est l'artiste : « Tout l'univers visible n'est qu'un magasin d'images et de signes auxquels l'imagination donnera une place et une valeur relative ; c'est une espèce de pâture que l'imagination doit digérer et

---

[37] *Art Romantique,* p. 136.
[38] O. cit., p. 142.
[39] *Curiosités Esthétiques,* p. 107.

transformer »[40]. En effet l'imagination doit être « universelle », c'est-à-dire maîtresse de l'univers, et toutes les autres facultés de l'âme humaine doivent être les très humbles servantes de cette « faculté unique et supérieure ».

Remarquons toutefois que chez Baudelaire c'est sur les sensations, bien plus que sur les sentiments et les passions, que l'imagination travaille. Telle est probablement, plus encore qu'un état morbide, la véritable raison de cette hyperesthésie que l'on constate chez lui. En Baudelaire, sensations et imagination s'exaltent mutuellement, et c'est encore sous l'influence de l'imagination que les divers ordres de sensations se mêlent en une « métamorphose mystique » et se substituent l'un à l'autre. D'où les synesthésies, d'où aussi la correspondance des arts : « C'est un des diagnostics de l'état spirituel de notre siècle, dit Baudelaire, que les arts aspirent, sinon à se suppléer l'un l'autre, du moins à se prêter réciproquement des formes nouvelles »[41]. Baudelaire, d'ailleurs, dépassant cette conception sous l'influence de Wagner, sera-t-il si loin, à la fin de sa vie, d'imaginer, non plus une correspondance des arts, mais un art total ?

« SURNATURALISME ET IRONIE »

Que Baudelaire, en se consacrant au culte du Beau, ait fait une suprême tentative pour résoudre la dualité de sa nature et rendre à l'*homo multiplex* son harmonie, ces lignes de *Fusées* suffiraient à l'attester :

> Harmonie politique du caractère.
> Eurythmie du caractère et des facultés.
> Augmenter toutes les facultés.
> Conserver toutes les facultés[42].

Qu'il ait compté sur l'art et l'imagination créatrice pour réaliser cette unité, on n'en saurait douter après les témoignages que nous venons de lire. C'est donc à l'acte poétique qu'il demande la solution du double conflit dont il a toujours été la victime, conflit entre la raison, le cœur et la volonté, conflit entre l'âme et le corps. La poésie non seulement, comme le dit Marcel Raymond, lui a fait prendre conscience de l'unité de la vie psychique, mais, grâce à l'imagination créatrice, lui permettrait alors de réaliser l'infini dans le fini, d'obtenir par la perfection formelle cette suffisance dont l'extase lui donnait la nostalgie, bref, de voir, dans le corps et dans la matière, à la fois définie et symbolisée la réalité spirituelle. Et du même coup la création poétique opérerait la fusion des trois facultés psychologiques essentielles : le cœur et l'affectivité, qui président à cette vaporisation du moi, à cette expérience quasi-

---

40 *Curiosités Esthétiques*, p. 278 sqq. : *Salon de* 1859, IV. Le gouvernement de l'Imagination.
41 *Art Romantique*, p. 4.
42 *Journaux Intimes*, p. 28.

mystique qui définit l'état poétique ; l'intelligence critique, qui, par une expérience d'ordre métaphysique, doit assurer la concentration nécessaire à l'appréhension de la nature et de l'analogie universelle ; l'imagination enfin, qui, contrôlant et dirigeant le tout, accomplit l'acte et, selon une expérience proprement magique, recrée le monde selon le poète et accomplit le miracle.

Ainsi le métier et l'inspiration sont étroitement solidaires : Baudelaire n'a pas cessé de l'affirmer, depuis le *Salon de 1846* où il montrait Delacroix à la fois soucieux de reproduire dans ses tableaux sa pensée intime et « très soigneux des moyens d'exécution »[43], jusqu'à *Fusées* où l'on peut lire : « Il faut vouloir rêver et savoir rêver. Évocation de l'inspiration »[44]. C'est qu'en effet pour Baudelaire inspiration et conscience, ou plutôt, comme il dit, « surnaturalisme et ironie », ne sont pas antinomiques comme pour les Romantiques, mais complémentaires. Il faut le « coup d'œil individuel, l'aspect dans lequel se tiennent les choses devant l'écrivain », c'est-à-dire la vision subjective et intuitive, et puis il faut l'ironie, l'esprit critique, le travail sur soi et sur l'œuvre. Pour Baudelaire, l'imagination renferme aussi « l'intelligence de tous les moyens et le désir de les acquérir », en particulier l'art et le métier qui permettront une exécution très nette et très rapide, car un bon poème, comme un bon tableau, doit être « fidèle et égal au rêve qui l'a enfanté » et être « produit comme un monde ». Et par là Baudelaire, tout en prolongeant le Romantisme, le dépasse et rejoint les grands classiques de tous les temps.

Il semble pourtant se séparer violemment du classicisme. Car, au moment même où, dans l'acte poétique, il affirme son unité retrouvée, il affirme aussi sa différence, son originalité, sa *solitude*[45]. Tel est « l'individualisme bien entendu » : il « commande à l'artiste la naïveté et l'expression sincère de son tempérament ». C'est à travers son tempérament, c'est-à-dire dans sa manière particulière de vivre et de sentir, que le poète découvrira le frisson nouveau, le « neuf », la vision du monde subjective et irremplaçable qui devra commander toute son œuvre. Et il le découvrira en retrouvant la naïveté, « qui est la domination du tempérament dans la manière »[46], en retrouvant ces impressions d'enfance, ces aperceptions primitives qui semblent avoir gardé le souvenir d'un Paradis perdu[47]. Souvenir mêlé de regret

---

[43] *Curiosités Esthétiques*, p. 108.
[44] *Journaux Intimes*, p. 47.
[45] « L'idéal n'est pas cette chose vague, ce rêve ennuyeux et impalpable qui nage au plafond des académies ; un idéal, c'est l'individu redressé par l'individu... » (*Curiosités Esthétiques*, p. 143).
[46] *Curiosités Esthétiques*, pp. 87-88 et 193.
[47] « Le poète n'a-t-il pas été lui-même un de ces enfants dont il parle dans les *Paradis*, « qui, après avoir joué et s'être roulés dans des amas de luzerne fauchée, éprouvent souvent de singuliers vertiges » ? « J. POMMIER, o. cit., p. 147. Cf. tout le paragraphe.

et d'amertume, du sentiment d'une déchéance et d'une misère, et qui fait comprendre comment Baudelaire définit « son Beau » : « Quelque chose d'ardent et de triste... [car] le mystère, le regret sont aussi des caractères du Beau »[48]. Et par là Baudelaire est à la fois romantique et moderne.

Pourtant, par un ultime mouvement, l'esthétique de Baudelaire essaie de se dégager du particulier, comme il tente lui-même de dépasser sa nature. Car, en dernière analyse, c'est la Beauté idéale qu'il recherche désespérément. Idéal qui est précisément « l'individu redressé par l'individu »[49], le tempérament conquis, vaincu et dépassé, et tendant à s'intégrer à l'Être. De fait, Baudelaire n'a-t-il pas récusé l'effusion lyrique et toute sa poésie ne trahit-elle pas une lutte incessante — comme chez les plus grands, chez ceux qui sont au-delà des classicismes et des romantismes — pour découvrir, derrière l'individuel et l'éphémère, l'universel et l'éternel ?

*
* *

Baudelaire y est-il parvenu ? Ses dernières années témoignent du contraire. *Les Fleurs du Mal* nous ont montré une recherche constante, des velléités, des efforts impuissants pour sortir de lui-même et se rendre maître de son destin. Un instant, vers 1859 ou 1860, en prenant conscience de l'idéal esthétique qui était impliqué dans son œuvre, a-t-il cru pouvoir trouver, dans la création artistique, la possibilité d'une solution. Mais c'était encore une espérance trompeuse. Baudelaire l'avoue, « l'ivresse de l'art est plus apte que toute autre à voiler les terreurs du Gouffre ». Malgré la science et le travail, en dépit de la perfection formelle, celle-ci ne « remplit » pas. Car, sur « cette pauvre terre... la perfection elle-même est imparfaite »[50]. En vain, dans la plus grave des crises morales qu'il ait encore traversées, se tourne-t-il maintenant vers la religion. En vain invoque-t-il Dieu : — « Seigneur, mon Dieu !... vous qui avez peut-être mis dans mon esprit le goût de l'horreur pour convertir mon cœur... » — et se donne-t-il des préceptes de « conduite » et d'« hygiène morale » : « faire tous les matins ma prière à Dieu, réservoir de toute force et de toute justice »[51]. On sent trop bien par le contexte que la religion est là comme une tentative de rédemption désespérée, non comme un appel où s'engage vraiment la totalité de l'être : Baudelaire ne nous a pas habitués à la bonne conscience, et ses résolutions sont véritablement trop sages pour avoir quelque chance d'être suivies d'effet. Effort tout théorique par

---

48 *Journaux Intimes*, pp. 26-27.
49 *Curiosités Esthétiques*, p. 143. Cf. ci-dessus note 45.
50 *Art Romantique*, p. 4.
51 *Journaux Intimes*, p. 49.

conséquent, et qui ne laisse aucun espoir de conversion. Baudelaire « poursuit en vain le Dieu qui [se] retire »[52]. « Il est trop tard ! » Les mots qui terminent la première partie des *Fleurs du Mal* resteront vrais jusqu'à la fin.

Rarement Baudelaire rencontrera maintenant des heures d'apaisement. En ces heures, il fait taire sa Douleur et, dans une vision mélancolique, il voit

> se pencher les défuntes Années,
> Sur les balcons du ciel, en robes surannées :
> Surgir du fond des eaux le Regret souriant...

et il entend « la douce Nuit qui marche »[53]. Mais, le plus souvent, ses terreurs renaissent. La hantise du gouffre ne le quitte plus. Il est obsédé par l'odeur du tombeau, par « le Ciel, ce mur de caveau qui l'étouffe ». L'*Examen de Minuit* lui rappelle sa vie de blasphèmes et de faiblesses. En même temps qu'à la maladie il est en proie à une angoisse croissante. Et c'est dans une demi-folie que la mort vient le prendre, « brûlé par l'amour du beau »[54], mais n'ayant pas su trouver l'Amour.

*
* *

Baudelaire a réalisé son destin, il ne l'a pas vaincu. Il est resté jusqu'au bout l'éternel voyageur, à la recherche d'un ailleurs impossible. En dépit des phares qui ont éclairé sa route, des éclairs qui ont illuminé son âme, il s'est enfoncé, navire devenu épave, dans une nuit de plus en plus profonde. « L'artiste ne sort jamais de lui-même », notait-il dans *Mon cœur mis à nu*. Malgré ses efforts, Baudelaire n'a jamais pu dépouiller sa propre condition.

Misère et grandeur à la fois, car c'est le tragique de cette destinée, en même temps que ses tentatives pour élucider sa mission de poète, qui ont fait de lui le père de toute la poésie moderne. Sa sensibilité a défini une « nouvelle manière de sentir ». Cristallisant des courants multiples, entremêlant et conjuguant de nombreux thèmes — spleen, satanisme, envoûtement, extase, mysticité, etc. — le « baudelairisme » est devenu un thème littéraire nouveau, se prêtant par sa complexité même aux interprétations et aux déformations les plus diverses, et voyant s'accroître au cours du siècle, sinon sa signification réelle et profonde, du moins son influence et, en un certain sens, son efficacité.

Son expérience a tracé une route, ou plutôt une triple voie. En cherchant à saisir, par une extase presque mystique, les résonances du monde en son

---

52 *Fleurs du Mal*, CXLV : *Le Coucher du Soleil romantique.*
53 *Fleurs du Mal*, CXLVII : *Recueillement.*
54 *Ibid.*, CXLIII : *Les Plaintes d'un Icare.*

âme, il annonce Verlaine et le lyrisme pur. En définissant la poésie comme sorcellerie évocatoire, il précède l'ambition d'un Rimbaud, sa recherche d'une fantastique pure et son alchimie verbale. Et déjà, dans l'une et l'autre de ces voies, il peut être à son tour considéré comme un « phare ». Mais c'est par son intuition des correspondances, de l'analogie et du symbolisme universels, en voulant déchiffrer le mystère et l'hiéroglyphe de la création, qu'il fait surtout figure de précurseur : car non seulement sa recherche prépare celle de Mallarmé ; mais à leur suite toute une génération s'élancera, qui ne se contentera plus de promesses et tentera décidément de dérober le Paradis d'un seul coup.

II

VERLAINE OU LA MUSIQUE PURE

Des trois figures qui dominent le paysage poétique français dans la seconde moitié du siècle, celle de Verlaine est assurément la moins mystérieuse. Son œuvre ne présente ni cette incohérence ni cet hermétisme qui éloignent de nous, de prime abord, l'œuvre d'un Rimbaud ou d'un Mallarmé. Au demeurant, n'a-t-il pas multiplié confessions et souvenirs ? Ne s'est-il pas raconté avec complaisance à tout venant ? Verlaine est si proche de nous, nous comprenons si bien ses émois, ses regrets, et la mélancolie de sa mélodie subtile ! Mieux encore peut-être qu'en Baudelaire, nous nous reconnaissons en lui, nous, nos efforts et nos chutes. Pourtant, si l'on y regarde de plus près, tout n'est pas si clair dans la destinée de Verlaine : comment des parents tendres et attentifs, une enfance heureuse, une éducation bourgeoise ont-ils pu donner cet être hirsute, vagabond et ivrogne, et en même temps poète — ce déclassé de génie ? Par ailleurs, comment une œuvre aussi spontanée, aussi intuitive, aussi éloignée, semble-t-il, de toute théorie — faut-il même en excepter l'*Art Poétique* ? — a-t-elle pu aboutir à une véritable doctrine, à une « école » littéraire ? De même qu'il y avait un « cas » Baudelaire, il y a un « cas » Verlaine, et un problème verlainien.

Un art poétique

S'il faut d'abord insister sur les *Poèmes Saturniens,* c'est qu'il nous permettent de saisir, en quelque sorte à son insu et malgré lui, la vraie nature du poète. Or dès cette époque il y a plusieurs Verlaine. Il y a le Verlaine cordial, gai, affectueux avec sa mère, boute-en-train du salon de Nina de Villard, celui qui compose de joyeux monologues en argot, qui écrit des scénarios d'opérettes, des farces lyriques ; il y a le virtuose du vers, qui compose des drames, des vers de tous les genres, des pastiches de toutes les manières ; il y a aussi le débauché, celui qui fréquente les filles, qui publiera à Bruxelles, sous le nom de Pablo de Herlagnez, une plaquette de sonnets licencieux, mais qui a aussi des petits amis, et dont les mœurs semblent déjà hésiter entre les deux tendances de sa nature ; il y a enfin l'alcoolique, la victime de l'absinthe, celui qui, après les obsèques de sa cousine, au pays, ne dessaoûle pas pendant deux jours, qui passe par toutes les phases de l'ivresse, depuis l'expansion bavarde, le morne silence, puis la colère, jusqu'au délire homicide. Comment n'être pas déconcerté quand on voit ce jeune homme, poète instable et sans personnalité apparente, sensuel, ivrogne et débauché, écrire et publier alors *Fêtes Galantes* ? Est-ce un nouveau masque sur son visage ? Est-ce un pastiche de plus ? Gautier, Banville, Victor Hugo ont tour à tour, voilà vingt ans, évoqué Watteau dans leurs vers. Et voici que les Goncourt ont publié, en 1860, une notice où ils définissaient la grâce du peintre, disant la féerie du monde idéal qu'il a créé, « un de ces royaumes shakespeariens..., un de ces paradis galants que les Polyphiles bâtissent sur le nuage du songe », un monde dont l'amour est la lumière : « un recueillement tendre ; des attentions au regard vague ; des paroles qui bercent l'âme... ; des désirs sans appétits, des voluptés sans désirs... ; une paresse de passion dont rient d'un rire de bouc les satyres de pierre embusqués dans les coulisses vertes... C'est l'amour ; mais c'est l'amour poétique, l'amour qui songe et qui pense, l'amour moderne, avec ses aspirations et sa couronne de mélancolie »[1]. Ne trouvons-nous pas dans ces lignes, derrière ce qui fut peut-être une mode à l'époque, la clef de l'inspiration verlainienne ? Cette féerie intime et mélancolique, ce « colloque sentimental », ces voluptés paresseuses, Verlaine, plus encore que Baudelaire, n'en porte-t-il pas en lui, depuis toujours, le désir ? Et, sous ces « déguisements fantasques », sous la virtuosité encore toute parnassienne, sous la préciosité des noms et des personnes — Atys, Chloris, Tircis, Clitandre —, ne percevons-nous pas l'inconscient du poète, sa nostalgie de tendresse, tout en laissant percer l'angoisse d'un « destin solitaire et fatal » ?

Des *Poèmes Saturniens* et des *Fêtes Galantes,* à *Sagesse,* il n'y a pas de rupture dans l'œuvre de Verlaine, mais la progression lente, le cheminement quasi-instinctif d'une mélodie partie d'un mal qui s'ignore pour aboutir à quelques strophes sublimes où se résume presque, avant Claudel, la poésie religieuse française. De la même veine sont *Romances sans paroles,* « série d'impressions vagues, tristes et gaies » avec un peu de pittoresque presque naïf comme le poète l'écrivait en 1872 à Émile Blémont.

Tout n'est cependant pas qu'instinctif dans la poésie de Verlaine. Si, en dépit de ses nombreuses lectures et d'une culture beaucoup plus étendue qu'on ne le dit d'ordinaire, Verlaine, jusqu'à la rencontre avec Rimbaud, se laissa bercer au gré d'influences diverses, sans guère chercher plus loin que ce que lui avaient dicté, chacun de son côté, Baudelaire et le Parnasse, nous le voyons, à partir de 1871, se préoccuper de plus en plus d'ébaucher une réflexion théorique.

En mai 1873, revenu d'Angleterre, il déclare de Jéhonville à Lepelle-

---

[1] Notice sur Watteau, dans *L'Art au XVIIIe siècle* ; cité dans P. MARTINO, o. cit., pp. 64-66.

tier qu'il « fourmille d'idées, de vues nouvelles, de projets vraiment beaux... ».
Il lui parle notamment de la préface aux *Vaincus,* nouveau recueil qu'il prépare, préface où, dit-il, il « tombe *tous les vers,* y compris les siens, et où il explique des idées qu'il croit bonnes ». Et il ajoute : « Je caresse l'idée de faire... un livre de poèmes (dans le sens *suivi du mot*), poèmes didactiques si tu veux, d'où l'*homme* sera complètement banni. Des paysages, des choses, malice des choses, bonté, etc., des choses. Voici quelques titres : *La Vie du Grenier, Sous l'Eau, l'Ile.* — Chaque poème serait de 300 ou 440 vers —, Les vers seront d'après un système auquel je vais arriver. Ça sera très musical, sans puérilités à la Poe... et aussi pittoresque que possible. *La vie du Grenier* de Rembrandt ; *Sous l'Eau,* une vraie chanson d'ondine ; *l'Ile,* un grand tableau de fleurs, etc., etc. Ne ris pas avant de connaître mon système : c'est peut-être une idée chouette que j'ai là »[2].

Le même mois, il dit encore à Lepelletier, à propos des *Romances sans Paroles* : « A vrai dire, je n'en suis pas mécontent, bien que ce soit bien en deçà de ce que je veux faire. Je ne veux plus que l'effort se fasse sentir et en arrive avec de tous autres procédés — une fois mon système bien établi dans ma tête — à la facilité de Glatigny, sans naturellement sa banalité. Je suis las des « crottes », des vers « chiés » comme en pleurant, autant que des tartines à la Lamartine (qui cependant a des choses inouïes de beauté)... Bref, je réfléchis très sérieusement et bien modestement à une réforme, dont la préface des *Vaincus* contiendra la poétique »[3].

Voici Verlaine en prison. S'il est « obligé d'ajourner le fameux volume sur *les Choses* », qui nécessiterait, dit-il, trop de tension d'esprit, il n'en écrit pas moins « des *Cantiques à Marie* (d'après le Système) ». Et, à la fin de 1873, il envoie à Lepelletier plusieurs sonnets, *Été, Automne, Hiver,* en ajoutant : « C'est le système dont je te parlais de Jéhonville..., mais ce n'est qu'un *essai,* ceci »[4].

Ainsi, les lettres et les dates sont formelles : en 1873, Verlaine a conçu, très certainement sous l'influence de Rimbaud, mais après que Rimbaud l'a quitté, un nouveau « système » poétique. De ce système, les *Romances sans Paroles,* quoique encore « bien en deçà » de ce qu'il veut faire, peuvent donner une idée ; mais, bien plus, nous en avons un *essai* d'application dans les trois sonnets sur les saisons. Enfin, à peine quelques mois après (avril 1874), Verlaine compose *Art Poétique.* Le lien qui unit, dans la pensée du poète, les *Romances,* les déclarations de 1873 et l'*Art Poétique* semble irréfutable. Pourquoi C. Cuénot se refuse-t-il à faire ce rapprochement précis[5] ? Cela lui

---

2 Lettre à Lepelletier, 16 mai 1873 (*Corr.,* I, p. 95 sqq.). Voir aussi p. 317.
3 Lettre à Lepelletier, 23 mai 1873 (*Corr.,* I, pp. 102-103).
4 *Corr.,* I, p. 130.
5 CUÉNOT, p. 60 : « Ce qui est étrange, c'est que cet *Art poétique* soit daté d'avril 1874. Il daterait d'un an plus tôt, tout s'arrangerait à merveille. Le double rapprochement que

eût peut-être permis d'élucider le soi-disant « problème » de l'*Art Poétique*. Daterait-il d'un an plus tôt, nous ne serions pas plus avancés, au contraire : on ne comprendrait pas qu'il représentât exactement la traduction en vers d'idées en cours d'élaboration et qui, visiblement, en mai 1873, ne sont pas mûres. Suivons au contraire l'évolution du poète : sous le coup de l'événement qui vient de bouleverser sa vie, en pleine aventure, Verlaine écrit les *Romances sans Paroles* ; chemin faisant, il découvre à Londres Desbordes-Valmore et s'enthousiasme pour ces vers « larges, subtils aussi — mais si vraiment *touchants* — et un art inouï ! »[6] ; sous l'influence du « dérèglement de tous les sens » prêché par Rimbaud, et de ses voyages, il s'attache de plus en plus — comme on le voit d'ailleurs dans les *Romances* — à la nature, aux paysages, au monde extérieur vu à travers l'âme, et en vient à concevoir un système qui codifierait ses intuitions, qui reprendrait ce qui se trouve implicitement contenu dans les meilleurs de ses poèmes : vision nouvelles des choses, à la fois pittoresque et musicale ; sous l'effet de l'exaltation, il force un peu ses idées, se grise de mots, conçoit de vastes poèmes et parle d'éliminer totalement « l'homme » de sa poésie[7] ; les premiers essais conscients de la formule — les sonnets — lui montrent ce qu'elle comporte à la fois d'excessif et de juste ; et, après un certain délai, avec un peu de recul, et peut-être un jour où, en apparence, il n'y pense plus, l'inspiration lui dicte *Art Poétique*.

Pourquoi donc se poser des problèmes qui n'en sont pas ? Je sais bien que Verlaine affirmera plus tard — en 1890 — : « N'allez pas prendre au pied de la lettre mon *Art Poétique*, qui n'est qu'une chanson, après tout. *Je n'aurai pas fait de théorie* »[8]. On sait combien, volontairement, la mémoire de Verlaine fut infidèle ; vers 1890, il mettra d'ailleurs une certaine coquetterie à n'être d'aucune école, à se placer au-dessus des querelles de doctrine, à vouloir avant tout « être soi », en attendant d'abjurer totalement ses convictions poétiques d'antan pour mourir, selon le mot de P. Mathieu, « en état de grâce parnassienne »[9]. Mais pourquoi ne pas admettre que l'*Art Poétique*

---

l'on fait d'ordinaire se justifierait sans peine. D'un côté l'*Art poétique* donnerait comme la formule des *Romances sans paroles,* de l'autre il s'identifierait avec ce système qui nous a laissé perplexe un peu plus haut. »

[6] Lettre à E. Blémont, 25 juin 1873, I, p. 319. Cf. UNDERWOOD, *Verlaine et l'Angleterre*, Nizet.

[7] « Chaque poème serait de 300 ou 400 vers », a-t-il dit dans la lettre à Lepelletier du 16 mai.

[8] *Projet de préface...*, O. P., II, p. 251.

[9] P. MATHIEU, *Essai sur la métrique de Verlaine*, R.H.L.F......, 1931 et *Le vers de Verlaine, R. C. et C.*, 1932. Cf. O. P., II, p. 369 : « Toutefois, un grand nombre d'entre ces aimables insurgés sont revenus aux formules éternelles, qu'ils en croient un ancien qui tâta de la révolte dans son temps, — je veux dire, à la sévère versification française de naguère encore — et de toujours, à la fin des fins ! »

ait été à la fois une chanson dictée par l'« au-delà » de son âme, et l'expression, mi-consciente, mi-inconsciente, d'idées qu'il portait en lui depuis longtemps, qu'il avait formulées en partie et sous une forme excessive quelques mois plus tôt, et qui depuis, dépouillées de ces excès, s'étaient réduites à l'essentiel ? Ce qui ne nous autorise pas pour autant à voir dans les *Romances sans Paroles,* comme le voudrait P. Martino, « la première application de cette poétique nouvelle », mais au contraire la préparation, lente et intuitive, d'une poétique qui se formulera peu à peu pour finir par se dissoudre en une exquise chanson.

DE LA MUSIQUE AVANT TOUTE CHOSE...

Comme celle de Rimbaud, la poétique de Verlaine se présente comme révolutionnaire. « Je tombe tous les vers, y compris les miens », proclame-t-il. Entendons : les miens, dans la mesure où ils n'annoncent pas la nouvelle formule. Tout refuser : à la fois la poésie laborieuse, née du travail formel, les « crottes », comme il dit ; et les « tartines à la Lamartine », le lyrisme sentimental et abondant. Tout cela est « littérature », éloquence, et non poésie. Première distinction essentielle entre le langage oratoire et le langage poétique : jusqu'à Verlaine, en France, pas de *vraie* poésie.

Qu'est-ce donc que la poésie ? Et d'abord, qu'exprime-t-elle ?

... une âme en allée
Vers d'autres cieux à d'autres amours,

l'âme du poète et aussi l'âme des choses (malice, bonté...) : tout un monde caché, invisible, le monde du subconscient et de l'inconscient. Entre le poète et les choses y a-t-il donc différence de nature ? Non point, car en elles il se « mire soi-même », et l'état poétique est un moment d'extase où la conscience et le monde fusionnent, éliminant tout ce qui n'est pas cette inutition immédiate. C'est ainsi que « l'homme », au sens habituel du mot, l'homme avec sa raison, sa logique, sa morale, tout son cortège de lieux communs et d'abstractions, sera éliminé de la poésie nouvelle. Et en même temps naîtra un « pittoresque » nouveau, que l'on pourrait appeler le pittoresque-état d'âme. Les sonnets sur les saisons nous donnent une idée précise de ce que peuvent être ces impressions insaisissables : l'état d'âme d'été, rêves de sieste bercés du vol fou de la guêpe ivre, du soleil qui poudroie — « pauvre âme pâle », qui chantonne son espoir de voir refleurir « les roses de septembre » ; l'état d'âme d'automne, musique lointaine : ce sont « les choses qui chantent dans la tête », c'est notre sang qui pleure ; l'état d'âme d'hiver, quand

Tout l'affreux passé saute, piaule, miaule, glapit

et que tout semble finir, et mal finir ; que la ville fume et crie, que le brouillard est sale et jaune et rose, que les maisons épouvantent : « Ah ! vraiment cela finit trop mal... ». Donc une vision où les choses apparaissent sous un jour neuf, avec un visage inconnu : une vision de rêve. Comment s'étonner alors que les paysages aient, eux aussi, cette mélancolie impalpable et irraisonnée qui gît au creux de l'âme du poète ?

<blockquote>O musique lointaine et discrète</blockquote>

et toute proche à la fois, puisqu'il s'agit des « choses qui chantent dans la tête »[10].

C'est là en effet la grande découverte et la véritable originalité de Verlaine, le cœur de son « système » comme de sa poésie : « ça sera très musical » ; « de la musique avant toute chose »... La poésie-musique, il la porte en lui. Elle lui dictait déjà *Chanson d'Automne*, elle courait sous les *Fêtes galantes*, elle donnait son titre à *La Bonne Chanson*. Verlaine en aura bien conscience quand, plus tard, il parlera de son premier recueil : « *Les Paysages tristes* ne sont-ils pas, en quelque sorte, dira-t-il, l'œuf de toute une volée de vers chanteurs, vagues ensemble et définis, dont je reste peut-être le premier en date oiselier ? »[11]. Telle est bien en effet « l'unité qui relie ses choses premières à celles de son âge mûr » ; tel est l'essentiel de ce que retiendront ceux qui, tour à tour, vers 1885, s'imprégneront de la chanson verlainienne.

<blockquote>De la musique encore et toujours !</blockquote>

Les *Romances sans Paroles* semblent exaucer avant la lettre le vœu de l'*Art Poétique* : le titre, tel sous-titre — *Ariettes oubliées* — et surtout la substance même de chaque pièce. On dirait que, dans une telle poésie, le langage se vaporise, se résorbe dans la mélodie. « Le mot, dit P. Mathieu, vidé de son sens intellectuel, reprend son indépendance comme une note de musique ». La musique n'est-elle pas le seul moyen de noter les « au-delà troublants d'âme », les impressions fugaces du rêveur, d'exprimer l'inexprimable ? Dans les *Romances sans Paroles,* « ainsi dénommées, affirme Verlaine, pour mieux exprimer le vrai vague et le manque de sens précis projetés »[12], la signification logique s'exténue, au point de disparaître parfois, au profit d'une autre signification, ou plutôt d'une impression suggérée, tout intérieure et intuitive.

Poésie impressionniste : pour transmettre de telles impressions, le poète ne saurait « choisir ses mots sans quelque méprise », c'est-à-dire sans ménager autour d'eux un halo, qui leur confère un pouvoir de *suggestion* plutôt que d'expression. Au Précis doit se joindre l'Indécis, la Nuance, qui « seule fiance le rêve au rêve », et grâce à laquelle le vers sera la chose envolée, la

---

10   *Corr.,* I, p. 130.
11   *O. P.,* II, p. 248.
12   *Corr.,* III.

bonne aventure : la confidence d'une âme qui s'est déjà réfugiée dans un autre univers.

Semblable ambition exigeait une technique révolutionnaire. Ce qui trompe ici, c'est que Verlaine, toujours faible et timide, non seulement n'a pas été jusqu'au bout de ses principes, mais a inconsciemment camouflé la transformation qu'il imposait au vers. Certes, il introduit, de façon systématique, l'emploi de l'« Impair », exceptionnel jusqu'à lui ; il assouplit, il amenuise peu à peu la Rime — « ô qui dira les torts de la Rime ! » — jusqu'à la supprimer parfois. Mais sa poésie, en apparence, reste régulière : les alexandrins s'alignent sagement, ou alternent avec les hexasyllabes ; il y a encore une césure, et les syllabes conservent leur valeur traditionnelle. Que nous sommes loin des innovations tumultueuses de Rimbaud, du chaos dans lequel il plonge, au même moment, la poésie française ! Et pourtant la technique de Verlaine a peut-être fait plus, autant en tout cas, que celle de Rimbaud pour l'évolution de notre vers. Sous des dehors respectueux, P. Mathieu l'a bien montré, il a « touché à mort » l'alexandrin, l'a désarticulé, il a transformé la valeur expressive du vers en en faisant, comme le dit Paul Claudel, au lieu d'un membre logique durement découpé, « une haleine, la respiration de l'esprit, une ondulation, une série de gonflements et de détentes »[13]. Pour la première fois en France, un poète ne comptait plus les syllabes, n'égrenait plus les vers : la phrase poétique formait un tout, se déroulant de mesure en mesure, se glissant, insinuante et fluide, cherchant la courbe du chant intérieur pour se modeler sur elle. Révolution qui était bien autre chose qu'une révolution purement formelle : car c'était la notion même de poésie qui était en cause et, avec Verlaine, c'étaient le fond et la forme, la pensée et le langage, l'âme et le vers qui, après s'être longtemps cherchés, se rencontraient enfin, se pénétraient jusqu'à se fondre ensemble.

« Aventure périlleuse », notera-t-on en 1886. C'est là ce qu'on retiendra de Verlaine, non son aventure aux confins de l'amour, amour satanique ou amour divin. Et pourtant, on l'a vu, l'une est inséparable de l'autre. C'est parce qu'il a rencontré Rimbaud que Verlaine s'est connu capable de secouer tous les jougs qui pesaient sur lui ; c'est parce qu'elle était écartelée entre la chair et la tendresse que son âme a murmuré sa plainte, découvrant ainsi à elle-même sa vérité et son unité profondes, dans la complainte mêlée d'espérance ou dans la prière retrouvée. Mais les premiers lecteurs de Verlaine, ceux de 1882 à 1885, ceux de *Paris-Moderne* et de la *revue Indépendante,* ne connaîtront ni *Sagesse*, ni les *Romances sans Paroles*. Ils auront lu *Art Poétique* et quelques pièces éparses, parmi lesquelles un petit nombre seulement sera antérieur à 1880. Ce qu'ils en retiendront surtout, ce sera une sensibilité nouvelle, une mélancolie irraisonnée, dernière forme du mal du

---

[13] *Revue de Paris,* 1er février 1937, p. 499.

siècle ; des sensations ignorées, des impressions nées sur les plages du subconscient ; et surtout un effort de la poésie pour rejoindre la musique, une chanson inconnue jusqu'à eux. Ainsi, aux premières heures du renouveau poétique, l'impressionnisme verlainien viendra imprégner l'âme décadente.

Impressionnisme, et non pas symbolisme. A moins d'entendre par symbolisme comme le fait E. Fiser, un « mouvement naissant, indication du mouvement de la pensée », qui « rend sensible le mouvement fuyant de l'âme » et « tend à suggérer la durée pure », bref un « symbolisme dynamique »[14] qui en réalité ne mérite le nom de symbole que par une extension tout abusive. Le véritable symbolisme, Baudelaire nous l'a déjà laissé pressentir, est bien autre chose, la recherche d'une correspondance fondamentale, d'une analogie réelle et constitutive entre notre âme et l'univers : et cette notion ne se précisera que plus tard. Un tel symbolisme, si Verlaine l'a découvert parfois, instinctivement :

> Dans l'interminable
> Ennui de la plaine...

et plus tard :

> Noyez mon âme aux flots de votre Vin,

il ne l'a jamais cherché, en dépit de Baudelaire, il ne l'a même jamais soupçonné ; laissant à d'autres, au fond, le soin de tirer de son œuvre les conséquences de l'esthétique qu'elle contenait implicitement.

*
* *

On a noté, après *Sagesse,* la brusque chute de tension de la poésie verlainienne. On a l'impression que, dès lors, il n'a plus rien à dire d'essentiel. Et pourtant quelle n'eût pas été son œuvre s'il avait poussé plus avant dans les voies qu'il avait lui-même ouvertes : cette confidence murmurée, cette vision neuve et naïve des choses, et surtout, peut-être, cette humble prière s'élargissant et s'exaltant dans un univers retrouvé. Mais il ne fut pas donné à Verlaine de franchir ses limites. Au lieu de poursuivre sa route vers cette unité qu'il avait pressentie, impuissant à résoudre sa dualité intérieure, il allait s'abandonner à nouveaux aux « pentes d'habitude » : il allait vivre « parallèlement », divisé entre un mysticisme qui, insuffisamment nourri, s'épuisera en abstractions, et une sensualité qui, de jour en jour, l'entraînera davantage dans la débauche. Comment sa poésie eût-elle, dans ces conditions, échappé au danger qui guettait sa tentative d'intimisme et de désarticulation du vers,

---

14 FISER, *Le Symbole littéraire,* Corti, 1942 ; cf. notamment pp. 52-53.

c'est-à-dire au prosaïsme ? Dès lors, cette œuvre ne concerne plus le Symbolisme proprement dit, et si le Verlaine boîteux des hôpitaux et de la « dernière bohème » connaît une gloire grandissante, celle-ci s'alimentera, non à ses poèmes de déclin, mais à l'œuvre et au message du vrai Verlaine. Jusqu'au bout, cependant, Stéphane Mallarmé le tiendra pour le maître qui a osé rompre avec les formules du Parnasse pour tracer des voies nouvelles et surmonter l'opprobre qui s'attache à la chute du poète maudit hors du milieu littéraire.

III

RIMBAUD OU L'IMAGE PURE

Rimbaud semble être né sous le signe du feu. Le feu qui embrase, mais aussi le feu qui dévore et qui consume. Il s'est dressé contre la civilisation occidentale moderne, mais il en a hérité la précipitation et l'instabilité tourmentée. Comment a-t-on pu ne pas dire que cette précipitation constitue le rythme même de sa vie ? « On est chez soi et on a le temps »[1]. Rimbaud parlait pour d'autres. En vérité, il n'a pas le temps. Il a vécu en trois ans, a-t-on dit, l'évolution littéraire de l'âge moderne. Est-ce là le fait d'un homme qui prend son temps ? Dès qu'il s'éveille, il lui faut tout : le monde, la vérité, la certitude. Il n'a de cesse qu'il n'ait trouvé le lieu et la formule. Dans cette chasse spirituelle, il brûle les étapes — doctrines, systèmes et univers —, il se brûle lui-même et, avant d'avoir vingt ans, consumé par le feu de l'enfer, « roussi », et n'ayant découvert, en fait d'absolu, que sa propre projection démesurée, il se retrouve les mains vides, « rendu au sol, avec la réalité rugueuse à étreindre ». N'est-ce pas là, dans un raccourci saisissant, le drame même de l'âme moderne ?

Rimbaud le voyant

Les débuts du poète sont proprement fulgurants : « A moi. L'histoire d'une des mes folies »[2]. Les deux lettres enflammées que le jeune homme écrit coup sur coup, au mois de mai 1871, à Izambard et à son ami Paul Demeny nous montrent un nouveau Rimbaud, un Rimbaud qui vient d'avoir une intuition géniale, d'embrasser d'un seul coup d'œil toute l'histoire de la poésie et en même temps de trouver sa voie et son unité. Ces précieuses lettres sont la clef de son œuvre, et, lors de leur tardive publication — celle-ci en 1912, celle-là en 1928 — on en a eu conscience. Toute la critique rimbaldienne, et probablement aussi la poésie contemporaine, n'en ont-elles pas été transformées ? Quiconque veut comprendre la vie intérieure et le message

---

1 *Saison en Enfer.*
2 *Ibid.*, p. 284.

de Rimbaud ne saurait donc passer ici sans s'arrêter longuement et interroger les lettres maintenant fameuses. Mais on a trop écrit sur, autour et à propos d'elles pour qu'il ne soit pas nécessaire de prendre avant tout quelques précautions indispensables.

Mai 1871 : Rimbaud n'a pas dix-sept ans. Un enfant ? Non pas. La puberté est un moment capital dans l'évolution de l'individu, et ses effets, souvent retardés chez les êtres ordinaires, se sont, chez lui, immédiatement fait sentir. Il est aussi des heures qui mûrissent prématurément l'enfance : la guerre de 1870 est de celles-là. Rimbaud est proprement devenu un homme, et il en a fortement conscience. Mais est-ce une raison pour lui faire crédit d'une métaphysique ? Rimbaud n'a pas dix-sept ans. Un tout jeune homme. Un garçon — encore enfant à ses heures, et surtout quand la « mother » le mouche et le rabaisse — qui en est resté à sa rhétorique, qui a fait, au hasard des rencontres — chez Izambard ou à la bibliothèque de Charleville —, des lectures de récits de voyage, d'exotisme, d'alchimie et de magie. Son avidité, son extraordinaire précocité ne sauraient permettre de prétendre qu'en dix mois, agrémentés de plusieurs escapades, il ait pu faire le tour des philosophies et des systèmes métaphysiques.

Rimbaud est le contraire d'un esprit logique. C'est un intuitif, et qui a même horreur de la logique comme de la plus parfaite expression d'une humanité qu'il déteste. Rien chez lui d'un philosophe, ou d'un doctrinaire. Des intuitions fulgurantes, des illuminations que dans sa hâte et son avidité perpétuelles il exploite jusqu'au bout de leurs possibilités. Et c'est déjà immense. Il est pourtant aussi le contraire d'un mystique ; car tempérament intuitif ne signifie pas nécessairement tempérament passif et sentimental. Rimbaud est un visuel, un agressif, un révolté aussi, qui a oublié ou renié tout amour. Incapable de rechercher un Dieu dans l'amour et l'abandon — il hait Dieu — autant que de chercher à saisir une Réalité en soi dans ses rapports nécessaires et essentiels, il se veut mage, voyant, il veut créer une réalité par ses propres forces[3]. Ni mystique, ni métaphysicien donc : un tempérament d'apprenti-mage, à qui il ne manque que le secret de la magie véritable.

D'ailleurs, il ne s'agit pas à proprement parler de magie, mais de poésie. Or Rimbaud vient de faire une découverte étonnante : « Auteur, créateur, poète, cet homme n'a jamais existé ! ». Poésie donc, cette prose rimée, ce jeu, « avachissement et gloire d'innombrables générations idiotes » ? Poésie, cette façon de ramasser les fruits du cerveau, les idées jetées par l'intelligence universelle, et d'en écrire des livres ? Poète, ce Racine, dont il eût suffi de brouiller les hémistiches pour éteindre la gloire ? « Ni plaisanterie, ni paradoxe », affirme sérieusement Rimbaud à Paul Demeny. On n'a pas eu

---

[3] Cf. *Saison en Enfer*, p. 307 : « Moi, moi qui me suis dit mage ou ange, dispensé de toute morale... », et la lettre à Paul Demeny

jusqu'ici de vrai poète, parce qu'on a mis la poésie à la remorque de la pensée, on l'a réduite au rang de moyen d'expression. Expression de quoi ? De l'auteur lui-même, de l'individu dans toute sa relativité et sa mesquinerie. « Poésie subjective », dont Rimbaud clame son horreur à Izambard, et qui « sera toujours horriblement fadasse ». C'est que cette poésie subjective et individualiste est trompeuse : elle croit exprimer le moi, mais elle ne fait qu'en refléter l'apparence. « Si les vieux imbéciles n'avaient pas trouvé du Moi que la signification fausse, nous n'aurions pas à balayer ces millions de squelettes qui, depuis un temps infini, ont accumulé les produits de leur intelligence borgnasse, en s'en clamant les auteurs ! » Le moi véritable n'est pas celui qu'on croit... « JE est *un autre* ».

Il s'agit d'abord, semble-t-il, de cette impression que chacun de nous éprouve à de certains moments, qui nous fait découvrir, sous le moi quotidien, une autre personnalité, presque insaisissable, et qui nous semble rendre un son plus vrai et plus pur. Mais dans la pensée de Rimbaud, la signification de ces mots est autrement précise. Il a découvert en lui *une autre nature* : « Tant pis pour le bois qui se trouve violon » ; « si le cuivre s'éveille clairon, il n'y a rien de sa faute »[4]. Un éveil par conséquent, une voix qui, un beau jour, se fait entendre, une pensée qui depuis longtemps germait dans l'ombre sans doute, et qui éclôt d'elle-même. « Cela m'est évident : j'assiste à l'éclosion de ma pensée : je la regarde, je l'écoute ; je lance un coup d'archet : la symphonie fait son remuement dans les profondeurs, ou vient d'un bond sur la scène ». Ces profondeurs, c'est ce que nous appelons l'inconscient, ce monde souterrain que nous portons en nous sans le savoir et qui ne se révèle qu'en de rares instants à l'homme ordinaire.

Certains êtres cependant prêtent à ces voix une attention plus grande. Ils guettent ces moments privilégiés, ces révélations mystérieuses qu'ils nomment *inspiration* : ce sont les poètes. Rimbaud en est sûr maintenant. Le vrai poète n'est pas celui qui s'amuse à juxtaposer des rimes et des hémistiches ; il n'est pas non plus celui qui traduit en vers ses propres idées ou celles des autres ; mais il n'est pas davantage celui qui reste passif devant les révélations de l'inconscient. Le poète est un « travailleur » : plus exactement, il doit « se travailler », se découvrir soi-même : « La première étude de l'homme qui veut être poète est sa propre connaissance, entière. Il cherche son âme, il l'inspecte, il la tente, il l'apprend ». Une expérience donc, une « chasse spirituelle », une aventure à la recherche du vrai moi, celui qui court et qui frémit là-dessous, dans les profondeurs. Tel est le premier point de la méthode.

Mais cela ne suffit pas encore. Pour être vraiment « auteur, créateur », le poète ne peut se contenter de connaître son âme. « Dès qu'il la sent, il la

---

[4] *Lettres*, p. 56 et p. 60. Il est intéressant de constater les variantes dans la pensée et l'expression de Rimbaud d'une lettre à l'autre.

doit cultiver ». Cela semble simple, dit Rimbaud : « en tout cerveau s'accomplit un développement naturel » ; chacun croit se cultiver, alors qu'il ne développe que le moi superficiel — « tant d'égoïstes se proclament auteurs ! ». La vraie culture du moi est bien autre chose : « Il s'agit de faire l'âme monstrueuse : à l'instar des comprachicos, quoi ! Imaginez un homme s'implantant et se cultivant des verrues sur le visage. Je dis qu'il faut être *voyant,* se faire VOYANT ». Donc la poésie ne se donne pas, elle s'acquiert. Elle est acte de volonté et s'exerce dans un sens précis : le développement systématique de ces images que l'inconscient nous livre seulement par hasard. Rimbaud nous en donne la recette exacte : « Le Poète se fait *voyant* par un long, immense et raisonné *dérèglement de tous les sens* ». C'est qu'il a découvert la façon dont travaille l'inconscient. Celui-ci ne se préoccupe pas des « règles » du monde tel que nous le connaissons, tel que notre raison se le représente. Au contraire, il supprime purement et simplement tous les rapports qui le régissent, toutes ces lois qui semblent à notre esprit et à nos sens des obstacles infranchissables : vraisemblance, non-contradiction, cohérence. Chez lui, les sens sont libres, les images naissent et se développent hors de toute loi et de toute contrainte. Et leur rencontre forme des êtres inattendus, neufs, qui paraissent des monstres à notre conscience étroite et d'imagination si pauvre. Imiter les processus de l'inconscient, créer des images de tout ordre — visuelles, auditives et autres, car il s'agit bien de « tous les sens » — dans une liberté totale, quel magnifique avenir ! C'est là ce que Rimbaud appelle « s'encrapuler », car c'est vivre au mépris des règles sociales les plus universellement établies. Pour cela, « il faut être fort, être né poète »[5]. Rimbaud est né poète : il aura le courage d'aller jusqu'au bout.

Plus tard, il nous dira ce qu'a été son expérience. « Ce fut d'abord une étude. J'écrivais des silences, des nuits, je notais l'inexprimable. Je fixais des vertiges »[6]. Le contraire donc de ce monde équilibré, ordonné, où nous n'entendons que nos paroles et où les choses ne sont que ce qu'elles paraissent. « Je m'habituai à l'hallucination simple : je voyais très franchement une mosquée à la place d'une usine, une école de tambours faite par des anges, des calèches sur les routes du ciel, un salon au fond d'un lac ; les monstres, les mystères, un titre de vaudeville dressait les épouvantes devant moi ». Ainsi, par cette contre-façon de l'inconscient, comme il arrive dans les rêves, les perceptions se transforment ; au monde apparent se substitue un monde neuf, étrange, hallucinatoire, et dont les métamorphoses sont à la discrétion du poète : « Je croyais à tous les enchantements. J'inventai la couleur des voyelles ! —

---

5   *Lettre du Voyant,* p. 55. Méthode *inverse* de celle des mystiques, comme le signale justement Daniel-Rops (cité dans E. Friche, *Études Claudéliennes,* p. 121).
6   *Saison en Enfer, Alchimie du Verbe,* p. 284 sqq.

A noir, E blanc, I rouge, O bleu, U vert. — Je réglai la forme et le mouvement de chaque consonne ». C'est que, de plus en plus, le poète prend son expérience au sérieux. Ce monde chaotique qu'il crée ne serait-il pas *plus réel* que l'autre ? « Je finis par trouver sacré le désordre de mon esprit. J'étais oisif, en proie à une lourde fièvre... Mon caractère s'aigrissait. Je disais adieu au monde dans d'espèces de romances :

>........................
>J'ai tant fait patience
>Qu'à jamais j'oublie...
>Et la soif malsaine
>Obscurcit mes veines... »

Oui, il l'avait bien prévu lorsqu'en mai 1871 il confiait à ses amis sa découverte. « Les souffrances sont énormes ». Cette longue « patience » usera le poète : « Toutes les formes d'amour, de souffrance, de folie ; il cherche lui-même, et épuise en lui tous les poisons pour n'en garder que les quintessences. Ineffable torture où il a besoin de toute la foi, de toute la force surhumaine, où il devient entre tous le grand malade, le grand criminel, le grand maudit — et le suprême Savant ! » Tel est le second point de la méthode : une expérience raisonnée, systématique, une étude qui ne doit reculer devant aucune souffrance, une torture ineffable qui doit travailler et écarteler le poète pour en faire sortir une âme neuve et un monde neuf.

Alors, le poète est le véritable, le suprême Savant : « Car il arrive à l'inconnu ! » Car il découvre véritablement un monde, le monde, la réalité ; sa fonction étant « d'inspecter l'invisible et d'entendre l'inouï », à la recherche de cet inconnu que poursuivait Baudelaire, « le premier voyant, roi des poètes, un vrai Dieu »[7]. Nous ne sommes pas au monde. Nous vivons dans un monde « tout fait », conventionnel et trop humain. Seul l'inconscient peut nous révéler des fragments de la réalité véritable ; il nous permet de la découvrir, il la réinvente en quelque sorte, car cette réalité est sans cesse « à faire ». Le poète doit plonger « là-bas », dans les profondeurs troublantes de l'inconscient, pour en rapporter ce qu'il peut : « parfums, sons, couleurs, de la pensée accrochant la pensée et tirant » ; voleur de feu, qui arrache son secret par lambeaux à l'univers, définissant ainsi « la quantité d'inconnu s'éveillant en son temps dans l'âme universelle ». Le poète doit découvrir l'informe, la matière brute — objet pur, image pure — qui n'a pas encore été souillée par l'esprit, qui est hors de toute norme : « énormité devenant norme » par la vertu du poète, qui la fixe pour l'éternité en des vers « toujours pleins du nombre

---

[7] Nul doute que Rimbaud ait subi fortement l'influence de Baudelaire. Cependant, pour Rimbaud, Baudelaire est « trop artiste » encore ! Il faut à Rimbaud une vision brute, et une forme brute. Et, plus encore, il s'oppose à toute tradition, surtout à la tradition chrétienne.

et de l'harmonie ». La fonction de celui-ci est donc, comme le voulait Baudelaire, de « trouver du nouveau », d'être « en avant » pour voir, entendre et révéler au monde ce qu'il n'a pas encore su découvrir.

Voilà le nouveau secret de Rimbaud : la mission du vrai poète, qui est de faire naître en lui, par une culture systématique de ses facultés imaginatives, des visions révélatrices de la réalité véritable. Comment a-t-on pu s'y tromper ? La voie que va suivre Rimbaud ne tend ni vers une soumission au réel, ni vers une connaissance du réel. Il n'élabore pas un système philosophique. Il a seulement eu l'intuition de ce que doit être la poésie véritable. Il se veut démiurge, recréateur du monde, entreprise plus proche de la magie que de la mystique. Nouveau Prométhée, il nourrit une ambition démesurée : dérober à nouveau le feu du ciel, refaire la création tout entière. Du secret des dieux, il croit avoir retrouvé la clef, et bientôt il va s'élancer pour *vivre* la prodigieuse aventure.

LE VOLEUR DE FEU

Il faut d'abord conformer sa vie extérieure à la méthode adoptée et à la décision prise. On ne respectera rien, ni la morale, ni la pudeur, ni surtout la religion. C'est le moment où Rimbaud écrit les *Accroupissements,* les *Premières Communions, l'Homme juste,* où il clame son dégoût à la face du Christ et où il écrit sur la porte des églises : « M... à Dieu ! ». Car il s'agit avant tout de faire table rase, d'immoler tout, de tout salir : d'où un parti-pris de « crapule », un appétit de malheur, de boue et de crime, une sorte de sadisme.

> « O sorcières, ô misère, ô haine, c'est à vous que mon trésor a été confié !
> « Je parvins à faire s'évanouir dans mon esprit toute l'espérance humaine. Sur toute joie, pour l'étrangler, j'ai fait le bond sourd de la bête féroce.
> « J'ai appelé les bourreaux, pour, en périssant, mordre la crosse de leurs fusils. J'ai appelé fléaux, pour m'étouffer avec le sable, le sang. Le malheur a été mon dieu. Je me suis allongé dans la boue, je me suis séché à l'air du crime. Et j'ai joué de bons tours à la folie »[8].

Il faut assumer entièrement cette fonction de maudit inséparable de celle de poète. Il faut surtout « travailler libre » : et pour cela, la condition, c'est de vivre à Paris.

Une lettre à Verlaine, accompagnée de quelques poèmes et d'un mot de l'ami Bretagne, une réponse enthousiaste du poète saturnien, et voici de nouveau Rimbaud en route pour la capitale. Il emporte avec lui des vers qui lui ouvriront, à n'en pas douter, les portes de la société littéraire, mais qui renferment aussi la vision prophétique de sa destinée. *Bateau Ivre*, n'est-ce

---

8 *Saison en Enfer,* pp. 254-255.

pas en effet le poète qui rompt avec toutes les conventions sociales et part, « insoucieux de tous les équipages », vers l'invisible et l'inouï ; le poète « entraîné à la dérive dans l'ivresse des contemplations idéales »[9], parmi les trombes, les glaciers, les archipels sidéraux, et qui, finalement, renonce à ses rêves impossibles ?

On connaît l'arrivée à Paris, le sans-gêne et l'insolence têtue du gamin, ses provocations de voyou intraitable. D'ailleurs, ce monde le dégoûte : fausse bohème, que cette société embourgeoisée qui n'est que « distillation, composition, tout étroitesse » ; faux poètes, que ces Parnassiens de salon, que ces esthètes à monocle[10] ; décidément, la nouvelle école n'est pas tellement « rompue aux formes vieilles », et tous ces gens-là ne comprennent rien à la vraie poésie. Seul Verlaine est un vrai poète et peut-être pardonné ; seul Verlaine peut le sauver de cet écœurement, lui donner l'amitié qui, au fond, lui est encore nécessaire et, peut-être l'amour véritable hors de tous les préjugés et de toutes les contraintes ; mais à une condition : c'est de fuir ce Paris de malheur. Il faut à celui qui est en train d'écrire les *Illuminations* des sensations inconnues. Et c'est toujours pour vivre l'aventure que, le 7 juillet 1872, Rimbaud entraîne Verlaine vers la Belgique.

« Assez vu. La vision s'est rencontrée à tous les airs.
« Assez eu. Rumeurs des villes, le soir, et au soleil, et toujours.
« Assez connu. Les arrêts de la vie. — O Rumeurs et Visions.
« Départ dans l'affection et le bruit neufs »[11].

*
* *

Ce que fut l'expérience du « drôle de ménage », on le sait assez. Il y eut probablement d'abord l'enthousiasme d'enfants échappés qui découvrent le monde : Arras, Bruxelles, l'Angleterre ; ici et là des blagues de potaches, partout des saoûleries et des vagabondages : on était libres ! Mais bientôt il fallut déchanter : la vie a certaines exigences. Et puis les deux poètes étaient-ils si bien faits pour s'entendre ? Ils sont de tempéraments si opposés : l'un sentimental, faible, l'autre volontaire, agressif, intransigeant ! Ils se complètent, oui, mais peuvent-ils se comprendre ? Souvent Verlaine cherche à lire dans ce visage cher, à déchiffrer cette âme étrange et fermée : « Que d'heures des nuits j'ai veillé, lui fait dire Rimbaud, cherchant pourquoi il voulait tant s'évader de la réalité... Je lui dis quelquefois : Je te comprends. Il haussait les épaules »[12].

---

9   J.-M. Carré, *La vie aventureuse de Jean-Arthur Rimbaud*, Plon, 1926, p. 66.
10 *Lettres*, p. 88.
11 *Départ, Œuvres,* p. 231.
12 *Œuvres,* pp. 279-280.

Qu'importent à Rimbaud, en effet, le pauvre Lélian et son « existence terne et lâche » ! La Belgique, l'Angleterre, la vie commune, l'amour interdit, tout cela n'était que des prétextes, des moyens. Comment Verlaine comprendrait-il ? Comme à Charleville ou à Paris, dans ses nuits hallucinées, Rimbaud poursuit à Londres, indifférent à toutes les contingences, son rêve d'absolu. Les *Illuminations* se terminent. Pendant un an, il a vécu l'expérience, appliqué la formule, pratiqué l'hallucination systématique. Il a voulu dérober son secret à l'inconscient, découvrir cette réalité brute qui se cache derrière les conventions, nos concepts et nos habitudes. L'a-t-il vraiment trouvée ?

C'est ici, on le sent, le point capital, le vrai « problème de Rimbaud », que l'on ne saurait éluder. Car il engage, non seulement Rimbaud, mais toute une lignée de poètes contemporains, dont l'ambition fut, à sa suite, d'être précisément ces horribles travailleurs qui devaient assumer à leur tour la tâche de voleurs de feu.

Certes, pour saisir la réalité, il n'est que de savoir « voir ». Mais qu'entend-on par là ? Être voyant, pour Rimbaud, c'est découvrir l'inconnu caché au fond de nous-même, atteindre ce qui échappe au commun des hommes. Derrière le moi conscient et superficiel, dont la poésie subjective est l'expression, il s'agit de découvrir l'inconscient, qui dépasse notre individualité, qui est vraiment l'objet dans le sujet, et qui nous révèle, non plus ce que nous sommes, êtres relatifs, mais ce que sont les choses. Il est tentant de voir là avec Rolland de Renéville, un écho des doctrines hindoues. Assurément, pour les védantistes, « l'âme humaine n'est qu'une étincelle du feu universel », « la vraie conscience ne peut se retrouver que par l'oubli de ce que nous nommons ici-bas la conscience », et pour cela « il convient d'éveiller en soi les facultés latentes de l'âme, les sens invisibles mais réels dont l'éducation nous permettra d'entrer en communion avec Dieu »[13]. Lui aussi, Rimbaud voudrait saisir le feu universel, et son intuition lui dit qu'on y parvient en éveillant en soi les facultés latentes de l'âme. Mais quels guides le poète avait-il pour se lancer dans une expérience spirituelle authentique ? Quelle idée pouvait-il se faire des moyens d'accéder à la suprême Réalité ? On a déjà montré, non sans un certain bon sens, que les jeûnes fréquents de Rimbaud n'avaient rien de volontaire et ses macérations rien d'ascétique[14]. Identifier les pratiques de Rimbaud avec les exercices des yoghins hindous, c'est faire vraiment bon marché d'efforts séculaires et risquer de jeter le discrédit sur des traditions éminemment respectables. Même en admettant qu'il ait pu avoir connaissance de la doctrine du yoga, Rimbaud était trop peu mûr pour pouvoir la comprendre vraiment et trop pressé pour savoir la pratiquer. Non : il a simplement prêté attention au processus de la création poétique, et s'est aperçu que celle-ci

---

[13] Rolland DE RENÉVILLE, *Rimbaud le Voyant,* pp. 47-61.
[14] ÉTIEMBLE, et GAUCLÈRE, *Rimbaud,* Gallimard, 1936, passim.

échappait en grande partie au contrôle de la volonté, qu'elle était comme la voix d'une autre personnalité cachée en nous, et dont nous n'avons habituellement pas conscience, il a senti que cette voix avait des accents plus vrais que les voix du conscient, et il a voulu la faire parler pour connaître la vérité.

Les *Illuminations* seront donc plus l'œuvre d'un halluciné que d'un illuminé ; souvent l'inspiration lui révélera, au détour d'un vers ou d'une phrase, un fragment de la réalité véritable, du cosmos, de l'ordre universel, fragment conservé et révélé à lui par ce fond d'inconscient collectif qui dort en chacun de nous. Mais Rimbaud, ayant renié l'esprit, refusera de le mettre à sa place, de le sertir dans l'ensemble du monde. Il se contentera, aventurier du rêve, d'y cueillir des joyaux et de les mettre côte à côte, sans ordre, pour jouir de leurs reflets réciproques. Mais comme Rimbaud est un volontaire, il ne s'abandonnera pas facilement à son rêve comme Verlaine, pour s'y contempler et s'en griser doucement : il le créera, le dirigera, érigeant en procédé conscient le travail souterrain de son âme. Visuel avant tout, il n'écoutera pas, comme le poète des *Romances sans Paroles,* sa mélodie intérieure : partant de sensations réelles et les déformant par système, il *imaginera* son rêve, il le verra, le projettera hors de lui-même, et se prenant à son propre jeu, s'exaltera devant son rêve comme devant la réalité d'un monde neuf. Quant à nous, lecteurs, il nous restera, devant cette œuvre prodigieuse et déconcertante, non à y chercher des descriptions ou des confidences voulues, non à y découvrir un ordre et une signification symbolique, mais, comme l'a fort bien indiqué Étiemble, « à imaginer, à notre tour, la vision qui s'offrait au poète » ; — à la condition toutefois de n'être pas dupe, et de ne pas chercher une réalité absolue dans ce qui n'est, en dépit de Rimbaud, qu'une réalité subjective, une étonnante confession du plus profond de lui-même.

Illuminations

N'est-ce pas en effet Rimbaud tout entier que nous retrouvons à chaque page des *Illuminations* ? « O palmes ! diamants ! — Amour, force ! — plus haut que toutes joies et gloires ! — de toute façon — partout, démon dieu — jeunesse de cet être-ci : moi ! »[15]. Ce n'est pas le ton d'un homme qui a renoncé, qui s'est détaché de la Mâyâ, qui n'a plus de désirs, et qui s'oublie : « O *mon* Bien, ô *mon* Beau !... Rassemblons fervemment cette promesse surhumaine faite à notre corps et à notre âme créée »[16]. Car il se donne corps et âme à son exaltation.

---

[15] *Angoisses, Œuvres,* p. 181.
[16] *Matinée d'Ivresse,* p. 183.

Le corps avant tout, le « cher corps ». Rimbaud ne se livre-t-il pas à ses « rythmes instinctifs », aux rythmes que lui dicte son tempérament ? Lyrisme musculaire, a-t-on dit à juste titre. J'ajouterais : lyrisme agressif et explosif. C'est lui qui donne à l'œuvre sa trépidation, son mouvement précipité : mouvement d'ascension et de chute, mouvement de giration et de vertige — « la musique, virement des gouffres et chocs des glaçons aux astres »[17] — et surtout de bondissement : « des prés de flammes bondissent... », « la rumeur tournante et bondissante des conques des mers et des nuits humaines... ». Ne disait-il pas naguère du poète : « Qu'il crève dans son bondissement par les choses inouïes et innombrables » ? Lyrisme du corps qui est déjà, d'ailleurs, mêlé d'un regret, celui des « journées enfantes », où son corps s'épanouissait en toute innocence : « La chair n'était-elle pas un fruit pendu dans le verger ; — ô journées enfantes ! — le corps, un trésor à prodiguer... ». Vingt ans, c'est déjà trop tard : « Les voix instinctives exilées..., l'ingénuité physique amèrement rassise... — Adagio. Ah ! l'égoïsme infini de l'adolescence, l'optimisme studieux : que le monde était plein de fleurs cet été ! »[18].

L'ingénuité ! C'est là ce qu'il faut retrouver : le paradis perdu, le festin ancien, le temps de l'enfance, de la pureté et de l'innocence. Jacques Rivière, et Daniel-Rops après lui, ont bien mis en lumière cette nostalgie de la pureté qui s'empare de Rimbaud au moment où il va écrire les *Illuminations*. A l'âge où il devient un homme, où il devrait assumer et accepter sa condition d'homme, ses responsabilités, donc les notions du bien et du mal, il se voudrait encore enfant. A d'autres les conventions et la morale ! Ne s'est-il pas toujours senti d'une autre race ? Pourquoi donc assumerait-il la faute des autres ? Rimbaud se sent innocent, il se veut exempt du péché originel, il veut revenir à l'ingénuité enfantine. Mais cette virginité n'est possible que dans un monde libre de toute convention, un monde vrai. Seule sa poésie peut créer un tel monde. Presque à chaque page des *Illuminations,* on trouve ce thème de l'innocence et de la pureté lié à celui de l'enfance.

« Je serais bien l'enfant abandonné sur la jetée partie à la haute mer, le petit valet suivant l'allée dont le front touche le ciel »[19].

Enfant qui vit dans un monde pur, où tout est blanc et or, dans l'ardeur de l'été et de midi, aux « heures d'argent et de soleil »[20] ; dans ce monde, il n'est que métaux précieux et brillants, neige, cristal ; le soleil s'y joue « sur la soie des mers et des fleurs arctiques » et tout s'y termine « par des anges de flamme et de glace »[21]. Quel est donc ce décor étrange ? D'où viennent

---

17 *Barbare*, p. 168. Cf. Étiemble, o. cit., p. 210.
18 *Jeunesse*, pp. 233-234.
19 *Enfance*, p. 202.
20 *Fairy*, p. 207.
21 *Barbare*, p. 167 ; *Matinée d'ivresse*, p. 184.

ces images impalpables et pures, où les éléments eux-mêmes se transforment comme par magie ? Des contes de fées qui ont bercé notre enfance. Sultanes et princesses, princes et génies, « cortège de mabs en robes rousses, opalines », sorcières, reines et mignonnes, personnages de *l'Oiseau bleu* ou de *la Belle et la Bête* : tout ce monde n'est-il pas sorti des enluminures que Rimbaud admirait naguère dans ses livres d'images ? La féérie en effet nous fait évader de cet univers étriqué où l'homme a perdu la notion de sa puissance ; elle nous reporte aux temps où il jouissait de pouvoirs qui nous semblent surnaturels, où les choses n'étaient pas insensibles, où les « Phénomènes » eux-mêmes pouvaient s'émouvoir. Monde enchanté où tout est surhumain, « merveilleux et imprévu », où les barrières sont supprimées, où l'homme et la terre touchent le ciel. Car c'est la grâce du Génie d'être capable de tous les miracles, « lui qui a purifié les boissons et les aliments — lui qui est le charme des lieux fuyants et le délice surhumain des stations ». Sous les doigts de ce Génie, l'univers est comme un théâtre, un « défilé de féeries » où évolue tout un monde bariolé, où se succèdent des chars, des chevaux de cirque, des véhicules « bossés, pavoisés et fleuris comme des Carrosses anciens ou de Contes »[22]. Théâtre d'une âme d'enfant, où se projettent les ombres de ses rêves.

Je vois dans les *Illuminations* le dessin d'un drame cruel : le conflit entre l'ange que Rimbaud aurait pu être et *ce qu'il est réellement,* l'horrible travailleur rivé à sa tâche, le grand malade, le grand criminel, le grand maudit. C'est le drame du moderne, nous l'avons dit, de ne plus savoir reconnaître dans l'avenir les moyens de retrouver un paradis perdu. Terrible péché d'orgueil, où l'on se veut Dieu, où l'on nie Dieu pour se substituer à lui, où l'on prétend reconstruire le monde alors qu'on est aveugle, ou borgne tout au moins. Baudelaire a connu ce drame, et déjà avec une intense acuité. Mais Rimbaud en est victime plus encore, parce qu'il est un être intransigeant, qui mise tout sur son expérience et qui va jusqu'au bout ; parce qu'il a un tempérament extrême, et que, s'il n'est pas ange, il ne saurait être que démon.

C'est bien cette ambivalence qu'il faut lire dans les *Illuminations*. Sous leur harmonie apparente, elles ne sont en réalité qu'antithèse. Rimbaud désire un retour au passé de son enfance, mais il est, par sa nature, tourné vers l'avenir. A l'*adagio* de *Jeunesse* répond le *presto* de *Départ*[23] ; au thème de l'innocence et de la pureté le thème de l'ivresse et de l'agression. Car bien là en effet que conduit, contrairement à l'apparence, le silence de l'air et des eaux : « Rouler aux blessures, par l'air lassant et la mer ; aux supplices, par le silence des eaux et de l'air meurtriers ; aux tortures qui rient, dans leur silence atrocement houleux »[24]. Alors l'*Angoisse* se mêle à l'ivresse : ivresse

---

22 *Ornières*, p. 174. Cf. ÉTIEMBLE, o. cit., p. 164.
23 *Œuvres*, pp. 234 et 231. Cf. HACKETT, o. cit., p. 50.
24 *Angoisse*, p. 182.

d'une Raison qui donnera le signal de la « nouvelle harmonie », et d'où naîtra le « nouvel amour » ? Oui, mais quel monde nous révélera cette raison renouvelée, libérée de toutes les entraves ? Cette « fanfare atroce », ce « chevalet féérique », n'est-ce pas un poison qui « va rester dans toutes nos veines même quand, la fanfare tonnant, nous serons rendus à l'ancienne inharmonie » ? Et celui qui prétend revenir à la pureté première, aux origines du monde, ne revient-il pas en réalité au chaos ?

Du thème de l'agression découle donc naturellement le thème du chaos. C'est bien à cela que tend en effet la « méthode » : à supprimer tout ordre, à détruire la création. Rimbaud le sait bien : « Nous t'affirmons, méthode ! Nous n'oublions pas que tu as glorifié hier chacun de nos âges. Nous avons foi au poison. Nous savons donner notre vie tout entière tous les jours. Voici le temps des Assassins »[25]. Sous l'effet de ce poison, l'illumination devient hallucination, nous voyons peu à peu le monde se défaire : « La cloison devient vaguement l'ombre des arbres » ; ce sont « de molles éruptions d'Etnas et des crevasses de fleurs et d'eaux »[26]. Des lézardes, d'immenses brèches apparaissent : « Un souffle ouvre des brèches opéradiques dans les cloisons ». De grands bouleversements s'annoncent : « Il y a une cathédrale qui descend, et un lac qui monte ». Continuons encore ; la terre est dans une attente angoissée :

> « Les sentiers sont âpres. Les monticules se couvrent de genêts. L'air est immobile. Que les oiseaux et les sources sont loin ! Ce ne peut être que la fin du monde, en avançant. » [27]

Catastrophe cosmique, vision d'apocalypse en effet. Cette réalité « barbare » n'est plus que pluie de sang, immense brasier. L'univers chavire dans le « virement des gouffres et choc des glaçons aux astres ». Les catégories de l'espace disparaissent, les éléments se confondent[28]. Vertige. Que reste-t-il autour de nous ? « Peut-être les gouffres d'azur, des puits de feu ? C'est peut-être sur ces plans que se rencontrent lunes et comètes, mers et fables ». Oui, ce ne peut être que la fin du monde : « le moment de l'étuve, des mers enlevées, des embrasements souterrains, de la planète emportée, et des exterminations conséquentes, certitudes si peu malignement indiquées dans la Bible... Cependant ce ne sera point un effet de légende ! »[29]. Non certes, car la fin du monde viendra. Elle viendra pour châtier les maudits, ceux qui, en

---

[25] *Matinée d'ivresse*, p. 184.
[26] *Promontoire*, p. 216.
[27] *Enfance*, p. 201.
[28] A.-R. CHISHOLM a bien montré cette confusion des éléments chez Rimbaud (cf. *Note sur l'esthétique de Rimbaud*, C. R. d'un article du *French Quaterly*, dans *R. Hist. Litt.*, 1930, pp. 259-264).
[29] *Soir historique*, p. 219.

voulant tuer l'apparence, ont en même temps tué l'esprit. Rimbaud a cherché à retrouver la pureté, il a voulu recréer un monde païen, barbare, un monde de sensations pures, d'où tout rapport fût proscrit. Mais, démesurément orgueilleux, il a cru trouver dans la poésie le moyen de recréer ce monde par ses propres forces : il a demandé à cette nouvelle magie, à cette alchimie de réaliser son rêve. Et, au lieu de la féerie espérée, son imagination poétique lui a révélé un monde fantastique, chaotique, amorphe, inconsistant, un monde de l'image pure : l'image de lui-même.

Dans sa chambre nue de la ferme de Roche. Rimbaud se retrouve à nouveau seul. Il est comme dégrisé. Où l'a mené son aventure ? Est-ce là le fruit du travail acharné, de la révolte contre un monde trop étroit ? Est-ce là ce rêve qu'il a fait d'être le païen, le nègre, le fils du Soleil ? Nouveau Prométhée, le feu qu'il a cru dérober se retourne contre lui. L'apprenti sorcier est victime de son orgueil téméraire. Dans le silence des nuits, il gémit, il ricane, il jette sur le papier des cris et des blasphèmes : c'est la *Saison en Enfer*.

RIMBAUD LE MAUDIT

Alchimie du verbe, est-ce un adieu à l'écriture ? Certains en ont douté. Mais il faut vraiment un solide parti-pris pour ne voir dans cette œuvre de Rimbaud — considérée comme la dernière — que « l'histoire de sa folie » ou un essai de psychanalyse. S'il y a en effet des passages où il semble considérer son expérience avec « une sorte d'ironie dédaigneuse », combien d'autres sont l'expression directe d'une âme en proie à un drame poignant et à une indicible horreur ! Qu'on relise *Nuit de l'Enfer, l'Impossible, l'Éclair* : n'y a-t-il pas là des cris de douleur, des appels contradictoires, la détresse d'un être qu'on déchire ? C'est que l'enfer est bien une réalité. « Je me crois en enfer, donc j'y suis ». Rimbaud l'éprouve, et les pages qu'il écrit alors sont bien les hideux feuillets d'un « carnet de damné »[30].

Quel est donc le secret de ce drame terrible ? Dans les *Illuminations*, le drame était latent. On y voyait s'opposer, sans toujours se combattre, le regret de l'ange et la volonté démoniaque. Mais cette volonté, aux yeux de Rimbaud, était alors légitime : elle seule pouvait lui révéler la réalité barbare, l'inconnu, l'inouï. Aujourd'hui, il se sent maudit. Il assiste à l'écroulement de sa tentative, et commence à *éprouver* sa chute. Après tout, est-il sûr de son innocence ? Lui aussi ne serait-il pas un ange déchu ? Alors se réveillent en lui des voix, d'autres voix qui ont bercé son enfance, non plus celles des contes de fées, mais celles de la religion, la voix du Christ, la voix de Dieu. Duo passionné, véhément, souvent atroce, et dont les voix s'entremêlent d'un bout à l'autre de la *Saison en Enfer*.

---

30 *Saison en Enfer*, p. 256.

Rimbaud revit ainsi son étonnante aventure. Toujours il y a eu deux êtres en lui, déjà dans son enfance, quand, par-dessous son éducation chrétienne, il sentait bouillonner en lui le *Mauvais Sang*, le sang de ses ancêtres ; sans païen, sang des races fortes, qui le conduira vers les climats perdus, les pays de l'or ; sang du forçat intraitable, qui a pour lui la force, et qui n'a que « lui, lui seul ! pour témoin de sa gloire et de sa raison » ; sang du nègre qui chante dans le supplice, qui a fait table rase de toute civilisation, des lois, de la morale, des mots même, et qui ne connaît plus que des cris : « Faim, soif, cris, danse, danse, danse, danse ! »[31].

Mais n'a-t-il pas cherché tous les *Délires* ? Il a cru pouvoir réinventer l'amour, et n'a su qu'entraîner son compagnon d'enfer dans les tortures et dans la folie. Il a cru pouvoir réinventer le monde, trouver la clef de l'absolu, et pour cela il a cultivé l'hallucination, la fièvre ; il y est passé maître, — il « tient le système » — ; il a cru saisir ce Bonheur sans cesse poursuivi, et qui était sa fatalité, son remords, son ver, retrouver l'Éternité dans une extase païenne, où la conscience de son existence même, « étincelle de la lumière *nature* », s'effaçait dans un monde où les éléments étaient confondus :

> Elle est retrouvée !
> Quoi ? l'Éternité.
> C'est la mer mêlée
>   Au soleil...

Mais au lieu du Bonheur, au lieu de l'Éternité, il n'a encore trouvé que « la folie — la folie qu'on enferme »[32]. D'où la tentation de l'abîme.

Un *Éclair* parfois, dans cet abîme ; une solution peut-être : le travail humain ! La science n'est-elle pas là pour nous donner confiance ? Elle renverse la parole de l'Écriture : « Rien n'est vanité ; à la science, et en avant ! » crie l'Ecclésiaste moderne. N'y a-t-il pas là un élément de certitude ? Pourtant, les deux Rimbaud continuent : « La science est trop lente ; c'est trop simple et il fait trop chaud », dit le Rimbaud païen ; « on se passera de moi... Allons ! feignons, fainéantons, ô pitié ! » Continuons à nous amuser, à rêver amours monstrueux et univers fantastiques. — « L'odeur de l'encens m'est revenue si puissante, reprend le Rimbaud chrétien : gardien des aromates sacrés, confesseur, martyr... ». Et puis, n'est-ce pas renoncer à l'immortalité ? « Chère pauvre âme, l'éternité serait-elle pas perdue pour nous ? » — Décidément, elle est tenace, la « sale éducation d'enfance ».

Mais peu à peu la solution nouvelle s'impose. Les voix s'affaiblissent. Il semble bien à Rimbaud qu'il soit sorti de la nuit de l'enfer. Car « c'était bien l'enfer ». Comment expliquer cela ? cette chute et ce sommeil ? Main-

---

31 *Saison en Enfer, Mauvais Sang*, p. 263.
32 *Alchimie du Verbe*, p. 248 sqq.

tenant, c'est le *Matin* : « Quand irons-nous, par-delà les grèves et les monts, saluer la naissance du travail nouveau, la sagesse nouvelle, la fuite des tyrans et des démons, la fin de la superstition, adorer — les premiers ! — Noël sur la terre ? » La sagesse nouvelle, c'est la vérité positive, qui fait table rase des superstitions, et qui édifie la science. L'homme est « esclave » de la réalité, mais pourtant « ne maudissons pas la vie », car la vie est belle.

Rimbaud a compris son temps : « Il faut être absolument moderne ». Il faut être fort, s'attacher à la matière, à la réalité rugueuse, et rire des vieilles amours mensongères, ne pas être dupe : « Point de cantiques ». C'est à ce prix qu'« à l'aurore, armés d'une ardente patience, nous entrerons aux splendides villes », à ce prix qu'il nous sera loisible « de posséder la vérité dans une âme et un corps »[33].

Ainsi, Rimbaud est sorti victorieux de la lutte qu'il a menée contre lui-même : victorieux de ses désirs, de ses complexes, de ses rêves, de tout l'héritage contradictoire de son enfance, qui l'a plongé dans un drame où sa raison a failli sombrer. Une sorte de psychanalyse en effet que *la Saison en Enfer*. Mais cette victoire, au prix de quoi l'a-t-il obtenue ? Au prix de l'absolu. Car il est victorieux aussi de ses ambitions, poésie, magie, connaissance de la réalité suprême : il n'a pu vaincre qu'en y renonçant.

Autrement ne se serait-il pas converti aussitôt ? Or la *Saison* aboutit au contraire — « point de cantiques » — à un refus de Dieu. Il ne nous appartient pas de juger si ce refus de Dieu est en réalité une absence de Dieu qui contiendrait implicitement le désir d'une conversion future. Mais prétendre qu'à ce moment Rimbaud, « sans même qu'il le voulût expressément, était décidé », risque de fausser, semble-t-il, non seulement le sens de la *Saison en Enfer,* mais le sens de l'expérience rimbaldienne tout entière. Non, le drame de Bruxelles, nous l'avons vu, a dégrisé Rimbaud. Il l'a tiré hors de son rêve, « rendu au sol ».

*
* *

Pourquoi cet échec ? On en a proposé bien des explications, dont aucune n'est fausse, mais aucune suffisante. C'est qu'en effet Rimbaud, dans sa recherche véhémente, a commis beaucoup d'erreurs : tant de hâte, même avec tant de génie, en cet être « pressé de trouver le lieu et la formule » ! Aussi notre devoir à nous, pour y voir clair, est-il ici encore de prendre garde aux mots. Rimbaud a voulu atteindre l'inconnu, la réalité suprême. Mais il a refusé Dieu : le Dieu du christianisme d'abord, que dans sa haine de la « sale éducation d'enfance » il a purement et simplement confondu avec les préjugés

---

33 *Adieu*, p. 306.

bourgeois et le rationalisme étroit de l'Occident moderne ; puis celui de l'Orient même, car que présente en vérité d'authentique ce pays de la « sagesse première et éternelle » où l'état d'innocence s'atteindrait par le dérèglement des sens et l'hallucination systématique ? Moyens de fakir peut-être, assurément pas de yoghin véritable. Rimbaud a cherché l'innocence, il s'est voulu innocent, il s'est cru exempt du péché originel, de même qu'après la *Saison* il se croira délivré du mal.

Au bout de son aventure trop hâtive, Rimbaud a trouvé ce qu'il devait trouver : une réalité incomplète, un univers de rêve, qui n'est que la projection et la confession involontaire de son moi inconscient ; un monde-image, sans ordre comme sans esprit ; un univers-matière, mais d'où la vraie matière elle-même est exclue. Niant le ciel, quand il remonte aux origines, c'est le chaos qu'il trouve au lieu d'un monde d'essences ; quand il évoque la fin du monde, c'est le chaos encore, et rien après. Il a cherché l'inconnu, il a découvert des pierres précieuses, mais elles n'ont trouvé ni leur place, ni leur signification.

*
* *

Est-ce à dire qu'un effort si immense soit resté vain ? que le message de Rimbaud ne mérite pas l'attention qu'on lui porte chaque jour davantage, qu'il ait rêvé l'impossible et que son échec condamne par avance les ambitions de toute poésie ? La profonde influence qu'il a exercée pourrait déjà nous convaincre du contraire, et c'est précisément cette influence qui nous importe le plus ici. Certes, pour des raisons que l'on connaît, cette œuvre a joué, si l'on peut dire, à retardement. Les *Illuminations* n'ont été connues du public qu'en 1886, la *Saison en Enfer* qu'en 1895, avec les autres œuvres. Quant à la lettre du Voyant, elle ne devait être publiée pour la première fois qu'en 1912. Ainsi Rimbaud ne se livra que peu à peu : ces simples dates disent l'histoire de son influence.

1886 : ce sera l'année même où éclatera la révolution symboliste, l'heure des premiers enthousiasmes, des manifestes tapageurs, des tentatives révolutionnaires. La publication des *Illuminations* par *la Vogue* fera partie d'un plan de bataille : elle affirmera par l'exemple la légitimité de certaines revendications. Quelles nouveautés l'œuvre de Rimbaud offrira-t-elle donc aux jeunes poètes de 1886 ?

Nouveauté dans la forme poétique. Avant les premiers vers-libristes, Rimbaud a inventé le vers libre. On trouve même dans les *Illuminations* toutes les formules, depuis la strophe régulière jusqu'à la prose musicale, en passant par des vers plus ou moins rythmés, mais sans mesure régulière ; toutes les audaces, puisque *soleil* rime avec *quelles,* ou ne rime avec rien du tout. Dès 1886, grâce à la publication faite par *la Vogue,* la cause du vers libre sera gagnée.

Nouveauté dans les images : ce sera une révélation que ce prodigieux ruissellement de sonorités et de vocables, cette débauche de visions, ces paysages inconcevables ; étonnement d'abord, puis exploitation parfois systématique. Saint-Pol Roux n'héritera-t-il pas de Rimbaud sa richesse somptueuse et évocatrice ? Et René Ghil, se méprenant sur le sens et la portée du sonnet des *Voyelles,* ne le prendra-t-il pas pour point de départ de son instrumentation verbale ? Avec les *Illuminations,* un trésor nouveau sera à la disposition du Symbolisme, et celui-ci ne se fera pas faute d'y puiser.

Nouveauté dans la langue enfin. Presque en même temps que Mallarmé, Rimbaud introduira l'obscurité dans la poésie française. Précieuse conquête ! Avec eux, on s'apercevra que l'affaire de la poésie n'est pas de décrire, mais de suggérer ou de faire voir, qu'il ne s'agit pas pour le lecteur de « comprendre », mais d'imaginer et de sentir. J'entends bien que l'obscurité de Rimbaud est d'une nature toute particulière, et rien ne serait plus contraire à ma pensée que de faire de Rimbaud un Symboliste avant la lettre. J'espère avoir montré dans ce chapitre que tout son effort a tendu à réaliser une poésie de l'image pure, d'où fussent éliminés à la fois tout contenu affectif et toute signification intellectuelle. Où voir ici le symbole ? La poésie de Rimbaud, à vrai dire, ne contient même pas de métaphore, du moins dans son principe ; car la métaphore est la saisie subjective d'un rapport. Il n'y a pas chez lui métaphore, mais juxtaposition d'images, souvent d'ordre différent, voilà tout — et c'est de cette simple juxtaposition que naît l'obscurité de sa poésie. Quant au symbole, on ne peut l'y trouver que dans l'acception psychanalytique du terme, comme une transposition souvent involontaire, une sublimation ou une substitution de complexes et de désirs inconscients. C'est un tel symbolisme qui nous a permis de déchiffrer dans les *Illuminations,* puis dans la *Saison,* le drame intérieur du poète. Il n'en reste pas moins que Rimbaud a influencé, sinon fortement, du moins dans une mesure notable, le Symbolisme naissant, en lui donnant, outre l'exemple d'une forme libérée de toute contrainte et d'une poésie « obscure », le sens des ressources prodigieuses que l'image peut fournir au poète.

L'influence de Rimbaud sur le Symbolisme dépassera cependant les Symbolistes de 1886. La même année, un jeune homme devait avoir la révélation de cette œuvre, mais celui-ci ne sera célèbre que bien des années plus tard : c'est Paul Claudel. Nous verrons le moment venu quelle sera l'importance de cette révélation. A Claudel, Rimbaud apprendra plus qu'une forme poétique, il lui suggérera ce que peut être la poésie véritable : une révolte contre un univers d'abstraction et de pauvreté, une recréation de toutes choses. Mais Claudel, lui, prendra le temps d'asseoir sa poésie sur une métaphysique.

Quant à la méthode du voyant, elle dépasse, et pour cause, le cadre du Symbolisme. La date à laquelle elle a été connue explique qu'elle ait pu être, en son temps, une révélation non moins grande pour les Surréalistes que la publication des *Illuminations* le fut pour les Symbolistes. Rimbaud, un demi-siècle d'avance, a saisi par une intuition étonnante quelles ressources pourrait apporter à la poésie l'exploration de l'inconscient ; il l'a libéré le premier, mieux, il a compris que le recours à l'inconscient était le ressort même de l'inspiration poétique[34]. Et, à la lecture des *Illuminations,* les Symbolistes pressentiront vaguement ce que leurs successeurs de 1920 érigeront en système. Certains oseront faire de Rimbaud un surhomme, voire un Dieu ou un prophète. N'est-ce pas excessif ?

Est-on autorisé pour autant à dire qu'il « se fit et se défit si loin de la terre que l'éclat de sa réalité commence seulement à rayonner jusqu'à nous », ou même qu'il a « recréé la poésie »[35] ? Rimbaud est un enfant prodige, mais il est un enfant. Il est un poète prestigieux, mais un homme du dix-neuvième siècle. Il porte en lui le tourment de son époque, et aussi le sens de la révolte. Qu'il l'ait poussée jusqu'à l'extrémité du possible, qu'il ait voulu le premier, totalement, vivre sa poésie, cela signifie qu'il a restitué au poète, pour la première fois dans la littérature moderne, son ambition et sa fonction véritables. Cela ne signifie pas qu'il ait su trouver la voie par laquelle la poésie pouvait être vraiment « recréée ». Pour cela, il faudra encore bien des années, et bien des efforts. Rimbaud demeure un jalon essentiel, quoique marginal, dans cette ambition prométhéenne : faire du poète un « voleur de feu ».

---

[34] E. JALOUX (dans l'*Anthologie des Essayistes français contemporains,* pp. 196-197) a bien défini en quoi consiste le *fantastique* chez Rimbaud : « Avec Rimbaud, est apparu évidemment un féerique nouveau ; ces libérations que les poètes antérieurs ont demandées à des formes fantastiques fixes (fées, elfes, sirènes, demi-dieux), il les demande directement aux images mentales dont les incarnations n'étaient que l'allégorie ; il se retourne sur lui-même pour y évoquer ces appuis que les autres confiaient à des créatures extérieures. Porte ouverte à tout le fantastique interne, à ces états de conscience inexplorés qui sont pour ainsi dire conjugués au croisement de nos émotions primitives... Le contrôle n'y intervenant pas, c'est l'état lyrique à l'état pur, où les émotions dominantes demeurent l'angoisse et le désir de se concilier un monde de bonté. Une littérature a pu se former sous l'influence de Rimbaud... C'est une littérature plus subjective que tout autre et, par là même, elle dérive du Romantisme ; mais où les écrivains réalistes ont surtout exprimé l'homme transformé par la société, les féeriques et les fantastiques nous apportent le témoignage de l'homme primitif, demeuré en chacun de nous et plus mêlé que l'autre au cosmos. » E. Jaloux ne distingue pas toutefois, dans ce témoignage de l'inconscient, ce qui est intuition du cosmos de ce qui n'est que pur chaos.

[35] Rolland DE RENÉVILLE, o. cit., p. 187.

IV

MALLARMÉ OU L'IDÉE PURE

Reconstruire l'œuvre de Mallarmé à partir de soi-même a été une tentation constante depuis près d'un siècle. Il faut reconnaître que la poésie mallarméenne se prête admirablement à cette critique toute subjective, ou, mieux, qu'elle y invite formellement. « Il doit y avoir toujours énigme en poésie », disait Mallarmé lui-même[1]. Cette œuvre, toujours concise, souvent sibylline, est la première responsable, non seulement des exégèses passionnées et contradictoires qu'elle provoque, mais aussi des constructions poétiques, métaphysiques ou cosmogoniques dont elle n'est souvent que le prétexte.

Il en résulte l'apparence d'une situation privilégiée, d'une influence singulièrement féconde, mais aussi un certain malaise. Rarement autant de contradictions ont été accumulées à propos d'un même homme. Pour l'un Mallarmé est un mystique qui veut « jouir du divin dans l'humain »[2], pour l'autre c'est un métaphysicien qui s'est senti « toujours étranger à tout état mystique »[3]. Tantôt il est à l'opposé du lyrisme, tantôt il est « le lyrique intégral »[4]. Semblables divergences peuvent à bon droit conduire à un total scepticisme à l'égard du poète, quand elles ne risquent pas de jeter le discrédit sur l'histoire littéraire tout entière. Que vaut donc la méthode, qui permet de tout dire à propos de tout ?

Pourtant, nous sommes en présence d'une œuvre, message unique d'un poète unique. Pour Mallarmé comme pour Rimbaud, cette œuvre avait un sens, et un seul. Elle a donc *sa* vérité. Et, pour l'approcher, seule vaut une méthode objective, c'est-à-dire une méthode qui, par tous les moyens, tente de se mettre à la place de l'auteur et de revivre son expérience.

Par une correspondance sans équivoque qui nous révèle, dans leurs principales phases, l'évolution et le drame d'une pensée, nous avons aujour-

---
[1] J. HURET, *Enquête sur l'évolution littéraire*, p. 61.
[2] Jean ROYÈRE, *Mallarmé*, p. 189.
[3] E. NOULET, *L'Œuvre poétique de Stéphane Mallarmé*, p. 118.
[4] « Il s'interdit les épanchements lyriques. » (Ch. MAURON, *Mallarmé l'Obscur*, Denoël, 1941, p. 42). « Il est le lyrique intégral », réplique Pierre BEAUSIRE (*La Poétique de Mallarmé*, p. 11)

d'hui les moyens de forcer le secret du temple, et d'éclairer les textes volontairement hermétiques que Mallarmé a livrés ou a eu l'intention de livrer au public. Encore faut-il à tout moment, dans une telle enquête, se cuirasser contre soi-même, s'armer d'une scrupuleuse honnêteté, et ramener la folle du logis à son véritable rôle, qui est ici non d'inventer, mais de reconstruire.

Ce drame d'une pensée, Jean Royère, le premier, l'avait déchiffré à travers *Igitur*[5]. Depuis, on a tenté de retracer au moyen de la Correspondance l'« horrible expérience » dont parle le poète. Mais pourquoi ne pas les avoir encore éclairés l'un par l'autre ? A la lecture des lettres, *Igitur* s'illumine. Cette correspondance en apparaît comme le commentaire vécu et presque littéral. L'attitude intellectuelle et philosophique de Mallarmé ne laisse place alors à aucune équivoque. Bien plus, l'œuvre apparaît comme intimement liée à cette attitude, si bien qu'*il semble impossible d'expliquer l'œuvre sans retracer l'expérience.* Et l'étude suivie et simultanée des deux textes montre à l'évidence que l'on se trouve en présence d'un des drames humains les plus poignants qui aient été vécus.

LE REFUS DU LYRISME

Dès l'adolescence, l'orientation future de Mallarmé est conditionnée par les circonstances de sa vie. Son tempérament timide et réservé apparaît dans telle anecdote cueillie parmi les souvenirs de collège[6]. « Âme lamartinienne », nous dit-il, âme tournée vers le rêve et vers la vie intérieure, mais d'une sensibilité que l'existence a vite refoulée : la perte de sa mère, l'internat prolongé, et bientôt déjà les difficultés matérielles. Mallarmé a toujours eu un sens aigu de la dignité d'homme. Très jeune, il a su taire ses peines, se replier sur soi-même ; et à l'âge de dix-neuf ans il dissimule sous de faux airs de bohème les premières privations et les premières ambitions[7].

Ce n'est pas qu'il manque d'enthousiasme. Au contraire. Dès le collège il se passionne pour la poésie, et c'est de son admiration pour Hugo qu'est née sa vocation poétique. Pourtant, très vite, des affinités plus grandes se font jour et, dans les discussions avec son jeune professeur, Emmanuel des Essarts, il oppose aux engouements de celui-ci pour l'abondance lyrique des Romantiques une préférence marquée pour Poe et Baudelaire. Au premier contact,

---

[5] Op. cit., p. 173 sqq. Mais cette analyse, en l'absence de textes biographiques précis, restait nécessairement fort succincte.

[6] H. MONDOR, *Vie de Mallarmé*, p. 14. Cf. l'*Autobiographie* adressée à Verlaine.

[7] H. MONDOR, op. cit., p. 27, n. 4 : « Ici, je mène une existence assez curieuse ; regardé par tous comme un prodige et honoré comme si j'avais trois maîtresses, moi qui n'ai jamais un sou dans ma poche et qui ne couche même pas avec la bonne. Je suis un bohème doré... » (Lettre à Cazalis).

il a aimé leur réserve digne et leur esprit critique, il a été séduit par leur sensibilité tout intellectuelle, et les premiers poèmes qu'il publie en portent la marque. Période d'imitation presque servile, où il emprunte à Baudelaire non seulement ses thèmes et ses symboles, mais ses procédés et son vocabulaire. Ce qui marquera sur lui, ce qu'il retiendra de Baudelaire, outre le culte de la beauté et le sens d'un univers symbolique, c'est la valeur de la concision et l'esprit critique ; « rôle d'initiateur », a-t-on dit : dès ce moment, l'intelligence prend le dessus, et chez le jeune poète, tourné vers la densité, l'esprit fait taire les épanchements du cœur.

Certes, au fond de lui-même, il poursuit son Rêve. Un instant, il a pu croire en la vie, au moment où sa première idylle avec Marie, à Sens, et l'amitié naissante de Lefébure et de Cazalis lui faisaient connaître la joie véritable ou l'extase. Alors, comme Igitur, il a tenté de vivre, de « saisir le Temps » et d'en recueillir précieusement les moindres atomes. Son Rêve alors, c'était de fixer éternellement la minute présente, d'en faire sa pâture et sa vie[8]. Mais cette vie s'est tôt chargée de le meurtrir. Les brumes d'Angleterre, les résistances de Marie, les soucis du ménage à deux et la gêne matérielle ont commandé l'évasion spirituelle, et, premier symbole, *les Fenêtres* disent cette fuite, loin de la bêtise et du dégoût, du poète « portant son rêve en diadème » et qui « tourne l'épaule à la vie ». Alors, comme Baudelaire, il se réfugie dans le Rêve et demande leur consolation aux séductions de la poésie et de l'art. « O mon Henri, abreuve-toi d'Idéal ! » écrit-il à Cazalis, et la « blancheur » de son rêve éclaire d'un jour trompeur ses « pensers blêmes de maintenant »[9]. Mais, comme chez Baudelaire, la pudeur veille, et le lyrisme du sentiment reste toujours contrôlé par l'esprit critique.

On ne saurait trop insister sur l'importance du *contrôle* dans ces années où se forme Mallarmé. Ce « repliement d'un émotif »[10] dont on a vu les causes réelles se traduit sur le plan poétique : refus de soi-même, qui est en même temps refus du lyrisme[11]. Lequel donna naissance à l'autre ? Il est difficile

---

[8] Lettres à Cazalis.
[9] « Mon Dieu, s'il en était autrement, si le rêve était ainsi défloré et baissé, où donc nous sauverions-nous, nous autres malheureux que la terre dégoûte et qui n'avons que le Rêve pour refuge ? O mon Henri, abreuve-toi d'Idéal. Le bonheur d'ici-bas est ignoble — il faut avoir les mains bien calleuses pour le ramasser. […] J'ai fait sur ces idées un petit poème, *Les Fenêtres*... » (Lettre à Cazalis du 3 juin 1863.)
[10] L'expression est de H. MONDOR (op. cit., p. 16).
[11] Ce refus se marque sans cesse dans la correspondance de Mallarmé. Par exemple : « Je ne veux pas faire cela d'inspiration : la turbulence du lyrisme serait indigne de cette chaste apparition que tu aimes. Il faut méditer longtemps : l'art seul, limpide et impeccable, est assez chaste pour la sculpter religieusement. » (Lettre à Cazalis du 1er juillet 1862, citée dans H. MONDOR, p. 54). « Qu'il y a loin de ces théories de composition littéraire à la façon dont notre glorieux Emmanuel prend une poignée d'étoiles

de le préciser. Il semble bien que son tempérament, son existence, puis ses admirations littéraires l'aient porté d'abord à dominer ses élans, à les cacher sous un voile de pudeur, et que ces exigences aient peu à peu rendu plus sensible une difficulté d'expression qui lui était naturelle. De là une « impuissance » qui le mènera ensuite à la grande expérience spirituelle, à cette sorte d'ascèse où peu à peu s'effacera son moi.

Quoi qu'il en soit, en 1862, Mallarmé ressent déjà ce mal et en note les premières atteintes :

> « Emmanuel t'avait peut-être parlé d'une stérilité curieuse que le printemps avait installée en moi, écrit-il à Cazalis. Après trois mois d'impuissance, je m'en suis enfin débarrassé et mon premier sonnet est consacré à la décrire, c'est-à-dire à la maudire »[12].

Impuissance qui est pour l'instant un thème littéraire. Et c'est une attitude très baudelairienne encore que celle de ce poète dont

> L'impuissance s'étire en un long bâillement

et qui déclare :

> J'attends en m'abîmant que l'ennui se lève[13].

De cette maladie et du spleen très particulier qui en résulte peut naître, Mallarmé l'espère, une poésie « d'un genre assez nouveau », où « les effets matériels, du sang, des nerfs, sont analysés et mêlés aux effets moraux, de l'esprit, de l'âme. Quand la combinaison est bien harmonisée, ajoute Mallarmé, et que l'œuvre n'est ni trop physique ni trop spirituelle, elle peut représenter quelque chose ». Lyrisme encore, que cette analyse de son être errant après un rêve insaisissable, et dont *Spleen printanier* — qui deviendra par la suite *Renouveau* —, *Apparition, Soupir* portent le témoignage. Allant plus loin que Baudelaire, Mallarmé trouve ici la voie qui sera celle de Verlaine quelques années plus tard. Les « crépuscules blancs » de *Renouveau* sont encore très baudelairiens, mais la lune qui s'attriste, le parfum de tristesse d'*Apparition,* l'Azur attendri d'Octobre

> Qui mire aux grands bassins sa langueur infinie,

tout dans ces courts poèmes annonce la chanson verlainienne, avec l'union

---

dans la voie lactée pour la semer sur le papier et les laisser se former au hasard en constellations imprévues ! Et comme son âme enthousiaste, ivre d'inspiration, reculerait d'horreur, devant ma façon de travailler ! Il est le poète lyrique dans tout son admirable épanchement. » (Lettre à Cazalis du 12 janvier 1864, citée dans H. MONDOR, op. cit., p. 104).

[12] Lettre à Cazalis de juin 1862.
[13] *Renouveau.* Ce sonnet, adressé d'abord à Cazalis sous le titre *Vere Novo,* devait primitivement s'appeler *Spleen printanier.* Je cite ici le texte primitif d'après H. MONDOR (op. cit., p. 50).

du concret et de l'abstrait, la fusion du paysage et de l'état d'âme en un flou musical au sein duquel doit naître le mystère poétique.

Cependant, pour pur que soit ce lyrisme, il n'est chez Mallarmé que passager. Dès cette même année 1862, il pressent déjà une technique nouvelle, où le mystère ne sera plus un mystère en quelque sorte naturel, né dans la pénombre du subconscient, mais un mystère voulu et concerté, qu'exigent à la fois la dignité de l'artiste et la sainteté de la poésie. N'est-ce pas là ce que proclame cet « article fulminant » retrouvé dans *l'Artiste,* où Mallarmé part en guerre contre les profanateurs de la poésie, contre « la vulgarisation de l'art » ?[14]

« Toute chose sacrée et qui veut demeurer sacrée, s'enveloppe de mystère. Les religions se retranchent à l'abri d'arcanes dévoilés au seul prédestiné : l'art a les siens. La musique nous offre un exemple. J'ai souvent demandé pourquoi ce caractère nécessaire a été refusé à un seul art, au plus grand. Celui-là est sans mystère contre les curiosités hypocrites, sans terreur contre les impiétés... Je parle de la Poésie... Ainsi les premiers venus entrent de plain-pied dans un chef-d'œuvre, et depuis qu'il y a des poètes, il n'a pas été inventé, pour l'écartement des importuns, une langue immaculée, — des formules hiératiques dont l'étude aride aveugle le profane et aiguillonne le patient fatal... O fermoirs d'or des vieux missels ! O hiéroglyphes inviolés des rouleaux de papyrus ! »

Ainsi, le lyrisme galvaude la poésie et la livre à l'admiration bête des foules. Cette poésie, il faut la protéger, la rendre difficile : il faut un mystère visible, un « système de moyens qui défend l'entrée du temple » et « rebute celui qui n'a pas assez d'amour »[15]. Pendant deux ans, il va travailler à mettre au point cette poétique, à trouver les procédés de style, ellipses, inversions, qui deviendront peu à peu la substance même de son œuvre, et dont le *Pitre châtié et Aumône* nous offrent, ici et là, les premiers exemples[16]. « Il faut toujours couper le commencement et la fin de ce qu'on écrit », dira-t-il peu après à Cazalis, en lui révélant la « recette » qu'il a « inventée ».

Mais ce n'est là encore qu'un jeu gratuit, et Mallarmé pressent, pour cette nécessaire obscurité du poème, des raisons plus profondes. Sous l'influence d'Edgar Poe, il va lui trouver une base psychologique, ériger le procédé technique en principe d'art. Cette base psychologique, c'est la recherche de *l'effet,* qui doit se substituer à l'objet lui-même, créant ainsi un mystère favorable au plaisir poétique. Tel est le dessein de Mallarmé quant il écrit

---

14 Lettre de Charles Coligny à Mallarmé, dans H. MONDOR, p. 70, note 2. E. NOULET en a bien marqué l'importance, analysant en particulier la notion du « mystère » mallarméen.
15 E. NOULET, op. cit., p. 44.
16 C'est ainsi que le début du *Pitre châtié* (1864) :
                Pour les yeux, — pour nager dans ces lacs...
est devenu en 1887 deux simples mots : Yeux, lacs... ».

L'Azur où, « bannissant mille gracieusetés lyriques », il n'y a pas un mot qui ne lui ait « coûté plusieurs heures de recherches » et qui ne contribue à l'effet général du poème. « plus j'irai, dit-il, plus je serai fidèle à ces sévères idées que m'a léguées mon grand maître Edgar Poe. Le poème inouï du *Corbeau* a été ainsi fait. Et l'âme du lecteur jouit absolument comme le poète a voulu qu'elle jouît. »[17]

C'est là l'essentiel de cette « poétique très nouvelle » qu'il découvre au moment où il commence *Hérodiade* :

> « Peindre non la chose, mais l'effet qu'elle produit. Le vers ne doit donc pas, là, se composer de mots, mais d'intentions, et toutes les paroles s'effacer devant la sensation »[18].

L'*intention* est plus importante que le mot ; l'*impression* est plus importante que la chose : c'est là le secret du mystère poétique. Mallarmé précise ainsi ce rêve qu'il poursuit dans la première ébauche d'*Hérodiade* :

> « Si encore j'avais choisi une œuvre facile ; mais justement, moi stérile et crépusculaire, j'ai pris un sujet effrayant, dont les sensations, quand elles sont vives, sont amenées jusqu'à l'atrocité, et si elles flottent, ont l'attitude étrange du mystère. Et mon vers, il fait mal par instants et blesse comme du fer. J'ai, du reste, là, trouvé une façon intime et singulière de peindre et de noter des impressions très fugitives. Ajoute, pour plus de terreur, que toutes ces *impressions* se suivent comme dans une symphonie, et que je suis souvent des journées entières à me demander si celle-ci peut accompagner celle-là, quelle est leur parenté et leur effet... Tu juges que je fais peu de vers en une semaine[19].

On voit comment cette poétique de suggestion et de concentration est née de son refus du lyrisme et de la stérilité apparente qui en était le corollaire inéluctable. Tentative de poète, tentative littéraire encore, et qui pour l'instant reste en disponibilité. On y distingue pourtant déjà cette probité, cette intransigeance intellectuelle qui seront, jusqu'au bout, la marque de Mallarmé et qui commanderont les moindres développements de sa pensée. Dès le début, il a refusé d'être dupe. Il a voulu prendre conscience, être conscient. Et cette volonté de conscience totale est à l'origine d'un drame profond, dont l'horreur va brusquement se révéler à lui.

---

[17] Lettre à Cazalis du 12 janvier 1864, dans H. MONDOR, o. cit., p. 104. Voir sur l'influence d'Edgar Poe : Léon LEMONNIER, *Edgar Poe et les poètes français,* p. 91 sqq.
[18] Lettre à Cazalis d'octobre 1864, dans H. MONDOR, o. cit., p. 145.
[19] Lettre à Cazalis mars 1865, dans H. MONDOR, o. cit., p. 160.

La conquête de l'Absolu

Mallarmé avait connu à vingt ans l'appel des voyages et les désirs d'évasion[20]. Aux rares heures de bonheur et d'enthousiasme, il lisait « pour poème unique un Indicateur des Chemins de fer » et goûtait dans l'horizon bleu de ses chiffres des jouissances exquises. Nous l'avons vu séduit alors par « la blancheur du Rêve », cherchant un refuge dans l'Idéal. Mais c'étaient là réactions contre les premières meurtrissures de l'existence. Le drame était encore romantique et, somme toute, assez livresque. L'expérience spirituelle chez lui est non pas née d'un appel divin ou d'une brûlante révélation, mais entrée « par la porte mesquine du travail quotidien »[21]. C'est en creusant le vers, comme il le confiera à Cazalis, qu'il a rencontré le Néant. Comment donc a pu s'opérer ce passage étonnant d'une technique de poète à la recherche de l'absolu ? Par l'impuissance.

L'impuissance : ce sera la hantise de toute sa vie, le spectre toujours présent, la rançon de ses luttes contre la facilité, l'abondance, l'épanchement sans contrôle, de même qu'elle est à l'origine de la poétique mallarméenne, elle est à l'origine de sa philosophie :

> « Muse moderne de l'Impuissance qui m'interdis depuis longtemps le trésor familier des Rythmes, et me condamnes (aimable supplice) à ne faire plus que lire — jusqu'au jour où tu m'auras enveloppé dans ton irrémédiable filet l'ennui — les maîtres inaccessibles dont la beauté me désespère ; mon ennemie et cependant mon enchanteresse, aux breuvages perfides, et aux mélancoliques ivresses, je te dédie, comme une raillerie ou — le sais-je — comme un gage d'amour, ces quelques lignes vécues et écrites dans les heures clémentes où tu ne m'inspires pas la haine de la création et le stérile amour du Néant »[22].

L'impuissance lui fait maintenant comprendre où l'engageait ce constant refus de lui-même. Repoussant alors le lyrisme comme une illusion trompeuse, mais dédaignant aussi la « révolte inutile et perverse », il a simplement voulu prendre conscience de la réalité des choses et de lui-même. Mais ici encore il ne s'est pas laissé tromper par les apparences. Devant chaque objet comme devant sa propre conscience, il s'est demandé : « Qu'est-ce que cela veut dire ? »[23] Par delà l'automatisme du langage familier, par delà les concepts commodes auxquels se réduit le plus souvent notre moi, il a cherché quelle réalité se cachait. Mais cette réalité recule maintenant peu à peu devant lui : jusqu'où l'entraînera-t-elle ?

---

20 Évasion par le sommeil, par l'aventure, par le rêve, par l'art, par la mort, ainsi que l'a montré Ch. Mauron (*Mallarmé l'Obscur*, pp. 42-43). A cette époque, le rêve de Mallarmé se rapproche singulièrement du rêve baudelairien.
21 E. Noulet, o. cit., p. 115.
22 *Symphonie littéraire*, article publié dans l'*Artiste*, 1er février 1865.
23 P. Claudel, *Positions et Proportions*, I, p. 203.

C'est alors que Mallarmé entrevoit un degré idéal et suprême de conscience où, comme la Tulia Fabriana de Villiers, il pourrait « vivre de lui-même et de sa pensée » ; c'est alors qu'il choisit définitivement. Sans culture métaphysique, sans guide, livré à ses seules forces, il s'engage dans la voie de l'expérience spirituelle. Il veut une vie tout entière de méditation, de dépouillement. Ce « maniement et ce travail assidu d'une même pensée qu'il presse jusqu'à ce qu'elle ait donné tout son suc », comme le définissait Lefébure dans une lettre[24], seront maintenant les principes directeurs de son existence, et il leur sacrifiera tout. Dans un effort inlassable, à la fois « martyr et héros de la conscience »[25] et cédant à l'injonction spirituelle de celle-ci, il tentera de « penser sa pensée », de dépasser les apparences et de sortir du relatif et du contingent pour conquérir l'Absolu.

Cette conquête n'alla pas sans une longue lutte avec lui-même, une lutte de plusieurs années, dont les « nuits de Tournon » marquent la phase critique et dont la lettre à Cazalis du 14 mai 1867 retrace les étapes douloureuses avec une étonnante précision :

> « Je viens de passer une année effrayante ; ma Pensée s'est pensée, et est arrivée à une Conception Divine. Tout ce que, par contre-coup, mon être a souffert, pendant cette longue agonie, est inénarrable, mais heureusement, je suis parfaitement mort, et la région la plus impure où mon Esprit puisse s'aventurer est l'Éternité ; mon Esprit, ce solitaire habituel de sa propre Pureté, que n'obscurit plus même le reflet du Temps.
>
> « Malheureusement, j'en suis arrivé là par une horrible sensibilité, et il est temps que je l'enveloppe d'une indifférence extérieure, qui remplacera pour moi la force perdue. J'en suis, après une synthèse suprême, à cette lente acquisition de la force, incapable, tu le vois, de me distraire.
>
> « Mais combien plus, je l'étais, il y a plusieurs mois, d'abord dans ma lutte terrible avec ce vieux et méchant plumage, terrassé, heureusement, Dieu ! Mais comme cette lutte s'était passée sur son aile osseuse, qui, par une agonie plus vigoureuse que je ne l'eusse soupçonné chez lui, m'avait emporté dans des Ténèbres, je tombai, victorieux — éperdument et infiniment — jusqu'à ce qu'enfin je me sois revu un jour devant ma glace de Venise, tel que je m'étais oublié plusieurs mois auparavant.
>
> « J'avoue, du reste, mais à toi seul, que j'ai encore besoin, tant ont été grandes les avanies de mon triomphe, de me regarder dans la glace, pour penser, et que si elle n'était pas devant la table où j'écris cette lettre, je redeviendrais le Néant. C'est t'apprendre que je suis maintenant impersonnel, et non plus Stéphane que tu as connu — mais une aptitude qu'a l'univers spirituel à se voir et à se développer, à travers ce qui fut moi... Fragile comme est mon apparition terrestre, je ne puis subir que les développements absolument nécessaires pour que l'Univers retrouve, en ce moi, son identité. Ainsi, je viens, à l'heure

---

[24] Lettre de Lefébure à Mallarmé, 15 avril 1964, dans H. Mondor, o. cit., p. 121.
[25] P. Beausire, *La poétique de Mallarmé*, Lausanne, 1942, p. 205.

de la Synthèse, de délimiter l'Œuvre qui sera l'image de ce développement. Trois poèmes en vers, dont *Hérodiade* est l'Ouverture, mais d'une pureté que l'homme n'a pas atteinte — et n'atteindra peut-être jamais —, car il se pourrait que je ne fusse le jouet que d'une illusion, et que la machine humaine ne soit pas assez parfaite pour arriver à de tels résultats. Et quatre poèmes en prose, sur la conception spirituelle du Néant... »[26]

Chaque mot, dans cette lettre, est lourd de sens, et nous aurons sans cesse à y revenir. Dans son ascèse, Mallarmé a dû tout d'abord dépouiller le vieil homme, quitter ce « moi impur » que lui ont légué ses ancêtres : lutte entre la conscience et les séductions dangereuses de l'inconscient. Car ce qu'il trouve d'abord en lui, ce sont des désirs, des émotions, des images, c'est l'inconscient que nous portons au fond de nous-même, le poids du passé et de la race, ce sont les chimères qui ont bercé notre enfance, dans l'« attente de l'accomplissement du futur », le regret et le désir d'un Paradis perdu.

« Maladie d'idéalité », dit Igitur[27], maladie à la fois physique et morale, où s'opère un véritable dédoublement de la personnalité, un divorce entre la volonté d'absolu et le vieux Rêve, « l'Idéal cruel qui hante le poète malgré tout ». C'est ce déchirement qu'exprime *L'Azur*, où dialoguent les deux hommes qui sont en lui, et que Mallarmé envoie à Cazalis avec un long commentaire. Le poète souffre d'une « cruelle maladie » : non pas maladie d'impuissance, mais maladie d'idéal, aspiration vers l'Azur. Car Mallarmé renverse ici le thème romantique : son mal n'est pas d'être parmi les hommes et le monde, mais de vouloir s'en évader ; voilà la faute, l'erreur du poète. Un instant, il pense avoir « terrassé Dieu » : « le ciel est mort ! » s'écrie-t-il. « Et tout de suite », dit Mallarmé, « muni de cette admirable certitude, j'implore la Matière ». Il lui demande « l'oubli de l'idéal cruel et du Péché ». Mais c'est

> En vain ! l'Azur triomphe, et je l'entends qui chante
> Dans les cloches...

Dans cette « immense agonie » dont parlera aussi la lettre de 1867, l'Azur le hante toujours. Ce n'est que la première phase du drame : Dieu se débat encore.

Mallarmé voudrait pourtant échapper à l'absurdité des besognes quotidiennes, à l'atmosphère étouffante de la vie provinciale, au cercle étroit où l'on tourne « comme des chevaux idiots d'un cirque de foire »[28] : en vain aussi ! Le « cher ennui » ne lui apporte aucun soulagement ; la maladie d'idéa-

---

[26] Lettre à Cazalis du 14 mai 1867, dans H. MONDOR, o. cit., p. 237.
[27] *Igitur*, p. 54. En réalité, nous le verrons, Mallarmé a seulement cru dépouiller le moi impur : le regret du Paradis perdu reparaîtra malgré lui dans son œuvre (cf. MAURON, *Mallarmé l'obscur*, Denoël, 1941, pp. 39-40, 47, 83).
[28] Lettre à Cazalis du mercredi-saint 1864, dans H. MONDOR, o. cit., p. 125.

lité développe au contact du monde une « accablante sensation de fini »[29] ; les « pensées blêmes » de 1862 sont devenues à la fois solitude et lassitude désespérées.

* * *

1864-1865 : c'est l'époque où le spleen hante Mallarmé, comme en témoignent toutes ses lettres. « Chaque jour le découragement me domine, écrit-il, je meurs de torpeur. Je sortirai de là abruti, annulé. J'ai envie de battre les murs de ma tête pour me réveiller ». Ses amis peuvent bien l'exhorter à vivre. Il leur déclare : « Moi je suis un cadavre, une partie de ma vie... La solitude aussi me tue ». « Être un vieillard, fini, à vingt-trois ans, alors que tous ceux qu'on aime vivent dans la lumière et dans les fleurs, à l'âge des chefs-d'œuvre ! » Et encore : « J'ai si peu de vie que mes lèvres pendent et que ma tête, qui ne peut plus se dresser, penche sur mon épaule ou tombe sur ma poitrine »[30]. Ces moment de détresse sont la conséquence inévitable de cette ascèse, de ce *yoga* par lequel il s'efforce de dépouiller son moi. Il éprouve l'horrible poids du Temps, un temps lourd, étouffant, où « l'heure de la pendule précipite son ennui »[31]. Et c'est à ce moment qu'apparaît pour la première fois dans ses lettres un objet qui va devenir l'image centrale d'*Igitur* avant de s'intégrer à la symbolique mallarméenne : le miroir.

> « Je me traîne comme un vieillard, écrit-il à Cazalis en décembre 1864, et je passe des heures à observer dans les glaces l'envahissement de la bêtise qui éteint déjà mes yeux aux cils pendants et laisse tomber mes lèvres... »

A force de contempler son image dans la glace, Mallarmé va éprouver une sensation étrange : son « moi impur » n'était pas encore la conscience elle-même, mais un *objet* de conscience ; maintenant il en arrive à s'oublier lui-même, à se détacher totalement de soi et du monde. Cette « glace devenue ennui », c'est le cadre, le décor où apparaît son moi temporel, où, à force de fixer son image, il la voit « vague et près de disparaître comme si elle allait s'évanouir dans le temps ». Moment terrible où tout lui semble fixé pour jamais, dans une immobilité définitive, où il éprouve, face à cette image pâlie de lui-même, une « épouvantable sensation d'éternité »[32].

Ainsi menacé par le supplice d'être éternel, d'une éternité sans consistance dont l'horreur le saisit, il n'a plus qu'un pas à faire : éliminer jusqu'à

---

29   *Igitur*, p. 56.
30   Lettre à Cazalis de février 1865, dans H. MONDOR, o. cit., p. 157.
31   *Igitur*, p. 54.
32   *Igitur*, pp. 54-55.

l'extinction ce moi qui déjà n'est plus qu'une ombre. C'est la dernière phase de la lutte, non plus avec lui-même maintenant, mais avec ce qui reste de plus impersonnel en lui, la pointe d'idéalité, Dieu.

Et pourtant Dieu résiste encore. L'« agonie de ce vieux et méchant plumage » est plus vigoureuse qu'il ne l'eût soupçonné. D'ailleurs, il lui est encore « difficile de s'isoler assez de la vie pour sentir, sans effort, les impressions extra-terrestres »[33]. Dans cette lutte intérieure que mène Mallarmé, au milieu des soucis domestiques et des obligations professionnelles, il doit renoncer à ses « belles heures de travail », qui « sont saccagées par les barbares du collège » et il lui faut « se vouer à la nuit »[34].

Ces méditations nocturnes marquent la grande crise de Tournon, les trois mois où, après s'être « acharné sur *Hérodiade* », « usé de veilles, impuissant », passant ses nuits à « rêver d'avance tous les mots », il poursuit, dans une « insomnie permanente », sa quête intérieure[35]. Heures décisives où Mallarmé, s'éloignant définitivement de Baudelaire, tente une poésie nouvelle et s'élance vers l'absolu.

On peut imaginer d'après *Igitur* et certains accents des lettres, ce qu'ont pu être ces nuits douloureuses. Comme Igitur, il « va au fond des choses..., descend les escaliers de l'esprit humain ». Décor étouffant, accablant, que ces escaliers où il entend des sifflements qui lui disent : « Vous avez tort » : c'est sans doute encore la voix de la race, « les glorieux mensonges du rêve, les divines impressions pareilles qui se sont amassées en nous depuis les premiers âges »[36]. Intrépide dans son effort vers la pureté, il entame le dernier combat. Le personnage qu'il voit dans la glace n'est plus qu'un « fantôme d'horreur » qui se nourrit des « suprêmes frissons des chimères ».

Alors apparaît le personnage qui a toujours hanté Mallarmé, celui dont la présence muette, « svelte et vêtue de noir », présidera plus tard aux entretiens de la rue de Rome et dont les *Divagations* révéleront le pouvoir de symbole : le fantôme d'Hamlet[37]. Mallarmé notait fort justement dans *Crayonné au théâtre* qu'Hamlet « existe par l'hérédité en les esprits de la fin de ce siècle »[38]. En attendant que Laforgue fasse de lui le symbole de l'angoisse qui se parodie elle-même, Mallarmé l'attire à lui, se complaît dans cette « dualité morbide » qui le déchire : fou en dehors, et qui fixe en dedans les yeux sur une image de soi qu'il y garde intacte. « Sympathie avec la Nuit, amère

---

33 Lettre à Aubanel du 3 mars 1866.
34 Lettre à Cazalis d'octobre 1865 (lettre inédite, collection H. MONDOR).
35 Lettres à Cazalis de mars et mai 1866, dans H. MONDOR, o. cit., pp. 192 et 205.
36 Lettre à Cazalis de mars 1866, dans H. MONDOR, o. cit., p. 193.
37 Hamlet, « svelte, vêtu de noir, demeure l'épée en arrêt devant le fantôme de son père, buée transparente et vapeur visible, par quel miracle ? sur un paysage de neige. » H. CHARPENTIER, *Les Marges*, 10 janvier 1936, cité dans H. MONDOR, o. cit., p. 476.
38 *Divagations*, p. 169.

communion entre les ténèbres et cette infortune d'être un homme » : voilà ce qui, selon Claudel, rapproche Mallarmé d'Hamlet[39]. Être ou ne pas être : le prince de la moderne Elseneur a, comme son modèle, posé l'ultime question. Angoisse suprême qu'évoquera le mystérieux sonnet en -yx, dont le sens alors s'éclaire :

> L'Angoisse, ce minuit, soutient, lampadophore...

Minuit sonne. Moment décisif. C'est l'instant ineffable, l'heure unie où « l'essence fait le présent absolu des choses »[40]. Certes, il « subsiste une présence de minuit ». Mais c'est une pure présence, sans attribut, sans modalité d'aucune sorte. L'hôte est « dénué de toute signification autre que de présence », et cette présence nue est en même temps absence de tout. Les contraires se rejoignent ou mieux se résorbent en une identité foncière. « Être *et* ne pas être » : car présence et absence, être et non-être se confondent.

> Elle, défunte nue en le miroir...[41]

Dans le cadre de la chambre vide, dont les objets sont comme absents et où ne subsiste plus que le miroir symbolique, ainsi l'apparence du poète achève de s'effacer. Car arriver à la pureté, c'est supprimer tout objet ; et c'est du même coup supprimer la conscience elle-même. « En raréfiant la glace jusqu'à une pureté inouïe », le moi s'abolit, car il n'apparaissait dans cette glace chimérique qu'à la faveur de sa propre lumière. En s'éliminant, il emporte le flambeau, et, comme dit Igitur, « le cadre ferme l'oubli ». Le moi, c'était le Rêve : il a agonisé. Maintenant Igitur a « quitté la chambre ». Il ne reste plus que la nuit, substance du Néant.

Ainsi, « sans connaître le Bouddhisme »[42], Mallarmé, au bout de son expérience, a rencontré le Néant. C'est l'ombre négative de lui-même, sa propre et volontaire disparition, qui est le « lieu de la solitude parfaite ». Union des contraires, mais dans une totale élimination de tout : la pureté, c'est l'absolu, et l'absolu, l'abstraction totale, d'où tout relatif est exclu, c'est le Rien, c'est le Néant. Le « moi projeté absolu »[43], c'est donc l'extinction du moi.

---

[39] P. CLAUDEL, *Positions et Propositions,* pp. 197-198.
[40] *Igitur,* pp. 39-40.
[41] *Poésies complètes,* p. 129, « Ses purs ongles... ».
[42] Voir la lettre citée ci-dessous. — Inutile d'ajouter que le rapprochement avec le Bouddhisme est très extérieur. Le Bouddhisme en effet, tout en affirmant que l'immortalité personnelle est impossible, ne considère nullement l'homme comme une vaine forme de la matière, ni l'Absolu comme une pureté analogue à l'absence. Pour lui, l'Absolu est « l'éclat de la grande sagesse, l'illumination universelle de l'univers, le vrai savoir adéquat, l'esprit pur et net en sa propre nature, l'éternel, le béni, le contrôle de soi, et le pur, le tranquille, l'immuable et le libre ». Ashvagosha, *L'Éveil de la Foi,* trad. Richard cité dans *Le Livre des morts tibétain,* Maisonneuve, 1933, p. 201, n. 3.
[43] *Igitur,* p. 38.

« J'ai imploré la grande Nuit qui m'a exaucé et a étendu ses ténèbres, dira-t-il à Cazalis trois ans plus tard. La première phase de ma vie a été finie »[44]. Le vieil homme est bien mort. Et le double symbolique de Mallarmé, Igitur, sur les cendres des astres et de la famille, « après avoir bu la goutte de néant qui manque à la mer », se couche au tombeau.

*
* *

La lettre à Cazalis de mars 1866, fameuse elle aussi, nous éclairerait s'il en était besoin sur l'état d'âme de Mallarmé à ce moment extrême de sa méditation :

« En creusant le vers à ce point, j'ai rencontré deux abîmes qui me désespèrent. L'un est le Néant auquel je suis arrivé sans connaître le Bouddhisme, et je suis encore trop désolé pour pouvoir croire même à ma poésie et me remettre au travail que cette pensée écrasante m'a fait abandonner.

« Qui, *je le sais*, nous ne sommes que de vaines formes de la matière — mais bien sublimes pour avoir inventé Dieu et notre âme. Si sublimes, mon ami ! que je veux me donner ce spectacle de la matière, ayant conscience d'être, et, cependant, s'élançant forcenément dans ce Rêve qu'elle sait n'être pas, chantant l'Âme et toutes les divines impressions pareilles qui se sont amassées en nous depuis les premiers âges, et proclamant devant le Rien qui est la vérité, ces glorieux mensonges ! Tel est le plan de mon volume, lyrique et tel sera peut-être son titre, *la Gloire du Mensonge* ou *le Glorieux Mensonge*. Je chanterai en désespéré... »[45]

Combien chaque mot, dans cette lettre, prend pour nous maintenant un sens précis ! Impossible de nous y tromper (Mallarmé ne souligne-t-il pas : *Je le sais*) : la concentration sur sa propre pensée a conduit Mallarmé à un matérialisme radical. Le refus de lui-même, la négation systématique de son individualité, de ses amours, de ses souffrances l'ont amené à une solitude métaphysique totale, à un Absolu sans Dieu. Car Mallarmé n'est pas, comme le voudrait Paul Valéry, un « mystique sans Dieu ». En refusant l'amour, il refusait précisément les voies mystiques, pour se réfugier dans les spéculations purement abstraites de la métaphysique. Et c'est peut-être ce qui explique ce Néant où il vient de sombrer[46].

---

44 Lettre à Cazalis du 19 février 1869, dans H. MONDOR, o. cit., p. 278.
45 Cf. H. MONDOR, o. cit., p. 193.
46 Mme Noulet a distingué vigoureusement les deux attitudes : « Il faut dire avec force que Mallarmé ne fut pas un mystique bien qu'il fût un métaphysicien. Métaphysique et mysticisme sont sur des plans différents ; si l'une est souvent condition de l'autre, ces deux tendances peuvent exister isolément. Sans doute, elles ne le peuvent que par l'effet d'une contradiction, mais plus apparente que réelle. » (o. cit., p. 118). Avec cette réserve que ce sont là généralement plus que des tendances : des attitudes et des

En cet état *désespéré*, une fois qu'on s'est placé « devant le Rien qui est la vérité », il semble que la seule attitude logique soit le suicide. De fait, c'est bien à un suicide moral que Mallarmé est parvenu, lui qui déclarera l'année suivante : « Je suis maintenant impersonnel ». Pourtant, il y a en lui une petite flamme qui n'est pas morte. L'esprit, même en se reconnaissant comme une « vaine forme de la matière », n'abdique pas ses pouvoirs. Car cette matière a conscience d'être, et c'est cette conscience qui fait tout. Moment privilégié : à l'instant même où le Néant la nie, cette conscience s'affirme comme pensée : « Quand les souffles de ses ancêtres veulent souffler la bougie... Igitur dit : Pas encore ! »[47].

Découverte de la Beauté

Du coup de dés qui prélude au rêve impossible d'*Igitur*, surgissent alors les figures d'*Hérodiade*, fille de l'Hiver et du *Faune*, fils de l'Été.

> « Pour moi, j'ai plus travaillé cet été que toute ma vie, et je puis dire que j'ai travaillé pour toute ma vie. J'ai jeté les fondements d'une œuvre magnifique. Tout homme a un Secret en lui, beaucoup meurent sans l'avoir trouvé... Je suis mort, et ressuscité avec la clef de pierreries de ma dernière cassette spirituelle. A moi maintenant de l'ouvrir en l'absence de toute impression empruntée, et son mystère s'émanera en un fort beau ciel... »[48].

« Après avoir trouvé le Néant j'ai trouvé le Beau », s'est-il écrié après des semaines de souffrances intellectuelle. Deux mois auparavant déjà il annonçait à Cazalis : « Je suis en train de jeter les fondements d'un livre sur le Beau », et il ajoutait : « Mon esprit se meut dans l'Éternel ». Comment donc s'opère chez lui ce passage de la métaphysique à l'esthétique ? C'est là le mystère mallarméen. En cet endroit où s'arrête *Igitur*, seul un examen attentif de la Correspondance de 1866 pourra nous éclairer.

Igitur nous a laissés au moment décisif où, du Hasard, en jetant les dés, l'esprit fait sortir l'Infini. Il lui faut pour cela vaincre le hasard, il faut, comme le dit Igitur, que « l'Infini soit enfin fixé » ; il faut donc que l'esprit saisisse les lois suprêmes, le système de relations qui règle l'univers. Car il y a des rapports cachés dans l'univers, et l'esprit, simple fonction, est la prise de conscience de ces rapports. Or, qu'est-ce que cet infini, cette Éternité, qui est maintenant « la région la plus impure où l'Esprit [de Mallarmé] puisse s'aventurer » ? Nous avons vu, dans cette métaphysique, la notion d'Absolu

---

voies. — Mais où je ne peux plus suivre Mme Noulet, c'est quand elle affirme : Pour Mallarmé, « il s'agit de quitter à jamais la croyance primitive des correspondances superstitieuses entre la nature extérieure et le monde intérieur. » Voir là-dessus les textes cités dans notre IIe Partie.

[47] *Igitur : Ancienne étude,* p. 35.
[48] Lettre à Aubanel du 16 juillet 1866, dans H. Mondor, o. cit., p. 212.

rejoindre celle de Néant. Cet Absolu-Néant, Réalité suprême à laquelle l'esprit humain ne peut atteindre qu'après avoir éliminé successivement toutes les déterminations, toutes les limitations, jusqu'à la parfaite pureté, cette Réalité sans aucun attribut, c'est-à-dire faite uniquement de virtualités, de possibilités, ce système de relations immuables n'est autre que la Beauté. A la fois présence et absence de tout, Beauté et Absolu se confondent. C'est ainsi qu'il faut comprendre l'affirmation de Mallarmé : « Il n'y a que la Beauté »[49].

« Toute le reste est mensonge », ajoute-t-il, entendant par là que seul le Néant est la vérité, et que toutes les différenciations naissent de l'insuffisance de notre pensée, qu'elles doivent toutes, finalement, se résorber dans une *indifférenciation* totale, qui n'*est* rien, à proprement parler, mais qui contient tous les possibles. Suprême Beauté, par conséquent, Beauté idéale, que cet Absolu qui n'est vicié par nulle imperfection.

A aucun moment, certes, dans *Igitur,* il n'est question du Beau. Mais ce lien entre l'Absolu et la Beauté y est partout implicite, et la Correspondance ne laisse subsister aucune équivoque à cet égard. Telle est donc la Réalité pour Mallarmé. Réalité purement virtuelle, qui n'est, quoi qu'on en ait dit, ni le monde des Idées-archétypes platonicien, ni l'Esprit absolu d'Hegel[50] ; Réalité esthétique, mais où le positif et le négatif s'annulent l'un l'autre, et qui n'est atteinte que par l'exténuation de la conscience et des choses.

---

[49] La lettre du 14 mai 1867 continue ainsi en effet : « Il n'y a que la Beauté ; — et elle n'a qu'une expression parfaite — la Poésie. Tout le reste est mensonge — excepté pour ceux qui vivent du corps, l'amour, et cet amour de l'esprit, l'amitié… Pour moi, la Poésie me tient lieu de l'amour, parce qu'elle est éprise d'elle-même, et que sa volupté d'elle retombe délicieusement en mon âme. » (H. MONDOR, o. cit., p. 238).

[50] Cf. par exemple C. MAUCLAIR, *Mallarmé chez lui,* p. 76 sqq. : « Mallarmé avait connu Hegel à travers Villiers de l'Isle-Adam, qui lui l'avait approfondi. Et il m'est arrivé, à Valvins, d'en parler à Mallarmé, car j'étais, vers 1895, féru d'hegelianisme. Mon maître me répondait en homme très informé. Au demeurant, tout dans cette doctrine devait le séduire. Pour Hegel, la catégorie essentielle, c'est le devenir. Tout change, et toute forme de l'être suscite à la vie une forme contraire, l'affirmation crée la négation, laquelle est niée à son tour. Thèse, antithèse, et synthèse finale. Le ressort de ce mouvement éternel et nécessaire s'appelle la pensée. Tout être incarne une idée, la réalité est esprit. Il y a donc deux éléments hegeliens : l'idéalisme, et la dialectique, qui consiste à créer la synthèse, génératrice du mouvement-progrès. Hegel va même jusqu'à dire que c'est nous qui créons progressivement « la notion Dieu » vers laquelle nous sommes en marche. Ce sont là des propositions « mallarméennes », et que Villiers lui-même accommodait tant bien que mal avec son sincère catholicisme. Valéry, qui est cartésien et athée, les a poussées jusqu'à leurs dernières conséquences. Je suppose que Mallarmé respectait le catholicisme sans y croire. Sa foi était autre, et autre son explication du monde. Mais si j'ai pu exagérer en le déclarant « un applicateur systématique de l'hegelianisme aux lettres », je maintiens du moins qu'il était heureux d'y retrouver ses presciences et ses aspirations, encore qu'il ne soit jamais tombé dans l'erreur de la « poésie philosophique » à la Sully Prudhomme. » Mais Mallarmé s'est-il jamais soucié du devenir, et d'une synthèse « génératrice de mouvement-

Comment alors l'esprit peut-il atteindre la Réalité, saisir les rapports nécessaires qui la composent, entrer en communication avec la Beauté ? En accédant à la pureté. La pureté est le point de perfection du développement individuel, l'état où Mallarmé est parvenu après la longue agonie de son être imparfait[51]. Au moment où le moi a disparu totalement au profit d'un être impersonnel, il peut saisir l'ordre de l'univers : heure de la Synthèse, qui contient en elle la Beauté, comme en témoigne encore cette phrase :

> « J'ai grand besoin d'un mois à la campagne, pour me reposer, non à la façon de Jéhovah le septième jour, mais, au contraire, en créant une parfaite synthèse des choses, qui prélude vaguement en moi, et servira de base, en mes mauvaises heures, à ma vue de la Beauté »[52].

Synthèse qui sera le fruit d'une pleine conscience, arrivée à un point tel de tension et de clairvoyance qu'elle embrassera la totalité de l'espace et du temps. Car en cette apparition fragile, en ce moi impersonnel, l'univers spirituel se reflétera comme en un microcosme et « retrouvera son identité ». Alors, parvenu à ce degré suprême de perfection, Igitur « fait le geste », l'Acte essentiel, seul capable de fixer l'Infini : c'est-à-dire le Livre. Par là, le moi impur, né du hasard, devient pur et éternel : « moi projeté absolu ». Le Livre, ou plus précisément la Poésie ; car la lettre du 14 mai 1867 poursuit ainsi :

> « Il n'y a que la Beauté — et elle n'a qu'une expression parfaite — : la poésie ».

Que doit donc être ce Livre — ce « grimoire », selon la symbolique mallarméenne —, qui doit à lui seul « nier le hasard » ? Nul doute que Mallarmé

---

progrès » ? Il semble au contraire que sa recherche de l'Absolu *s'oppose* à celle de Hegel, en ce sens qu'il espère atteindre cet Absolu, non par le devenir, mais en *éliminant* le devenir ; et sa philosophie, dans la mesure où elle est cohérente, est essentiellement *statique*. — Quant au pseudo-platonisme de Mallarmé, M. Raymond en a déjà montré l'inexistence : « C'est ici que se poserait la question de son pseudo-platonisme, de sa croyance possible en l'existence de ce « ciel antérieur » où la beauté s'est épanouie, une beauté qu'il faudrait alors retrouver, avec ses archétypes admirables ; mais je pense que cette croyance, et cette nostalgie, peu à peu, se sont affaiblies pour faire place à une sorte de nihilisme initial, le pouvoir résidant en l'homme de se forger lui-même son paradis. « Non », dit Mallarmé à René Ghil, « on ne peut se passer d'Eden ». — Peut-on alors, avec Marcel Raymond, parler de « mystique », sinon de mystique du Néant ? Et l'on a vu la distance qui sépare Mallarmé du Bouddhisme. « Le problème de l'être ne se pose-t-il pas de façon peu différente dans certaines grandes mystiques, celle de l'Inde en particulier ? demande M. Raymond (*Mallarmé, Essais et témoignages*, p. 58). Mais au fond la différence n'est-elle pas que le Bouddhisme trouve l'Être au bout de sa recherche, et que Mallarmé ne l'a pas trouvé ?

[51] Voir la lettre du 14 mai 1867.
[52] Lettre à Cazalis du 5 août 1867 (lettre inédite, collection H. MONDOR).

n'ait pressenti dès ce moment ce que préciseront des textes postérieurs. Le livre, nous dira une page capitale de *Vers et Prose,* paraphrasant beaucoup plus tard les lettres à Cazalis, doit être « l'ensemble des rapports existant dans tout »[53] ; « l'hymne, harmonie et joie... des relations entre tout », dit encore une *Divigation*. Ces relations, ces rapports, c'est « l'architecture du palais », la structure essentielle de l'univers. Et cette structure, on peut le dire à proprement parler, resterait lettre morte si elle ne s'*exprimait* pas, si ce Beau essentiel ne se projetait pas sur le plan matériel. Aussi le poète doit-il saisir les « poèmes immanents à l'humanité »[54]. Mais, avant même d'avoir formulé pour les autres ce que devait être ce Livre idéal, Mallarmé avait résolu de l'écrire.

*
* *

C'est au sein même de la crise métaphysique que Mallarmé a conçu pour la première fois son œuvre. « J'ai jeté les fondements d'une œuvre magnifique », l'avons-nous entendu déclarer à Aubanel en juillet 1865. Moins de quinze jours après, il expliquait ainsi au candide ami fort intrigué ce qu'était sa « clef de pierreries » :

« (Il paraît que j'avais oublié d'éclairer la lanterne ? celle où je me pendais autrefois) ! J'ai voulu te dire simplement que je venais de jeter le plan de mon œuvre entier, après avoir trouvé la clef de moi-même — clef de voûte, ou centre, si tu veux, pour ne pas nous brouiller de métaphores, — centre de moi-même, où je me tiens comme une araignée sacrée, sur les principaux fils déjà sortis de mon esprit, et à l'aide desquels je tisserai *aux points de rencontre* de merveilleuses dentelles, que je devine, et qui existent déjà dans le sein de la Beauté...

« ... Que je prévois qu'il me faudra vingt ans pour les cinq livres dont se composera l'Œuvre, et que j'attendrai, ne lisant qu'à mes amis comme toi, des fragments — et me moquant de la gloire comme d'une niaiserie usée. Qu'est une immortalité relative, et se passant souvent dans l'esprit d'imbéciles, à côté de la joie de contempler l'Éternité et d'en jouir, vivant, en soi ? »[55]

Une œuvre en cinq livres, et qu'il faudra vingt ans pour écrire. Le projet, à « l'heure de la Synthèse », se trouvera un peu modifié : « Il me faut dix ans, les aurai-je ? »dira-t-il à Cazalis. Dans l'enthousiasme de la décou-

---

[53] *Divagation Première : Relativement au vers.*
[54] *Vers et Prose* p. 192. Cf. aussi J. ROYÈRE : « La parole dans son état essentiel. » (*Mallarmé,* p. 123). Et cette phrase d'une carte de Mallarmé à Péladan (s. d.) : « Cette architecture musicale du livre, qui avec ses concordances de coupes et une mystérieuse soudaineté, ôte toute trace de fabrication personnelle et permet de croire à quelque audition de soi, selon les reprises et les jeux d'un chant intérieur méconnu jusqu'ici. » (*Revue d'Histoire Littéraire de la France,* 1931, p. 169).
[55] Lettre à Aubanel du 28 juillet 1866.

verte, l'échéance lui paraît moins lointaine. Enfin, après une « fréquentation de deux années avec l'absolu », le voici « arrivé à la vision horrible d'une œuvre pure ». Un « homme nouveau » est né en lui. A l'ancien Rêve, l'héritage de la race, fait de tous les espoirs mensongers, il a substitué un Rêve nouveau, celui d'une Beauté parfaite. Il ne risque pas de le leurrer, celui-ci, puisqu'il est bâti sur le Néant, sur la négation de toute croyance. C'est ce Rêve-là dont l'Œuvre doit être l'expression.

Et pour la créer Mallarmé se met au travail. Il rêve d'une œuvre *nécessaire,* qui soit la projection de l'univers : un jeu de formes donc, un système de rapports qui dépasse tous les objets particuliers et n'en conserve plus que l'essence. Il faut atteindre la « notion pure », la simple virtualité des choses, au delà d'une existence qui les rendrait impures. Un tel univers est-il exprimable ? Mallarmé le croit, qui opposera plus tard « le double état de la parole, brut ou immédiat ici, là essentiel ». Mais bien avant sa *Divagation première,* dès 1867, il imagine un langage rendu à tous ses pouvoirs. Il faut renverser l'ordre habituel et, comme il le dira, « céder l'initiative aux mots ». Non que ces mots doivent s'épanouir en liberté, briller chacun de son propre éclat comme des astres dans la nuit. Au contraire, ils ne valent qu'en fonction les uns des autres, ils doivent « s'allumer de reflets réciproques »[56]. Ne dit-il pas déjà :

> « Ce à quoi nous devons viser surtout est que, dans le poème, les mots — qui sont déjà assez eux pour ne plus recevoir d'impression du dehors — se reflètent les uns sur les autres jusqu'à paraître ne plus avoir leur couleur propre, mais n'être que les transitions d'une gamme »[57].

C'est ainsi que le vers pourra vaincre le hasard. Car « le hasard n'entame pas un vers, c'est la grande chose ». Le vers doit être un fragment de la Réalité, dont, par sa précision, il reproduise l'ordonnance nécessaire. Voilà la découverte capitale que vient de faire Mallarmé, la justification métaphysique enfin trouvée à sa conception de la poésie. « Peindre non la chose, mais l'effet qu'elle produit », disait-il. Il pourra dire plus tard : « Vers enfin suprême qui n'a pas lieu en tant que moule d'aucun objet qui existe : mais il emprunte, pour y arriver, son sceau nul, tous gisements épars, ignorés et flottants, selon quelque richesse, et les forger »[58]. L'objet doit disparaître par lui-même et il ne doit plus rester à sa place qu'un nœud de rapports, une struc-

---

[56] *Vers et Prose,* p. 192.
[57] Lettre à Coppée du 5 décembre 1966, publiée dans la *Revue des deux Mondes,* 1923, et citée également dans MONDOR, o. cit., p. 227. — Cf. aussi ce que dit THIBAUDET, *La poésie de Stéphane Mallarmé,* p. 165 : « Que la matière s'allège à ne plus être qu'une direction, un sens vers la hauteur ».
[58] *Vers et Prose,* p. 191.

ture non de mots, mais d'intentions, de virtualités, à l'image de cette Réalité qui n'est rien.

Dans une telle conception, on le voit, l'esthétique n'est que la projection de la métaphysique. Mais réciproquement la syntaxe est élevée au rang d'une métaphysique. Syntaxe cosmique, « ensemble des rapports existant dans tout », et dont la syntaxe verbale n'est que la réplique : telle sera la seule œuvre digne d'être écrite, l'Œuvre selon Mallarmé.

L'ŒUVRE

Cette œuvre sera donc la poésie de l'absence et de la vacuité. Toutes les apparences doivent s'effacer, toutes les abstractions commodes et représentatives se dissoudre pour ne plus laisser subsister qu'un jeu de formes, une harmonie suprême, une musique essentielle, mais dénuée de toute existence réelle. En quoi consistent donc ces rapports virtuels, cette musique que le rêve de Mallarmé va maintenant chercher à saisir, inlassablement ? Un poème en prose, que Mallarmé vient d'écrire et de livrer à quelques amis pendant l'été 1867, va nous renseigner : *le Démon de l'Analogie*[59].

Mallarmé sort de chez lui. Comme il arrive parfois, il éprouve une sensation inexplicable : celle « d'une aile glissant sur les cordes d'un instrument, traînante et légère » ; en même temps chantent sur ses lèvres ces « lambeaux maudits d'une phrase absurde : *la Pénultième est morte* ». Peu à peu, les lambeaux prennent forme et substance, la phrase commence à « vivre de sa personnalité ». Une certaine « inquiétude » saisit alors le poète. Il y reconnaît des *analogies* : le son *nul*, c'est la corde tendue de l'instrument de musique ; « est morte » constitue un rejet qui se détache « plus inutilement en le vide de signification » ; le poète murmure les deux mots « avec l'intonation susceptible de condoléance » et se surprend à faire de la main un geste de caresse consolatrice. Il n'y a rien là d'étrange, direz-vous, rien d'autre que des associations, des analogies furtives venues de l'inconscient — « magie aisément déductible et nerveuse ». Et pourtant il y a « irrécusable interven-

---

[59] *Divagations,* pp. 12-14. La date approximative est donnée par une lettre de Villiers à Mallarmé du 27 septembre 1867 : « Je viens de lire vos admirables poèmes en prose ! — Je lirai samedi, c'est-à-dire demain soir, à neuf heures et demie, chez de Lisle, le *Démon de l'Analogie,* que j'étudie profondément. Mais c'est une chose qui, pour le bourgeois, me paraît encore plus terrible que vos vers, mon pauvre cher ami ! Celle-là est, vraiment sans pitié ! Jamais on n'a vu ni entendu sa pareille et il faut absolument être au diapason du « violon démantibulé » de Louis Bertrand pour saisir la profondeur de votre idée et le talent excellent de la composition. Ma foi tant pis pour le Bourgeois, — n'ayez pas peur : la ponctuation sera, je l'espère, irréprochable. » (Dans H. MONDOR, o. cit., p. 248). — A. BARRE, dans son *Symbolisme,* a donné une analyse détaillée de ce « poème en prose ».

tion du surnaturel » : car le poète, levant les yeux, s'aperçoit qu'il se trouve « devant la boutique d'un luthier vendeur de vieux instruments pendus au mur et, à terre, des palmes jaunes et les ailes enfouies en l'ombre, d'oiseaux anciens ». Alors à l'inquiétude succède une angoisse véritable sous laquelle l'esprit de Mallarmé « agonise ». Quelle est donc, se demande-t-il, la loi de ces analogies mystérieuses qui se révèlent à nous au détour d'une promenade ? Et notre intuition ne découvre-t-elle pas des rapports entre les choses et nous-mêmes qui échappent à notre raison ?

Quoi qu'il en soit, il s'agit pour le poète de cultiver cette « inquiétude », ce sens caché et qui d'ordinaire reste en sommeil, et d'y appliquer une attention et une lucidité telles que, peu à peu, sa conscience parvienne à saisir, par une intuition proprement divine, cette toile d'araignée infinie qu'est la structure analogique de l'univers. Il faut que le centre de sa conscience coïncide avec le centre de la toile, et que son œuvre rayonne autour. Telle est la clef de la cassette, ou plutôt la clef de voûte de son œuvre, selon la lettre à Aubanel, ce document capital qui nous introduit d'un coup et de plain-pied dans les arcanes d'une œuvre si bien défendue. Les poèmes dont elle se composera seront autant de dentelles savamment tissées, dont nous aurons à saisir les fils. En de tels poèmes, le sujet comptera peu, simple prétexte, point de vue qui nous permettra seulement de découvrir, sous un aspect particulier, la syntaxe et la structure du monde. Et nous, lecteurs, ne pourrons entrer en communion avec le poète qu'après nous être efforcés de juxtaposer notre vision de l'univers à la sienne, de faire coïncider notre conscience avec la sienne, de devenir à notre tour, pour un instant au moins et l'œuvre une fois faite, les araignées de cette toile merveilleuse. Œuvre totale, absolue, dont Mallarmé voit dès maintenant « la délinéation générale ». « Œuvre magnifique », puisqu'elle doit contenir l'Univers. « Jamais sans doute dans la littérature française, dit Marcel Raymond, écrivain n'avait conçu des ambitions si hautes et n'avait confié à l'art cette mission dernière de résumer pour ainsi dire la Création et du même coup de la justifier devant l'esprit humain »[60].

> « Il me faut vingt ans pendant lesquels je vais me cloîtrer en moi, renonçant à toute autre publicité que la lecture à mes amis », déclare Mallarmé à Aubanel en ces heures d'exaltation. « Je travaille à tout à la fois, ou plutôt je veux dire que tout est si bien ordonné en moi qu'à mesure, maintenant, qu'une sensation m'arrive, elle se transfigure et va d'elle-même se caser dans tel livre et tel poème. Quand un poème sera mûr, il se détachera. Tu vois que j'imite la loi naturelle »[61].

Quels poèmes se sont alors détachés de cet arbre ? Faut-il considérer comme tels *Hérodiade* et *l'Après-Midi d'un Faune* ? A vrai dire, l'un et l'autre

---

[60] M. RAYMOND, *De Baudelaire au Surréalisme*, p. 32.
[61] Lettre à Aubanel du 16 juillet 1866.

dataient d'avant la crise de 1866, et s'ils ont été le terrain d'expériences de Mallarmé pendant les années cruciales, on peut considérer qu'ils ne sont pas le fruit pur des vendanges nouvelles. Hérodiade est encore une femme, vivante et dans un corps. Le *Phénomène futur* le reconnaît explicitement : « J'apporte, vivante..., une Femme d'autrefois..., A la place du vêtement vain, elle a un corps ; et les yeux, semblables aux pierres rares ! ne valent pas ce regard qui sort de sa chair heureuse »[62]. Hérodiade, en dépit de sa froideur virginale, est encore une présence. Hérodiade marque le passage de l'esthétique psychologique à l'esthétique métaphysique, elle est le témoignage d'un drame, non un poème d'arrivée.

Quant au *Faune,* il est, peut-on dire, et malgré la virtualité des nymphes, toute présence. A travers la version que publie Mallarmé en 1875, le texte de 1866, certes, est méconnaissable. Une poétique nouvelle a été appliquée dans toute sa rigueur, et les sensations, systématiquement, font place aux effets ; par ailleurs, le symbole s'est déplacé : à la présence corporelle des nymphes que s'efforce d'évoquer le souvenir, s'est substituée une hallucination née des désirs accumulés, une présence virtuelle, connue comme telle, et que l'art seul a su réaliser. Mais en face de ces nymphes insaisissables, le Faune de Mallarmé reste réellement présent, vibrant encore de toute sa chair et de tous ses sens. Le Faune, comme Hérodiade, et malgré les remaniements qu'il a subis, est d'une autre période, d'une période où le poète se cherchait.

Or les premiers poèmes qu'il publiera maintenant sont, extérieurement du moins, des poèmes de circonstance, donc datés sans erreur possible : le *Toast Funèbre* en 1875, le *Tombeau d'Edgar Poe* en 1877. Il reste, entre 1866 et 1873, un silence apparent de sept années. Faut-il penser que Mallarmé ait écrit alors des poèmes qu'il aurait conservés longtemps inédits, conformément d'ailleurs à ses propres déclarations ? C'est vrai pour quelques-uns, comme le révèle la Correspondance. Mais, sans parler d'*Apparition, Don du poème* et *Sainte* datent également l'un et l'autre de 1865. Il ne reste plus que le fameux sonnet en -yx, *Ses purs ongles très haut...,* intitulé d'abord *Sonnet allégorique de lui-même,* et dont une lettre de juillet 1868 à Cazalis nous donne un précieux commentaire.

> « J'extrais ce sonnet, auquel j'avais une fois songé, d'une étude projetée sur la parole : il est inverse, je veux dire que le sens, s'il en a un (mais je me consolerais du contraire grâce à la dose de poésie qu'il renferme, ce me semble), est évoqué par un mirage interne des mots mêmes. En se laissant aller à le murmurer plusieurs fois on éprouve une sensation assez cabalistique. C'est confesser qu'il est peu « plastique » comme tu me le demandes, mais au moins est-ce aussi « blanc et noir » que possible, et il me semble se prêter à une eau-forte pleine de rêve et de vide.

---

62 *Le Phénomène futur, Divagations,* p. 6.

« Par exemple, une fenêtre nocturne ouverte, les deux volets attachés ; une chambre avec une personne dedans, malgré l'air stable que présentent les volets attachés, et, dans une nuit faite d'absence et d'interrogation, sans meuble, sinon l'ébauche plausible de vagues consoles, un cadre, belliqueux et agonisant, du miroir appendu au fond, avec sa réflexion stellaire et incompréhensible, de la Grande Ourse, qui relie au ciel seul ce logis abandonné du monde.

« J'ai pris ce sujet d'un sonnet nul se réfléchissant de toutes les façons ; parce que mon œuvre est à la fois si bien préparée et hiérarchisée, représentant, comme elle le peut, l'univers, que je n'aurais su sans endommager quelqu'une de mes impressions étagées rien en enlever — et aucun sonnet ne s'y rencontre »[63].

On peut donc considérer ce « sonnet nul », par sa date, non comme un fragment de l'œuvre entrevue, mais plutôt un condensé annonciateur où celle-ci se refléterait comme en abysme. Et le commentaire qu'en donne Mallarmé, par un bonheur extrême, éclaire étrangement le sens de cette tentative, et confirme point par point ce que nous ont révélé jusqu'ici les déclarations du poète.

Le sonnet en -yx est le poème de l'absence, et d'abord de l'absence matérielle. « Décor de l'absence », dit d'ailleurs la première version du sonnet[64]. Ce décor, c'est celui où Mallarmé travaille et médite, celui où naissent tous ses poèmes, la chambre, hors de laquelle il n'est plus lui-même. Il est minuit, l'heure d'Igitur, l'heure où la présence des choses devient nulle. Dans la nuit, « faite d'absence et d'interrogation », la chambre n'est qu'un « salon vide », vide comme le moi du poète, anonyme. Car le Maître, bien que présent, en est absent, puisqu'il est déjà mort. Comme lui et avec lui, le « seul objet », pourtant vain lui-même, ce ptyx mystérieux dont le sens lui-même est vacant,

> Aboli bibelot d'inanité sonore,

le seul objet a disparu. Il ne reste plus qu'une présence à laquelle l'imagination du poète puisse s'accrocher, et sans laquelle le sonnet lui-même n'existerait pas : celle du miroir, symbole de la vacuité, car c'est là, dans ce cadre qui « ferme l'oubli », que doit disparaître toute image. Aussi, dans la pénombre, « l'ébauche plausible de vagues consoles », l'onyx de quelque candélabre, l'or de quelque licorne agonisent-ils en un vague reflet. Chambre, miroir, cadre, console : on saisit là à sa naissance la symbolique mallarméenne ; symbolisme métaphysique, puisque chaque objet n'a qu'une valeur de métaphore, et qu'après l'extinction de son image il ne reste plus de lui que la « notion pure ». En cette chambre vide, il ne subsiste en vérité qu'une pré-

---

[63] Lettre à Cazalis de juillet 1868, dans H. MONDOR, o. cit., pp. 267-268.
[64] Cette première version, révélée par H. MONDOR (o. cit., p. 260), permet de juger du travail de correction de Mallarmé. Elle confirme aussi (v. 8 : « Avec tous ses objets dont le Rêve s'honore... ») l'équivalence que nous avons établie chez Mallarmé : Rêve = Néant.

sence : celle de l'Angoisse, qui soutient comme une lampe le reste d'un rêve qui achève de se consumer. C'est l'état-limite marqué par *Igitur*, où le moi, après l'élimination de tout attribut, n'est plus qu'un reflet et qu'une ombre : « sonnet allégorique de lui-même », disait bien le premier titre.

Et pourtant ce sonnet, anticipation de l'Œuvre, « représente comme elle l'univers » : car au moment où s'exténue dans la glace le dernier reflet des choses humaines apparaît et se fixe un autre reflet, celui de la Grande Ourse, « avec sa réflexion stellaire et incompréhensible », symbole de l'ordre cosmique[65].

La syntaxe du poème s'efforce de reproduire cette syntaxe cosmique, ce réseau de fils au carrefour desquels on ne doit trouver que l'absence : absence de l'homme, absence des choses, vacance du cadre, dont rendent compte, non seulement des mots où toute image est éteinte, mais surtout des juxtapositions et des rythmes dont tout l'*effet* est de créer le vide. Correspondance entre les termes de vacuité : *brûlé, vide, nul, aboli, inanité, Néant, vacante, agonise, défunte, oubli*, ainsi que la négative du quatrième vers ; correspondance entre les rimes dont la difficulté, comme l'a fait remarquer Charles Mauron, est une gageure ; correspondance entre les sonorités — particulièrement les *or* et les nasales — qui ne valent pas par elles-mêmes, comme le dit encore très justement Mauron, mais par « les reflets courant à leur surface » et par « une sorte d'affinité spirituelle qui en unit tous les fragments » ; mouvement vers la consumption et l'extinction, qui nous mène au bord du Néant, et qui s'exprime dans l'angoisse contenue de tous ces vers qui brusquement s'arrêtent, suspendus, avant les deux dernières syllabes[66] ; mystère enfin de chaque mot dont le sens serait nul s'il ne s'éclairait des reflets de tous les autres. Car aucun vocable, aucune image, dans cet étrange poème, n'a véritablement un sens par lui-même ; que signifieraient *onyx, vespéral, cinéraire, vacante, décor, nixe, septuor*, d'autre que leur sonorité propre, s'ils ne se chargeaient de toutes les possibilités du contexte ? C'est là le vrai *mystère* que recherchait Mallarmé, cette obscurité née à la fois de la complexité, de la richesse, de l'harmonie — et de la vacuité. C'est là aussi le miracle d'un art qui réussit le tour de force de créer un mot neuf « par la magie de la rime », ce *ptyx* qui a tant fait couler d'encre — en sachant qu'il n'a aucun sens, et de faire véritablement naître ce sens du poème tout entier[67].

---

[65] Notons le mot « incompréhensible », qui est à lui seul un aveu significatif.
[66] Par exemple :
   Et, près de la croisée au nord vacante, un or...
[67] N'y a-t-il pas quelque ridicule à prolonger la discussion sur le sens du mot mystérieux (voir E. NOULET, o. cit., p. 454), alors que Mallarmé lui-même a déclaré : « Comme il se pourrait toutefois que... je fisse un sonnet, et que je n'ai que trois rimes en ix, concertez-vous pour m'envoyer le sens réel du mot ptyx ; on m'assure qu'il n'existe dans aucune langue, ce que je préférerais de beaucoup afin de me donner le charme de le créer par la magie de la rime. » (Lettre à Lefébure du 3 mai 1868, citée dans H. MONDOR, o. cit., pp. 259-260).

Le sonnet en -yx est bien, pour reprendre le mot que Thibaudet appliquait aux *Romances sans Paroles,* le point le plus haut de la fusée mallarméenne. Sonnet allégorique de lui-même qui est pourtant refus total du lyrisme ; car comment pourrait-on encore appeler lyrisme ce dénuement suprême, cette architecture savante où le poète se met tout entier, mais en niant sa propre existence ? Refus de l'image aussi, car pour celui qui s'élève ainsi, les aspects visibles des choses peu à peu s'estompent. Il semble vraiment qu'à de telles altitudes l'air soit si raréfié que l'atmosphère poétique y devienne en quelque sorte irrespirable ; la sève nourricière ne monte pas si haut, et dans cette absence de toute qualité, de toute substance affective, de toute matière et de toute image capable de la porter, notre âme peut-elle encore entrer en résonance sympathique avec l'âme du poète[68] ? Poésie inhumaine, disions-nous : Mallarmé, après avoir coupé tous les liens qui le rattachaient à sa condition d'homme, s'élevait ainsi vers des sommets d'où l'on n'aperçoit plus la terre. Allait-il au moins, par-delà le septuor de scintillations, à travers leur « réflexion incompréhensible », voir s'ouvrir le ciel ? La maladie devait conduire à la grave crise morale de 1868, puis à la « crise de vers » qui lui fera douter des vertus du Poème.

La réflexion sur l'Impuissance, celle sur la mission inhumaine assignée au Verbe poétique le conduiront pourtant à une réflexion sur l'ordonnancement du monde. Mallarmé ne renoncera jamais. Pendant près de trente ans, il va maintenant se débattre, aux prises avec son Idéal. Et l'œuvre réelle, « études en vue de mieux », sera le reflet affaibli et morcelé de l'œuvre impossible. Alors il se prendra à son propre jeu. Peu à peu, la poursuite impénitente de l'Absolu deviendra un hermétisme total, une recherche souvent gratuite de l'obscurité, pour aboutir finalement au tragique aveu : *Un coup de dés jamais n'abolira le hasard.*

Pour l'instant, il n'en est pas là. Au sortir des années terribles, moins totalement ambitieux peut-être, mais toujours tenace, il reprend haleine. Le printemps 1871 voit revenir l'espoir :

> « Notre printemps a une vraie solennité pour moi... Ces heures critiques me permettent de revoir par éclairs ce qui fut mon rêve de quatre années, tant de fois compromis. Je le tiens à peu près. Mais commencer de suite, non. D'abord, il faut que je me donne le talent requis, et que ma chose, mûrie, immuable, devienne instinctive ; presque antérieure, et non d'hier »[69].

Ainsi, son œuvre se dessine, lente à mûrir. N'écrivait-il pas déjà le 22 mai 1870 à Mendès :

---

[68] C'est bien là ce que notait Lefébure dans une lettre à Mallarmé (2 juin 1886, citée dans H. MONDOR, o. cit., pp. 241-242).
[69] Lettre inédite (collection H. MONDOR).

« Un vieux rêve avait installé en moi comme une grotte marine, où il s'est donné de curieux spectacles, si je ne m'abuse. Cela ne sera pas perdu et j'en conserve la donnée de trois ou quatre volumes, opiniâtres et avares, qui seront ma vie : mais d'eux-mêmes, de leur exécution et des loisirs nécessaires, me sépare un certain laps que je comblerai de la manière suivante, laquelle me ramène à une *Révolte*. Tout bien considéré c'est à nous qu'est l'avenir »[70].

Paroles d'espoir. De la « grotte marine », il a enfin rapporté quelque chose à dire. Mais c'est le temps maintenant qui va lui manquer pour le dire. Le voici à Paris, aux prises avec les difficultés de l'existence, obligé de chercher sans cesse des ressources pour faire vivre les siens, partagé entre le labeur écrasant de la classe et ce qu'il appelle les « besognes propres » : il écrit un précis de mythologie, une « Petite Philologie à l'usage des classes et du monde », il fonde et rédige un journal, *la Dernière Mode*. Bien qu'il s'en défende, la vie de Paris sans cesse le sollicite. Ses amis fondent des revues auxquelles il ne peut se dérober : après la *Revue des Lettres et des Arts* de Villiers, où il avait donné en 1868 quelques poèmes en prose, c'est, en 1871, la *Renaissance artistique et littéraire* d'Émile Blémont, pour laquelle il revoit d'anciennes traductions de Poe restées inédites, et écrit des articles de critique ; c'est la *République des Lettres* de Charles Cros, à laquelle il donne de nouveaux poèmes en prose. Où sont dans tout cela les projets magnifiques ? Son ambition est trop haute, son esthétique trop exigeante pour qu'ils puissent s'accommoder d'une existence aussi soumise à l'accidentel. Il garde ses poèmes en lui, dans une virtualité jalousement protégée des souillures du réel. Qu'importent d'ailleurs tous les retards, puisqu'il est sûr de leur hautaine perfection ?

Ainsi, pendant quinze ans, Mallarmé se résigne à une presque totale stérilité. Stérilité confiante d'ailleurs, et qui s'oppose aux anciennes tortures de l'impuissance enfin vaincue. Or cette époque de quasi-stérilité est l'époque de ses plus beaux poèmes. Quand une occasion extérieure l'y contraint, il se met au travail. Les yeux encore pleins des spectacles entrevus dans la « grotte marine », toutes ses facultés tendues au service de son esthétique, il mûrit lentement l'œuvre nouvelle. Alors naît un de ces rares joyaux qui resteront comme les éblouissants témoins de la plus haute ambition poétique qui ait probablement existé.

*
* *

Au fond — car *l'Après-Midi d'un Faune,* publié en 1876, n'est que survivance d'une période antérieure —, ces poèmes se réduisent à deux : en 1873,

---

70 Lettre citée en partie dans H. MONDOR, o. cit., p. 295.

Toast Funèbre, écrit pour le *Tombeau de Théophile Gautier*, et en 1876 le *Tombeau d'Edgar Poe* ; auxquels il faut ajouter un troisième hommage funèbre, le sonnet du 2 novembre 1877 : « *Sur les bois oubliés quand passe l'hiver sombre...* », et surtout cet autre sonnet : « *Quand l'ombre menaça de la fatale loi...* », le seul « chant de confiance » qu'ait jamais écrit Mallarmé, le seul qui ne soit pas « poème de circonstance » — sinon une circonstance psychologique probablement unique dans sa vie[71]. Après 1877, c'est un nouveau silence de six ans, jusqu'à l'heure où, poussé par sa gloire naissante, au milieu de l'exaltation littéraire, et devenu « homme de lettres » à son corps défendant, il prendra goût peu à peu aux jeux de l'esprit qui deviendront vite des jeux d'esprit.

Trois seuls poèmes donc (car le sonnet de 1877 est posthume). Mais trois poèmes qui suffisent à sa gloire, trois poèmes qui sont les fulgurants éclats d'un lyrisme momentanément retrouvé. Car c'est là le paradoxe de Mallarmé : lui qui depuis ses premiers essais a toujours refusé le lyrisme, lui dont l'esthétique condamnait l'effusion et dont la métaphysique éliminait le moi, c'est dans sa propre expérience qu'il a trouvé la substance de ces œuvres les mieux réussies.

A chaque fois, le thème se développe selon un mouvement analogue. D'abord la mise au tombeau, grave et lente ; celle de Gautier :

> Car je t'ai mis, moi-même, en un lieu de porphyre...

celle d'Edgar Poe :

> Tel qu'en lui-même enfin l'éternité le change...

enfin celle de son propre Rêve :

> Affligé de périr sous les plafonds funèbres...

Puis l'évocation de la « foule hagarde », de « l'hydre » qui travestit le génie du poète, de ceux qui ne comprennent pas et qui se laissent séduire par les guirlandes de l'univers, par les mensonges de l'orgueil. Alors le décor s'élargit et, en une vision cosmique, Mallarmé nous plonge dans l'espace stellaire et dans la nuit infinie. Pourtant, de l'universel « désastre », il reste l'apparition fulgurante d'un astre en fête, où un jardin idéal aura vu éclore — « insolite mystère » — les fleurs immortelles de l'esprit.

Dans cette poésie où rien n'est abandonné au hasard, les adjectifs précédant le nom — *le tranquille désastre, l'avare silence, les noirs vols du Blasphème* —, les rejets d'un vers entier :

---

[71] Et encore ce « chant de confiance » comporte-t-il de sombres résonances : « plafonds funèbres », etc.

… Nous sommes
La triste opacité de nos spectres futurs ;

… la Terre
Jette d'un grand éclat l'insolite mystère ;

— le mouvement ascendant du vers final :

… Que s'est d'un astre en fête allumé le génie,
… Aux noirs vols du Blasphème épars dans le futur,

tout cherche à dépasser le langage habituel, à reproduire une structure nécessaire, à suggérer l'harmonie essentielle des choses et du monde.

Ainsi s'explique que l'hermétisme des grands poèmes mallarméens soit si puissant. C'est qu'il est l'expression d'une conscience qui s'efforce vers son plus haut degré de développement : le degré métaphysique et cosmique. Il implique un ordre, qui est l'ordre même de l'univers. Mais ce mystère n'est pourtant pas créé tout entier par le poète. Par les termes qu'il emploie : *insolite mystère, désastre obscur,* Mallarmé affirme et avoue qu'il est dans l'univers aussi un mystère immanent et irréductible. Et c'est ce mystère qui donne aux poèmes de cette époque leur grandeur et leur résonance[72].

C'est seulement dans l'effervescence de la révolution littéraire naissante que Mallarmé cherchera à voir clair en lui-même ; enquêtes, revues, interviews l'amèneront à formuler cette poétique déjà incluse dans son œuvre. Et, comme si elles n'eussent attendu qu'une occasion pour s'exprimer, nous verrons surgir en un moment ces notions de musique, de suggestion, de symbole qui constitueront les pierres angulaires de la nouvelle doctrine.

Cependant, très vite, Mallarmé subtilisera, dans sa poésie comme dans sa critique, alors que les autres, devant des idées aussi neuves pour eux, iront d'abord à l'essentiel. Des poèmes du premier Parnasse, ils retiendront, certes, les licornes, les iris et les améthystes ; des sonnets de 1886, les cygnes, les chevelures, les guirlandes et les sylphes ; et Mallarmé sera responsable en partie de l'imagerie symboliste[73]. Mais, tandis qu'il s'enfermera dans un hermétisme de plus en plus formel, eux retrouveront dans ses poèmes antérieurs le sens du mystère, le goût d'un langage poétique différent de la prose, le culte de l'art, la certitude d'un ordre caché, de mystérieuses correspondances. Tandis qu'il cherchera à « reprendre à la musique son bien », à formuler la

---

[72] Ces mots sont la meilleure preuve qu'au fond de lui-même Mallarmé n'était pas dupe de son « système » philosophique et esthétique. Il sentait que, malgré tout, il devait y avoir une solution, *quelque part,* comme il le suggérera *in extremis* la dernière séquence du *Coup de Dés* (infra, p.278).

[73] Mme Noulet a bien marqué cette responsabilité, mais elle a le grand tort de réduire à cette imagerie l'influence de Mallarmé sur le Symbolisme. Comme on le verra, le problème est beaucoup plus vaste, et cette influence autrement profonde.

poésie comme une pure projection de rapports essentiels, eux comprendront ce que Verlaine leur faisait seulement pressentir, et dont Mallarmé, avec l'aide de Poe, avait eu clairement conscience dès avant les nuits de Tournon : qu'en poésie, plus que le mot et la chose, valent l'impression, l'effet et l'intention. C'est le Mallarmé de 1864 et de 1868 qui ouvrira les yeux aux jeunes Symbolistes de 1885 ; c'est le Mallarmé des mardis de la rue de Rome qui enseignera à ses visiteurs, jusqu'en 1898, à explorer — en eux-mêmes — les voies nouvelles, de Dujardin à André Gide et à Paul Valéry.

V

CONVERGENCES

Baudelaire aux environs de 1850, Verlaine, Rimbaud, Mallarmé aux environs de 1870 ont donné les premiers le signal de la révolte, les premiers ils ont tenté d'échapper à une société qui ne pouvait les comprendre. Évasion, révolte, ils ont conféré aux deux grands thèmes romantiques une actualité et une acuité qu'ils n'avaient jamais connues en France jusque là. Plus encore, dans une société où le positivisme tend à devenir matérialisme et où celui-ci dégénère en appétit de jouissances, dans une société dont s'accommodent les médiocres et dont profitent les moins scrupuleux, ils ont définitivement introduit le thème de la révolution. Mais ce sont des solitaires, et des poètes ; c'est en termes de poésie qu'ils expriment l'instinctif refus de leur nature et qu'ils traduisent le message que, surtout par Edgar Poe, ils ont reçu de l'étranger ; c'est à l'aventure poétique qu'ils ont demandé la révélation de l'absolu. Aventure décevante, à ce qu'il semble, expérience avortée : en dépit de leurs efforts, le problème, après eux, reste sans réponse. L'absolu s'est dérobé devant eux.

Que subsiste-t-il, vers 1875, de leurs intuitions fulgurantes ? En apparence, des poèmes épars dans des revues qu'on oublie, un livre de vers lu en cachette par quelque adolescent en mal d'excitation morbide, voire dans certaines mémoires, la trace d'un nom ou d'un être étrange et réprouvé. *Les Fleurs du Mal* n'ont guère accès qu'à des cercles restreints, les vers de Mallarmé se cachent dans un coin du Parnasse, on organise autour de Verlaine la conspiration du silence, l'œuvre de Rimbaud reste inconnue. Pourtant, dix ans après, la révolution éclate, l'édifice positiviste, battu en brèche, s'écroule par larges pans, la poésie, et avec elle le sentiment, l'âme, l'intuition, les réalités spirituelles retrouveront rapidement une place à laquelle elles n'osaient plus prétendre. Bientôt les « poètes maudits » feront figure de maîtres, et, dans des cercles de plus en plus larges, on leur rendra un culte dont la ferveur témoignera du changement accompli.

Que s'est-il donc passé ? Pour qu'un tel changement pût survenir, il a fallu, sinon un miracle, du moins un concours étonnant de circonstances, et plus encore la convergence de forces puissantes, restées longtemps souterraines, et qui affleurent soudain. Ces forces, un regard très perspicace eût pu les déceler un peu partout, dans le pessimisme de tel maître du Parnasse comme dans l'idéalisme de tel défenseur enthousiaste du progrès, et au cœur du positivisme même, si tant est que chaque être porte son contraire en lui. Mais il a fallu que l'âme collective française sentît renaître en elle, non pas tellement le sens de la poésie, mais d'abord une inquiétude, le dégoût d'un monde bas et fermé, le désir d'autre chose.

CARLYLE ET L'IDÉALISME

La croisade de Carlyle, en Angleterre, pour l'idéalisme et contre le développement de l'utilitarisme et du scientisme, aura des échos, en France, comme en auront l'idéalisme allemand de Hegel, de Fichte et de Schelling. Ce que voient surtout en Carlyle vers 1848 Philarète Chasles, Montégut et leurs contemporains, c'est l'historien de la Révolution française et le théoricien de la discipline sociale et du travail. Mais, dès 1846, Antoine Dilmans attirait l'attention du public français sur l'idéalisme de *Sartor Resartus* : « M. Carlyle, expliquait-il dans la *Revue Indépendante,* est parti de cette idée que les œuvres de l'homme sont les vêtements de sa pensée, et que l'homme lui-même, comme tout ce qui l'entoure (c'est-à-dire l'univers), est uniquement le vêtement de l'idée divine »[1]. En 1849, Montégut, qui sacre Carlyle « le véritable penseur du XIXe siècle », montre aux lecteurs de la *Revue des Deux Mondes* comment il a imprégné l'idéalisme allemand de ce mysticisme si délaissé à notre époque, et si nécessaire pour retrouver « les lois éternelles que le monde a maintenant oubliées »[2]. Mais ce qui révélera à la France les idées de Carlyle sur l'art, ce sera l'*Esthétique anglaise* de Milsand en 1864, et surtout, dès 1860, les articles de Taine dans les *Débats*. Taine, bien que de tempérament fort opposé à celui de Carlyle, sait pourtant rendre hommage à l'imagination puissante et au génie de celui qu'il appelle, après d'autres, le « Michelet anglais ». Carlyle, dit Taine, sait qu'il appartient à la classe des poètes et des prophètes, et il « prétend fort bien que le génie est une intuition, une vue du dedans (*insight*) »[3]. C'est cette conception du génie qui trans-

---

[1] *Revue Indépendante,* 25 septembre 1846, p. 132. Cité dans A.-C. TAYLOR, *Carlyle, sa première fortune littéraire en France* (1825-1865), p. 81.

[2] *Revue des deux Mondes,* 15 avril 1849, p. 278 sqq. Montégut résume notamment dans cet article la conception de la puissance des symboles selon Carlyle : « Toutes les choses de ce monde, les institutions, les lois, le culte, le gouvernement, sont des symboles. Toutes ces choses, selon lui, ne sont pas des réalités, elles sont l'enveloppe, l'habit. Toutes les idées, toutes les affections du cœur de l'homme ont besoin d'être réalisées, de devenir visibles... Tant que l'idée n'est pas revêtue..., elle n'est qu'une abstraction sans corps, une chose incapable d'action. Tant que les sociétés vivent au sein d'une grossière réalité, d'une enveloppe sans vie intérieure, elles sont sans âme et sans mouvement. » Cité dans TAYLOR, o. cit., p. 135.

[3] *Journal des Débats,* oct.-nov. 1860 ; articles repris dans l'*Histoire de la Littérature anglaise* (1864), t. V, p. 238. Cf. TAYLOR, o. cit., p. 209 sqq.

forme l'idéalisme de Carlyle — idéalisme qui affirme que « le fait véritable est le sentiment intérieur des hommes » — en mysticisme : « Les faits saisis par cette imagination véhémente s'y fondent comme dans une flamme... Les idées, changées en hallucination, perdent leur solidité ; les êtres semblent des rêves... Le mysticisme entre comme une fumée dans les parois surchauffées de l'intelligence qui craque ». Une fumée... C'est là ce que Taine appellera plus loin très sérieusement « la source véritable du sentiment religieux et moral » ! Taine n'est-il pas un peu responsable de toute la confusion qu'on entretiendra pendant plus de vingt ans autour des notions d'idéalisme et de mysticisme ? Néanmoins, il sait marquer la fécondité de ce mysticisme, qui a conduit Carlyle à sa théorie des symboles. « Le propre de Carlyle, comme de tout mystique, dit Taine, c'est de voir en toute chose un double sens ». Et Taine cite tels passages du *Sartor Resartus* où Carlyle affirme qu'« il y a un moi mystérieux caché sous ce vêtement de chair », que « la matière est esprit, manifestation de l'esprit » et que « toutes les choses visibles sont des emblèmes ». Le langage, la poésie, les arts, l'Église, l'État, selon lui, ne sont que des symboles. « Ainsi, c'est par des symboles que l'homme est guidé et commandé, heureux ou misérable ; il se trouve de toutes parts enveloppé de symboles reconnus comme tels ou non reconnus. Tout ce qu'il a fait n'est-il pas symbolique ? sa vie n'est-elle pas une révélation sensible au don de Dieu, de la force mystique qui est en lui » ? Et Taine montre par quelle « échelle de transformations », chez un Carlyle, « l'idée générale devient un être poétique, puis un être philosophique, puis un être mystique », et comment « la métaphysique allemande, concentrée et échauffée, se trouve changée en puritanisme anglais »[4].

Les articles de Taine devaient être publiés en volume, en 1864, sous le titre : *L'idéalisme anglais : étude sur Carlyle*. L'année suivante commençaient à paraître les œuvres de Carlyle en traduction. La critique, puis le public, allaient peu à peu découvrir le principal représentant de cet idéalisme, et percevoir dans ses accents véhéments l'appel d'une nouvelle conscience.

*
* *

En son temps, Carlyle n'est pas le seul à dénoncer la laideur, la sécheresse prosaïque et la médiocrité d'un âge industriel. Chacun à sa manière, un Dickens, un Disraëli, un Newman élèvent autour de lui une protestation analogue. Mais d'autres voix encore se font entendre, qui ramènent l'art au pre-

---

[4] *Ibid.*, p. 287 sqq.

mier plan, et en particulier deux « rejetons du Romantisme, nourris de sa sève »[5] : Ruskin et le préraphaélisme.

En ceux-ci l'ivresse plastique d'un Keats, la fougue impressionniste d'un Turner ont entretenu le culte et la nostalgie de la beauté. Ruskin a uni dans une esthétique de l'intuition la sensualité et le mysticisme qu'il avait hérités d'eux. Pour lui, l'art n'est pas un divertissement, mais une religion. Le beau est l'efflorescence d'une âme divine. Aussi, de même que la roche, la montagne, la fougère, le visage de l'homme parlent un langage symbolique, la création artistique doit-elle refléter la réalité spirituelle, cette « vérité plus essentielle que celle de surface » et que le pouvoir créateur parviendra à saisir « par intuition et attentive contemplation »[6]. Et, dans l'ordre de la peinture, il faut remonter au delà de Raphaël pour trouver des artistes qui aient su représenter la nature sans artifice, animés à la fois d'un profond mysticisme et d'une conscience scrupuleuse de leur métier.

Cette nostalgie d'un art primitif, d'autres que Ruskin l'éprouvent aussi. Vers 1850, un groupe se forme, peintres et poètes, qui proteste contre les mensonges du classicisme traditionnel et réclame un retour au culte de la vraie beauté. Comme le dit H. Focillon, les Préraphaélites ont voulu faire faire « à leur génération affamée d'intérêts matériels et pesamment futile une cure de poésie et d'idéalité. A l'Angleterre de l'acier et du charbon, noire, opaque et sèche, ils montraient une Angleterre céleste, toute de songe, de chevalerie, d'effusion chrétienne, de paganisme tendre »[7]. Parmi ces préraphaélites, Rossetti, peintre et poète à la fois, définit l'attitude de l'artiste comme une extase, une exaltation spirituelle, mais calme, parce qu'au delà des passions, à la recherche d'une émotion subtile que seule pourra suggérer l'implicite raccourci d'une expression symbolique. Rossetti et son groupe, plus encore que Ruskin, auront une grande influence sur le mouvement artistique qui s'annonce en France. Non seulement les études d'Émile Blémont, en 1871, les feront connaître et prépareront le rapprochement de la poésie et de la peinture, mais la *Damoiselle élue* de Rossetti, les visions de légende et de chevalerie médiévale de Morris viendront fournir du matériel à l'imagerie symboliste, quand en 1885 les études de Sarrazin ramèneront l'attention sur eux[8].

Ainsi, avec Ruskin et les préraphaélites, l'idéalisme anglais oriente de plus en plus la France vers une esthétique mystique. Pourtant, dans l'ordre du mysticisme, l'influence de Carlyle et de ses successeurs immédiats sur la génération du second Empire reste encore relativement limitée si on la compare à celle, sans cesse grandissante, de Wagner.

---

[5] L'expression est de L. CAZAMIAN, *Hist. de la Litt. angl.*, p. 1094.
[6] Cité dans Henriette GALLY, *Ruskin et l'Esthétique intuitive*, p. 89.
[7] *La Peinture, XIXe et XXe siècles*, p. 130.
[8] Infra, p. 177.

Wagner et le mysticisme

La hautaine silhouette de Richard Wagner se dresse véritablement au centre du dix-neuvième siècle artistique. Comme Balzac en France, mais plus encore que lui, il est au carrefour de toutes les routes. Il est un aboutissement et un point de départ. En lui se réalise et s'épanouit le Romantisme européen. De lui partent les principaux courants de la fin du siècle. Cependant, si nombreux que soient les écrivains et les artistes qui se sont recommandés de Wagner, il est un mouvement qui, par-dessus tous les autres, l'a pris pour chef et maître incontesté, qui s'est fidèlement inspiré de son esthétique, qui s'est abreuvé à son mysticisme : c'est le Symbolisme français.

Entre le Romantisme et lui, Wagner constituait en effet le chaînon nécessaire, Son œuvre réalisait précisément ce qui n'avait été, chez les Romantiques allemands, qu'une « grande promesse ». Ses idées élucidaient souvent ce que pouvaient avoir de vague et de nébuleux leurs théories sur la poésie et sur la musique. Comment s'étonner qu'à l'heure où les *Fleurs du Mal* venaient de distiller leur inquiétude dans les âmes, où le mysticisme baudelairien commençait à proposer ses suggestions infiniment riches à des esprits rebutés par l'étroitesse du positivisme et d'un réalisme outrancier, certains aient pu voir dans l'œuvre wagnérien les prémisses d'une esthétique nouvelle ? De fait, c'est dès le milieu du siècle que Wagner — à vrai dire par la petite porte — pénétra en France, où il découvrait par instants dans la musique « un monde de possibilités inconnues »[9]. Il avait l'intuition qu'on pouvait faire autre chose. Mais quoi ?

Pendant longtemps, Wagner n'avait pas eu conscience des possibilités nouvelles de son art et son ambition s'était bornée à composer de brillants opéras. Mais brusquement, à Paris, ses échecs, loin de le décourager, lui ouvrent les yeux : l'opéra doit être « un vrai drame musical », où se combineraient véritablement l'orchestre et la voix humaine. Et il écrit le *Vaisseau Fantôme*. H. Lichtenberger a montré ce que le premier « drame musical » wagnérien devait au Romantisme : sens du passé, retour à la légende germanique,

---

[9] « La direction de nos opéras ordinaires me causait un sentiment particulier de malaise, une sorte d'ennui poignant ; mais, souvent encore, ce sentiment était interrompu par un bonheur et un enthousiasme que je ne puis dire, lorsque, par intervalles, on exécutait des œuvres plus nobles, et que l'incomparable effet des combinaisons musicales réunies au drame se faisait, au moment même de la représentation, sentir à mon âme, avec une profondeur, une énergie, une vivacité dont nul autre art ne peut approcher. L'espoir de rencontrer sans cesse de nouvelles impressions du même genre, qui m'entr'ouvraient, comme les rapides lueurs de l'éclair, un monde de possibilités inconnues, voilà ce qui continuait à me tenir enchaîné au théâtre, malgré le dégoût que j'éprouvais dans l'ornière creusée sans retour par nos représentations d'opéra. » *Lettre sur la Musique,* pp. 30-31. — Ce sentiment des possibilité de la musique au théâtre lui fut confirmé par le jeu d'une grande actrice, Mme Schroeder-Devrient.

sentiment aigu des puissances élémentaires de la nature[10]. Ce qu'il a moins montré, c'est le profond mysticisme qui, dès le *Vaisseau Fantôme,* relie l'œuvre de Wagner aux grandes œuvres romantiques ; c'est aussi ce rapprochement de la poésie et de la musique qu'au nom de ce même mysticisme, quarante ans plus tôt, réclamait Novalis pour qui « la musique et la poésie ne font qu'un ».

Cette double tendance va dominer de plus en plus la pensée de Wagner. Au fur et à mesure qu'il composera ses drames, il méditera sur son art, et c'est une véritable esthétique qui se trouvera élaborée dix ans plus tard, puis exposée dans une série d'opuscules qu'il résumera ensuite à l'intention du public français dans sa *Lettre sur la Musique.* Une philosophie ? Le mot conviendrait mal : nul plus que Wagner ne fut ennemi des théories abstraites. Wagner est un intuitif, il est l'homme-artiste. Et, même s'il le voulait, son bouillonnement intérieur lui interdirait toute adhésion définitive à un système. N'a-t-il pas évolué d'ailleurs de l'optimisme matérialiste de Feuerbach au pessimisme métaphysique de Schopenhauer, pessimisme qui, d'ailleurs, à la fin de sa vie, ne le satisfaisait plus ? Mais qu'importent pour nous ces variations dans la pensée wagnérienne, sinon pour expliquer qu'on ait pu, depuis, en donner des interprétations si divergentes ?[11] L'essentiel ici, c'est que chez Wagner, à partir des écrits de 1850, l'esthéticien et le poète soient restés jusqu'au bout d'accord et nous offrent cette « merveilleuse unité » dont parlera Edouard Schuré. Comment donc se présentaient les idées de Wagner pour les Français qui, en 1860, jugeaient *Lohengrin* ou *Tannhäuser* à la lumière de la *Lettre sur la Musique* ?

Wagner part d'une conception mystique de l'art, en réaction violente contre le matérialisme ambiant. Le but de l'art, selon lui, est de faire saisir la réalité qui sommeille dans les profondeurs de la nature et de l'âme humaine. En effet, l'homme, dans des moments privilégiés, a l'intuition de ce qu'est la vraie vie, la vie profonde, la « vie immédiate » : c'est quand il « s'entretient avec la nature », quand il vibre avec l'âme des choses ou des hommes. Wagner appelle cette intuition le « sentiment », une communication d'âme à âme, à la fois exaltée et sereine, rejoignant ainsi la connaissance intuitive des primitifs. Mais cette connaissance resterait lettre morte pour autrui, comme celle des mystiques, s'il n'y avait un moyen de l'extérioriser : l'œuvre d'art. Plus précisément, c'est la musique qui permet d'exprimer « dans une plénitude absolue le contenu sentimental de la langue purement humaine ». La musique est « le cœur de l'homme », elle en « exprime l'infinie profondeur », elle nous apparaît, « dans le sens le plus rigoureux, comme la révé-

---

[10] H. LICHTENBERGER, *Richard Wagner poète et penseur,* pp. 74-76 : « Ses drames résument donc, en quelque sorte, pour la conscience moderne, une bonne partie de l'œuvre du Romantisme. »
[11] Voir ci-dessous. IIe partie, ch. III.

lation d'un autre monde ». Elle est le langage mystique par excellence, et par là, « surpassant pour nous toute logique », elle « s'impose à nous avec la persuasion la plus irrésistible »[12].

Pourtant, si elle exprime parfaitement le contenu sentimental de l'âme, la musique s'avère impuissante à rendre ce contenu intelligible. L'audition d'une symphonie ne provoque-t-elle pas presque nécessairement en nous cette question : « Pourquoi ? » Or l'artiste, comme l'auditeur, éprouve le besoin de répondre à cette question, autrement dit d'expliciter son sentiment. Pour le rendre intelligible, il doit alors faire appel à l'entendement qui, à son tour, s'extériorise par le langage parlé. « Répondre à cette question — "Pourquoi ? " —, à la fois troublante et inévitable, de telle sorte qu'elle cesse de s'élever et soit désormais en quelque sorte éludée, voilà ce que le poète seul peut faire ». Pour découvrir et exprimer le secret de la vie, par conséquent, seule l'union de l'intuition et de l'intellectualité, du sentiment et des idées, de la musique et de la poésie sera efficace. Sentir et comprendre : telle est, pour Wagner, la double condition d'une réalisation intégrale de l'homme ; tel sera l'effort vers lequel tendra son art.

Or, dit Wagner, la seule forme poétique dans laquelle puisse « s'accomplir cette intime fusion de la musique et de la poésie », c'est le drame. Entendez le drame musical, « un drame réel mis en musique »[13], qui ne vise plus à la distraction comme l'opéra traditionnel, mais, accueillant « le riche torrent de la musique allemande », élève le spectateur, comme le drame antique, au culte du grand et permette à la poésie et à la musique de se donner la main pour dépasser leurs propres limites[14]. Il s'agissait donc pour Wagner de trouver une nouvelle forme théâtrale, une forme dans laquelle le poète ne fût plus subordonné au musicien, mais jouât comme au temps des Grecs un « rôle décisif ». Or que cherche le poète ? « Le poète cherche, dans son langage, à substituer à la valeur abstraite et conventionnelle des mots leur signification sensible et originelle ; l'arrangement rythmique et l'ornement (déjà presque musical) de la rime lui sont des moyens d'assurer au vers, à la phrase, une puissance qui captive comme par un charme et gouverne à son gré le sentiment. Essentielle au poète, cette tendance le conduit jusqu'à la limite de son art, limite qui touche immédiatement la musique ; et par conséquent l'œuvre la plus complète du poète devait être celle qui, dans son dernier achèvement, serait une parfaite musique »[15].

---

12 *Lettre sur la Musique*, p. 57.
13 *Œuvres complètes*, XI, p. 122.
14 Dès 1849, dans *L'Art et la Révolution*, Wagner insistait sur la nécessité de recréer de vraies relations entre l'art et la vie publique par l'organisation de grandes fêtes religieuses. Le thème révolutionnaire, comme on le voit, est fondamental chez Wagner.
15 *Lettre sur la Musique*, pp. 44-46.

Dès lors Wagner se voyait amené à désigner le mythe comme matière idéale du poète. Le mythe n'est-il pas « le poème primitif et anonyme du peuple », celui où « les relations humaines dépouillent presque complètement leur forme conventionnelle » et « montrent ce que la vie a de vraiment humain, d'éternellement compréhensible, et le montrent sous forme concrète ». Le mythe nous présente précisément des âmes toutes neuves, des primitifs aux émotions élémentaires et spontanées, mais rendues intelligibles au spectateur. Il ne peut cependant à lui seul donner leur forme idéale à ces sentiments, car c'est là le rôle de la musique. Aussi la poésie reconnaîtra-t-elle « que sa secrète et profonde aspiration est de se résoudre finalement dans la musique, dès qu'elle apercevra dans la musique un besoin qu'à son tour la poésie peut seule satisfaire »[16].

Ainsi se trouvait défini le drame musical. Le sujet ? La légende, qui touche à ce qui est le plus profondément humain, et qui surtout « contribue à jeter l'esprit dans cet état de rêve qui le porte bientôt jusqu'à la pleine *clairvoyance* ; l'esprit découvre alors un nouvel enchaînement des phénomènes du monde », il trouve la réponse au « pourquoi ? » et l'incompréhensible mystère de ce monde devient maintenant pour lui intelligible et clair. Et voilà le fond du mysticisme wagnérien. La forme ? La musique, qui achève et complète l'enchantement. Mais ici encore deux éléments entrent en jeu : la *mélodie* d'abord, qui prolonge le poème et lui donne tout son sens : « Exprime en elle ce que je ne dis pas, déclare le poète au musicien, parce que toi seul peux le dire, et mon silence dira tout, parce que je te conduis par la main ». La grandeur du poète ne se mesure-t-elle pas en effet surtout « par ce qu'il s'abstient de dire, afin de nous laisser dire à nous-mêmes, en silence, ce qui est inexprimable » ? Ensuite l'*harmonie,* exprimée par l'orchestre, qui remplace le chœur antique, mais se mêle « aux motifs de l'action par une participation intime ». L'orchestre est le merveilleux instrument au moyen duquel seul le drame musical est réalisable : il assure le lien direct entre l'artiste et le cœur de l'auditeur, « il fait passer tout droit dans le cœur la conception de l'artiste dans toute sa pureté » ; enfin il exprime la vie inconsciente ou à demi-consciente des personnages. Et les leitmotives ou thèmes musicaux, qui se développent au long de l'œuvre, suggèrent autant d'émotions, de pressentiments, de souvenirs correspondants dans l'âme des personnages[17]. On

---

[16] *Lettre sur la Musique,* p. 60.
[17] E. FISER en particulier a bien montré que le leitmotiv wagnérien sert de « véhicule pour le souvenir ». Bien plus, il représente tel symbole fondamental de l'inconscient collectif, comme les éléments primitifs par exemple : « Le leitmotiv du Rhin, dit Fiser, consiste en la colossale tenue d'un seul accord. Il représente l'élément primitif, l'eau, à l'état de repos ; l'eau dont, suivant la donnée mythologique, sortira la vie, avec ses luttes, ses passions ». (*Le Symbole littéraire chez Wagner, Baudelaire, Mallarmé, Bergson et Proust,* Corti, 1942, p. 86 sq.).

peut donc dire, avec Lichtenberger, que, « dans l'union des deux arts, la poésie représente, selon Wagner, *l'élément mâle,* la semence fécondante qui contient en germe le drame tout entier »[18]. Autrement dit, la poésie est le terme positif et la musique le terme négatif, et Wagner réconcilie dans le drame musical l'inconscient exprimé par l'orchestre et le conscient exprimé par la parole chantée[19]. Bien plus, le « drame musical », véritable « art total », réalise au gré de Wagner l'homme intégral, grâce à l'union de tous les arts, architecture, peinture, danse, musique, poésie : c'est là « l'œuvre d'art commune suprême », car « étant donné sa perfection possible, elle ne peut exister que si tous les arts sont contenus en elle dans leur plus grande perfection »[20]. Et voilà les divers éléments que l'on retiendra du drame wagnérien : synthèse des arts, union de la poésie et de la musique en particulier, poésie de l'inexprimable, suggestion mélodique et leitmotives.

Ce n'est pas ici le lieu d'étudier comment et dans quelle mesure les drames de Wagner furent l'application de ces idées. Il suffira de marquer que celles-ci eurent en France plus d'influence encore que ceux-là, bien que Dujardin ait affirmé quelque part que la *Lettre sur la Musique* fut « peu et mal lue » en 1860[21]. C'est pourtant elle, on l'a vu, qui, mieux que *Tannhaüser,* fit comprendre Wagner à Baudelaire. Ce que celui-ci apprécie surtout en Wagner, c'est le révolutionnaire en art, l'initiateur d'une sensibilité et d'une esthétique nouvelles[22]. Point de vue qui sera repris en 1866 par le Docteur Gasperini : « Malheur, s'écrie celui-ci, à ceux qui ne comprennent pas cette évolution profonde de l'art moderne devant une société ébranlée elle-même et remaniée jusqu'en ses profondeurs ! Le vrai sens du travail qui s'accomplit dans l'ordre esthétique leur échappe absolument ; ils sont condamnés à l'adoration stérile du passé, au jeu misérable de leurs formules creuses et impuissantes. »[23]. De telles paroles n'étaient-elles pas méritoires à l'heure même où triomphaient le réalisme et le Parnasse ? De son côté, Villiers de l'Isle-Adam, « dont la jeunesse avait été enivrée des ardentes inventions de Wagner alors méconnu »[24], s'inspirait visiblement, dans la conception *d'Axël,* de certaines formules du drame wagnérien. Enfin le *Drame musical* de Schuré, en 1875, marque une nouvelle et décisive étape dans l'histoire du wagnérisme en France. Schuré pourra dire, dans sa Préface de 1894 : « Oui, je

---

[18] LICHTENBERGER, o. cit., p. 245.
[19] Cf. sur la réconciliation de l'inconscient et du conscient, les travaux de l'école de Jung.
[20] *Œuvres complètes,* III, p. 216.
[21] *Revue de Genève,* 1886.
[22] Cf. *Art Romantique, Richard Wagner et Tannhauser.*
[23] Docteur GASPERINI, *Richard Wagner,* p. 10. Cité dans WOOLLEY, *Richard Wagner et le Symbolisme français,* pp. 56-57, — ouvrage indispensable à consulter pour l'histoire de l'influence wagnérienne en France.
[24] V.-E. MICHELET, *Villiers de l'Isle-Adam,* p. 18.

suis fier d'avoir défendu presque seul, il y aura bientôt vingt ans, la cause de l'Art pur et de l'Idéal. C'étaient en effet l'idéalisme et le mysticisme qui, avec le wagnérisme, s'introduisaient ainsi peu à peu. Il faudra pourtant dix ans encore avant que la *Revue Wagnérienne* vienne en quelque sorte consacrer officiellement l'influence du maître allemand sur la littérature et la poésie nouvelles. Désormais la cause de la poésie sera liée à celle de la musique.

La philosophie de Schopenhauer eut, elle aussi une influence profonde. Son pessimisme et surtout son idée des forces de l'inconscient furent sensibles en France après 1870. Nous verrons quel rôle elle joua chez un poète comme Jules Laforgue. D'une façon générale, la pensée de Schopenhauer ainsi que celle de Hartmann contribueront, avec la poésie de Verlaine et sur un tout autre plan, à préparer un nouveau mal du siècle, plus réfléchi et plus profond, plus passif aussi et plus désespéré.

LA MODE DE LA BOHÈME

Des thèmes nouveaux, ou renouvelés, pénétraient ainsi, insensiblement, notre littérature. Étaient-ils vraiment nombreux, ceux qui, aux environs de 1870, en comprenaient l'importance ? A vrai dire, l'atmosphère ne s'y prêtait guère. Il faut lire la façon dont Ernest Raynaud décrit cette époque de frivolité et de faux clinquant :

> « On veut frapper les imaginations. Tout devient prétexte à sonneries de cloches et à détonations d'artillerie, à déploiement de drapeaux, à explosion de fanfares ». Ainsi « l'Empire l'impose à la foule des badauds... Le peuple ne voit que les étalages resplendissants, les cafés illuminés, les arbres chargés de girandoles... c'est le règne de la poudre aux yeux ». Cependant « on vit au jour le jour. Tout flotte à la dérive. On ne sait plus où l'on va. On s'amuse. La conquête de l'Algérie nous a valu l'absinthe. La vie de café engourdit la nation... Triste tableau d'une époque et que contresigne Charles Cros quand il se plaint de sa vie effrénée et sans but ! Que devient la poésie dans tout cela ?... »[25]

Elle s'est réfugiée dans quelques salons : celui de la marquise de Ricard, aux Batignolles, où se réunissent les jeunes collaborateurs de *L'Art*, puis du *Parnasse contemporain* ; celui de Leconte de Lisle, au Gros-Caillou, guindé par le monocle du Maître ; ou celui, plus familier, de Banville, rue de Condé[26]. Mais, même dans ces groupes, le souffle poétique s'est refroidi, le sens du mystère a disparu, le lyrisme a fait place à l'impassibilité. Quelques-uns, déjà, s'isolent du troupeau et s'exilent dans leur « rêve étrange et pénétrant » : Verlaine, Mallarmé... Les autres se bornent à imiter les « maîtres »

---

[25] E. RAYNAUD, *La Bohème sous le Second Empire*, pp. 38-42.
[26] Voir pour plus de détails F. PORCHÉ, *Verlaine tel qu'il fut*, pp. 55-56.

ou se cherchent, désorientés. L'art du second Empire est bien à l'image de l'époque : art composite, génération de transition, sans unité.

D'ailleurs, on n'est plus poète, on est « artiste ». Comme le dit encore E. Raynaud, « le mot *artiste* contient tout. Cela est juste, puisque le littérateur n'a plus d'autre ambition que de peindre ». Aussi, plus encore qu'au temps des bousingots, les peintres sont-ils rois. Il y a ceux qui se sont enrichis, et qui reçoivent dans leurs ateliers-salons de l'avenue de Villiers. Il y a aussi ceux qui reçoivent dans leurs mansardes. Mais, là comme ici, partout règnent le sans-façon bohème, la manie de mystifier le bourgeois. Ils règnent aussi dans la maison meublée aux chambres sordides où « reçoit » Catulle Mendès. Bohème misérable que raillent les auteurs du *Parnassiculet contemporain* sous la fiction de l'« hôtel du Dragon bleu »[27]. Il n'y a qu'un pas de l'atelier ou de la chambre du poète au café et au cabaret, un pas que l'on franchit d'autant plus aisément qu'il y a ici la promesse d'une ivresse nouvelle. Qui dira les effets et les méfaits de l'absinthe sur cette génération d'instables ou d'écervelés ? Charles Cros, Villiers, Glatigny, André Gill, Paul Arène, Chabrier, tous, poètes, peintres, compositeurs, se sont donnés à « l'atroce sorcière verte », à commencer par Verlaine, même quand celui-ci dénonçait « cette source de folie et de crime, d'idiotie et de honte »…

Il est un endroit qui incarne à merveille le décousu bohème de cette époque de transition : c'est le salon de Nina de Villard. Les documents abondent sur cette femme étonnante, pianiste en vogue, poétesse, s'initiant successivement à l'escrime et à la kabbale, au spiritisme et aux mathématiques, « ardente à vivre et goûtant la vie sous tous ses aspects ». On a décrit les domiciles successifs où, pendant vingt ans, de la rue Chaptal à l'hôtel de la rue des Moines, des beaux jours du Parnasse aux premiers signes avant-coureurs du Symbolisme, elle tint table ouverte, accueillant pour dîner, voire pour coucher tous les écrivains, artistes ou politiciens de l'époque. Seul le « bourgeois » était exclu de ce monde joyeux et frondeur ; le bourgeois l'ennemi intime, la bête noire, la tête de Turc aussi. Quand par mégarde il s'en aventurait un chez Nina, les habitués de la maison s'entendaient comme larrons en foire pour le mystifier : Cros, Villiers, Mallarmé même rivalisaient de facéties

---

[27] Cf. A. DE BERSAUCOURT, *Au temps des Parnassiens,* pp. 135-136 : « Les ennemis des Parnassiens ajoutaient… l'ironie blasphématoire d'un chapitre intitulé : *Une séance littéraire à l'hôtel du Dragon-Bleu.* L'hôtel du Dragon-Bleu était une allusion à la maison meublée proche de la rue Dauphine où habitaient Catulle Mendès et plusieurs de ses compagnons. La maison meublée était misérable, les chambres sordides, et leurs locataires devaient souvent se contenter de déjeuner d'une page de Ronsard ou de la contemplation d'un tableau du Titien. Souvent aussi il n'y avait pas de feu dans la petite chambre où brûlait une bougie unique. Mais la bougie s'éteignait tard et l'on ne sentait ni le froid ni la faim dans l'allégresse du labeur continuel et l'espoir de revanches certaines. »

cruelles. On a conté aussi la gaîté souvent débraillée et outrancière de ces soirées où les charades succédaient aux scies militaires, les poèmes argotiques aux complaintes, quand on ne jonglait pas avec les couteaux, les assiettes et les fourchettes, « criant, trépignant, acclamant l'arrivée des ragoûts, risquant les gamineries et les folies de collégiens en vacances »[28]. « Atelier de détraquage cérébral », ont dit cruellement les Goncourt ; mais en même temps, « par l'ironie, la fantaisie, la blague et la rosserie des poèmes, chansons, saynètes qu'on y fabriquait avec une verve joyeuse, le prédécesseur, l'ancêtre du *Chat Noir* »[29].

Point de solution de continuité en effet entre l'hôtel de la rue des Moines et les cabarets montmartrois. Jusqu'en 1883, le salon de Nina, où se coudoyaient Leconte de Lisle, Mendès, Zola, Daudet, Gambetta, princes et princesses, et des « affamés sans chemise » tels que Villiers ou Léon Bloy, ce logis « où se disait qu'on causait comme en nul autre endroit de Paris » resta le foyer ouvert, selon l'expression des Goncourt, « à toutes les débauches de la pensée, à toutes les clowneries de la parole, remuant les paradoxes les plus crânes et les esthétiques les plus subversives ». Les tics s'y transformaient en modes littéraires : à l'horreur du bourgeois, que cultivaient soigneusement tous les amis de Nina, venaient se joindre, avec Alphonse Allais, l'ironie yankee ; la rosserie, qui devait devenir un procédé commercial à Montmartre ; et, avec Rollinat, le paroxysme et l'épouvante.

Car le salon de Nina n'assure pas seulement la continuité des cadres et des milieux littéraires, du salon de la monarchie et de l'empire au cabaret de la troisième République. Il assure aussi la transition entre la névrose du Romantisme déclinant et celle des Décadents et des Symbolistes. Et par là il découvre ce que cachaient son exubérance et l'apparente frivolité d'une génération sans grandeur.

LE REFUS D'UNE SOCIÉTÉ

Comme l'a fort bien dit Ernest Raynaud, « c'est que la Bohème n'est pas toujours fille du caprice et de la fantaisie. Il lui arrive aussi d'être commandée par la nécessité... On la considère, le plus communément, comme le fruit du désordre, le refuge de la paresse et de l'impuissance. C'est parfois cela. C'est souvent autre chose. Il y a, souvent, derrière l'insouciance affectée du bohème, une volonté tendue, une sorte de parti-pris stoïque. Le « Zutisme » de Charles Cros est une magnifique leçon de désintéressement, une digue opposée à l'idée mercantile, à la littérature industrielle et com-

---

[28] *Ibid.,* pp. 9-10, 16 et 107-110.
[29] LEPELLETIER, *Paul Verlaine.* Cf. aussi E. RAYNAUD, *La mêlée symboliste,* 3 vol., 1918-22, passim.

merciale, à la ruée des arrivistes et des faiseurs »[30]. Oui, la bohème de Nina et de ses amis fut d'abord un refus. Sous une forme humoristique et un air léger qui ont donné le change, elle disait « zut » avec Charles Cros au monde matérialiste qui l'entourait, à l'argent qui commençait à y régner en maître, au prétendu « bon sens » de tous les parvenus des lettres et de la société. Voilà pourquoi, chez elle, la haine du bourgeois est devenue féroce. Parce que c'est le bourgeois qui fait tourner la grande machine, celle qui broie les hommes, qui écrase les chercheurs d'idéal, les Charles Cros, les Léon Bloy, les Villers de l'Isle-Adam qui refusent d'entrer dans son jeu et de pactiser avec elle ; celle qui tue l'esprit, en réduisant le monde à un gigantesque marché de produits et de forces matérielles. Contre le bourgeois, il n'y a qu'une attitude : la révolte, la révolution. Révolution littéraire, celle que préparent, plus ou moins consciemment, un Villiers ou un Charles Cros, et plus profondément un Verlaine ou un Mallarmé. Révolution artistique, que fomentent, avec Nina, Félicien David, Berlioz et Wagner. Révolution politique, que complotent Jules Vallès, Rochefort, Camille Pelletan. « On y préparait l'avenir, dit encore Ernest Raynaud. On s'y élevait contre les préjugés, les clichés, la routine, et tout ce qui portait en Art un caractère bourgeois, académique ou officiel. C'était un foyer d'enthousiasme et d'indépendance... Toutes les audaces y étaient bien reçues. Tous les vrais talents y trouvaient lieu d'asile ».

En effet, sans presque s'en douter, la bohème de Nina opérait un reclassement des valeurs. Devant la platitude soumise des adulateurs de l'Empire, elle exaltait la foi républicaine, l'indépendance et la liberté. En face de l'incompréhension sarcastique d'une critique patentée, elle sacrait les vrais talents, des Parnassiens aux futurs Symbolistes. L'esprit y conservait ses droits jusque dans les plaisanteries les plus insignifiantes en apparence, et, au coin d'une parodie ou d'un monologue, brillait toujours quelque étincelle de poésie[31].

Il y avait là autre chose encore qu'une révolte. Certes, en apparence, la guerre de 1870 et la débâcle n'ont pas changé grand'chose en France et à Paris. Dès 1871, c'est à nouveau l'insouciance et la frivolité : sept salles de spectacle nouvelles, trois salles de bal ; *les deux Orphelines, le Tour du monde en 80 jours, le Chat botté, le Roi Carotte.* « Les mascarades recommencent ». Mais au fond positivisme, réalisme, opportunisme : c'est toujours la même médiocrité. Et là-bas, aux Batignolles, le salon de Nina semble poursuivre son agitation stérile. Ce sont toujours les mêmes blagues, les mêmes outrances, le même débraillé. Ou plutôt le débraillé est encore plus visible, plus agres-

---

[30] E. RAYNAUD, o. cit., pp. 8-9.
[31] Par exemple dans *le Hareng Saur,* le fameux monologue de Charles Cros, premier du genre, que Coquelin devait ensuite galvauder dans les salons, mais qui n'est pas dépourvu d'une poésie étrange sous son aspect de scie et de « canular ».

sif. Les ressources de la maîtresse de maison allant en s'épuisant, les vins choisis, les cristaux et l'argenterie ont fait place au bœuf bouilli et aux nappes effilochées. Peut-être aussi les rires deviennent-ils plus nerveux, et l'ironie se nuance-t-elle de quelque amertume. Le désastre de 1870 aurait-il, à certains du moins, donné à réfléchir et réveillé en eux le sens et le besoin d'autre chose ? Le mal de Baudelaire commencerait-il à se répandre ? L'influence des philosophes allemands, de Carlyle, de Wagner se ferait-elle sentir ? Il y a tout cela assurément. Ce qui est sûr, c'est que Villiers, de plus en plus rejeté par la société après avoir cru la conquérir, commence à écrire ses *Contes Cruels* ; c'est que maintenant Rollinat vient déclamer et mimer, en plein salon de Nina, les plus hallucinantes de ses *Névroses* ; c'est que Charles Cros publie le *Coffret de Santal*.

*
* *

Étrange figure que celle de cet homme, à la fois savant et poète, qui avait professé l'hébreu et le sanscrit à l'âge de seize ans, étudié la chimie et la médecine, qui inventa dans une mansarde le phonographe en même temps qu'Edison, la photographie en couleurs vingt-quatre ans avant Lippmann, réalisa la synthèse artificielle des pierres précieuses, conçut une algèbre des rythmes et des formes et le moyen d'établir une correspondance interplanétaire[32]. Méridional aux allures de tzigane, à la fois rêveur et enthousiaste, toujours en quête d'inconnu, mais instable et incapable de trouver sa voie, Charles Cros, plus encore que Villiers de l'Isle-Adam, semble avoir voulu illustrer par avance ce que les psychanalystes appelleront la psychologie de l'échec. Chaque fois qu'il va aboutir, toucher au but, connaître le succès, la gloire, une barrière se dresse, et tout brusquement lui échappe. On dirait qu'un démon intérieur le guette, le paralyse au moment opportun, l'empêchant d'arriver à temps. Névrose à vrai dire que cette impuissance à passer du rêve à la réalité, à s'inscrire dans les faits, à marquer dans l'aventure humaine la place véritable qui revient à son génie. Mais peut-on dire sans une cruelle ironie que ces incorrigibles rêveurs aient pu trouver dans leur échec perpétuel, qu'ils considéraient comme le témoignage de l'acharnement du destin, une jouissance sadique ? C'est plutôt une noble résignation, masquant dignement une détresse profonde, que trahissent les paroles d'un Charles Cros assistant au triomphe d'Edison et à l'écroulement de ses rêves : « Eh bien, qu'il en soit ainsi ! Puisque M. Edison a inventé le phonographe, gloire à lui ».

Son œuvre reflète cette instabilité, cette activité désordonnée, et aussi

---

32 Cf. A. DE BERSAUCOURT, o. cit., pp. 40-41.

cette détresse cachée, Si Charles Cros, dans le *Coffret de Santal,* rêve de franches ripailles, sourit aux amours mondaines —

> Il faudrait d'immortelles strophes
> A votre charme triomphal,
> Quand, sous un tourbillon d'étoffes,
> Vous entrez follement au bal[33]

— et cède au vertige de l'époque, c'est « comme une épave au jeu des vagues »[34]. Il a cru pouvoir impunément « jouer avec le feu », se réfugier dans l'ironie, se divertir sans fin

> Avec l'absinthe, avec les fleurs, avec les femmes ;

il a chanté *l'Heure verte* où,

> Comme bercée en un hamac,
> La pensée oscille et tournoie,
> A cette heure où tout estomac,
> Dans un flot d'absinthe, se noie.

Horreur des « heures froides », où semble que l'ange de la mort plane sur les hommes, où l'on étoufferait, où l'on râlerait sans que personne vous entende[35]. Moments de lassitude, où le poète se sent « impuissant » et « fou ». Moments de désespoir aussi :

> Il y a l'étang où l'on peut mourir. ...[36]

Charles Cros a souffert de n'être pas assez lui-même, de n'être pas, comme Rimbaud, le révolté qui rompt en visière, qui nie tout, qui va jusqu'au bout de l'aventure. Il hésita toujours entre les appels de son rêve et les séductions d'une vie factice. Son destin était d'être instable, de s'enthousiasmer pour trop de choses, d'avoir l'esprit trop vaste pour une époque étriquée et mesquine : il n'a pas su se libérer de ce destin. Il s'est réfugié dans une ironie souriante, qui se moque d'elle-même. Mais ne nous y trompons pas : l'excentricité d'un Charles Cros n'est souvent que la caricature voulue, et combien douloureuse, d'un déchirement intérieur. Son œuvre est là comme le témoin d'une expérience manquée, d'un génie resté en disponibilité. Une épave dans un monde livré à des vents contradictoires.

---

[33] *Le Coffret de Santal ; Madrigal sur un carnet d'ivoire,* p. 90.
[34] E. RAYNAUD, o. cit., p. 33.
[35] *L'Heure froide,* p. 271 : « Oh ! oui, à cette heure-là, on étoufferait, on râlerait, on sentirait son cœur se rompre et le sang tiède, fade, monter à la gorge, dans un dernier spasme, que personne ne pourrait entendre, ne voudrait sortir du sommeil pesant et sans rêves qui empêche les terrestres de sentir l'heure froide. »
[36] *Lassitude,* p. 273.

* *

Pourtant l'effort de Charles Cros n'a pas été vain. Il a marqué sa place, et son éphémère *Revue du Monde Nouveau,* qui naquit et s'éteignit en 1874 au bout de trois numéros, affirme : « C'est bien nous qui croyons toujours à l'art, à la royauté de l'esprit, après que de si grands désastres nous isolent et nous distinguent d'autrefois ». Cros pressentait ainsi, sous la continuité apparente des habitudes sociales et littéraires, de grands changements. Retour à l'esprit, à l'art : c'est bien ce que proclamait déjà, deux ans plus tôt, le premier numéro de la *Renaissance artistique et littéraire,* sous la plume d'un Hugo revenu d'exil :

> « Nous venons d'assister à des déroutes d'armées ; le moment est arrivé où la légion des esprits doit donner. Il faut que l'indomptable pensée française se réveille et combatte sous toutes les formes... Ce grand dix-neuvième siècle, momentanément interrompu, doit reprendre et reprendra son œuvre, et son œuvre c'est le progrès par l'idéal. Tâche superbe... Toute une génération de poètes fait son entrée »[37].

Ces poètes, ce sont les Parnassiens. Mais déjà ils se transforment : Émile Blémont, le directeur de la *Renaissance,* déclare que l'indifférence et l'impassibilité ne sont plus possibles au poète. Il faut maintenant prendre parti, militer, car on découvre enfin que l'esprit est en danger. On ouvre les hostilités contre Sarcey et l'« école du bon sens » ; on se groupe autour de l'ombre de Baudelaire. La *Renaissance,* éclectique mais efficace, réunit tous ceux, de Sainte-Beuve et de Banville à Verlaine et à Mallarmé, qui veulent sauver l'esprit. Décidément il y a quelque chose de changé.

Les autres arts n'échappent pas à cette transformation. Au lendemain de la guerre de 1870, la peinture entre en lutte contre les contraintes académiques. Renouant avec la tradition romantique de liberté et de vérité dans l'art, émerveillés par les féeries de Turner et les aquarelles lumineuses de Jongkind, Claude Monet et Pissarro reviennent à la nature et notent les nuances fugitives des choses, tandis que Cézanne cherche sous les apparences le permanent et le durable. Bientôt ils s'uniront dans la *Société des Artistes Indépendants* pour affirmer, contre le dogmatisme officiel, leur mépris de toutes les contraintes. Mais les Impressionnistes sont encore proches du naturalisme. A côté d'eux, d'autres peintres, déjà, se retournent vers le mystère intérieur. C'est Fantin Latour qui, derrière les portraits physiques, peint des portraits d'âmes, idéalise ses personnages et, visionnaire et passionné de musique à la fois, transpose dans le langage plastique des impressions musicales. C'est

---

[37] *La Renaissance politique et littéraire,* n° 1, 28 avril 1872.

Whistler, ami de Rossetti et de Swinburne, musicien lui aussi, qui compose des *Symphonies* en vert et violet, en blanc et rouge, en bleu et rose, emprunte à Chopin le titre de ses *Nocturnes,* et cherche à créer par la couleur une équivalence des émotions musicales. « Invinciblement, dit Huysmans, l'on songeait aux visions de Quincey, à ces fuites de rivières, ces rêves fluides que détermine l'opium. Dans leur cadre d'or blême, vermicellés en bleu turquoise et piquetés d'argent, ces sites d'atmosphère et d'eau s'étendaient à l'infini, suggéraient des dodelinements de pensée, transportaient sur des véhicules magiques dans des temps irrévolus, dans des limbes... »[38] C'est aussi Félicien Rops, qui transpose dans ses compositions le satanisme baudelairien et, déjà, se complaît dans un symbolisme mystique. Mais deux peintres surtout, vers 1870, jouent en peinture le rôle de précurseurs et annoncent le retour à la spiritualité : Puvis de Chavannes, dont le symbole rejoint l'allégorie classique, mais dont l'univers poétique se situe néanmoins loin des misérables spectacles de la société contemporaine ; et plus encore Gustave Moreau, cet artiste solitaire et désintéressé, amoureux des mythes et des légendes, pour qui l'imagination, comme pour Delacroix et Baudelaire, est la faculté maîtresse et donne la mesure de la vie intérieure. « La vie intérieure, écrit un de ses disciples, c'est là uniquement ce qu'il a voulu rendre. C'est cette recherche qui donne à ses œuvres le caractère religieux... Dieu fut son moyen et Dieu fut son but »[39]. L'influence de Gustave Moreau fut grande. Avec Whistler, qui participait assidûment chez Rossetti à des séances de spiritisme, et aidé des articles d'Émile Blémont dans la *Renaissance,* il fit connaître en France les Préraphaélites. Dans la chaîne qui relie notre Symbolisme à l'idéalisme anglais et au préraphaélisme, c'est là un chaînon indispensable.

Dans le même temps, la musique française connaît elle aussi une étonnante renaissance. Au lendemain de 1870, Bussière fonde avec Saint-Saëns la Société Nationale de Musique. Bientôt les Concerts Colonne et les Concerts Lamoureux se joignent aux Concerts Pasdeloup, ouvrant ainsi des débouchés à la musique symphonique en France. L'influence wagnérienne s'étend. Cependant deux maîtres commencent à s'imposer et groupent autour d'eux une pléiade de jeunes. Saint-Saëns libère la musique française des poncifs de l'opéra traditionnel et l'engage dans la voie de l'orchestration symphonique. César Franck l'imprègne de mysticisme et de haute spiritualité. Le jeune et bouillant Chabrier unit dans un même amour la musique wagnérienne et la peinture impressionniste. Le temps n'est pas loin où une nouvelle génération de compositeurs qui comprendra Fauré, Duparc, Chausson, Vincent d'Indy, combinant l'influence de Wagner et celle de Franck, préparera dans la musique française une manière de révolution.

---

38 HUYSMANS, *Certains,* p. 67. Cité dans L. HAUTECŒUR, *Littérature et Peinture en France,* pp. 189-190.
39 G. DESVALLIÈRES, cité dans HAUTECŒUR, *ibid.,* p. 196.

Ainsi tous les arts, vers le même moment, convergent vers un renouveau de spiritualité qui les trouvera bientôt réunis. Déjà s'ébauchent entre eux des correspondances, ils se retournent vers leur commune origine, ils pressentent une communauté de nature et d'ambition. Le mysticisme va donner un sens à leurs intuitions.

Du mystère au mysticisme

A l'heure même où le naturalisme triomphe, on perçoit les premiers symptômes d'une transformation de la sensibilité. Le succès rapide et prodigieux de Sarah Bernhardt suffirait à en témoigner : c'est elle qui met à la mode l'incantation, les longs voiles et les clairs de lune ; avec elle le mystère fait sa rentrée au théâtre et dans l'âme du public. Le drame wagnérien, de son côté, importe sur la scène les cygnes, les forêts et l'atmosphère de légende. On se croirait revenus aux beaux temps du Romantisme, si le bruyant orchestre des naturalistes et de la critique ne couvrait ces voix encore hésitantes. Pourtant, avec Villiers de l'Isle-Adam, Rollinat et l'influence grandissante de Baudelaire, le sens du rêve et du mystère semble pénétrer à nouveau dans le monde littéraire.

L'idéalisme ! Que de confusion l'on entretiendra autour de ce mot ! Pendant plusieurs années, ce sera le cri de ralliement de tous les jeunes : mais combien seront d'accord entre eux sur sa signification ?

Pour eux, idéalisme, spiritualisme et même mysticisme ne feront qu'un, exprimant surtout la révolte contre un matérialisme trop exclusif. Ils pourraient souscrire à la remarque de Fouillée : « Après avoir traversé une période où, selon le mot d'Auguste Comte, l'intelligence était en insurrection contre le cœur, nous entrons dans une autre où le cœur est en insurrection contre l'intelligence »[40]. C'est en effet surtout autour d'une réaction affective et sentimentale que s'est faite tout d'abord l'unanimité. Et cette réaction devait naturellement donner naissance à un mouvement mystique. Fouillée encore nous l'explique :

> « Comme toute réaction, le mouvement idéaliste a fini par dépasser le but. Quelques jeunes philosophes ont cru faire œuvre sainte en niant à la fin la science même ou en la rabaissant à un rôle subalterne, pour élever soit la croyance, soit l'action, dans des sphères où la critique ne pourrait plus les atteindre. Ils ne professaient tant de scepticisme au début que pour être plus crédules à la fin. Ils ont commencé par affirmer l'existence d'un inconnaissable, puis ils se sont efforcés de s'en faire une représentation. C'est sur cette affirmation et cette représentation de l'inconnaissable que quelques-uns ont voulu appuyer la foi religieuse, qui, de nos jours, semble tendre à un nouveau mysticisme »[41].

---

[40] A. Fouillée, *Le mouvement idéaliste et la réaction contre la science positive*, 1895.
[41] *Ibid.*, pp. 25-26.

Ainsi, sous le couvert de l'idéalisme, passait-on du mystère au mysticisme. Mot qui d'ailleurs n'était pas plus clair que celui d'idéalisme pour le plus grand nombre. Rares étaient ceux qui songeaient en le prononçant aux authentiques extases des mystiques chrétiens. La plupart du temps, c'était là encore l'affirmation d'un inconnaissable, la croyance en un monde occulte, voire le simple sentiment du mystère. Bientôt le mot deviendra un thème littéraire, un prétexte à de bruyants manifestes. Une « vague mystique » déferlera, et Sarcey jettera le cri d'alarme : « Je ne sais quel vent de mysticisme souffle sur la France ! »[42] Pour le moment, nous n'en sommes pas là. Mais déjà diverses influences se rejoignent : mysticisme raffiné et maladif de Baudelaire, mysticisme exalté de Villiers de l'Isle-Adam, mysticisme esthétique et diffus de Wagner, et aussi mysticisme sensuel de Barbey d'Aurevilly. Car peut-on oublier dans ce vaste mouvement l'auteur des *Diaboliques,* le « grand connétable », tout à la fois croisé et mousquetaire d'un catholicisme agressif, qui a repris à Baudelaire son érotomanie démoniaque, mais en exacerbant son sadisme intellectuel jusqu'à prendre, sans s'en douter, le contre-pied du véritable christianisme ? Tout cela pénètre, insensiblement, fait son chemin. 1872 : début du culte rendu à Baudelaire, dans *la Renaissance,* qui publie la même année la première partie *d'Axël* ; 1873 : réimpression de *l'Ensorcelée* de Barbey d'Aurevilly ; 1874 : *les Diaboliques* ; 1875 : *le Drame musical* de Schuré. Chacun, en son sens, travaille à ce renouveau, semant à la fois l'inquiétude et l'espérance.

Cependant, parmi ces pressentiments divers, déjà s'esquissent des solutions. C'est dans le dernier quart du siècle en effet qu'affleurent en France des traditions restées longtemps souterraines. A vrai dire, jamais les doctrines ésotériques n'avaient été complètement délaissées. Certains Romantiques français, on l'a vu, s'étaient tournés avec curiosité comme Balzac, ou avec passion, comme Nerval, vers la martinisme ou, en remontant plus haut, vers Bœhme ou Swedenborg ou, plus haut encore, vers les Mystères de l'antiquité. Mais c'est surtout le Romantisme allemand qui était imprégné d'occultisme. Schelling pour sa part, dans la deuxième partie de sa vie, s'enthousiasmait pour la Kabbale ; et Schopenhauer avait écrit un *Mémoire sur les Sciences occultes.* Leur influence donna corps à des tendances encore hésitantes chez nous. Certains se passionnèrent pour le *Rituel de Haute Magie* d'Eliphas Lévi, tel Villiers[43], dont la curiosité avait été éveillée par son vieux cousin et qui, nourri de traditions celtiques, tenta toute sa vie de concilier l'occultisme et la tradition chrétienne. Ernest Hello aussi, le prophète visionnaire, qui dans

---

[42] Cité dans V. CHARBONNEL, *Les mystiques dans la Littérature présente,* 1re série, p. 5.
[43] Cf. sa lettre à Mallarmé du 11 septembre 1866 (citée dans H. MONDOR, *Vie de Mallarmé,* p. 222) : « Je vous indiquerai les *Dogmes et Rituel de Haute Magie* d'Eliphas Lévi, s'ils se trouvent à la Bibliothèque de votre ville. Ils sont l'étonnement même. »

les soirées d'Auteuil annonçait la Vérité[44]. Cette vérité, c'est que « le symbolisme est le langage de Dieu. Il établit une relation entre les formes supérieures de la vie et les formes inférieures... Le symbolisme nous révèle à la fois la nature des choses immatérielles qui se laissent exprimer par des figures, afin de s'approcher de nous, et la destinée, la raison d'être, le sens intime des choses matérielles qui ornent ce bas monde et tendent à l'homme, qui tend à Dieu. Le symbolisme a donc dans l'ordre universel la place sublime du médiateur »[45]. Ainsi, dit-il encore ailleurs, « unissant le monde visible au monde invisible, le symbolisme entr'ouvre un secret étrange, qui est la relation des relations et l'harmonie des harmonies »[46]. L'art sera fait de la pieuse révélation des relations universelles. L'inspiration est l'intuition de cet accord, et le travail la réflexion par laquelle l'artiste s'efforce d'en concilier les termes.

L'influence d'Ernest Hello ne s'exerça directement que sur un petit nombre. Mais elle se situait dans un ensemble de tendances qui laissaient pressentir un prochain renouveau. Vers 1880, toutes ces tendances diverses sont encore diffuses, limitées à quelques individus généralement isolés. Si la naissance d'un certain nombre de jeunes revues, plus ou moins éphémères, marque un effort pour les grouper et les dégager, cet effort est resté jusqu'ici sans résultat. Il leur a manqué en effet un milieu favorable pour se développer. Ce milieu va naître ; ce sera le cabaret.

CAFÉS ET CABARETS

A la fin du dix-neuvième siècle, le cabaret remplace le salon. Signe d'une transformation sociale : la littérature s'est démocratisée, et c'est dans les cafés que se préparent maintenant les révolutions littéraires. Leur caractère s'en ressentira : l'élégance mondaine fera place au débraillé, l'alcool régnera en maître, accentuant encore l'excentricité et la névrose. D'où ces élucubrations malsaines, ce style tarabiscoté, ce besoin de se vulgariser en même temps que de se distinguer. Un temps viendra où il sera de mise d'avoir l'air apache. Alors les différents ordres de révolutions se rejoindront, et le poète deviendra socialiste, voir anarchiste.

Ce fut là l'évolution de la nouvelle bohème. L'histoire en a été souvent contée, mais on en a mal dégagé l'importance. On n'a pas aperçu, sous les manies provoquantes ou ridicules, les thèmes qui s'élaboraient. On n'a pas vu que les cabarets, de 1878 à 1885, avaient été le creuset où se préparait la fusion des principaux courants de cette fin de siècle, et où mûrissait une sensibilité nouvelle.

---

[44] Sur E. Hello, voir V. CHARBONNEL, o. cit., p. 91 sqq., et surtout Stanislas FUMET, *Hello, le drame de la Lumière*.
[45] *Du Néant à Dieu* I, cité dans S. FUMET, o. cit., p. 113.
[46] *L'Homme*, cité dans S. FUMET, *ibid.*, p. 114.

Le cabaret n'est pas né en un jour. Nous en avons vu déjà une préfiguration dans le salon de Nina. Ils le préparaient aussi, ces joyeux dîners des *Vilains Bonshommes,* nés au lendemain du triomphe du *Passant* en 1869, poursuivis après la guerre de 1870 et qui réunissaient les vrais amis des lettres — Banville, Coppée, Heredia, Verlaine, Mallarmé — autour d'un repas mensuel agrémenté de déclamations et de bonnes histoires[47]. Il faut pourtant attendre jusqu'en 1878 pour voir naître la première tentative sérieuse du genre. Sérieuse est une façon de dire. Les *Hydropathes* sont nés spontanément, dans la salle à manger d'une modeste pension de famille, où quelques amis discutaient de poésie. Un jour, ils se transportent boulevard Saint-Michel, au Café de la Rive Gauche, jusqu'à ce que l'un d'eux, Émile Goudeau, ait l'idée, avec Georges Lorin, Rollinat et quelques autres, de fonder une véritable société. Goudeau, qui a décrit ces souvenirs de façon vivante dans *Dix Ans de Bohème,* était vraiment né pour créer et animer des cercles littéraires. Dès la troisième séance, on comptait cent cinquante personnes. Le nom d'abord intriguait : quels trésors de fantaisie recélaient ces « hommes aux pattes de cristal »[48] ? Et puis il s'agissait d'applaudir de jeunes poètes — et de se faire applaudir. Idée de génie, que celle d'attirer mutuellement tous ceux qui rêvaient d'une gloire facile ! Mais ce qui donna aussitôt leur intérêt aux séances des *Hydropathes,* ce qui montre qu'ils répondaient à un besoin, ce fut la qualité des participants. On y vit se coudoyer l'avant-garde de la littérature — Paul Bourget, Cros, Rollinat, Tailhade, Moréas, Ajalbert, d'autres encore, — du théâtre — Sarah Bernhardt, Coquelin cadet, Paul Mounet, — de la musique et de la peinture. Il y venait même, flattés de se mêler au monde de l'art, des savants et des ministres ! Bientôt un journal vint soutenir ces réunions et publier les œuvres les plus applaudies. Pour la première fois, la poésie, la gaîté, la mystification faisaient cause commune. Les *Hydropathes* lançaient un genre, un cadre littéraire. Avec eux, l'avant-garde de la poésie trouvait un public devant lequel elle pouvait s'affirmer sans contrainte et prendre conscience d'elle-même.

Le destin du cénacle est comme celui du phénix : il est éphémère, mais il renaît de ses cendres. C'est toute l'histoire de cette bohème. Les cabarets meurent, mais ils se reforment bientôt sous un autre nom, et l'on y retrouve les mêmes animateurs. C'est ainsi que, désagrégés au bout de deux ans par les divisions et les difficultés matérielles, les *Hydropathes* réapparurent en

---

[47] Sur ces dîners, voir F. PORCHÉ, *Verlaine tel qu'il fut,* p. 81 et p. 170 ; H. MONDOR, o. cit., pp. 332-333.
[48] A vrai dire, c'est à la suite d'une fantaisie comique d'un musicien allemand, qui avait composé une valse intitulée Hydropathen Valsh, que Goudeau avait dû donner du titre cette traduction singulière : « Valse des pattes en cristal ». Le nom lui en était resté (BARRE, *Le Symbolisme,* p. 69).

1881 sous le nom d'*Hirsutes* : toujours le goût du tapage et de la provocation. Mais on sentit bien que le succès et l'intérêt de ces groupes tenait à la personnalité de leur animateur. Celui qui s'était fait nommer président des *Hirsutes* en était totalement dépourvu. Le malheureux Maurice Petit, incapable de parler en public, aux prises avec d'homériques chahuts[49], fut obligé de démissionner, et l'on dut rappeler Émile Goudeau de Montmartre, où il s'était senti attiré par une bohème de rapins plus pittoresques et plus turbulents encore que celle de la « Rive Gauche ». Il les amena avec lui, et les *Hirsutes* connurent alors leurs plus belles heures. En même temps, en marge du groupe, Trézenik, un de ses animateurs, avait fondé une revue, la *Nouvelle Rive Gauche,* à laquelle fut bientôt préféré le nom de *Lutèce,* « la *Nouvelle Rive Gauche,* disait une note de la rédaction, ayant depuis longtemps passé les ponts » et son titre étant « devenu trop restreint ». La revue groupa bien vite tous ceux qui comptaient dans la jeune littérature : Charles Morice, Verlaine ressuscité, Laurent Tailhade, Coppée, Haraucourt, Rollinat, Jean Aicard, Paul Bourget, Jean Moréas. Comme on voit, le plus grand éclectisme présidait au choix des collaborateurs, et il serait impossible d'y saisir d'autre idér directrice qu'une liberté totale. Mais n'était-ce pas cela qui importait alors ? Affirmer son existence, ses droits, sa solidarité, au dessus et en dehors des idées personnelles, contre les gens en place, les jugements tout faits, la critique officielle. Affirmer le droit à la blague : « La consigne est de blaguer, disait Dumur ; il n'y a rien qui me fasse rigoler comme de voir pester les gens rageurs »[50]. *Lutèce* faisait connaître Verlaine en publiant ses *Poètes maudits* et en proclamant : « Il y a des destinées injustes, des talents dignes de gloire qui ne l'obtiennent pas. Verlaine, le Vivant, reste ignoré après cinq volumes de vers où il y a des chefs-d'œuvre. Le gros public l'ignore, les littérateurs l'estiment, et même ceux dont le tempérament est le plus opposé au sien sont obligés de connaître ce talent très singulier. Plusieurs parmi les jeunes le saluent comme un maître ». Bientôt, en mai 1883, *Lutèce* annonçait la mort des *Hirsutes.* « Les *Hirsutes* ont vécu ! les poètes venaient aux séances de cette société littéraire dans l'unique but de se décocher mutuellement leurs vers dans le nez, pour se débiner mutuellement, au milieu de l'âcre et épaisse fumée des pipes. Certains prétendent que les *Hirsutes* ont été tués par le public bourgeois venu dans cette cave pour voir des « artistes ». Les *Hirsutes...* avaient remplacé les *Hydropathes.* Qui va prendre la place des *Hirsutes* ? »

    Elle était déjà prise. A la fin de 1881, un journaliste à la fois peintre et poète, Rodolphe Salis, qui réunissait dans son atelier d'autres artistes en orga-

---

[49] Comme le signalait L. Trézenik dans la revue *Lutèce,* « beaucoup d'étudiants ne venaient aux séances que pour faire du potin. » (20 juillet 1883).
[50] E. RAYNAUD, *La Mêlée symboliste,* I, p. 28.

nisant force blagues, eut l'idée de tirer profit de ces réunions et de transformer son atelier en brasserie artistique. Il se paraît du titre de « gentilhomme cabaretier, avec fonction de verser à boire à tous ceux qui gagnaient artistement la soif », il décora son gîte à la façon d'un cabaret Louis XIII et fit peindre en enseigne un magnifique *Chat Noir*. Salis avait trouvé ce qui manquait encore aux *Hydropathes* et aux *Hirsutes* : un décor. Ce fut triomphal : la foule se précipita. Il fallut s'agrandir, puis déménager. Salis s'installa dans un hôtel de deux étages, gardé par un suisse en costume. Poètes, chansonniers, compositeurs défilèrent sur les tréteaux du *Chat Noir*. Un journal publiait leurs œuvres. Au *Chat Noir* régnait Rollinat, et la poésie de la terreur. Au *Chat Noir* naissaient des modes : la chanson en argot, avec Bruant ; la rosserie, avec Alphonse Allais. Au *Chat Noir*, les « bourgeois », curieux et flattés, s'introduisaient en foule, et ainsi était consacrée la collusion de la bohème et de la bourgeoisie. Un nouveau snobisme s'emparait de celle-ci : le snobisme de la révolution — la révolution en chansons, bien entendu, et en chambre. N'importe. La rupture avec un ordre établi, un bons sens sans finesse, un académisme desséché se consommait. La révolution se transportait sur la Butte : Montmartre semblait avoir vaincu la Rive gauche.

Celle-ci pourtant ne désarmait pas. Aux *Hirsuites* avaient succédé les *Décadents* et les *Zutistes,* puis les *Fumistes* et les *Jemenfoutistes,* que Goudeau regroupe à nouveau sous le nom d'*Hydropathes* qu'il avait créé. Mais l'heure est passée des cabarets littéraires. Des anciens aux nouveaux *Hydropathes,* le circuit s'est refermé. Les cabarets ont dit ce qu'ils avaient à dire, ils ont fait ce qu'ils avaient à faire : affirmer la liberté totale de la poésie et des poètes, exhiber pêle-mêle aux yeux des bourgeois paroxysme et fumisme, mysticisme et mystification, grouper les forces jeunes en vue des luttes à venir. Une nouvelle sensibilité est prête. A l'âge du cabaret va succéder celui de la petite revue. Il va falloir passer au combat.

DEUXIÈME PARTIE

LA RÉVOLUTION POÉTIQUE

Une révolution, qu'elle soit politique, sociale ou littéraire, ne s'accomplit pas en un jour. Elle suppose des forces de subversion suffisamment puissantes, et nous avons vu ces forces : idéalisme, mysticisme, pessimisme, grandir peu à peu depuis vingt ans. Elle suppose des prophètes, annonciateurs de temps nouveaux, qui se sacrifient pour une vérité qu'il faudra faire reconnaître, et nous avons rencontré sur notre route ces messagers solitaires. Mais elle suppose aussi des attaques, des attentats, des ébranlements successifs, qui préparent la chute d'un régime. A partir de 1880, nous allons voir éclater, dans l'histoire des lettres, de ces bombes qui vont peu à peu miner l'édifice du naturalisme, du réalisme et de la logique dite « positive », et créer dans la société littéraire un état d'insécurité et de malaise. Elle suppose enfin un personnel militant, des troupes d'assaut prêtes à combattre. Or c'est dans les périodes de crise que l'on trouve, unis en un même homme, le poète et le révolté. Ici les extrêmes se touchent, et le plus affectif, quand il atteint le fond de la détresse humaine, découvre en lui-même un dynamisme insoupçonné. C'est ainsi que, dans les rangs des Décadents eux-mêmes, se recruteront les premiers agents de la révolution littéraire.

Si la préparation a été longue, la Révolution éclate d'un coup. Tout ce qui couvait apparaît brusquement sous son vrai jour et prend un sens nouveau ; la guerre est déclarée au régime. Dès les premiers engagements, on devine, aux railleries mêmes des adversaires et à la virulence de leurs ripostes, l'importance des valeurs qui sont en cause. Sous ces querelles littéraires, n'est-ce pas un peu une civilisation qui joue son destin ? Pour l'instant, il s'agit au moins de gagner la première manche. Si l'on ne peut espérer venir à bout, d'un seul coup, de cette société matérialiste, il est au moins une tâche urgente : rétablir les droits de la poésie, et avec elle ceux de la vie intérieure. C'est à cela que, du jour où le combat est engagé, vont tendre tous les efforts. Mais cette conquête ne se fera pas sans résistance, et elle sera d'autant plus lente que, comme dans toutes les révolutions, les combattants ne savent pas tous pourquoi ils luttent. Il leur faudra plus de cinq ans pour se découvrir eux-mêmes et pour triompher.

Ainsi s'éclaire la distinction traditionnelle entre Décadents et Symbolistes, distinction qui, chez la plupart des historiens, reste purement extérieure. Décadence et Symbolisme sont, non pas deux écoles, comme on tend généralement à le faire croire, mais deux phases successives d'un même mouvement, deux étapes de la révolution poétique. Qu'à une certaine heure, elles se soient opposées l'une à l'autre, ceci ne relève que de la petite histoire, et nous verrons la portée véritable d'une telle opposition. Mais, considérée de plus haut, la Décadence, ou, comme on se plaisait à dire, le « Décadentisme », nous apparaît comme le moment du lyrisme, l'épanchement d'une sensibilité inquiète, à l'état de crise, le Symbolisme étant le moment intellectuel, la phase de réflexion sur ce lyrisme, à la recherche d'une unité que n'avait pas su, en France, découvrir le Romantisme, et qui permettra de définir la poésie en son essence et de poser les bases d'un régime nouveau. Il n'est rien de plus frappant que ce tournant, cette reprise de soi, cette découverte soudaine d'un équilibre. Le passage de la Décadence au Symbolisme, c'est le passage du pessimisme à l'optimisme, et en même temps la découverte de la poésie. Comment expliquer ce miracle ? Par la rencontre d'un certain nombre de forces avec l'influence d'un homme. Comme on le verra, la nouvelle « école » donnera à la sensibilité décadente et à la société plus qu'une doctrine littéraire : une métaphysique, une conception du monde. C'est seulement alors qu'à travers le Symbolisme triomphant s'ouvriront pour la poésie des perspectives nouvelles.

VI

DE LA DÉCADENCE AU SYMBOLISME

Vers 1883, sous de multiples influences, il semble qu'une nouvelle âme collective commence à prendre conscience d'elle-même. Elle hésite devant les voies qui s'ouvrent, elle rêve à tous les possibles. Elle s'écoute et elle se chante. Car le « retour au spirituel » du siècle déclinant a développé en elle un tempérament lyrique : idéalisme, mysticisme, tout la ramène aux puissances intérieures, à cette auscultation du moi où s'était déjà complue, trois quarts de siècle plus tôt, la génération romantique.

Retour au lyrisme, telle est donc la première forme que revêt cette recherche. Nouveau Romantisme, né comme lui dans les épreuves, grandi comme lui dans l'instabilité d'un monde qui se refait. Rien d'étonnant alors que nous trouvions, au fond de cette sensibilité, comme au temps de *René* ou des *Méditations,* une inquiétude latente. De même que le sensualisme au dix-huitième siècle, le positivisme de 1850 a de nouveau brouillé les pistes qui mènent à la métaphysique. Un déséquilibre est né de la dictature scientiste ; une fois de plus, on part à la recherche des sources perdues.

Mais cette quête nouvelle est lourde d'un siècle de méditation, d'analyse et d'effort critique. Elle a perdu la fraîcheur des sentiments et l'ardeur de la découverte. En 1885 on a, beaucoup plus encore qu'en 1820 ou en 1780, l'impression de « venir trop tard dans un monde trop vieux ». On se sent « fin de siècle », avec tout ce qu'un tel sentiment comporte de lassitude. Déclin d'un effort voué, semble-t-il, à l'échec, déclin d'une civilisation qui s'exacerbe dans les luttes partisanes, politiques ou sociales, déclin d'une littérature qui ne connaît plus les grands enthousiasmes ni les grandes passions : de ce sentiment naît le thème de la décadence, que va cultiver tout d'abord la jeune génération : ce nouveau mal du siècle, nous pourrons le nommer à bon droit le « mal de fin de siècle ».

LA JEUNE BELGIQUE

Il est pourtant un endroit où la littérature est encore toute neuve, où les jeunes générations sont pleines de passion, où l'avenir se montre chargé de promesses. Pays de langue française, mais né d'hier, la Belgique devait tôt ou tard voir se constituer chez elle une littérature. Or, à l'entour de 1880, le noyau de l'activité des lettres françaises se dédouble. Pour des raisons qu'on verra plus loin, au moment où une nouvelle sensibilité se forme en France, l'âme belge naît à elle-même. Il y a là comme un double enfantement, qui donne le jour, à peu près au même moment — à peine plus tard en France — à deux mouvements véritablement jumeaux ayant pour père commun Baudelaire. Disons pourtant qu'ils ne sont que demi-frères, et qu'une France fatiguée d'une part, une Belgique dans toute sa jeunesse de l'autre, donnent à chacun d'eux son caractère particulier.

C'est avec Edmond Picard et Camille Lemonnier que naît le souffle de la littérature belge. Orateur et homme d'action, Picard, pendant cinquante ans, s'est dépensé sans compter pour éveiller dans son pays le sentiment national : essayiste, conférencier, journaliste, dramaturge — en même temps qu'avocat —, il est le véritable « manager » de cette révolution spirituelle, et Mallarmé pourra lui écrire plus tard : « J'ai tant de fois répété à mon ami Henri de Régnier que la Belgique, c'était vous d'abord ! »[1] Camille Lemonnier, de son côté, tempérament fougueux où « bouillonne une force de vie » et qui, nous dit-il lui-même, a « vécu dans le sang de [ses] premiers livres... véhéments, passionnés, orageux et rudes comme les êtres et le sol qui déterminèrent les mouvements de [sa] vie »[2], s'est constitué en quelque sorte le commis-voyageur des lettres entre Paris et la Belgique. C'est par lui que, pendant les années cruciales, vont se déverser successivement toutes les modes littéraires de la France : réaliste avec les *Contes flamands et wallons,* baudelairienne dans *les Charniers, le Mort, un Mâle,* psychologue dans *Ni Chair ni Poisson* et dans *l'Hystérique,* sa prose incarne cet appétit vorace de tout savoir, de tout éprouver, de tout peindre dont témoignent les jeunes Belges d'alors.

On n'a pas noté en effet que, brûlant les étapes, la littérature belge parcourut en moins de dix ans l'itinéraire entier du dix-neuvième siècle français : romantisme, pittoresque, réalisme, baudelairisme, verlainisme, toutes ces tendances se pressent, se bousculent, se confondent presque sans ordre dans cette littérature avide, débordante de jeunesse et de vie. Les modes françaises, introduites par Lemonnier, sont en partie responsables de cette confusion au moins apparente : la riche complexité du tempérament belge a fait le reste. D'où le rythme précipité qui donne à cette littérature son caractère particulier. On ne peut donc prétendre distinguer des phases véritables dans une telle éclosion : plus encore que les dates, ce sont les natures poétiques qui permettront d'y mettre un peu d'ordre.

---

[1] Lettre inédite de Mallarmé à E. Picard du 13 octobre 1890 (Collection H. MONDOR).
[2] C. LEMONNIER, *Les deux Consciences,* 1900.

On trouve déjà réunies ces natures poétiques, entre 1870 et 1880, au Collège Sainte-Barbe de Gand, un des meilleurs de Belgique, et qui est alors la véritable « pépinière de la jeune littérature belge »[3] : ce sont d'abord les condisciples Rodenbach et Verhaeren, qui, ébranlant les vieilles pierres du collège, « se fouettent d'enthousiasme » pour les *Méditations,* les *Feuilles d'Automne* et les *Nuits,* se grisent de paroles exclamatives, fondent l' « Académie du Dimanche » et lisent « de longues dissertations sur la poésie et les poètes modernes »[4] ; puis Maeterlinck, Van Lerberghe et Grégoire Le Roy, de six ou sept ans plus jeunes. Le mélancolique et mystique Rodenbach devait, dès 1876, quitter Gand pour Paris, où nous le retrouverons, poète des *Tristesses,* à l'origine du mouvement décadent. Verhaeren au contraire, Flamand actif et sensuel, sitôt sorti des mains des Jésuites, se mêle à la vie turbulente des étudiants de Louvain.

A Louvain, dans le cadre de ses monuments pittoresques, du clocher ajouré de Sainte-Gertrude et de la paix de son ancien béguinage, dans les « fraîches allées » de ses jardins, « dédiées aux lectures et aux réflexions »[5], à l'ombre de l'université, s'agite vers 1875 un monde de plus d'un millier d'étudiants. Contraste encore entre le calme de la vieille cité et cette vie « follement joyeuse », adonnée aux kermesses, aux beuveries, « méditant un arrachement de sonnettes, un enlèvement d'enseignes, un peinturlurage homérique », mais passionnée aussi de littérature. Deux associations rivalisent d'activité : la *Société littéraire* et l'*Émulation,* germes d'un renouveau. En effet, en 1879, Verhaeren fonde, avec Gilkin, Deman et quelques autres camarades, la *Semaine des Étudiants,* dont les goûts sont encore bien éclectiques, mais qui est unanime du moins dans sa haine du bourgeois de Louvain, du « peeterman », comme ils disent, « aux regards chargés d'éclairs », et qui « déclare une guerre violente à la pourriture du monde moderne ». Un an plus tard, Max Waller lance un journal concurrent, *le Type.* Rivalité, polémique, bagarres : l'université interdit l'un et l'autre. N'importe : l'impulsion est donnée, Louvain a insufflé la passion de l'art et de la vie à toute une jeunesse, qui est maintenant prête au combat.

C'est alors qu'un mouvement plus ample se constitue à Bruxelles, autour de Lemonnier et de Picard. Peinture et littérature à la fois : les premiers salons impressionnistes naissent avec les premières revues. L'attaque est soudaine. Presque en même temps — en 1881 — Picard fonde l'*Art Moderne,* et Max Waller *la Jeune Belgique* : tout un programme. On songe, comme l'indique si justement Edmond Estève, *aux Jeune France* de 1830 :

---

3 E. ESTÈVE, *Émile Verhaeren,* p. 5.
4 E. VERHAEREN, *Georges Rodenbach, Revue Encyclopédique,* 28 janvier 1899.
5 Verhaeren, préface à *Louvain, ville martyre* d'Albert Fuglister. Cité dans ESTÈVE, *L'hérédité romantique dans la littérature contemporaine,* 1919, p. 9.

même goût du pittoresque, de la couleur ; même collusion du poète et du « bousingot » ; même désir d'« épater le bourgeois » ; même « vie brutale et magnifique », tapageuse et, au moins en apparence, révolutionnaire. Si son directeur, Max Waller, s'apparente à Laforgue par sa mélancolie mêlée d'ironie[6] ; la *Jeune Belgique* accueille tous les tempéraments et toutes les influences. Il en est une qui domine, pourtant, au début : celle du réalisme et du Parnasse, en particulier de Théophile Gautier. La poésie belge, même aux plus beaux jours du Symbolisme, restera d'ailleurs avant tout plastique et picturale[7].

Poésie de la vie extérieure d'abord. On peut vraiment dater la naissance de la poésie belge du jour où Verhaeren, sous une pluie battante, est venu présenter à Lemonnier le manuscrit des *Flamandes*[8]. Ces poèmes barbares, où est évoqué, dans « le décor monstrueux des grasses kermesses »,

... un déchaînement d'instincts et d'appétits,
De fureurs d'estomacs, de ventre et de débauche[9],

où la nostalgie rêveuse des canaux de Bruges fait place à l'exubérance truculente des « maîtres gourmands », ces répliques de Jordaens et de Téniers eurent en Belgique un grand retentissement. Verhaeren, avec son tempérament véhément, presque sauvage, s'improvisait le porte-voix de toute sa génération. Profession de foi en la vie, affirmation d'une race qui se découvre, dans toute l'impudeur et la vitalité de ses vingt ans, l'œuvre provoque le scandale. Dans l'*Europe*, Lemonnier plaide magnifiquement sa cause. Un an plus tard paraissent les *Kermesses* de Georges Eckhoud, qui montreront que l'audace a porté ses fruits.

Mais déjà, à travers cette vitalité qui semble si robuste, se décèle une inquiétude. D'autres, plus intuitifs, plus affectifs, commencent à écouter leur cœur. Albert Giraud, transformant l'esthétique parnassienne en esthétisme, annonce le raffinement décadent ; il chante *Pierrot lunaire,* unissant, comme le fait Laforgue au même moment — rencontre significative — le thème de la lune et le mythe de Pierrot.

---

[6] Témoins ces vers :
>Et crevât-on phtisique et blême
>Avec des recors à la clé,
>Le violon que l'on a raclé
>Laisse des notes en nous-même.

(*C'est ainsi*, extrait de *La Flûte à Siebel*. Cf. L. Dumont-Wilden, *Anthologie des écrivains belges,* p. 137).

[7] Van Lerberghe dira plus tard : « Tous mes poèmes, comme l'ont dit Maeterlinck et d'autres, sont des tableaux. Ma *Chanson d'Ève* est peinte autant que chantée. » Lettre parue dans *La Roulotte.* Cf. Heumann, *Le Mouvement littéraire belge d'expression française,* p. 139 : « Chez les Symbolistes belges, l'objet est plus décrit que chanté. »

[8] Cf. St. Zweig, *Émile Verhaeren,* p. 49.

[9] *Les Flamandes : Les Vieux Maîtres.*

Alors, sous l'influence de Lemonnier, déferle sur la Belgique une vague de baudelairisme. Les plus touchés sont deux jeunes poètes, Iwan Gilkin et Théodore Hannon. Le second malheureusement « sacrifiera sa pensée au journalisme et aux revues ». Gilkin au contraire, pendant de longues années, subit une crise profonde de pessimisme. Satanisme, luxure et péchés malsains de la *Capitale,* sadisme du bourreau de soi-même qui « enfonce en criant le scalpel dans son cœur »[10], *Amour d'Hôpital,* tous les thèmes baudelairiens se pressent et se combinent dans ces poèmes de *la Nuit,* où l'imitation touche parfois au plagiat[11], quand ce n'est pas à la parodie — du moins pourrait-on le croire :

                Quelqu'un a dévissé le sommet de ma tête...

Mais le titre que Gilkin prévoyait d'abord pour son recueil, *La Fin du monde,* nous révèle, par delà cette influence, un tourment philosophique ; Gilkin, qui voit le Mal « fascinant les âmes... les broyant et les brûlant comme un serpent de feu », croit à la décadence de la civilisation latine, donnant ainsi dans la *Jeune Belgique* la première note vraiment décadente de la poésie belge.

    Cependant naissent d'autres revues : en 1884, c'est la *Société Nouvelle,* dirigée par Ricard et Lemonnier, qu'entourent Verhaeren, Eckhoud, et un nouveau groupe de jeunes : Maeterlinck et Van Lerberghe ; c'est aussi *l'Élan littéraire,* fondé à Liège par un jeune de dix-huit ans, Albert Mockel, et qui deviendra en 1886, sous le nom de *La Wallonie,* une des revues les plus importantes du Symbolisme. Peu à peu, la littérature belge se transforme. La crise pénètre partout. Verhaeren, qui s'est tourné vers la description du mysticisme dans *les Moines,* rejoignant maintenant Gilkin, entre en 1883 dans cette période d'angoisse et de pessimisme d'où naîtront les cris déchirants de la *Trilogie,* Maeterlinck médite déjà les *Serres chaudes.*

    Mais ni le réalisme, ni le baudelairisme, ni le pessimisme ne pouvaient suffire par eux-mêmes à donner à la littérature belge la personnalité qu'elle cherchait encore. Jeune et ardente, elle avait donné le signal de la révolution. A la fois lyrique et visuelle, elle avait su redécouvrir les sources de la poésie. Mais elle ne pouvait trouver en elle-même la puissance de réflexion et de critique qui lui aurait permis d'unir ces tendances en une doctrine cohérente. Cette doctrine, deux des jeunes condisciples de Verhaeren au Collège de Gand, Maurice Maeterlinck et Grégoire Le Roy, âgés de vingt-quatre ans, restés unis à l'Université comme ils l'étaient au collège, et déjà tournés vers la littérature, vont venir la chercher en France. En 1886, ils arrivaient

---

10 *La Nuit : Psychologie.*
11 Par exemple dans ces vers d'*Anatomie* :
                L'Avarice, le Vol, la Ruse et la Luxure,
                Sous le faux vernis des civilisations,
                Trahissent lâchement notre ignoble nature...

à Paris à l'heure même où, la révolution littéraire s'étant déclarée, le Symbolisme livrait ses premières batailles.

Névrosés et décadents

Cette révolution qui sembla éclater si brusquement avait été préparée en réalité, entre 1880 et 1885, par une série de véritables attentats littéraires. On a vu plus haut l'atmosphère d'agitation qui fut, pendant cette période, celle des cabarets et des premières revues. Au sentiment de révolte se mêlait, comme au temps du Romantisme, mais de façon plus maladive, une tristesse nouvelle, un malaise né du sentiment d'un monde qui se meurt.

Aussi n'en reste-t-on pas longtemps à la douce mélancolie, à la rêverie alanguie des *Tristesses* de Rodenbach. Celui qui s'affirmera plus tard comme le poète du silence, des brumes et de la Flandre à demi-morte — un de ceux que Mallarmé appellera « nos douloureux camarades » —, apporte du moins dans ses poèmes de 1879, comme le dira Verhaeren, « un encens pris aux cérémonies d'un mysticisme nouveau, que ne connurent ni Baudelaire, ni Verlaine... mysticisme de confessionnal »[12]. Ce que Paris retient de lui pour l'instant, c'est la révélation d'un pittoresque mélancolique, celui des carillons et des béguinages. Et Théodore de Banville pense sans doute à Rodenbach lorsque l'année suivante, dans sa préface au *Jardin des Rêves* de Laurent Tailhade, il définit ses jeunes confrères en poésie : « une génération qui chante et qui pleure ».

Pourtant, les nerfs de l'époque exigent des poisons plus violents. Justement depuis quelque temps, on parle dans les « cercles littéraires » d'un personnage étrange, sorti du terroir berrichon, qui, dans le salon de Nina de Villard ou dans telle brasserie de la rue Racine, « plaquant au piano des accords sauvages, fait retentir de sa rude voix les entrailles des auditeurs en chantant la musique presque religieuse composée par lui sur des sonnets de Baudelaire »[13]. Maurice Rollinat, vers 1875, n'a encore publié qu'un obscur recueil de vers, *Dans les Brandes*. Mais, peu à peu, il va conquérir un public. Musicien, acteur et poète tout à la fois, il livre aux *Hydropathes,* puis au *Chat Noir,* un aspect de l'héritage baudelairien : le goût du paroxysme et du macabre. Il obtient ainsi, dit Goudeau, « un succès incroyable en torturant les nerfs de ses auditeurs ». Il envoûte littéralement son public, et sa voix troublante, son geste démoniaque conquièrent successivement Massenet, Gounod, Barbey d'Aurevilly, et Victor Hugo lui-même[14]. Aussi, quand paraissent les

---

[12] Cité dans Van Bever et P. Leautaud, *Poètes d'aujourd'hui,* t. III, p. 105. — Cf. C. Mauclair, *L'Art en Silence,* p. 119.
[13] E. Goudeau, *Dix Ans de bohème.*
[14] A. de Bersaucourt, *Au temps des Parnassiens,* p. 93.

Névroses, en 1883, préparées par un article dithyrambique de Barbey dans *le Constitutionnel* et par un autre article dans *le Figaro* où Albert Wolf le nomme « le plus complet fascinateur que j'aie rencontré dans ma vie », l'enthousiasme est-il indescriptible[15]. Aussitôt, Rollinat devient l'homme du jour. « On se l'arrache », dit Francisque Sarcey. Et Barbey d'Aurevilly : « Rollinat jette à l'ombre les poètes actuels ». Héritier, par Baudelaire, de Poë dont il a retenu ce « frisson de sorcier qui vous envoûte »[16], il chante la peur et la mort, et conquiert un public névrosé par des poèmes peuplés des plus effroyables cauchemars et « de toutes les hallucinations de l'épouvante ». Dans le salon de Sarah Bernhardt, qui l'a lancé en le présentant comme « une des curiosités de Paris à l'heure présente », un témoin nous le montre clamant à toute volée d'une voix qui semble celle de la démence :

>La tarentule du Chaos
>Guette la raison qu'elle amorce...

Alors « un cauchemar d'horreur et de beauté pèse sur toutes les poitrines. Les visages sont pâles, les traits crispés », et, quand Rollinat a terminé, « tout le monde est debout entourant ce miraculeux et surnaturel évocateur qui, pendant deux heures, nous a tenus haletants dans toutes les angoisses du mystère. On l'acclame, on le presse. Sarah Bernhardt l'embrasse. Ses amis l'étreignent »[17]. Une telle popularité ne devait pas tarder à lui susciter des adversaires et des critiques. Déjà Monselet voit dans son œuvre « un souffle de mystification ». Elémir Bourges en dénonce les procédés dans un article qu'il intitule : *L'Art de faire des vers macabres*. Bientôt on n'a plus qu'un mot à la

---

15 On lisait notamment dans l'article de Barbey d'Aurevilly, intitulé *Un Poète à l'horizon* : « L'auteur de ces poésies a inventé pour elles une musique qui fait ouvrir des ailes de feu à ses vers et qui enlève fougueusement, comme un hippogriffe, ses auditeurs fanatisés. Il est musicien comme il est poète, et ce n'est pas tout, il est acteur comme il est musicien. Il joue ses vers, il les dit et il les articule aussi bien qu'il les chante. Et même est-ce *bien* qu'il faut dire ; ne serait-ce pas plutôt *étrangement* ? Mais l'étrange n'a-t-il pas aussi sa beauté ? » Cf. sur toute cette question l'étude d'Émile Vinchon, très sérieusement documentée : *La Vie de Maurice Rollinat* (Issoudun, Laboureur, s.d.), en part. pp. 118 sq. Voir notamment la lettre de Rollinat à sa mère, citée page 130 : « Jamais peut-être depuis vingt-cinq ans aucun livre n'a été plus impatiemment attendu : libraires et lecteurs dilettantes écrivent tous les jours à Charpentier pour presser l'édition... » Ce succès triomphal rappelle celui des *Méditations* en 1820.

16 *Les Névroses : Les Frissons*. Rollinat appelle Edgar Poe « le strident quintessencié ». — Cf. pour l'influence de Poe sur Rollinat les pages précieuses de Léon Lemonnier, *Edgar Poe et les poètes français*, pp. 108-115.

17 G. Guiches, *Au banquet de la vie*. L'auteur y a tracé de Rollinat au Chat Noir un portrait inoubliable : « La portière s'est soulevée, et c'est un fantôme qui entre. Le spectre de la névrose... C'est un extraordinaire masque de puissance, d'angoisse et d'amère ironie. » Cité dans E. Vinchon, op. cit., p. 74.

bouche : « C'est un cabotin ! » Et, moins d'un an plus tard, sa gloire était passée comme elle était venue, ne laissant derrière elle que le souvenir d'une étrange hallucination.

Et pourtant, Rollinat était sincère. Jeune, il avait senti dans les brandes berrichonnes, sauvages et brumeuses, « l'intensité de la peur, l'horrible peur » que le poète adore parce qu'« il y éprouve le vertige de l'épouvante ». Il en avait chanté, non seulement les habitants familiers, bêtes et gens, mais le « paysage monotone »[18], où le poète devient le confident des choses mortes, où tout est « fantastique » : les saules, les ajoncs de la mare aux grenouilles, le donjon sépulcral et sa « ruine maudite », la nuit ensorcelante. A son tour, il avait retrouvé les voix secrètes de la nature, le sens du mystère et du « fantastique »[19]. Il en est revenu hanté par les marais ténébreux, les rafales nocturnes, poursuivi par le « chien noir » de l'inquiétude. Et de ces brandes natales il a gardé toute sa vie, dit Haraucourt, « promeneur d'enfer réchappé du Dante ou des Ténèbres... l'angoisse d'une hantise »[20]. Son cabotinage, sa façon de se promener, la nuit, enveloppé dans un linceul et de boire dans un crâne relèvent de la légende. N'en disait-on pas autant, en 1830, de certains illuminés ? En réalité, ceux qui l'ont connu le plus intimement, Gustave Geffroy, Haraucourt, Judith Cladel, s'accordent à voir en lui un poète naïf et torturé, un rêveur angoissé, jouet d'une force surnaturelle, démon de l'inquiétude métaphysique « dont il était la proie perpétuelle » et qui lui faisait éprouver « les épouvantes d'un mystérieux au-delà ». Dans *les Névroses*, le paysage de brandes se charge d'une horreur satanique. Baudelaire est là, derrière chacune de ces pages tourmentées : ce gouffre qui guette le Poète, « pèlerin hanté par la nature », cette pluie qui « tombe du ciel funèbre et noir comme un caveau », l'ombre de Satan sans cesse présente, et ce crâne du Poète, tour à tour « cachot plein d'horribles bouffées » et « fourneau d'où la flamme déborde », et jusqu'à la structure même du livre — *les Âmes, les Luxures, les Refuges, les Spectres, les Ténèbres, De Profundis*, où l'on peut lire le drame spirituel du poète —, tout rappelle dans *les Névroses* la détresse baudelairienne, parfois plagiée, toujours sincère. Voilà ce qu'ap-

---

[18] *Dans les Brandes : Les Gardeuses de boucs*, p. 36.
[19] *Ibid.*, p. 19 :
    ... Et rend les saules chevelus
    Si fantastiques.
    La mare aux ajoncs fantastiques...
    Le donjon sépulcral...
    Sort fantastiquement de l'amas des ruines
    Que hantent le corbeau, l'orfraie et le hibou.
Cf. aussi XXVI, *La Ruine maudite* ; XXII, *La Nuit fantastique*. Et *La Confiance,* p. 68 :
    Alors je comprenais le mystère des choses.
[20] E. HARAUCOURT, préface de *La Peur*.

porta le recueil de 1883 : Rollinat, pourvu de tous les charmes ensorceleurs de la diction et de la musique, a révélé Baudelaire à un public qui l'ignorait souvent[21]. A ces habitués des salons de la république naissante ou des cabarets snobs, qui s'étourdissaient de leur tapage et vivaient dans un monde de sensualité capiteuse, il a, brutalement, impitoyablement, à la suite de son maître, communiqué « le frisson de l'infini »[22].

*
* *

Verlaine, à cette époque, va attirer l'attention sur lui en publiant dans *Paris-Moderne*, qu'édite Léon Vanier, deux pièces : *Pierrot* et *Art Poétique*. Le jeune Charles Morice, âgé de vingt-deux ans, en attendant de devenir un de ses plus fervents prosélytes, ne lui ménage pas les railleries dans la *Nouvelle Rive Gauche,* Celui qui sept ans plus tard écrira la charte de la nouvelle littérature espère en 1882 que « Verlaine n'aura pas de disciple et que cette poésie n'est pas celle de l'avenir ». Être inintelligibles au commun peuple, manquer de clarté, non seulement dans la réalisation, mais dans la doctrine : voilà « où en sont les novateurs à outrance, ce qu'ils peuvent faire de l'art et quelle est leur audace ».

A ces attaques, Verlaine répond par une déclaration où, tout en maintenant le droit qu'il a de rêver si ça lui plaît, de pleurer quand il en a envie, de chanter lorsque l'idée lui en prend, il se défend d'être un révolutionnaire et proteste de son admiration pour Musset, Hugo et Henri Heine[23]. C'est la première de ses palinodies : déjà Verlaine se dérobe devant ses responsabilités. Pourtant, moins de deux mois plus tard, la même revue rend hommage à ce révolutionnaire malgré lui, que « le gros public ignore ». Elle le range dans « la grande famille de Baudelaire, de Corbière, de ceux qui, à force d'art, parviennent à se mettre au-dessus de toutes les règles ». Verlaine n'a-t-il pas traduit les harmonies presque intraduisibles de la nature ? Si ce n'est pas encore la révolution, c'est déjà « la rénovation de la poésie »[24].

---

[21] Brunetière, dans un article virulent, ne traitera-t-il pas encore Baudelaire en 1887 de « menteur vaniteux », d'« illustre mystificateur », de « Belzébuth de table d'hôte » ? (*Revue des Deux Mondes,* 1er juin 1887, p. 697, à propos de l'ouvrage de Crépet paru en 1886).

[22] Il est assez étonnant qu'aucun des historiens du Symbolisme n'ait marqué l'importance de Rollinat dans cette période pré-révolutionnaire. Barre se contente de le citer parmi les hôtes des Hydropathes et du Chat Noir, Lalou l'exécute en quelques lignes, les autres (Martino, Schmidt, etc.) l'ignorent.

[23] *La Nouvelle Rive Gauche* du 15 décembre 1882 publie cette « spirituelle réponse du charmant auteur des *Fêtes Galantes* ».

[24] *Les Vivants et les Morts : Paul Verlaine,* par Jean Mario. Dans *la Nouvelle Rive Gauche* du 9 février 1883.

Alors se forme autour de Verlaine le premier noyau d'admirateurs. Le beau palikare dandy, Papadiamantopoulos, vient de se fixer à Paris; Il a vingt-six ans, n'a encore rien publié en France[25], mais a de grandes ambitions littéraires. Ne s'est-il pas juré, à dix ans, de devenir un grand poète français ? Il rencontre Verlaine dans quelque café, lui voue aussitôt une admiration enflammée, et, clamant la louange de son nouvel ami dans les cabarets de la rive gauche, se fait « l'hiérophante du culte verlainien ». Plus tard, il se vantera auprès de Verlaine, non sans quelque vanité, d'avoir été le premier à le découvrir[26].

Depuis plus d'un an, Papadiamantopoulos, sous le nom de Jean Moréas, publie dans *Lutèce* et dans le *Chat Noir* des vers abondants et colorés. Mais l'influence de Verlaine ne tarde pas à imprégner cette poésie tout extérieure d'une musique plus fluide. Et c'est ainsi que naît son premier recueil publié en France. Les *Syrtes*, qui paraissent chez Vanier en 1884, reflètent la sentimentalité de l'époque. La personnalité de Moréas, encore mal définie — le sera-t-elle vraiment avant les *Stances* ? — subit toutes les influences et toutes les modes.

Avec les *Syrtes*, le futur Symbolisme apparaît nettement comme ayant d'abord été le retour d'âge du Romantisme. S'il reste à Moréas, de ses études faites en Rhénanie, un goût prononcé pour le moyen-âge, une nostalgie des « tournois de preux » et des « cors mélancoliques »[27], il s'y mêle un baudelairisme conventionnel : les vieux Remords, le Désir qu'on triture. La chanson verlainienne lui inspire des accents plus sincères : dans ces *Remembrances* qui rappellent les *Ariettes oubliées* et où le poète se souvient des défuntes années et des rêves anciens et chante les bonheurs enfuis :

> C'est le Passé, c'est le Passé
> Qui pleure la tendresse morte... ;

Mais surtout voici le mot-clé, le mot qui nous permet de déceler, pas à pas, l'évolution de cette sensibilité nouvelle :

> Mon âme est un manoir hanté par les corbeaux...

---

[25] En France, car il a publié à Athènes, en 1878, un volume de vers mi-grec mi-français : *Tourterelles et Vipères*. Cf. R. GEORGIN, *Jean Moréas,* p. 14. Il n'est donc pas exact de dire, comme le fait Fr. PORCHÉ (op. cit., p. 323) que le recueil des *Syrtes* est son premier volume de vers.

[26] Cf. le texte cité par PORCHÉ (op. cit., p. 325) : « Du café d'Harcourt à la brasserie du Furet, hors de Gaston Sénéchal, ravi depuis au ciel des sous-préfectures, et de moi, nul parmi les jeunes rimeurs ne s'enquérait mie du poète saturnien. » Ajoutons que, bientôt après, Charles Morice, regrettant déjà son article, viendra souvent retrouver les deux amis dans le petit logis de Verlaine, rue de la Roquette.

[27] *Les Syrtes : Tes mains, Conte d'Amour.*

Déjà les *Syrtes,* après les *Romances sans paroles,* sont un poème de l'âme. Avec leurs automnes, leurs crépuscules, leurs « désirs couchants », et ces vents mauvais empruntés à Verlaine, elles sont en substance le poème du déclin, le premier poème de la décadence.

La décadence : voilà quelque temps qu'on en parle déjà. L'idée est dans l'air depuis que Théophile Gautier, après Baudelaire, et préfaçant en 1869 la nouvelle édition des *Fleurs du Mal,* a chanté la beauté chatoyante du style particulière aux époques de décadence. Le mot a été ramassé par des journalistes. Depuis, Verlaine l'a repris dans son *Sonnet de Bérénice* en chantant

L'Empire à la fin de la décadence.

Peu à peu, on va voir cette idée prendre consistance, vivre d'une vie propre, attirer à elle des courants multiples. Un homme, dans le monde des lettres, l'incarne déjà : le comte Robert de Montesquiou-Fézensac, descendant du maréchal de Montluc, de d'Artagnan, et de quelques autres. Il passe alors pour un chercheur de sensations rares. On connaît, dans les cercles d'écrivains et d'artistes, ses fantaisies de raffiné. Il y a plusieurs années, n'envoyait-il pas, au jeune fils malade de Mallarmé, un oiseau des îles, dans une cage japonaise ? Depuis, Mallarmé s'amuse de ses vestons bleu clair ou vert amande, selon la couleur du temps ou de son âme, de cette tortue incrustée de pierres précieuses, de ces locaux singuliers aux murs vêtus de cuir. « Il y avait en lui, dira Henri de Régnier, du dandy et du roué, de l'excentrique et du mystificateur, du raffiné et du dilettante »[28]. Il affectionne particulièrement le Bas-Empire, la civilisation byzantine, tout ce qui respire un parfum de décadence.

Bientôt, l'idée, se développant, va s'incarner, non plus dans un individu, mais dans un groupe : les *Hydropathes,* en mourant, donnent le jour aux *Décadents* ; ceux-ci, réunissant le mot et l'idée, leur confèrent pour la première fois une existence véritable.

Pour l'instant, à travers la mode décadente, on ne distingue pas l'ombre d'une doctrine. A un enquêteur qui lui demande de définir la poésie, Moréas répond par douze points d'interrogation. Pourtant, avec son inquiétude métaphysique, son raffinement et sa mélancolie morbide, la poésie de 1883 porte déjà en elle des forces de subversion. La révolution littéraire est proche.

LA RÉVÉLATION DES « POÈTES MAUDITS »

A la fin de 1883, *Lutèce,* qui, au dire de René Ghil, « précise un premier groupement d'admiration autour de Verlaine », publie les *Poètes Maudits.* Trois études : Tristan Corbière, Arthur Rimbaud, Stéphane Mallarmé[29],

---

[28] H. DE RÉGNIER, *L'Information,* 29 décembre 1921, dans MONDOR, op. cit., p. 434.
[29] Ce n'est qu'en 1888, lors de la seconde édition, que Marceline Desbordes-Valmore, Villiers de l'Isle-Adam et « Pauvre Lelian » viendront s'ajouter aux trois premiers.

qui paraissent en volume chez Vanier au mois d'avril 1884, et dont l'influence, s'il faut en croire Laurent Tailhade, « épanouie en traînée de poudre, éclata comme un feu d'artifice et, du soir au matin, métamorphosa la chose littéraire ». Le nom de *maudits* est agressif. Le ton de l'*Avant-Propos,* qui explique le titre, ne l'est pas moins :

> « C'est *Poète Absolus* qu'il fallait dire, pour rester dans le calme, mais, outre que le calme n'est guère de mise en ce temps-ci, notre titre a cela pour lui qu'il répond juste à notre haine et, nous en sommes sûrs, à celle des survivants d'entre les Tout-Puissants en question, pour le vulgaire des lecteurs d'élite, une rude phalange qui nous le rend bien. »

Corbière, Rimbaud, Mallarmé : n'est-ce pas là trois poètes que la civilisation récuse, repousse avec horreur, comme des ferments de dissolution ; poètes « sataniques » que s'en prennent à l'ordre établi, à l'honnête quiétude d'une époque où l'on feint d'ignorer ou de mépriser ce qu'on ne saurait comprendre ?

En Corbière, ce « turbulent ami », Verlaine admire d'abord le Parisien, « le Dédaigneux et le Railleur de tout et de tous, y compris lui-même », parisien, « mais sans le sale esprit mesquin : des hoquets, un vomissement, l'ironie féroce et pimpante, de la bile et de la fièvre s'exaspèrent en génie » ; celui qui se dit « le fou de Pampelune » et qui est soudain saisi d'un frisson angoissé :

> J'entends comme un bruit de crécelle...
> C'est la male heure qui m'appelle...

Mais il admire surtout en lui le « Breton bretonnant », faux sceptique effrayant, croyant en diable, et amoureux furieux de la mer, le poète, non des noyés, mais des « sombrés », de ceux qui « vont aux requins » et dont l'âme « respire à chaque flot » ; Corbière, le premier révolté, dont la langue forte, « simple en sa brutalité », détruit tous les poncifs, et qui, du haut de son mysticisme sauvage, nargue la civilisation.

Puis voici Rimbaud, le Fils du Soleil, dont le souvenir hante encore les nuits de Verlaine et dont il retrace aujourd'hui, devant des profanes ébahis, la fulgurante carrière : d'abord le poète des *Assis,* où peuvent se reconnaître s'ils le veulent « nos pittoresques, mais étroits et plus qu'étroits, étriqués Naturalistes de 1883 » ; puis le poète des *Effarés* et des *Chercheuses de Poux,* à propos duquel, singulier rapprochement, son ancien ami évoque Lamartine, Racine, et même Virgile ! — enfin le poète de la « Force splendide », celui de *Bateau Ivre,* de *Paris se repeuple* et des *Veilleurs,* « d'un tel accent de sublime désolation ». Ainsi Verlaine révèle-t-il de Rimbaud, aux lecteurs de 1883, Décadents et autres, les vers les plus audacieux et les plus révolutionnaires. Il ne fait qu'évoquer la *Saison en Enfer,* qui, selon lui, « sombra corps et biens », et les *Illuminations,* « à tout jamais perdues », croit-il, et que *la Vogue* publiera trois ans plus tard. Mais déjà cette société bourgeoise est réveillée de sa torpeur. L'image des *Assis,* genoux aux dents, va maintenant la poursuivre. Hantés par les Péninsules démarrées et les archipels sidéraux de *Bateau Ivre,* certains connaissent aujourd'hui, grâce à Verlaine, un « homme libre ». Bientôt les plus hardis des nouveaux révoltés vont pouvoir dire avec Rimbaud :

> Elle est retrouvée !
> Quoi ? L'éternité.

De Mallarmé enfin, qu'il admire sans probablement le bien comprendre, Verlaine, après avoir cité *Placet* et *le Guignon,* livre plusieurs inédits : *Apparition, Sainte,* rappelle le *Don du Poème,* et termine par les deux poèmes cosmiques, *Cette Nuit* et le *Tombeau d'Egdar Poe,* qu'il lui paraît faible « de n'honorer que d'une sorte d'horreur panique »[30]. Cet article sur Mallarmé, poète sincère qui « se voit, se sent, se sait *maudit* par le régime de chaque intérêt », est surtout pour Verlaine une occasion de plus de stigmatiser, parmi les plus influents, « les sots » qui traitèrent l'homme de fou, et d'attaquer ces revues graves où il devint à la mode de rire du « pur poète ». Verlaine ne semble pas soupçonner, malgré le sous-titre donné dans l'Avant-Propos, cet Absolu que poursuit Mallarmé depuis près de vingt ans. Du moins termine-t-il en évoquant ces « sommets » de la pensée et de la poésie devant lesquels s'arrête tout éloge.

Grâce à Verlaine, les Poètes Maudits se trouvent ainsi unis dans une même révolte, non seulement contre l'étroit naturalisme du jour, mais contre la gravité des sots, contre le règne despotique de l'éloquence et de la logique. Poètes Maudits, Poètes Absolus : hommes libres. Voilà de quoi ébranler une société chancelante.

*
* *

Mais la publication en plaquette des trois articles de Verlaine n'a pas encore eu le temps de dépasser le cadre étroit des lecteurs de *Lutèce* et des agités du *Chat Noir* qu'éclate une nouvelle bombe : *A Rebours* de J.-K. Huysmans[31]. Si les *Poètes Maudits* s'ordonnaient autour du thème de la révolte,

---

[30] Le texte de ces poèmes, dans *Lutèce,* comportait de nombreuses mutilations. Mallarmé s'en plaignit à Verlaine. Cf. MONDOR, op. cit., p. 426. — *Cette Nuit* est le premier titre du sonnet : « *Quand l'ombre menaça...* »
[31] L'ouvrage de H. MONDOR a, de façon définitive et par un examen scrupuleux des dates et des témoignages, remis à leur place et dans leur lumière véritable ces deux œuvres capitales du pré-symbolisme. Il est inutile d'indiquer ce que lui doit cet exposé. Il ne restait plus qu'à les replacer dans la perspective symboliste, c'est-à-dire à marquer l'apport de chacune d'elles dans la préparation de cette révolution spirituelle.

A Rebours, avec une abondante complaisance, va développer le thème de la décadence. Tempérament sensuel — d'une sensualité fort intellectuelle d'ailleurs — Huysmans qui, on le sait, avait débuté par des romans naturalistes, commençait à trouver, en 1884, que la naturalisme « était condamné à se rabâcher, en piétinant sur place »[32]. Que restait-il à peindre en effet ? On ne pourrait refaire l'*Éducation sentimentale* ; la vertu, étant une exception, était écartée du plan naturaliste ; quant aux sept péchés capitaux, ils avaient été « terriblement vendangés ». Il fallait sortir de cette impasse, de ce « cul-de-sac où l'on suffoquait ». Alors se dessina dans l'esprit de Huysmans, sans idée préconçue, nous affirme-t-il, la silhouette de des Esseintes.

Des Esseintes représente une étape capitale dans l'évolution de Huysmans, le moment où, à travers sa sensualité raffinée, qui lui a déjà dicté les subtiles analyses des *Croquis parisiens,* perce une tendance au mysticisme. Pour l'instant, il est encore dans une phase de malaise et de déséquilibre. Philosophiquement, il partage le pessimisme de Schopenhauer ; il aime ses idées sur l'horreur de la vie, sur la bêtise du monde, sur l'inclémence de la destinée. Il se croit bien loin de la religion, il n'est pas encore tenté par le « besoin de conclure ». Floressas des Esseintes, c'est donc bien, en un sens, le Huysmans de 1884. C'est aussi, en même temps, le comte de Montesquiou, dont Mallarmé, après une courte visite, a conté à Huysmans les extravagances[33]. Le personnage sera « un délicat des plus raffinés ». Non pas révolté, mais dégoûté « des tracas de la vie et des mœurs américaines de son temps »[34], de l'aristocratie d'argent toujours plus envahissante, il se réfugie dans une définitive solitude et cherche un dérivatif à son dégoût dans « l'illusion d'extravagantes féeries ». Pour échapper à l'immense ennui qui l'opprime, il décide de se faire une vie neuve. Mais cette vie va rester le reflet de sa personnalité profonde. La maison qu'il fait aménager est plus étonnante encore que celle de Montesquiou : des Esseintes a longuement étudié les nuances des tentures pour les harmoniser avec sa nature sensuelle ; ses murs sont maroquin, comme ses livres ; il vit dans une cabine au plafond voûté, éclairée par un hublot, garnie d'affiches, de cartes, de boussoles et de sextants, et se donne

---

[32] J.-K. Huysmans, *A Rebours,* « Préface écrite vingt ans après le roman », *Œuvres complètes,* éd. Crès, p. VII.

[33] Cf. R. de Montesquiou, *Les pas effacés,* II, p. 123 : « Ce fut donc de très admirative, très sympathique et très sincère bonne foi, je n'en doute pas, qu'il fit, de la chose, à Huysmans, un récit aussi indistinct et sommaire que le permettaient quelques instants passés, de nuit, dans la caverne d'Ali-Baba, éclaircie de vagues lampadaires. La preuve, c'est qu'à peu de temps de là, il me dit avoir conté la visite qu'il m'avait faite à l'auteur que je viens de nommer, qui se proposait de me représenter dans un de ses prochains livres, comme un Fantasio moderne et supérieur. » Dans Mondor, op. cit., p. 435.

[34] *A Rebours,* préface, p. XI.

ainsi l'illusion de voyages au long cours, illusion que renforcent encore l'eau de sa baignoire, salée selon la formule du Codex, et un morceau de câble « qu'on est allé chercher exprès dans l'une de ces grandes corderies dont les vastes magasins et les sous-sols soufflent des odeurs de marée et de port ». En effet, comme Huysmans lui-même, des Esseintes est un « olfactif », et, en cela aussi, il est vraiment « moderne ».

Nous avons déjà rencontré en Baudelaire ce type d'olfactif, né avec le milieu du siècle, mi-affectif, mi-intellectuel, mais surtout sensuel, et qui découvre un univers méconnu. La plupart des naturalistes, comme on pouvait s'y attendre, ont été eux aussi des olfactifs. Flaubert travaillait dans le parfum des chapelets d'ambre et du tabac oriental. Zola était « le musicien, le symphoniste des odeurs,... le romancier aux narines frémissantes »[35] ; qui ne se rappelle la description des fromages dans le *Ventre de Paris*, ou les puanteurs du linge sale dans *l'Assommoir* ? Maupassant était un fétichiste des parfums, se plaisant « aux senteurs voluptueuses et évocatrices, cherchant dans l'arome persistant des vieilles choses les souvenirs auxquels il était indissolublement lié ». N'avait-il pas sur sa table, au temps de sa maladie, « une rangée de flacons de parfums avec lesquels, disait-il, il se donnait des symphonies d'odeurs » ?[36] Quant à Huysmans, selon l'expression de Rodenbach, « il fut littérairement un odorat ». Dans ses *Similitudes,* il a déjà proposé une gamme des parfums dont il établit les correspondances avec les sons et les couleurs. Il a toujours aimé, comme il disait, l'odeur du péché, la sensualité des parfums profanes. Mais, avec des Esseintes, cette sensualité s'imprègne d'un certain mysticisme. Si son héros cultive l'art des parfums, c'est pour le retentissement qu'ils ont sur sa vie spirituelle. Comme Maupassant, il a, dans son cabinet de toilette, des bouteilles de toute grandeur, de toute forme, qui s'étagent sur des rayons d'ivoire. Comme Zola, il crée des bouquets de parfums, des symphonies d'odeurs. Et ces débauches olfactives déterminent en lui des visions, des extases toujours plus délirantes, jusqu'à ce qu'un jour il s'affaisse, évanoui, les nerfs rompus par leurs effluves. Des Esseintes d'ailleurs n'est pas seulement un olfactif ; c'est aussi un « gustatif ». N'a-t-il pas dans une armoire une collection de barils à liqueurs, qu'il appelle non sans affectation son « orgue à bouche » ? A des moments choisis, il se joue des symphonies intérieures et arrive « à se procurer, dans le gosier, des sensations analogues à celles que la musique verse à l'oreille ».

S'il doit à Huysmans ce raffinement dans les sensations, des Esseintes lui doit encore son goût pour la littérature décadente. Ses auteurs favoris, ceux qui ont, sur les rayons plaqués contre les murs de son cabinet orange et

---

[35] Cf. sur toute cette question l'ouvrage d'André MONÉRY, *L'Âme des Parfums,* particulièrement p. 38 sqq.
[36] E. MAYNIAL, *La vie et l'œuvre de Guy de Maupassant,* p. 269.

bleu, la place d'honneur, c'est Pétrone, avec ses lupanars, les « aventures de gibiers de Sodome », « les vices d'une civilisation décrépite, d'un empire qui se fêle » ; c'est Apulée et les maniérismes de ses *Métamorphoses* ; c'est Claudius, passant « avec tous ses feux allumés dans l'obscurité qui envahit le monde ». Ce sont aussi les plus « modernes » des modernes. Dans la littérature du dix-neuvième siècle, son admiration commence à Baudelaire, qui le premier est « descendu jusqu'au fond de l'inépuisable mine » et a « abouti à ces districts de l'âme où se ramifient les végétations monstrueuses de la pensée » ; car Baudelaire a révélé la psychologie morbide de l'esprit qui a atteint l'octobre de ses sensations ; il a sondé les plaies creusées par la satiété, la désillusion, le mépris dans les âmes en ruine. Et, à l'égal de Baudelaire, des Esseintes adore le maître de l'Induction, Edgar Poe, dont les créatures sont convulsées par d'héréditaires névroses — clinique cérébrale à l'atmosphère étouffante, de laquelle il sort brisé, envahi par une frayeur sourde. Il admire dans Ernest Hello le prophète biblique, qui a quitté « le chemin de grande communication qui mène de la terre au ciel » pour un mysticisme souvent incohérent, mais puissant et subtil. Il aime aussi Barbey d'Aurevilly pour un moyen-âge où la magie se mêle à la religion, et pour ce sadisme catholique, cette rébellion du chrétien contre son Dieu, cette révolte à la fois dévote et impie, où des Esseintes retrouve sa névrose et ses revenez-y de catholicisme.

Mais il se plaît davantage encore dans la société d'écrivains plus jeunes, que lui rend particulièrement chers « le mépris dans lequel les tient un public incapable de les comprendre ». Verlaine a laissé deviner certains au-delà troublants d'âme, des chuchotements de pensée, à travers des rythmes où le timbre presque effacé ne s'entend plus que dans des strophes lointaines, comme un son éteint de cloche. Après un long silence, il a reparu, chantant la Vierge, qui tantôt devient une Cydalise mystérieuse et troublante, tantôt s'élance dans un rêve immaculé. Des Esseintes est gourmand aussi du « faisandage » de Tristan Corbière, de son style rocailleux et extravagant, d'où jaillissent soudain, au milieu des quolibets de commis-voyageur insupportable, des cris de douleur aiguë.

Mais le plat réservé, le régal de choix, c'est la plaquette reliée en peau d'onagre, pommelée à l'aquarelle de nuées d'argent et nantie de gardes de vieux lampas, qui renferme, précieusement tirés sur parchemin, *Quelques vers de Mallarmé*. Des Esseintes aime ce poète abrité par son dédain de la sottise environnante ; il raffole de cette littérature condensée, de ce coulis essentiel, de ce sublimé d'art ; et singulièrement de ces poèmes en prose tels que *Plainte d'Automne* et *Frisson d'Hiver,* ces pulsations d'âme de sensitif qui sont pour lui le suc concret, l'huile essentielle de l'art. Mallarmé a poussé jusqu'à leur dernière expression les quintessences de Baudelaire et de Poe ; il incarne la « décadence d'une littérature, irréparablement atteinte dans son organisme et pressée de tout exprimer à son déclin ».

Tels sont les plaisirs de des Esseintes. Névrose, décadence : les deux mots reviennent comme des leitmotive et jouent entre eux d'un bout à l'autre de l'œuvre[37]. On retrouve partout chez lui ce double caractère, dans sa passion pour Gustave Moreau et la danse lubrique de sa Salomé, pour le fantastique maladif et délirant d'Odilon Redon, ou encore pour les *Persécutions religieuses* de Jan Luyken, ces estampes où l'on voit des crânes décolletés avec des sabres, des intestins dévidés du ventre et enroulés sur des bobines ; ou enfin — comble de l'art et de l'artificiel ! — dans son goût pour « les fleurs naturelles imitant les fleurs fausses », celles qui tendent des chairs livides, damassées de dartres, celles qui empruntent aux membranes intérieures des animaux les magnifiques hideurs de leurs gangrènes.

Mais le roman de Huysmans dépasse le sadisme d'une sensibilité fatiguée. Il faut, pour le comprendre, le lire entre les lignes, ou du moins jusqu'à la dernière ligne. *A Rebours* s'achève non seulement sur un cri de

---

[37] Ajoutons-y le mot *ennui,* qui résume l'état d'âme. Une analyse précise de l'œuvre serait décisive à cet égard. En voici pour preuve les phrases et les phases essentielles : « Quoi qu'il tentât, un immense ennui l'opprimait... son système nerveux s'exacerba » (p. 11) ; « quand le spleen le pressait... il ne se plaisait qu'aux auteurs de la décadence latine » (p. 41) ; peu à peu « la solitude avait agi sur son cerveau, de même qu'un narcotique » (p. 112) ; il évoque son passé, où « les excès de sa vie de garçon, les tensions exagérées de son cerveau avaient singulièrement aggravé sa névrose originelle » (p. 129) ; alors viennent les cauchemars : « la névrose... reprenait le dessus » (p. 150) ; « son ennui devint sans borne » (p. 151) ; « une fois de plus, il tomba, désorienté, dans le spleen » (p. 154) ; les hallucinations de l'odorat se montrèrent : « la névrose revenait, une fois de plus, sous l'apparence d'une nouvelle illusion des sens » (p. 169) ; il trouvait en Baudelaire, « couvrant sous la morne cloche de l'Ennui, l'effrayant retour d'âge des sentiments et des idées » (p. 216) ; il appréciait chez Barbey d'Aurevilly « ces faisandages, ces taches morbides, ces épidermes talés et ce goût blet, qu'il aimait tant à savourer parmi les écrivains décadents, latins et monastiques des vieux âges » (p. 246) ; « semblable à tous les gens tourmentés par la névrose, la chaleur l'écrasait » (p. 248) ; son estomac refusait toute nourriture ; il se réfugiait dans la lecture : fort de sa théorie « que l'écrivain subalterne de la décadence... alambique un baume plus irritant, plus apéritif, plus acide, que l'artiste de la même époque qui est vraiment grand, vraiment parfait » (p. 279), il aimait les créatures d'Edgar Poe, « convulsées par d'héréditaires névroses » (p. 290), les « finesses byzantines » de Mallarmé, en qui s'incarnait « la décadence d'une littérature » (p. 303) ; il évoquait alors le glossaire qu'un nouveau du Cange préparerait plus tard « pour la décadence de la langue française » (p. 304) ; il recherchait la musique qui lui faisait monter aux yeux « de nerveuses larmes », surtout « du Schumann et du Schubert qui avaient trituré ses nerfs à la façon des plus intimes et des plus tourmentés poèmes d'Edgar Poe » (pp. 312-313) ; il arriva au dernier degré de la névrose ; mais pour le guérir son médecin ne trouva que le retour à une société en décadence, où « la noblesse décomposée... s'éteignait dans le gâtisme de ses descendants » (p. 327), où l'Église était ravagée par « l'avidité du siècle » (p. 328), où l'avènement de la bourgeoisie a été « l'écrasement de toute intelligence » (p. 334).

révolte : « Eh ! croule donc, société ! meurs donc, vieux monde ! » mais aussi sur un doute prometteur. Des Esseintes s'aperçoit « que les raisonnements du pessimisme sont impuissants à le soulager », et, libérant enfin ce mysticisme qui courait, souterrain, dans toute l'œuvre, il s'écrie : « Seigneur, prenez pitié du chrétien qui doute, de l'incrédule qui voudrait croire ! »

A Rebours, au dire de Huysmans, tomba « ainsi qu'un aérolithe dans le champ de foire littéraire et ce fut une stupeur et une colère »[38]. La plupart n'y voient que l'homme qui se nourrit de lavements, la tortue à la carapace incrustée de pierreries et l'orgue à bouche. Sarcey le blague pendant une heure à la salle des Capucines[39]. Quelques-uns pourtant perçoivent « le glas que sonne le pessimisme du livre ». Hennequin y lit « les intimes fluctuations d'âme d'un catholique incrédule, dévotieux et inquiet »[40]. Et Barbey d'Aurevilly décèle en des Esseintes « l'âme malade d'infini dans une société qui ne croit plus qu'aux choses finies »[41]. Jugement prophétique, puisque ce sera là le sens profond de la révolution qui se prépare. Quelle que soit d'ailleurs la façon dont on l'interprète, l'œuvre fait sensation. Son retentissement va jusqu'en Belgique[42]. Elle initie le grand public à la sensibilité nouvelle. Et surtout elle élargit l'œuvre des *Poètes Maudits,* en révélant à ce même grand public les Corbière, les Verlaine, les Mallarmé, qu'elle confond d'ailleurs sous la même appellation de décadence, liant ainsi leur sort, dans la pensée de beaucoup de gens, et pour longtemps, à celui même de des Esseintes;

Le pessimisme à la mode

Le pessimisme est la traduction sur le plan philosophique d'un déséquilibre de l'individu tout entier. État de crise, surtout morale, qui survient quand on a perdu les raisons de croire et que la vie n'a plus de sens. Alors tout prend cette teinte sombre où l'esprit comme la sensibilité se complaît, les systèmes philosophiques et métaphysiques aussi bien que les manifestations littéraires. Ainsi, en ces années de crise 1884-1885, toute nourriture semble bonne au pessimisme des contemporains de des Esseintes, et Wagner s'unit à Schopenhauer pour assouvir leur vorace appétit.

---

[38] *A Rebours,* Préface, p. XXVII.
[39] « N'ai-je pas entendu, il y a quelques mois, l'abominable Sarcey blaguer envieusement pendant une heure, à la salle des Capucines, le dernier livre de Huysmans, *A Rebours,* le plus viril effort qu'on ait accompli depuis dix ans peut-être. » *Le Pal,* 4 mars 1885, cité dans *A Rebours,* éd. cit., Note, p. 354.
[40] *Revue Hebdomadaire,* juillet 1884 (*Ibid.,* p. 355).
[41] *Le Constitutionnel,* 28 juillet 1884 ; article repris le lendemain dans *le Pays* (*Ibid.,* p. 350).
[42] Cf. G. Kahn, *Symbolistes et Décadents,* p. 35 : « Des Esseintes et, sous son masque, M. de Montesquiou eurent quelque influence, mauvaise mais précise, surtout en Belgique. »

La mort de Wagner, survenue en 1883, a déchaîné un véritable flot de wagnérisme. Déjà, l'année précédente, un jeune Français, Edouard Dujardin, qui avait fait, aux côtés de Dukas et de Debussy, de fortes études musicales, avait eu la révélation de Wagner à Londres, où l'on était venu représenter la *Tétralogie*[43]. Mais c'est en Allemagne même que va naître le mouvement. La mort de Wagner est suivie à Bayreuth de grandioses représentations de *Parsifal*. Les Français accourent en foule. A Munich, où l'on donne la *Tétralogie*, Dujardin se lie à un jeune Anglais, Houston Stewart Chamberlain, qui l'initie à la doctrine du Maître. Réunis avec quelques amis au café Roth ou à la brasserie Maximilien, ils aperçoivent jour après jour « le sens profond » de ce monde nouveau. Quel ravissement de découvrir, sous la musique même, cette énorme floraison de légendes, cette pensée philosophique, « cette rénovation de l'art qui au divertissement d'une soirée mondaine substituait l'institution de grandes fêtes spirituelles »[44] ! Voyage décisif : Dujardin et ses amis en rapportent un véritable culte.

En France, on l'a vu, l'influence de Wagner s'infiltrait lentement depuis un quart de siècle. Le *Drame musical* de Schuré, en particulier, avait marqué « une ère nouvelle pour le wagnérisme en France »[45]. Mais celui-ci n'a encore touché que quelques individus isolés. Au contraire, le retour de Dujardin marque la naissance d'une mode. Déjà, la *Revue Indépendante,* qui vient de naître, exalte en Wagner « un puissant créateur, un novateur vraiment grand ». Adrien Remacle, évoquant « l'acharnement déployé pendant plus de trente années contre la gloire de Richard Wagner », s'élève contre « nos Bou-

---

[43] DUJARDIN, *La Revue Wagnérienne,* article paru dans la *Revue Musicale* du 1er octobre 1923 et reproduit, sauf quelques retouches peu importantes, dans *Mallarmé par un des siens,* p. 195 sqq. Cf. p. 196 : « L'année 1882 cependant avait marqué une date. L'impresario Schurmann promenait la *Tétralogie* à travers le monde avec le matériel de Bayreuth ; il avait été question qu'il vînt à Paris ; l'émotion fut considérable ; il se contenta d'aller à Londres. C'est là que je fis véritablement connaissance avec l'œuvre de Wagner. »
[44] DUJARDIN, op. cit., p. 200.
[45] WOOLEY, *Richard Wagner et le Symbolisme français,* p. 74. — Le *Drame Musical* parut en 1875. Edouard Schuré dira, dans la Préface de la 3e édition (1894) : « Oui, je suis fier d'avoir défendu presque seul, il y aura bientôt vingt ans, la cause de l'Art pur et de l'Idéal, en un temps où nous vivions écrasés sous le joug de fer de la science positive, où sa fille légitime, la littérature naturaliste, nous étouffait de ses vulgaires épopées et de ses miasmes malsains. La science avait décrété la fin de tout mystère et la critique, la mort de la poésie. Quiconque voulait encore y croire devait se réfugier au plus profond de lui-même et se confronter aux concerts du dimanche. Car là, les grands maîtres de la symphonie parlaient en accents divins des merveilles de l'âme, et la musique de Wagner nous secouait de ses fanfares annonciatrices d'un monde nouveau. » — C'est par *le Drame Musical* que Dujardin fut d'abord initié à la doctrine wagnérienne : « Toute mon érudition relevait du livre de Schuré, *le Drame Musical* » (DUJARDIN, op. cit., p. 196).

vard du monde, nos Pécuchet du feuilleton » qui « ont suivi l'exemple de la presse allemande, plus rude à Wagner que la nôtre, mais en y apportant cet esprit boulevardier qui fait notre force, par sa légèreté, et notre faiblesse, par l'ignorance profonde qu'il couvre ». Cette première *Revue Indépendante,* bien qu'encore naturaliste, avec Fénéon et Huysmans, mène déjà, on le voit, la lutte contre l'hégémonie du bon sens.

Quant à Dujardin, il a rapporté de ses entretiens avec Chamberlain une conviction : c'est que Wagner est, plus encore qu'un grand musicien, un grand poète et un grand penseur ; — et une idée : celle d'une revue qui ferait connaître ce Wagner philosophe que la plupart ignorent. Cette idée l'enthousiasme. Aussitôt rentré, le jeune néophyte réunit dans un dîner Lamoureux, Champfleury, Catulle Mendès et quelques wagnériens notoires[46]. Malgré un accueil un peu froid, Dujardin ne se décourage pas. L'idée prend forme. Sans se lasser, il rassemble une équipe de collaborateurs : il y aura Schuré, Edouard Rod, Mallarmé, Villiers de l'Isle-Adam ; et, le 8 février 1885, on vend à la porte du Concert Lamoureux le premier numéro de la *Revue Wagnérienne*[47].

Nous verrons, l'année suivante, la jeune revue prendre la tête du mouvement symboliste. Pour l'instant, sa tâche est plus limitée. Il s'agit de secouer l'apathie d'un public indifférent, ou en tous cas superficiel, qui ne voit dans *Lohengrin* qu'un « opéra » où les choristes chantent le dos tourné au public, et qui manifeste une « incompréhension incroyable »[48]. Il s'agit d'apporter à ce public un Wagner poète et un Wagner philosophe. Mais en France, depuis les *Poètes Maudits* et *A Rebours,* l'heure est à la passion. On est déjà en pleine agitation décadente. Les jeunes collaborateurs de la revue sauront-ils apporter de la doctrine une vue impartiale ? C'est peu probable.

Autour d'eux, d'ailleurs, tout le monde veut habiller Wagner à la mode décadente. Témoin le *Crépuscule des Dieux* d'Elémir Bourges qui vient de paraître. Pourtant, Dujardin et ses amis ne s'y laissent pas prendre. Avec une curieuse prescience du mouvement qui se prépare, ils dénoncent ce travestissement. Justement Dujardin vient de faire la connaissance de Th. de Wyzewa, qui sera pendant plus de deux ans son collaborateur de tous les instants, et celui-ci met les choses au point dès son premier article : *le Pessi-*

---

[46] DUJARDIN, op. cit., p. 202.
[47] Isabelle DE WYZEWA, *La Revue Wagnérienne, Essai sur l'interprétation esthétique de Wagner en France,* p. 43.
[48] DUJARDIN, op. cit., p. 206 et p. 209. Chez la plupart, dit Dujardin, « le wagnérisme se limitait rigoureusement au plaisir de jouer et d'entendre jouer un petit nombre de pages de Wagner ; toujours les mêmes ; et quant au reste, littérature, peinture, philosophie, ils étaient restés ce que Flaubert appelait des bourgeois, avec, pour idéal, la Comédie Française et le Salon ; pas même hostiles aux nouveautés, s'en désintéressant. » Témoignage à confronter avec celui de Schuré cité plus haut.

misme de Richard Wagner[49]. Wagner pessimiste ? C'est que son œuvre, si l'on en croit la critique allemande, est une scolie de Schopenhauer. Ses *Écrits théoriques* s'inspirent du philosophe du Non-Vouloir. Renoncer à la volonté de vivre, tel est le sens philosophique de *Parsifal,* comme c'était la conclusion de Schopenhauer. Et *Tristan* n'est-il pas l'appel à la mort ? C'est là, certes, une façon toute particulière d'interpréter Wagner ; et Wyzewa, comme on le verra, la discute dans cet article même. Mais il y montre comment elle est naturelle en 1885. Le pessimisme est la forme — toute provisoire — que prend parmi les jeunes le mysticisme renaissant. La littérature, à ce moment, « semble vouloir s'appeler, décidément, le Pessimisme. Elle nous donne des romans pessimistes, des drames pessimistes, des poèmes pessimistes, des œuvres de critique pessimistes »[50]. Cette année encore, dans l'Avant-Propos des *Nouveaux Essais de Psychologie contemporaine,* Paul Bourget note « l'existence du pessimisme dans l'âme de la jeunesse contemporaine » et en marque l'origine à la fois chez Baudelaire, chez Leconte de Lisle, chez Tourguéniev, chez Amiel aussi. Pessimiste apparaît alors le drame de Wagner, pessimiste le *Journal* d'Amiel.

Cette confession intime qu'on vient de publier trois ans après sa mort, ce livre « peu lu, fort admiré », au dire de Wyzewa, renferme en effet tout un « tragique chrétien »[51]. Amiel, entre le rêve, la volonté et l'intelligence, n'a pas su faire l'unité. « Les choses, dit-il, ne sont pas le centième de ce qu'on les rêve, quand on a de l'imagination ». Amiel est un inadapté. Aussi incarne-t-il avec une intensité surprenante, aux yeux de Bourget, « cette maladie du siècle qui sembla guérie vers 1840 et qui réapparaît aujourd'hui sous des formes nouvelles, parmi des accidents plus compliqués »[52]. Imbu des idées germaniques — souvenir de son passage à l'Université de Berlin, —, il a été impuissant à les dominer. Il s'est livré sans défense à un rêve métaphysique d'où il n'a pas su tirer une volonté de vivre. Ce Faust malhabile est resté un « Hamlet protestant », inquiet des grands problèmes, mais incapable d'agir. Amiel n'est pas un révolté. Obsédé par la vanité de toute chose, il aboutit à un renoncement triste et tendre. Il est « un pessimiste doux, comme Schopenhauer fut un pessimiste féroce »[53]. Mais, de l'un comme de l'autre, la génération de 1885 porte la marque.

Ainsi se rejoignent pessimisme et décadence. Chez Amiel comme chez des Esseintes, Bourget décèle ces deux éléments d'une profonde maladie

---

[49] *La Revue Wagnérienne,* juillet 1885. Article reproduit dans *Nos Maîtres,* p. 3 sqq.
[50] *Nos Maîtres,* p. 3. Cf. la note de la même page : « C'était en effet le temps où le *Journal* d'Amiel, la *Course à la mort* de M. Edouard Rod, *Cruelle Énigme* de M. Bourget avaient remis en vogue le mot de pessimisme dans nos petits milieux littéraires. »
[51] THIBAUDET, *Amiel ou la part du rêve,* p. 15.
[52] P. BOURGET, op. cit., p. 462.
[53] *Ibid.,* p. 488.

morale. Obsédés par la décrépitude d'une civilisation, peut-on dire avec Wyzewa que « ces jeunes hommes ont pris du mal universel une conscience plus nette »[54] ? Disons plutôt que l'excès d'analyse et d'esprit critique masquait encore à leurs yeux les perspectives d'une synthèse. Les *Complaintes* de Laforgue en sont, on le verra, le plus indiscutable comme le plus douloureux témoignage.

DÉCADENTS ET DÉLIQUESCENTS

Pessimisme et décadence ont provoqué, en peu de temps, un phénomène collectif qui se répand dans les cercles turbulents de la rive gauche. Préfigurée par ce groupe des *Décadents* qui dura l'espace d'une toquade, cristallisée dans le type de des Esseintes, déjà caricatural en lui-même, la nouvelle mode trouve un aliment facile dans ces cabarets encore tout fraîchement surexcités par les *Névroses* de Rollinat ou troublés par les poèmes de Verlaine. « La mode était aux élégances mièvres et raffinées », nous dit Ernest Raynaud, qui fut l'un des premiers décadents[55]. Et Marsolleau déclamait aux *Zutistes,* avec peut-être une nuance d'affectation romantique :

> Et je ne vivrai pas du reste bien longtemps...

Depuis les *Poètes Maudits,* la gloire de Verlaine avait fait son chemin. Tandis que, « rôdeur vanné », mais repris par le démon de l'instabilité, il errait de nouveau sur les routes, ou que, installé provisoirement à Coulommes, il menaçait férocement sa mère un soir d'ivresse, Léon Vanier, petit homme débonnaire et souriant, avec de très grosses moustaches, le lançait dans les milieux parisiens. *Sagesse*, puis *Jadis et Naguère* répandaient peu à peu le goût des langueurs mal définies et des mélancolies insaisissables, relevées d'un piment de bohème inquiétante et de révolte. Les absences même de Verlaine ont contribué à faire naître autour de lui une légende. L'on oublie, ou l'on ignore sa vie misérable d'aboulique et de fuyard perpétuel, pour voir en lui un être énigmatique et redoutable, une sorte de vampire adonné aux plus graves débauches. Bientôt ces légendes plus ou moins étranges ou sinistres le feront apparaître dans l'éclat d'une « satanique auréole »[56]. Il sera « le Maître », tout étonné encore de sa célébrité.

---

[54] Th. DE WYZEWA, op. cit., p. 4.
[55] E. RAYNAUD, *La Mêlée symboliste,* tome I, p. 20.
[56] G. LE ROUGE, *Verlainiens et Décadents,* p. 82 : « A cette époque, disons-le [la scène rapportée par l'auteur semble se placer en 1888] le poète mal connu ou même inconnu du grand public n'était apprécié que d'un petit clan de lettrés ; encore, beaucoup de ceux qui admiraient le plus ses poèmes ajoutaient-ils foi à toutes sortes de légendes plus ou moins sinistres qui s'étaient créées autour de la personnalité de l'auteur des *Poèmes saturniens*. Ses ennemis répétaient complaisamment ces légendes... »

Pour le moment, Barrès parle longuement de lui dans les *Taches d'encre* ; Bourget explique son prestige grandissant par la passion récente de la jeunesse « pour tout ce qui est suggestion, demi-teinte, recherche de l'au-delà, clair obscur d'âme » ; Léon Bloy exalte en lui « l'unique absolument, celui qu'on était las d'espérer ou de rêver depuis des siècles : un poète chrétien »[57]. C'est donc véritablement autour de Verlaine que s'est créée la « légende des Décadents » que lui-même contribuera à alimenter plus tard et qui doit beaucoup à une plaquette qui fait alors grand bruit : *les Déliquescences, poèmes décadents d'Adoré Floupette,* publiée, dit la couverture, à Byzance chez Léon Vanné (parodie de Léon Vannier), sans nom d'auteur (il s'agit d'Henri Beauclair et du poète parnassien Gabriel Vicaire), et qui raille — un peu lourdement — ceux qui se nomment eux-mêmes décadents :

> Etre Gâteux, c'est toute une philosophie,
> Nos nerfs et notre sang ne valent pas deux sous,
> Notre cervelle, au vent d'Eté, se liquéfie !

Or le 6 août 1885, un certain Paul Bourde esquisse dans *Le Temps* le portrait du parfait décadent offrant un mélange de mysticisme exaspéré et de perversité satanique en y affirmant que cette poésie où « les mots ont été tirés au hasard dans un chapeau... fleure la fumisterie » et constitue un art très artificiel. Ce qui provoque, dans le *XIXe Siècle,* une riposte de Moréas qui déclare la guerre aux « esprits paresseux et routiniers » et, repoussant l'étiquette de décadents, lance déjà, comme on le verra bientôt, le mot de « symbolistes »[58]. Aussitôt, toute la presse s'enflamme. Le *Figaro*, la *France Libre* pensent exécuter définitivement les Décadents en les qualifiant de fumistes et de putréfiés[59]. L'année suivante, on se rendra compte que c'était là un moment décisif : « L'année dernière, a-t-on lutté, bataillé, crié autour des Décadents ! Et Bourde, et Champsaur, et tous ! »[60] Pourtant, venant après les *Déli-*

---

[57] Textes réunis dans PORCHÉ, op. cit., p. 422. L'article de Barrès parut le 5 décembre 1884. Les jugements de Bourget et de Bloy sont de 1885.

[58] Cf. infra, p. 192.

[59] *La France Libre* le 18 septembre, le 25 septembre et le 2 octobre : *Figaro* le 22 septembre. Ce dernier article se termine ainsi : « Toutefois le décadent, si bas qu'il a mis la poésie, n'est pas encore le dernier. Il a sous lui un têtard qui commence à s'exhiber sous le nom de « déliquescent ». C'est le commencement d'une suprême série qui ira des infusés aux putréfiés, en passant par les liquéfiés. » Cf. A. BARRE, op. cit., pp. 108-109.

[60] VERHAEREN, *Art Moderne,* 27 juin 1886 (article reproduit dans *Impressions,* 3e série, p. 118), où il est question de « la fameuse Décadence, aussi morte déjà que le rat de la place Pigalle. Aucune théorie ne fait longue flamme en notre temps. L'année dernière a-t-on lutté, bataillé, crié autour des Décadents ! Et Bourde, et Champsaur, et tous ! Demain l'on avouera : quelques-uns des poètes attaqués étaient de vrais artistes, le bruit hostile les a laissés calmes, et, bien mieux, les a imposés. »

quescences, ces mêmes attaques de la presse font prendre conscience aux Décadents de leur unité et de leur force. Et, quelques mois plus tard, naîtra une nouvelle revue, *le Décadent,* qui prouvera que l'idée n'est pas morte et qui consacrera définitivement le terme. Mais déjà, à ce moment, se seront manifestées d'autres forces, des forces de construction et de synthèse, qui auront tôt fait de dépasser le stade négatif de la décadence.

Du moins ce stade était-il nécessaire. Il a été, on l'a vu, le résultat de lents efforts, ou plus exactement d'une lente montée de forces, restées longtemps hésitantes. Née probablement de Baudelaire et de la Préface de Gautier, reprise par Verlaine, incarnée en Montesquiou, formulée par Huysmans, l'attitude décadente, prélude nécessaire à la révolution, ne s'est transformée réellement en force positive que lorsque, caricaturée par Beauclair et Vicaire, et attaquée par la grande presse, elle est devenue plus qu'une mode : un phénomène collectif, portant en lui-même son efficacité et sa puissance explosive.

Mais encore ce phénomène n'a-t-il eu tant d'importance que parce que, derrière l'attitude que raillaient les Bourde ou les Beauclair, il y avait une âme. L'ironie cachait à ces critiques la réalité profonde d'un mal véritable : sous l'aversion pour la foule, ils auraient pu lire le dégoût de la bêtise vulgaire, le sentiment d'une solitude morale plus désespérée encore qu'aux temps du Romantisme ; sous le sadisme et les amours tristes, une mélancolie profonde ; sous le mysticisme exaspéré, une soif de vérité et de certitude. A l'heure où la jeune génération prend conscience, non seulement de son unité, mais de son âme, il convient de nous arrêter un instant pour essayer de définir ce « mal de fin de siècle » dans son essence collective et surtout dans ses œuvres.

Le mal de fin de siècle

Ce mal, Paul Bourget en pressentait le premier l'importance, qui dès 1881 terminait un essai sur Charles Baudelaire en constatant l'influence de celui-ci sur un petit groupe d'intelligences très distinguées, romanciers et poètes de demain, dont les singularités psychologiques devaient, selon lui, pénétrer peu à peu jusqu'à un plus vaste public pour constituer enfin « l'atmosphère morale d'une époque »[61]. Quatre ans plus tard, avec une lucidité étonnante, il discerne, sous ces singularités psychologiques, une crise de la jeunesse contemporaine, une « maladie de la vie morale arrivée à son période le plus aigu ». Et, le premier peut-être, il « prend au sérieux, presque au tragique,

---

[61] *Nouvelle Revue,* 1881. Article publié en 1883 dans les *Essais de Psychologie contemporaine.* Cf. P. BOURGET, *Œuvres complètes,* Critique, I, éd. Plon-Nourrit, 1899, pp. 19-20.

le drame qui se joue dans les intelligences et dans les cœurs de sa génération »[62]. Ainsi, analysant chez les principaux parmi les aînés les causes du mal, les *Essais* et les *Nouveaux Essais de Psychologie contemporaine,* en 1885, constituent en quelque sorte les cahiers de remontrances de la génération montante, annonciateurs de la révolution.

Il faut se garder pourtant des généralisations. Tous les poètes de la génération de 1885 n'ont pas éprouvé avec la même acuité le mal de fin de siècle. Si certains d'entre eux ont transformé la mode en une philosophie de la fatigue et du néant, pour d'autres cette mode restait une mode, qui ne faisait que projeter sur leurs poèmes le reflet d'une mélancolie passagère. Derrière l'expérience collective en effet, il y a les expériences individuelles, dont l'âge, la formation, les circonstances extérieures et intérieures concourent à faire autant de « cas » particuliers. Et, dans son incapacité à trouver les prémisses d'une philosophie véritable, chacun, loin de joindre son effort aux autres en vue de construire, masque sous la mode générale son déséquilibre propre et sa détresse.

Et d'abord, ces « jeunes de 1885 » n'ont pas tous le même âge. Sans parler des « Maîtres » qui, comme Villiers de l'Isle-Adam, Verlaine et Mallarmé, ont maintenant dépassé la quarantaine, on doit distinguer en réalité, dans cette équipe en apparence homogène, deux demi-générations successives[63]. Il y a ceux qui, ayant vingt-cinq ans ou plus, ont déjà ou croient avoir une certaine expérience de la vie. Parmi ceux-là, Rodenbach et Verhaeren, qui ont atteint la trentaine, font figure d'aînés. Moréas les suit à un an près, Samain a déjà vingt-sept ans, et Laforgue vingt-cinq. Leur enfance, belge ou française, a vu les graves événements de 1870 et fut mûrie de bonne heure par les épreuves : le mal trouvera en eux un terrain particulièrement favorable. Et il y a les moins de vingt-cinq ans, ceux qu'il vaudrait mieux nommer la « génération de 1891 » ; à quelques exceptions près, ils ne commenceront à penser et à produire qu'après 1885. Ceux-ci, trop jeunes pour avoir vraiment connu la défaite, se font les échos plus ou moins dociles de leurs frères plus mûrs : ce sont les Belges Grégoire Le Roy, Van Lerberghe et Maeterlinck, âgés de vingt-trois ans ; Stuart Merrill qui n'a que vingt-deux ans, Henri de Régnier et Vielé-Griffin qui n'en ont que vingt-et-un, Mikhaël et Mockel enfin, dans la spontanéité de leurs vingt ans à peine. Chez eux, la maladie est plus en surface et ils s'en rendront plus facilement maîtres. A la limite, entre les uns et les autres, un groupe de jeunes gens de vingt-trois ans, qui font figure de militants, plus intellectuels ou actifs que sensibles : Dujar-

---

[62] *Nouveaux Essais de Psychologie contemporaine* (1885), Avant-Propos, éd. dit., p. XVII.
[63] G. Kahn distingue nettement ces deux demi-générations : « La première et la seconde génération des Symbolistes (celle de VIELÉ-GRIFFIN) furent animées du même et louable sentiment, d'un bel esprit de justice. » (*Symbolistes et Décadents,* p. 23).

din, Paul Roux, Barrès, René Ghil, échapperont à peu près totalement à l'emprise du mal : ils constitueront la première équipe des révolutionnaires constructifs.

Par ailleurs, la formation de ces poètes, différente pour les uns et les autres, oblige à nuancer ce classement trop sommaire ; certaines affinités unissent tels d'entre eux : par leur origine d'abord, France et Belgique constituant, en dépit de toutes les interférences, deux centres nettement distincts — sans compter l'Amérique de Merrill et de Vielé-Griffin et la Grèce de Moréas ; et, pour la France elle-même, Paris et la province — ; par leur éducation ensuite : le collège des Jésuites de Gand d'une part, Condorcet de l'autre étant les deux « pépinières » de la génération symboliste. Au surplus, malgré les apparences, et à part les plus bruyants comme Moréas, ce sont souvent des solitaires : Samain, venu de sa province, ne se mêle que timidement et rarement à la vie des cabarets ; Laforgue reste cinq ans dans un véritable exil que lui imposent les nécessités de l'existence. Quoi d'étonnant que ce soit chez ces solitaires que nous rencontrions les expériences poétiques les plus fécondes ?

Précisément, en 1885, si les œuvres de quelques-uns sont déjà des réalités, d'autres ne sont encore qu'à l'état de promesses. De Moréas, on connaît les *Syrtes* et les *Cantilènes,* Laforgue vient de faire paraître les *Complaintes,* René Ghil les *Légendes d'Âmes et de Sang,* Henri de Régnier les *Lendemains.* Mais d'autres recueils se préparent : les *Soirs* de Verhaeren, l'*Automne* de Mikhaël, dont les revues publient déjà tels poèmes épars. Dans ces mêmes revues se dessinent des personnalités naissantes, parmi lesquelles on remarque surtout celles de Samain et de Maeterlinck.

Tels sont ceux qui semblent, pour le moment, « avoir quelque chose à dire ». Mais ils n'ont pas tous l'âme également atteinte. Sans parler de René Ghil qui, dès ses premiers vers, apparaît tourné vers l'avenir, certains, comme Dujardin, Stuart Merrill, Vielé-Griffin, ne semblent pas avoir traversé une de ces crises qui marquent l'homme pour toujours. On ne retiendra ici que les poètes où l'on peut déceler véritablement une forme du mal décadent, que celui-ci reste comme chez Moréas une attitude littéraire ; qu'il soit, comme pour Henri de Régnier ou Mikhaël, le mal d'amour ou le mal de la jeunesse — « vague des passions » plus douloureux peut-être et plus subtil qu'au temps de René et de Lamartine — ; ou qu'il atteigne enfin, avec Verhaeren et Laforgue, un degré de crise morale et métaphysique si aiguë qu'ils manquent d'y sombrer l'un et l'autre[64].

*
* *

---

[64] On aurait pu y joindre Rodenbach ; mais, s'il est très représentatif de l'époque, on ne décèle pas chez lui, aux alentours de 1885, une crise véritable.

Les *Syrtes,* on l'a vu, mélange de satanisme baudelairien et de chanson verlainienne, poème de l'âme, préfiguraient, dans leur décor d'automne et de crépuscule, dans leur sentimentalité peut-être sincère, mais superficielle, la poésie décadente. Depuis, Moréas a « protesté contre l'épithète de décadents », contre la légende qui faisait de ceux-ci des névropathes et des morphinomanes et réclamé pour eux le nom de symbolistes. L'année suivante, il publie chez Vanier ses *Cantilènes.*

Le ton général de sa poésie n'a pas changé. Voici le « refrain exténué de choses en allées », le *Never More* cher à Verlaine. Cependant, peu à peu, le décor se transforme. Derrière les balcons et les guirlandes de l'Italie galante se profilent les princesses d'un moyen âge de légende, la mythologie germanique peuplée d'elfes et de gnomes, et aussi tout le folk-lore grec de son enfance, avec ses stryges et ses sorcières. Tout cela nous achemine vers l'imagerie symboliste.

Mais c'est surtout par la forme technique que valent les *Cantilènes,* comme dans le *Nocturne* où l'on croit déjà entendre le rythme des *Chansons de fou* de Verhaeren[65] :

> Toc toc, toc toc — il cloue à coups pressés,
> Toc toc — le menuisier des trépassés.

Au fond, ce recueil composite ne livre rien d'une âme qui reste sans expérience profonde, sans ambition autre que littéraire, sans véritable message.

*
* *

Henri de Régnier a du moins, dès ses débuts, un tempérament plus marqué et plus personnel. Il est l'homme du passé. Sa devise poétique pourrait être le vers des *Lendemains* :

> Ressusciter les heures closes.

Ce goût du passé, il le doit à ses origines aristocratiques, dont il établit avec complaisance l'authenticité[66]. Il le doit aussi à une jeunesse mélancolique, un peu nerveuse, à son tempérament à la fois tendre et contemplatif. Dès son enfance, à Honfleur, sur la « côte verte » qui abrite du vent du large les demeures où « les vies fatiguées achèvent leurs forces et épuisent doucement leurs déclins »[67], il a entendu l'appel de la mer. L'appel de la forêt

---

[65] Le rapprochement a été subtilement fait par R. GEORGIN, op. cit., p. 49.
[66] Les *Poètes d'Aujourd'hui* de VAN BEVER et LEAUTAUD consacrent une page entière (t. III, p. 47)) à cette généalogie qu'ils font remonter au XVIe siècle et à son blason, renseignements qui n'ont guère pu être fournis que par le poète lui-même.
[67] H. DE RÉGNIER, *Le Trèfle blanc.*

aussi : n'a-t-il pas « hanté les solitudes de cette forêt d'Ardenne où l'on rencontre Jacques le Mélancolique » ?

La mer et la forêt, tel est le décor qu'il porte en lui quand, en 1885, au milieu des groupes de la rive gauche, il songe à ses premiers poèmes. Les *Lendemains* sont déjà de leur époque. Dans ce paysage qui hésite entre la mer, celle des naufragés qui ont connu

> Le bonheur de voguer vers le but de leur rêve[68],

et l'ombre de la forêt, avec ses sources, ses fougères, ses étangs endormis — dans ce paysage se situe et se déroule la chronique d'un amour de vingt ans. Les thèmes du passé, du rêve, de l'amour, de l'automne, la langueur des soirs ; les images de la lune, de l'eau — mer ou fleuve — et de son « rythme monotone » ; le son des cloches invisibles, les senteurs étranges ; les sentiments : tendresses lointaines, résignation — tout dans les *Lendemains* reflète une poésie décadente, à laquelle toutefois manqueraient l'étrangeté et l'angoisse morbide. Pour « chasser le spleen qui sur (son) front bourdonne », ne suffira-t-il pas d'un baiser[69] ? Aussi l'espoir revient-il vite, et avec lui l'*Apaisement*.

Pourtant cet *Apaisement*, qui débute par une *Aurore* confiante et émerveillée, nous réserve des surprises. Parcourons seulement les titres : *Soir, Nocturne, Frisson du Soir, Sonnet tombal, Solitude, le Mauvais Soir, Blessure, Ombre, la Tombe sûre*. Le mal de fin de siècle veille.

> Plus rien au cœur que le regret lent d'un passé...
> Mon âme est douloureuse et mon cœur est très las...
> Il neige dans mon cœur des souffrances cachées...

Que faut-il donc voir dans ces souffrances et cette lassitude, sinon une sensibilité malade, la sensibilité d'une génération dont Henri de Régnier est et restera l'un des plus caractéristiques représentants ?

Dans les deux recueils de 1887, *Sites* et *Épisodes,* Henri de Régnier s'efforce de déceler le drame qu'il renferme en lui. Premiers effets du Symbolisme naissant, qui exige plus qu'une sentimentalité sans consistance. Aussi trouvons-nous pour la première fois, dans ces poèmes, des thèmes dominants, des images persistantes, qui tendent à s'organiser en symboles. Si, comme nous dit le poète,

> C'est la même tristesse encore et la même âme[70],

cette âme lit plus clairement en elle-même. A l'appel de la mer, le poète a quitté l'horizon nostalgique des forêts et des plaines pour un « Pays fabu-

---

[68] *Les Lendemains : Naufrages.*
[69] *Les Lendemains : Résignation.* Et la dernière pièce : *Jeune Espoir.*
[70] *Épisodes* : pièce liminaire.

leux ». Il a voulu « boire l'extase et des ivresses dignes », « cueillir, pour lui seul, la Grappe unique ». Cette grappe qu'annonçait l'épilogue des *Sites* et qui le hante[71] symbolise une aventure spirituelle. N'est-elle pas la grappe de ses rêves, Oiseaux merveilleux,

     Rôdeurs infatigués des Iles et des Mers,

Voici les Princesses aux chevelures blondes, voici le *Jardin d'Armide,* avec les lacs de cristal, les cygnes blancs, les colombes et les pierreries. Voici encore le Graal wagnérien, la torche vespérale et le Palais d'onyx chers à Mallarmé[72]. Ainsi, de la brume mélancolique des rives vertes de la basse Seine ou des forêts ardennaises, est sortie peu à peu une vision symboliste. Le « paysage état d'âme » est devenu paysage symbolique.

 Pourtant, de ce voyage au pays merveilleux, le poète est revenu désenchanté. Au bout de son rêve, il n'a trouvé que l'illusion ; et, une fois de retour, il ne lui reste que « le néant de la cendre ». Ce n'est que l'aube du Symbolisme, et Régnier n'en a pas encore compris la philosophie profonde. Romantique attardé, à demi-décadent, il reste l'homme du passé. Le poète se cherche encore.

*
* *

 C'est encore un « mal de fin de siècle » bien atténué que nous trouvons chez Ephraïm Mikhaël. Pourtant, si cette mélancolie est le mal de la jeunesse, ou au moins d'une jeunesse, elle prend une signification singulière quand on songe que celui qui l'a chantée avec une musique pénétrante est mort à vingt-quatre ans. Une sorte d'appréhension imprécise donne en effet leur résonance aux quatorze petits poèmes de *l'Automne* que Mikhaël publie en 1886. Titre significatif déjà, qui groupe les pièces du recueil autour d'un thème essentiellement romantique. On y entend l'écho affaibli et le rythme même de Lamartine, qui revêt parfois une facture parnassienne, pimentée de temps à

---

[71] Notamment « la grappe cueillie » *(Les deux Grappes),* le « sang des grappes », les « muscats grappelés » *(Lux),* « le poids des grappes » *(Le Voleur d'Abeilles),* « le pur vin des grappes » *(La vaine vendange),* « la sève des grappes » *(Cendres),* etc., sans compter les « vendanges de treilles », le « thyrse lourd de pampre » *(Ariane),* le « sang de la vendange » *(Épilogue).*

[72] Cf. *Le Jardin d'Armide* :
    Gardien du Temple adamantin et du Graal...
La Grotte :
    La maternelle mer a tant bercé nos veilles,
    La torche vespéraile allumé de merveilles.
Jouvence :
    Vers le palais d'onyx pavé de malachite...

autre par un vague souvenir de Baudelaire. Une personnalité encore bien hésitante, une « âme mièvre » dont les incertitudes accusent les vingt ans à peine sonnés. Un paysage qui ne retient guère du paysage décadent que ce qu'il a conservé lui-même de romantique : décor brumeux de soir d'automne, *Heure grise* du crépuscule, clair de lune triste et mélancolique.

Pourtant, ce qui distingue cette poésie du Romantisme et met d'emblée Mikhaël au rang de ceux qui, malgré les apparences, préparent l'avenir, c'est le renversement du mouvement poétique. Comme déjà chez Verlaine, ce n'est plus le paysage qui s'apparente à tel sentiment, c'est l'état d'âme du poète qui envahit le paysage : de plus en plus, la comparaison tend vers l'implicite et vers la fusion totale entre le moi et le monde. Or, la nature, aussi bien que l'âme, exhale l'ennui, un « ennui lourd », irraisonné :

> L'ennui descend sur moi comme un brouillard d'automne.

Voilà tout Mikhaël, ou du moins à peu près le seul Mikhaël qu'il nous ait été donné de connaître : chez lui, l'ennui est « accru mystérieusement », et nul baiser n'en rompra l'enchantement[73] ; son cœur est mélancolique et pourtant nul amour ne l'a déserté. Le spleen naît invinciblement à l'arrivée du vent automnal, mais il naît aussi, et c'est bien par là qu'il rend un son unique, du retour invincible de l'avril futur et des floraisons prochaines[74]. L'âme maladive de Mikhaël refuse le printemps.

Cependant, quelques poèmes semblent faire entendre une note nouvelle : à travers *le Mage* ou *l'Étrangère,* on sent le poète s'engager progressivement dans la voie du Symbolisme. Mais, quand la mort le prit, il en était encore au symbolisme de rêve, celui des princes captifs, des magiciennes et des amours pâles et merveilleuses[75]. Il écrivait son *Invitation au Voyage,* frétant à son tour

> Un beau navire enchanté
> Vers les pays de volupté

et vers *l'Ile Heureuse.* Son voyage l'aurait-il conduit jusqu'à des mondes inconnus ? Comme le dit Remy de Gourmont, « les conquérants de son rêve qui devaient venir le délivrer et l'emporter » vers ces îles parfumées, « les conquérants furent les anges de la nuit et nous ne savons rien de plus »[76].

---

73 *L'Automne* :
> Tu sais que nul baiser libérateur, mon âme,
> Ne rompt l'enchantement de tes subtils ennuis.

74 *Tristesse de septembre.*

75 Cf. *Le Cor fleuri,* féerie ; *La bonne Fenêtre* ; « *Je disais : « Quand viendra...* » (p. 93) ; *Florimond* ; ainsi que le fragment de féerie : *La Forêt sacrée,* et diverses ébauches (p. 117 sqq.).

76 *Le IIe livre des Masques,* p. 238.

DE LA DÉCADENCE AU SYMBOLISME

*
* *

Plus encore qu'Henri de Régnier et que Mikhaël, Albert Samain est un affectif et un faible. Madame de Thèbes a vu étonnamment juste dans son horoscope : « Doute de soi-même. Absence pratique du sens de la vie. Manque d'ambition. Tout sera difficile dans sa vie. »[77] Être intérieur et passionné, il s'est développé dans un milieu étranger à son âme, dans une complète solitude morale. Il a connu la médiocrité du petit employé, les misères de la demi-pauvreté dégradante. Par là, il s'oppose à Henri de Régnier, il est bien plus que lui représentatif de cette génération laborieuse de petits bourgeois nés avec la troisième République. Toute sa vie, il restera celui qui cherche dans le rêve intérieur la consolation d'un monde qui l'a meurtri. Aussi pourra-t-il dire, rendant vain par avance tout compte rendu de sa vie extérieure : « Ma vie n'a pas d'histoire ». Sa biographie véritable est ailleurs.

Elle est d'abord dans cette vocation poétique, humble mais tenace, qui, alors qu'à vingt-cinq ans, dans un Paris étranger, il ne compte encore « aucune camaraderie, aucune amitié littéraire », l'incite à solliciter des entrevues avec Banville, Octave Feuillet et Jean Richepin — singulier mélange ! —, qui enfin l'amène un jour, en compagnie de quelques collègues de l'Hôtel de Ville se piquant eux aussi de littérature, parmi les groupes montmartrois des *Jeunes* et de *Nous Autres*.

Sa vie réelle, elle est ensuite dans la crise intellectuelle que détermine cette prise de contact avec les milieux littéraires. Jusqu'ici ses admirations allaient à Lamartine et à Musset, qui avait « tant impressionné ses dix-huit ans »[78] ; ses convictions esthétiques étaient celles de Richepin et de Banville. Brutalement, les unes et les autres sont emportées par le vent révolutionnaire qui souffle à Montmartre et sur la Rive Gauche. Il a beau vouloir s'en défendre : « Je ne chercherai pas à déformer mon tempérament, dit-il en 1884, et je tâcherai de le maintenir à l'abri de la contagion « maladive » de cette fin de siècle. »[79] C'est en vain. Et tout d'abord, il ne peut échapper au

---

[77] Communiqué par Paul Samain à Léon Bocquet. Cf. Léon BOCQUET, *Albert Samain, sa vie, son œuvre,* p. 84.
[78] Lettre à Paul Morisse, dans L. BOCQUET, op. cit., p. 42. Vers le même âge, il se grisait aussi du frémissement romantique de Gautier et de Hugo, celui à qui il restera « redevable des plus ardents enthousiasmes ». Cf. *Carnets Intimes* (1887), p. 114, à propos de *Mademoiselle de Maupin* : « En relisant ces pages dont mes dix-huit ans avaient reçu un éblouissement, j'ai retrouvé, avec une sorte d'état d'attendrissement, le moi d'autrefois, séparé du moi actuel par dix années qui ont bien changé ma vie. J'ai ressenti l'écho de ce frémissement romantique qui me grisait alors et me faisait galoper le sang dans les veines. Cf. aussi *L'Évolution de la Poésie au XIXe siècle,* à la suite des *Carnets Intimes,* p. 241.
[79] Lettre à V. Lemoigne, 27 décembre 1884, dans L. BOCQUET, op. cit., p. 40.

charme envoûtant de Baudelaire : on retrouve chez Samain les yeux verts de la Bien-Aimée[80], et « la fleur superbe et froide des poisons » à la « chair vénéneuse »[81], ou encore le rêve d'une jungle ardente

> Où fermentait l'or des pourritures fécondes[82].

Mais ce satanisme est en désaccord avec le tempérament de Samain, qui va tenter de rentrer « dans la vérité de son cœur »[83]. Or, celle-ci s'accorde beaucoup plus avec la langueur verlainienne, les amours tendres et les évocations à la Watteau des *Fêtes Galantes* : Samain chantera donc à son tour les « couples enlacés », les Mirandas et les Roselines, dans leur décor de masques, de cascatelles et de gondoles[84]. Voilà ce que devient, chez Samain, l'*Invitation au Voyage* : l'*Ile Fortunée* que rêve son « âme en mélancolie », c'est Cythère, l'île des bergères, des Amants qui rôdent dans la langueur du soir et des Amoureuses dolentes.« Samain ne doit rien, ou fort peu de choses, à Verlaine. » Ainsi parle un de ses biographes[85]. Comment pourrait-on souscrire à ce jugement sommaire ? Samain n'a pas seulement aimé en Verlaine le poète des *Fêtes Galantes* ou celui de la décadence, après lequel, à son tour, il écoutera

> Craquer sinistrement l'Empire grandiose[86].

L'influence de Verlaine sur Samain est autrement importante : on peut vraiment dire qu'il l'a révélé à lui-même. Après la période des imitations, au moment où les milieux littéraires bousculent ses convictions les plus solides, la poésie de Verlaine aide Samin à découvrir son âme.

« Il y a des âmes-femmes », écrit Samain à la fin d'un cahier de notes[87]. Nul doute que le poète ne se rangeât parmi celles-là. Une âme féminine, d'où l'intuition, il le déclare lui-même, a banni toute faculté critique et logique[88].

---

[80] *Au Jardin de l'Infante : Heures d'Été*, IV.
[81] *Ibid. : Une.*
[82] *Ibid. : Visions.*
[83] *Ibid. : Fleurs suspectes...*, p. 175.
[84] Cf. toute la série de pièces : *L'Ile fortunée, Nocturne, Arpège, L'indifférent, Invitation, Hiver.* Sur l'influence de Verlaine, cf. BONNEAU, op. cit., p. 163 sqq.
[85] L. BOCQUET, op. cit., p. 119. G. Bonneau fait de justes réserves sur cette appréciation, bien qu'il semble encore s'en tenir au « fort peu de choses » de Bocquet (G. BONNEAU, op. cit., p. 163).
[86] *Au Jardin de l'Infante : Fin d'Empire.*
[87] *Carnets Intimes*, p. 166. La publication, en 1939, de ces *Carnets Intimes* permet de déterminer maintenant, avec précision (il est à remarquer cependant que Léon Bocquet et G. Bonneau en ont eu connaissance) le tempérament et la biographie intérieure de Samain.
[88] Cf. *Carnets Intimes*, p. 50 : « J'entendais dire à quelqu'un qui parlait de Le Cardonnel que le sens chez lui était absolument fermé de la déduction logique. Il ne procède pas par raisonnement. Toute faculté critique lui manque en conséquence. Ceci me semble bien être un peu, beaucoup, mon cas intellectuel. »

Une âme soumise, sans volonté, incapable dès son enfance de lutter contre les difficultés de la vie, et qui déjà, meurtrie par la maladie et le destin, en éprouve une immense lassitude[89]. Une âme fermée, qui, par peur de la vie, s'est réfugiée en elle-même.

Vers 1885, Samain commence à essayer de lire en son âme. Le choc est rude : il n'y trouve d'abord qu'un grand vide. Vide sentimental : à vingt-sept ans, Samain est sans amour. Il a toujours vécu seul avec sa mère, il connaît peu les femmes. Après une ébauche de mariage, vers vingt-deux ans, il est retombé dans la solitude du cœur. Et pourtant Samain est, non seulement un affectif, mais aussi un sensuel[90]. Quoi d'étonnant à ce que tel de ses poèmes laisse filtrer un écho de ses désirs refoulés[91] ? — Vide religieux : car ce besoin d'aimer, déçu dans ses aspirations temporelles, l'est aussi sur le plan spirituel. La foi de son enfance est morte, et ce ne sont ni la société naturaliste et positiviste qui l'entoure, ni les décadents en proie au pessimisme qui pourront la lui rendre. — Vide métaphysique, qui détermine en lui, vers 1887, une véritable crise. Depuis quelque temps, il cherche dans la philosophie un remède au doute qui s'est emparé de lui. Il a lancé son esprit « bride abattue dans les vastes plaines de la spéculation ». Alors se produit un événement décisif : un jour, il lit Poe, et cette lecture lui procure une sensation effroyable et l'affole : elle lui découvre un au-delà attirant et vertigineux. Mais l'âme tendre et délicate de Samain se perd dans ces hauteurs. Elle y respire un air trop pur, trop raréfié : les tempes lui bourdonnent, l'asphyxie commence. Il ressent une indicible angoisse au cœur. Et « cette course vertigineuse à travers l'incommensurable » le laisse retomber sur son lit, « la tête cassée », ayant senti sur lui l'haleine de la mort[92].

---

[89] Cf. *Carnets Intimes,* p. 8 : « Je me tâte, je me sonde. Il n'y a pas à dire, je suis un incapable, au sens volonté... Je m'apparais à moi-même un peu comme un pique-assiette, qui mange comme il peut, qu'on traite bien, souvent très bien même, mais qui n'a pas commandé, qui ne commandera jamais le menu. Une dignité en moi se soulève, en même temps qu'une envie de ceux qui sont assez forts pour s'imposer à la vie ; et j'éprouve une immense lassitude. »

[90] Cf. *Carnets Intimes,* p. 17 : « J'ai des sens très exigeants. » Et par là Samain a nettement conscience d'être de son temps, d'une époque « saturée de recherche, de préciosité, d'ingéniosité. » Cf. aussi, p. 16, ce texte capital pour l'analyse du mal décadent : « Je m'étonnais de ce que notre siècle ait été si vite et si passionnément jusqu'au bout de la sensation... Valentin me dit qu'il n'y a rien d'étonnant à cela, une littérature de sensation devant, par son essence même, s'exaspérer toujours de plus en plus dans la recherche d'un raffinement toujours plus introuvable, jusqu'à l'énervement de la maladie, état où il se pourrait que nous fussions arrivés maintenant... »

[91] Par exemple *Luxure (Au Jardin de l'Infante).*

[92] Cf. la page saisissante des *Carnets Intimes,* pp. 50-52. Sur cette crise, voir aussi p. 106 : « Est-ce une crise que je traverse ? Mais jamais la notion de la Providence ne m'a paru plus absurde, plus fausse, plus en contradiction avec la brutalité et l'indifférence de la nature. Jamais aussi le rôle d'un Dieu tout-puissant ne m'a paru plus atroce et plus haïssable. » (1887).

A dire vrai, les traces de cette angoisse apparaissent peu dans *le Jardin de l'Infante*. Je n'en vois guère l'écho que dans la strophe où le poète parle de ces « nuits de doute, où l'angoisse vous tord »[93]. Mais comment, après la lecture des *Carnets Intimes,* mettrions-nous en doute la sincérité de tels vers, qui évoquent de façon saisissante « l'infini terrible » et « le vent de l'abîme »[94] ? Il semble pourtant que ce ne soit là dans la vie intérieure de Samain qu'une expérience extrême et exceptionnelle. Son esprit n'est pas taillé pour les spéculations abstraites. Son cœur est d'un musicien et d'un poète. Il a tôt fait d'en revenir aux « états d'âme placés aux confins du sentir ». Du moins, de cette incursion dans les solitudes métaphysiques, il lui restera un goût d'amertume, qui donnera à sa poésie une particulière résonance.

Celle-ci nous découvre le plus intime de son âme. Poésie du déclin, qui chante le « désir de mourir » et le « monotone effort de vivre »[95]. Poésie d'un « grand rêve triste », où se complaît, avec une délectation légèrement morbide, son âme en langueur. Mais ce qu'il est capital de noter, c'est que chez Samain cette mélancolie subtile n'est plus une attitude, ni seulement la sentimentalité trouble et passagère d'une âme de vingt ans qui se cherche. Nous avons vu qu'elle correspondait à son tempérament, à son être même, et c'est pourquoi elle persistera, plus ou moins transposée, mais réelle, dans toute son œuvre. C'est pourquoi aussi on peut trouver en lui le représentant le plus caractéristique, non du Symbolisme comme on a voulu le dire, mais bien de l'aspect mineur de la poésie décadente[96].

Tous les traits de cette poésie sont en effet concentrés et comme fondus dans l'âme et dans la poésie de Samain ; et le sonnet *Dilection*, dans sa musique fluide, nous en offre une manière de répertoire :

> J'adore l'indécis, les sons, les couleurs frêles,
> Tout ce qui tremble, ondule, et frissonne, et chatoie,
> Les cheveux et les yeux, les feuilles, la soie,
> Et la spiritualité des formes grêles...
> L'heure du ciel au long des lèvres câlinées...
> L'âme qui meurt ainsi qu'une rose fanée...
> Nuit et jour, un amour mystique et solitaire...

Musique, paysage, mouvements, formes, et les préférences qui caractérisent une certaine sorte d'imagination poétique : tout est en ces quelques vers. La poésie de Samain, comme celle des autres décadents, est avant tout musique. Samain est le poète de l'âme qui s'exhale, une âme musicale et mélodieuse.

---

[93] *Au Jardin de l'Infante* : « Il est d'étranges soirs... » (p. 165).
[94] *Carnets Intimes,* p. 110.
[95] Cf. *Au Jardin de l'Infante* : « Je rêve de vers doux... » (p. 67), *Musique confidentielle, Musique sur l'eau.*
[96] C'est en quoi la thèse de G. Bonneau me semble fort discutable.

Point de symphonie : une mélodie subtile qui se déroule, « indéfinie », impalpable, dont le son « se prolonge et se pâme »[97], mélodie en ton mineur, musique des pianissimo et du silence, qui devient elle-même le thème de nombreuses pièces : *Musique sur l'eau, Accompagnement, Musique confidentielle, Musique Arpège, Chanson d'Été, Viole, Silence* ; une « musique pour oublier la vie », et qui est faite de la substance même de ses rêves.

Tel est le caractère véritable de cette poésie. Une fusion intime de toutes les sensations dans une harmonie presque impalpable, où se confondent l'objet et le sujet, l'âme des choses et l'âme du poète, un « spleen lunaire » héritage baudelairien, qui s'est peu à peu vaporisé en des larmes d'automne, de cloches et de flûtes voilées, gouttes d'extase qui coulent en un doux fleuve harmonieux : ce qui reste d'une crise éphémère est le chant d'une âme close, en laquelle peu à peu le rêve, parti vers les « Iles d'Amour », va susciter, comme chez Henri de Régnier, à l'heure du Symbolisme triomphant, un paysage de légende[98].

Du mystère à la parodie de l'angoisse

Dans *la Pléiade*, modeste revue qui, en 1886, groupe quelques jeunes gens ayant « de l'amitié les uns pour les autres » et « la religion de l'Art divin »[99], apparaît pour la première fois la signature de « Mooris Maeterlinck ». Il n'y figure pas seul de son groupe d'ailleurs : on y lit également des poèmes de Grégoire le Roy et de Van Lerberghe, qui, eux aussi, font leurs débuts dans la littérature.

Leurs poèmes ressemblent fort à ceux de Mikhaël, de Quillard ou du directeur de la revue, Rodolphe Darzens : les uns et les autres évoquent les clairs de lune, les crépuscules pluvieux et les heures grises, chantent l'ennui, les cœurs lassés et les lentes ressouvenances[100]. Pourtant, ceux-là ont une sonorité particulière, un je ne sais quoi de brumeux et de lointain, un éclairage de pénombre et de mystère, un accent plus douloureux aussi. Quelque chose en effet unit ces poètes : ils apportent avec eux l'âme de la Belgique.

D'une nature inquiète et mystique, Maeterlinck avait déjà souffert, à Gand, de l'atmosphère étouffante de la vie familiale. Les Jésuites, qui l'ont élevé, lui ont donné « une foi précaire et provisoire », dont le scepticisme tapageur de la Faculté de droit a eu tôt fait d'effacer les traces. Et Maeter-

---

97 *Au Jardin de l'Infante : Musique sur l'eau, Musique confidentielle.*
98 On n'a étudié ici que la genèse du *Jardin de l'Infante*, qui, bien que publié seulement en 1893, a été presque totalement écrit sous le signe de la décadence. Pour la suite de l'œuvre de Samain, cf. ci-dessous, IIIe partie.
99 *La Pléiade*, mars 1886, n° 1 : *Au Lecteur*, par Théodore de Banville.
100 Cf. *La Pléiade*, n° 2 (p. 52) :
   La mélancolique et lente souvenance (Gr. Le Roy).

linck porte déjà en lui une vague inquiétude quand il entre en contact avec les milieux décadents de la capitale. Son arrivée à Paris marque le début d'une crise qui va s'étendre sur plus de dix années et dont les *Serres Chaudes,* en 1889, seront le premier témoignage.

Le poète étouffe dans la société moderne comme il étouffait dans le cadre familial. Serres chaudes où s'étiole cette « âme en torpeur », qui se contracte et s'enferme dans sa propre pensée. Il est facile, certes, de tourner en ridicule avec Maurice Lecat[101] des vers comme ceux qui commencent l'*Âme de Nuit* :

> Mon âme en est triste à la fin ;
> Elle est triste enfin d'être lasse,
> Elle est lasse enfin d'être en vain.
> Elle est triste et lasse à la fin
> Et j'attends vos mains sur ma face,

Dès les premières pièces que publie *la Pléiade,* on remarque pourtant l'accent de cette poésie. Certes, c'est toujours le même décor. Comme les poèmes élégiaques de Mikhaël, de Le Roy ou de Van Lerberghe, ils chantent la lune, les cygnes, les lys ou les roses des jardins d'hiver. Si Quillard évoque à son tour la « ressouvenance lente de nos cœurs lassés »[102], Maeterlinck répond comme en écho :

> Voici d'anciens désirs qui passent,
> Encor des songes de lassés,
> Encor des rêves qui se lassent...

Mais nulle part encore on n'avait entendu le son de ces complaintes. Pour la première fois, la répétition y acquiert une puissance de suggestion quasi-obsédante ; grâce à elle, chaque vers pénètre un peu plus profondément dans notre âme. On pourrait dire qu'un mouvement immobile est le secret de cette poésie. On avance de vers en vers, de poème en poème ; et l'on s'aperçoit qu'on est toujours à la même place, dans le même cadre, avec les mêmes désirs et la même torpeur. La lente asphyxie des serres nous gagne :

> Moi, j'attends un peu de réveil,
> Moi, j'attends que le sommeil passe,
> Moi, j'attends un peu de soleil
> Sur mes mains que la lune glace[103].

Poèmes du sommeil léthargique, poèmes de l'attente. Incantation d'une souf-

---

[101] Chez qui « ces accents d'une langueur maladive provoquent une hilarité irrésistible. » L'ouvrage de M. Lecat est d'ailleurs un chef-d'œuvre de critique incompréhensive et de mauvaise foi.
[102] *La Pléiade,* n° 3 : *Printemps d'automne.*
[103] *Serres chaudes : Heures ternes.*

france. Mais voici qu'à travers cette incantation apparaît l'autre secret des *Serres Chaudes,* qui sera le secret de Maeterlinck : la fusion de l'âme et du monde. Ce qui faisait le charme de certains vers de Verlaine, Maeterlinck en a fait la substance même de ses poèmes.

> Il n'y a plus d'étoile aucune ;
> Mais de la glace sur l'ennui
> Et des linges bleus sous la lune.

Union totale du concret et de l'abstrait, au point qu'on n'aperçoit plus l'horizon du monde et l'horizon de l'âme. Ou plutôt, comme le dit si justement André Beaunier, on n'aperçoit plus le monde que déformé, comme vu à travers des vitres épaisses : les vitres des « serres chaudes ». Par là, par cette « vision de l'âme »[104], Maeterlinck a vraiment contribué à dissoudre les paisibles apparences de la vie quotidienne. Du moindre geste, de la moindre pensée, il a fait naître un autre monde, un monde mystérieux qui souvent nous effraie, toujours nous étonne et nous envoûte. Les *Serres Chaudes* ont introduit dans la poésie, définitivement, le sens du mystère. Il ne restera plus à Maeterlinck qu'à entendre le message nouveau pour charger ce mystère de signification symbolique.

*
* *

On peut dater de l'automne 1883 le début de la crise intellectuelle et morale qui allait dicter à Verhaeren, pendant huit ans, les poèmes hallucinés de la *Trilogie* et des *Apparus dans mes chemins.* Que la mode soit pour une grande part dans cette transformation soudaine de la pensée et de l'art du jeune poète, cela n'est pas douteux. Rien ne convenait moins, en réalité, que les attitudes langoureuses et les musiques impalpables à ce tempérament actif dont la généreuse truculence avait déjà donné à la Belgique *les Flamandes.* Mais c'est justement pour cette raison que, aimant l'excès en tout, dès les premières atteintes du mal, il fit l'effet d'un cas désespéré.

Maladie de l'époque, mal décadent, mais sous sa forme la plus aiguë, plus baudelairienne que verlainienne, et plus sincère encore que baudelairienne. C'est que Verhaeren, en 1883, est réellement malade. Son état, il est vrai, n'a jamais sérieusement inquiété le docteur Eger, qui le soignait. Un mal d'estomac nerveux, une dyspepsie chronique a provoqué chez lui une surexcitation croissante, et en même temps un état de dépression qui atteint profondément le moral. Il a des angoisses, l'idée de la mort le hante. « Moi-même je me sentais m'en aller », dira-t-il plus tard[105]. Certes, il a vu dans la mala-

---

[104] A. BEAUNIER, op. cit., p. 281.
[105] *Un mot* (1888), dans *Impressions,* 1re série, p. 106.

die un magnifique champ d'expérience. N'écrira-t-il pas à René Ghil, en 1887 : « C'est une chose atrocement difficile que de se martyriser soi-même, par dilettantisme de courage et de volonté » ? Et, en 1889, dans la *Confession de poète* : « La maladie qui n'est que physique, je l'ai cultivée, parce qu'elle me jetait en des situations morales que je recherchais pour ma bataille »[106] ? Mais est-ce une raison pour mettre en doute la réalité ou pour minimiser l'acuité de ce mal ? Verhaeren a pu, après coup, exagérer ce qu'il pouvait comporter de littéraire, se composer une attitude. Pourtant la même *Confession de poète*, capitale pour l'intelligence de ce premier Verhaeren, ne parle-t-elle pas d'une lutte poignante, de prostrations et de redressements, d'existence cérébrale exaspérée ? En effet, dès 1884, il confie à un ami : « Je réfléchis à tous ces problèmes d'humanité et de destinée qui me torturent, qu'on ne peut pas secouer, quoi qu'on en dise, et qui vous restent cloués dans la tête malgré tout. »[107] Son tempérament lui-même, ce besoin d'action qu'il découvre au fond de sa nature, exaspère son angoisse métaphysique et la tourne en révolte. Avec quelle lucidité ne scrute-t-il pas les raisons profondes de cette angoisse !

Plus il médite, plus il éprouve la dualité qui le déchire, et qui revêt chez lui l'aspect d'un conflit entre la vie et le bonheur : vie faite de hasard et de contrainte, bonheur qui n'est qu'un désir et qu'un rêve. Car « le bonheur est une notion acquise, puisée au-dessus mais non pas dans la vie »[108]. Elle se confond avec l'idée d'un Dieu bon et providentiel : supprimez l'une, l'autre tombe. Constatation terrible ! Ainsi s'écroule à larges pans la foi de son enfance.

Que faire devant une telle contradiction ? « Quelques-uns se résignent et vivent comme ils peuvent ; d'autres inventent des cieux et tentent de s'en éblouir ; d'autres — et j'en suis — après s'être persuadés que le désaccord existe, s'emportent contre le bonheur, s'en veulent à eux-mêmes de l'avoir collé au cerveau, s'irritent contre la bêtise de ceux qui le croient humain et dû, détestent l'éducation qu'ils en ont reçue, et paraissent, à cause de leur sagesse même, des fous. » Verhaeren est de ces derniers. Mais il ne se révolte pas tant contre le monde en général que contre le rêve, contre cette idée du bonheur que notre société lui a léguée. « Mensonge de la vie », qui amène une folie de colère !

Aussi Verhaeren ne s'en tiendra-t-il pas à la mode décadente, aux « gammes si superficiellement mineures de notre poésie, qui se flue aujourd'hui bien plus qu'elle ne se vit », et qui se fait « si bêtement bêlante ». Il

---

[106] *Impressions*, 1re série, p. 12.
[107] Lettre à Joseph Nève du 28 mai 1884, citée dans A. FONTAINE, *Verhaeren et son œuvre*, p. 16.
[108] *Impressions*, 1re série, p. 10.

ne demandera pas longtemps ses consolations à l'évasion et au rêve. Peut-être serait-ce la meilleure forme de la sagesse, ou en tous cas de la poésie ? C'est là que s'en tiennent « les rêveurs et les illusionnés d'aujourd'hui ». Mais Verhaeren « n'aime ni les uns ni les autres ».

Ce qu'il lui faut, c'est « une sorte d'exaltation héroïque de la pensée ». Quel héroïsme donc ? Héroïsme contre lui-même, puisque tout autre lui est interdit. Refuser le rêve, refuser le bonheur comme un vain leurre, refuser Dieu, voilà l'héroïsme véritable. « Le pessimisme n'est qu'une étape banale vers un état d'âme plus aigu. » Déclaration capitale : Verhaeren ira plus loin, beaucoup plus loin que les Décadents et autres poètes « mineurs ». Après Baudelaire, il cultivera son mal, il intensifiera sa douleur. Par delà les *Soirs* encore romantiques, « éperdument », il parcourra les mornes plaines des *Débâcles,* pour atteindre les « noirs paradis », le désespoir absolu, la « démence incurable et tourmentante », les tombeaux de la pensée que veillent, dans une solitude désolée, les *Flambeaux noirs*.

Expérience surhumaine, presque inhumaine, qui commande une esthétique de l'extrême. « Poète du paroxysme », a dit Albert Mockel[109]. A de telles exigences, il faut une poétique délivrée de toute contrainte. L'art de Verhaeren sera un lyrisme total, un « cri toujours venu du fond de l'être ». Cet art doit grincer et crier la vie « entre chaque deux vers ». L'idée poétique, celle qui résulte d'une impression personnelle, émotionnelle et éclatante, jaillit du cerveau « armée de pied en cap de couleur et de rythme », et le poète doit la surprendre en sa forme primordiale, saisir comme un éclair ces couleurs, cette musique à l'état brut. Il s'insurge contre les moules appris au collège, contre toute forme réglementée et doctorale. « Cette forme, c'est en soi qu'il faut la trouver, en soi seul et non dans un livre »[110].

A l'heure où d'autres en seront encore aux thèmes convenus, aux rythmes éprouvés, à la complainte reçue de Verlaine, Verhaeren trouvera donc des accents nés au plus intime de son être. Et en 1891 *les Apparus dans mes Chemins,* dans leur structure déjà symbolique, retraceront l'itinéraire moral, les étapes de la terrible crise que marquèrent successivement, en 1887, en 1888 et en 1890, les trois recueils de la *Trilogie*.

Il a d'abord, comme les autres, tenté l'évasion vers l'idéal, vers le rêve ; il a été « Celui de l'horizon », le poète de l'orgueil et des désirs sauvages, il a cherché, ailleurs, une vie totale, « une autre existence éclatée en miracles »[111]. Rêves fous ! Ces voyageurs,

> Lointainement par les grands mirages tentés,

---

[109] A. MOCKEL, *E. Verhaeren, Poète du paroxysme.*
[110] *Impressions,* 1re série, p. 15.
[111] *Les Apparus dans mes chemins : Celui de l'horizon.*

et qui étaient partis, « au loin », vers les au-delà mystérieux des plaines et les horizons songeurs, les pays blancs et immobiles, ces voyageurs n'y ont trouvé que visions mortes[112]. Verhaeren, après Baudelaire, a tenté la grande aventure. Impossible évasion !

> Impossible ! — voici la boue et puis la noire
> Fumée et les tunnels et le morne beffroi
> Battant son glas dans la brume...[113]

Sa pensée a cru suivre les navires ardents et pavoisés, ses « vieux désirs embarqués sur la mer »[114] ; mais son âme est restée là, sur le rivage, prise « aux sables de la mort », l'âme des *Soirs*, gémissante et lasse. Car ces soirs ont une âme, ils

> Saignent, dans les marais, leurs douleurs et leurs plaies[115] ;

ces « soirs crucifiés » disent la tristesse de la vie quotidienne et l'amertume des souvenirs. Ils symbolisent la lassitude de celui qui est revenu de l'aventure et qui n'a plus que ses désillusions. Celui des *Soirs,* c'est *Celui de la Fatigue* :

> Il n'était plus la vie,
> Il n'était point encor la mort,

diront *les Apparus dans mes Chemins* ;

> Lassé du bien, lassé du mal, lassé de tout,

il n'aime plus que sa lassitude même. Et, comme eux déjà, nerveux et seul, il « flaire la mort »[116].

C'est que le désespoir a conduit Verhaeren à un nihilisme absolu. *Celui du Rien,* c'est le poète des *Débâcles* et des *Flambeaux noirs*. Déjà, au fond des soirs, avait surgi un catafalque d'or, et l'on entendait la prière :

> Mourir ainsi, mon corps, mourir serait le rêve ![117]

Mais maintenant, le poète est face à face avec la mort, il s'entretient avec le néant. Car il a « vidé les passions d'ardeur et de savoir »[118], il a parcouru toutes les gloses et descendu « l'escalier tournant de l'infini », il s'est perdu

> Dans le hallier des lois et des systèmes[119],

---

[112] *Les Soirs : Les Voyageurs :*
   Devant leurs rêves fous et leurs visions mortes...
[113] *Ibid. : Au Loin.*
[114] *Les Apparus dans mes chemins : Au loin.*
[115] *Les Soirs : Humanité.*
[116] *Ibid. : Les Malades.*
[117] *Ibid. : A Ténèbres ; Mourir.*
[118] *Les Apparus dans mes chemins : Celui du Savoir.*
[119] *Ibid. : Celui de la Fatigue.*

et il en est revenu « les yeux vidés d'horreur ». Sa porte est close désormais sur l'illusoire vérité. Jamais aucun Dieu, nulle part une certitude. Il ne reste plus au poète que des « tombeaux d'idées ».

Alors le décor se transforme : cadran du beffroi, ville d'ébène, ciel funèbre, mer sombre, et partout des sépulcres et des cercueils. Partout des glas et des tocsins, des marteaux qui frappent sans cesse. Et puis, brusquement, plus rien : le glas ne sonne plus, les marteaux se taisent. C'est le silence,

> Un silence total dont auraient peur les morts[120].

Poésie noire, après la poésie grise des *Soirs* et de la mélancolie en demi-teinte. Ce décor, bien plus encore que le paysage de Verlaine ou de Maeterlinck, c'est le décor de son âme. Le visuel est devenu un visionnaire, la culture de son angoisse a fait naître en lui l'hallucination pure et simple. Hallucination concrète, si l'on peut dire, des sons ou des paysages ; mais aussi hallucination abstraite, où les idées ne font plus qu'un avec les choses.

> Je suis l'halluciné de la forêt des Nombres[121],

clame un refrain des *Flambeaux noirs*. Hallucination qui, peu à peu, entraîne le poète vers la folie. Déjà il sent « la démence attaquer [son] cerveau ». Son sommeil est « suragité de fièvre et de cauchemars rouges », sa tête craque, son âme éclate[122]. Tout lui suggère l'idée de la mort : ses doigts, qui seront, dans le linceul, immobiles et verts ; le roc carié que ronge la mer ; le ciel nocturne plein de sépulcres sombres, où il voit défiler, cortège vierge et placide, « les funérailles de la lune ». *Débâcles* de ses croyances, de ses idées, de tout son être ; *Flambeaux noirs* de la folie : telle est la vision finale.

> Le cadavre de ma raison
> Traîne sur la Tamise.

Engloutie « à toute éternité », sa raison semble bien morte.

Il fallait revivre cette aventure unique, ce « voyage au bout de la nuit », pour situer la *Trilogie* dans la poésie décadente. Nul n'est allé aussi loin, nul n'a vécu comme lui l'absolu du pessimisme. Mais surtout nul n'a créé une forme aussi saisissante et aussi neuve. Avec lui, la complainte prend un rythme angoissant, le rêve devient vision hallucinante. L'impression poétique forge son propre langage ; les plaines de la crainte, les chiens du désespoir : ainsi naît un univers nouveau, où fusionnent véritablement les sentiments et les choses. Symbolisme déjà, mais sans message. Il faut arriver aux derniers poèmes des *Apparus dans mes Chemins* pour apercevoir la fin de la nuit et

---

120 *Ibid. : La Révolte.*
121 *Ibid. : Les Nombres.*
122 *Ibid. : Le Roc.*

voir poindre l'aube, où se découpe la silhouette du Saint-Georges, clair et droit, cuirassé d'or, symbole d'un espoir qui renaît. Rien peut-être ne représente mieux le mouvement même des Décadents au Symbolisme que cette transformation d'un pessimisme intégral en promesses de vie, que ce passage presque brutal de la nuit au jour.

*
* *

Après la *Trilogie*, il semblait qu'on ne pût entendre cri humain plus déchirant. Et pourtant il restait à parodier sa propre angoisse, à rire de soi-même, impitoyablement. Chez Laforgue, sans cesse, l'intelligence épie le cœur, et l'ironie vient déchirer les lambeaux de son lyrisme angoissé. Expérience encore plus inhumaine, s'il est possible, et dont le lieu reste cependant l'homme, un homme.

Un homme solitaire. Et c'est ce qui explique chez lui la durée de cette crise. Solitaire, il l'a toujours été, depuis le lycée de Tarbes où, importé de Montevideo à l'âge de six ans, il connut une enfance sans affection maternelle[123], jusqu'à la cour de l'Impératrice d'Allemagne, où la nécessité de vivre l'obligea à s'exiler aux plus belles années de la jeunesse. « Bon Breton né sous les Tropiques »[124], il a gardé de cette double origine une nostalgie des « pays tous et bariolés » et des couchants sur la mer. « Deux tendances luttaient en lui, a dit Remy de Gourmont : l'amour de la vie et le mépris de la vie »[125]. Je dirais plutôt, comme pour Baudelaire : le cœur et l'esprit. Nature sensible à l'extrême, la vie, le moment ont fait de lui un intellectuel. Hypertrophie du cœur, mais en même temps de l'intelligence. Jusqu'à la fin de sa courte vie, il a cherché en vain son unité, la solution du conflit qui l'avait déchiré sans cesse. Et il est mort dans d'atroces grimaces, non sans avoir ironisé sur le « spleen » et sur l'inconscient cosmique.

Car il a toujours transformé ses cris en grimaces. Il n'a jamais voulu se prendre au sérieux, être dupe de lui-même. La figure d'Hamlet l'a hanté toute son existence, mais son Hamlet est sans épée, il devient un Pierrot grimaçant, réplique modernisée du Bourreau de soi-même[126]. Sensibilité et ironie : sa poésie sera « la parodie de sa sensibilité profonde »[127].

---

[123] Sa mère, comme l'indique F. RUCHON, (*Jules Laforgue,* p. 17), était restée à Montevideo et ne devait revenir en France qu'en 1875, pour mourir deux ans après.
[124] *Revue Blanche,* n° 94, p. 522.
[125] R. DE GOURMONT, *Promenades littéraires,* 4e série, p. 58.
[126] « Un Hamlet sans épée » : l'expression est de Camille MAUCLAIR, *Revue de Paris,* 15 juillet 1937, p. 349.
[127] R. DE GOURMONT, op. cit., p. 65.

Le *Sanglot de la Terre* (qui ne sera publié qu'en 1901) est la clé de l'œuvre de Laforgue. Par une sublimation poétique encore inconnue, il « exorcise » son ennui et ses premières illusions en en faisant des « spleens cosmiques ». Le *Spleen des Nuits de Juillet* devient ainsi l'« universel soupir de la Terre ».

Car ce premier recueil est, avant tout, un poème d'amour. On a noté très justement qu'il est construit autour d'une image centrale, celle d'un « Cœur douloureux, qui saigne et qui pleure ». Mais on n'a pas dit que ce cœur, c'est celui de la Terre, que le poème entier, c'est la passion de la Terre, où se projette la passion du poète. Auprès de celle-ci, le Soleil n'est qu'un astre jaune et grêlé, un citron plein de taches, flamboyante écumoire[128]. Jules Laforgue sera donc le poète de la terre, il fera siennes ses souffrances et nous dira ses larmes et ses angoisses.

Il faut hurler, percer la nuit ; c'est la mission du poète :

> Oh ! l'on finira bien pourtant par nous entendre !

Mais non. Pas plus que le Christ humain de Vigny, le « Christ sidéral » de Laforgue n'obtient de réponse. Rien qu'un silence éternel. Alors il n'a plus qu'à entonner le *Poème de la Mort*, la *Marche funèbre pour la Mort de la Terre*, un des cantiques les plus poignants qui aient été écrits.

Soudain il se produit dans sa vie un changement capital : grâce à l'intervention de quelques amis, il vient d'être attaché comme lecteur à l'impératrice Augusta et part pour l'Allemagne, où il vivra cinq longues années. Il va y éprouver cette nostalgie qu'il avait comme pressentie à Paris, et ce spleen qui jusque là était surtout cosmique. « Si vous saviez dans quel trou de spleen j'enfonce, j'enfonce... »[129] D'un seul coup, cette retombée dans le quotidien nous ramène à la mesure de l'homme.

> Voyez l'homme, voyez !
> Si ça n'fait pas pitié ![130]

« Mon sacré-cœur se fend », dit-il en raillant : après le *Sanglot de la Terre*, les *Complaintes* seront le sanglot du poète. Mais en même temps la perspective change. Ce que Laforgue a gagné à la philosophie de l'Inconscient qu'il a découverte chez Hartmann, c'est d'être plus complètement détaché des choses. L'ironie s'est emparée de lui, et lui fait voir le monde avec des yeux neufs :

> Tiens ! l'Univers
> Est à l'envers...[131]

---

[128] *Ibid.* : *Encore à cet astre.*
[129] Inédits, éd. La Connaissance, III, p. 81.
[130] *Les Complaintes : Complainte du pauvre corps humain.*
[131] *Ibid.* : *Complainte de Lord Pierrot.*

constate Pierrot. Comme lui, Laforgue soudain voit le monde à l'envers. Il pratique maintenant l'ironie du cosmique : cette bonne lune se fait traiter de « rosière enfarinée » par les étoiles entrées en danse ; elle a, calme lune de province, « du coton dans les oreilles » ; la terre n'est plus qu'un « suppôt de la Pensée », et Laforgue fait ses condoléances au soleil. Redescendu par l'ironie à l'échelle de l'humaine condition, il se perd maintenant dans l'Inconscient.

> Que votre inconsciente Volonté
> Soit faite dans l'Éternité ![132]

La poésie de Laforgue est une poésie du vent. Elle est remplie du vent de l'abîme. Déjà le *Sanglot de la Terre* retentissait du râle et de l'affolement des rafales. Les *Complaintes* en sont hantées.

> Le vent, la pluie, oh ! le vent, la pluie !

C'est le vent de la Folie, qui guette le poète au fond de son ennui. Cette âme était trop pure pour vivre dans un monde raisonnable. Le « pauvre jeune homme », en rentrant chez lui, a pris à deux mains son vieux crâne.

> Entends-tu la Folie qui plane ?

L'Imitation de Notre-Dame la Lune, qui paraît en 1886, est un essai de synthèse. Synthèse de l'ironie et de la métaphysique, synthèse du Cosmos et de l'Inconscient. Déjà les *Complaintes* avaient vu apparaître le personnage de Pierrot. Lord Pierrot, c'était Laforgue, qui, parodiant la chanson, raillait :

> Ma cervelle est morte.[134]

Mais, depuis, il y a eu un événement capital : après avoir découvert la Terre et sa détresse, Pierrot-Laforgue a découvert la Lune. Il ose à peine, certes, s'en dire le Christophe Colomb[135]. Mais il a maintenant « le cœur à la Lune ». Cette rencontre de Pierrot et de la Lune va cristalliser autour d'elle un symbolisme nouveau. Symbole de l'ennui, c'est vers elle

> qu'on en revient encore
> Et toujours, quand on a compris le Madrépore.

Nécropole errante, en sa silencieuse infinité elle enferme le Néant « dans sa pâle gangue »[136]. D'elle naît un lyrisme cosmique d'un nouveau genre, tout craquelé d'ironie. La lune, c'est l'Extase qui paie comptant, la soupape

---

132 *Ibid. : Complainte propitiatoire à l'Inconscient.*
133 *Ibid. : Complainte du pauvre jeune homme.*
134 *Ibid. : Complainte de Lord Pierrot.*
135 *Imitation de Notre-Dame la Lune : États.*
136 *Imitation : Au large.*

d'échappement du Cosmos, la pilule des léthargies finales. Tout au long de *l'Imitation,* Pierrot dialogue avec la lune. Après avoir dit « un mot au Soleil pour commencer », l'avoir traité de soudard et de maquignon, avoir flétri ses boniments creux, sa suffisance et son « phœbus », Pierrot assouvit son « besoin de lune ». Il la voit tout près de lui, comme si elle lui faisait des avances, il la sent couler dans ses veines, il la chérit comme une maîtresse. Elle l'obsède. Il chante, en ses « amours lunaires », sa faune et sa flore, ses détresses et ses stérilités. Elle teinte sa vision de blanc cru et aussi de « violet gros deuil ». Phénomène singulier, il se dédouble, se multiplie, et la lune aussi. Il y a des Lunes en détresse, et les Pierrots sont nombreux qui chantent,

> Blancs enfants de chœur de la Lune.[137]

Il sont fort corrects d'ailleurs, mais blasés, distraits, toujours dans la lune bien entendu. Pantins sans cesse en mouvement, ils symbolisent la stérile agitation de l'homme entraîné par l'Inconscient. Leur philosophie, c'est le scepticisme total. Tout se vaut, et, dans ce monde, on joue au fond à qui perd gagne[138]. Alors puisque l'Idéal est si élastique, puisque les livres s'entretuent sans lois et que « Tout est cercles vicieux »,

> j'aime mieux
> Donc m'en aller selon la Lune,

conclut Pierrot.

Il en avait pourtant encore, « là-haut, des drames et des poèmes, des féeries et des métaphysiques, inouïs, foudroyants ou donneurs de mort lente ! » Mais la mort était trop pressée.

> Il prit froid l'autre automne,
> S'étant attardé vers les peines des cors,
> Sur la fin d'un beau jour.
> Oh ! ce fut pour vos cors, et ce fut pour l'automne,
> Qu'il nous montra qu'« on meurt d'amour » !
> On ne le verra plus aux fêtes nationales,
> S'enfermer dans l'Histoire et tirer les verrous,
> Il vint trop tôt, il est reparti sans scandale ;
> O vous qui m'écoutez, rentrez chacun chez vous.[139]

A travers l'ironie persistante, la volonté toujours ferme de n'être pas dupe, apparaissaient pourtant à Laforgue des perspectives nouvelles, les *Moralités légendaires* et *Le Concile féérique* appartiennent bien au climat trouble, empreint de doutes et nourri d'une métaphysique pessimiste, qui est

---

[137] *Ibid. : Pierrots,* V (p. 29).
[138] *Ibid. : Locutions des Pierrots,* XV (p. 48).
[139] *Derniers Vers : Simple agonie.*

celui de la génération de 1880. Serait-il devenu « un Laforgue heureux, assagi, revenu du vers libre au noble alexandrin et des *Hydropathes* à la *Revue des deux Mondes* »[140] ? Pourquoi supposer une telle évolution ? N'aurait-il pas plutôt, maître enfin de sa forme et trempé par ces longues années d'expérience douloureuse, trouvé dans une métaphysique constructive et dans une réalisation poétique absolument neuve la solution de son drame intérieur et la source d'une synthèse féconde ? C'est du moins ce que les magnifiques promesses du *Sanglot,* des *Complaintes* et de l'*Imitation* qui paraît en 1886 permettent de croire.

*
* *

Ainsi, une génération presque entière était touchée. Et, après tout, il n'y avait pas une distance si grande à franchir de la sensibilité maladive d'une mode à la névrose, du vague des passions au spleen moderne, du sens du mystère à l'angoisse, au nihilisme et à la folie. Le passage des grisailles de *l'Automne* aux bois violets du rêve de Samain, aux *Flambeaux noirs* et à l'*Imitation de Notre-Dame la Lune* n'était, moralement, qu'une question de nuance et de degré. Et c'était au fond la même tristesse sans espoir qui faisait percevoir aux Décadents, en un monde désert, une musique confidentielle ou un tintement de cloches, le glas de la mort ou le silence éternel des espaces infinis. Les plaintes ou les cris qu'a pu dicter un mal aussi grave sont parmi les plus émouvants ; de leur mélancolie pénétrante ou de leur anxiété se dégage une beauté qui parfois touche au sublime. Mais une société tout entière ne peut vivre longtemps dans l'inquiétude et l'angoisse. Le chemin qu'ont parcouru les plus intrépides ou les plus sincères montre jusqu'à quelles profondeurs peut atteindre le mal. C'est maintenant plus qu'une querelle littéraire : une question de vie ou de mort pour la civilisation d'Occident. Aux appels désespérés d'Hamlet ne répond plus que le rire vide du naufragé de la Tamise. On dirait que c'est la révolte, non de certaines valeurs opprimées, mais de toutes les puissances négatives du monde, irrésistiblement attiré vers le néant. Dans ce naufrage sans précédent où la raison a sombré, trouvera-t-on la planche de salut libératrice ?

---

[140] Comme le voudrait RUCHON, op. cit.

VII

DÉCOUVERTE DU SYMBOLISME

Aux armes, citoyens ! Il n'y a plus de RAISON[1].

Ainsi Laforgue appelait-il ses frères à l'insurrection. Son dernier mot devait être sans tarder le premier mot d'une génération nouvelle.

Mot de révolte d'abord. Préparée par les cabarets et par les œuvres décadentes, précipitée par les *Déliquescences,* la révolte éclate. Les escarmouches de presse de l'été 1885 créent, on l'a vu, le climat révolutionnaire[2]. Avant la fin de la même année, *Scapin,* dans son premier numéro, lance le cri de guerre : « Réaction contre les gérontes de la littérature, contre les « penseurs » sans idées, guerre à l'engourdissement stérile de tous ces pitres qui bedonnent ! »[3]

Les cabarets alors ne suffisent plus : leur public est trop fermé, leurs moyens trop limités. Il faut porter les ferments de révolte dans la foule même, proclamer publiquement les revendications nouvelles. De petites revues naissent partout, qui matérialisent les forces de combat. On unit ses moyens, on s'enrégimente. Des groupes se dessinent. Voici les aînés, ceux de la rive gauche, Samain, Moréas, Le Cardonnel, Henri de Régnier, déjà révélés par *Lutèce* ou le *Chat Noir.* D'autres, les plus verlainiens, se groupent au *Décadent* : Du Plessys, Tailhade, Ernest Raynaud. En face d'eux tous, la *Revue Wagnérienne* unit quelques jeunes autour de Dujardin. Plus timides enfin, « ceux de Condorcet », Ghil, Stuart Merrill, Quillard, Mikhaël se rassemblent

---

[1] J. LAFORGUE, *Poésies,* t. II : *Derniers Vers, Simple Agonie* (publié dans la *Vogue* du 18 octobre 1886).
[2] Voir ci-dessus, p. 151.
[3] *Scapin,* n° 1, 1er décembre 1885 (sous la signature de Saint-Sérac). Voici par exemple le ton d'une attaque contre un de ces « gérontes », Richepin (qui n'avait d'ailleurs que 36 ans) : « Richepin, ce professeur de rhétorique débitant du haut de sa chaire des cochonneries en mauvais argot comme il confectionnerait des dissertations pour le bachot, vient de publier un nouveau volume. Nous avons regardé avec tristesse défiler devant lui la foule des admirateurs, et nous avons vu avec une douloureuse stupéfaction le maître Théodore de Banville donner son coup d'encensoir à l'« idole de jaspe ». (*Scapin,* 15 février 1886).

dans *la Pléiade,* où ils accueillent les Belges de Gand, Van Lerberghe, Grégoire le Roy et Maeterlinck[4].

Au printemps de 1885, les équipes sont constituées. Ce sont alors les attaques décisives. Il faut « tomber les vieilleries », proclame *le Décadent*[5]. Et peu après, au moment où Wyzewa affirme dans la *revue Wagnérienne* la nécessité d'un art nouveau et où René Ghil publie son *Traité du Verbe,* première charte du régime, le « manifeste » du *Figaro,* où Moréas s'en prend à la « décrépitude sénile » de la littérature, fait figure de prise de la Bastille littéraire[6]. Les privilégiés des lettres auront beau protester, Anatole France et les autres crier à la décadence, Sutter-Laumann s'efforcer de donner le change en constatant que les décadents « ont forcé la redoutable bastille de l'indifférence »[7]. Il est trop tard. Ce n'est pas de cette bastille-là qu'il s'agit. La Révolution contre le rationalisme et son dernier produit, le positivisme, est en marche.

Le tournant de 1885-86

L'appel de Laforgue n'était pas seulement un cri de révolte. A l'heure où tout semblait fini, où la décadence sonnait le glas d'une civilisation, où le naufrage de la raison paraissait entraîner celui de l'esprit même, au fond de cette nuit angoissée, quelques-uns voyaient l'aurore poindre. Dans cet individualisme effréné, dans cette descente aux profondeurs de l'âme, dans cette analyse sans fin des sensations, comment retrouver l'unité perdue ? C'est là le miracle des années 1885-86. Par une remarquable rencontre, au moment où Henri Bergson soutient sa thèse sur *les Données immédiates de la conscience,* le Symbolisme va naître. Avec une lucidité extraordinaire, Barrès, cette année même, signalait ce « mouvement tournant, le plus curieux de ce siècle »[8]. Mais si, à l'analyse des Décadents, les Symbolistes vont pouvoir substituer une synthèse, à leur poésie instinctive une poésie consciente d'elle-même, à leur inquiétude une foi nouvelle, c'est parce qu'alors toutes les influences de l'extérieur, latentes jusque là, se manifestent et cristallisent. Un flot d'idéalisme déferle, qui d'abord se mêle inextricablement au scepticisme et au pessimisme négateurs, pour les éliminer ensuite peu à peu.

---

[4] Cf. ci-dessus, IIe partie, pp.
[5] *Le Décadent,* juin 1886 : « L'avenir est au décadisme. Nés du surblaséisme d'une civilisation schopenhaueresque, les décadents ne sont pas une école littéraire. Leur mission n'est pas de fonder. Ils n'ont qu'à détruire ; à tomber les vieilleries et préparer les éléments fœtusiens de la grande littérature nationale du XXe siècle ».
[6] Voir ci-dessous, p. 94.
[7] *La Justice,* août 1886.
[8] *Les Taches d'encre* ; cité dans Van Tieghem, *Histoire littéraire de l'Europe et de l'Amérique,* Colin 1941, p. 307.

Gabriel Sarrazin, dans ses *Poètes modernes de l'Angleterre,* attire l'attention sur les préraphaélites[9]. Certes, ils étaient déjà nombreux en France à connaître Rossetti et Swinburne, à goûter leur sens du mystère. Mais Sarrazin, « grand éveilleur d'âmes »[10], fait prendre conscience à la jeune génération de ce qu'ils peuvent lui apporter de positif : un mysticisme et un spiritualisme constructifs.

Pourtant le rayonnement de ces études reste faible. Il n'en sera pas de même, quelques mois plus tard, de l'ouvrage que publiera le vicomte de Vogüé : *le Roman russe,* dont la préface fait l'effet d'un appel révolutionnaire, à tel point qu'on la qualifie de nouvelle *Préface de Cromwell.*

La jeunesse de 1885 est mûre écrit-il : « Un esprit d'inquiétude [la] travaille, elle cherche dans le monde des idées un point d'appui nouveau... Les négations brutales du positivisme ne la satisfont plus. Lui parle-t-on de la nécessité d'une rénovation religieuse dans les lettres, elle écoute avec curiosité, sans prévention et sans haine, car, à défaut de foi, elle a au plus haut degré le sens du mystère... Ces pessimistes, ce sont des âmes qui rôdent autour d'une vérité. » Car le pessimisme, « dernier terme de l'évolution nihiliste, est en même temps le premier symptôme d'une résurrection morale. »

Et Vogüé lance le cri de guerre : « Langue et pensée, chaque époque doit les refondre sans relâche ; voici qu'après des jours mauvais où elles ont fléchi, cette tâche nous revient ; travaillons-les à la façon de ce métal de Corinthe, qui sortit de la défaite et de l'incendie riche de tous les trésors du monde, de toutes les reliques de la patrie, riche de ses ruines et de ses malheurs, métal éclatant et sonore, bon pour forger des joyaux et des épées ».

Il se trouvait quelqu'un, en 1885, qui travaillait silencieusement le métal sonore. Quelqu'un qui, au moment même où convergent et affleurent tous les courants, toutes les causes profondes : wagnérisme, mysticisme, idéalisme, réunit autour de lui les plus fervents parmi les jeunes. Mallarmé, dans le cadre intime de ses Mardis, avec l'autorité d'une pensée et d'un art mûris dans la solitude, va faire ce que n'ont pas su faire quinze ans d'agitation jusque là stérile : donner à la jeunesse les moyens de se découvrir, au mouvement littéraire de trouver son sens. Prisonniers de leur âme, ceux qui viennent à lui sont des affectifs, et leur poésie est tout instinctive : le héros de la conscience totale va leur permettre de réfléchir, de *prendre conscience* à leur tour, et de chercher les voies où se rejoindront la poésie et l'art. Il leur livrera les joyaux qu'il a su forger dans l'ombre. Quant aux épées de la

---

[9] Parus en 1885. Cf. sur l'influence de Sarrazin : G. LAFOURCADE, *Gabriel Sarrazin critique de la poésie anglaise,* dans *Études anglaises,* mai 1937.
[10] L'expression est de Tancrède de Visan.

révolution, dont il sera l'artisan malgré lui, c'est la nouvelle génération qui va se charger de les fondre.

DE LA RIVE GAUCHE À LA RIVE DROITE

En notant l'importance des deux rives dans la genèse du Symbolisme, Gustave Kahn et René Ghil n'ont fait qu'indiquer incidemment un phénomène dont la portée est en réalité décisive[11]. La Rive Gauche, le Quartier Latin, c'était le royaume de Verlaine, le berceau de la *Nouvelle Rive Gauche,* le monde des cafés ; toute cette agitation tapageuse et un peu « bousingot » qui était dans la meilleure tradition bohème. Si cette bohème se faisait l'écho de maintes influences, si même elle marquait sous des modes plus ou moins hétéroclites une crise profonde, un « mal de fin de siècle », elle était incapable de la dépasser en une féconde synthèse et de trouver en elle-même les raisons d'une délivrance. Les Décadents, cultivant leur âme endolorie, bataillaient contre le bon sens vulgaire, la bêtise bourgeoise, le coppéisme littéraire. Ils n'avaient pas encore tué le vieil homme. Ils restaient encombrés d'influences et de formules avortées, et s'aveuglaient à l'éclat des systèmes qui s'offraient. De la confusion des velléités et des tentatives, en l'absence de tout effort objectif, rien ne s'ordonnait encore. Pourtant, tous n'étaient pas comme Stanislas de Guaïta dont l'horizon, s'il faut en croire Gustave Kahn, se limitait à son café[12]. Et, en 1885, on commençait à savoir qu'il y avait du nouveau rue de Rome.

Dès le début de 1884, on l'a vu, la publication des *Poètes Maudits* avait brusquement révélé à la jeune génération, non seulement Verlaine et Rimbaud, mais Mallarmé, le Mallarmé du *Tombeau d'Edgar Poe,* d'*Apparition* et de *Don du Poème.* Pour la première fois, la nouveauté de cette tentative s'imposait à l'attention des jeunes ; et davantage encore quand son portrait exposé par Manet vint, comme le dit *Lutèce* au mois de mars, « en quelques sorte l'immortaliser »[13]. Mais les *Poètes Maudits,* articles ou plaquette, n'ont

---

[11] Cf. G. Kahn : « Ce n'est la faute de personne si les idées nouvelles germent dans les cerveaux jeunes, et que la jeunesse est un peu rive gauche. *Lutèce* et les *Déliquescences* sont très rive gauche, et pour cela fort incomplètes comme document à consulter. *Car enfin il y a deux rives.* Ces jeunes gens ne s'en doutaient pas trop. » (*Symbolistes et Décadents,* pp. 39-40). Et R. Ghil : « Durant ce temps, aux Mardis de Mallarmé étaient venus deux poètes nouveaux... : Henri de Régnier et Francis Vielé-Griffin. Ils venaient de la Rive gauche... » (*Les Dates et les Œuvres,* p. 39).

[12] « Stanislas de Guaïta a donné la note exacte d'un certain état d'esprit, quand, après avoir énuméré dans une préface à un volume de vers tous les nouveaux poètes existant à sa connaissance, doutant de son universalité, il termina en disant : il y en a peut-être d'autres, mais je ne les connais pas ; en tout cas, ils ne viennent pas à mon café. » G. KAHN, *Symbolistes et Décadents,* p. 40.

[13] « Manet a peint Mallarmé dans une attitude et à un âge immémoriaux... Ici le poète est en quelque sorte apothéosé, immortalisé. » *Lutèce,* cité dans H. MONDOR, *Vie de Mallarmé,* p. 431.

encore touché qu'un public restreint : *A Rebours* au contraire, trois mois plus tard, « décide de la gloire du poète »[14].

Ainsi, peu à peu et à sa propre surprise, Mallarmé devient un grand homme. Dès avant la fin de cette année 1884, dans ses *Taches d'encre*, Barrès ne lui consacre-t-il pas une longue étude où, allant plus loin que Huysmans, il saisit déjà, sinon la substance, du moins l'originalité et la nouveauté de la poésie mallarméenne :

> « Il aspire simplement à ramasser dans un vers tout un poème... Ayant fait choix de quelque comparaison rare et *adéquate*, il lâche tout soudain et ne conserve plus que la comparaison même, d'où il s'élance, sans autres explications, à de nouvelles et lointaines analogies... Art toujours voulu, médité, et développant quelque conception intellectuelle... »[15]

Extrême densité, emploi de l'analogie et de l'ellipse, intellectualisme : Barrès met l'accent du premier coup sur ce qui distingue Mallarmé de Verlaine, sur ce que Mallarmé doit apporter de neuf aux jeunes qui se cherchent. Il y a là, dit-il encore, « des liqueurs à déguster lentement, très lentement ». Commencerait-on à le comprendre ?

C'est alors que Mallarmé va faire sa rentrée, ou plutôt son entrée véritable dans le journalisme ; une entrée d'ailleurs qu'il veut effacée, sans concession d'aucune sorte. Sa contribution au *Parnasse contemporain,* puis aux revues de 1872-1876, était restée limitée à quelques poèmes. En janvier 1885, il donne à la *Revue Indépendante* une pièce serrée, dense, qui ne livre rien d'elle-même au premier regard : la *Prose (pour des Esseintes)*. Et pourtant, si l'on en croit Dujardin, c'est là « l'événement qui déclenche sa célébrité ». Célébrité à double sens, à vrai dire, « faite autant des moqueries et des insultes du plus grand nombre que de la pieuse et filiale admiration de quelques-uns »[16]. Mais l'essentiel n'est-il pas que « le flot qui le porte avance chaque jour »[17] ?

*
* *

Ce flot envahit de plus en plus la rue de Rome et transforme depuis quelques mois la physionomie de ces Mardis qui, jusqu'à l'an dernier, ne réunissaient autour de Mallarmé que quelques intimes en des conversations

---

[14] Van Bever, cité dans R. GHIL, *Les Dates et les Œuvres*, p. 31.
[15] BARRÈS, *Les Taches d'encre*, décembre 1884.
[16] Éd. DUJARDIN, *Mallarmé par un des siens*, p. 18.
[17] Barrès, dans H. MONDOR, op. cit., p. 445. Barrès, en réalité, comme Huysmans, unit et confond dans une même formule Verlaine et Mallarmé, auquel il prête également le « culte du décadent ».

familières, et dont le succès, étape par étape, traduit maintenant de façon concrète cette marche vers la célébrité. Groupe après groupe, on délaisse plus ou moins la Rive Gauche. Après les *Poètes Maudits* et *A Rebours,* ce furent les wagnériens, Dujardin en tête, et Wyzewa, et Fénéon, ceux de la *Revue Indépendante* ; et avec eux Maurice Barrès. Puis, en novembre 1884, au moment même où celui-ci prépare son article, Mendès, bien innocemment, découvre Mallarmé à René Ghil et au « groupe de Condorcet ». Révélation véritable, au dire de Ghil : l'enthousiasme de ces jeunes gens est immédiat et indescriptible ; celui que Mendès leur présentait « à titre de curiosité » les remplit d'une « émotion commune et soudaine » : ils auraient voulu crier ; ils sentaient que quelque chose d'inconnu et qui les hantait était là en puissance[18]. Quatre mois plus tard, Ghil était un assidu des Mardis, en attendant que se joignent à lui Quillard et Mikhaël, et, plus tard, André Fontainas[19]. Puis, dans le courant de 1885, ce seront successivement Vielé-Griffin[20] et Henri de Régnier, venus à leur tour tout droit de la Rive Gauche. Et quand Gustave Kahn, un de ceux de la première heure, regagne Paris, à l'automne, au lieu des soirées intimes où il rencontrait en 1879 Roujon, Léopold Dauphin, Germain Nouveau, il trouve, « dans le bon sens du mot, une chapelle », où l'on va recueillir « la manne d'une religion nouvelle ». Mallarmé avait-il donc changé ? « Il y avait seulement une génération nouvelle »[21]. De plus en plus, Mallarmé installait autour de lui, en « l'œuvre de sa patience »,

L'hymne des cœurs spirituels.

Ainsi fermentent autour de Mallarmé, en cette aurore de 1885, des promesses neuves. Tout un mouvement va naître de cette parole qui « monte, planant d'un vol somnambulique », de cette « prestigieuse évocation, souple, signifiante, chatoyante, colorée »[22]. Qu'apporte donc à ces « âmes attentives » l'improvisation du Maître ? Est-ce un système constitué, une doctrine littéraire cohérente ? Il importerait de le définir en cet instant précis où l'on cherche à en déterminer l'influence. Or, à cette époque, les documents nous manquent, les confidences des familiers restent fort vagues, et les écrits de Mallarmé lui-même sont sibyllins.

Nous l'avons vu, aux heures de concentration et de méditation solitaire, aboutir, non à un refus de métaphysique, mais à une métaphysique néga-

---

[18] R. GHIL, op. cit., pp. 3-4.
[19] Cf. A. FONTAINAS, *Mes Souvenirs du Symbolisme,* p. 51.
[20] Vielé-Griffin vint chez Mallarmé à la fin de 1885. Cf. la lettre de Mallarmé du 26 novembre 1885 à propos de *Cueille d'Avril* : « Votre main, merci ; un mardi soir que vous passerez vers la rue de Rome, venez donc causer un peu, de vous, de tout. » (Lettre inédite, Collection H. MONDOR).
[21] G. KAHN, op. cit., p. 30.
[22] J. AJALBERT, *Mercure de France,* 15 janvier 1898.

tive : négation de Dieu, négation de toute immortalité pour l'âme — matière prenant conscience d'elle — qui se réduit à une pure présence temporelle, à une simple fonction et tend sans cesse vers une pureté totale et absolue, qui n'est autre que le Néant. Nous avons vu alors comment il édifie sur cette négation une esthétique positive, selon laquelle la matière consciente cherche la nécessité des rapports qui la régissent, rapports purement formels, que la poésie a pour rôle de saisir et de fixer : ainsi le poète, par son coup de dés, vaincra-t-il le hasard.

Mais, prenons-y bien garde, un tel système, que nous sommes maintenant en mesure de reconstituer au moyen d'*Igitur* et de la Correspondance, restait alors tout implicite et ne pouvait être que pressenti par ceux de 1885. Les conversations du mardi n'étaient rien moins que des confessions, et Mallarmé n'y révélait le fond de sa pensée que par des allusions détournées et vagues. Il restait donc à ses admirateurs, pour se faire une opinion, quelques poèmes en prose et surtout ce qu'on a appelé « les grands poèmes ».

Mme Noulet veut lire dans ceux-ci — *Toast funèbre* et le *Tombeau d'Edgar Poe* en particulier — « la théorie littéraire de Mallarmé..., système très cohérent que sa prose va expliquer et répéter »[23]. Nous y avons trouvé, certes, une profession de foi matérialiste proclamant que la gloire est la seule immortalité que puisse espérer le poète. Nous y avons trouvé aussi l'*expression* d'une poétique fondée à la fois sur la suggestion et sur le mystère. Mais rien ne nous permet d'y voir la présentation claire d'un système ; encore bien moins les contemporains de Mallarmé, moins avertis que nous, pouvaient-ils l'y trouver. Rien d'autre non plus, en dehors de ces poèmes, ne formulait explicitement cette poétique : les déclarations parues autrefois dans *l'Artiste* dormaient depuis plus de vingt ans dans des exemplaires oubliés, et *le Démon de l'Analogie* ne devait plus compter de nombreux lecteurs.

Mallarmé lui-même, si on l'eût interrogé alors, en eût-il exprimé davantage ? Assurément, depuis vingt ans, ses idées ont dû se préciser et s'enrichir à la faveur de la méditation ; de plus en plus, il s'éloigne d'ailleurs de la métaphysique et s'attache à explorer le mystère de la création poétique, ainsi que le montre sa réponse à l'enquête de Léo d'Orfer, qui ne paraîtra qu'en avril 1886 dans *la Vogue,* mais pour laquelle celui-ci, dès 1884, lui demandait une « Définition de la Poésie ». « Injonction brusque », lui a répondu Mallarmé, qui a été pour lui comme un « coup de poing ». Ce qui ne l'empêche pas de trouver la phrase fameuse :

« La Poésie est l'expression, par le langage humain ramené à son rythme

---

[23] Op. cit., p. 254.

essentiel, du sens mystérieux des aspects de l'existence : elle doue ainsi d'authenticité notre séjour et constitue la seule tâche spirituelle. »[24]

Définition d'une grande densité, où l'on distingue en germe deux idées qui feront bientôt leur chemin : celle d'un langage poétique, différent du langage ordinaire et « ramené à son rythme essentiel » ; et celle d'un mystère poétique né du « sens mystérieux des aspects de l'existence ». Ajoutez-y la conviction de la sainteté de la poésie. Tout est déjà dans cette formule. Simplement la notoriété croissante et le mouvement même de l'époque vont amener Mallarmé à préciser ses idées en matière de poésie, pour les autres et pour lui-même. Par l'effet des nouvelles influences, le problème va se poser à ses yeux sous un jour nouveau. Les principaux éléments de la future doctrine lui apparaîtront peu à peu. Et Mallarmé va conduire ses compagnons de découverte en découverte.

Découverte de la musique

« Définition de la Poésie ». Le titre de l'enquête qu'a ouvert Léo d'Orfer est caractéristique. Il signifie que l'on a besoin de comprendre, que le temps est proche où l'on ne se satisfera plus des épanchements lyriques ou des subtiles analyses de l'âme. Il marque le passage de l'étape affective à l'étape intellectuelle.

Si la réponse de Mallarmé et celle de Moréas — avec ses douze points d'interrogation — marquent à elles deux, par leur contraste, la distance qui sépare encore du Maître la génération montante, d'autres cependant, plus expérimentés que Moréas, mais ayant moins médité que Mallarmé, pressentent quelque chose de neuf. Huysmans, pensant surtout à Verlaine, définit la poésie « quelque chose de vague comme une musique qui permette de rêver sur des au-delà, loin de l'américaine prison où Paris nous fait vivre. » De son côté, Sully Prudhomme déclare dans une formule inattendue de sa part : « La musique constitue un système de signes naturels, en ce sens qu'il y a des caractères communs aux mouvements de l'âme : elle est donc, par excellence, expressive des passions. Le poète a donc tout d'abord dû l'exploiter pour s'exprimer et l'associer aux signes verbaux qui sont surtout conventionnels ».

Pour définir la poésie, l'un comme l'autre fait donc appel à la musique. Verlaine n'avait-il pas dit le premier :

> De la musique avant toute chose...

La musique : c'est la grande découverte française de cette fin de siècle. Non que le Romantisme l'eût totalement méconnue : Berlioz n'est-il pas là pour

---

[24] *La Vogue,* 18 avril 1886. C'est là le texte de la *Vogue,* Dans *Divagations,* les mots « des aspects » ont été supprimés, volontairement me semble-t-il, par Mallarmé.

témoigner du contraire ? Pourtant, dans l'ensemble, on peut dire que nos Romantiques ne sont pas musiciens. Pour un Lamartine ou un Sainte-Beuve qui cherchent à capter le chant de l'âme et à le noter, combien d'autres sont préoccupés avant tout de pittoresque et de beauté plastique ? Nous l'avons dit, c'est vers 1870 — en partie sous l'influence de Wagner — que les Français commencent à se passionner pour la musique. Parallèlement au renouveau poétique, nous avons pu noter un renouveau musical. Et, depuis, on peut affirmer que de plus en plus la poésie tend vers la musique.

Cette orientation allait bientôt se préciser. En janvier 1885 paraissait le premier livre d'un jeune homme, René Ghil, qui devait être aussitôt « discuté avec passion » : *Légende d'Âmes et de Sangs*. Son auteur était jusque là resté solitaire ; il n'avait fréquenté ni Montmartre ni la Rive Gauche. Condisciple de Stuart Merrill et de Mikhaël à Condorcet, il était effacé et son œuvre mûrissait dans l'ombre. Plus porté d'ailleurs vers le réalisme de Zola et de Flaubert et vers la science que vers l'idéalisme à la mode dans les nouveaux groupes de jeunes, il déclarait avec assurance dans son *Introduction* : « Mon seul guide sera la Science. » Partant de l'évolutionnisme et traçant par avance dans ses grandes lignes l'Œuvre de sa vie, il refusait d'emblée tout lyrisme et réclamait une émotion poétique « de sens universel ». Mais, pour exprimer la vie et l'énergie du monde, il fallait une langue expressive, il fallait, non plus « le Mot qui narre », mais « le Mot qui impressionne ». Aussi, disait Ghil, « dans une phrase passera la musique de la Vie : musique de saveurs, de couleurs, d'odeurs, de rumeurs. » Et déjà il rêvait d'une « Instrumentation verbale orchestrant le poème »[25]. Au même moment, Ghil, grâce à Mendès, avait la révélation de Mallarmé et, revenant aussitôt sur la phrase de son *Introduction*, ajoutait : « Un seul poète, un grand poète a des vers pareils. » Ce qui séduisait Ghil en Mallarmé, certes, c'était le poète-musicien, mais c'était surtout le poète intellectuel, dont il sentait à travers la lecture du *Faune* et d'*Hérodiade* la volonté lucide.

Le vibrant hommage que René Ghil rendait à Mallarmé dans cette *Introduction* lui attira, deux mois plus tard, une lettre de remerciements du Maître, qui était pour celui-ci une nouvelle occasion de préciser ses idées en matière de poésie :

> « ... Je vous blâmerai d'une seule chose : c'est que dans cet acte de juste restitution, qui doit être le nôtre, de tout reprendre à la musique, ses rythmes qui ne sont que ceux de la raison et ses colorations mêmes qui sont celles de nos passions évoquées par la rêverie, vous laissiez un peu s'évanouir le vieux dogme du Vers. Vous phrasez en compositeur, plutôt qu'en écrivain... »[26]

---

25 Cf. R. Ghil, *Les Dates et les Œuvres,* pp. 15-16.
26 Cf. R. Ghil, op. cit., p. 17 (lettre de Mallarmé à René Ghil du 7 mars 1885).

C'est que René Ghil pressentait déjà qu'il fallait dépasser en poésie le stade de la mélodie et voulait s'orienter vers une *harmonie* plus complexe. Ce n'est pourtant pas Ghil, mais Wagner, qui allait entraîner Mallarmé dans cette voie nouvelle.

*
* *

En février 1885, on se le rappelle, la *Revue Wagnérienne* vient de naître. Dès le début, Mallarmé fait partie de l'équipe des collaborateurs. Dujardin a même voulu tout d'abord le mettre en « grande vedette ». Pourquoi donc Mallarmé, qui n'a jamais entendu de Wagner et, jusque là, s'intéressait peu à la musique ? Certainement, Dujardin sent qu'il existe entre le compositeur allemand et le poète français des liens profonds qu'il s'agit d'élucider. Toutefois, en dernière heure, sur une remarque de Mendès, Dujardin, manquant de courage, « remet Mallarmé au rang ». L'épisode est du moins significatif.

Bientôt, la revue annexe tous les fidèles des Mardis, Ghil, Stuart Merrill, Charles Morice, Quillard, Mikhaël, et devient ainsi, indirectement, comme l'organe de cette chapelle. Aussi bien est-il « impossible d'exposer la conception wagnérienne sans y reconnaître la doctrine, ou tout au moins un des éléments principaux de la nouvelle doctrine poétique ». Élucider celui-ci par celle-là : tel va être le rôle, capital, de Teodor de Wyzewa, qui deviendra pendant deux ans et demi le « collaborateur de tous les instants ».

Certes, en 1885, l'influence de Mallarmé n'a pas encore fait son œuvre : Wyzewa note surtout le pessimisme wagnérien dont semble vouloir s'inspirer la jeune littérature. Pourtant, remarque Wyzewa dès ce moment, le prétendu pessimisme de Wagner n'est qu'une apparence : l'homme, ce pessimiste enchaîné dans la caverne, ce prisonnier qui « se lamente et s'effraie, parce que d'épouvantables fantômes se heurtent sur le mur » — les fantômes du Non-Vouloir et de l'anéantissement —, l'homme, en se reconnaissant la seule cause de ces fantômes, secoue ses chaînes et devient le « Mage divin », tels Parsifal, qui regagne le Graal trois fois saint, Beethoven, qui bâtit un nouvel univers, et Vinci, et Racine, et Tolstoï. Ainsi Wagner « nous engage à reprendre, sans cesse, activement, l'œuvre de création intérieure qui est notre tâche éternelle »[27]. Dans cet article, sans formuler encore de doctrine poétique, Wyzewa marque du moins, le premier, la rupture avec l'état d'âme décadent et le passage du pessimisme à l'optimisme créateur.

---

27 WYZEWA, *Le Pessimisme de Richard Wagner, Revue Wagnérienne,* juillet 1885 ; cité dans *Nos Maîtres,* p. 3 sqq.

Atmosphère singulière d'ailleurs que celle de la *Revue Wagnérienne* à cette époque. Les jeunes promoteurs d'une nouvelle littérature y voisinent avec les naturalistes les plus avérés. Ce n'est pas Wagner qu'on y trouve, mais cent visages de Wagner tous différents, et conformes aux idées de chacun. Zola, Huysmans voient dans l'art wagnérien « une nouvelle forme infiniment riche et puissante », capable de créer en eux une foule de sensations nouvelles[28]. Villiers de l'Isle-Adam exalte en lui le musicien illuminé, dont « l'âme est toute vibrante d'accents d'une magie nouvelle. »[29] Pour tel autre, Wagner a compris que l'art « n'est point une frivole distraction, qu'elle est la création suprême de l'esprit, qu'elle doit aussi donner à l'homme une révélation religieuse de la Réalité transcendante. »

Ainsi, représentative d'une « période de transition », comme elle le dit elle-même, la *Revue Wagnérienne* est un carrefour ouvert aux quatre vents de l'esprit. Naturalisme, esthétisme y voisinent, on y décèle l'influence très atténuée de Baudelaire, et celle, beaucoup plus directe, de Villiers. Mais celui dont les idées inspirent le plus profondément la revue, celui dont Dujardin et Wyzewa se prétendent les interprètes, c'est Mallarmé. C'est lui qu'on reconnaît à travers tel article où Dujardin réclame une « littérature wagnérienne », une littérature qui suggérera l'émotion complète, en traduisant tous les reflets de cette chose qui « est en nous, à la fois colorée et musicale et abstraite et figurée »[30] — et disant cela Dujardin feint de confondre avec l'« art total » de Wagner l'idée, chère à Baudelaire et à Mallarmé, pourtant différente, d'une correspondance entre les arts. Ainsi s'efforce-t-on à la *Revue Wagnérienne* d'adjoindre Mallarmé à Wagner pour faire naître de leur rencontre un art nouveau.

A vrai dire, il y a peu de temps que Mallarmé est venu à Wagner et à la musique. Mais ce premier contact a été décisif. Depuis le fameux concert du Vendredi-Saint où l'a conduit Dujardin, il ne manque plus un dimanche[31]. Et c'est avec la ferveur du néophyte qu'il donne à la *Revue Wagnérienne,* en août 1885, son *Richard Wagner, rêverie d'un poète français*[32].

Chez Wagner, déclare Mallarmé, la Musique enveloppe le Drame. Elle crée autour de lui « une ambiance plus riche de Rêverie » et, reculant le héros dans un lointain de Légende, le « retrempe au ruisseau primitif ». A cet effet,

---

[28] Isabelle DE WYZEWA, *La Revue Wagnérienne*, p. 53.
[29] *Ibid.,* p. 51.
[30] *Revue Wagnérienne,* 8 août 1885.
[31] Cf. DUJARDIN, op. cit., p. 216 : « J'avais emmené Huysmans et Mallarmé au concert spirituel du Vendredi-Saint, chez Lamoureux. La soirée fut décisive pour Mallarmé, qui reconnut dans la musique, et surtout dans la musique wagnérienne, une des voix du mystère qui chantait en sa grande âme, et qui ne cessa plus dès lors de fréquenter les concerts du dimanche. »
[32] L'article est reproduit *in extenso* dans *Divagations*, p. 141 sqq.

Wagner a recours aux mythes, qui « satisfont l'esprit par ce fait de ne sembler pas dépourvus de toute accointance avec de hasardeux symboles ». Mallarmé admire donc Wagner, il l'aime et le goûte, mais, ajoute-t-il, comme on goûte un repos « à mi-côte de la montagne sainte ». Car l'art wagnérien n'est encore qu'un portique qui « ouvre une hospitalité contre l'insuffisance de soi et la médiocrité des patries ». Plus haut encore, Mallarmé entrevoit la « cime menaçante d'absolu, devinée dans le départ des nuées là-haut, fulgurante, nue, seule ». Cette cime idéale, c'est le « Spectacle futur…, Monstre-Qui ne peut être », certes, mais que Mallarmé, depuis quelque temps, se plaît de plus en plus à évoquer. Il s'agit pour l'Art d'exprimer les « magnificences immortelles », les « raréfactions et sommités naturelles », autrement dit le « fait spirituel » pur, dont le Drame devra être la projection. Un Drame « strictement allégorique » par conséquent, « un acte scénique vide et abstrait en soi, impersonnel », qui s'incarnera en un « Type sans dénomination préalable », apte à résumer nos rêves de sites ou de paradis. Il n'y aura plus des mythes, comme chez Wagner, mais le Mythe, dégagé de toute personnalité. Comment alors matérialiser cette conception idéale, purement abstraite ? Par l'union des arts. C'est la Musique, « arrière-prolongement vibratoire de tout,… ressource nouvelle d'évocation », qui assurera l'enchantement et donnera vie au Drame. Puis, du rythme musical naîtra l'attitude, la mimique, qui délivre ce rythme par la Danse, « seule capable de traduire le fugace et le soudain jusqu'à l'Idée ». Tel sera le Drame selon Mallarmé, apte à créer la vraisemblance, l'illusion, cette foi qui doit être pour le spectateur « la résultante par lui tirée du concours de tous les arts suscitant le miracle, autrement inerte et nul, de la scène ». Que devient donc ici le Poète ? Il n'est rien de moins que l'animateur, le créateur de cet art un et complexe. Car Mallarmé, au fond, ne pardonne pas à Wagner d'avoir « usurpé le devoir » des poètes. C'est de la poésie qu'aurait dû naître un tel Art, et non de la musique. Elle devait, non compléter celle-ci, mais se prolonger en elle, s'y parfaire. Il s'agit donc bien maintenant pour les poètes, comme Mallarmé l'écrivait naguère à René Ghil, de « tout reprendre à la musique ».

L'heure des compromis est passée. Et, sous l'influence de Mallarmé, la *Revue Wagnérienne,* par un paradoxe assez singulier, va prendre l'exact contrepied de Wagner lui-même : tandis que celui-ci voulait voir dans la poésie le prolongement, donc l'auxiliaire de la musique, la jeune revue, rédigée par des poètes, et interprétant avec une certaine liberté la doctrine du Maître, va tendre de plus en plus à voir dans la musique l'aboutissement naturel de la poésie dont elle serait la servante.

Découverte du symbole

Mallarmé, en découvrant la musique à travers Wagner, vient de prendre plus nettement conscience du point idéal vers lequel tendait son œuvre. Ce qu'il voit dans la musique, c'est « l'abstraction pure vers laquelle tend toute poésie », autrement dit la possibilité de réaliser enfin l'absolu. Conception tout intellectuelle donc, qui va conduire le jeune groupe à chercher dans Wagner, non la nouveauté musicale qu'il apporte, mais « une justification consciente d'un courant littéraire qui était demeuré inconscient »[33].

Mais l'article de Mallarmé sur Wagner n'était pas seulement une revendication à l'égard de la musique. Au détour d'une phrase se glissait un mot révélateur : le premier en France, Mallarmé associait explicitement les deux idées de musique et de symbole. Aussi bien, l'œuvre wagnérienne n'est-elle pas pure musique. La musique reste implicite, elle ne fait que suggérer l'essence des émotions, et ne les explique pas. Wagner donc cherche dans la poésie une explication du mystère musical, et demande aux mythes d'être la projection de ces sentiments ineffables que la musique ne saurait rendre intelligibles[34]. Ces mythes, chargés de satisfaire l'esprit en sauvegardant les droits de la rêverie, ont donc une valeur *symbolique* ; mais cette valeur reste uniquement affective, donc « hasardeuse », et ce n'est pas ainsi que Mallarmé conçoit le véritable symbole.

Bien qu'il n'en ait encore rien livré au public, Mallarmé a médité longuement sur ce problème. Il est trop nourri de Baudelaire pour n'en pas avoir senti l'importance. Puisqu'il s'agit pour le poète d'atteindre l'absolu, le langage poétique ne doit-il pas rechercher des symboles *nécessaires,* qui échappent à toute relativité ? C'était certainement là un thème favori des Mardis, puisque René Ghil nous montre Mallarmé, dès cette époque, « parlant, comme un prêtre suprêmement initié, du Symbole ». Il a donc là-dessus des révélations à faire ; il parle en effet à Ghil « de l'orgueil de comprendre autrement que tous le spectacle du monde »[35] et voit déjà probablement dans le symbole, si nous en croyons Gustave Kahn, « un équivalent au mot synthèse », le concevant comme « une synthèse vivante et ornée, sans commentaires critiques »[36].

C'est pourtant à René Ghil que revient l'honneur d'avoir réuni le premier sous sa plume la notion de symbole et celle de poésie-musique suggestive. Une revue de Bruxelles, la *Basoche,* lui ayant demandé alors d'exposer ses théories, il lui adresse, de juin à octobre 1885, avec le titre général de « Sous mon Cachet », une série d'articles où l'on retrouve — de l'aveu même de Ghil qui dédie au Faune de Mallarmé un de ses chapitres — l'influence directe du Maître. Reprenant et complétant ce qu'indiquait *Légende d'Âmes et de Sangs,* cette suite de « poèmes en prose » est comme une première version

---

[33] Isabelle DE WYZEWA, art. cit., p. 31 et p. 36.
[34] Voir supra, p. 107.
[35] R. GHIL, op. cit., p. 21.
[36] *Symbolistes et Décadents,* p. 51.

du *Traité du Verbe*. Bien que l'influence en ait été encore limitée, nous devons donc nous arrêter sur ces articles où se dessine une première tentative de doctrine littéraire cohérente.

« Le plan de l'Œuvre-une », comme l'a dit depuis Ghil lui-même, y prend « plus d'ampleur ». Les poèmes habituels, sans lien entre eux, où « se heurtent amour, religion, philosophie, et menus propos, hélas ! » ne sont que « hasards, en quelque sorte, de variations atmosphériques…, studieux apprentissage pour qui veut devenir l'Ouvrier que hante l'espoir du chef-d'œuvre ». La seule œuvre digne d'être imprimée, c'est celle qui développera une idée « si ample et si haute que de toutes les œuvres de notre Œuvre » elle soit la génératrice.

Quelle doit être cette Idée ? Le Devenir du monde, selon la doctrine évolutionniste : le seul sujet digne de la poésie, c'est l'exposé de ce Devenir, selon « la loi d'où sort le Mieux », depuis les « énormités du Rien encore », depuis « l'initial tressaillement du prime plasma » jusqu'à l'extase de l'Homme »[37]. Or, aux yeux de l'homme, ce Devenir s'éprouve, sous le signe de l'amour, de l'« essentielle Amativité », de « l'éternelle tendresse qui épand la vie ou, ardemment stérile, sourd pour le rêve des Âmes ». C'est cet amour que chantera le poète, dont la rêverie perçoit les résonances du monde. Si ce poète est « assez patient, austère et studieux », il en saisit alors la nature rythmique et s'efforce de rendre en ses vers « l'immatérielle et naturelle Instrumentation ». Voilà ce que proclame Ghil dans « Une Musique des Vers », ce chapitre dédié au Faune de Mallarmé ; il y rend d'abord hommage aux initiateurs de la Poésie-Musique :

> « CHARLES BAUDELAIRE : premier, magique Maître ordonne qu'en les voix propres des Instruments dénommés se distinguent ses vers : et, surtout, l'agonie solitaire s'angoisse des Violons en les notes hautes, et d'un Orgue poignant l'horreur sainte sourd.
>
> « PAUL VERLAINE : azur pâle où des moutonnements, en les vesprées, de nuages songés : et, lors, sur les Violes il semble que le vent éparpille des toisons de vierges.
>
> « Parfois des nuits voluptueuses se glorifient de lumières, et tintent les Harpes royales !
>
> « O Faune ! et, pour revenir à votre ami du bosquet
>
> « Stéphane MALLARMÉ : une heure, en la merveille glauque des roseaux et d'eaux liliales quand midi est las, en l'égoïsme des êtres exquis la Flûte rêve hésitante entre les Monts et la Terre. Puis la sérénité même monte de la Musique ultime en des atmosphères candides, louangeant, d'Instruments chimériques tant ils ne sont rien évoqués, quelque prêtre d'un Culte disparu ou futur. »[38]

---

[37] *L'Unité* ; article reproduit avec quelques modifications dans le *Traité du Verbe* (2ᵉ édition, 1887, p. 13 et 25).
[38] *Une Musique des Vers* (dans le *Traité du Verbe,* éd. 1887, p. 19).

Mais — violons, harpes, flûte — ce n'étaient là encore que des instruments séparés, que des mélodies solitaires. Bien que « les Trois aient, des instants prophétiques, vers on ne sait quel grand Pays marqué l'espoir on ignore de quels pas », il reste pour l'Instrumentation à « multiplier ses Instruments », à les orchestrer, et pour le poète qu'est René Ghil à « gravir désormais la voie droite et solitaire ».

Il s'agit donc ici, non plus d'une chanson instinctive, mais d'une « Musique logique et claire, légitime reine des sons ». C'est là ce que Ghil, après Stuart Merrill, admire en Wagner, dont l'œuvre « unit et ordonne magistralement soumises et épurées toutes les artistiques expressions ». A l'imitation de celui-ci, Ghil rêve, pour son Œuvre-Une, d'« unir et perdre... en une Poésie instrumentale où sont des mots les notes..., les poésies éloquente, plastique, picturale et musicale toutes encore au hasard. » Seul, en lui montrant la voie de l'avenir, « le baiser de Wagner » peut « sauver d'agonie, dans le crépuscule irrémédiable,... le spectre de la Poésie morte. »[39]

Ghil repousse donc délibérément les « tristes vers », l'« égoïste rêverie », en un mot la poésie décadente. Il a une vérité à révéler, un « aimé secret », et ce secret, dicté par le seul amour de l'Art, c'est l'Instrumentation, « cette musique des Vers rêvée ». Le quatrième article publié dans *la Basoche* expose donc la théorie de l'Instrumentation verbale. Elle part d'un fait scientifique : l'Audition colorée, anticipation des « heures lointaines... où tous les arts reviendront se perdre en la totale communion ». S'il est donc vrai que nous pouvons « voir » les sons, qu'il est des esprits « pour qui la Musique n'est que somptuosité de tableaux, « si le son peut être traduit en couleur, la couleur peut se traduire en son, et aussitôt en timbre d'instrument. » « Toute la trouvaille est là gisant », ajoute Ghil. A côté du « poète phraseur », il appelle donc la venue du « poète musical » — non pas musicien — qui saura d'abord assimiler aux timbres instrumentaux les timbres vocaux, à l'aide des valeurs harmoniques — les mots devant sonner comme des notes —, puis réaliser « l'étroit et subtil rapprochement des COULEURS, des TIMBRES et des VOYELLES », enfin saisir les rapports qui existent entre cette Instrumentation verbale et des séries distinctes de sensations et d'idées. Et Ghil donne des exemples à l'appui :

> « Constatant les souverainetés les Harpes sont blanches ; et bleus sont les Violons pour surmener notre passion ; en la plénitude des ovations les Cuivres sont rouges ; les Flûtes, jaunes, qui modulent l'ingénu s'étonnant de la lueur des lèvres ; et sourdeur de la Terre et des Chairs, synthèse simplement des seuls Instruments simples les Orgues toutes noires plangorent. »[40]

---

[39] *Wagnérisme* (Ibid., pp. 22-23).
[40] *L'Instrumentation poétique* (Ibid., p. 42).

Ces correspondances entre les couleurs et les voyelles, « mystère primordial », Verlaine les avait « de plus en plus devinées », et Rimbaud en avait « formulé la théorie » dans son fameux sonnet. Mais il n'avait pas élevé ces voyelles qui devenaient couleurs « à l'ultime progrès d'INSTRUMENTS résonnants, logiquement domptés. » On peut en effet, « selon la logique », déterminer entre voyelles, couleurs et instruments, des correspondances fort précises. Le poète ira donc « quérir selon l'ordre de sa vision chantante les mots où le plus souvent se nombre la VOYELLE maîtresse demandée », et ainsi vibrera « l'immatérielle obéissance de l'INSTRUMENT au timbre qui sied ». Quant au RYTHME, il « ressort de la diffusion diaprée des timbres », il synthétise les « éparses couleurs sonores », et par là il permet de noter la vie, car « tout : attitudes, gestes, sensations et idées se réduisent à lui. »

« Le Poème, ainsi, devient un vrai morceau de musique suggestive et s'instrumentant seul : musique de mots évocateurs d'images-colorées, sans dommage pour les Idées », puisqu'au contraire ce sont les idées, et les sensations d'où elles émanent, qui appellent cette musique.

Enfin, « en admiration pour Mallarmé », Ghil, dans la *Basoche,* consacre quelques pages au Symbole. Aussi bien, « évoquant par sa hautaine sérénité l'hiératique silence du mot même Symbole, le nom s'impose de Stéphane Mallarmé. » Mais, conformément à son tempérament de visuel, Ghil tire le symbole des images mêmes de la vie. « Une suite de visions, la vie ». Une leçon « en ses mille éléments égarée » et non pas « magistrale et une ». Il s'agit donc pour le poète, « patient, austère et studieux », c'est-à-dire « méditant », de saisir parmi ces « ordinaires et mille visions... les lignes saintes », l'Idée qui « en la Vie est éparse », et d'en composer « la vision seule digne : le réel et suggestif Symbole d'où, palpitante pour le rêve, en son intégrité nue se lèvera l'Idée prime et dernière, ou Vérité. »[41]

Ainsi Ghil, unissant pour la première fois musique, suggestion et symbole, et réintégrant dans la poésie la notion d'art, se faisait l'interprète des idées chères à Mallarmé, mais en les intégrant à un système personnel, à prétentions scientifiques, et encombré d'une pseudo-métaphysique « évolutive ». Il n'est pas temps encore pour nous de juger en elle-même la valeur de cette audacieuse construction. Mais il importait dès maintenant d'analyser dans ses détails un texte qui, sous sa première forme en 1885, et surtout l'année suivante sous le titre de *Traité du Verbe,* devait avoir un grand retentissement.

En cet été 1885 déjà, il y avait donc, autour de Mallarmé, des idées constructives dans l'air et, plus ou moins éparses, les notions fondamentales d'où naîtra le Symbolisme. En particulier le culte du symbole devenait de plus

---

41   *Le Symbole* (dans le *Traité du Verbe,* éd. 1887, p. 33).

en plus en faveur dans la chapelle des Mallarmistes. Pourtant, on ne trouvait encore parmi eux nulle volonté d'en imposer, de s'élever contre un ordre établi. C'est d'ailleurs que vint la Révolution, c'est d'ailleurs que, dans le même temps, le symbole conquérait la célébrité : et déjà, au mois d'août, la grande presse voyait s'engager la première passe du combat.

*
* *

Jusqu'ici il n'avait été nullement question d'école. Les Décadents comprenaient des groupes tapageurs et sans doctrine, dernier état des cafés de la bohème, qui dissimulaient plus ou moins bien des tentatives individuelles sans prétention dogmatique. La notion d'école vint en réalité de l'extérieur. Quand *A Rebours* eut révélé au public cette mode décadente, que les *Déliquescences* l'eurent caricaturée, Paul Bourde, comme on a vu, mit cette caricature à la portée du grand public, en en grossissant encore les traits[42]. Bien entendu, la tentative de Mallarmé n'y était pas épargnée. Mais Bourde se contentait à son sujet de reprendre les plaisanteries habituelles des journaux : le poète persévérait dans l'inintelligible, il « tirait les mots au hasard dans un chapeau », et ainsi de suite. L'attaque était plus mordante que jamais.

Pourtant, elle n'aurait probablement pas eu de conséquences plus décisives que les précédentes, si le critique ne se fût attaqué aussi à Moréas, qu'il rangeait au nombre des poètes décadents et accusait de chercher à tout prix le morbide et de se croire « prince en Tartarie ».

La susceptibilité de Moréas, moins philosophe que Mallarmé, ne peut s'accommoder de coups aussi directs. La même semaine, prenant le parti des jeunes, et surtout de lui-même, Moréas répond à Bourde par le truchement du *XIXe Siècle*. Il lui retourne ses arguments, invoque une formule de Vigny pour montrer que l'incompréhension en matière de nouveauté littéraire est indice de paresse et de routine[43]. Névropathes, morphinomanes ? C'est là une légende. Disons mélancoliques, comme tant d'autres poètes qui n'étaient nullement décadents. D'ailleurs, poursuit Moréas, ce que « les prétendus décadents cherchent avant tout dans leur art », c'est « le pur Concept et l'éternel Symbole, et ils ont la hardiesse de croire avec Edgar Poe « ... que le Beau est le seul domaine légitime de la poésie. » Et, insistant sur l'*ésotérisme* de la poésie soi-disant décadente, Moréas fait remarquer que le terme de déca-

---

[42] *Le Temps,* 6 août 1885 ; cf. supra, p. 151).
[43] « Les esprits paresseux et routiniers aiment à entendre aujourd'hui ce qu'ils entendaient hier, mêmes idées, mêmes expressions, mêmes sons ; tout ce qui est nouveau leur semble ridicule, tout ce qui est inusité, barbare. » A. DE VIGNY, *Journal d'un Poète,* 1829.

dents prête à équivoque, et que « la critique, puisque sa manie d'étiquetage est incurable, pourrait les appeler plus justement des *symbolistes*. »

Si la réponse de Moréas reste vague et ne précise rien d'une doctrine qui ne fait que s'élaborer à peine, du moins le mot est-il lâché : « symbolistes ». Moréas, intuitivement, car il ne fréquente pas encore chez Mallarmé, s'est rencontré avec les Mallarmistes. Par ce mot, par cet article, il tire d'une légende ce qui deviendra bientôt une école. Il a donné le premier coup de barre : l'étiquette est trouvée.

On ne saurait trop insister cependant sur le fait qu'à la fin de 1885, malgré les mardis de Mallarmé, malgré la *Revue Wagnérienne* et les articles de Wyzewa et de Ghil, malgré la première bataille de presse qui s'est continuée quelque temps encore après la protestation de Moréas, il n'y a toujours aucune « doctrine » collective, aucune *conscience d'école*.

Du moins Mallarmé a-t-il pris conscience de l'influence qu'il exerce. Et quand Verlaine le presse de renseignements pour ses *Hommes du jour,* il peut écrire sans forfanterie, dans cette *Autobiographie* qu'il rédige au crayon, « en un soir d'élan », le 16 novembre[44], et où par ailleurs il avoue « son vice », son ambition dernière, le Livre — il peut écrire cette phrase révélatrice qui résume une marche de deux ans vers la célébrité :

> « Vos *Poètes Maudits,* cher Verlaine, *A Rebours* de Huysmans ont intéressé, à mes Mardis longtemps vacants, les jeunes poètes qui vous aiment (Mallarmistes à part) et on a cru à quelque influence tentée par moi, là où il n'y a eu que des rencontres. Très affiné j'ai été dix ans d'avance du côté où de jeunes esprits pareils devaient tourner aujourd'hui... »

Mallarmé est déjà le Maître. Une légende se constitue, des disciples se groupent. Au dehors, le premier combat s'est livré. Mais, en même temps, Mallarmé se refuse. Tout entier à son Œuvre, il est « moins que jamais, comme il le déclare alors à Dujardin, l'homme d'aucune revue ». Il appartient aux jeunes de lutter maintenant pour la bonne cause.

DÉCOUVERTE DU SYMBOLISME

Les préliminaires de la bataille furent ces « Sonnets à Wagner » publiés dans le numéro de janvier de la *Revue Wagnérienne,* qui déclenchèrent un véritable scandale dans la presse[45] et qui eurent dans le grand public un

---

44 Cf. H. MONDOR, op. cit., p. 469.
45 « Le coup suprême fut, le mois suivant (janvier 1886), l'hommage à Wagner, huit sonnets de Stéphane Mallarmé, Paul Verlaine, René Ghil, Stuart Merrill, Charles Morice, Charles Vignier, Teodor de Wyzewa et moi-même... Ceux de Verlaine et de Mallarmé furent un événement. » DUJARDIN, op. cit., p. 41.

retentissement dont témoigne le dîner de journalistes évoqué par Dujardin[46].
Décadent par son style, révolutionnaire par la prosodie de son dernier vers :

> Et, ô ces voix d'enfants chantant dans la coupole !

dont Fantin-Laour fit des gorges chaudes, le sonnet de Verlaine saluait en Parsifal et dans le Graal la « gloire » et le « symbole »[47]. Mais l'*Hommage* de Mallarmé, écrit dans le plus pur style mallarméen, était lui-même tout symbole : symbole de lui-même, dont le « si vieil ébat triomphal du grimoire » n'a su éviter le « manque de mémoire », l'oubli des hommes et dormira bientôt, enfoui dans une armoire, enseveli sous le « silence funèbre d'une moire » ; symbole de Wagner aussi, un symbole dont les Mallarmistes pouvaient trouver la clé dans la *Rêverie d'un Poète français* : Wagner, ce dieu dont le théâtre, expérience sacrée, s'ouvre sur un « parvis » de vérités, et qui a su trouver l'écriture idéale dont le mystère, les « sanglots sibyllins » n'empêcheront pas d'apercevoir des « clartés maîtresses »... Le Symbolisme se réalisait ainsi pour la première fois dans un ensemble collectif de poèmes avant de s'affirmer dans des formules.

Mais déjà naissent les premières petites revues de combat, marquant de leurs apparitions successives les progrès de la révolution. Le 1er décembre 1885, le *Scapin* déclare la guerre aux « gérontes de la littérature » et s'affirme indépendant, défenseur de tous les jeunes qui luttent pour percer la « couche épaisse » de la sottise[48]. En réalité, né au sein des décadents, le *Scapin* sera imprégné de « décadentisme », jusqu'au jour où, protestant contre cette appellation, décadent se désavouant lui-même, il saluera l'avènement de l'« école du symbole ».

La Pléiade, au contraire, qui paraît au mois de mars 1886, est en dehors de tout groupe décadent. Née sous le signe de l'amitié, comme le dit Théodore de Banville qui la présente au public — une amitié fondée sur une religion commune de l'Art divin —, elle est l'organe du groupe de Condorcet et se développe à l'ombre de Mallarmé. Darzens, Quillard et Mikhaël la dirigent, tous admirateurs du Maître. A vrai dire, l'influence de celui-ci est

---

[46] « Le retentissement en fut énorme ; à un dîner de journalistes qui eut lieu à cette époque et que présidait Auguste Vitu, on ne parla que du sonnet de Mallarmé — pour savoir, bien entendu, s'il fallait en rire ou s'en fâcher ; mais le plus curieux, c'est que la moitié des journalistes présents, Vitu en tête, avaient cru bon de s'en charger la mémoire et le récitèrent par cœur et en chœur. » DUJARDIN, op. cit., p. 41.

[47] *Parsifal,* publié dans *Amour* (éd. Messein, t. II, p. 45) :
> En robe d'or, il adore, gloire et symbole,
> Le vase pur où resplendit le Sang réel...

[48] *Scapin*, numéro 2, 10 janvier 1886 : « Il n'a pas de couleur littéraire ; il est et restera ouvert à toute tentative originale, il prêtera son concours le plus entier à tous ceux qui luttent pour arriver au jour, à une époque où il devient de plus en plus difficile de percer la couche épaisse de sottise qui sépare les jeunes écrivains du grand public. »

encore toute relative. La tonalité dominante de la revue reste élégiaque : Mikhaël y exhale son « âme mièvre », Quillard, à l'instar de Verlaine, y chante la « ressouvenance lente » des « cœurs lassés », à laquelle répond en écho

> La mélancolique et lente souvenance

de Grégoire Le Roy. *La Pléiade* est toute remplie d'ennui, de lune, de soir et d'automne. Pourtant, sous l'influence de Quillard et de la jeune équipe belge qui s'est jointe au groupe — Maeterlinck, Grégoire Le Roy, Van Lerberghe —, on y voit apparaître, à l'imitation de Wagner et d'un certain Mallarmé, le goût des pierres précieuses — jaspes, sardoines, colliers de rubis — et le décor symboliste : la « fille aux mains coupées » (mystère) de Quillard « lit dans le lourd missel incrusté de joailleries, mais d'une voix si basse qu'elle semble un frôlement somptueux d'étoffes que froissent dans l'éther des princesses lointaines »[49]. Et Grégoire Le Roy évoque les clameurs des noirs oiseaux

> Sur les créneaux rongés des antiques châteaux.

Deux notes plus franchement nouvelles cependant : le *Traité du Verbe* de Ghil, et le premier essai d'instrumentation verbale, des poèmes du jeune Paul Roux, dont le dynamisme agressif et l'intempérance d'images font tache dans cet ensemble. En somme, un groupement de plus, une revue qui marque une transition, mais — à part le *Traité du Verbe* qui n'aura de retentissement qu'à sa publication en volume — n'apporte rien au mouvement proprement révolutionnaire.

En avril, ce sont, presque le même jour, deux nouvelles feuilles, qui connaîtront l'une et l'autre une certaine fortune, la *Vogue* et le *Décadent*. Pour un moment, elles semblent d'accord ; dernière collusion entre les groupes naissants, avant le premier schisme. Le *Décadent,* sous l'impulsion active d'un jeune instituteur plein de bonne volonté, Anatole Baju, dont tous les contemporains se plaisent à reconnaître l'ardeur et la loyauté[50], est comme l'illustration candide des pires caricatures de l'an dernier[51]. Organe du « décadisme

---

[49] *La Pléiade,* numéro 2.
[50] « Indépendamment de son très réel mérite personnel, de son intelligence et de son énergie des plus remarquables... vous resterez persuadés comme moi, non seulement de la conviction si profonde et si courageuse, mais encore et surtout de l'absolu bon sens absolument triomphal, envers et contre tout et tous, du polémiste comme du théoricien. » Verlaine, *Les Hommes d'Aujourd'hui,* dans les *Œuvres complètes,* Messein, t. V, pp. 370-371. — « Absolu bon sens » : était-ce faire de Baju un si grand éloge ? — Ernest RAYNAUD a également tracé un portrait vivant de Baju dans la *Mêlée symboliste,* t. I, p. 63 sqq.
[51] On lit dans l'article de tête du 1er numéro (10 avril 1886) : « Nous serons les vedettes d'une littérature idéale, les précurseurs du transformisme latent qui affouille les strates superposées du classicisme, du romantisme et du naturalisme ; en un mot nous serons les mahdis clamant éternellement le dogme élixirisé, le verbe quintessencié du décadisme triomphant. »

triomphant », le *Décadent* s'en tient ouvertement à la révolution destructrice : « Les décadents, proclame Baju, ne sont pas une école littéraire. Leur mission n'est pas de fonder. Ils n'ont qu'à détruire ». On ne peut être plus catégorique. Mais détruire quoi ? Tout ! « Labeur immense, tâche ingrate et irragoûtante. Songez donc : humer le virus exotique du mélancolico-romantico-pessimo-naturalisme, absterger ses plaies suppurantes et infectes... Faut avoir le cœur bien placé ! » Il s'agit donc avant tout de « tomber les vieilleries », d'être moderne, de tout critiquer, à commencer par soi-même. Il s'agit aussi, comme le voulait Verlaine, de « noter l'idée dans la complexité de ses nuances les plus fugaces », de ne prendre dans la vie matérielle que « ce qu'il y a de rare, d'intime, de secret », et pour cela de créer un style « rare et tourmenté », capable d'« éveiller le plus grand nombre de sensations possible avec la moindre quantité de mots ». C'est là d'ailleurs être, non pas Décadents, ce qui n'est qu'un « sobriquet, mais *Quintessents* ». Programme encore bien vague : Baju, faible théoricien, en est resté à la chanson verlainienne. D'ailleurs il n'est pas question de « combattre le Symbolisme » ni Mallarmé, « le maître qui a formulé le premier la doctrine symbolique... La poésie n'aurait même jamais dû être autre chose : le symbole est sa forme définitive comme primordiale. » Il y a donc déjà une « doctrine symbolique » ? Les Décadents en reconnaissent l'existence avant même qu'elle soit véritablement constituée, mais en même temps, trop intuitifs, ils s'en désolidarisent et refusent de voir le message qu'elle apporte.

Gustave Kahn, au contraire, qui assure la rédaction de la *Vogue* aux côtés de Leo d'Orfer, a pour lui l'intelligence. S'il n'apporte rien de nouveau pour la constitution de la doctrine, il a du moins le mérite de publier dans la *Vogue* des poèmes de Laforgue — notamment *le Concile féerique* —, d'y reprendre les *Poètes Maudits* de Verlaine, enrichis de *Pauvre Lélian* et surtout de révéler au public les *Illuminations* de Rimbaud dont la forme, libérée de toute métrique traditionnelle, apparaît à tous comme plus révolutionnaire que celle de Laforgue. *La Vogue* publie aussi le sonnet de Mallarmé :

M'introduire dans ton histoire...

autour duquel aussitôt on dispute et qui, gloire inattendue, suscite l'enthousiasme jusque parmi les vignerons et les tonneliers de la ville de Narbonne qui ont, sous l'impulsion de leur maire, grand amateur de poésie, innocemment souscrit des abonnements à *la Vogue*[53]...

Surtout, Gustave Kahn donne à Wyzewa l'occasion de présenter pour la première fois les principes de la poésie mallarméenne. Or, dans le même temps, celui-ci donne à la *Revue Wagnérienne* une série d'articles sur l'Art

---

52 *Le Décadent,* article d'Anatole Baju.
53 Cf. H. MONDOR, op. cit., p. 482.

wagnérien, considéré sous ses trois aspects essentiels : peinture, littérature, musique. Wyzewa, à cette heure, fait figure malgré son jeune âge — il a vingt-quatre ans — de théoricien officiel du groupe. C'est le moment où il subit l'influence de Mallarmé, l'heure de sa plus grande lucidité, et nous devons prêter attention aux précisions qu'apportent ses articles à la doctrine qui se cherche.

L'Art, a dit Wagner, doit créer la Vie. Or la Vie se présente sous trois modes : à l'origine, notre âme éprouve des *sensations* : à ce besoin répondent les arts plastiques, et en particulier la peinture. « Puis nos sensations s'agrègent », se définissent, et deviennent des *notions* : « L'âme *pense,* après avoir *senti.* » L'art des notions se constitue alors : la littérature. « Enfin, sous les notions se produit encore un mode plus affiné : c'est dans l'âme... l'impression d'un immense flot dont les vagues s'éperdent, confusément... Ce sont les *émotions.* » Et l'art des émotions, c'est la musique.

La littérature donc, par nature, recrée la vie au moyen de signes, les mots, qui évoquent dans l'âme des idées ou notions. Elle a voulu, comme toute autre forme d'art, « créer, au-dessus de la réalité habituelle, la réalité supérieure et plus riche d'une vie artistique. » Mais, sous le développement et la liaison des idées, la littérature a produit, dans les temps modernes, un art nouveau, spécialement émotionnel : la Poésie, qui est irréductible à la littérature proprement dite, et qui est « une musique émotionnelle de syllabes et de rythmes. »[54]

L'art total, l'art wagnérien, selon Wyzewa, unira donc la notion et l'émotion, la littérature et la musique. Voulant créer un mode entier de la vie, il fera naître le monde des émotions, un monde idéal : « La nature avec ses chatoyantes féeries, le spectacle rapide et coloré des nuages, et les sociétés humaines effarées, ce sont rêves de l'âme : réels, mais tous les rêves ne sont-ils point réels ? Notre âme est un atelier d'incessantes fictions. »

Tel est le sens de la poésie, qui doit à la fois traduire les « idées » qui constituent le monde fictif — c'est le *sujet* du poème — et *suggérer* les émotions de ces idées, par la musique des syllabes, « qui sont l'accompagnement musical de l'idée »[55]. Où trouvera-t-on cette littérature musicale ? Peut-être dans la prose, car « la musique des mots peut être aussi clairement et plus entièrement exprimée par une prose » ; témoins les confessions de Quincey, « les miraculeuses évocations de Michelet » et plus encore les « quelques pages prestigieuses du comte de Villiers de l'Isle-Adam, magicien des mots, sans

---

[54] *Revue Wagnérienne,* juin 1886 : article reproduit dans *Nos Maîtres,* p. 27 sqq. Voir en particulier p. 45.
[55] Le mot est à la fois dans l'article de la *Vogue* : « traduire des idées, et suggérer en même temps les émotions de ces idées » (*Nos Maîtres,* p. 105), et dans celui de la *Revue Wagnérienne* (*ibid.,* p. 50).

égal pour nous suggérer, par des liaisons de syllabes, la joie harmonieuse d'une émotion vivante. » Témoin aussi Mallarmé, qui « le premier a tenté une poésie savamment composée en vue de l'émotion totale », et, même dans sa prose, « nous a offert d'admirables musiques, liées entre elles et avec leur sujet par le mystère d'un nécessaire lien. »

C'est la première fois, à vrai dire, que l'on essaie de présenter au public le vrai visage de Mallarmé, et non pas celui de la légende, celui qui a « un rival, Adoré Floupette, et une école d'imitateurs, comme lui wagnérolâtres et pessimistes : les jeunes poètes décadents. » Non, M. Mallarmé n'est ni un fou, ni un mystificateur, mais « un très haut artiste, entre tous vénérable ». Et Wyzewa met l'accent sur le tempérament poétique de Mallarmé : ni musicien, ni imaginatif[56] : Mallarmé est un intellectuel, et même un logicien, doublé d'un artiste, qui sait que l'art est un travail. A quoi tend donc cette « destination artistique » ? A créer, au-dessus du monde de nos réalités, le monde supérieur de l'art. A faire naître une vie nouvelle, vie de fiction, certes — mais tout n'est-il pas fiction ? — : la vie des émotions. C'est là l'objet de toute poésie d'ailleurs : « des émotions justifiées par des sujets » : et c'est par là que la poésie unit la musique et la littérature, et qu'elle devient un art.

Mais quels sujets seyent à la poésie ? Voilà où intervient le tempérament du poète. « Chaque poète doit traduire, par la musique des mots, les idées et les émotions dont il est lui-même plus intensément saisi. » Pour les uns, c'est la nature mobile et indéfinie. D'autres au contraire, esprits logiques comme Mallarmé, sont « spécialement émus par les spéculations théoriques. » La philosophie de Mallarmé est essentiellement intellectualiste et idéaliste : « il admet la réalité du monde, mais il l'admet comme une réalité de fiction… Notre âme est un atelier d'incessantes fictions, souverainement joyeuses lorsque nous les connaissons engendrées de nous. Inondante joie de la création, délice du poète arraché aux intérêts qui aveuglent, orgueil dernier d'être un œil librement voyant, et voyant les rêves qu'il projette. » La poésie de Mallarmé est l'expression de sa philosophie : elle traduit et suggère l'émotion de ses rêves philosophiques, émotion purement intellectuelle par conséquent, « joies de la recherche spéculative. » Quel est donc ce rêve ? La signification idéale de la vie, la suprême compréhension du monde. Mallarmé « a découvert que les parties de son rêve étaient liées impérieusement, chacune étant l'image profonde du reste… Tout est symbole, toute molécule est grosse des univers ; toute image est le microscosme de la nature entière… Les jeux des nuages, les mouvements des eaux, les agitations humaines, ce sont maintes

---

56 Wyzewa l'indique avec une grande netteté : « Les images sont rares, étrangement vagues, plutôt des symboles. M. Mallarmé se montre, ici déjà, un *logicien* et un *artiste*… M. Mallarmé n'était, d'abord, ni un musicien, ni un peintre… » (*Nos Maîtres,* p. 97).

scènes variées du seul Drame éternel. Et l'art, expression de tous les symboles, doit être un *drame* idéal. » Mais le drame poétique est aujourd'hui impossible, car les hommes sont égarés dans les intérêts vils. Le Poète est donc contraint d'*écrire* ce drame, de créer le Livre en sa forme parfaite, aidée même par la disposition matérielle de l'écriture. Rêve démesuré que celui de Mallarmé ! « Toujours, désormais, son âme poursuivra le vain rêve mobile de la perfection idéale, et l'œuvre de sa vie demeurera toujours inachevée, s'il ne s'arrache point à ces belles chimères pour traduire, avec les procédés autour de lui employés, telles prestigieuses parties du symbole universel. »[57]

Quoi qu'il en soit, Mallarmé rencontre et développe Wagner : celui-ci a voulu réaliser par l'union des arts la création totale de la vie ; celui-là crée la vie complète — idées et émotions — par l'alliance de tous ses modes. Le but de Mallarmé est donc double : traduire des idées, et pour cela il dispose des mots précis aux points saillants de ses poèmes : c'est le sujet ; — suggérer les émotions de ces idées, par les modulations environnantes des syllabes voisines, accompagnement musical de l'idée. De là naîtra l'émotion poétique, qui ne peut résulter, dans l'âme du lecteur, que d'un travail de création pareil à celui qu'a d'abord accompli le poète, que de la joie de la difficulté vaincue et d'une obscurité qui peu à peu s'éclaire. Grâce à Mallarmé, la Poésie devient ainsi « un autel sacré de la joie dernière » et tend — notons cette anticipation — à devenir « Poésie pure ».

Il y a bien des erreurs, sans doute, dans l'interprétation que donne Wyzewa de la poésie mallarméenne. Surtout, il n'a pas vu le sens profondément tragique de l'expérience spirituelle de Mallarmé, il n'a pas entendu le son désespéré que rend chacun de ses poèmes. Il leur a prêté la joie qui l'emplissait lui-même, comme il la prêtait aux drames de Wagner. Et c'est par là qu'il les unissait l'un à l'autre. Fusion de Wagner et de Mallarmé à travers Wyzewa : en exposant l'*Art wagnérien*, en résumant les idées de Mallarmé, Wyzewa élaborait son propre système. Mais il a su voir le premier en Mallarmé un poète tout intellectuel, chez qui l'émotion aussi est abstraite ; il a su marquer la dignité que Mallarmé avait rendue à la poésie, en en faisant l'expression suprême du monde ; il a compris qu'une telle poésie tendait à se confondre à la fois avec la connaissance métaphysique et avec l'esthétique ; et il a su déceler dans le symbole la pierre de touche de cette esthétique, puisque « tout est symbole » et que chaque image renferme l'univers. Après René Ghil, Wyzewa apportait donc sa contribution. Peu à peu, la doctrine née autour de Mallarmé prenait corps. Il ne lui restait plus qu'à être formulée par Mallarmé lui-même.

*
* *

---

[57] *Nos Maîtres,* article cité, passim.

Pourtant Mallarmé, dénué de toute ambition personnelle, n'éprouve pas le besoin de lancer un manifeste. Il se contentera de patronner un « jeune ». Justement, René Ghil vient de lui confier son projet de reprendre, pour *la Pléiade,* les articles de *la Basoche* en les corrigeant et en les développant çà et là. Mallarmé lui demande donc s'il lui plairait qu'il « épinglât à ces pages qu'il aimait quelques mots d'Avant-dire »[58]. Offre précieuse : c'est dans cet *Avant-Dire* au *Traité du Verbe* qu'il va condenser pour la première fois, en deux courtes pages, vingt années de méditation ; c'est à cette source que, pendant longtemps, viendra puiser le Symbolisme. Trop elliptique pour avoir une influence véritable sur le public, il sera le catéchisme des jeunes poètes[59].

La découverte du temps, dit Mallarmé, c'est le langage poétique. On a distingué pour la première fois « le double état de la parole, brut ou immédiat ici, là essentiel. » Car il y a le langage courant, d'« universel reportage », simple moyen d'échange, « fiction de numéraire facile et représentatif, comme le traite d'abord la foule », pour « narrer, enseigner, même décrire ». Mais il y a aussi la fonction primitive du langage, qui était « avant tout rêve et chant », et qui « retrouve chez le Poète, par nécessité constitutive d'un art consacré aux fictions, sa virtualité. » Cet art, niant le hasard, crée autour de la réminiscence de l'objet nommé une « claivoyante atmosphère »[60], en faisant de chaque mot, par la place, le sens, la sonorité, « un mot total et neuf, étranger à la langue et comme incantatoire ». Car il s'agit qu'en « émane la notion pure » ; il s'agit de recréer par le Verbe un monde fictif, le monde virtuel des Idées. Ainsi s'éclaire par le contexte la phrase souvent citée : « Je dis : une fleur ! et, hors de l'oubli où ma voix relègue aucun contour, en tant que quelque chose d'autre que les calices sus, musicalement se lève, idée rieuse ou altière, l'absente de tous bouquets. »[61]

Langage poétique, musicalité, émanation et réminiscence : cet *Avant-Dire,* qui implique toute une métaphysique personnelle, propose donc une formule plus précise que les articles de Wyzewa. Mais il s'éclaire surtout par le *Traité* qui lui fait suite. Le chapitre sur la musique des vers, celui consacré au symbole viennent développer les idées que contient implicitement le texte si condensé de Mallarmé et en particulier la notion de symbole.

Le *Traité du Verbe,* dans sa forme brutale, dans son langage volontairement et obstinément abstrus, qui démarquait la langue contractée et dense de Mallarmé, fit grand bruit. Ghil lui-même, vers la fin de sa vie, s'est com-

---

[58] R. Ghil, op. cit., p. 60.
[59] Le texte de cet *Avant-Dire* est reproduit, à quelques corrections près, dans *Divagations,* pp. 250-251.
[60] Le texte des *Divagations* dira : « neuve atmosphère ».
[61] Texte original. Dans *Divagations,* Mallarmé a modifié ainsi la fin de la phrase : « *idée même et suave,* l'absente de tous bouquets ».

plu, facilitant ainsi la tâche de l'historien à venir, à en réunir les preuves. Toute la presse en parle aussitôt : dans *la France* du 1er septembre, le bon Sarcey traite « ces messieurs » de « fumistes solennels et tristes » ; *la Justice* confond les Décadents qui « préconisent l'emploi de mots rares, précieux » et les « prétentieuses et vaines combinaisons » de Ghil, qui atteignent « le sublime du baroque », cependant que *le Temps* salue en lui « un des Maîtres du Décadisme » avec M. Stéphane Mallarmé dont il cite un échantillon, extrait de l'Avant-Dire, écrit en « volapuk ». Et la même *France* résumera les réactions de la presse, à la fin d'octobre, en disant : « Ce livre est tellement étrange que beaucoup de journaux, pourtant avares de réclame, en ont parlé comme ils auraient raconté un acte de folie accompli sur la voie publique » et en réclamant pour René Ghil « l'appareil de douches et la camisole de force »[62].

Cependant, la presse « décadente », de son côté, salue l'œuvre comme décisive. *Le Décadent* l'annonce en caractères gras et lui donne « une redondante publicité ». Et, surtout, Leo d'Orfer, dans le *Scapin* du 1er septembre, proteste avec véhémence contre l'appellation de « Déliquescence » et de « Décadence » et, excluant « quelques singes inqualifiables » et unissant dans son admiration Mallarmé, Verlaine, Villiers, Moréas, Laforgue et Ghil, intronise « l'école actuelle, celle du Symbole ». Par l'*Avant-Dire* et le *Traité du Verbe,* cette école avait maintenant une doctrine : mais elle était trop bien cachée pour qu'on s'en doutât encore.

*
* *

C'est peut-être le retentissement du *Traité du Verbe* qui, faisant craindre à Moréas de perdre une place qu'il avait déjà tenté de prendre en 1885, l'incita à faire un coup d'éclat. S'autorisant des *Syrtes* et des *Cantilènes,* qu'il venait de publier, et du *Thé chez Miranda,* écrit en collaboration avec Paul Adam, il se fit demander par le *Figaro* des précisions sur « les principes fondamentaux de la nouvelle manifestation d'art », et envoya une lettre que le Supplément littéraire du 18 septembre publia sous le titre tapageur de : « Un manifeste littéraire »[63].

Le *Figaro* présente Moréas comme « un des plus en vue parmi les révolutionnaires des lettres ». Ce révolutionnaire affirme qu'après le Parnasse, dernière forme du Romantisme expirant, « une nouvelle manifestation d'art était attendue, nécessaire, inévitable : cette manifestation, couvée depuis

---

[62] R. Ghil, op. cit., p. 67 sq.
[63] Le texte en a paru dans la plaquette de J. Moréas : *Les premières Armes du Symbolisme.* On le trouvera reproduit plus loin *in extenso* p. 401 sq.

longtemps, vient d'éclore. » Des juges pressés la qualifièrent de décadente. Et cependant les reproches mêmes qu'on peut lui faire, « l'abus de la pompe, l'étrangeté de la métaphore, un vocabulaire neuf où les harmonies se combinent avec les couleurs et les lignes » sont précisément les « caractéristiques de toute renaissance ». « Nous avons déjà proposé, ajoute Moréas, la dénomination de « SYMBOLISME » comme la seule capable de désigner raisonnablement la tendance actuelle de l'esprit créateur en art. Cette dénomination peut être maintenue ». Tel est, peut-on dire, l'acte de baptême officiel, dans la grande presse, de l'école nouvelle.

Mais quand il s'agit de définir le programme de cette école, Moréas se montre verbeux et cache sous des prétentions métaphysiques une absence totale d'idées claires. Le Symbolisme est « ennemi de la déclamation..., de la description objective ». Certes : mais Verlaine n'a-t-il pas déjà tordu le cou à l'éloquence ? Le programme positif est fort obscur. Dire que « la poésie symboliste cherche à vêtir l'idée d'une forme sensible qui ne serait pas son but à elle-même, mais qui, tout en servant à exprimer l'Idée, demeurerait sujette » ; que, dans cet art, « les tableaux de la nature, les actions des humains, tous les phénomènes concrets ne sauraient se manifester eux-mêmes », mais que « ce sont là des apparences sensibles destinées à représenter leurs affinités ésotériques avec des idées primordiales » ; que, par suite, « le caractère essentiel de l'art symboliste consiste à ne jamais aller jusqu'à la conception de l'idée en soi » ; qu'il nécessite « un style archétype et complexe : d'impollués vocables, les pléonasmes significatifs, les mystérieuses ellipses, l'anacoluthe en suspens, tout trope hardi et multiforme » ; — c'est là traduire en langage tarabiscoté des notions que d'autres avaient d'ores et déjà nettement formulées. On comprend qu'Anatole France ait trouvé l'explication de Moréas difficile à suivre : « Tout ce que je devine, dit-il dans *le Temps* du 26 septembre, c'est qu'on interdit au poète symboliste de rien décrire et de rien nommer. Il en résulte une obscurité profonde. » France ne croyait pas si bien dire. Il définissait là, sans s'en douter et croyant railler, l'essence même de la poésie, que venait de découvrir la nouvelle école.

Moréas a le mérite d'avoir hissé le drapeau. Mais son manifeste porte la responsabilité de toutes les confusions, de toutes les batailles qui vont naître. En dehors des Décadents qui sacrifieront de plus en plus exclusivement au culte verlainien et se refuseront à toute élucidation courageuse du problème, le manifeste du *Figaro,* en allant prendre leur bien aux vrais Mallarmistes, crée aussitôt deux groupes rivaux qui, en attendant que Ghil s'enferme dans un système intransigeant, vont en réalité lutter pour la même cause. Ils vont parfois embrouiller et masquer une vérité maintenant découverte ; ils vont en retarder la diffusion ; ils sont à l'origine, chez leurs contemporains et chez les historiens du mouvement, de beaucoup d'idées fausses.

Qu'importe d'ailleurs ? D'ores et déjà, l'essentiel n'est-il pas atteint ? Une jeune littérature sort de sa chrysalide, la littérature chevronnée est en émoi ; ici l'on montre le poing aux pontifes bedonnants, au bon sens étroit des naturalistes et des positivistes ; là on se serre autour d'un homme, concentré et modeste, dont la pensée longtemps mûrie inspire, chez quelques adeptes, les premiers efforts de synthèse doctrinale ; un autre enfin, surtout préoccupé d'une étiquette, recherche et obtient la consécration officielle. Sans qu'ils s'en doutent pour la plupart, la révolution est faite.

VIII

LA BATAILLE

En quelques mois, les principaux éléments d'une nouvelle esthétique sont sortis du chaos, un premier corps de doctrine s'est constitué. On pressent maintenant l'essence de la poésie, et quelques-uns ont commencé à en prendre conscience, en s'accordant sur une formule essentielle. De ce premier rassemblement autour d'une idée, de ce premier accord est né un fait nouveau : le sentiment d'école, non seulement parmi les poètes, mais autour d'eux, en dehors d'eux. *Scapin* déclare le 16 octobre, à propos de *Lutèce* qui vient de s'éteindre : « Elle aura l'éternelle gloire de s'être donnée tout entière aux poètes de l'école nouvelle... Le berceau du symbolisme et de la décadence fut son lit. » Et le *Figaro,* dans son supplément du 27 novembre, parle de la « nouvelle et remuante École » dont les prophètes sont MM. Mallarmé, Verlaine et René Ghil[1]. Mais, chez l'un comme chez l'autre, on trouve confondus décadents et symbolistes, comme s'ils ne faisaient qu'un. Pour le public, ce sont tous des néo-révolutionnaires, comme dit le *Figaro*, qui ne diffèrent que par l'étiquette. Ils sont tous de la même école.

Prétendue école, d'ailleurs, car ils font plus de bruit que de vers. Quel est le bagage poétique de ces jeunes ambitieux ? Il est fort mince. Les *Complaintes* et l'*Imitation de Notre-Dame la Lune* de Laforgue, *Syrtes* et *Cantilènes* de Moréas, *Lendemains* et *Apaisements* d'Henri de Régnier, quelques poèmes épars dans les revues : il faut avouer que tout cela pouvait sembler ne peser guère, pour les contemporains qui n'y décelaient qu'une vague inquiétude, mêlée parfois d'ironie ou d'agressivité. Pouvait-on vraiment y lire une ambition nouvelle ?

De fait, si quelques-uns ont déjà conscience de cette nouveauté, la plupart se cherchent encore. Leurs poèmes sont des tâtonnements et se dégagent mal de l'influence verlainienne. Quant à la poésie de Mallarmé, elle est trop loin d'eux et les déconcerte plutôt. Ils ne sauraient passer aisément de l'une à l'autre. Le désirent-ils seulement ? Pour l'instant, les ambitions étouffent

---

[1] Cité dans H. MONDOR, op. cit., p. 491, n. 3.

la méditation et le recueillement qui seraient nécessaires. Il faut lutter, il faut s'imposer et vaincre. L'heure est au combat, et la revue est l'arme la plus efficace. Mais la bataille sera longue. Cinq années seront nécessaires, d'abord pour prendre conscience collectivement de ce qu'on apporte, pour l'intégrer à une vision du monde et réaliser l'unité intérieure, ensuite pour accomplir la révolution poétique et pour obtenir la reconnaissance légitime du public et de la critique officielle. Alors seulement sera reconnu à la nouvelle école le droit à l'existence.

*
* *

AGITATIONS DE POÈTES

Le 7 janvier 1887, les *Écrits pour l'Art* s'ouvrent par une allusion aux « agitations de poètes en les derniers mois de 1886 ». En octobre de cette année en effet a commencé la petite guerre, née des premières ambitions et des premiers manifestes. Elle se livre dans de modestes revues qui s'éteignent à peine venues au monde.

Si l'on ouvre ces revues, le premier mouvement est de déception. Querelles de boutiques, rivalités de personnes, pièces souvent insignifiantes : on ne voit pas là la marque d'une haute ambition, l'atmosphère des grandes heures de l'histoire. Et certes, en considérant chacune de ces revues en particulier, il ne faudrait pas s'en exagérer l'importance. Elles ont très peu d'abonnés et, selon l'expression d'André Monglond, elles « meurent d'amour de l'art et de langueur d'argent »[2]. Pourtant, si leur tirage est faible, leur retentissement est grand, et le meilleur témoignage en est le bruit qu'elles font dans la grande presse. Elles préparent l'opinion à quelque chose de nouveau, elles surprennent, elles provoquent ; elles sont les barricades de la révolution littéraire.

De plus, si l'on y regarde de près, on distingue dans cette mêlée des lignes de force, des aspirations qui vont se précisant ; on y découvre un sens : le passage progressif de l'affectivité à l'esprit critique, à l'intelligence lucide, à la conscience de soi. On y voit le Symbolisme, par à-coups successifs, se dégager lentement de la chrysalide décadente et naître peu à peu à lui-même.

Autour de Mallarmé semblait mûrir la formule nouvelle ; Wyzewa avait publié ses articles, René Ghil son *Traité du Verbe* ; et voilà que Moréas, par un véritable coup d'état, s'empare du drapeau et prétend fonder l'« école ». Les premières réactions sont vives. Elles ne viennent pas des Mallarmistes d'ailleurs, mais de critiques soi-disant impartiaux, qui ne veulent pas man-

---

[2] *Encyclopédie Française*, 18-32-7.

quer l'occasion de s'en prendre à l'école tout entière : « M. Moréas, proteste Alfred Vallette dans le *Scapin*, a la prétention d'être le seul symboliste, le vrai, le breveté, le garanti, et qui travaille depuis de nombreuses années, prétend-il, à l'édification de son système — inventé par beaucoup d'autres... » Au demeurant, « le symbolisme est-il, ainsi que l'expose M. Moréas, la tendance actuelle de l'esprit créateur en art ?.. Il n'apparaît point que les esprits soient tournés vers le symbolisme plus que vers n'importe quoi... Les symbolistes, à l'heure actuelle, ne représentent qu'une faible minorité : quatre ou cinq d'un incontestable talent, deux ou trois dont on ne peut rien dire encore, une douzaine de galopins qui barbottent *(sic)*, ridicules, dans un gâchis dont ils ne sortiront pas... » Et le futur directeur du *Mercure de France* de conclure : « On peut affirmer que la littérature de notre fin de siècle ne sera point symboliste. »[3]

Vallette avait raison en réduisant à sa juste valeur le talent *réel* des jeunes Symbolistes d'alors. Il se trompait quand il croyait qu'une révolution peut se faire sans « gâchis » et autrement que par des gens pressés. Au demeurant les galopins ne se tenaient pas pour battus. Ils entendaient bien sortir du gâchis, fût-ce en commençant par l'accroître. Coup sur coup, au mois d'octobre, paraissent deux feuilles éphémères et rivales : *la Décadence* et *le Symboliste*.

Au moment même où le *Scapin* publiait la protestation de Vallette, René Ghil prenait la rédaction de *la Décadence* et partait en guerre, non seulement contre Moréas, mais aussi contre les Décadents. « Quel titre abominable que *la Décadence,* notait avec justesse Mallarmé tout en acceptant d'y collaborer, et comme il serait temps de renoncer à tout ce qui y ressemble ! »[4] Titre singulier, en effet, puisqu'il s'agissait, de l'aveu même de René Ghil, de marquer la « scission complète avec les prétendus élèves de Verlaine » et d'y affirmer les deux grands principes du nouvel Art : « le Symbole et la Musique ». Mais c'est que l'idée du journal venait du *Scapin*, dont le directeur, M. Raymond, était venu en offrir à Ghil la rédaction[5]. Comment refu-

---

3 *Scapin*, 6 octobre 1886. Vallette, dans le même article, commettait d'ailleurs la confusion habituelle entre Décadents et Symbolistes : « C'est de Baudelaire, Mallarmé et Verlaine qu'est née toute la poésie aujourd'hui adolescente... Ce qui a pu faire illusion à M. Moréas sur la direction réelle des esprits, c'est, parmi les jeunes, le goût des choses et des études subtiles, un penchant pour les psychologies raffinées, anormales, *en dehors,* l'effort de tout dire en une phrase harmonique, vivante, évocatrice, la recherche constante de l'effet naturel, du relief dans l'expression, le choix des vocables neufs ou presque, l'emploi — toujours — du mot qui peint, du mot rare, du mot suggestif... »
4 Lettre de Mallarmé à Ghil, citée par H. MONDOR, op. cit., p. 491.
5 « Le Directeur du *Scapin,* M. Raymond, qui a de l'argent, paraît-il, fonde un petit journal, *la Décadence,* et il est venu m'offrir de diriger la rédaction selon vous et moi et ce qui est exposé au *Traité...* » Lettre de René Ghil à Mallarmé du 28 septembre 1886, citée dans H. MONDOR, op. cit., p. 491.

ser une telle occasion de prendre la place convoitée de chef d'école, même sous le signe des adversaires, et au risque d'accentuer une confusion qui pèsera longtemps sur l'histoire littéraire[6] ? Pourtant, René Ghil ne manquait pas de lucidité. Dès le premier numéro, il consommait la première scission : « Trop longtemps, sous le titre générique, *le Décadent...*, trop d'adverses aspirations se sont gênées... Deux maîtres amis, opposés de vues et de manières, rêvent sur le mouvement qu'ils engendrent : ce sont Mallarmé et Verlaine. » Or les Décadents, qui ont pressenti la vérité, veulent, maintenant qu'elle est trouvée et formulée, « se parer de l'honneur du Symbole. » Ils se vantent du trésor d'autrui, et la doctrine a été « longuement exposée au *Traité du Verbe* » : « Faire prédominer le Rêve par le Symbole, le Chant par une retrempe alternée des mots en le sens et la sonorité, c'est le vouloir de cette École. »[7] Saisir la Vérité, c'est-à-dire l'Idée éparse dans les mille éléments de la vie, et en composer le Symbole, qui empruntera à la musique des mots sa puissance suggestive, n'était-ce pas là ce que disaient déjà les articles de *la Basoche* ? Ghil renvoie donc les Moréas et consorts à ce qu'ils se défendent d'être et pourtant à ce qu'ils n'ont pas cessé d'être : des Décadents.

La réplique ne se fait pas attendre. Le 7 octobre, Kahn et Moréas font paraître *le Symboliste,* et prennent position à leur tour. « De très jeunes gens, déclare le premier numéro, s'unirent sous le mot de *décadent* et composèrent des œuvres avec de bonnes intentions, mais sans talent. Malicieusement, on confondit ces œuvres avec celles des réelles personnalités du mouvement symboliste. »[8] Quelles sont ces personnalités ? Bien entendu, Kahn et Moréas. Or, continue Paul Adam, l'auteur de l'article, la grande presse, au lieu des théories de Moréas, a présenté celles de Baju et de Ghil, et sans citer *la Vogue,* a reproduit à grand fracas « les diaboliques naïvetés du *Scapin* et du *Décadent.* » On voit la manœuvre : c'est l'exacte réplique de celle de Ghil. De même que celui-ci renvoyait Moréas aux Décadents, Moréas associait Ghil à Baju dans un rapprochement qui devait être assez peu du goût de son adversaire.

La Décadence et *le Symboliste,* malgré une existence bien courte — trois numéros chacun — sont loin d'être sans importance : les querelles d'octobre 1886 marquent un tournant. Elles consomment la rupture définitive avec l'état d'âme décadent, mais en même temps elles déterminent la première scission. Déjà deux groupes se dessinent : l'un, pourvu d'une doctrine, prétend

---

[6] Il est étonnant que, dans *Les Dates et les Œuvres,* où René Ghil s'étend complaisamment sur le rôle prééminent qu'il a joué dans la genèse du mouvement symboliste, il ne soit nulle part question de la *Décadence.* L'équivoque à laquelle prêtait le titre le gênait peut-être.
[7] « La Décadence artistique et littéraire », n° 1, 1ᵉʳ octobre 1886 : « *Notre École,* par René Ghil ».
[8] *Le Symboliste,* n° 1, 7 octobre 1886 : *La Presse et le Symbolisme,* par Paul ADAM.

l'imposer : c'est celui de Ghil ; l'autre, avec Moréas, va tenter de concilier les tendances de la poésie verlainienne et l'étiquette de Symbolistes : éclectisme de tiers-parti.

L'ÉCOLE DÉCADENTE

Cependant les Décadents n'ont pas désarmé. Au contraire. Les attaques dont ils sont l'objet ont contribué à regrouper leurs forces et les incitent à lire en eux-mêmes à leur tour. Certes leur mouvement n'est pas exempt de fumisterie, et Baju se plaît à le reconnaître[9]. Mais les premières outrances sont passées. Eux qui « n'avaient qu'à détruire » sont amenés aujourd'hui à construire ; qu'ils le veuillent ou non, eux tous, les Raynaud, du Plessys, Laurent Tailhade, groupés autour de Baju sous le drapeau du *Décadent,* sont maintenant une école littéraire. Au demeurant, Baju se charge de lui trouver une nouvelle dénomination, qui fasse précisément plus « école » : il crée le mot *décadisme.* « Ce barbarisme est une miraculeuse enseigne ! » exulte Verlaine[10]. Pendant deux ans, autour du mot et de l'idée, on va mener grand tapage, et, autour du nom de Verlaine, organiser grande publicité. A la fin de 1887, Baju publie une sorte de manifeste : *l'École Décadente,* auquel répondra bientôt un opuscule anonyme : *la Vérité sur l'École décadente*, par un Bourgeois lettré[11]. L'année 1888 voit l'apogée du « Décadisme » : certes, l'honnête Baju est de ceux qui marchent sans comprendre. Il représente, selon l'expression de Remy de Gourmont, « la force sur une âme française ingénue d'une bonne nouvelle littéraire mal comprise, mais profondément sentie. »[12] Pourtant, dit de son côté Ernest Raynaud, « il a rendu service aux écrivains nouveaux, car plus que personne il a contribué à créer autour de leurs œuvres une agitation profitable. N'oublions pas que tous ces articles étaient repris et commentés par la grande presse. Le très puissant *Figaro* ne craignait pas, au moment de la polémique boulangiste, de l'opposer à Maurice Barrès... « *Il passa un*

---

[9] « Plusieurs journaux français persistent à ne voir dans le mouvement littéraire actuel qu'une simple fumisterie. Mon zèle pour le Décadisme ne m'aveugle pas au point de me faire nier l'existence de quelques fumistes dans nos rangs. » A. BAJU, *Le Décadent,* 6 novembre 1886.
[10] Cf. E. RAYNAUD, *La Mêlée symboliste,* t. I, p. 63 sqq.
[11] Il est piquant de noter que les deux brochures parurent, l'une comme l'autre, chez Vanier. La *Vérité sur l'école décadente,* peu connue, s'en prend surtout à Ghil et à Baju, qu'elle accuse d'être « les fauteurs du honteux tapage fait autour du silencieux et modeste travail des poètes contemporains » (p. 16), — ce en quoi elle n'avait pas si tort. Son auteur s'efforce de rendre hommage à ceux qu'il appelle « les seuls vrais écrivains » par opposition aux « personnalités dont les prétentions littéraires ne s'étayent pas sur le moindre écrit » (p. 6). Mais il en reste là et se montre incapable de discerner aucun des éléments doctrinaux de la nouvelle « École ».
[12] R. DE GOURMONT, *Promenades littéraires,* 4e série, p. 47.

moment, auprès des foules, pour diriger l'élite de la jeunesse. »[13] Oui, en 1888, il s'agit avant tout de donner le change. Chacun accuse l'autre de plagiat. « *Symboliste,* dit Baju, désigne un autre groupe d'écrivains qui suit les traces des décadents. Mais les symbolistes n'ont rien apporté de neuf, ils se servent des idées de leurs devanciers pour les tronquer ; ce sont des pseudo-décadents... Ce qu'ils veulent, c'est la notoriété ; ils sont tapageurs, avides de réclame, impuissants à créer... Il n'y aura donc plus à s'y tromper : les Décadents sont une chose, les Symbolistes sont l'ombre de cette chose... »[14]

*
* *

Des pseudo-décadents. Car les Décadents, eux, n'est-ce pas, savent ce qu'ils veulent. Voilà deux ans qu'ils le claironnent. Et d'abord ils sont sincères. « Les Décadents ne voient pas comme tout le monde et ils sont assez hardis pour traduire fidèlement leurs impressions. Voilà ce qui fait leur personnalité. » Assurément, le symbole est fondamental en poésie. « La poésie n'aurait même jamais dû être autre chose : le symbole est sa forme définitive comme primordiale. » Mais ce n'est pas là ce que la poésie moderne apporte de neuf. Être sincère, pour elle, c'est, comme l'a fait Verlaine, scruter le plus profond de l'être, ne prendre dans la vie que « ce qu'il y a de rare, d'intime, de secret. » Cet art exige donc une poétique nouvelle : non seulement « une poésie vibrante et sonore où l'on sent passer comme des frissons de vie », non seulement une forme concise, ramassée et comme quintessenciée ; mais encore « un style... rare et tourmenté », parce qu'il faut rajeunir les vocables tombés en désuétude et en créer de nouveaux « pour noter l'idée dans la complexité de ses nuances les plus fugaces. »[15]

---

[13] E. RAYNAUD, *La Mêlée Symboliste,* t. 1, p. 63 sqq. — C'est moi qui souligne.
[14] *Le Décadent,* n° 23, 15 novembre 1888 : *Décadents et Symbolistes,* par A. BAJU.
[15] *Le Décadent,* octobre 1886 (voir note 17). La même revue publiait le 15 décembre 1888 un article sur les Décadents extrait de la « *Vie posthume* », où l'auteur essayait de résumer leur doctrine, en lui donnant une base philosophique — d'ailleurs fort vague — qu'elle n'a jamais eue :
« La formule qui guide leur pensée se résume ainsi : le moi seul est important. Plus philosophes que littérateurs, ils adopteraient la proposition la plus radicale de l'absolu idéalisme : *le moi seul est.* Au-dessus du vulgaire par la subtilité de l'esprit et l'exquise sentimentalité, leur but est de développer ces dons supérieurs...
« Elle (l'école décadente) puise dans le monde extérieur des émotions, elle multiplie sa surface impressionnable, la sensibilise d'un souci constant de tout refléter.
« Ces émotions ressenties, le décadent les analyse. Il les cultive dans le recueillement de sa rêverie, il les précise, en saisit les plus délicates nuances par le repliement de la pensée, par le souvenir, image souvent distincte et finie de la sensation primitive, ébauche vague et grossière...

Est-ce là une doctrine véritable ? Tout au plus une tentative pour mettre en ordre le message de Verlaine. Sincérité à outrance, c'est-à-dire le comble de l'individualisme, recherche, par delà le sentiment romantique, de l'état d'âme, de la nuance imperceptible, et d'une musique capable d'en noter toutes les subtilités : nous n'en sommes guère plus loin qu'en 1883. Les Décadents auront beau faire : il leur manque une philosophie.

BATAILLES INTÉRIEURES

Leurs adversaires étaient plus sérieux, et Raynaud s'en rend bien un peu compte, quand il déclare : « Cette abondance dans la fantaisie, cette liberté d'allures, ce débordement de malice espiègle et de jeunesse, cette vivacité française, était mal vue des symbolistes pontifiants... Ils ne nous pardonnaient pas de nous moquer de leur jargon et affectaient de nous mépriser, parce que nous avions le sourire. »[16]

En réalité, après les passes d'octobre 1886, la parole restait à René Ghil. La fragile combinaison de *la Décadence* ne lui suffisait pas : il lui fallait maintenant sa revue à lui. Trois mois plus tard, il l'avait : c'était *les Écrits pour*

« Il veut se connaître, il s'observe, pousse l'analyse jusqu'à la notation des sentiments les plus furtifs, des frissonnements les plus ténus, des états psychiques à peine formés et entrevus, et par cette enquête méticuleuse et profonde, continûment poursuivie, rétrécit les limites de l'inconscient. Mais là encore il ne cherche que son plaisir et garde pour lui les fruits des semences qu'il a empruntées au monde extérieur.

« Cet eudémonisme, cette doctrine de la recherche du bonheur dans les jouissances de l'esprit et du cœur est un renouveau de l'épicurisme grec, avec plus de scepticisme précieux, plus d'égoïste raffinement, plus d'acuité pénétrante du regard intérieur, plus de profondeur et d'originalité ; il y ajoute comme formel précepte la nécessité de l'isolement moral, où l'âme en ses meilleurs moments se retire, se contemple et se suffit.

« Un tel mode de vie spirituelle devait pour son expression rechercher un verbe nouveau... Un style est né, se forme, se développe infiniment travaillé. Le langage est synthétique. Il enferme tous les moyens d'expression dans le mot, la forme de la phrase. Précision du dessin, harmonie du son, éclat de la couleur, symétrie, rythme du mouvement, il réunit en lui-même toutes ces propriétés. Il faut pour l'art les porter au plus haut degré et faire de la langue la plus vivante image de l'âme en ses aspects multiples. Les décadents ont pris pour eux ce travail. Ils l'accomplissent trop hâtivement pour le commun des lecteurs qui ne comprennent rien à leurs écrits pleins de mots nouveaux et de tournures singulières, les traite de farceurs... Ainsi enclos d'incompréhensibilité, ils forment une secte d'initiés...

« Le scepticisme forme la trame philosophique, l'égoïsme, le fond moral de la doctrine des décadents. »

Extrait de la « *Vie posthume* », « revue de philosophie rationnelle ».

Et le *Décadent* ajoutait : « Ce qui est dit ici n'est pas juste de tous points, mais c'est empreint de franchise. » (Note de la Revue).

16 E. RAYNAUD, op. cit., t. 1, pp. 97 et 101.

l'Art. Le directeur en était Gaston Dubedat, garçon effacé, alors critique musical au *Scapin*. Mais c'était là une habile manœuvre : cela ne permettait-il pas de faire bien plus facilement figure de chef d'école ? Dubedat, si l'on en croit Ghil, était à sa dévotion. Il mettait sa revue « exclusivement au service des théories » de Ghil et des poètes qui voudraient se grouper autour d'elles[17]. En conséquence, le manifeste du premier numéro proclamait bruyamment la fondation du nouveau groupe : « le groupe SYMBOLIQUE et INSTRUMENTISTE ». « Sous la règle du Maître, Stéphane Mallarmé », il unissait autour de Ghil : Stuart Merrill, Henri de Régnier et Francis Vielé-Griffin. Leur ambition était haute :

> « Ce groupe veut :
> « en des livres composés, en des œuvres composées,
> « par des poèmes, de vers classiques, harmoniés (sic) et instrumentés selon l'emploi savant et sûr des mots, les mots usuels de la langue pris dans leur sens originel, sans les priver pourtant du son de voix de tous les âges vivant à jamais autour d'eux,
> « chercher, induisant de SYMBOLE en SYMBOLE, la raison de la Nature et de la Vie. »[18]

Prise de position contre les libertés prosodiques et les néologismes des Décadents ; utilisation des mots dans leur pleine valeur de signification et de sonorité à la fois ; création d'une poésie qui reproduise symboliquement l'ordre de l'univers : ce sont bien là les principes que Mallarmé a transmis à René Ghil et que contenait déjà le premier *Traité du Verbe*. Mais ils se présentent maintenant sous une forme catégorique, agressive presque — très sommaire aussi, car il n'y est question qu'implicitement de suggestion et de musique. Partisans de l'*instrumentation* et de l'*harmonisation,* Ghil et ses amis s'opposent avec netteté aux *mélodistes* disciples de Verlaine, et un jeune littérateur polonais, Antoni Lange, note avec beaucoup de lucidité cette divergence fondamentale, dans le résumé qu'il donne aux *Écrits pour l'Art* d'un article publié par lui à Varsovie.

Lange marque la naissance d'un « désir littéraire nouveau parmi l'Europe ». C'est la France qui ouvre la voie, avec ses Décadents, qu'elle insulte. Mais l'école issue de Paul Verlaine, avec Moréas, Laforgue, Kahn, « n'est pas sortie du Romantisme et le continue ». L'École symboliste et instrumentiste, l'École de Mallarmé, avec Ghil et ses amis, Verhaeren, Georges Khnopff, « c'est l'École nouvelle », qui a pour organe les *Écrits pour l'Art.* Le point philosophique de l'École, c'est l'évolution, le perfectionnement de l'humanité, un Dieu et une religion rationnels, la vénération de la Raison, le sentiment de l'intellect, l'oubli du MOI, l'universalisme. La Poésie est l'es-

---

17 Cf. René GHIL, *Les Dates et les Œuvres,* pp. 76-77.
18 *Écrits pour l'Art*, n° 1, 7 janvier 1887.

sence des choses, elle est un Symbole. Pour exprimer ce symbole, il faut « une langue unissant les formes poétique, éloquente, plastique, picturale et musicale : l'*Instrumentation parlée* de René Ghil »[19]. On voit ici comment, insensiblement, ce dernier tirait la couverture à lui. Sentiment dans l'intellect, oubli du moi, symbole, c'est bien là le Mallarmé que nous connaissons. Mais, avec la notion d'évolution, de perfectionnement, de Dieu rationnel, nous sommes loin de cette recherche de l'être pur, de cet homme qui avait « terrassé Dieu » et ne l'a jamais retrouvé. Ghil, déjà, suit son chemin propre.

*
* *

Il vient d'ailleurs de découvrir dans la physiologie d'Helmholtz, une éclatante confirmation de ses intuitions antérieures, et il publie, par les soins de la revue, une seconde édition du *Traité du Verbe,* qui enrichit la première de notes explicatives abondantes, et où l'Instrumentation poétique se trouve « avérée par les données concordantes de Helmholtz sur les Harmoniques. »[20]

« Tout instrument de musique, disait Ghil en Appendice, a ses harmoniques propres : d'où son timbre, et les VOYELLES se doivent désormais assimiler aux INSTRUMENTS : l'instrument de la voix humaine est une anche à note variable complétée d'un résonateur à résonance variable. » Ghil pouvait donc en tirer « un sûr relevé des principaux Timbres vocaux... par ordre croissant d'harmoniques » : non seulement des voyelles et des diphtongues, mais des consonnes qui se marient avec elles. C'est donc « dans l'essentielle lumière de sa gloire et plus intense selon la hauteur de l'onde harmonique, le spectre solaire qui se déroule. » Ainsi, dira Ghil plus tard, nous rendions méthodiquement à la langue idéographique ses valeurs phonétiques originelles et la ressaisissions à ses complexes sources idéogéniques, tandis que nous la comprenions ainsi qu'une vivante et multiple matière orchestrale à ordonner selon les puissances poétiques et le tempérament de tout poète. »[21]

Ghil ne s'en tient pas aux spéculations théoriques. Il a déjà tenté, à ce moment, de les appliquer et d'« ordonner » selon son tempérament la « vivante et multiple matière orchestrale ». Dès le mois de février, il publiait son *Geste ingénu,* dont la disposition — « vingt-huit poèmes précédés et suivis d'une Ouverture et d'un Finale », disait la Note qui relatait sa publication — traduisait le souci d'unir le sens et la musique. Et la note ajoutait : « Bien que le poète n'ait pu encore en ce livre essentiellement doux et simple donner l'essor à toutes les puissances instrumentales et harmoniques, ce sont

---

19 *Écrits pour l'Art,* n° 3, p. 61.
20 *Traité du Verbe,* « nouvelle édition augmentée et avérée, Paris, Alcan-Lévy, Éditeur, 1887 », Avant-Propos.
21 *Les Dates et les Œuvres,* p. 97.

l'Orgue, les Harpes, les Violons, les Cuivres et les Flûtes qui passent et repassent là, parmi les stricts et logiques et variés dessins harmoniques, avec les leit-motivs rigoureux et visibles. »

> nos yeux mutuels
> Qui délivrèrent là l'or des latentes gloires...
> Trop seuls saluts riants par nos vœux exhalés...[22]

En même temps, tout en refusant, comme Mallarmé, le lyrisme, tout en faisant taire la sincérité et la spontanéité de ses propres sentiments, Ghil orientait sa poésie, non vers un symbolisme intellectuel et essentiel tel que le concevait son maître, mais vers un pur jeu d'images, visuelles et sonores, un cliquetis de mots souvent vain. Mallarmé voyait bien le danger, qui lui écrivait aussitôt :

> « L'œuvre est de transition, vous la jugerez ainsi plus tard... Partout une qualité de rêverie et de musique point, sans se dégager encore, que je crois exceptionnelle. Si j'étais de vous, je pousserais cela, dans le prochain effort, jusqu'à la pensée au chant, sauf à reprendre mais alors maîtrisé votre jeu complexe et en effet symphonique. Vous avez besoin, en restant où vous êtes, de faire un mouvement d'un autre côté, vers quelque chose de simplement tangible, et de l'amener à votre art... »[23]

René Ghil ne devait pas entendre cet avertissement. Tourné vers lui-même, il allait peu à peu délaisser le symbole pour la « poésie scientifique ».

Mais les contemporains ne voyaient pas si loin que Mallarmé. Le nouveau recueil suscitait les plaisanteries de la presse : parodie de Pierre Mille dans le *Chat Noir*, sarcasmes du *Charivari* qui, après avoir consulté une somnambule extra-lucide, silhouette un très vieil Académicien couronnant le poète du *Geste ingénu,* lyre au dos et genou en terre.

Peu après le *Geste ingénu,* les *Écrits pour l'Art* annonçaient le premier recueil de Stuart Merrill, *les Gammes,* qu'ils présentaient comme une des œuvres les plus représentatives du groupe. La dédicace portait : « A René Ghil, Maître de la musique du Verbe. » De son côté, Ghil déclarait sans modestie dans les *Écrits pour l'Art* : « Concluant et victorieux, se présente, écrit d'après mes vers d'instrumentation, ce livre de M. Stuart Merrill, *les Gammes.* »[24] Instrumentation ? Certes, Merrill est persuadé de la correspondance naturelle des sons et des sensations — ne développera-t-il pas cette idée, quelques années plus tard, dans un conte en prose inachevé ?[25] —

---

[22] *Le Geste ingénu : Pour l'enfant ancienne.*
[23] Lettre de Stéphane Mallarmé à René Ghil, 13 mars 1887, citée dans *Les Dates et les Œuvres,* p. 92.
[24] *Écrits pour l'Art,* mars 1887.
[25] « Geneviève, traînant, distraite des doigts et de la voix, sur les monotones syllabes, évoquait, sous chaque son, la sensation correspondante. Bal, *biel,* bil*, bol-ol, bu-u-ul...,* c'était le ruissellement du jet d'eau, dont les gouttes irisées s'éparpillaient à la

et il cherche à produire certaines émotions par la répétition de sons choisis à dessein :

> La blême lune allume en la mare qui luit,
> Miroir des gloires d'or, un émoi d'incendie...[26]

> Le fol effroi des vents, avec des frous-frous frêles...[27]

Mais ces vers « évoquent une musique naturelle plutôt qu'une musique construite sur un plan méthodique »[28]. C'est là de l'harmonie imitative, bien plutôt qu'un emploi des sonorités conforme au tableau dressé par Ghil. En réalité, retourné à New-York depuis trois ans, Merrill ne suit que de loin son ancien condisciple. Il subit en Amérique des influences plus profondes : d'abord celle de Wagner, pour lequel il s'enthousiasme ; ensuite et surtout celle de la poésie anglaise. L'anglais n'était-il pas sa langue maternelle ? Si Merrill a tenté de rapprocher la poésie de la musique, c'est avant tout sous l'influence de Keats et de Swinburne — non pas même de leurs théories, mais de leurs vers. Une lettre à Vielé-Griffin le confirme sans équivoque :

> « Je ne suis pas le seul Américain qui essaye d'introduire dans l'alexandrin français un peu de la musique enchanteresse du vers anglais. Exprimer l'idée à l'aide de mots, suggérer l'émotion par la musique de ces mots, tel est, je pense, l'alpha et l'oméga de notre doctrine. »[29]

Exprimer l'idée, suggérer l'émotion : voilà tout Stuart Merrill[30]. Mi-affectif mi-intellectuel, il n'entend sacrifier ni l'émotion, ni le sens. Dès ce moment, il est convaincu que « l'état lyrique n'a aucun rapport avec l'état logique et que le poème est presque toujours la création du subconscient », mais, en même temps, qu'« au centre du poème, comme le sang du Christ au sein du Graal, resplendit l'idée. »[31] Stuart Merrill est l'un des premiers

---

[26] brise. Gra, gré, gri, i-i, gro, gru-u-u ; tous les oiseaux s'égosillaient soudain en tumultueux gazouillis. Baz, bez, biz, boz, buz, et les mouches velues... en la chaleur bleue de la salle. » *Geneviève,* conte en prose inachevé (1891), cité dans Marjorie Louise HENRY, *Stuart Merrill,* p. 56, n. 1.
[26] *Les Gammes : Nocturne.*
[27] *Ibid. : La Flûte.*
[28] M. L. HENRY, op. cit., p. 57.
[29] Lettre à Vielé-Griffin (1886 ou 1887) en anglais : « I am not the only American who is trying to endow the French Alexandrine with a little of the enchanting music of English verse. To express the idea by words, to suggest emotion by the music of these words, such are, I think, the Alpha and Omega of our doctrine. » (Cité dans M. L. HENRY, op. cit., p. 58).
[30] Ce double dessein était déjà comme on l'a vu celui de Mallarmé. Mais, tandis que Mallarmé, éminemment intellectualiste, voulait « suggérer les émotions des idées », Stuart Merrill entend, pour sa part, ne pas sacrifier le lyrisme en poésie.
[31] Cf. M. L. HENRY, op. cit., p. 46.

qui aient cherché, non à éliminer le lyrisme de Verlaine, comme le faisait Ghil, mais à le purifier de tout mal décadent et à l'élever vers une harmonie plus large et moins personnelle. Assurément, *les Gammes* nous parlent encore de l'âme qui « s'alanguit d'une horreur sépulcrale » et de

> La vieille volupté de rêver à la mort...[32]

Nous y retrouvons aussi le frêle décor des *Fêtes Galantes* où

> Les jets d'eau tintent dans les vasques[33].

Mais déjà il cherche, à travers les impressions de son âme, à saisir la beauté harmonieuse des choses. Huysmans voit en lui « un Verlaine chuchotant, mais personnel et autre », et Mallarmé loue, de ce « recueil de début doué », la « qualité subtile et fluide ». Tout laisse pressentir que Merrill ne restera pas longtemps dans le sillage de son ancien condisciple.

*
* *

Du côté de celui-ci d'ailleurs, les choses se gâtent. Certains, comme Wyzewa dans la *Revue Indépendante,* dénoncent « son imitation constante des procédés poétiques de Mallarmé » et « son application extraordinaire à ne rien innover, jusque dans le prospectus de son œuvre prochaine. Ghil montre la parodie de l'œuvre, colossale et haute, par delà toutes, dont Mallarmé parfois indique le sujet, au cours d'affectueuses causeries »[34]. Bientôt, Vielé-Griffin, dans un communiqué adressé aux *Écrits pour l'Art,* déclare que « c'est sans sa connaissance que son nom a été utilisé dans le manifeste du 7 janvier 1887 ». Après lui, c'est Henri de Régnier qui se retire, protestant poliment, paraît-il, que « semblable en ceci à M. Francis Vielé-Griffin, il n'est pas un théoricien »[35]. Au bout de six numéros d'ailleurs, les *Écrits pour l'Art,* à court d'argent, suspendent leur publication. *La Wallonie* recueille les rescapés comme après un naufrage.

Dès lors, la tension ne va pas cesser de croître entre les Mallarmistes et René Ghil. Celui-ci continuait sa route, qui l'écartait de plus en plus du Symbolisme. Les Symbolistes en effet, développant l'idéalisme que conte-

---

[32] *Les Gammes : Nocturne.*
[33] *Ibid. : La Fête au parc.* — Voir sur cette influence de Verlaine, et aussi de Watteau : M. L. HENRY, op. cit., pp. 52-53.
[34] *Revue Indépendante,* avril 1887. Cité dans H. MONDOR, op. cit., p. 508.
[35] R. GHIL, *Les Dates et les Œuvres,* p. 102. Henri de Régnier ajoutait, affirmant à l'égard des doctrines en général un mépris qu'il ne montrerait pas toujours : « Il juge que le poète doit être un intuitif, il n'a confiance, pour ce qui est de son art, qu'en son oreille modulatrice et sa créatrice imagination. »

nait en puissance l'esthétique mallarméenne, s'orientaient peu à peu vers un spiritualisme mystique. Au contraire, René Ghil ne s'est-il pas placé, d'emblée, du côté de la science positive ? Il distinguera lui-même plus tard dans la littérature « deux mouvements antagonistes », d'une part « la tradition de poésie personnelle où le Moi se tient pour mesure et raison du Tout et le doue de sa propre sensibilité, de ses propres préconceptions » ; d'autre part « la tradition de poésie scientifique... avec sa résultante de pensée philosophique » : Gauthier de Metz, Brunetto Latini, Jean de Meung, Du Bartas, Delille, Lemercier, Chénier, Strada[36]. Poésie scientifique, philosophie évolutive : dès la *Légende,* son parti était pris. Maintenant, il ne lui reste plus qu'à dissiper toute équivoque. La troisième édition du *Traité du Verbe*, en 1888, en supprimant « la complaisante digression de quelques pages d'hier sur le Symbole » et en présentant un ouvrage complètement refondu, allait consacrer la rupture avec l'école symboliste[37].

Au même moment à peu près, Ghil quittait définitivement les Mardis. « Cette rupture, qui n'était que la visibilité des deux mouvements d'une époque poétique, dont l'antagonisme latent dès le principe devait nécessairement surgir à mesure que chacun d'eux s'incorporait ses éléments distincts, Mallarmé lui-même en prononça le mot »[38]. Mais Ghil ne pourra s'empêcher d'ajouter, bien des années plus tard, en se félicitant rétrospectivement de sa prudence : « De Mallarmé il sied de sortir à temps. »

Il en sortait seul. Son disciple Achille Delaroche restait fidèle à Mallarmé avant de publier, en 1890, son propre manifeste dans *la Plume*. Il s'y inspirera des *Grands Initiés* de Schuré.

Mallarmé chef d'école

Les autres, autour du Maître, restaient groupés. Simplement l'organe avait changé. En septembre 1886, Dujardin, trouvant trop étroit le cadre de la *Revue Wagnérienne,* avait ouvert à côté d'elle, avec une équipe élargie, une seconde série de la *Revue Indépendante*. Fénéon et Wyzewa l'encadraient. Leur « idéal dogmatique », affirmait le premier numéro, « sera l'union de tous les arts dans un effort commun à recréer la vie ». La constante préoccupation sera « de rester vraiment indépendante, indépendante non moins des traditions académiques que des vaines agitations décadentes. » Ce sera « une revue spéciale de l'art, art littéraire, musical, plastique ». En réalité, ce sera, pour un temps, la revue de l'esthétique symboliste.

---

[36] R. Ghil op. cit., Avant-Propos, pp. X-XI.
[37] Infra, p. 247.
[38] Cité dans Isabelle de Wyzewa, *La Revue Wagnérienne,* p. 88.

Celle de Wyzewa d'abord, qui réclame toujours un Art total, fondé sur un idéalisme absolu. Wyzewa part en guerre contre la science, « infatigable à découvrir les lois fixes des choses, sans se dire un instant que peut-être les choses n'ont pas de lois fixes, que peut-être la cent mille unième expérience, celle de demain, sera toute différente des cent mille premières. » Car les lois naturelles « changent avec la disposition des âmes humaines ; et la raison, fort simple, en est que l'univers est l'œuvre de nos âmes. » Le seul univers véritable, la seule réalité immortelle, c'est celle que recrée l'esprit, ce « monde de pure passion » qu'est le monde de l'art. Voilà ce qu'ont apporté les romanciers russes, voilà ce que révèle l'œuvre de Villiers de l'Isle-Adam : « Seule vit notre âme ; elle est tout le Réel. »[39]

Mais cette esthétique de Wyzewa s'arrête en deçà du symbole. Il fut des premiers à saisir ce que la poésie devait comporter de suggestion et de musique pour être vraiment elle-même ; mais il en est resté là. Son article sur *Le Symbolisme de M. Mallarmé* le prouve[40]. « Depuis tant d'années que j'en entends parler, je ne comprends pas encore bien exactement, je l'avoue, ce qu'est un symbole ; ou plutôt je cesse de plus en plus de le comprendre, devant la multiplicité des significations dont on accable ce mot. » Wyzewa remonte au sens strict : un symbole, c'est un signe destiné à représenter un objet, à exprimer une pensée ; et à ce compte tout art, tout langage même est symbolique. Par ailleurs, au sens classique, le symbole peut être une pensée simple destinée à « représenter une autre pensée plus complexe » : c'est la comparaison ou la trope. Mais ce n'est pas là ce que recherche « l'école de nos jeunes poètes symbolistes. » Alors ? Le symbolisme pour eux ne consiste-t-il pas simplement « dans la substitution d'une idée à une autre » ? Délassant exercice, si l'on veut, mais où est l'art ? Notre poésie ne devrait-elle pas plutôt restituer aux mots leur signification véritable ? Ainsi, M. Stéphane Mallarmé se prétend symboliste. Il vient de publier dans la *Revue Indépendante* trois sonnets — *Tout orgueil fume-t-il du soir..., Surgi de la croupe et du bond..., Une dentelle s'abolit...* — où il a voulu « glorifier l'impérissable Rêve, maître des choses ». « Vraiment le symbole n'y est-il pas un prétexte, et le sujet véritable n'est-il pas tout autre : devant des objets familiers, laisser monter en son âme l'émotion poétique, une émotion dominée toujours par cette altière croyance dans le rêve consolateur ? » Ce qui fait, pour Wyzewa, la vertu de ces beaux poèmes, c'est, non « le symbolisme des intentions », mais « les émotions qu'il exprime et l'admirable musique dont il les pare. » On peut mesurer exactement dans cet article les limites de Wyzewa. Enfermé dans son idéalisme absolu, il ne saurait comprendre le drame intérieur de Mallarmé. Lequel de ses contemporains aurait pu s'aviser d'ailleurs que cette conver-

---

[39] *Revue Indépendante,* février 1887 ; dans *Nos Maîtres,* p. 273 et p. 115 sqq.
[40] Voir supra, p. 196.

sation aimable, l'arabesque de cette pensée prestigieuse cachât un muet désespoir ? Mallarmé, certes, parlait de son rêve, du Rêve qui seul efface, comme dit Wyzewa, la « triste songerie » des apparences, et d'où naît « l'intime vie de fiction ». Mais, tandis que Wyzewa mettait l'accent sur la puissance de cette fiction et croyait à la seule réalité de ce rêve, Mallarmé le connaissait comme fictif, savait qu'il n'était que néant, absence totale, virtualité pure.

Aussi, tant qu'il s'agit de décrire les objets familiers mis en scène dans les trois sonnets, de saisir l'émotion qu'ils provoquent dans l'âme du poète, le commentaire que donne Wyzewa est-il excellent : c'est le décor mallarméen de toujours — la chambre, le soir, la nuit ou le matin à l'aube naissante —, plus confiné encore et qui se réduit maintenant à un seul objet : console, vase, dentelle, duquel naît l'émotion poétique. Mais la perspective de Wyzewa ne va pas plus loin. Pour deux des sonnets, son explication aboutit à un contresens. Il voit dans « la fulgurante console » de *Tout orgueil fume-t-il du soir...* « la flambée du rêve tout-puissant qui jamais ne s'éteint », dans la dentelle qui s'abolit « un somptueux décor au lit vraiment réel, où le poète se veut naître ». Il oublie les mots essentiels : « agrippant le *sépulcre* de désaveu », « *tristement* dort une mandore » ; il ne sait pas lire dans ces trois poèmes le thème unique qui les relie, le thème de la virtualité, de la vacuité et de l'éternelle impuissance du poète. Car la console est sans chaleur, la chambre sans lit et le vase sans fleur : il n'y a pas d'autre réalité que cette absence[41].

Pour Mallarmé, le symbole est l'unique moyen — éternellement imparfait d'ailleurs, d'où le tourment de sa pensée — de suggérer cette absence de tout qui est à la fois sa certitude et son désespoir. A ce degré de la poésie, tout est symbole, et chaque objet est là interposé, mais nécessaire, sinon le monde virtuel où évolue Mallarmé serait totalement inexprimable. Il y a là chez lui une sorte de circuit fermé, un cercle fatal d'où il ne peut sortir : l'objet fait naître en lui l'émotion, le sentiment du vide, de sa propre absence, et à son tour ce sentiment s'exprime symboliquement par l'objet suggéré par son absence même. Les autres objets ne sont que des points de repère destinés à faciliter cette suggestion et à permettre à l'âme du lecteur de reconstituer les rapports virtuels dans lesquels réside la structure de l'univers. Entre ces points, la pensée du poète évolue selon des courbes, des arabesques qui sont autant d'approximations, d'esquisses successives de cette structure immuable. C'est ce qu'il dit expressément alors à un de ses visiteurs :

---

41 La psychanalyse retrouverait facilement dans ce sentiment persistant de l'absence le complexe utérin (le regret du néant prénatal et du ventre maternel : il n'est pour s'en persuader que de rapprocher les diverses expressions du sonnet « Une dentelle s'abolit » : *Au creux néant* musicien... Selon nul *ventre* que le sien, *Filial* on aurait pu *naître* (cf. Ch. MAURON, op. cit., pp. 82-84) et supra, p.

« Il y a à Versailles des boiseries à rinceaux, jolis à faire pleurer ; des coquilles, des enroulements, des courbes, des reprises de motifs. Telle m'apparaît d'abord la phrase que je jette sur le papier, en un dessin sommaire, que je revois ensuite, que j'épure, que je réduis, que je synthétise. Si l'on obéit à l'invitation de ce grand espace blanc laissé à dessein au haut de la page comme pour séparer de tout, le déjà lu ailleurs, si l'on arrive avec une âme vierge, neuve, on s'aperçoit alors que je suis profondément et scrupuleusement syntaxier, que mon écriture est dépourvue d'obscurité, que ma phrase est ce qu'elle doit être et être pour toujours... »[42]

Dans le même temps, Mallarmé mène à la *Revue Indépendante* une « campagne dramatique » assez particulière : c'est-à-dire que, « n'allant que rarement au théâtre », ces articles lui sont des prétextes pour exposer ses vues personnelles : il faut que la Danse « te livre à travers le voile dernier qui toujours reste, la nudité de tes concepts », que le Mime « dont le jeu se borne à une allusion perpétuelle sans briser la glace, installe, ainsi, un milieu, pur, de fiction ». Mais le plus « particulier » de cette campagne dramatique, c'est que, finalement, il y proclame la supériorité du Livre sur tous les théâtres, ce qui lui donne l'occasion de préciser les idées de l'Avant-Dire[43].

Il s'agit bien toujours pour le poète d'exprimer « ce spirituellement et magnifiquement illuminé fond d'extase..., le pur de nous-mêmes par nous porté, toujours, prêt à jaillir. » Or ce pur de nous-mêmes est une simple fonction, « quelque suprême moule n'ayant pas lieu en tant que d'aucun objet qui existe » ; c'est le « gouffre central d'une spirituelle impossibilité que rien soit exclusivement à tout ». Et le monde, de son côté, contient, « gisements épars, ignorés et flottants selon quelque richesse », des « éléments de beauté » qui n'attendent que l'appel du poète, « pressés d'accourir et de s'ordonner dans leur valeur essentielle ». La poésie est donc la *mise en œuvre* du monde selon la Beauté idéale, c'est-à-dire selon les Idées essentielles qu'il renferme virtuellement ; musique suprême, « que l'instrumentation d'un orchestre tend à reproduire seulement et à feindre. » On retrouve là l'idée de la lettre à René Ghil et de la *Rêverie d'un poète français* : la poésie doit reprendre à la musique son bien, et Wagner a « usurpé le devoir » des poètes. Oui : le Livre, « s'il énonce quelque idée auguste », se suffit à lui-même : « le monde y tient », et il « supplée à tous les théâtres ». Car un « ciel métaphorique se propage à l'entour de la foudre du vers », et c'est « aux convergences des

---

[42] Maurice GUILLEMOT, *Villégiatures d'Artistes* ; cité dans H. MONDOR, op. cit., pp. 506-507.

[43] Ces articles ont été réunis dans *Divagations,* sous le titre général : *Crayonné au théâtre.* Cf. la note de Mallarmé, *Divagations,* p. 372 : « Tous les morceaux suivants... exposent, selon la teneur à peu de chose près, une campagne dramatique que je fis en la *Revue Indépendante,* et inoubliable, dans des conditions assez particulières — je n'allais que rarement au théâtre... ».

autres arts [qu'est] située, issue d'eux et les gouvernant, la Fiction ou Poésie. »[44]

Les lecteurs de la *Revue Indépendante* étaient-ils capables d'entendre ces déclarations ? Du moins peut-on penser qu'ils les lisaient religieusement. En effet, la gloire de Mallarmé s'affirmait. Il faisait de plus en plus figure de chef d'école, la province lui envoyait des délégations d'admirateurs, et le temps était proche où l'on viendrait de l'étranger « recueillir un peu de la parole incomparable »[45]. Pourtant, il persistait à se refuser au grand public, à confier sa pensée à des textes sibyllins. Au moment où Wyzewa semblait l'abandonner en chemin, où Ghil se préparait à l'apostasie, qui allait recueillir le flambeau et se charger d'élucider pour une plus large audience la nouvelle doctrine poétique ?

LES CHAMPIONS DU VERS LIBRE

Était-ce Gustave Kahn ? On put le croire un moment, quand Dujardin, au début de 1888, lui confia la rédaction de la *Revue Indépendante* à la place de Wyzewa. Gustave Kahn, on l'a vu, avait été des premiers assidus autour de Mallarmé. A son retour en France, il avait repris aussitôt contact avec la « chapelle » et, bientôt après, s'était lancé à son tour dans la mêlée. Mais il avait rapidement déplacé le problème. Une des idées qu'il avait rapportées de ses méditations africaines, c'était que le poète devait « faire de la critique », et en cela il était très mallarméen ; mais une autre idée, c'était que « le poème en prose était insuffisant » et qu'il fallait modifier le vers et la strophe[46]. Ainsi la question passait-elle du plan de l'esthétique au plan de la technique. En 1886, la lecture des *Illuminations,* qu'il allait publier dans la *Vogue,* avait joué pour le moins « le rôle d'un déclic »[47] et lui avait fait prendre une conscience plus nette de la formule qu'il cherchait. Cette formule allait se préciser peu à peu dans ses poèmes, par une lente évolution dont témoigne déjà son premier recueil, qu'il publie en 1887, *les Palais Nomades.*

Œuvre encore toute décadente d'inspiration — c'est le poème du passé, de « l'heure implacable et lente », de l'« accord mineur » et de la chanson lente[48] —, mais où apparaît déjà par instants le décor symboliste — « la marche

---

[44] *Divagations : Solennité,* pp. 227-230.
[45] H. MONDOR, op. cit., p. 511, où il est question de Stefan George. En réalité, ce n'est pas en 1887, mais en mars 1889 seulement que George viendra pour la première fois à Paris et sera introduit aux Mardis.
[46] G. KAHN, *Symbolistes et Décadents,* p. 32.
[47] DUJARDIN, *Les premiers poètes du vers libre,* dans *Mallarmé par un des siens,* p. 164.
[48] *Les Palais nomades : Voix de l'heure implacable...* :
    Voix de l'heure implacable et lente,
    Timbre avertisseur du passé...

nuptiale des pâles lys », les « lacis perlés d'idéals Ophirs »[49] —, *les Palais Nomades* valent surtout par la technique musicale qu'ils apportent. Et cette technique soulève aussitôt des discussions passionnées.

En effet, Kahn, après bien des tâtonnements, semble avoir trouvé la formule : abolir, comme dans le poème en prose, la numération syllabique du vers ; mais en conserver l'élément constitutif, c'est-à-dire le rythme, un rythme suffisamment régulier et saisissable. Il s'agit donc d'achever la réforme amorcée par Verlaine, mais selon une conception toute différente de la sienne. Verlaine tendait à disloquer le vers à l'intérieur de lui-même, à faire prédominer le rythme dans le cadre du vers syllabique. Kahn *ne compte plus les syllabes*. Seules importent maintenant pour lui les *mesures rythmiques,* affirmées et confirmées par les sonorités qui se correspondent : « Formule élastique, dira-t-il plus tard, qui, en affranchissant l'oreille du ronron toujours binaire de l'ancien vers, et supprimant cette cadence empirique qui semblait rappeler sans cesse à la poésie son origine mnémotechnique, permet à chacun d'écouter la chanson qui est en soi et de la traduire le plus strictement possible. »[50]

C'est là ce que tentaient des vers comme ceux-ci :

> Et voici, las des antans et des automnes
> Au ciel noir des flots qui tonnent,
> Le voici passer qui vient du fond des âges...[51]

C'est là ce que notait Mallarmé, toujours lucide :

> « Vous devez être, ma foi, fier : c'est la première fois dans notre littérature et dans aucune, je crois, qu'un Monsieur, en face du rythme officiel de la langue, notre vieux vers, s'en crée un à lui seul, parfait ou à la fois exact et doué d'enchantement : il y a là une aventure inouïe !... Il en ressort ce point de vue neuf que quiconque musicalement organisé peut, en écoutant l'arabesque spéciale qui le commande et s'il arrive à la noter, se faire une métrique à part soi et hors du type général (devenu monument public quant à notre ville). Quel délicieux affranchissement ! »[52]

Une musique nouvelle, la possibilité d'exprimer, mieux encore que Verlaine ne l'avait fait, la chanson qui est en soi et d'en noter « l'arabesque spéciale qui la commande » : le nouveau « vers libre », tel que le conçoit Gustave Kahn, est la forme qui convenait à merveille à l'état d'âme décadent et à ses langueurs : il arrivait bien tard...

Chantonne lentement... :
> Chantonne lentement et très bas... mon cœur pleure...
> Tristement, doucement, plaque l'accord mineur...

[49] *Ibid. : Les voix redisaient...*
[50] *Symbolistes et Décadents,* p. 315.
[51] *Ibid. : File à ton rouet...*
[52] Lettre à G. Kahn du 8 juin 1887, citée dans H. MONDOR, p. 513.

Pourtant, dès son apparition dans les *Palais Nomades,* d'autres en réclamaient la paternité. L'anecdote prétend que Kahn en aurait « volé » l'invention à Moréas au moment de la *Vogue.* Ce qui est sûr, c'est que Moréas « revendiquait l'invention du vers libre par le talent »[53]. Peu d'années plus tard, une poétesse montmartroise, Marie Krysinska, de son côté, prendra prétexte de poèmes en prose publiés par elle en 1882 dans le *Chat Noir* et ailleurs pour prétendre elle aussi à l'honneur d'avoir inventé le vers libre. Mais Jules Laforgue, à ce compte, n'en publiait-il pas également dans la *Vogue* ?

Ce qu'il faut dire, comme l'a montré Edouard Dujardin, c'est que la question était dans l'air, et que la lecture des deux poèmes de Rimbaud, *Marine* et *Mouvement,* publiés dans la *Vogue* fut « le déclic grâce auquel quelques-uns des jeunes gens qui cherchaient leur formule la trouvèrent, ou tout au moins purent la parfaire. »[54] Mais ce qu'il faut ajouter, c'est que le prétendu vers libre de Rimbaud était, en son essence, fort différent de celui des Symbolistes : alors que leur vers s'assouplissait vers la notation d'une musique intérieure, le sien éclatait sous la poussée des images et tendait à absorber en lui-même le chaos de la matière et du monde.

*
* *

Un autre jeune poète allait d'ailleurs se faire à son tour le champion du vers libre. Francis Vielé-Griffin, après quelque collaboration éparse à *Lutèce,* avait publié, en 1886, *Cueille d'Avril,* vers d'inspiration juvénile dont Verlaine, dans les *Hommes d'aujourd'hui,* notait « les éclats rauques, les remous des harmonies, sourdes, les écumes. »[55] C'est dans *les Cygnes,* l'année sui-

---

[53] DUJARDIN, op. cit., p. 129, qui rapporte le témoignage suivant : « Voici ce que m'écrivait, le 4 octobre 1920, un des poètes à qui j'avais demandé des renseignements : « Quant à la priorité du vers libre, je me rappelle que Moréas me raconta ceci : il avait remis à Kahn pour la *Vogue* un poème en vers libres. Je crois que c'était *le Chevalier aux blanches armes.* Kahn aurait ajourné le poème de Moréas et se serait empressé d'en fabriquer un lui-même et de le publier, afin de s'assurer la priorité. C'est ce que racontait Moréas ; bien entendu, je ne garantis rien. [...] Tout invraisemblable qu'elle soit, l'allégation de Moréas indique un état d'esprit que confirme le passage suivant d'une lettre d'un autre de nos amis, 20 août 1930 : « Moréas et Kahn s'observaient et chacun des deux, au café, avait son poème en vers libres dans sa poche, prêt à le sortir comme une arme pour le mettre sous le nez de l'autre ! Du reste Moréas revendiquait l'invention du vers libre par le talent ! » Témoignage d'un troisième de nos amis, lettre du 2 septembre 1920 : « J'entendis narrer, à la brasserie Lipp, boulevard Saint-Germain, le lendemain même de l'incident, que Moréas, s'étant décidé à donner à Léo d'Orfer des strophes d'une prosodie alors insolite, Gustave Kahn courut à l'imprimerie et leur substitua des vers libres de sa façon, pour prendre date. »
[54] *Ibid.,* p. 152 sqq.
[55] Cité dans Jean DE COURS, *Francis Vielé-Griffin, son œuvre, sa pensée, son art,* Champion, 1930, p. 4.

vante, qu'il donne pour la première fois sa mesure et qu'il s'essaie à son tour à l'assouplissement des rythmes. Tentative encore timide, mais combien musicale déjà :

> Les feuilles, cette matinée,
> Sont toutes satinées,
> La pluie est tiède...[56]

« C'est, proclamait Vielé-Griffin, le vers libéré des césures pédantes et inutiles, c'est le triomphe du *Rythme,* la variété infinie rendue au vieil alexandrin, encore monotone chez les romantiques ; la rime libre enfin du joug parnassien, redevenue simple, rare, naïve, éblouissante d'éclat, au seul gré du tact poétique de celui qui la manie ; c'est la réalisation du souhait de Théodore de Banville : Victor Hugo pouvait, lui, de sa main puissante, *briser tous les liens dans lesquels le vers est enfermé* et nous le rendre *absolument libre...* »[57] Et Henri de Régnier, de son côté, notait la nouveauté de cette strophe que Vielé-Griffin « a douée d'un mouvement ondulatoire très particulier donnant à l'oreille une sensation analogue à celle qu'éprouve l'œil à voir, sous la peau, le jeu remuant des muscles. »[58]

Symboliste ? Musicien plutôt pour l'instant. Bien que s'exerçant alors, auprès de Mallarmé, à « la plus difficile des gymnastiques intellectuelles », au point de comparer ces Mardis à une « rhétorique supérieure », il semble surtout, dans *les Cygnes,* subir l'influence de Verlaine, et trouver au fond de son âme les subtiles émotions de ses vingt ans :

> Ces heures-là nous furent bonnes,
> Comme des sœurs apitoyées ;
> Heures douces et monotones,
> Pâles et de brumes noyées,
> Avec leurs pâles voiles de nonnes...[59]

Mais, à côté des brumes et des chansons d'automne, on pouvait déceler dans *les Cygnes* un son nouveau. Un son de joie, de jeunesse et de vie. Une ronde d'avril, qui chante

> Les oiseaux et le soleil clair[60] ;

---

[56] *Cueille d'Avril, Les Feuilles...* (*Choix de poèmes,* p. 10). On notera que les poèmes reproduits dans le *Choix de Poèmes* sous le titre de *Cueille d'Avril* sont extraits du recueil *Les Cygnes* de 1887, l'auteur ayant éliminé les poèmes du recueil de 1886 à cause de leur insuffisance.
[57] Dans sa Préface de *Poèmes et Poésies,* en 1895.
[58] *Écrits pour l'Art,* 1887.
[59] *Les Cygnes : Ces heures-là...*
[60] *Ibid. : Ronde d'Avril.*

une ronde de mai où l'

> On sonne du fifre et tous les rires
> Vont tournant, encore, comme au vent les feuilles ; [61]

une chanson de printemps qui est un appel :

> Et nos chansons, rieuses, ont hâte
> — Semble-t-il —
> Ont hâte,
> Se lèvent, et nous prennent la main...[62]

Francis Vielé-Griffin a découvert la Touraine, la joie et le soleil. Et c'est en chantant ses *Joies,* deux ans plus tard, qu'il deviendra Symboliste. André Gide verra en lui, comme André Breton, un précurseur.

*
* *

Ce n'est donc ni Gustave Kahn, trop préoccupé de technique, ni Vielé-Griffin, trop jeune encore, qui vont préciser et traduire la doctrine naissante : c'est un « outsider », Verhaeren. Celui-ci, en proie tout entier à la crise morale qui lui dicte les poèmes déchirants de la *Trilogie,* s'est tenu jusqu'ici à l'écart de la mêlée symboliste. Il vit en Belgique, ne figure pas dans la chapelle des Mallarmistes, et se contente d'envoyer de temps à autre un poème au *Scapin*, à la *Vogue* ou aux *Écrits pour l'Art*. Mais ce n'est là qu'apparence. En réalité, il n'a pas cessé de suivre, dans la rubrique littéraire qu'il tient à *l'Art moderne* de Bruxelles, les progrès de la jeune école. En 1886, il a parlé des *Cantilènes* et du *Traité du Verbe* ; mais sans prendre encore nettement position. Il se réservait et n'attendait qu'une occasion pour entrer dans la lice.

Le 24 avril 1887, il croit ce moment venu. Dans un article de l'*Art Moderne*, il déclare qu'il va « s'efforcer d'éclaircir quelque peu le brouillard ambiant » et de définir le Symbolisme. Il le fera en peu de mots : le Symbole actuel est l'inverse du Symbole classique ; au lieu d'aller de l'abstrait au concret (Vénus, incarnée en statue, représentait l'amour), il va du concret à l'abstrait, « de la chose vue, ouïe, sentie, tâtée, goûtée, pour en faire naître l'évocation par l'idée » : c'est le poète dressant de Paris nocturne la vision indirecte, évocatoire, en prononçant : « une immense algèbre dont la clef est perdue ». Le Symbole est donc « un sublimé de perceptions et de sensations » qui s'épure, à travers une évocation, en idée. « Il n'est point démonstratif, mais suggestif », ajoute Verhaeren reprenant une distinction chère à Mallarmé.

---

[61] *Ibid.* : *Ronde de Mai.*
[62] *Ibid.* : *Il fait bon s'en aller au bois...*

Et il conclut : « Il est la plus haute expression d'art et la plus spiritualiste qui soit. »[63]

Verhaeren n'ajoutait rien à la doctrine. Mais il pouvait éclaircir pour certains lecteurs les points essentiels déjà acquis. Et il désignait Stéphane Mallarmé comme le seul, le vrai maître du Symbolisme en France : « car ni Verlaine, ni Corbière ne se sont affirmés nettement et décisivement symbolistes. » Enfin, il pressentait l'orientation progressive du mouvement vers le spiritualisme.

Après Ghil, Kahn, Vielé-Griffin et Verhaeren, pouvait-on encore confondre les vrais Symbolistes et ceux qui ne l'étaient pas ? Mais ceux-ci, sans s'engager, se défendirent, dès lors, d'être simplement « décadents ».

*
* *

Conquête d'un public

Le public, pourtant, les confond. Il unit décadents, symbolistes, instrumentistes et vers-libristes dans une même incompréhension et assez souvent les traite avec ironie. Il y joint volontiers les socialistes, les anarchistes, les occultistes, tous ceux qui, de près ou de loin, peuvent l'inquiéter. Pour lui, c'est une masse en marche, dont il se gausse et dont, en même temps, il a un peu peur. Car ce public incarne l'esprit bourgeois, toujours fidèle au robuste bon sens de la race. Il est également tout prêt à retrouver en soi le patriote qui sommeille et à « se dresser contre l'envahisseur »[64].

Or de patriotisme à chauvinisme il n'y a souvent qu'une nuance, et l'esprit bourgeois ignore les nuances. Justement, depuis quelques années, certains hurluberlus s'efforcent de faire représenter sur la scène française les œuvres d'un homme qui symbolise le génie allemand, Richard Wagner. Heureusement, l'esprit bourgeois veille. Déjà, en 1885, on a frôlé le danger. Le directeur de l'Opéra-Comique n'avait-il pas la prétention de faire jouer *Lohengrin* ? La *Nouvelle Revue* avait aussitôt lancé un appel à un certain nombre de personnalités : « Madame Adam, avant de s'adresser aux Femmes du Siège de Paris, prie M... de vouloir bien venir l'assister de ses conseils pour empêcher la représentation de *Lohengrin*. » La représentation n'avait pas eu lieu[65].

---

63 Article reproduit dans *Impressions,* IIIe série, p. 113 sqq.
64 Auprès de lui, il existe un public *aristocratique* ouvert aux tendances nouvelles : voir par exemple *Simple Revue,* du poète Fernand Hauser qui publiera un article sur Rimbaud dans *Le Figaro.*
65 Cf. H. Mondor, op. cit., p. 509.

Mais maintenant l'orage éclate. En France, c'est toujours au théâtre que se livrent les grandes batailles littéraires. Il fallait au Symbolisme sa *bataille d'Hernani*. En l'absence d'un théâtre symboliste, c'est Wagner qui servira de porte-drapeau. Mais en 1887 la politique règne partout ; la campagne boulangiste est à son paroxysme. Le jour où Lamoureux veut faire jouer *Lohengrin* à l'Eden-Théâtre, les boulangistes se dressent. Cette fois, on joue la pièce ; mais la représentation est houleuse. Elle s'achève par des cris et des combats. On se bat jusque dans la rue, et la police interdit la pièce[66]. Ce n'est donc pas, comme aux beaux jours de 1830, un triomphe. Du moins le Symbolisme a pris position. Il place l'art au-dessus des passions partisanes. Et il s'impose maintenant à l'attention du public : il a obstenu ce qu'il voulait.

*
* *

Pourtant, comment ce public le comprendrait-il, quand les critiques les plus chevronnés retardent de plusieurs années ? Henri Chantavoine, comme si Verlaine et Mallarmé n'existaient pas, n'écrit-il pas dans la *Nouvelle Revue* de janvier 1887 :

> « M. Paul Bourget et M. Anatole France ne nous chantent plus rien. Il n'y a que la tribu des Décadents, ces bons augures, et les trouvères du Chat Noir, ces arrière-petits-fils de Villon ou de Cyrano, qui fissent (sic) du bruit... J'ai cependant devant moi plusieurs volumes de vers... pas méprisables, mais aucun d'eux ne nous apporte la dernière pensée d'un maître ou la première promesse d'un art nouveau. »

Chantavoine, futur biographe de Beethoven avant R. Rolland, se trompait en attendant des jeunes un nouveau romantisme lyrique.

A la fin de 1887, la même revue, tout en reconnaissant qu'« en art, chaque opinion contient une parcelle de vérité qu'il est du devoir de la critique de discerner », en est toujours à « résumer ce qui a été écrit pour ou contre l'école décadente ». Elle confond tout, réduit Baudelaire à trois éléments essentiels : la sensation, l'impressionnisme, et « l'intuition secrète de rapports invisibles à d'autres ». Selon elle, le « fameux sonnet des voyelles de Rimbaud... fut le premier manifeste de l'école symboliste » ! Quant à « Mallarmé, le chef suprême de la Pléiade », il « eut la science de rendre son vers plus inintelligible encore, en supprimant l'énoncé même de la comparaison, si bien que le lecteur, pour comprendre, doit l'établir dans son esprit, ce qu'il ne peut faire si, par une constante étude, il n'est arrivé à connaître toutes les associations d'idées familières au poète qu'il lit, c'est-à-dire, pour parler comme

---

[66] Cf. WOOLLEY, *Richard Wagner et le Symbolisme français*, p. 85. Saint-Saëns refuse de signer la pétition en faveur de Lamoureux que fait circuler Schuré.

les Décadents, s'il n'a pénétré le Symbole. » Définition d'ailleurs assez heureuse, quoique insuffisante, du mystère mallarméen. Mais la *Nouvelle Revue*, bien que faisant un effort pour comprendre, persiste à confondre à peu près décadents et symbolistes. A peine distingue-t-elle : « Verlaine est resté décadent, tandis que Mallarmé est symboliste. » Au fond, ils se valent : « De tout ce mouvement littéraire, il ne restera, à notre avis, que certaines locutions archaïques..., un arrangement plus harmonieux et plus musical de la phrase, une recherche plus attentive de la forme » : somme toute, peu de chose[67].

Bientôt après, c'est Jules Lemaître qui, dans un long article de la *Revue Bleue*, étudie « Paul Verlaine et les Poètes symbolistes et décadents ». Son article est plus dangereux, car, sous une apparence d'impartialité compréhensive, il dissimule des coups perfides. Condescendance d'abord : « Le symbolisme ou le décadisme n'est pas un accident totalement négligeable dans l'histoire de la littérature. » Mais le bilan est vite établi : « Ce sont des fumistes, avec un peu de sincérité, mais des fumistes. » Car, tout compte fait, il n'y a rien là de bien neuf. « Un *symbole* est, en somme, une comparaison prolongée dont on ne donne que le second terme, un système de métaphores suivies. Bref, le symbole, c'est la vieille *allégorie* de nos pères. » Jules Lemaître, décidément, est loin de compte. D'ailleurs, on voit nettement les limites de sa perspicacité : ce sont celles même d'une certaine logique française. Il veut « comprendre », et avoue d'abord ne pas *comprendre* ce qu'a voulu faire Verlaine. C'est « le dernier degré soit d'inconscience, soit de raffinement que [son] esprit infirme puisse admettre. Au-delà, tout [lui] échappe ; c'est le bégaiement de la folie, c'est la nuit noire. » Pourtant il n'est pas insensible au charme de cette poésie, et y distingue ce qu'y voyait déjà Huysmans : « des vers d'une douceur pénétrante, d'une langueur qui n'est qu'à lui et qui vient peut-être de ces trois choses réunies : charme des sons, clarté du sentiment et demi-obscurité des mots. » Alors, avoue Lemaître, « à force de l'étudier et même de le condamner, sa douce démence me gagne. Ce que je prenais d'abord pour des raffinements prétentieux et obscurs, j'en viens à y voir (quoi qu'il en dise lui-même) des hardiesses maladroites de poète purement spontané, des gaucheries charmantes. Puis il a des vers qu'on ne trouve que chez lui, et qui sont des caresses... »[68] Allons ! M. Lemaître, les décadents ne sont donc peut-être pas totalement des fumistes ?

Ce n'est pas non plus la « bonne volonté » qui manque à Anatole France : « Je voudrais pouvoir célébrer les vers et les « proses » des décadents. Je voudrais me joindre aux plus hardis impressionnistes, combattre avec eux et pour eux. » Mais lui non plus ne « comprend » pas : « Ce serait com-

---

67 *La Nouvelle Revue*, novembre-décembre 1887, t. 49, pp. 123-146, sous la signature de Maurice Peyrot.
68 *Revue Bleue*, 7 janvier 1888.

battre dans les ténèbres, car je ne vois goutte à ces vers et à ces proses-là. » Aussi les exécute-t-il d'une phrase : « Je crains que la race des Symbolistes ne soit aux trois quarts éteinte. »[69]

Seul parmi les critiques officiels, Brunetière, dans un article retentissant qu'il donne à la *Revue des Deux Mondes,* fait preuve en 1888 d'une réelle objectivité. Certes, lui aussi semble confondre, dès le titre, *Symbolistes et Décadents.* Lui aussi se prétend « désireux de leur prouver sa bonne volonté » (on croirait un mot d'ordre). Lui aussi continue à juger Baudelaire comme un « mystificateur, doublé d'un maniaque obscène ». Lui aussi paraît obsédé par les moyens « charlatanesques et funambulesques » qu'utilisent les jeunes poètes pour provoquer l'attention. Cependant, le premier, Brunetière fait un effort pour dominer le débat, pour prévoir, et pour mettre la nouvelle école à sa place dans l'histoire littéraire. S'il « sèche de ne pas voir venir le chef-d'œuvre qu'on lui avait promis » et qui n'est pas encore né, s'il déclare qu'à la « révolution » symboliste « il ne manque, pour être intéressante, que d'avoir eu lieu », il n'en a pas moins lu attentivement et loyalement toutes les œuvres, et aussi les écrits théoriques, en particulier les articles de Wyzewa. Et comme Brunetière, en dépit de son esprit de système, est un critique de bonne foi, il ne peut nier que les Symbolistes aient exercé et exercent encore, « sur toute une portion de la jeunesse contemporaine, une réelle influence. »

Brunetière va d'emblée au plus important : le Symbolisme a retrouvé le sens du mystère, il a saisi entre la nature et l'homme les correspondances latentes ; il tend vers une philosophie et une métaphysique. Mais, dit Brunetière, il a aussi découvert la musique. En effet, si la littérature classique fut surtout architecturale, s'attachant à la construction, au plan, à l'économie et aux lignes d'un ouvrage, si le XVIIIe siècle finissant et le Romantisme se sont rapprochés de la peinture, concevant l'œuvre non plus comme un édifice, mais comme un tableau, on semble être aujourd'hui « à la veille d'une transformation nouvelle, et l'on dirait qu'après s'être approprié les moyens de la peinture, la littérature veuille s'emparer maintenant de ceux de la musique. » « Voyez profondément, et vous verrez musicalement », disait déjà Carlyle. « C'est là justement la prétention ou l'ambition des *Symbolistes* et des *Décadents.* La chose qui est au-delà, soupçonnée, et au besoin supposée plutôt qu'aperçue, vaguement sentie, par ses effets, plutôt qu'en elle-même, et plutôt que pensée, voilà bien ce qu'ils voudraient saisir. S'ils ont eux-mêmes dit déjà beaucoup de folies là-dessus, il faut d'ailleurs leur savoir gré de n'en avoir pas dit encore davantage. Lorsque l'on a commencé d'entrer dans l'Insondable, il est fréquent et même ordinaire que l'on n'en revienne pas : on s'y égare, on s'y perd, on s'y fond, on s'y dissout soi-même. Mais il n'y a pas moins là, et j'y insiste, une conformité remarquable des théories de nos

---

[69] Réponse à Charles Morice, publiée dans *La Vie Littéraire,* t. 11, p. 192.

Symbolistes avec une tendance de l'opinion et du goût ; et imprégnés qu'ils sont de ce *vague à l'âme* que le triomphe de la musique est de provoquer, d'entretenir et de rendre durable en nous, parmi les raisons de leur influence, il n'y en a pas de plus naturelle ni de plus agissante. »

Qu'est-ce que Brunetière reproche donc alors aux Symbolistes ? De croire et de prétendre qu'ils ont inventé une formule d'art dont ils ne sont en réalité que les exploiteurs. A la vérité, « autant qu'initiateurs, ils sont dupes ou victimes, à moins qu'ils ne soient les *profiteurs* — qu'on me pardonne ce barbarisme — d'un mouvement auquel ils n'ont pas donné le branle. » Il faut donc penser d'eux « un peu de bien, beaucoup de mal. » Ils ont retrouvé le mystère, rapproché la poésie de la musique, et aussi « émancipé la poésie de quelques règles tyranniques. » Mais ils se sont trop pris au sérieux ; ils n'ont pas su réaliser encore de chef-d'œuvre ; à force de rechercher les profondeurs cachées, ils ont oublié la nature, ils n'ont pas compris que, « s'il y a quelque chose au-delà de la nature, cependant nous ne saurions l'exprimer qu'avec des moyens qui sont de la nature » ; ils ont été trop loin dans l'émancipation de la poésie, ils ont perdu le sens de la phrase, de la strophe, à plus forte raison celui des ensembles ; et surtout, « le plus grand danger qu'ils courent, c'est... de rendre plus profonde la séparation de l'art et de la vie. » A force de dédaigner les admirations sommaires, les appétits faciles des passants, de ne pas vouloir être compris du vulgaire, la littérature risque de n'être plus qu'une chinoiserie. Or, affirme Brunetière, « au lieu de les dénaturer et de les corrompre à plaisir en soi-même, il faudrait s'étudier au contraire à développer et à fortifier le sens et la connaissance de la vie... Car les mots sont faits pour exprimer des idées, les idées à leur tour pour se traduire en actes, plus tôt ou plus tard, par des voies que nous ne savons point. »[70]

*
* *

Tel est le bilan que dresse Brunetière de l'apport décadent et symboliste, après deux ans de batailles et de manifestes. Il y a dans ce bilan bien des confusions, bien des incompréhensions, bien des injustices. Brunetière, non seulement ne distingue pas toujours les Symbolistes des Décadents, mais, ayant mal ou peu lu Mallarmé, il semble réduire la doctrine à une recherche musicale et expressive des états d'âme ; et, ne voyant pas ce que les Symbolistes apportent à la poésie, il leur reproche de n'avoir rien inventé, d'être des « profiteurs ». Il sent bien que le mouvement cherche une philosophie, et qu'il est près de la trouver. Pourtant, il met en garde les jeunes poètes contre les dangers de la solitude, il lance déjà cet appel pour la vie que, absor-

---

[70] *Revue des Deux Mondes,* 1ᵉʳ novembre 1888, t. 90, pp. 213-226.

bés pour l'instant par la lutte, ils entendront seulement quelques années plus tard. Surtout, il permet à ses lecteurs de la *Revue des Deux Mondes* de faire le point. Il établit, étroitement, mais solidement, les premières positions conquises. Et il le fait, pour la première fois, au nom de la « critique officielle ».

Les deux années de batailles que vient de livrer le Symbolisme n'ont donc pas été vaines. Non seulement elles ont, parmi les Symbolistes eux-mêmes, précisé les positions ; mais elles ont, au dehors, imposé leur existence. On s'occupe d'eux, maintenant, on prend parti pour ou contre. Certains même, parmi la critique ou le grand public, s'aventurent jusqu'à les lire. Et c'est pour guider ces curieux que Paul Adam, sous le pseudonyme de Jacques Plowert, croit opportun de publier chez Vanier, en octobre 1888, son *Petit Glossaire pour servir à l'intelligence des auteurs décadents et symbolistes,* destiné, dit la Préface, à « guider l'esprit hésitant du lecteur novice ».

Le « vulgaire » est donc préparé : il a les moyens de pénétrer dans le sanctuaire. Il reste aux officiants à reconnaître leur Dieu.

IX

L'HEURE DE LA SYNTHÈSE
(1889-1891)

1889. Moment étrange où, après des années de combats et de passions partisanes, l'on semble vouloir partout, brusquement, se réconcilier et s'unir. Laquelle, de la littérature ou de la politique, donne alors l'exemple ? On ne saurait le dire. Ce qui est sûr, c'est qu'au moment même où philosophes, artistes et poètes vont communier dans une même et nouvelle ferveur spiritualiste, les agitations du forum s'apaisent pour un temps, la tentative boulangiste s'effondre dans le ridicule, et l'Exposition Universelle ouvre ses portes.

A distance, ces exhibitions bariolées qui jalonnent l'histoire de la Troisième République peuvent nous paraître des entreprises commerciales sans conséquence. Pourtant, héritières des grandes foires médiévales, réactions de défense d'une société exacerbée par l'individualisme à outrance, la spécialisation, les excès de l'analyse, elles tentent de jeter des ponts entre les activités si diverses de la vie moderne, viennent à intervalles réguliers satisfaire le besoin de rapprochement des peuples et la soif de synthèse des esprits et sont par là l'expression populaire et grossière de la tendance la plus profonde d'une époque. Comment s'étonner alors de l'enthousiasme qu'elles suscitent ? Certes, les poètes gardent envers elles une distante réserve. Il sera vite de mode parmi eux, en 1889, de railler la Tour Eiffel, cette « quincaillerie peinte en jus de veau » dont Huysmans fait des gorges chaudes[1], hideux symbole de l'industrialisme moderne. « La Tour Eiffel dépasse nos espérances », affirme ironiquement Mallarmé. Et le malheureux Villiers de l'Isle-Adam, sur son lit de mort, médite une nouvelle qui sera intitulée : *Le Revenant de la Tour Eiffel*. Pourtant les poètes peuvent sourire : sont-ils sûrs de ne pas céder eux aussi, à leur manière, au démon de la synthèse ?

Dans le monde poétique, depuis quelque temps, quelle effervescence ! Voici, coup sur coup, *les Grands Initiés* d'Edouard Schuré et leur préface révolutionnaire, *l'Art symboliste* de Georges Vanor, puis l'œuvre tant attendue

---

[1] Lettre de Huysmans à Mallarmé, 1er juin 1889, citée dans H. MONDOR, *Vie de Mallarmé*, p. 554.

de Charles Morice : *la Littérature de tout à l'heure*. Devant cette levée de boucliers, les premiers leaders du mouvement se réveillent : toujours décidés à faire valoir leurs droits, Ghil, une fois de plus, expose dans la *Revue Indépendante* sa Méthode évolutive-instrumentiste[2], tandis que Moréas, réunissant dans les *Premières Armes du Symbolisme* ses anciens manifestes, croit bon de rappeler ses titres de chef et de fondateur. Au milieu de ces proclamations, qui semblent souvent s'exclure et se contredire, les critiques ne savent plus où donner de la tête. Mais, pour quelques-uns qui cherchent loyalement à comprendre, combien d'autres refusent de se compromettre ! Le mieux, devant ces appels discordants, n'est-il pas d'afficher un scepticisme de bon ton ?

« Il a paru quelques manifestes, articles et lettres littéraires en avril-mai, déclare J.-H. Rosny dans la *Revue Indépendante*. Les cénacles vitupèrent : la vraie formule est l'objet de controverses amères où l'on voit surgir des noms de philosophes et de savants — Spinoza, Comte, Darwin, Helmholtz, Renouvier — mêlés à des affirmations obscures sur les derniers progrès de la science. Pour le surplus, on se traite couramment de faussaires et d'imbéciles ; on laisse deviner, entre ceux mêmes que la tactique maintient en groupe, des exécrations profondes. Dans l'ensemble, rien de nouveau. »[3]

Rien de nouveau ? Et pourtant...

Que renfermaient donc les manifestes d'il y a trois ans ? Suggestion, musique, symbole : des mots, des étiquettes, plus ou moins bien rassemblés autour d'une première formule, encore hésitante, tâtonnements, intuitions mal ordonnées en doctrine. Puis on s'est imposé à l'attention, on a combattu pour ces mots, sans savoir toujours ce qu'ils voulaient dire. Et voici soudain qu'on se le demande. Voici qu'on s'arrête, et qu'on réfléchit. La question que s'était posée un Mallarmé, que posait l'œuvre d'un Rimbaud, voici qu'on se la pose à son tour. Quelle est donc l'essence de cette poésie, de cette musique pour lesquelles on bataille ? Quelle réalité se cache derrière ce « symbole » qui semble né d'hier ? Après les préoccupations littéraires, les grandes questions métaphysiques : tant il est vrai que les unes ne sauraient aller sans les autres. Et c'est non plus seulement une formule littéraire, mais toute une philosophie de la vie, toute une conception du monde qui est remise en question. Le pessimisme de 1885, l'idéalisme encore vague d'un Wyzewa en 1886 ne suffisent plus. Il s'agit maintenant de juger à sa valeur l'attitude de la science et du rationalisme positiviste, non plus devant l'art et la poésie, mais devant le monde.

Or, depuis trois ans, d'autres tendances, étrangères en apparence à la poésie, se sont affirmées, d'autres forces ont agi en profondeur. L'idéalisme

---

[2] Avril-juin 1889, t. XI, p. 205.
[3] Juin 1889, p. 481.

devenait spiritualisme, le mysticisme épars aboutissait à un renouveau philosophique[4]. Et, brusquement, tous ces courants trouvaient leur voie, leur point de convergence dans un mouvement dont nous avons noté depuis quelques années la renaissance symptomatique : l'ésotérisme[5].

On a tendance d'ordinaire à sous-estimer l'importance de ce facteur dans l'évolution du Symbolisme. Pourtant, c'est à l'heure où celui-ci cherchait à ses premières intuitions une justification et une unité philosophique, où il sentait le besoin, non plus seulement de mots, mais d'une doctrine, que les traditions occultes revenaient en faveur. Le choc fut décisif, révélateur : ne fallait-il pas à cette génération d'insatisfaits et de poètes, mais de poètes chez qui le mysticisme n'avait pas fait taire l'esprit critique, quelque chose qui fût à la fois spiritualiste et scientifique, mystérieux et révolutionnaire ? L'occultisme lui apportait tout cela, et bien autre chose encore. Il lui expliquait le sens et la raison de ses inquiétudes, il la confirmait dans ses espoirs. Surtout, il venait projeter une pleine lumière sur ce que pressentait la poésie française depuis Baudelaire, et qui, par une intuition quasi-miraculeuse, était devenu l'enseigne de la jeune école littéraire : le symbolisme universel et la métaphysique des correspondances. Alors on comprit brusquement. Et nous-mêmes ne pouvons comprendre ces jeunes gens de 1889 qu'en redécouvrant avec eux la tradition ésotérique, nerf moteur et clef du mouvement symboliste.

*
* *

A LA RECHERCHE DE L'UNITÉ

L'ésotérisme, à la fin du dix-neuvième siècle, se manifeste par le retour à deux traditions bien distinctes. La théosophie, née dans les pays anglo-saxons, n'est le plus souvent qu'une compilation assez maladroite et grossière des plus hautes spéculations métaphysiques hindoues[6] ; ce qui ne l'empêchera pas d'ouvrir souvent des perspectives neuves et fécondes devant une conscience européenne somnolente et atrophiée. Mais si la Société Théosophique française, dont la fondation remonte à 1884, publie précisément le 21 mars 1889 le premier numéro de la *Revue*, celle-ci ne connaît qu'une existence éphémère — moins d'une année — et il faudra attendre dix ans pour que soit traduit en France le grand ouvrage de la théosophie moderne, la *Doctrine Secrète* de Mme Blavatsky[7].

---

[4] Cf. V. CHARBONNEL *Les Mystiques dans la Littérature présente*.
[5] Voir supra, pp. 119-120.
[6] Cf. en particulier R. GUÉNON, *La Théosophie*.
[7] Éditée en Angleterre en 1893, traduite en français en 1899.

L'occultisme au contraire se présente comme l'héritier de la longue tradition occidentale qui, nous l'avons vu, par les Rose-Croix et le martinisme, remonte à la Kabbale et, plus haut encore, aux livres sacrés d'Hermès Trismégiste. En 1889, ces études connaissent un renouveau remarquable : Stanislas de Guaita, Papus (le Dr Encausse) viennent de publier leurs savantes études cabbalistiques[8], et *l'Initiation,* « Revue philosophique indépendante et synthétique », vient de paraître sous la direction du même Papus. Mais on ne se contente plus de cultiver et de se transmettre les traditions de la sagesse la plus antique. Reprenant les efforts des alchimistes médiévaux, les occultistes modernes entendent bien justifier leurs affirmations aux yeux de la science. Mieux encore, ils croient pouvoir étendre le domaine de celle-ci, élucider des problèmes devant lesquels elle s'est jusqu'ici déclarée impuissante, en un mot réconcilier en une synthèse nouvelle la science et la métaphysique. Plutôt que d'occultisme, on parle maintenant de « science occulte » : ce dont témoigne le *Traité élémentaire de Science occulte* que publie Papus en 1888, et qui deviendra le bréviaire des néophytes[9]. Qu'est donc la science occulte selon Papus ? Alors que la science contemporaine s'occupe principalement du particulier et de l'analyse, celle-là s'occupe « surtout du général et de la synthèse ». Elle veut aller au-delà du monde sensible, découvrir toute la vérité, sans exclusive d'aucune sorte. Bref, elle voudrait, selon le mot de Louis Lucas, « concilier la profondeur des vues théoriques anciennes avec la rectitude et la puissance de l'expérimentation moderne. »[10]

Ce désir de synthèse apparaît mieux encore dans la Préface des *Grands Initiés,* que Schuré publie en 1889 et qui connaît un certain retentissement dans le monde des poètes, sinon tout de suite dans le grand public (Schuré lui-même ne dira-t-il pas qu'« il fut accueilli alors par le silence glacial de la presse »[11] ?). La science et la religion, dit Schuré, apparaissent de nos jours comme deux forces ennemies et irréductibles. La religion chrétienne a formé l'âme de l'homme moderne, la science expérimentale a affranchi l'homme de chaînes séculaires et fourni à l'esprit humain des bases indestructibles. Mais chacune s'est enfermée en elle-même, l'une dans un dogme étroit, l'autre dans un matérialisme agnostique, uniquement préoccupé du monde physique. De

---

[8] St. DE GUAITA, *Au seuil du Mystère* (1886) ; Dr ENCAUSSE (Papus), *Les Classiques de la Kabbale : le Sepher Jezirah* (1887).
[9] Ce traité comportait une préface d'Anatole France, qui suffirait à attester l'importance croissante de ce renouveau dans la littérature de l'époque : « Une certaine connaissance des sciences occultes devient nécessaire à l'intelligence d'un grand nombre d'œuvres littéraires de ce temps. La Magie occupe une large place dans l'imagination de nos poètes et de nos romanciers. Le vertige de l'invisible les saisit, l'idée de l'inconnu les hante, et les temps sont revenus d'Apulée et de Phlégon de Tralles. »
[10] *Ibid.,* p. 340.
[11] SCHURÉ, *Les grands Initiés,* Avant-Propos, p. VII.

là est né un schisme, « une scission profonde dans l'âme de la société comme dans celle des individus... Nous portons en nous ces deux mondes ennemis, en apparence irréconciliables, qui naissent de deux besoins indestructibles de l'homme : le besoin scientifique et le besoin religieux. » Aussi, après avoir inspiré à la poésie et à la musique des accents d'un pathétique et d'un grandiose inouïs, cette tension a-t-elle fini par produire en nous l'effet contraire : abattus, impuissants, nous ne savons plus que douter ; déshabitués des horizons éternels, la littérature et l'art ont perdu le sens du divin ; positivisme et scepticisme n'ont su produire qu'« une génération sèche, sans idéal, sans lumière et sans foi..., doutant d'elle-même et de la liberté humaine. »[12]

Or, dit Schuré, la vérité était tout autre chose pour les sages et les théosophes de l'Orient et de la Grèce. Cette vérité se trouve au fond de toutes les grandes religions et dans les livres sacrés de tous les peuples. Seulement il faut savoir l'y trouver et l'en dégager. Car les religions ont une histoire extérieure et une histoire intérieure. Derrière les dogmes et les mythes enseignés publiquement, il y a « la science profonde, la doctrine secrète, l'action occulte des grands initiés, prophètes ou réformateurs qui ont créé, soutenu, propagé ces mêmes religions » : c'est la tradition ésotérique ou doctrine des Mystères. Difficile à démêler au premier abord, elle apparaît, une fois qu'on l'a saisie, lumineuse, organique, toujours en harmonie avec elle-même. « En elle se montre le dessous des choses. Là, nous saisissons le point générateur de la religion et de la philosophie... : ce point correspond aux vérités transcendantes. »

Antiquité, continuité, unité essentielle : c'est là une sorte de philosophie éternelle, qui constitue le lien primordial de la science et de la religion et leur unité finale. Et Schuré en résume ainsi les principes fondamentaux :

« — L'esprit est la seule réalité. La matière n'est que son expression inférieure et changeante.
— Le microcosme-homme est par sa constitution ternaire (esprit, âme et corps) l'image et le miroir du macrocosme-univers (monde divin, humain et naturel), qui est lui-même l'organe du Dieu ineffable, de l'Esprit absolu, lequel est par sa nature : Père, Mère et Fils (essence, substance et vie).
— L'homme, image de Dieu, peut devenir son Verbe vivant. La gnose ou la mystique rationnelle de tous les temps est l'art de trouver Dieu en soi en développant les profondeurs occultes, les facultés latentes de la conscience.
— L'âme humaine... est immortelle par essence...
— La réincarnation est la loi de son évolution. Parvenue à sa perfection, elle y échappe et retourne à l'Esprit pur, à Dieu dans la plénitude de sa conscience... »

---

12 *Ibid.*, Introduction sur la Doctrine ésotérique, pp. IX-XI.

Perspectives immenses, devant lesquelles on éprouve, dit Schuré, le frisson de l'infini. « Les abîmes de l'Inconscient s'ouvrent en nous-mêmes, nous montrent le gouffre d'où nous sortons, les hauteurs vertigineuses où nous aspirons. » Perspectives qui sont d'ailleurs, de plus en plus, celles de la science moderne. Les notions de force, d'éther, d'évolution, les études sur le magnétisme, la suggestion mentale, le somnambulisme ne sont que des retours à l'ancienne théosophie. Avec elles, la porte de l'invisible est ouverte. Quant à la poésie, la musique, la littérature, expressions de la psychologie intime et subjective de notre temps, « un immense souffle d'ésotérisme inconscient les traverse. Jamais l'aspiration à la vie spirituelle, au monde invisible, refoulée par les théories matérialistes des savants et par l'opinion mondaine, n'a été plus sérieuse et plus réelle. On retrouve cette aspiration dans les regrets, dans les doutes, dans les mélancolies noires et jusque dans les blasphèmes de nos romanciers naturalistes et de nos poètes décadents. Jamais l'âme humaine n'a eu un sentiment plus profond de l'insuffisance, de la misère, de l'irréel de sa vie présente, jamais elle n'a aspiré plus ardemment à l'invisible au-delà, sans parvenir à y croire. Quelquefois même son intuition arrive à formuler des vérités transcendantes qui ne font point partie du système admis par sa raison, qui contredisent ses opinions de surface et qui sont d'involontaires effulgurations de sa conscience occulte. »

Témoin ces lignes inspirées qu'écrivit un jour Amiel :

> « Chaque sphère de l'être tend à une sphère plus élevée et en a déjà des révélations et des pressentiments. L'idéal, sous toutes ses formes, est l'anticipation, la vision prophétique de cette existence supérieure à la sienne, à laquelle chaque être aspire toujours. Cette existence supérieure en dignité est plus intérieure par sa nature, c'est-à-dire plus spirituelle. Comme les volcans nous apportent les secrets de l'intérieur du globe, l'enthousiasme, l'extase sont des explosions passagères de ce monde intérieur de l'âme, et la vie humaine n'est que la préparation et l'avènement à cette vie spirituelle. Les degrés de l'initiation sont innombrables. Ainsi veille, disciple de la vie, chrysalide d'un ange, travaille à ton éclosion future, car l'Odyssée divine n'est qu'une série de métamorphoses de plus en plus éthérées, où chaque forme, résultat des précédentes, est la condition de celles qui suivent. La vie divine est une série de morts successives où l'esprit rejette ses imperfections et ses symboles et cède à l'attraction croissante du centre de gravitation ineffable, du soleil de l'intelligence et de l'amour. »[13]

Voilà ce que peut révéler à notre temps la doctrine des Mystères. Vers cette doctrine, le christianisme conduit le genre humain tout entier par sa réserve ésotérique, et la science moderne y tend providentiellement par l'ensemble de sa marche ; ils doivent s'y rencontrer comme en un port de jonction et trouver là leur synthèse. Or « le moment présent de l'histoire, avec

---

13 *Ibid.*, pp. XIX-XXI.

ses richesses matérielles, n'est qu'un triste désert au point de vue de l'âme et de ses immortelles aspirations. » L'heure est des plus graves. « Aujourd'hui, ni l'Église emprisonnée dans son dogme, ni la Science enfermée dans la matière ne savent plus faire des hommes complets. L'art de créer et de former les âmes s'est perdu et ne sera retrouvé que lorsque la science et la religion, refondues en une force vivante, s'y appliqueront ensemble et d'un commun accord pour le bien et le salut de l'humanité. Pour cela, la science n'aurait pas à changer de méthode, mais à étendre son domaine, ni le christianisme de tradition, mais à en comprendre les origines, l'esprit et la portée. Ce temps de régénération intellectuelle et de transformation sociale viendra, nous en sommes sûrs. Déjà des présages certains l'annoncent. Quant la science saura, la religion pourra, et l'homme agira avec une énergie nouvelle. L'art de la vie et tous les arts ne peuvent renaître que par leur entente. Mais en attendant, que faire en cette fin de siècle, qui ressemble à la descente dans un gouffre ?... Affirmer cette vérité sans crainte et aussi haut que possible, et se jeter pour elle et avec elle dans l'arène de l'action. »[14]

J'ai analysé longuement cette Préface parce qu'elle me semble fort représentative de la convergence des forces que nous avons pu constater déjà. Schuré, à la fois occultiste et poète, versé dans l'ésotérisme et fréquentant les cercles littéraires, était particulièrement bien placé pour l'apercevoir et en signaler l'importance. Analysant l'état d'âme de ses contemporains, leurs doutes et leur misère, il indiquait le sens de leurs aspirations et de leurs pressentiments ; expliquant la place et la valeur des doctrines ésotériques, il montrait à ces poètes épris à la fois de raison et de mystère la voie qui leur convenait le mieux. Nul doute qu'il n'ait joué là, auprès de ses cadets, le rôle d'annonciateur et qu'il n'ait contribué pour une forte part à précipiter la synthèse poétique et philosophique qui se préparait.

*
* *

Il ne fut pas le seul d'ailleurs. Vers le même temps, Georges Vanor publiait chez Vanier une plaquette, *L'Art symboliste,* en tête de laquelle Paul Adam, en une courte préface au style amphigourique et mal dégagé des affectations décadentes, indiquait le rôle que devait jouer l'ésotérisme dans le renouveau littéraire.

« Ce siècle laborieux, qui nous enfanta, affirme Paul Adam, est une époque de synthèse. » A l'heure où, ayant vécu toute la passion d'un homme et parcouru les étapes de l'adolescence, il connaît les premiers doutes et risque, pessimiste et gémissant, de revenir lamentable et vil aux plaisirs désuets et

---

14 *Ibid.,* pp. XXVII-XXVIII.

aux extases douloureuses des sexes, à cette heure triste de l'existence, « s'il n'a épuisé totalement sa vigueur dans la vanité des querelles et des étreintes », l'Amant — c'est-à-dire le Siècle — « secoue encore une fois la honte et regarde le soleil de l'avenir... Son sang neuf chante à ses artères, le voici libre... Il sait. Il comprend la douleur, essence de la vie et qui faisait sa faiblesse, il en tirera sa force, il la transformera jusque l'extase, jusque l'hallucination mystique... Il se combinera par l'ampleur de sa science et la vigueur de sa pensée à l'harmonie des mondes... Il sera mystique. Car s'il est des analogies entre les évolutions des choses, nulle de ces analogies ne saurait paraître vaine. La sagesse des temps a toujours montré, elle montre encore le microcosme humain, symbole harmonique du macrocosme universel... *Or, cette littérature symboliste n'a d'autre but que de marquer ces analogies miraculeuses.* Enclore un dogme sous un symbole humain, dira M. Vanor, c'est là toute la doctrine de l'école neuve. »[15]

C'est en effet ce que déclare plus loin Georges Vanor : « L'art est l'œuvre d'inscrire un dogme dans un symbole humain et de le développer par le moyen de perpétuelles variations harmoniques. » Revenons-en donc à « la robuste phalange du Symbolisme... M. Zola a dit quelque part que le Symbolisme faillirait parce qu'il ne s'appuyait pas sur une philosophie. M. Zola s'est trompé. » C'est qu'il a choisi la philosophie qui convenait à sa littérature, et son exclusivisme légendaire n'a pas daigné savoir ailleurs. « Or, la littérature symboliste tâche à ramener les phénomènes intellectuels et sensoriels à la source initiale, cette essence unique perpétuellement féconde en ses modes. Elle est avant tout la littérature des métaphores et des analogies ; elle recherche les affinités possibles entre les phénomènes hétéroclites d'apparence. De là ces fréquentes expressions dont s'ébahirent les naïfs et qui évoquent le son d'une odeur, la couleur d'une note, le parfum d'une pensée. »[16]

Cette théorie du symbolisme littéraire exista de tout temps. D'ailleurs, le symbole est fils de la religion, et le symbolisme religieux assure un trésor infini et varié d'inspirations poétiques. Aujourd'hui plus que jamais, la religion catholique offre une magnifique et poétique profusion de symboles. Mais il y a plus. « Le symbolisme religieux n'existe pas que dans les cérémonies liturgiques et les représentations des religions. C'est selon lui que le monde a été ordonné ; la vie des êtres et des choses est sa manifestation, et c'est pour sa synthèse explicative que l'homme, mais particulièrement le poète a été envoyé. » La création apparaît alors « comme le livre de Dieu, devant lequel l'homme placé ne connaît pas les mots : mais le poète doué de la science de cette langue en déchiffrera et en expliquera les hiéroglyphes ; ce qui est

---

[15] G. VANOR, *L'Art symboliste*, p. 12.
[16] *Ibid.*, p. 35.

en dehors de lui le conduisant à la connaissance de ce qui est en lui, et ce qui est en lui le conduisant à la connaissance de ce qui est au-dessus de lui ; après avoir pénétré les symboles du monde intelligible dans le monde de la matière, il devinera les symboles du monde surnaturel par le monde intelligible, et, un jour dira aux hommes le mot de Dieu et le secret de la vie. »[17]

Ainsi, grâce à ceux qui voient plus loin que leur seul métier de poètes, le Symbolisme prend soudain conscience de la découverte qu'il a faite. De là à intégrer ces données philosophiques à la doctrine littéraire naissante, il n'y a plus qu'un pas. C'est un des critiques de la jeune école, Charles Morice, qui va le franchir.

*
* *

La littérature de tout à l'heure

Un jeune, mais non pas tout à fait un inconnu. N'est-ce pas lui qui l'an dernier déjà envoyait aux critiques un questionnaire sur les tendances de l'époque, questionnaire auquel Anatole France avait répondu : « Je crains que la race des symbolistes ne soit aux trois quarts éteinte » ; et, essayant de les définir : « A les bien prendre, nos jeunes poètes sont des mystiques... Il faut aux disciples de M. Mallarmé des allégories et tout l'ésotérisme des antiques théurgies. Point de poésie sans un sens caché. » Et Anatole France avait demandé à ces jeunes esthètes d'être simples et de se faire entendre du plus grand nombre.[18] Esthètes ! Pourquoi non ? avait répliqué Charles Morice quelques jours après : « Ils sont spéciaux à notre siècle, les poètes esthètes, c'est vrai ; mais n'y ont-ils pas, de par Edgar Poe, Wagner et Baudelaire, droit de cité ? Quoi ! si un poète *sachant ce qu'il fait* (n'est-ce pas toute la définition du poète moderne ?) l'annonce et l'expose par le comment et le pourquoi avant de l'accomplir, faut-il donc » qu'on l'accuse de pédantisme et qu'on prononce aussitôt « les mots sacramentels : absence d'inspiration ? » Oui, le poète moderne est conscient de son art, conscient de sa tâche. Il tente d'unir l'inspiration et l'esprit critique. Peut-on donc reprocher à ceux qui viennent d'être des mystiques et de « s'éprendre, comme dit Anatole France, de l'ésotérisme des antiques théurgies » ? « S'ils cherchent par delà tout Évangile précis... une religion qui satisfasse à la fois leur cœur et leur raison dans le fonds commun de toutes les religions et de toutes les métaphysiques..., ne les condamnez pas si vite : êtes-vous bien sûr qu'ils aient tort ? » Esprit critique, retour à l'ésotérisme, et aussi recherche d'une synthèse ; car « le plus

---

17   *Ibid.*, pp. 41-42.
18   *Le Temps*, 5 août 1888.

notable fait esthétique de cette heure consiste en l'effort manifeste d'une synthèse de tous les arts en chacun des arts. »[19]

Mais cette première passe d'armes ne suffisait pas. On attendait à toutes ces critiques éparses une réplique décisive, qui groupât tous les arguments et tous les éléments de la doctrine en une synthèse convaincante. Cette réplique vint au moment opportun, véhémente et passionnée : *La Littérature de tout à l'heure*. Charles Morice apparut soudain à tous les jeunes comme « l'âme du mouvement, sa conscience..., celui qui hardiment se désignait à l'attente de tous comme le réalisateur de demain. » Son livre, « manifeste d'apôtre, nourri d'érudition, de vouloir et de certitude chaleureuse »[20], fut en quelque sorte la *Préface de Cromwell* du Symbolisme. A vrai dire, l'ouvrage sent la hâte, la jeunesse, la compilation plus que l'érudition. Son style souvent ampoulé et verbeux, ses dimensions excessives, la candeur et le manque de discernement de son auteur lui ont, depuis, fait beaucoup de tort. Pourtant, il est utile, il est nécessaire d'y revenir, de le prendre au sérieux comme on fit en 1889 et d'analyser dans le détail ce qui passa un moment pour « le *credo* d'une génération ».

Charles Morice a beau s'en défendre dans son Avertissement : seront déçus ceux qui penseront y trouver le manifeste d'une *École* nouvelle. « On n'engage ici que la responsabilité de l'auteur. Son nom ne cache aucun *groupe.* » Victor Hugo n'en disait-il pas autant en 1827 ? Et, comme celles de la fameuse Préface, les idées de la *Littérature de tout à l'heure* ne sont-elles pas « dans l'air » ? Que cherche donc cette époque tourmentée ? Charles Morice prétend le définir en prenant le problème de haut, et en précisant d'abord les rapports *De la Vérité et de la Beauté*. A la Foule antique et médiévale, déclare-t-il, a succédé le Public moderne qui, grâce à la science et à la vulgarisation, croit tout savoir alors qu'en réalité il a tout oublié. N'a-t-il pas perdu jusqu'au sens du mot Esprit ? « L'Esprit ! il est bien question de lui ! On ne veut plus que de l'Intelligence et, par un symbole trop clair, on n'a laissé à l'esprit — jadis le divin Spiritus — que le sens d'un calembour. »[21] Or ce public « affirme que le premier devoir des poètes est de se placer à son point de vue », c'est-à-dire de le distraire, de le délasser. Comment pourrait-il subsister encore une communion entre le poète et un tel public, qui ne sait lire autre chose — signe des temps ! — que la *Bibliothèque des chemins de fer* ? Écrire pour lui ? Non. Devant cette barbarie, le Poète

---

[19] *Le Temps*, 9 août. Articles réunis dans une plaquette de 30 pages éditée chez Perrin la même année sous le titre : *Demain, questions d'esthétique.*
[20] A. FONTAINAS, *Mes Souvenirs du Symbolisme*, p. 32.
[21] *La Littérature de tout à l'heure*, p. 7. On voit que Morice établit ici une nette distinction entre ce que les traditions hindoues nomment le mental (l'Intelligence) et le supra-mental (l'Esprit).

s'isole. Interprète de la Beauté — signe de la Vérité —, il est conduit par sa mission au « triomphe de la formule esotérique ». Car il n'est pour lui que de rester lui-même, d'aller de lui-même aussi haut, aussi loin qu'il le pourra. Que veut-il donc, au milieu d'un monde artificiel et frelaté ? Revenir à la nature, aux origines, et par là à la poursuite de l'infini et de l'absolu. « Et il me semble mal venu, ce monde qui se repaît de choses frelatées, à nous taxer de bizarrerie, parce que nous avons choisi de lui déplaire plutôt que de trahir le besoin de vérité qui est en nous, à nous accuser de décadence, nous qui faisons, en dépit de lui, le grand effort de renouer les bonnes, les belles traditions qu'il a rompues. »[22] — Retour aux origines : Religions, Légendes, Traditions, Philosophies, où s'expriment nos rapports avec l'Absolu, ne sont-elles pas les communes et seules sources de l'Art ?

Qu'est donc le Beau ? La Splendeur du Vrai, le rêve du Vrai, disent les philosophes, — un au-delà idéal où s'illuminent les sens spiritualisés, « rayonnement de la Vérité en des symboles qui la dépouillent des sécheresses de l'Abstraction et l'achèvent dans les joies du Rêve. » L'œuvre d'art commence donc où elle semblerait finir : dans les symboles qui ouvrent une porte sur l'Absolu. Ainsi entendu, l'Art n'est pas que le révélateur de l'Infini : il est au Poète un moyen même d'y pénétrer[23]. Toute l'histoire ne nous montre-t-elle pas le destin de l'Art lié à celui des Religions ? Témoin le dix-septième siècle, qui culmine dans *Polyeucte* et dans *Athalie*. Or, à notre époque, que constatons-nous ? Non plus seulement, ainsi que le disait au même moment Schuré, le divorce de la Religion et de la Science, mais le divorce de l'Art et de la Religion. Est-ce le dix-huitième siècle qui recommence ? En vérité, tout dissuade de le croire ; car les hommes de ce temps sont de nobles penseurs, de vrais savants, ils ont le frisson des choses dont ils parlent ; ils ont même l'amour de l'Unité. Pourquoi donc se sentent-ils éloignés de toute Révélation ? D'où vient que le génie de l'Art et le génie de la Science aient déserté l'Évangile ? C'est que les sources semblent taries. L'Église ne connaît plus qu'étroites règles et dures conventions, « une vie humiliée et moite acoquinée à la garde de pauvres trésors temporels qu'on montre pour de l'argent », une imagerie religieuse niaise et déshonorante, une littérature nulle ou même négative. Le génie a abandonné la Révélation. Certes, il serait imprudent et injuste d'affirmer que ces sources fussent taries à jamais. « Le Christianisme porte en soi des secrets de vitalité qui étonnent le monde : peut-être l'Évangéliste sommeille, peut-être, comme le prophétisait naguère Ernest Hello,

---

[22] *Ibid.*, p. 28.
[23] *Ibid.*, p. 35. Morice ajoute : Le poète « sait ce que l'artiste ne sait pas », établissant ainsi une distinction entre l'art, qui cultive la forme, et la poésie, qui la transcende, moyen de connaissance d'une supraréalité. Cf. *2ᵉ Congrès d'Esthétique, Art et Poésie*.

va-t-il se réveiller[24] ». Mais pour l'instant, « nous cherchons la Vérité dans les lois harmonieuses de la Beauté, déduisant de celle-ci toute métaphysique — car l'harmonie des nuances et des sons symbolise l'harmonie des âmes et des mondes... A défaut des certitudes défaillies d'une Religion...nous pensons les vestiges des Traditions lointaines..., nous recueillons l'enseignement des grands Penseurs, Mages et Métaphysiciens, héros de l'esprit humain ; plus avant qu'eux essaierons-nous d'aller dans les voies qu'ils ont ouvertes. » Pour ceux qui s'abandonneront à l'intuition du génie en face de la Nature, comme pour ceux qui demanderont à une connaissance synthétique le moyen de servir l'Évangile des Correspondances et la loi de l'Analogie, l'Art a cessé d'être un divertissement : il est un sacerdoce. « C'est là le grand, le principal et premier signe de la littérature nouvelle, c'est là, dans cette ardeur d'unir la Vérité et la Beauté, dans cette union désirée de la Foi et de la Joie, de la Science et de l'Art »[25]. Il s'agit maintenant de trouver dans les formules accomplies les germes des formules nouvelles.

Cette synthèse, cet idéal esthétique plus complet que celui d'aucune école et convoitant un domaine universel, depuis longtemps il est pressenti. Chateaubriand et Gœthe, déjà, très loin l'un de l'autre pourtant, tentèrent les premiers d'unir l'esprit mystique et l'esprit scientifique ; l'un en revenant aux sources mêmes du Christianisme, l'autre chez qui le sentiment du mystère éveille et retient éveillée la passion des causes, et dont le Faust déclare : « En dehors de ce principe, que la science et la foi ne sont pas pour se nier l'une l'autre, mais au contraire pour se compléter l'une par l'autre, il n'y a qu'erreur et confusion. » Après eux, d'autres, vers 1820 ou 1830, écrivirent pour être lus en 1880 : *le Rouge et le Noir, les Destinées, Obermann, le Rêve et la Vie*, — « nos Bibles ! » proclame Charles Morice. Stendhal, grande intelligence passionnée, dont l'âme, comme celle de Balzac, est un microcosme ; — Vigny, de la lignée de Pascal, méditant comme lui sur les destinées, et dont l'immense tristesse vient de l'heure d'interrègne où il vit ; Vigny qui a le sentiment juste du rôle définitif du Poète, qu'il désigne « le tardif conquérant », et le pressentiment plus admirable encore que ce Poète sera *conscient de son inspiration* ; — Senancour, le génie flottant, irrésolu et désolé, entre les rêves de l'esprit et les besoins du cœur, tourmenté par le *mal d'espérer,* et qui puise son inspiration dans une intense vie intérieure ; — Nerval, ou « le

---

24 *Ibid.*, p. 61 : « Entre le XVIIIe siècle, écrit Hello, et celui que j'appelle le XXe, dût-il commencer demain, l'horloge de la terre marque une heure, lente et terrible, celle de la transition : c'est le terrible XIXe siècle. Les yeux à demi ouverts, mal éveillé de son cauchemar, il ne possède pas, il ne tient pas, mais il désire, il désire, il désire, ô mon Dieu, comme jamais le monde n'a désiré... » Hello avait été tiré de l'oubli par Léon Bloy qui, tout réactionnaire qu'il fût, avait élaboré sa propre symbolique mystique et lu Corbière et Lautréamont.
25 *Ibid.*, pp. 59-66.

merveilleux mystère de cette vie intérieure », qui n'a que le tort, en sa perception de deux existences simultanées se correspondant en une seule âme, de l'avoir arrêtée trop court dans la voie du symbole ; « cette folie, quelle étonnante intelligence de l'invisible et de l'inouï !... magnifique intuition d'œuvres où l'art se fonderait sur la métaphysique. »

Mais les « deux vrais dominateurs de ce siècle » — Hugo n'ayant guère fait que contribuer à éclairer « le crépuscule des choses futures », — ce sont Balzac et Wagner. Balzac a « inventé le monde moderne » et le véritable Art moderne, en le vivifiant par la pensée synthétique de l'unité de composition ; il est allé jusqu'à célébrer une vraie Religion de l'Art, et il y a chez lui d'incontestables pressentiments d'un Absolu esthétique. Quant à Richard Wagner, il a réalisé l'union de toutes les formes artistiques et « la synthèse des observations dans la Fiction ». Mais il n'a fait que pressentir, lui aussi, l'union de la Religion et de l'Art. Edgar Poe au contraire a eu, le premier, le sentiment aigu de la conscience poétique, il concilie en lui le sens de l'exception, le sens spirituel de la Beauté et le sens lyrique de la science et sait en faire la synthèse. A sa suite, Baudelaire a retrempé le génie français dans ses sources vives, il a exprimé l'inexprimable ; mais, penché sur les abîmes de son âme, il a, comme dit Huysmans, « révélé la psychologie morbide de l'esprit qui a atteint l'octobre de ses sensations » : triste et superbe visage ! Dans son examen du siècle, le critique n'oublie ni Flaubert, ni Sainte-Beuve, de qui date le premier essai de *suggestion littéraire* ; ni Banville, qui, dit-il, « a pour âme la Poésie elle-même » et, essayant d'embellir la Vie par le Rêve, lui a ouvert le chemin de la joie ; ni deux incontestables Initiateurs : E. de Goncourt, qui a réalisé la synthèse de l'âme moderne, Barbey d'Aurevilly, dont le mysticisme démodé fait une synthèse de l'heure nouvelle selon les lois des vieilles heures.

Voici enfin les derniers venus, Villiers de l'Isle-Adam, en qui se rencontrent le Mysticisme et la Science, servant l'un et l'autre à la magnification de l'œuvre d'Art totale ; Huysmans, qui a le goût et l'amour de l'atmosphère et de la physionomie modernes ; Verlaine, en qui « confluent les deux grands courants qui de Gœthe et de Chateaubriand à nous emportent dans leur flot d'art moderne tout entier : le mysticisme et le sensualisme », qui représente par là « une exaspération de l'homme moderne », et qui a pénétré tout droit, avec une naïve intuition, jusqu'aux essences réelles des choses ; Rimbaud, qui unit dans ses vers musique et peinture, métaphysique profonde et vie intense ; Mallarmé enfin, célèbre sans avoir publié son « œuvre », et qui est « la comme symbolique figure du Poète, qui cherche à le plus possible s'approcher de l'Absolu. »[26]

---

26   *Ibid.*, p. 190 sqq.

Ainsi, « l'esprit moderne tente de reconstruire par la Synthèse ce qui avait été divisé par l'Analyse. Cette tentative n'est pas achevée : c'est l'œuvre même de la « Littérature de Tout à l'heure. » Celle-ci est synthétique : elle rêve de *suggérer tout l'homme par tout l'Art*. Synthèse déjà réalisée si, à tous ces efforts, on ajoute ceux de Villiers de l'Isle-Adam, de Verlaine et de Mallarmé, et ceux aussi des derniers venus de la littérature. Certes, des *Influences nouvelles,* des difficultés de toute nature entravent leur effort : menaces sociales, militarisme, perspectives de guerre, agitations de la rue et de la politique, — tentation du succès, religions et philosophies galvaudées par toute une jeunesse frivole, invasion de l'art et de la littérature par la science, qui entend leur imposer ses recettes, vénalité ou difficulté de vivre pour les poètes. Mais, à côté de cela, quel élan de la peinture et de la musique vers la poésie ! « L'Art remonte à ses origines et, comme au commencement il était un, voici qu'il rentre dans l'originelle voie de l'Unité, où la Musique, la Peinture et la Poésie, triple effet de la même centrale clarté, vont accentuant leurs ressemblances. »[27] Telle est l'atmosphère où se développent les *Formules nouvelles.* Décadence ou Symbolisme ? C'est trop vite dit. Étiquettes inutiles ! Ce qui frappe avant tout, c'est la dispersion des jeunes écrivains. Mais cette dispersion révèle ce qu'ils cherchent. « Ils ne sont pas d'ambition médiocre ! Au fond de leur pensée il y a le désir de : TOUT. La synthèse esthétique, voilà ce qu'ils cherchent. » Des groupes, il y en a, et des revues. Mais Charles Morice semble les mépriser et en sous-estimer l'importance. Il ne voit dans ces tâtonnements nécessaires, dans ces prises de position successives, dans ces luttes de barricades, qu'agitation stérile et sans signification. Selon lui, les vrais poètes travaillent silencieusement. En eux s'élabore lentement la vérité nouvelle : lyrisme mystique et sensuel de Laurent Tailhade, vives imaginations de Moréas, ce musicien coloriste ; scepticisme sentimental, ironie de Laforgue née d'une conscience toujours en éveil ; art symbolique, tout concourt à la synthèse prochaine.

En quoi donc celle-ci doit-elle consister ? Dans son dernier chapitre, *Commentaires d'un Livre futur,* Morice tente, pour son propre compte, d'en indiquer les lignes essentielles. En cette marche vers la vérité, la poésie doit aller la première : « En attendant que la Science ait décidément conclu au Mysticisme, les intuitions du Rêve y devancent la Science », célébrant déjà l'alliance du sens religieux et du sens scientifique, « dans une fête esthétique où s'exalte le désir très humain d'une réunion de toutes les puissances humaines par un retour à l'originelle simplicité. » Or, ce retour à la simplicité, c'est tout l'Art. Le génie consiste à dégager des accidents et des contingences l'élément d'éternité et d'unité qui luit, au delà des apparences, au fond de toute essence humaine. Alors le Poète, retrouvant le sens de cette unité,

---

[27] *Ibid.,* p. 287.

reprend son rôle sacerdotal des premiers jours, il chante les désirs et les croyances de toute l'humanité dans la triple réalité de ses pensées, de ses sentiments et de ses sensations : art métaphysique, religion esthétique, — religion suprême. Ainsi, après trois siècles d'analyse, l'œuvre des poètes nouveaux devra, non plus exprimer, mais suggérer tout l'homme dans son unité composite, dans son mouvement. Triple synthèse par laquelle le Poète doit scruter son Rêve, puis l'ordonner en Fiction, puis enfin choisir l'expression qui suggérera cette fiction aux autres. *Synthèse dans la pensée métaphysique* : car il faut établir d'abord que l'Art est « une reprise par l'âme de ses propres profondeurs » ; profondeurs solitaires, état d'exception où se recueille l'âme pour écouter Dieu, acquérant ainsi la certitude que la vie véritable est d'être un des centres conscients de la vibration infinie ; état où l'âme individuelle retrouve « le virginal modèle de l'humanité », cet Homme originel qui est la Beauté humaine de la Vérité divine. Alors, quand le poète a « pensé » son poème comme la parole, le geste naturel de cette humanité idéale, il peut le concevoir : *Synthèse dans l'idée, fiction,* deuxième acte de la création esthétique. Car le poème est une création de pure fiction, qui a pour but de procurer aux esprits l'admiration de l'inconnu et l'illusion d'un autre monde. Hors du monde, mais point hors de l'humanité ni de la nature. Le beau rêve doit sortir du temps et le dépasser, et c'est en *symbolisant* sa pensée que le poète dépasse l'éphémère et conquiert l'éternité. Délivrance dont il faut communiquer la joie en imposant au lecteur la conviction qu'il est entré dans un monde étranger à tous les jours et à sa propre vie : *Synthèse dans l'expression,* que seule peut réaliser la *suggestion*. La suggestion est le langage des correspondances et des affinités de l'âme et de la nature. Elle n'exprime pas le reflet des choses, elle pénètre en elles et dit l'inexprimable. Pour cela, elle remonte aux sources mêmes de tout langage, aux lois de l'appropriation des sons et des couleurs, des mots aux idées. Et Charles Morice entrevoit, pour suggérer cette fiction, non plus une fusion du vers et de la prose en un mélange qu'on ne saurait nommer, mais en une synthèse où, « selon les opportunités indiquées par les émotions, le style descendrait du vers à la prose, remonterait de la prose au vers, avec ou sans la transition du poème en prose. » Ainsi procéderait, « tantôt abandonnée au caprice logique des fantaisies, tantôt fortement nouée par le magique vers, en quelque sorte la capitale de cette si vaste contrée : l'œuvre d'art. »[28]

Rosny avait beau jeu de dénoncer, dans la *Revue Indépendante,* les « vagues généralités », les « postulats sentimentaux », le « verbalisme métaphysique » de ce pesant ouvrage. Mais sa critique était systématique et malveillante : « Au total, le livre de M. Morice est pauvre de logique, bâti sur le verbalisme métaphysique vaincu d'hier, obscur, intolérant, partial, imbu

---

28 *Ibid.,* p. 295 sqq.

d'un invincible esprit de routine. »[29] C'est un naturaliste qui parle, et qui se refuse à comprendre. Assurément, la définition que l'auteur donne du Beau et de l'Art reste trop vague et trop générale, et il use un peu trop facilement, nous le verrons, du mot *synthèse*. Pourtant, c'est ne pas vouloir comprendre que de ne voir dans ce retour aux Traditions qu'invincible esprit de routine, et dans ces Traditions elles-mêmes que des « pages ancestrales... dont l'Europe se lasse, se désintéresse et qui continuent à tuer l'Orient. » Charles Morice a vu que la caractéristique de la poésie de son temps était de prendre conscience d'elle-même ; que cette révélation qu'elle cherchait de sa nature essentielle, elle la trouvait dans la Science antique, dans ces traditions esotériques qui lui indiquaient à la fois sa place et sa raison d'être ; que, par le sens de l'analogie, des correspondances et du symbolisme universel, l'art est synthèse, retour à l'unité originelle et aux profondeurs de l'être. La *Littérature de Tout à l'heure* porte assurément la marque de son temps. Elle est entachée d'intellectualisme. Il lui manque encore, comme à son maître Mallarmé dont Charles Morice reste imprégné, d'avoir, sinon trouvé, du moins véritablement mis en lumière le ressort le plus profond, le secret de l'art et de la vie : l'amour. Ce sera là la tâche de la génération suivante. Mais tel qu'il est, l'ouvrage est justement très représentatif de son époque. Il marque à la fois l'aboutissement d'un effort, le point culminant de cette étape intellectuelle dans laquelle le Symbolisme prend conscience de lui-même, et le début d'une période nouvelle : celle de la marche au triomphe. Les contemporains ne s'y sont pas trompés. Bien que, depuis, on ait généralement organisé autour de Charles Morice la « conspiration du silence », le témoignage de Fontainas et d'Henri Mazel entre autres ne saurait être mis en doute, si l'on se reporte à l'enquête de Jules Huret qui, deux ans plus tard, reflétera l'opinion générale et désignera Morice comme « le cerveau du Symbolisme »[30]. Si le poète ne tient pas les promesses du critique, et si ce cerveau fut plus souvent celui d'un homme intuitif et enthousiaste que celui d'un penseur rigoureux, du moins le Symbolisme n'a-t-il pas à rougir de lui : il lui doit peut-être, après Mallarmé, le meilleur de lui-même. A la même époque, des transfuges du naturalisme ont d'ailleurs rejoint l'esthétique symboliste : Robert Caze tué en duel par Charles Lignier — et le prosateur Francis Poictevin.

*
* *

---

[29] Juin 1889, p. 487. Morice se distinguera comme disciple de Verlaine et découvreur, avec Albert Aurier et Achille Delaroche, du génie de Gauguin.
[30] J. Huret, *Enquête sur l'Évolution littéraire*, p. 83.

LE MOUVEMENT S'ÉLARGIT

L'influence, d'ailleurs, ne sera pas immédiate. La synthèse véritable ne va se réaliser que peu à peu. Mais, dès ce moment, elle se manifeste au moins d'une façon extérieure. On assiste alors, comme en 1886, à la naissance d'une quantité de feuilles nouvelles. Simple coïncidence ? Le témoignage d'Henri Mazel nous le suggère : « Il faut croire qu'en 1890 un microbe était dans l'air parisien, le bacille qui fait naître et proliférer les jeunes revues littéraires, car, presqu'en même temps et sans harmonie préétablie, parurent force périodiques de toutes couleurs... Ces nouvelles revues naquirent au hasard. » Pourtant, c'était plus qu'un microbe : une floraison, et cette floraison avait un sens. Mazel le reconnaît d'ailleurs : « Nos jeunes revues nouvelles signifiaient au monde qu'une ère toute neuve allait s'ouvrir. »[31] Cette ère était celle du Symbolisme. Selon l'expression d'Ernest Raynaud, « l'heure était venue ».

Ces nouvelles revues sont d'abord le signe d'un regroupement. Tandis que René Ghil, qui a repris en main les *Écrits pour l'Art* à la fin de 1888, en exclut successivement Achille Delaroche, Albert Saint-Paul, Albert Mockel et, formulant à nouveau sa doctrine évolutive-instrumentiste, part violemment en guerre contre ses anciens amis et contre Mallarmé lui-même, consacrant ainsi sa rupture définitive avec le mouvement symboliste, d'autres, comme Gustave Kahn et Adolphe Retté, se réunissant à nouveau, tentent de faire revivre pour un temps la *Vogue*. Retour à des formules anciennes ? Retour à la bohème des Goudeau et des Salis ? Le succès rapide de *la Plume* pourrait un instant le faire croire. Léon Deschamps, « un bon gros garçon, joyeux buveur », ne place-t-il pas sa nouvelle feuille sous les auspices d'Émile Goudeau ? C'est aux samedis de *la Plume,* dans les sous-sols d'un café de la place Saint-Michel, que, renouant avec les traditions de la bohème, se rendent les poètes chevelus du Quartier Latin. Fort éclectique, la revue et ses samedis accueillent pêle-mêle Moréas, Morice, Rachilde, Fénéon, Samain, Le Cardonnel, Maurras et bien d'autres. Mais l'atmosphère est cordiale et simple. A *la Plume,* dit Raynaud, « on est chez soi ». Peu à peu, les réunions prennent un caractère plus littéraire, la tendance de la revue se précise, et, autour des tables du *Soleil d'Or* comme des livraisons sobrement habillées de jaune, toute une génération prend conscience de son unité.

Plus grave d'allure, bien que fondé par de jeunes étudiants, cet autre nouveau-né, *l'Ermitage*. Ne tente-t-il pas dès son premier numéro, et sous la signature de son directeur, Henri Mazel, de définir les tendances de la nouvelle littérature ? « Prédominance du sentiment altruiste, préoccupations morales, psychologie analytique ; esprit religieux, parfois mystique ; pessimisme, charité, socialisme ; désir de nouveau. Nous en faisons découler diverses consé-

---

[31] H. MAZEL, *Aux beaux temps du Symbolisme*, p. 7.

quences : une poésie curieuse, d'une obscurité mystique et tendre ; ... une musique merveilleuse ; une peinture étrange où l'impressionnisme, le tachisme, le symbolisme marquent la prédominance de l'effort subjectif sur le dessin et la couleur... ; une philosophie revenant aux problèmes moraux et métaphysiques... »[32] On voit que ces jeunes gens n'ont pas encore une idée très nette de l'orientation nouvelle. Plus conscients sont les *Entretiens politiques et littéraires,* dont les animateurs, Paul Adam, Henri de Régnier et Vielé-Griffin, sont aussi plus au courant de la jeune doctrine. Vielé-Griffin y définit le tourment du poète moderne comme « la soif d'éternité, le besoin d'infini » ; ce qui n'est pas encore trop dire. Mais, à ses débuts, leur feuille est surtout tapageuse et plus anarchiste que vraiment symboliste. L'ancienne *Pléiade* de 1886, au contraire, qui renaît sous le nom de *Mercure de France,* a des prétentions exclusivement littéraires. Elle a aussi, choisi par un groupe de jeunes sans relations et sans argent, un directeur-né, Alfred Vallette. Sous son impulsion avisée, la revue grandit vite. Les onze fondateurs se multiplient et deviennent dix-huit. L'heure n'est pas loin où le *Mercure* deviendra l'organe officiel du Symbolisme.

Pour le moment, toutes ces jeunes revues sont surtout des cadres nouveaux pour de nouvelles aspirations : « abris provisoires », que la génération qui monte est obligée de se bâtir pour « vivre sa vie spirituelle »[33]. Elles font connaître en effet un échantillonnage de l'œuvre des jeunes poètes avant que celle-ci ne paraisse en volumes et, une fois en librairie, elles en assurent la diffusion. Justement voici, en l'espace de deux ans, toute une volée de nouveaux recueils de vers. Ils révèlent tous des personnalités bien différentes, mais tous aussi ils portent la marque de l'esthétique nouvelle.

A côté des *Serres Chaudes* de Maeterlinck, encore « décadentes », nous l'avons vu, ainsi que *Cloches dans la Nuit* d'Adolphe Retté, voici, en 1889, *le Sang des Fleurs,* œuvre de début du jeune André Fontainas, toute pleine de violes, d'encens et de cinname ; voici surtout *Joies* de Vielé-Griffin, le premier cri d'optimisme que fasse entendre le Symbolisme. Retrouvant, au sortir du salon de Mallarmé, le sens de la nature et le rythme de la chanson populaire, il dit le mai fleuri et les « rires des feuilles claires ». Certes, ces joies sont encore bien frêles, joies à peine naissantes, joies en demi-teintes, joies souvent tristes — « tout est triste de joies », dit le poète[34]. Mais à travers ces relents de tristesse décadente et ces décors factices, percent l'amour de la vie et le bonheur d'être libre :

---

32 *Ibid.,* p. 12. Henri Mazel, critique et sociologue, deviendra un pilier du *Mercure de France.*
33 *Ibid.,* p. 9.
34 *Joies* : Un oiseau chantait. C'était un soir de féeries.

> La vie est légère et la vie est belle
> Et mon âme chante en les carillons.[35]

Non seulement son âme, mais son vers aussi exulte de liberté : « Le vers est libre ! » proclame triomphalement Vielé-Griffin dans sa Préface ; « désormais comme toujours, mais consciemment libre cette fois, le Poète obéira au rythme personnel auquel il doit d'être... Le talent devra resplendir ailleurs que dans les traditionnelles et illusoires « difficultés vaincues » de la poétique rhétoricienne : — l'Art ne s'apprend pas seulement, il se recrée sans cesse ; il ne vit pas que de tradition, mais d'évolution. » Nous verrons bientôt l'art de Vielé-Griffin à la recherche de cette double évolution, dans la forme et dans le sentiment que cette forme exprime.

Moins de liberté, plus de conformisme à l'égard des nouvelles formules, voilà ce que dénote le recueil que publie Henri de Régnier en 1890, *Poèmes anciens et romanesques* ; à l'égard surtout des nouvelles images poétiques et des thèmes à la mode. On y trouve tout l'arsenal wagnérien, les Princesses endormies, les vieux Palais, les exils de colombes et les joyaux, émeraudes, rubis, béryls, améthystes. On y trouve aussi les « motifs de légende et de mélancolie », tout un décor et toute une poésie qui hésite entre le style décadent et le style symboliste. C'est que, malgré l'influence de Mallarmé, Henri de Régnier reste un poète du lyrisme intime. Il a beau vouloir, comme son maître, se contempler « au gel des purs miroirs »[36], il a beau déclarer dans l'*Épilogue* :

> J'ai dédié mon âme et toutes énergies
> A savoir la vertu diverse des joyaux,

Henri de Régnier sait bien qu'il n'est pas, lui, un chercheur d'absolu, un alchimiste du Verbe. Il sait que sa muse est l'« hôtesse du seuil morne et de la solitude » et que le « vieux livre à fermoirs » qu'il charge de joyaux ne renferme qu'un vain rêve, fruit d'une tristesse élégante et stérile.

L'impression produite par les *Poèmes anciens et romanesques,* quand ils parurent, fut, au dire de Fontainas, considérable[37] : cette atmosphère de rêve et ce symbolisme aisément accessible, ce mélange très étudié de langueur et de préciosité, ces vers libérés qui ne consentaient pourtant pas à être libres, surtout cette élégance nonchalante et aristocratique correspondaient fort exactement au nouveau climat de la société poétique. En effet, tandis que la province, toujours en retard de deux ou trois ans sur la mode, s'engoue des excentricités décadentes, et que Paul Valéry, alors modeste étudiant à Montpellier, découvre des Esseintes, à Paris l'élégance et le bon ton remplacent

---

[35] *Ibid., Celle qui passe.*
[36] *Poèmes anciens et romanesques : Prélude.*
[37] *Dans la lignée de Baudelaire,* p. 116.

le débraillé bohème. N'est-ce pas ce que déclare à son ami André Gide un jeune néophyte, Pierre Louis, du reste fidèle au Parnasse : « Aujourd'hui la vie de bohème n'existe pas. Nul n'est plus homme du monde que Hérédia, si ce n'est Régnier ; nul n'est plus grave que Leconte de Lisle, si ce n'est Mallarmé. Je crois donc qu'il faut laisser nos grands chapeaux et nos cravates longues... Question de mode. » Question d'influence aussi, et signe des temps. L'heure n'est plus où Verlaine animait de sa verve les cafés du Quartier Latin. Louis et Gide sont bien allés le voir, mais c'était à l'hôpital Broussais, et ils en sont revenus[38].

Maintenant, « l'homme du jour », c'est Mallarmé. Les Mardis ont pris une allure presque officielle : nul grand écrivain étranger de passage à Paris qui ne s'y rende. Le Maître lui-même soigne, sans presque en avoir l'air, sa réputation. « Il se révèle, dit Thibaudet, comme un Français du dix-huitième siècle... Il est peut-être l'homme le plus poli de son temps. »[39] Et le voici qui part pour une tournée de conférences en Belgique, où il évoquera la figure de Villiers de l'Isle-Adam. C'est la première fois qu'il parle en public, ce ne sera pas la dernière. Décidément, Mallarmé a triomphé de Verlaine. Le salon a vaincu le cabaret.

C'est donc le salon de Mallarmé qui accueillera la nouvelle génération. Déjà Pierre Louis a été introduit dans le cercle, probablement par Rodolphe Darzens. Bientôt, son ami Paul Valéry, découvrant grâce à lui la poésie mallarméenne, se décide à écrire au Maître son enthousiasme et à lui soumettre deux poèmes. Bientôt il lui enverra une lettre qui constitue une interprétation de la doctrine mallarméenne singulièrement lucide pour un jeune homme de dix-huit ans, en même temps qu'un chef-d'œuvre de style : « La poésie m'apparaît comme une explication du Monde, délicate et belle, contenue dans une musique singulière et continuelle. » Et Valéry distingue entre l'art métaphysique, qui considère l'univers comme une construction d'idées pures, et l'art poétique, qui le considère vêtu de syllabes, « miroir des souterraines suggestions ». Il exprime la secrète harmonie des choses au moyen de l'analogie, unissant ainsi, sous une forme synchronique, « le monde qui nous entoure au monde qui nous hante », et unit le savant et l'artiste dans l'antique foi retrouvée[40]. Que Valéry n'a-t-il, par la suite, poursuivi sa recherche en ce sens ? Sa poésie n'aurait-elle pas alors rivalisé de puissance avec celle que devait donner plus tard un autre jeune poète, familier lui aussi de Mallarmé, mais qui, riche d'une foi sincère, cherchait dès lors en lui-même la clef que le Maître n'avait pas su trouver, et dont la recherche passait à l'époque complètement inaperçue ?

---

[38] Louis allait entraîner avec lui un jeune poète : Maurice Quillot, co-fondateur de *la Conque*.
[39] H. MONDOR, op. cit., p. 584.
[40] *Ibid.*, p. 606 sq.

Bientôt encore, André Gide publiera dans les *Entretiens politiques et littéraires* le *Traité du Narcisse* qui porte pour sous-titre : « Théorie du Symbole ». C'est donc une sorte de manifeste qu'il présente à son tour au public, mais sous une forme poétique, cette fois. Le symbolisme tient tout entier dans le mythe de Narcisse. Vieille histoire, direz-vous. Oui, « toutes choses sont dites déjà ; mais comme personne n'écoute, il faut toujours recommencer. »[41] Puisqu'on n'a pas encore compris que la vraie poésie a toujours été symbolique, expliquons-le à nouveau. Tel Narcisse, l'homme est à la recherche de sa propre image. Tel le fleuve où il vient se mirer, le temps entraîne cette image ainsi que l'image de toutes choses. Images imparfaites, « puisqu'elles recommencent toujours... et toutes, pense-t-il, s'efforcent et s'élancent vers une forme première perdue, paradisiaque et cristalline. » La poésie, c'est donc la nostalgie du Paradis perdu. Le Paradis, lieu de l'éternel présent, « Jardin des Idées, où les formes, rythmiques et sûres, révélaient sans effort leur nombre ; où chaque chose était ce qu'elle paraissait. » Adam regardait la féerie, mais sans se voir lui-même. Un jour, il veut se voir, se distinguer des choses, et c'est la chute. Il ne lui restera plus alors que le souvenir d'un Paradis dont viendront lui reparler des prophètes, « et des poètes, que voici, qui recueilleront pieusement les feuillets déchirés du Livre immémorial où se lisait la vérité qu'il faut connaître »[42].

Ainsi, « tout s'efforce vers sa forme perdue », et le Paradis « demeure sous l'apparence ». « Les Vérités demeurent derrière les Formes-Symboles. Tout phénomène est le Symbole d'une Vérité. Son seul devoir est qu'il la manifeste. Son seul péché : qu'il se préfère. » Le Poète est celui qui sait regarder, voir le Paradis à travers les apparences. « Est-ce que le Savant fait rien d'autre ? » Seulement le savant recherche les formes premières par une induction lente et peureuse ; car, « désireux de certitude, il se défend de deviner. Le Poète, lui..., devine à travers chaque chose — et une seule lui suffit, symbole, pour révéler son archétype. » Il se penche donc pieusement sur ces symboles « et silencieux descend profondément au cœur des choses. » Ainsi « l'œuvre d'art est un cristal, paradis partiel où l'Idée refleurit en sa pureté supérieure..., où les paroles se font transparentes et révélatrices. » Et le poète, éternel Narcisse, « penché sur l'apparence du Monde, sent vaguement en lui, résorbées, les générations humaines qui passent. »[43]

C'était donc une profession d'idéalisme platonicien que, sous le nom de Symbolisme, les deux admirateurs de Mallarmé affirmaient en même temps, l'un dans une lettre, l'autre dans un court traité. Et ils venaient,

---

41 *Traité du Narcisse*, dans *Le retour de l'Enfant prodigue*, précédé de cinq autres traités, p. 10.
42 *Ibid.*, p. 17.
43 *Ibid.*, pp. 21-26.

accompagnés de Pierre Louis, demander au Maître son patronage pour appliquer les idées qui leur étaient chères dans une revue « tirée à cent exemplaires sur papier de Hollande » : *La Conque*.

*
* *

De telles idées d'ailleurs dépassaient maintenant le cadre de la littérature. Les liens qui depuis plusieurs années unissaient artistes et poètes devenaient plus organiques. C'est le moment où l'on rencontre chez Mallarmé des musiciens comme Debussy, des peintres comme Redon, Gauguin ou Vuillard. C'est l'heure où *la Plume* leur ouvre ses pages ; l'heure aussi où, en plein centre de Paris, mais à l'abri des regards, un petit homme barbu à lunettes d'or, d'âge énigmatique, accueille au fond de sa boutique tout ce que la littérature et l'art comptent d'ésotérique. Edmond Bailly, en sa *Librairie de l'Art Indépendant,* Chaussée d'Antin, s'est spécialisé dans les sciences occultes. Il édite *la Haute Science,* « revue documentaire de la tradition ésotérique et du symbolisme religieux » et publie les œuvres de Ferdinand Hérold et de Pierre Quillard. Mais cette passion n'a rien d'exclusif : Edmond Bailly est ouvert à tout ce qui est symboliste en littérature et en art. Il publie les *Entretiens politiques et littéraires,* les œuvres d'Henri de Régnier, de Pierre Louis. Il aime à s'entourer de musiciens, de peintres et de poètes. « La boutique de la Chaussée d'Antin, dit Henri de Régnier, servait souvent de point de réunion et de lieu de rencontre à un petit groupe d'écrivains au nombre desquels je me trouvais... Debussy y venait souvent. Il tenait des propos d'homme intelligent. »[44] On y voyait aussi, avec un jeune poète et critique d'art, Albert Aurier, les peintres Gauguin, Sérusier et d'autres.

En effet, si en musique on se cherche encore — la critique, en 1892, accusera le groupe qui s'est constitué autour d'Ernest Chausson d'écrire des « compositions flasques, énervées, de la névrose cristallisée » —, en peinture au contraire le mouvement se dégage de ses origines impressionnistes et prend maintenant conscience de lui-même. C'est autour de Gauguin, on le sait, qu'il a pris corps. Gauguin le voyageur, l'instable, qui demande de plus en plus à l'art un refuge et un asile pour son rêve et qui, sous des allures railleuses et brutales, avait une âme mystique. « Dieu, disait-il, n'appartient pas au savant, au logicien ; il est aux poètes, aux rêveurs. Il est le symbole de la Beauté, la Beauté même. »[45] Gauguin se moque volontiers des

---

[44] « Une étroite boutique dont la devanture offrait au passant un étalage de livres, accompagnés de tableaux et de gravures d'un symbolisme qui ne laissait aucun doute sur les tendances de la maison. » H. DE RÉGNIER, *Revue Musicale*, 1er mai 1926, pp. 89-90.
[45] Cité dans L. HAUTECŒUR, *Littérature et Peinture en France,* p. 225.

allégories et des symboles ; mais il teinte son œuvre de toutes les tristesses de son âme. Ce qu'il cherche depuis quelques années, rompant avec son maître Pissarro, c'est la synthèse : enfermer un état d'âme dans une œuvre, voilà ce qu'il enseigne à ceux qui, spontanément, dans la petite auberge de Pont-Aven, se sont groupés autour de lui : Laval, Émile Bernard, Schuffenecker, Sérusier. Celui-ci, enthousiasmé, porte aussitôt la bonne parole à Paris, parmi ses camarades d'atelier, entre autres Maurice Denis et Pierre Bonnard. L'année suivante, en 1889, Gauguin et ses amis fondent à Paris le « groupe symboliste ou synthétiste ».

C'est de ce groupe qu'est sortie, dira Maurice Denis, « la grande bourrasque qui, vers 1890, a renouvelé l'art français. »[46] Sérusier expose volontiers aux *Nabis*, ses compagnons, les idées qu'il a reçues de Gauguin et qu'il a transformées à la lumière de la théosophie et des enseignements de Plotin, de Swedenborg et de Schuré. L'art, dit-il, doit suggérer le mystère, celui des paysages, celui des âmes primitives. Car tout est mystère dans le monde, hypostase du Logos, et l'intuition permet aux initiés de découvrir les forces secrètes de la nature. L'artiste doit donc procéder comme eux, s'élever audessus de ce monde et découvrir les grands symboles du langage universel. Ainsi, dira Maurice Denis, « l'intelligence très philosophique de Sérusier transformait très vite en une doctrine scientifique, qui fit sur nous une impression décisive, les moindres paroles de Gauguin. » De son côté, Émile Bernard qu'on appelle alors volontiers le « père du Symbolisme » commence à prêcher un symbolisme fondé sur la correspondance des arts, qu'il exposera tout au long en 1893 dans le *Mercure de France*.

Cependant c'est un jeune poète et critique, Albert Aurier, familier du groupe, qui fait la synthèse de ces idées et les expose au public littéraire dans le même *Mercure* en février 1891. Aurier s'élève contre l'erreur trop répandue qui consiste à qualifier d'impressionnistes tous les peintres qui « se permettent l'outrecuidante liberté de ne pas copier quelqu'un ». L'impressionnisme, dit-il, est encore une variété de réalisme. Or un peintre comme Gauguin, par exemple, est engagé dans une voie nouvelle. N'est-il pas un de ces sublimes voyeurs dont parle Swedenborg, ceux qui savent « que dans le Monde Naturel et dans ses trois règnes il n'y a pas le plus petit objet qui ne représente quelque chose dans le Monde Spirituel, ou qui n'ait là quelque chose à quoi il corresponde. » Le but normal et dernier de la peinture, comme d'ailleurs de tous les arts, est donc « d'exprimer, en les traduisant dans un langage spécial, les Idées », et les objets ne sont alors que des signes, « les lettres d'un immense alphabet que l'homme de génie seul sait épeler. » Aussi la vérité concrète, l'illusionnisme, le trompe-l'œil seront-ils bannis de la vraie peinture, où l'artiste devra exagérer et déformer les formes, les lignes, les cou-

---

[46] Cité dans BASLER et KUNSTLER, *La peinture indépendante en France*, I, p. 43.

leurs, non seulement suivant sa vision individuelle, mais encore suivant les besoins de l'Idée à exprimer. L'œuvre d'art, telle que la conçoit Aurier, sera donc idéiste, symboliste, synthétique, subjective et décorative tout à la fois. Ajoutons qu'il faut à l'artiste le don d'émotivité, « l'illumination, la clef d'or, le Daimôn, la Muse », don grâce auquel « les symboles surgissent des ténèbres, s'animent, se mettent à vivre d'une vie qui n'est plus notre vie contingente et relative, d'une vie éblouissante qui est la vie essentielle, la vie de l'Art, l'être de l'Être. » Tel est l'art qu'il est consolant de rêver, tel est, un peu, l'art de « ce grand artiste de génie, à l'âme de primitif, Paul Gauguin. »[47]

Ainsi, le 9 février 1891, Albert Aurier rattachait ouvertement le mouvement artistique au mouvement littéraire. Mais déjà celui-ci, huit jours plus tôt, s'était donné aux yeux du public une sorte de consécration.

*
* *

La consécration

A y regarder de près, jamais on ne trouve dans les mouvements littéraires de ces moments où, l'unité s'étant réalisée, tous communieraient dans un même idéal. Ce qu'on trouve, c'est une heure privilégiée où le mouvement semble avoir atteint son *acmè*, un point d'équilibre, fort instable d'ailleurs, où, à la faveur d'un prétexte, il s'impose brutalement à l'attention, acquérant du même coup le droit de cité et la faculté d'évoluer dans des directions nouvelles. Ce prétexte, ç'avait été *Hernani* en 1830. Ce fut, en 1891, le Banquet du *Pèlerin passionné*.

Manifestation publicitaire, semble-t-il, et au profit d'un homme. C'est Moréas lui-même qui, toujours soigneux de sa célébrité, avait eu l'idée de ce banquet. Mais, pour sauvegarder la décence, il a prié Barrès et Régnier de lancer les invitations. Si Bonnamour, dans la *Revue Indépendante,* dénonce « ces tumultueuses béatifications » où se découvrent trois passions malsaines, la gloriole, l'amour de la réclame et l'enrégimentement, et en accuse la « jeunesse littéraire », la faute n'en est-elle pas à Moréas[48] ? Pourtant, la manifestation dépasse l'intention des organisateurs. « Lorsque nous organisâmes le dîner du 2 février pour saluer la publication de ses vers, déclarera bientôt Barrès au Hollandais Byvanck, notre but était de faire plaisir à notre camarade et de proclamer « sous l'œil des barbares » notre foi en l'art. »[49]

---

[47] A. Aurier, *Œuvres posthumes*, p. 213. Voir aussi la revue d'Aurier, *le Moderniste.*
[48] *Revue Indépendante*, février 1891, p. 161.
[49] Byvanck, *Un Hollandais à Paris en 1891*, pp. 76-77.

C'est alors une série de facéties estudiantines : des dépêches arrivant de tous les pays du monde pour féliciter le glorieux poète, tout le monde se déride, chacun prend la parole à son tour. Peu à peu, la manifestation écrase la personnalité de Moréas et « passe par-dessus sa tête »[50]. Ce n'est plus le poète des *Cantilènes* et du *Pèlerin* que l'on consacre, mais le Symbolisme tout entier. L'union se fait, pour un instant, entre les poètes et la critique autour des verres. « C'était parfaitement ridicule, concluera Barrès, et cela a été un parfait succès. » « Injustifiable, dira de son côté Vielé-Griffin, si l'on n'y avait dû voir que la consécration d'une célébrité, ce banquet, auquel plusieurs s'étaient rendus le sourire aux lèvres, a pris dès l'abord le caractère incontestable et, nous dirons à bon droit, *religieux,* d'une manifestation de solidarité. » Ne s'agit-il pas, comme le dira Barrès, « de porter le grand coup sur la population parisienne » ? Dressés contre une presse lâche et servile, » contre les vilenies du Boulevard et du Vaudeville unis et tout-puissants, contre la domination de l'odieuse platitude et des bassesses mal assouvies », les esprits les plus divers communient, sans parti-pris d'école, dans le culte du Beau désintéressé.

Consécration décisive. Mallarmé préside. Il lève son verre, non seulement à Moréas, mais à la « jeunesse aurorale » qui l'entoure. Il est bien le Maître maintenant. C'est autour de lui, non autour de Moréas, qu'on s'est groupé. C'est lui dont, implicitement, l'autorité est ainsi reconnue par tous : poètes, artistes — Seurat, Signac, Redon, Rops, Gauguin —, critiques — Albert Saint-Paul, Jules Tellier, Vallette, et surtout Anatole France. A vrai dire, celui-ci, déconcerté par le tour qu'a pris la réunion, se tient dans une prudente réserve. Mais voici que se lève à son tour Bernard Lazare : « Après avoir bu à Jean Moréas, je bois à M. Anatole France. » Celui-ci ne répond pas et se contente de serrer la main de l'orateur improvisé. Mais l'effet est obtenu. L'illustre critique interrompra dans *le Temps* ses études archéologiques pour dresser une série de médaillons des poètes nouveaux, avec une évidente sympathie. Grâce à lui, le grand public acceptera l'idée nouvelle. Bientôt, dans les salons, elle sera « à la mode »[51].

En attendant, le Banquet du *Pèlerin passionné* a mis le Symbolisme à l'ordre du jour. Deux jours après, le *Figaro* demandait à Verlaine de le définir. Mais celui-ci se contente de reconnaître qu'« il y a une scission dans le monde des Décadents » et, noyant le poisson, déclare : « Autant de Symbolistes, autant de symboles différents... Le symbole, c'est la métaphore, c'est la poésie même. »

Et surtout, moins d'un mois plus tard, le journaliste Jules Huret, profitant de cette faveur soudaine, entreprenait, dans *l'Écho de Paris,* son *Enquête sur l'évolution littéraire* faite de 64 interviews et qui obtenait, nous

---

[50] Cité dans H. MONDOR, op. cit., p. 593.
[51] FONTAINAS, *Mes Souvenirs du Symbolisme*, p. 122.

dit-il, un succès sans précédent[52]. De fait, cette enquête constitue pour l'historien du Symbolisme un témoignage unique et infiniment précieux, dont on a jusqu'ici méconnu l'importance. Reflet étonnamment vivant et sincère de la vie des lettres à une heure caractéristique, elle sanctionne en quelque façon la naissance du Symbolisme à la vie officielle, comme, en 1905, une enquête de Georges Le Cardonnel et Vellay en sanctionnera le déclin. Ce qu'on retient d'une première lecture, assurément, c'est l'impression même que notait l'enquêteur en présentant, la même année, ses interviews réunies en volume : que les idées semblent ne préoccuper les écrivains que secondairement ; qu'ils n'en usent « que comme des armes de combat, des épées et des cuirasses, mais d'un usage utile seulement pour parer leur gloriole et pourfendre les vanités rivales. »

Oui, beaucoup de malveillance dans toutes ces réponses, où l'on cherche plus à briller et à se faire valoir qu'à voir clair et à être juste. Chacun pour soi ! comme dit encore le journaliste. « Sous les apparences hautaines d'une lutte pour l'art se cachent mal les âpres et douloureuses et basses nécessités de la lutte pour la vie. » C'est d'abord la lutte implacable entre les Symbolistes et les Naturalistes impénitents. Ceux-là déclarent à qui mieux mieux que Parnasse et Naturalisme sont bien morts. Mais écoutez Zola : « Ah ! ah ! vous venez voir si je suis mort ? Et bien ! vous voyez, au contraire ! Ma santé est excellente... Mes livres se vendent mieux que jamais. » Et que vient-on proposer pour les remplacer ? « Une vague étiquette « symboliste », recouvrant quelques vers de pacotille, ... le ramage obscur, les quatre sous de vers de mirliton de quelques assidus de brasserie. »[53] Écoutez les voix de ceux qui refusent — ou sont incapables — de comprendre : « Talents disparates, sans cohésion », déclare Ajalbert. Les Symbolistes, les Décadents ? « Ils n'existent même pas », tranche Paul Alexis. Comprendre ? C'est toujours le même mot. Leconte de Lisle : « Comme je ne comprends absolument pas ce qu'ils disent, ni ce qu'ils veulent dire..., je n'en pense absolument rien ! » François Coppée : « Mais, sapristi ! tout de même, je veux comprendre ! » Ce que ses adversaires reprochent au Symbolisme, c'est de ne pas avoir produit d'œuvre qui compte. — « Qu'on produise ! Qu'on produise donc ! (Hérédia) — Chez les novateurs, je trouve bien des programmes... mais je ne rencontre pas ce qu'on appelle une œuvre (E. de Goncourt). — Des tentatives, des essais, des balbutiements, mais rien autre chose !... Où est-il, le beau livre ? (Zola) ». D'ailleurs, le Symbolisme n'a-t-il pas toujours existé ? « De tous temps, les poètes ont parlé par figures ! (L. Tailhade). — De tous temps, l'art a été symboliste (Barrès). — Toute littérature est symboliste depuis Eschyle et bien avant lui (Remacle)... » Si pourtant ! Il y a le *Pèlerin passionné*. Puis-

---

[52] *Enquête*, p. VII.
[53] *Ibid.*, p. 169.

sance de la publicité ! N'est-il pas étonnant que le recueil le plus éloigné du Symbolisme ait pu passer auprès de tant d'esprits avisés — Jules Lemaître, Maurice Barrès, Armand Silvestre et bien d'autres — pour le plus représentatif ? Au demeurant, si on le monte en épingle, on ne le prend guère au sérieux. « Qu'est-ce qu'il a donc fait, mon Dieu ? s'exclame Zola, pour avoir un toupet aussi énorme ? » Et dans l'ensemble, les prétentions de Moréas ne parviennent pas à donner le change. « Moréas n'est pas un Symboliste », entend-on de toutes parts. Ses « amis » eux-mêmes ne se privent pas de le faire remarquer ; Charles Morice : « Moréas n'est pas un Symboliste » ; Charles Vignier : « Jean Moréas ? Symboliste ? Pourquoi, doux Jésus ? » Adrien Remacle : « Je ne parle pas de Moréas et de ses jolies *Cantilènes* devenues poèmes épiques ; nous en avons ri, tous, toujours »[54] ; Remy de Gourmont : « Je ne vois pas bien en quoi il est symboliste ». Et ainsi de suite. Jules Huret n'avait-il pas raison de souligner ces « appréciations généreusement défavorables de ceux de ses camarades qui lui ont offert un banquet en février dernier » ? Il faut avouer d'ailleurs que Moréas l'avait bien cherché, lui qui répondait de façon hautaine : « Je connais de jeunes hommes qui entrent dans mes vues. » Mais, derrière ce pseudo-chef d'école, et au sein même du clan symboliste, que d'appréciations malveillantes, que de reniements, que de divergences ! « Qu'on nous donne la paix avec le Symbolisme ! écrit Charles Vignier du fond de l'Angleterre. René Ghil affirme : « Verlaine ? Ce n'est pas une œuvre. Mallarmé ? Ce n'est pas une œuvre. Laurent Tailhade ? G. Kahn ? Charles Morice ? Tous chefs d'école ! De « vieux jeunes » ; ... c'est le ratage, l'avortement. » Quant à Gustave Kahn, il pratique ce qu'en langage vulgaire on nomme le jeu de massacre. Mallarmé : « cet ancien poète est trop vieux pour que j'en dise du mal » ; Moréas : il n'a pas de talent ; Charles Morice : « l'agriculture manque de bras » ; Henri de Régnier : « celui-là n'a aucune espèce de talent, vous m'entendez bien ? aucune espèce... Il a le droit d'aller prendre sa chaise chez Mallarmé. » Et allez donc ! Étonnez-vous après cela que l'enquêteur ait été quelque peu déçu de ce qu'il découvrait sous « les apparences hautaines d'une lutte pour l'art ».

A vrai dire, faute du recul nécessaire, le mal en son esprit devait nuire au bien, les réponses venimeuses d'un Ghil ou d'un Kahn lui faisaient oublier la courtoisie d'un Morice, d'un Henri de Régnier ou d'un Maeterlinck. Au surplus, quoiqu'en dise Huret, ne peut-on trouver à travers les pages de son *Enquête* les éléments d'une synthèse ? Oublions les querelles stériles, et regardons-y de plus près. C'est d'abord, dans la bouche de Paul Adam, le sentiment même de la nécessité d'une synthèse : « Toutes ces formules d'analyse, dit-il en parlant des « psychologues », étaient pour appeler une synthèse : c'est le rôle du Symbolisme de la produire, et je crois que c'est le but qu'il

---

[54] Il est vrai que Remacle se définira ensuite comme verlainien.

se propose. » Synthèse donc, mais en quel sens ? Ici Mallarmé nous répond : « Les choses existent, nous n'avons pas à les créer ; nous n'avons qu'à en saisir les rapports ; et ce sont les fils de ces rapports qui forment les vers et les orchestres. » Saisir ces rapports à travers l'âme humaine, c'est là la fonction de la poésie : « Là où il y a symbole, il y a création, et le mot poésie a ici son sens : c'est, en somme, la seule création humaine possible. » Et Saint-Pol Roux précise à son tour : « Ici-bas, la substance de la Beauté gît en désordre. Le rôle du Poète consiste donc en ceci : réaliser Dieu. L'œuvre du Poète est une création, mais une seconde création, puisqu'il met à contribution les membres de Dieu... L'univers figurant une catastrophe d'idées, comment les réordonner pour ériger leur synthèse ? » Cette idée de l'unité de la Création et du Symbolisme universel, l'occultisme, au dire de beaucou, doit lui rendre toute sa force. « L'occultisme agit sur la littérature et l'art par deux éléments », déclare Jules Bois : d'abord par son âme — « l'art retrouvera la vie par l'occultisme » —, puis par le Symbole. Et Papus de son côté affirme qu'il y a une relation entre le développement du magisme et le mouvement littéraire. « La science occulte... donnera naissance à un courant d'idées nouveau. » Pourtant, si l'ésotérisme doit aider le Symbolisme à se reconnaître et à se connaître, le mouvement dont il est le signe est à la fois plus précis et plus vaste, beaucoup s'accordent à le reconnaître : on pourrait le définir par un retour au mysticisme. « La littérature prochaine sera *mystique* », affirme Remy de Gourmont. Mystique de la poésie d'abord, qui, quoi qu'en dise Adrien Remacle, devient une véritable religion : « J'ai d'abord pour les Symbolistes, nous dit Paul Hervieu, l'estime que mérite leur attitude d'exceptionnelle piété envers l'art... comme ce qui s'inspire d'une religion. » Mystique du Symbole, plus précisément : « Quant au Symbolisme, déclare le Sâr Péladan, c'est le schématisme hiératique : ce mot n'a qu'un sens religieux, ou hermétique. » Mystique religieuse enfin, mystique du divin. Ce retour à l'occultisme et au mysticisme ne préparerait-il pas, comme le suggèrent certains, un retour aux traditions religieuses et, plus précisément, à la tradition chrétienne ?

A côté de ces vues générales, on trouve d'ailleurs, dans l'Enquête, des indications précieuses sur l'esthétique du mouvement. Henri de Régnier, déjà lucide, met l'accent sur ce qu'elle apporte de nouveau : « Oui, je le sais, nous n'inventons pas le symbole, mais jusqu'ici le symbole ne surgissait qu'instinctivement dans les œuvres d'art, en dehors de tout parti-pris, parce qu'on sentait qu'en effet il ne peut pas y avoir d'art véritable sans symbole. *Le mouvement actuel est différent : on fait du symbole la condition essentielle de l'art.* » Qu'est donc, littérairement parlant, le symbole ? Maeterlinck met bien en lumière la différence qui sépare « le symbole de propos délibéré », qui part d'abstractions et tâche de revêtir d'humanité ces abstractions — et celui-ci touche de bien près à l'allégorie — du « symbole a priori, qui a lieu à l'insu du poète, souvent malgré lui, et qui naît de toute création d'humanité. » Mais encore, peut-on donner de ce symbole une définition plus précise ? « C'est le mélange des objets qui ont éveillé nos sentiments et de notre âme, en une fiction », dit de façon un peu vague Charles Morice. « Évoquer petit à petit un objet pour montrer un état d'âme, ou, inversement, choisir un objet et en dégager un état d'âme, par une série de déchiffrements », précise Mallarmé. Le grand moyen de l'art, c'est donc « la suggestion : il s'agit de donner aux gens le souvenir de quelque chose qu'ils n'ont jamais vu », dit Charles Morice. Et Mallarmé : « *Nommer* un objet, c'est supprimer les trois quarts de la jouissance du poème qui est faite du bonheur de deviner peu à peu ; le suggérer, voilà le rêve. »[55]

Voilà ce qu'apporte réellement l'Enquête de Huret pour l'histoire littéraire. Par delà les égoïsmes, les malveillances, les querelles, elle permet de noter les affinités, les convergences, les idées qui sont « dans l'air ». Elle montre le chemin parcouru depuis cinq ans, depuis l'heure où l'on disputait autour d'un mot, dans le cadre d'un café, d'un salon, ou d'une revue éphémère. Si toutes les idées ne sont pas encore clairement coordonnées, du moins s'affirment-elles et se précisent-elles en beaucoup d'esprits. Et l'on peut dire avec Huret que, depuis deux ans, la thèse générale que soutenait Charles Morice dans son ouvrage a fait son chemin et qu'elle « se voit aujourd'hui, d'après M. Anatole France lui-même, en partie vérifiée. »

Après cela, les critiques pourront bien annoncer à son de trompe « le Fiasco symboliste »[56] et sermonner ainsi les jeunes : « Vous êtes vaincus ; taisez-vous et travaillez ! » Les renégats pourront, comme René Ghil, traiter leurs anciens compagnons d'armes de « vieux Jeunes SYMBOLATRES », qui avouent eux-mêmes « qu'ils furent des fumistes, et que la fumisterie est terminée » ; ou, comme Moréas lui-même, sonner le glas de son propre mouvement : « Le Symbolisme qui n'a eu que l'intérêt d'un phénomène de transition est mort... le Symbolisme que j'ai quelque peu inventé. »[57] Cela ne peut plus empêcher ce Symbolisme d'avoir conquis l'attention des hommes de la grande presse, d'avoir fait naître dans le grand public une curiosité de plus en plus sympathique, et d'avoir enfin, au moment même de l'Enquête, reçu une consécration officielle et définitive : « Brunetière lui-même, Brunetière, ce préfet de police de la littérature ! s'embarque aussi, donne son avis, compromet la *Revue des Deux Mondes* ! »

---

55 *Ibid.*, p. 60.
56 Gaston et Jules Couturat (pseudonymes de G. Moreilhon et de G. Bonnamour), *Le Fiasco symboliste,* dans la *Revue Indépendante,* juillet 1891 : « Nous venons d'assister à la défaite d'une école littéraire, à coup sûr peu recommandable de par l'injustifiée prétention de ses adeptes, la navrante impuissance dont elle a fait preuve, la vacuité de ses théories, la bassesse de ses tactiques... Nous sommes attristés qu'on ait, pour satisfaire de viles ambitions, ameuté le public, crié aux génies et aux chefs-d'œuvre, et laissé croire à tous que la jeunesse littéraire se compose exclusivement de benêts et de farceurs. »
57 *Écrits pour l'Art,* octobre 1891, p. 220. Par la suite R. Ghil reviendra à une certaine forme de symbolisme « rénové » en créant la revue *Rythme et synthèse,* qui accueillera les russes V. Briussov et C. Balmont, ceci jusqu'à sa mort en 1924.

Que dit-il en effet ? « L'inconnaissable nous étreint. » Et si nous avons quelque chance de le saisir, n'est-ce pas parce qu'il y a « quelque convenance, ou quelque correspondance, entre la nature et l'homme, des harmonies cachées, comme on disait jadis, un rapport secret du sensible et de l'intelligible ? Voilà l'origine et le fondement de toute le symbolisme. » Grande question que celle du Symbole ! Comment ce mot peut-il n'éveiller qu'une hilarité dédaigneuse, « quand tout autour de nous est symbole et n'est que symbolisme ? Une religion n'est qu'une symbolique... Tout art n'est qu'une symbolique... » Or le symbole est plus riche que la comparaison ou l'allégorie : il exprime au moins trois choses ensemble, et souvent davantage : « il est image, il est légende, il est idée ; et la pensée, le sentiment, les sens y trouvent également leur compte. » Dans cette complexité est la puissance, la beauté, la profondeur du symbole : il relie l'homme à la nature, et tous les deux à leur principe caché. Il nous fait saisir entre eux des affinités secrètes et des lois obscures : « Tout symbole est en ce sens une espèce de révélation. » Le symbolisme est donc aussi ancien que la poésie même, et nos Symbolistes n'ont rien inventé ; quant à leurs œuvres, elles n'ont été dans l'ensemble, jusqu'ici, rien moins que symbolistes. Mais on doit leur reconnaître le mérite d'avoir « essayé de rendre la poésie contemporaine à ses vraies destinées ; et ce service, dès à présent, leur doit être compté. »[58] Ainsi, c'était fait : en avril 1891, la dernière Bastille, la *Revue des Deux Mondes* elle-même, était compromise — je veux dire conquise au mouvement nouveau.

* * *

Banquet du *Pèlerin Passionné,* Enquête de Jules Huret, article de Brunetière, interviews dans la grande presse : 1891 est bien l'heure du Symbolisme. Et ce n'est pas seulement parce que, dès cette même année, de graves défections allaient se produire ; parce que déjà les collusions de plus en plus fréquentes avec la politique, l'appel de la société et les prestiges de la lutte détournaient les forces les plus précieuses du mouvement vers une orientation nouvelle. C'est parce que, avec 1891, c'est la seconde étape du Symbolisme qui s'achève. En 1886, la révolution de la sensibilité était faite ; en 1891, la révolution intellectuelle est consommée. Qu'importe que le Symbolisme ne compte encore à son actif que les œuvres de ses précurseurs et de ses maîtres, que les jeunes en soient toujours pour la plupart au stade des promesses, que les grandes œuvres — Verhaeren, Valéry, Claudel — soient encore à venir : c'est en cet instant court et fragile qu'on peut déjà capter le message d'une génération et d'une époque, tel qu'il va se répandre au-delà des frontières.

---

[58] F. Brunetière, *Revue des Deux Mondes,* 1er avril 1891, p. 681 sqq.

TROISIÈME PARTIE

L'UNIVERS POÉTIQUE

X

L'ÂGE SYMBOLISTE

Le symbolisme au théâtre

« Ce qui manque à cette école, c'est un théâtre », avait déclaré un jour Alfred Vallette à Albert Samain. Or, trois jeunes poètes, plus ou moins influencés par le succès d'Ibsen en France, et sans doute aussi par les réflexions d'un Mallarmé, allaient simultanément lui apporter un démenti.

En 1889 paraissait à Gand, à trente exemplaires, un drame en cinq actes de Maeterlinck, *La Princesse Maleine,* imprimé sur une presse à bras par l'auteur lui-même. Peu après, ce drame était accueilli dans les colonnes d'une revue bruxelloise, la *Société Nouvelle,* et enfin l'année suivante il était édité et Maeterlinck en adressait des exemplaires à la critique. Dès 1889, Iwan Gilkin, dans *la Jeune Belgique,* avait jugé la pièce « une œuvre importante qui marque une date dans l'histoire du théâtre contemporain ». Mais c'est le 14 août 1890 que parut, dans le *Figaro,* un véritable dithyrambe d'Octave Mirbeau : « M. Maurice Maeterlinck nous a donné l'œuvre la plus géniale de ce temps, et la plus extraordinaire et la plus naïve aussi, comparable — et oserai-je le dire ? — supérieure en beauté à ce qu'il y a de plus beau dans Shakespeare. » Sans doute Mirbeau, emporté par son enthousiasme, forçait-il la note. Mais il avait compris que « les petites plaintes et les petits cris de ces petites âmes » étaient ce qu'il y a « de plus terrible, de plus profond et de plus délicieux, au delà de la vie et du rêve », et qu'avec Maeterlinck le théâtre découvrait un univers nouveau.

La même année paraissait à cent exemplaires, à la *Librairie de l'Art Indépendant,* un drame en trois actes sans nom d'auteur : *Tête d'Or.* Mais les cent exemplaires passèrent, eux, complètement inaperçus, sinon peut-être du seul Maeterlinck, à qui le jeune et obscur Claudel apparut subitement comme « le plus grand poète de la terre »[1]. Intuition que seul pouvait avoir le génie. Il faudra de longues années pour que d'autres s'en avisent à leur tour.

---

[1] Il y a des moments... où vous dites un petit mot, suivi d'un tel torrent de petits mots miraculeux que vous m'apparaissez subitement le plus grand poète de la terre... Je commence à croire que c'est le génie dans la forme la plus irrécusable qu'il ait jamais revêtue. » Lettre citée par F. Lefèvre, dans la *Revue des Jeunes,* 25 avril 1926.

Or, en 1890 toujours, un lycéen de seize ans et demi, du nom de Paul Fort, rêvant de soutenir l'idéal bafoué, « dressait devant le théâtre puissant, théâtre libre, théâtre naturaliste, son Théâtre d'Art, théâtre idéaliste ». *Théâtre mixte* d'abord, en réalité, où Paul Fort projetait de représenter, s'il faut en croire Camille Mauclair, « toutes les pièces injouées et injouables, et toutes les grandes épopées, depuis le Ramayana jusqu'à la Bible, des dialogues de Platon à ceux de Renan, de *la Tempête* à *Axël,* de Marlowe au drame chinois, d'Eschyle au Père Éternel. Il y en avait pour deux cents ans à tout le moins. »[2] Programme splendide, peut-être élargi démesurément par l'imagination ironique de Mauclair. Paul Fort rêvait en tout cas de représenter les jeunes maîtres du Symbolisme, les Verlaine, les Moréas qu'il voyait dans la rue en sortant du lycée, de faire « brosser des décors nouveaux par des peintres nouveaux, les peintres symbolistes », et cela, c'était déjà très révolutionnaire, et très utile, puisqu'ainsi allait être orientée pendant plusieurs années la production de la nouvelle école. Bien sûr, comme le dit encore Mauclair, « on s'aperçut alors que personne n'avait de pièce. Mais comme Paul Fort en réclamait, on lui fournit aussitôt une liste imposante de titres de pièces à annoncer sur son programme. On savait qu'on tenait pour méprisable la totalité du théâtre contemporain, bon à amuser les bourgeois et à dégrader l'Art, on savait aussi qu'on possédait tous les éléments esthétiques d'une rénovation, on savait enfin que le Symbolisme ne pouvait supporter d'être exclu de la scène française et étouffé plus longtemps sous l'injustice : il ne restait qu'à faire les pièces, les vraies. »[3]

De fait, le *Théâtre Mixte,* devenu bientôt, après fusion avec un jeune confrère, le *Théâtre d'Art,* ne joua pas seulement, en deux ans, un drame de Shelley considéré comme injouable, le *Théâtre en liberté* de Victor Hugo, le *Faust* de Marlowe, le *Concile féerique* de Laforgue et deux pièces de Rachilde, mais des auteurs proprement symbolistes : Quillard, Charles Morice, Remy de Gourmont, Roinard, Jules Bois, Schuré, Van Lerberghe, Maeterlinck. On alla même jusqu'à lire ou mimer des poèmes, tels que *le Guignon* de Mallarmé, *le Corbeau* d'Edgar Poe ou *Bateau Ivre.* Cependant tout n'allait pas bien dans la généreuse entreprise de Paul Fort : la pièce de Charles Morice, *Chérubin,* tant attendue, fut un véritable four et faillit même entraîner dans sa chute le Symbolisme tout entier[4] ; *le Cantique des Cantiques* de Roinard

---
[2] *Servitude et Grandeur littéraires,* p. 92. Cf. Paul FORT, op. cit., pp. 12-13.
[3] Op. cit., pp. 97-98.
[4] Cf. ce qu'en disait Quillard : « Je regrette vivement que le succès en ait été si manifestement nul : il me devient plus difficile de dire tout le mal que j'en pense — et cependant il faut le dire, ne fût-ce que pour nier la solidarité des poètes nouveaux, non point avec un homme de talent, méconnu, mais avec un médiocre dramaturge. » (A. FONTAINAS, *Mes Souvenirs du Symbolisme,* p. 157).

fut une tentative assez malheureuse de « correspondance des arts » et de « symphonie sensorielle », conçue d'après les théories de René Ghil. « Les projections lumineuses, expliquera Paul Fort dans ses *Mémoires,* changeaient de couleur à chaque scène, rythmant pour ainsi dire les élans plus ou moins grands de la passion et, de l'héliotrope au muguet, du benjoin à l'eau de Cologne, tous les parfums y passèrent. De toutes les loges supérieures de la salle, poètes et machinistes pressaient à qui mieux mieux des vaporisateurs qui répandaient ces ondes odorantes, beaucoup trop odorantes même. » La tentative de Paul Fort eût ainsi sombré peu à peu dans le ridicule, les trépignements du public et les bagarres, n'était la révélation d'un grand dramaturge, Maeterlinck, dont on avait applaudi tour à tour au Théâtre d'Art *l'Intruse* et *les Aveugles.*

Mais quand il s'agit, en 1893, de monter son nouveau drame, en trois actes celui-là, *Pelléas et Mélisande,* Paul Fort, d'abord enthousiaste, finit par se récuser. Et « ce fut alors qu'un jeune acteur énergique et intelligent, qui avait débuté chez Antoine et s'appelait Lugné-Poe, s'offrit à jouer *Pelléas.* »[5] Bien mieux, avec Camille Mauclair, il monta lui-même la pièce : le théâtre de *l'Œuvre* était né.

« Faire du théâtre *de quelque façon que ce soit,* ŒUVRE D'ART, ou tout au moins *remuer les Idées* », tel en était le but avoué. « Nous jouerons religieusement, ajoutait Lugné-Poe, les œuvres qui nous paraîtront les plus habiles et les plus actifs conducteurs d'Idées. » C'est ainsi que, durant des années, Lugné-Poe, qui savait où il allait, devait ouvrir au public parisien les horizons du théâtre étranger avec Ibsen, Björnson, Strindberg, Hauptmann, Wilde, en même temps qu'il imposerait Maeterlinck et révélerait de jeunes auteurs dramatiques français, comme Bataille, Jarry, Judith Cladel, incarnant les nouvelles tendances de la littérature, « faisant honte aux subventionnés, dit Mauclair, stimulant Antoine, rendant possible la création du Théâtre des Arts... et enfin du Théâtre du Vieux Colombier », jusqu'au jour où, pour son honneur, il aurait l'audace de monter pour la première fois une pièce de Claudel.

*
* *

Ayant une scène, il fallait donc que le Symbolisme eût un théâtre. Or, en 1890, nous l'avons vu, à part un drame de Maeterlinck qu'on disait injouable, il n'en avait pas. Il avait par contre des idées, beaucoup d'idées — trop peut-être. Ce n'était pas pour rien qu'il se réclamait de Wagner, de Villiers et de Mallarmé ! Un homme surtout avait déjà derrière lui des ouvrages de doctrine et se présentait comme le théoricien d'un théâtre nou-

---

[5] C. MAUCLAIR, op. cit., p. 102.

veau : Edouard Schuré. Schuré, qui avait étudié l'histoire du *Drame Musical* et le théâtre sacré des *Sanctuaires d'Orient,* déclarait que le drame moderne devait s'inspirer du drame antique, qu'il devait s'efforcer à la création d'un monde au-dessus de ce monde, à l'évocation, dira-t-il plus tard en résumant ses idées, « d'une humanité supérieure dans le miroir de l'histoire, de la légende et du symbole. » Il rêvait donc d'un Théâtre de l'Âme : « Ce théâtre du Rêve, ce théâtre qui racontera le Grand-Œuvre de l'Âme dans la légende de l'Humanité, j'ose dire qu'il sera hautement et profondément religieux. Car il tentera de relier l'humain au divin, de montrer dans l'homme terrestre un reflet et une sanction de ce monde transcendant, de cet Au-delà auquel nous croyons tous à des titres divers... Ce théâtre essentiellement idéaliste a été celui de toutes les grandes époques créatrices. »[6] C'est bien aussi celui de Wagner. Pourtant, au drame musical wagnérien, où la musique règne en souveraine, Schuré préfère « le drame parlé avec musique intermittente », laquelle ne serait que « l'interprète de *l'inspiration consciente* » en rendant « les plus délicates nuances, les phénomènes les plus profonds et les plus élevés de la *vie intérieure...* Ce serait plus que de la psychologie, ajoute Schuré, ce serait de la psychurgie transcendante. » Le *Pelléas* de Debussy, avec ses récitatifs et sa musique toute en nuances, ne réalisera-t-il pas, au moins partiellement, un tel programme ?

Mais en 1891 on n'en était pas là. Il s'agissait de savoir quelle était la voie du théâtre symboliste, s'il devait être « idéoréaliste », selon la formule de Saint-Pol-Roux, c'est-à-dire, s'inspirant de Wagner, concilier la vision des apparences et la notion des idées, satisfaire à la fois les sens, l'esprit et le cœur, ou franchement idéaliste, révélant le mystère de l'âme par un symbolisme suggestif. C'est ainsi que Camille Mauclair distinguait en 1892 dans la *Revue Indépendante,* outre le drame psychologique de la vie moderne, le théâtre métaphysique presque uniquement réalisé par Maeterlinck, avec son « fatalisme, la misère de l'âme devant l'inconnu, la pauvreté et la nudité des somptuosités royales et des apparences », et le théâtre de Shelley, de Villiers de l'Isle-Adam, de Wagner, « issu d'une vision idéaliste de l'univers, d'un transformisme symbolique », et constituant « sur un décor émotif et sensationnel, symphonique à l'action et aux protagonistes du drame, des entités philosophiques et intellectuelles. » D'une façon générale d'ailleurs, on s'accordait à reconnaître la nécessité pour le théâtre symboliste de s'incarner, de toucher les sens : il faut, disait Pierre Valin, que « le monde idéal descende

---

[6] Schuré tentera de réaliser ce *Théâtre de l'Âme,* auquel H. Béranger consacrait un Essai en 1901, un Essai où il disait notamment : « Si l'on mesure les conquêtes successives de l'idéalisme en ces dernières années, il semble moins paradoxal d'admettre ou d'espérer une renaissance prochaine du Théâtre de l'Âme dans l'humanité contemporaine. » (Dans l'Avant-Propos au *Théâtre de l'Âme* d'E. SCHURÉ, 2e série, Perrin, 1902).

dans le monde matériel », qu'il prenne forme, couleur, son et mouvement, d'où la nécessité « de rendre les sentiments et les idées de façon qu'ils tombent sous le sens. » A vrai dire, s'il y avait dans tout cela beaucoup d'idées, elles restaient fort vagues, et les Symbolistes ne parvenaient pas à une conception précise du théâtre, moins probablement parce que le Symbolisme, comme l'affirmait Mauclair, était « incapable, de par ses principes mêmes, de se manifester au théâtre », que faute d'avoir défini l'essence du drame et de l'avoir replacé dans la vie et sur un plan véritablement humain.

C'est ce qui explique leurs tâtonnements et leurs erreurs. Il y eut pourtant, à l'époque, de grandes ambitions et de nobles efforts. Témoin la *Légende d'Antonia,* cette vaste trilogie idéaliste et symbolique, et surtout wagnérienne, où Edouard Dujardin, cherchant à réaliser le drame idéal rêvé par Mallarmé, a voulu incarner l'exaltation vers une vie spirituelle, vers « la clarté d'un plus réel univers », et la nécessité du renoncement, de la résignation au terrestre et à l'imparfait. C'est là « la tragédie éternelle de l'humanité », c'est, comme le dit Dujardin, son « destin même, le destin que déroule le poème ». Idéalisme vaguement imprégné des doctrines orientales, où Antonia, déchirant le voile de Maïa, « s'éveille du sommeil de la vie blême » et qui exprime dans le poème

... l'envol
De l'âme au delà de l'apparence par le symbole ;

wagnérisme du thème légendaire, des longs récitatifs, du leitmotiv, qui, par des sons parlés, assonances, allitérations, « rimes dardées sur de brèves tiges », devient, au dire de Mallarmé, « nœud capital », et où de « grandes idées simples, très primitives » se dressent « dans les enroulements des phrases qui montent autour d'elles en spirales » : voilà ce qui attira vers ces représentations « tout ce que Paris comportait d'illustre, de noble et de chic », voilà ce qui provoqua aussi le rire ou le sourire. N'y avait-il pas quelque candeur à se mesurer au titan de Bayreuth, et quelque péril à vouloir gravir à son tour la « montagne sainte » à mi-côte de laquelle Mallarmé lui-même était resté ? Là où il eût fallu un nouveau et colossal génie, Edouard Dujardin n'avait à dispenser que du talent. C'est du moins ce talent qui confère aux représentations d'*Antonia* leur importance dans l'histoire du Symbolisme.

Du talent, il y en avait également dans les pièces ésotériques du Sâr Péladan. Lui aussi était un wagnérien fanatique. Mais, plus encore que le goût de la légende et du leitmotiv, ce qu'il avait trouvé chez Wagner, c'était la révélation d'un monde occulte. « J'entendis trois fois *Parsifal,* écrit-il, et ce furent trois embrasements de mon zèle, trois illuminations. Je conçus alors et du même coup la fondation des trois ordres de la Rose-Croix, du Temple et du Graal, et la résolution d'être au théâtre littéraire l'élève de Wagner. » Wagner en effet lui apparaît comme « l'unique thérapeute » de l'intoxication réaliste. Et comme Péladan professe que « l'Idée seule existe », mais qu'« entre la forme et l'idée il y a le sentiment », et que « la musique procède en son action comme l'amour et la volupté », né poète, il tentera de transmuer cette musique en poésie et il écrira des « wagnéries ». *Babylone, Œdipe et le Sphinx, Sémiramis, la Prométhéide,* autant de pièces qui nous transportent, comme les drames wagnériens, dans un monde d'êtres supérieurs, de dieux et de demi-dieux, qui nous montrent le surhomme aux prises avec le destin, qui nous révèlent que

> Le réel est une ombre
> Et le corps un manteau[7].

Car Péladan entend renouer avec la tradition secrète, et c'est pourquoi il se tourne vers la tragédie antique. « Ma conception du théâtre, déclarera-t-il plus tard à Robert de Flers, est celle de son origine, celle de son créateur Eschyle. Le Théâtre est le rite suprême de la civilisation des Aryas. Cet art fait de tous les arts... est l'art suprême quand il élève le spectateur au-dessus de la vie, au-dessus de lui-même. » Aussi reprend-il à Eschyle son principal héros, Prométhée Porteur-de-Feu, « le plus expressif des symboles par où le drame se rattache aux temps modernes..., l'affirmation renouvelée du culte de l'âme. » Mais il en fait un précurseur : le Prométhée de Péladan, cloué sur son rocher les bras en croix, « souffre pour la Justice » ;

> ... dans un aveugle dévouement,
> il porte le poids de la brutalité, de l'ignorance,
> des crimes et des fautes de dix siècles humains ;

et, pitoyable et rédempteur, il découvre l'Absolu, le Dieu unique :

> Enfin je t'ai trouvé, je sais où tu te caches :
> dans la souffrance consentie et dans le sacrifice,
> et ton nom que j'ignore doit être la Bonté.

Par là, par cette révélation de l'Amour, le Sâr Péladan allait, dans l'évolution du théâtre idéaliste, plus avant que les poètes plus ou moins symbolistes qui, au même moment, alimentaient le *Théâtre d'Art* ou le *Théâtre de l'Œuvre* : Rachilde, qui opposait cruellement le monde réel et le monde idéal dans un « drame cérébral », *Madame la Mort* ; Pierre Quillard, qui, dans un « mystère », *la Fille aux Mains coupées,* tentait d'« exprimer lyriquement l'âme des personnages »[8] et de porter au théâtre l'harmonie subtile de la poésie symboliste ; Jules Bois, cultivant l'ésotérisme dans ses

---

[7] *La Prométhiéide.*
[8] Préface. Cf. FONTAINAS, op. cit., p. 159. « Cette soirée fut fervente ; par l'entente combinée de l'auteur, des acteurs, du metteur en scène et du décorateur, le peintre Paul Sérusier, on put espérer qu'un vrai théâtre, nouveau et poétique, naissait. »

Noces de Satan, drame de la Chute et de la Rédemption ; Charles Morice avec *Chérubin,* Remy de Gourmont et son *Théodat,* Maurice Beaubourg et son *Image,* Judith Cladel et son *Volant,* où, sous de menus événements, nous pressentons « le monde invisible, mystérieux, attrayant » qui nous environne. En dépit de leurs mérites divers, aucune de ces pièces ne réalisait le chef-d'œuvre attendu, et le théâtre symboliste aurait pu sembler l'expression maladroite d'une idée purement intellectuelle, née de principes contradictoires et vouée par avance à l'échec, s'il n'y avait eu Maeterlinck.

*
* *

C'est qu'à la différence des autres, Maeterlinck, au théâtre, avait à dire quelque chose d'essentiel. Nous avons vu de quelle crise morale les *Serres chaudes* étaient l'expression. Son théâtre continue sa poésie. Mais, plus qu'elle, il est le genre qui convenait à son tempérament. Maeterlinck en effet, sous des dehors de bon vivant, équilibré, robuste et sportif, « grand buveur de bière, coureur d'aventures »[9], dissimulait un tourment. Il y avait en lui, comme il nous le dit dans *La Sagesse et la Destinée,* deux hommes, l'un imaginatif, « tâtonnant, se débattant, trébuchant et chancelant sans cesse au fond d'une vallée obscure », l'autre rationaliste, « allant sans hésiter, de son pas calme et clair ». A l'époque où il écrit ses drames, ce second personnage qu'il porte en lui se penche déjà avec avidité sur l'œuvre des grands illuminés, Plotin, Ruysbroeck, Novalis. Mais, dans son théâtre, c'est surtout le premier, l'imaginatif, qui parle, aux prises avec les énigmes du destin. Dans la simplicité de son cœur, il entend les voix profondes de la nature, il y perçoit « les puissances inconnues qui régissent le monde » ; il entend les voix profondes de l'âme, et grâce à elles il découvre un royaume ignoré. En lui comme autour de lui, Maeterlinck a l'intuition de l'invisible, de l'occulte. Dans un paysage, une parole, un simple geste, un silence même — surtout un silence —, il pressent un mystère insondable, une nuit troublante et inquiétante. Cette nuit impénétrable, ce mystère de l'âme et de la vie, nul jusque là dans la littérature moderne n'en avait encore fait aussi bien sentir et comme toucher du doigt la présence. Un ou deux poètes, selon Maeterlinck, avaient bien « réussi à sortir du monde des réalités évidentes » pour nous révéler « les puissances supérieures que nous sentons tous peser sur notre vie » : Tolstoï dans *la Puissance des Ténèbres,* Ibsen dans *les Revenants* ont ouvert à nouveau notre âme à « l'angoisse de l'inintelligible »[10]. Mais ce qui, chez l'un et l'autre, n'était qu'un fond de décor devient, chez Maeterlinck, la substance même de

---

9 G. LENEVEU, *Ibsen et Maeterlinck,* p. 141.
10 Cf. la Préface de son *Théâtre.*

son théâtre. Que celui-ci reflète donc les influences combinées d'Ibsen et de Tolstoï, et aussi de Shakespeare et de Poe, rien n'est moins douteux[11]. Mais il est avant tout « maeterlinckien », c'est-à-dire qu'ici l'affabulation n'importe plus, est réduite au minimum indispensable. Le temps et le lieu s'estompent, le quotidien s'efface, on oublie la vie extérieure, celle du bavardage, celle où les hommes sont vraiment endormis. Dès le premier moment, un monde nouveau nous apparaît, fait de silence, de possibilités, de promesses et de menaces. Et nous touchons là au paradoxe de ce théâtre étrange et totalement neuf.

Il semblerait en effet à première vue que ce monde invisible et silencieux doive échapper totalement au théâtre, qui est fait de décors, de dialogue et d'action. Mais, à y réfléchir, qu'est-ce qui nous émeut vraiment à la scène ? Qu'est-ce qui est proprement tragique ou dramatique ? Non point tant « la violence de l'anecdote », les misérables actions humaines, paroles, disputes, liaisons, adultères, meurtres, que les forces invisibles qu'elles représentent. C'est dans le monde inconscient, humain ou surhumain, que se passe le véritable drame, que réside le véritable tragique, le « Tragique quotidien ». « A côté du dialogue indispensable, dit Maeterlinck, il y a presque toujours un autre dialogue qui semble superflu... C'est le seul que l'âme écoute profondément... Ce que je dis compte souvent pour peu de chose ; mais ma présence, l'attitude de mon âme..., voilà ce qui vous parle en cet instant tragique. » Le théâtre qui exprimerait le mieux ce tragique intérieur, ce ne serait donc pas le théâtre classique de l'action apparente et de l'agitation stérile, mais, en quelque sorte, un « Théâtre Statique » : « Il m'est arrivé de croire, dit encore Maeterlinck, qu'un vieillard assis dans son fauteuil écoutant sous sa conscience toutes les lois éternelles qui règnent autour de sa maison... il m'est arrivé de croire que ce vieillard immobile vivait, en réalité, d'une vie plus profonde, plus humaine et plus générale que l'amant qui étrangle sa maîtresse. »[12]

En quoi consiste cette vie profonde ? Précisément dans la lutte entre l'homme et les forces supérieures qui le mènent, lutte où l'homme sent d'ailleurs à l'avance qu'il sera vaincu. Car l'ensemble de ces forces supérieures est ce qui constitue son destin. Et c'est là le « troisième personnage, énigmatique, invisible, mais partout présent, qu'on pourrait appeler le personnage sublime » et dont parle Maeterlinck dans la Préface de son théâtre. Le ressort du tragique est donc ici le sentiment d'une destinée mystérieuse et implacable, l'attente, la perplexité, l'angoisse. D'où un malaise étrange chez le spectateur, l'effroi de ce qui est irrévélé. Devant cette fatalité toute-puis-

---

[11] Cf. J.-M. CARRÉ, *Maeterlinck et les Littératures étrangères* (Revue Litt. comp., 1926, p. 449 sqq.).
[12] Cité dans KNOWLES, op. cit., p. 292.

sante, Maeterlinck nous laisse en détresse : en présence de ces forces cruelles qui s'acharnent sur eux, ses personnages n'ont aucune volonté : ils vivent comme des aveugles, la plupart du temps sans se douter de ce qui les attend, comme dans *Intérieur,* parfois avec l'intuition de présences invisibles : alors ces *Aveugles* prennent peur, ou plutôt ils s'aperçoivent que depuis longtemps ils avaient peur ; ils cherchent à tâtons leur guide. Mais leur guide est mort, et ils ne sauront jamais quels sont ces pas qu'autour d'eux ils entendent.

Ainsi se constitue un certain symbolisme théâtral. S'il ne s'agissait que de suggérer des émotions, de faire pressentir en termes plus ou moins vagues ces thèmes essentiels de la peur et de la fatalité, le théâtre de Maeterlinck resterait dans la ligne de la littérature décadente et ne ferait, comme la poésie de Laforgue, que continuer celle de Verlaine avec des accents plus angoissés. Mais il y a davantage. Non seulement, comme le dit A. Bailly à propos d'*Aglavaine et Sélysette,* il y a « dans la façon dont se présentent les personnages, dans l'expression dont ils revêtent leurs pensées » une « stylisation symboliste », mais, au delà de cette stylisation, il y a chez Maeterlinck une prise de conscience de ce qu'est le symbolisme véritable. Nous l'avons déjà vu, lors de l'*Enquête* de Jules Huret, distinguer ce qu'il appelle le « symbole de propos délibéré » qui part d'une abstraction, et le « symbole a priori » qui a lieu à l'insu du poète et souvent malgré lui. De façon à peu près semblable, Georges Leneveu distingue à propos de Maeterlinck le symbole par induction, qui consiste à prendre une abstraction, comme la mort dans *Tintagiles,* puis à « l'habiller, en tramant autour d'elle toute une fable de vie et d'humanité », — et le symbole par déduction, qui, à mesure que l'action s'avance, se dégage et rayonne[13]. C'est là, répétons-le, le véritable symbole, et Maeterlinck le savait bien qui affirmait : « Je ne crois pas que l'œuvre puisse naître viablement du symbole, mais le symbole naît toujours de l'œuvre, si celle-ci est viable. »[14] C'est ainsi que la plupart du temps, dans son théâtre, le véritable acteur, c'est le « troisième personnage », celui qu'on ne voit pas, et qui symbolise telle force occulte. Les autres personnages, ce qu'ils disent, et surtout ce qu'ils taisent, ce qu'ils font et surtout ce qu'ils ne font pas, tout ceci n'est là que pour nous conduire à imaginer ce troisième personnage, à le sentir présent, manœuvrant tout, pour notre plus grand effroi. Et ce personnage qui alors n'a plus rien d'abstrait, puisqu'il naît, non d'une idée, mais du sentiment de la vie véritable, est le plus souvent la Mort. La Mort, c'est l'*Intruse,* celle qu'on n'attend pas, mais que les vieillards pressentent, celle qui surprend brutalement les hommes dans leur *Intérieur* où ils évoluent, tranquilles, et « ne se doutant de rien »[15]. C'est elle qu'attendent ceux qui savent

---

[13] *Ibsen et Maeterlinck,* p. 312.
[14] J. HURET, *Enquête sur l'Évolution littéraire,* p. 125.
[15] *Théâtre,* II, p. 135.

voir, et la vie n'est qu'une longue attente. Aussi la mort est-elle, pendant longtemps, le personnage principal des drames de Maeterlinck. Pourtant, pour celui dont l'âme s'ouvre à la réalité d'un au-delà, la mort n'est plus cette frontière inexorable, cette source éternelle d'angoisse et de désespoir. Déjà Novalis, après Plotin, Swedenborg et Bœhme, avait jeté dans l'âme de Maeterlinck le grain du véritable mysticisme. Déjà, dans *Pelléas et Mélisande,* il pressentait une autre force, l'amour, dont on pouvait se demander s'il n'est pas plus fort que la mort. En 1896, Maeterlinck cherche encore. « Pour mon humble part, dira-t-il, après les petits drames que j'ai énumérés plus haut, il m'a semblé loyal et sage d'écarter la mort de ce trône auquel il n'est pas certain qu'elle ait droit. Déjà, dans le dernier, que je n'ai pas nommé parmi les autres, dans *Aglavaine et Sélysette,* j'aurais voulu qu'elle cédât à l'amour, à la sagesse ou au bonheur une part de sa puissance. Elle ne m'a pas obéi, et j'attends, avec la plupart des poètes de mon temps, qu'une autre force se révèle. »[16]

Ainsi, le théâtre de Maeterlinck est bien le théâtre de l'attente. Il correspond à une crise, à une étape de transition dans l'existence du poète, et celui-ci s'en rendra compte plus tard : cette idée un peu hagarde qu'il se faisait de l'univers, « un poète plus âgé que je n'étais alors, dira-t-il, et qui l'eût accueillie, non pas à l'entrée, mais à la sortie de l'expérience de la vie, aurait su transformer en sagesse et en beautés solides les fatalités trop confuses qui s'y agitent. »[17] Du moins son théâtre reste-t-il, au cœur du Symbolisme, comme une de ses meilleures, quoique paradoxales réussites, même si celui-ci, en 1896, attend encore sa bataille d'*Hernani*. On sait qu'en France, où la culture est souvent un spectacle, les révolutions littéraires trouvent généralement au théâtre leur consécration. Dans le cas du Symbolisme, celle-ci prendra une forme d'autant plus inattendue qu'elle se sera fait attendre cinq ans depuis le banquet du *Pèlerin passionné*.

Rachilde a évoqué avec humour l'arrivée d'Alfred Jarry au *Mercure de France,* vêtu comme un coureur cycliste, et qui lui parut un « animal dangereux », avec son « masque pâle, à nez court, à bouche durement dessinée, ombrée d'une moustache couleur de suie, aux yeux noirs lui trouant largement la face, des yeux d'une singulière phosphorescence, regards d'oiseau de nuit à la fois fixes et lumineux. »[18] Quel contraste avec Maeterlinck ! Les plaisanteries rabelaisiennes et les mots cruels de cet « homme des bois », bohème impénitent, anarchiste à ses heures, enfant terrible du Symbolisme, devaient bientôt faire le tour des salons et des cénacles. Il arrivait alors au *Mercure* ayant dans sa poche une bouffonnerie écrite au collège avec des cama-

---

[16] *Théâtre,* Préface, p. XXII.
[17] *Ibid.,* p. VIII.
[18] RACHILDE, *Alfred Jarry ou le Surmâle des lettres,* p. 15.

rades, et mise en forme depuis lors grâce à l'aide de Paul Fort. Il ne devait pas l'y conserver longtemps. Le 10 décembre 1896, *l'Œuvre,* sous la direction de Lugné-Poe, et avec Gémier comme protagoniste, représentait *Ubu-Roi.*

Ce que fut cette représentation, Laurent Tailhade l'a dit en des termes que rapporte Rachilde :

> « Le soir de cette première, les couloirs trépidaient, l'assistance était houleuse comme aux plus beaux jours du Romantisme. C'était, toute proportion gardée, une bataille d'*Hernani* entre les jeunes écoles, décadente, symboliste, et la critique bourgeoise incarnée avec une lourdeur satisfaite dans la graisse du vieux Sarcey (et il y avait toutes les notoriétés du monde politique ou des gens de lettres : Rochefort et Willy, Arthur Meyer et Catulle Mendès). Poètes chevelus, esthètes crasseux et grandiloquents, le ban et l'arrière-ban de la littérature nouvelle discutaient, gesticulaient, échangeaient des commérages de portier. La rédaction du *Mercure de France,* au grand complet, apportait dans ce hourvari une tenue élégante et plus discrète. »[19]

Comme pour *Hernani,* les philistins sifflèrent, interrompirent longuement la pièce, on entendit « des hurlements de rage et des râles de mauvais rire », on vit « des loges vociférantes étendant des poings..., en un mot toute une foule furieuse d'être mystifiée. » Une bouffonnerie de collège, oui, mais combien géniale. Quelle intuition prodigieuse des tares d'une société, quelle maîtrise de la forme chez un gamin de seize ans, et qu'on ne saurait guère comparer qu'à celle d'un Rimbaud ! *Ubu-Roi* : une caricature en apparence aux antipodes de la poésie symboliste, et pourtant symbolique, à sa manière, de la révolte dont le souffle entraînait depuis dix ans toute la jeune littérature.

*
* *

« Toute pensée émet un coup de dés »

Durant ces années agitées, un homme est resté à l'écart des passions et des turbulences du monde littéraire. Il avait pourtant manifesté à plusieurs reprises dans des articles l'intérêt qu'il portait au théâtre, mais celui-ci ne constituait à ses yeux que l'enveloppe du véritable Drame. De ce Drame idéal, sorte de fête religieuse, le Poète devait être l'animateur, et la musique avait pour fonction de prolonger la poésie et de la parfaire. Mais, au fond, le théâtre n'était pas pour Mallarmé l'expression suprême de la littérature. Déjà en 1886, dans sa « campagne dramatique » de la *Revue Indépendante,* ne proclamait-il pas la supériorité du Livre sur tous les théâtres ? L'exigence

---

[19] *Ibid.,* pp. 70-71.

de sa pensée le conduisait au delà du Drame, au delà de « l'antagonisme de rêve chez l'homme avec les fatalités de son existence départies par le malheur ». Envers et contre tous, en dépit des soucis quotidiens et professionnels, des obligations de la vie d'homme de lettres, à travers les lassitudes et les renoncements, depuis plus de vingt ans elle le poussait vers l'Œuvre pure.

*
* *

Il y a en effet une rigoureuse continuité tant dans sa vie toujours scrupuleuse et digne que dans son œuvre toujours exigeante. L'homme que nous connaissions à vingt-cinq ans, exquis dans ses manières, totalement dévoué aux lettres dans son esprit, totalement désespéré dans son âme, nous le retrouvons tel à cinquante. Peut-être, en plus, certaine résignation sereine qui ne lui laisse plus d'illusions ni sur les autres ni sur lui-même : « Ratés, nous le sommes tous ! » dit-il un jour à Camille Mauclair. « Que pouvons-nous être d'autre, puisque nous mesurons notre fini à un infini ? Nous mettons notre courte vie, nos faibles forces en balance avec un idéal qui, par définition, ne saurait être atteint. Nous sommes des ratés prédestinés... »[20] L'œuvre que nous voyions se dessiner, hautaine, concise et mystérieuse, s'est poursuivie, goutte à goutte, avec la même conscience et la même sévérité. Mais, le moyen souvent est devenu procédé, la recherche est devenue préciosité, le mystère est devenu hermétisme ; comme par une sorte de lassitude, le cadre semble s'être rétréci, l'inspiration s'être détendue. Dans ses poèmes, qui se font de plus en plus rares, Mallarmé se plaît maintenant à noter des gestes amoureux, à esquisser des objets futiles, voire à sertir avec humour l'adresse d'un ami : que la distance semble grande du *Tombeau d'Edgar Poe* aux *Loisirs de la Poste !* « Jeux de poète », dit, à propos des *Vers de Circonstance,* Mme Noulet : « Loin de gravir les raides sentiers qui rejoignent sa solitude, Mallarmé est ici à la porte de sa maison ; il est le serviable, l'ami hospitalier ; et tout comme sa voix, apte aux modulations courtoises, sa calligraphie semble caresser, sous les prétextes les plus minces, et les mots et les cœurs. »[21] C'est le Mallarmé homme du monde, homme de salon, aimable et cordial ; c'est aussi le Mallarmé de Valvins, où le poète trouve enfin, après des années d'obligations et de tâches quotidiennes, le calme et la détente des rêveries au fil de l'eau. Il sait maintenant, mieux qu'autrefois, jouer avec la vie, jouir du printemps, des sous-bois délicieux, du jour long et clair. Il sait, souvent, être gai.

---

[20] C. MAUCLAIR, *Mallarmé chez lui*, p. 104.
[21] E. NOULET, *La poésie de Stéphane Mallarmé*, p. 288.

Pourtant est-on bien sûr que tout soit devenu pour lui un jeu sans importance ? « La gaîté est le signe des grandes choses », disait-il à Vielé-Griffin. La rareté même de ces jeux d'esprit, de ces poèmes de circonstance n'atteste-t-elle pas, dans les profondeurs, la permanence d'une recherche obstinée ? Et ne perçoit-on pas dans tel sonnet qui lui échappe encore les thèmes persistants du doute et du tombeau[22] ? Mais ce n'est plus dans sa poésie maintenant qu'il faut chercher Mallarmé, c'est dans sa prose ; le poète peu à peu a fait place au critique et au théoricien.

C'est en effet une sorte de testament esthétique que Mallarmé nous a livré dans ses *Divagations*[23]. Pendant dix ans, au hasard des revues, en des articles plus tard réunis en volume, il a consigné le fruit de ses méditations, dont *Divagations* constitue ainsi une sorte de somme, à condition seulement d'y ajouter le texte de la conférence qu'il prononça en 1893 à Oxford et à Cambridge et qu'il publia à part sous le titre : *La Musique et les Lettres*. L'une et l'autre sont d'ailleurs dans la ligne de ses recherches antérieures, et il nous suffira de marquer en quoi elles viennent préciser ce que les lettres de Tournon ou les textes de 1885 nous laissaient déjà pressentir.

*
* *

« La génération présente », affirme d'abord Mallarmé, a remis en question l'acte même d'écrire, en le scrutant jusqu'à l'origine[24]. « Les monuments, la mer, la face humaine, dans leur plénitude, natifs » ne conservent-ils pas « une vertu autrement attrayante que ne les voilera une description, évocation dites, allusion je sais, suggestion » ? Et même, allant plus loin, Mallarmé demande : « Quelque chose comme les Lettres existe-t-il ? » Eh bien ! oui, répond Mallarmé, et le dernier quart du siècle en a eu l'intuition, par « quelque éclair absolu » qui lui a montré que le monde en soi n'est rien, qu'un véritable Idéalisme, point de rencontre de toutes les écoles poétiques, « refuse les matériaux naturels »[25], et que « tout, au monde, existe pour aboutir à un

---

22 *Le Tombeau de Charles Baudelaire, Tombeau* : les poèmes qu'il écrit maintenant correspondent presque tous à des prétextes de ce genre.
23 Cf. la façon dont Mallarmé les désigne (p. 17) : « les Divagations apparentes traitent un sujet, de pensée, unique — si je les revois en étranger, comme un cloître quoique brisé, exhalerait au promeneur, sa doctrine. »
24 *La Musique et les Lettres*, p. 37 : « Dans des bouleversements, tout à l'acquit de la génération récente, l'acte d'écrire se scruta jusqu'en l'origine. » Texte de l'édition originale. Le manuscrit autographe de la Conférence, découvert par H. Mondor en juillet 1939, porte : « présente ».
25 *Divagations : Crise de Vers,* p. 250.

livre »[26]. Qu'est-ce qu'agir en effet ? Transformer la nature, bâtir des cités, des voies ferrées, faire des inventions ? Tout cela est bien peu de chose. « Tout l'acte disponible, à jamais et seulement, reste de saisir les rapports », les aspects et leur nombre, la « totale arabesque qui les relie »[27]. Il s'agit donc pour le poète de partir de « quelque état intérieur », d'une émotion par laquelle il éprouve le monde. Puis de saisir, par une « imaginative compréhension », la logique de ces émotions, la structure de ce que Mallarmé appelle le Rêve du poète, les « équations de ce rêve », comme il le disait déjà dans son *Autobiographie*. Enfin de fixer cette structure dans le Livre, « chiffration mélodique tue, de ces motifs qui composent une logique, avec nos fibres », et qui sera alors l'acte par excellence, « à l'égal de créer », l'« explication orphique de la Terre ». Ainsi « la littérature existe et, si l'on veut, seule, à l'exclusion de tout. Accomplissement, du moins », et le seul devoir du poète est « le jeu littéraire, par excellence » qu'est cette recréation du monde. La poésie est donc bien un jeu, mais un jeu grandiose, total, au même titre que la création elle-même. Et ce jeu consiste à reproduire l'univers, non pas tant dans ses conflits que dans son essence.

Voilà pourquoi, après avoir rêvé du Drame, Mallarmé, toujours, en revient au Livre. Livre qui sera à la fois poésie et musique, mais où la musique, qui chante « les forces de la vie aveugles à leur splendeur », n'est plus ici qu'un complément nécessaire, pour donner à la poésie ce qu'elle ne saurait trouver en elle-même, pour lui permettre de dessiner les « sinueuses et mobiles variations de l'Idée »[28]. L'une et l'autre sont les deux aspects d'un même phénomène, qui est l'Idée, et elles convergent vers une « rencontre ultérieure », soit au théâtre, soit, mieux encore, dans le « livre explicatif et familier ». Ainsi, la musique doit se fondre en quelque sorte dans le livre, « car, ce n'est pas sonorités élémentaires par les cuivres, les cordes, les bois, indéniablement mais de l'intellectuelle parole à son apogée que doit avec plénitude et évidence, résulter, en tant que l'ensemble des rapports existant dans tout, la Musique. »[29]

Le Livre doit donc suggérer le plus exactement possible « l'architecture du palais », la structure du monde. Aussi est-il le fruit d'une lutte incessante, « le hasard vaincu mot par mot »[30], car « une ordonnance du livre de vers... élimine le hasard »[31]. Déjà, plus que le journal, où le texte se présente en vrac, le livre, par le pliage du papier, la mise en pages, est un instrument

---

26 *Ibid. : Le Livre, instrument spirituel*, p. 275.
27 *La Musique et les Lettres*, pp. 46-47.
28 *La Musique et les Lettres*, p. 49.
29 *Divagations : Crise de Vers*, p. 264.
30 *Ibid. : Le Mystère dans les Lettres*, p. 293.
31 *Ibid. : Crise de Vers*, p. 262.

précis. « Instrument spirituel », où le moindre détail a une signification. « Rien de fortuit » en effet : « la fabrication du livre, en l'ensemble qui s'épanouira, commence, dès une phrase. »[32] Chaque vers, chaque mot, « immémorialement », a sa place, dans telle page, à telle hauteur. Il s'impose en quelque sorte au poète, sa présence devient nécessaire, ici et non là. Comme le dit le texte célèbre, « l'œuvre pure implique la disparition élocutoire du poète, qui cède l'initiative aux mots, par le heurt de leur inégalité mobilisée ; ils s'allument de reflets réciproques comme une virtuelle traînée de feux sur des pierreries... » Dans un tel ensemble, chaque blanc aussi, comme chaque silence en musique, a son importance ; car ce qu'on suggère vaut plus que ce qu'on dit. Alors « tout devient suspens, disposition fragmentaire avec alternance et vis-à-vis, concourant au rythme total, lequel serait le poème tu, aux blancs. »[33] Et le livre est en quelque sorte un « solitaire tacite concert », une symphonie en blanc majeur où tout est combiné pour diriger le Rêve, selon l'harmonie même de la création. Il doit être, non pas lu, mais « deviné comme une énigme — presque refait par soi », considéré comme une structure plus que comme un contenu. « Pourquoi, se demande alors Mallarmé — un jet de grandeur, de pensée ou d'émoi, considérable, phrase poursuivie, en gros caractère, une ligne par page à emplacement gradué, ne maintiendrait-il le lecteur en haleine, la durée du livre, avec appel à sa puissance d'enthousiasme : autour, menus, des groupes, secondairement d'après leur importance, explicatifs ou dérivés — un semis de fioritures ? »[34]

Prose ou poésie ? L'une et l'autre. Pour Mallarmé, une telle formule est l'aboutissement naturel d'une longue évolution, brusquée naguère par l'apparition du vers libre. Ce vers libre, auquel il est resté si longtemps étranger, sinon indifférent, il en reconnaît maintenant l'importance. « On a touché au vers ! » vient-il annoncer aux auditeurs d'Oxford et de Cambridge. « Heureuse trouvaille..., modulation individuelle », car « toute âme est un nœud rythmique », et aussi, comme il le dit ailleurs, « une mélodie, qu'il s'agit de renouer ; et pour cela, sont la flûte et la viole de chacun. »[35] Mais c'est au delà du vers libre aussi bien qu'au delà de la prose que se situe la tentative de Mallarmé : ce qu'il appelle, dans les notes bibliographiques qui suivent *Divagations*, le *poème critique* : « une forme, peut-être, en sort, actuelle, permettant, à ce qui fut longtemps le poème en prose et notre recherche, d'aboutir, en tant, si l'on joint mieux les mots, que poème critique. »[36]

*
* *

---

[32] *Ibid. : Le Livre, instrument spirituel*, p. 278.
[33] *Crise de Vers*, p. 252.
[34] *Le Livre, instrument spirituel*, p. 280.
[35] *Crise de Vers*, p. 247.
[36] *Divagations*, Bibliographie, p. 372.

Ce que Mallarmé appelle poème critique, il s'y était déjà essayé, dans les *Variations sur un sujet,* série d'articles accueillis « avec audace, malgré le désarroi, premier, causé par la disposition typographique, l'amicale, à tous prête *Revue Blanche.* » Mais ce n'étaient encore là qu'ébauches, exercices rudimentaires en vue de l'immense poème orphique que Mallarmé, dans le silence et par derrière les tracas de la vie, n'avait pas cesse de méditer depuis vingt ans. Un tel poème verrait-il jamais le jour ? On commençait à en douter et parfois, même parmi les plus fidèles des Mardis, à en sourire. Pourtant, au déclin d'une vie trop brève, usée prématurément, voici que le poète livre au public une œuvre insolite, telle qu'on n'en avait probablement jamais vue dans aucune littérature : *Un coup de dés jamais n'abolira le hasard.*

Était-ce là « le Livre », l'œuvre pure tant méditée ? Non pas à vrai dire, mais un fragment. Mallarmé ne le prévoyait-il pas dès 1885 quand il écrivait à Verlaine : « Je réussirai peut-être, non pas à faire cet ouvrage dans son ensemble (il faudrait être je ne sais qui pour cela) mais à en montrer un fragment d'exécuté, à en faire scintiller par une place l'authenticité glorieuse, en indiquant le reste tout entier auquel ne suffit pas une vie. Prouver par les portions faites que ce livre existe, et que j'ai connu ce que je n'aurai pu accomplir. »[37] Douze ans ont passé, douze ans de labeur et de méditation, et il en est sorti un livre de quelques pages. Est-il au monde pareil exemple de concentration et de désintéressement ?

En 1897, à la veille de mourir, voici donc son testament poétique. C'est toujours le même thème : celui du hasard et de la destinée. C'est toujours la même image : celle du coup de dés. Et c'est l'application rigoureuse de son esthétique : par une révolution poétique sans exemple, il est vraiment « le poème tu, aux blancs », où « tout devient suspens », et dont parlait le poète dans *Crise de Vers* ; le poème où rien n'est fortuit, où chaque mot est à sa place dans la page, où la page devient à son tour, après le vers, un ensemble, une unité rythmique ; où « une phrase poursuivie, en gros caractère », de page en page, comme le voulait *Le Livre, instrument spirituel,* correspond à un « jet de pensée considérable », avec « autour, menus, des groupes, secondairement d'après leur importance ». Synthèse et dépassement de la poésie et de la prose, qui permet notamment de comprendre pourquoi, depuis dix ans, Mallarmé a pratiquement délaissé le vers, donnant au Livre une dimension cosmique et portant la poésie « à la suprême pointe avant le silence. »[38]

---

[37] *Autobiographie* (cité dans H. MONDOR, op. cit., pp. 469-470).
[38] E. NOULET, op. cit., p. 38.

LA VAGUE MYSTIQUE

Celui qui passait alors pour le maître incontesté du Symbolisme et qui avait médité toute son existence sur le mystère poétique s'était toujours défendu contre la tentation du mysticisme. Or, par un singulier paradoxe, tandis que le solitaire de Valvins lançait son suprême coup de dés, l'âge symboliste était marqué par ce que Jules Sageret nommera plus tard une véritable « vague mystique »[39]. Dès 1888, au plus fort de la mêlée, on en avait vu les signes précurseurs. Mais c'est dans la dernière décennie du siècle que celle-ci allait donner au mouvement toute sa signification. En 1891, elle était déjà assez puissante pour que François Paulhan pût en analyser les origines et les caractères dans un ouvrage intitulé précisément *le Nouveau Mysticisme*.

> « Nous assistons, y disait-il, à la formation d'un esprit nouveau [...] dans laquelle un rôle important est joué par un mysticisme qui, loin de repousser l'esprit de la science, le recherche volontiers... L'esprit scientifique, l'esprit religieux, la pitié pour la souffrance, le sentiment de la justice, le mysticisme social, l'attrait de faits mystérieux, dangereux peut-être, que nous commençons à entrevoir, l'espèce de puissance nouvelle que leur connaissance peut nous donner, un besoin général d'harmonie universelle : telles sont les principales parties de l'esprit qui se forme. »[40]

Et ailleurs, rappelant une étape transitoire de ce renouveau mystique :

> « Entre l'anarchie intellectuelle et morale et le mouvement nouveau vers le mysticisme et la foi, intervient un état d'esprit assez étrange, un sentiment rare et curieux... C'est une sorte de complaisance de la dépravation, d'amour mystique du mal que le mot de « décadents », dont on a désigné les membres d'une école littéraire, désignerait assez bien si d'ailleurs il avait toujours été appliqué avec plus de discernement. »[41]

Et Paulhan d'évoquer à propos de ce mysticisme mêlé de perversité les cas de Barbey d'Aurevilly, de Huysmans, de Verlaine. Puis il montre que, chez les Symbolistes,

> « on s'est plu à trouver partout de l'infini, à chercher, à supposer des dessous, des profondeurs. Les choses les plus simples ont dû cacher des mystères... Les lettres elles-mêmes sont devenues des symboles, dont la signification variait d'une personne à l'autre, mais c'est là, sans doute, une obscurité et un charme de plus. On vient, par un détour, à des procédés analogues à ceux des peuples relativement primitifs qui ont exprimé des cosmogonies par des contes, ou des initiés, des alchimistes, qui exprimaient analogiquement leurs idées, voilaient une doctrine philosophique ou une opération alchimique sous des mots détournés de leur

---

[39] J. SAGERET, *La Vague mystique,* Flammarion, 1920.
[40] *Le Nouveau mysticisme,* pp. 1-3. N'est-ce pas là ce que déjà signalait SCHURÉ dans sa Préface des *Grands Initiés* ?
[41] *Ibid.,* p. 57.

sens d'après un procédé plus ou moins précis et que seuls les initiés pouvaient comprendre. »[42]

Ainsi Paulhan rattachait l'effort des poètes symbolistes au courant mystique dont il analysait le récent développement. De ce développement, J. Calvet devait marquer avec une plus grande précision les vagues successives :

> « La génération des nostalgiques fut suivie de la génération des chercheurs d'idéal, dont quelques-uns trouvèrent ce qu'ils cherchaient. Mais la plupart étaient partis sans but défini et sans viatique suffisant ; ils s'arrêtèrent en route. On les appela les néo-chrétiens, pour marquer ce qui leur manquait, une foi précise et une discipline morale. Ils s'étaient attachés à l'accidentel : dans l'église, à la flèche ajourée, au vitrail flamboyant, aux statues du porche, aux dalmatiques rouges et à l'encens ; dans la doctrine, aux réactions de Satan, aux mysticismes exceptionnels, aux visions exaltées. Ils avaient négligé l'essentiel, suivre Jésus-Christ au Calvaire et à l'autel... Tous les néo-chrétiens ne restaient pas en route ; plus exigeants et plus logiques, quelques-uns allaient jusqu'au bout de leurs démarches et se retrouvaient chrétiens, tout simplement. Avec eux commençait la troisième « volée », la troisième génération, celle des convertis de la littérature..., celle des Huysmans, des Brunetière, des Bourget, des Retté, qu'ont suivis dans leur voie lumineuse Psichari, Péguy, Jammes, beaucoup d'autres plus près de nous, et que d'autres suivront encore. »[43]

Oui, en cette mystique fin de siècle, les conversions se succèdent. Mais ce que Calvet ne dit pas, c'est que certains de ces convertis étaient passés par l'occultisme.

*
* *

Or en 1897 Victor Charbonnel, dans son ouvrage sur *les Mystiques dans la Littérature présente,* dira en évoquant ces années où le mysticisme et l'occultisme furent à la mode :

> « Voilà pourquoi des prophètes coururent le pays des lettres, disant : « Le mysticisme n'est point un si grand secret. Il s'obtient par des procédés que nous aurons vite trouvés. Puisque nous fîmes, quand cela avait cours de vente, du naturalisme, nous ferons tout aussi bien, si la mode le veut, du mysticisme. » Et ils en firent. Ils en firent partout : dans les revues, dans les jeunes et dans les vieilles revues ; dans le livre et dans le journal ; dans la poésie, dans le roman, dans la critique, dans la chanson ; au théâtre, au concert, au café-concert, dans les revues de fin d'année, dans des tragi-comédies spéciales, dans tous les genres... Ils furent la plaisante mode d'un jour, ces hiérophantes à la chevelure hérissée ou aux bandeaux lissés et plaqués comme de sacerdotales bandelettes, et aussi ces trafiquants de littérature, ces « snobs » qui proclamaient par

---

[42] *Ibid.,* p. 92 sqq.
[43] J. CALVET, *Le Renouveau catholique dans la littérature contemporaine,* p. 15.

les rues la rénovation mystique des lettres et des arts. Ils furent risibles. Cela, reconnaissons-le. »[44]

Le mouvement avait commencé au *Chat Noir,* ce « Bethléem du mysticisme », comme dit encore Charbonnel. Jules Lemaître n'affirmait-il pas : « Le *Chat Noir* est un sanctuaire où la fumisterie et le mysticisme ont toujours fait bon ménage. » C'est là que Fragerolles chantait sa *Marche à l'Étoile,* accompagnée d'une projection d'ombres symboliques marchant en procession vers l'enfant de la crèche, puis ver le Crucifié.[45] Et cela avait continué par la boutique du Sâr Mérodak Péladan, qu'on a déjà rencontré plus haut.

Péladan, régulièrement prénommé Joséphin, né d'un père original féru de sciences occultes, après avoir quelque temps promené sur les boulevards de Nîmes, sa ville natale, selon l'expression d'Henri Mazel, « son hiératisme barbu et chevelu de Zeus olympien »[46], était venu à Paris chercher fortune en littérature et s'était composé une physionomie étrange de mage et de prophète illuminé. En ce temps-là, vers 1891, « il y avait, à la porte de la galerie Durand-Ruel, une queue de visiteurs qui allait jusqu'au boulevard »[47] : c'était le Salon de la Rose-Croix. Dans ce temple de l'occultisme, à l'entrée duquel se tenait le Comte Léonce de Larmandie, un grand cordon bleu étalé sur la poitrine, le Sâr Mérodak Péladan, affublé d'un « pourpoint titianesque, avec des chausses collantes et des gants à la crispin », officiait[48], célébrant avec des sonneries de trompettes les mystères du Graal et la messe du Saint-Esprit. « Homme-affiche de l'au-delà, chevalier à la charrette de l'idéal », comme il aimait à s'intituler lui-même, il se croyait une mission d'animateur et sonnait, disait-il, « le rassemblement pour l'idéal. »[49] Mais sous cette débauche d'étoffes, d'agrafes, d'oripeaux divers, de gestes, de poses, qui avait fini par lui monter au cerveau, se cachait, au témoignage de tous, une très belle âme. Il avait voulu créer la religion du Beau, le culte du mystère. Il s'était seulement, il l'a reconnu tristement plus tard, « trompé sur les moyens ». Et pourtant, non seulement par ses pièces, mais par son action personnelle, son influence fut grande. Certes, à sa suite, « la magie envahit les salons. Que de mages, de toute barbe et de tous cheveux, surgirent tout à coup, dans un élan de concurrence !... De nombreuses revues se fondèrent, *l'Aurore, l'Étoile, l'Initiation, le Lotus bleu,* qui trouvèrent mieux que des lecteurs : des adeptes. » Par ailleurs, dit encore Camille Mauclair, « les salons regorgèrent de saintes femmes qu tombeau, de lacs de Génésareth, de calvaires, d'appa-

---

[44] *Les Mystiques dans la Littérature présente,* pp. 7-8.
[45] *Ibid.,* pp. 48-49.
[46] H. MAZEL, *Aux beaux temps du Symbolisme,* p. 185.
[47] C. MAUCLAIR, *Servitude et Grandeur littéraires,* p. 81.
[48] H. MAZEL, op. cit., p. 191.
[49] C. MAUCLAIR, op. cit., p. 81.

ritions, de pardons et de bénédictions. »[50] Il n'en est pas moins vrai que les Salons de la Rose-Croix eux-mêmes marquèrent dans l'art une sincère rénovation idéaliste, que, de l'aveu de Mazel, « les poètes reconnaissaient en Péladan un frère » et que ce chimérique, bien qu'il ne s'occupât pas directement de poésie, eut une influence réelle et directe sur le mouvement symboliste.

Dès 1891, dans une plaquette intitulée *De l'Ésotérisme dans l'Art,* et développant les idées de Paul Adam et de Georges Vanor, V.-E. Michelet indiquait nettement les liens qui unissent la poésie à l'ésotérisme :

« Qu'est-ce que le Poète ? C'est une des incarnations sous lesquelles se manifeste le Révélateur, le Héros, l'homme que Carlyle appelle « un messager envoyé de l'impénétrable infini avec des nouvelles pour nous ». Cette conception du héros, exprimée par un visionnnaire de génie, est la directe conséquence d'une autre conception universellement admise par des occultistes et les mystiques, et formulée ainsi par Novalis : « Tout être créé est une révélation de la chair »... Le poète doit avoir pénétré ce que Gœthe appelait « le secret ouvert ». — Non, dit encore Michelet, poésie et science ne sont pas deux sœurs ennemies. « Pour quiconque a quelque peu entrevu la synthèse occulte, pour quiconque a risqué des regards sur le monde du Divin, cet antagonisme n'existe pas plus que celui qu'on trouve entre les religions diverses et la science. » En effet, « en tous les temps les poètes ont eu l'intuition de l'éternelle vérité... Tous les grands poètes ont été soit des initiés, soit des intuitifs. »[51]

Et V.-E. Michelet cite, parmi ceux-ci, Hugo, Lamartine, Shelley, Baudelaire, Poe, Carlyle ; parmi les initiés, Gœthe, Balzac, Villiers de l'Isle-Adam. Tous, peu ou prou, ont connu ou pressenti la vraie valeur du symbole et en ont fait la clé de la poésie.

Cette clé, les Symbolistes l'ont retrouvée. Et pourtant, parmi eux, il ne s'est pas rencontré de génie assez puissant pour savoir s'en servir, pour ouvrir les portes de la grande poésie. Un seul peut-être, Maeterlinck, eût pu le faire ; mais, sitôt qu'il eut compris le message de la Tradition, il quitta le domaine de la poésie proprement dite pour celui, plus hasardeux, de l'essai philosophique. Les autres, ayant aperçu la source — tels A.-Ferdinand Hérold[52], V.-E. Michelet — s'en sont détournés, ou se révélèrent incapables d'y boire. Il paraît que l'heure n'était pas venue, sur le plan des réalisation poétiques, de cette « grande synthèse » dont rêvait un Schuré ou un Charles Morice.

*
* *

---

50 V. Charbonnel, op. cit., p. 77.
51 V.-E. Michelet, *De l'Ésotérisme dans l'Art,* p. 9.
52 Cf. Fontainas (*Souvenirs du Symbolisme,* p. 119) sur la traduction de l'*Upanishad* du grand Aranyaka par F. Herold, qui suivait les cours du « remarquable et très réputé indianiste, M. Sylvain Lévy ».

Au fond, on peut dire que chez tous, l'ésotérisme ne fut qu'une étape pour retrouver le christianisme. Telle fut l'évolution la plus caractéristique de cette fin de siècle, celle de Huysmans. Nous avons vu celui-ci, au temps d'*A Rebours,* transformer le sensualisme naturaliste en une sensualité raffinée et faisandée d'un mysticisme décadent et pervers. C'est l'époque où Huysmans prend conscience des tristesses de la chair, où il éprouve le besoin d'autre chose, où il pressent, par delà le monde étroit des naturalistes, une réalité surnaturelle. Alors il se tourne vers tout ce qui est occulte. Spiritisme, astrologie, magnétisme le passionnent[53]. Il s'habitue à voir des êtres immatériels : « L'espace est peuplé de microbes, dit-il dans *Là-Bas.* Pourquoi ne le serait-il pas d'esprits et de larves ? » Mais ces esprits sont mauvais, car ce sont ceux des êtres qui furent trop matériels pour pouvoir s'éloigner de nous. Ils sont restés aux ordres de Satan. Ainsi, dit-il encore, « du mysticisme exalté au satanisme exaspéré, il n'y a qu'un pas. » Ce pas, Huysmans l'a franchi : après avoir étudié toutes les forces du mal, toutes les maladies et toutes les tares, « il parvenait au Prince des Ténèbres qui en est la source »[54]. Ébranlé, écœuré de dégoût pour les choses de son temps, il se met alors *En Route* vers le moyen âge. Car le moyen âge, c'est l'amour de l'art, c'est le mysticisme ; et l'abbé Gévresin dit à Durtal : « Il est bien certain que l'art a été le principal véhicule dont le Sauveur s'est servi pour vous faire absorber la Foi. »[55] Perversité, satanisme, mysticisme esthétique : étapes d'une conversion, avant la dernière et décisive : Huysmans fait une retraite à la Trappe, et, dans un élan mystique, s'y convertit. Il pourra dire alors, préfaçant *le Latin Mystique* de Remy de Gourmont :

> « Il ne faut pas confondre le vague à l'âme, ou ce qu'on appelle l'idéalisme et le spiritualisme, ou même encore le déisme, c'est-à-dire de confuses postulations vers l'inconnu, vers un au-delà plus ou moins trouble, voire même vers une puissance plus ou moins occulte, avec la Mystique, qui sait ce qu'elle veut et où elle va, qui cherche à étreindre un Dieu qu'elle connaît et qu'elle précise, qui vient s'abîmer en Lui tandis que Lui-même s'étend en elle. La Mystique a donc une acception délimitée et un but net, et elle n'a aucun rapport avec les élancements plus ou moins littéraires dont on nous parle. »[56]

De l'idéalisme et du mysticisme à la Mystique, en passant par l'occultisme, l'itinéraire était accompli.

---

[53] « Il y eut chez Huysmans, dit H. Bachelin, plusieurs séances qui le persuadèrent de l'existence, autour de nous, de forces indépendantes vivant de leur vie propre. » *J.-K. Huysmans,* p. 198. Cf. aussi p. 204 : « Pour se documenter et s'initier, en 1889 Huysmans était entré en relations avec un astrologue. Eugène Ledos. »
[54] CALVET, *Le Renouveau catholique dans la littérature contemporaine,* pp. 57-58.
[55] *En Route,* p. 95.
[56] Cité dans H. BACHELIN, op. cit., p. 206.

Il n'y avait donc pas nécessairement, entre l'ésotérisme et l'Église, cette incompatibilité, cette rivalité violente que dénonçait un certain Alphonse Germain dans le *Mercure de France* en 1893. La Rose-Croix n'avait-elle pas été rénovée précisément dans le dessein de « lutter pour révéler à la théologie chrétienne les magnificences ésotériques dont elle est grosse à son insu » ? Que l'occultisme ne fût pas un obstacle au christianisme, la conversion de Huysmans le montre assez. Mais c'était une chose de passer de l'un à l'autre, autre chose d'en faire la synthèse. Généralement, c'est en oubliant — ou en ignorant — l'ésotérisme que les néo-chrétiens redevenaient simplement chrétiens. Et ceux qui parmi eux étaient poètes allaient devoir découvrir par leurs propres forces dans la symbolique chrétienne une voie que l'ésotérisme les eût pourtant aidés à retrouver.

XI

L'APPEL DE LA VIE

Aux alentours de 1900, avec le dernier recueil de Samain, avec Guérin et Le Cardonnel, le Symbolisme semblait peu à peu déserté par ceux-là mêmes qui en avaient été les protagonistes et les sympathisants ; avec Henri de Régnier, il semblait glisser vers le classicisme ; avec Dujardin et Fontainas, il semblait se survivre à lui-même. Ceux qui, à la fin du siècle, l'identifiaient avec une poésie de l'évasion ou de quelque rêve tourné vers une réalité essentielle, pouvaient à bon droit, en effet, clamer son déclin. L'heure n'était plus à l'introspection douloureuse ni aux spéculations platoniciennes, et l'on avait vu soudain vers 1896 se précipiter le mouvement vers la vie que les plus avertis annonçaient, à l'époque même du triomphe symboliste. Bien que quelques-uns, comme Charles Guérin, se complussent encore à interroger leur âme décadente, on en avait assez des gémissements stériles et des esthétiques désincarnées. « On regimba, dit André Gide, on réclama le droit de vivre. »[1] Certains, fuyant les cénacles et l'atmosphère confinée de la capitale, avaient retrouvé, dans la solitude et le contact avec la nature, des forces neuves : on commençait à entendre leurs voix, à applaudir aux manifestes des « naturistes ». Saint-Georges de Bouhélier, au début de 1897, s'élevait dans le *Figaro* contre les « techniques prétentieuses », les « sensualismes d'art », les « mysticités factices » et proclamait : « Nous chanterons les hautes fêtes de l'homme... Pour la splendeur de ce spectacle, nous convoquerons les plantes, les étoiles et le vent. Une littérature viendra qui glorifiera les marins, les laboureurs, nés des entrailles du sol, et les pasteurs qui habitent près des aigles. » L'année suivante, la *Revue Naturiste* était fondée.

Une fois de plus, d'ailleurs, de nouvelles influences s'exerçaient de l'étranger, notamment d'outre-Atlantique, d'où parvenait depuis quelques années la voix enflammée de Walt Whitmann : « C'est la vie immense, en passion, en pulsation et en puissance, proclamait-il, c'est la vie en bonheur formée pour la libre action sous l'empire des lois divines, c'est l'homme moderne que je chante... »[2]. Était-ce donc déjà la mort du Symbolisme ? Bien

---
[1] *Prétextes*, p. 269.
[2] Cité dans J. DORNIS, *La Sensibilité dans la Poésie française*, p. 265.

plutôt un changement profond d'attitude dû chez certains à la foi retrouvée, et plus généralement sans doute lié à l'approche d'un siècle nouveau. Tout se passe alors comme si le mouvement symboliste avait dépassé le faîte, la ligne de partage des eaux, d'où l'on découvre les inaccessibles sommets à la recherche desquels d'aucuns ne sont épuisés et que, retrouvant la jeunesse avec l'avènement d'une nouvelle génération, il redescend, sur l'autre versant, vers le Midi de la poésie, sur des pentes ensoleillées, et redécouvrant la nature riante et les sources de la vie.

UN HYMNE À LA JOIE

C'est précisément sous le soleil méridional, au cœur du Béarn, que nous rencontrons pour la première fois cette poésie nouvelle. En 1897 Francis Jammes se révèle brusquement au public. Deux mois après le manifeste de Saint-Georges de Bouhélier, il publie à son tour, dans le *Mercure de France,* un nouveau manifeste : le Jammisme.

> « Toutes choses sont bonnes à décrire, y déclare-t-il, lorsqu'elles sont naturelles. Mais les choses naturelles ne sont pas seulement le pain, la viande, l'eau, le sel, la lampe, la clé, les arbres et les moutons, l'homme et la femme et la gaîté ; il y a aussi parmi elles des cygnes, des lys, des blasons, des couronnes et la tristesse. »

Moins brutal que les Naturistes, Jammes ne renie pas d'un bloc tout le Symbolisme ; n'avait-il pas, aux environs de 1888, adolescent rêveur et dédaigneux, admirateur de Baudelaire, écrit des vers décadents et fréquenté le *Chat Noir* ?[3] N'avait-il pas été un fervent admirateur de Mallarmé ? Le Symbolisme, il en accueille toujours les images, mais au même titre que toutes les autres, et a une seule condition : c'est qu'elles soient naturelles et sincères. Naturel, sincérité, simplicité : voilà en effet ce qui séduisit d'emblée dans le recueil qu'il publiait au *Mercure : De l'Angélus de l'Aube à l'Angélus du Soir.*

Francis Jammes cherche à s'ouvrir sur la Nature avec les yeux naïfs du Primitif. Certes, il éprouve l'amour nostalgique des heures enfuies, il sent « une odeur du passé dans les grands arbres et dans les roses blanches »[4], sans cesse hésitant entre le regret des choses et leur sensation directe, sans cesse laissant deviner une secrète douleur. Sentiment complexe et très décadent au fond, qui a pu le faire désigner par Paul Fort comme « un raffiné qui s'est mué en primitif. » Aussi pourrait-on s'étonner de ne pas le voir classé parmi les élégiaques — n'a-t-il pas écrit des *Élégies* au charme très singulier ? — à côté de Charles Guérin, son frère en poésie, si chez lui un don d'immense sympathie ne lui faisait sentir la souffrance comme universelle et, dépassant la

---

[3] Cf. L. MOULIN, *Sur l'œuvre de Fr. Jammes, Mercure de France,* 1er août 1920.
[4] *Le vieux Village...,* p. 65.

tristesse stérile, être le chantre de l'amour et de la pitié. L'amour en effet est le grand ressort de son âme et de sa poésie :

> Car mon cœur est fait pour aimer, aimer sans cesse.
> Je sens que je suis fait pour un amour très pur
> comme le soleil blanc qui glisse au bas du mur[5].

Amour des hommes, et de la femme ; amour de la nature, dans toutes ses manifestations et tous ses règnes : animaux, végétaux, même les pierres ; amour de la vie, car peu à peu l'ancien décadent a dominé sa souffrance et en a fait don pour que les autres au moins soient heureux :

> Mon Dieu, puisque mon cœur, gonflé comme une grappe,
> veut éclater d'amour et crève de douleur :
> si c'est utile, mon Dieu, laissez souffrir mon cœur.
> Donnez à tous tout le bonheur que je n'ai pas !...[6]

Et il tire, de sa vision d'un monde de bonté, une véritable joie. Cette joie de vivre, quelques-uns la trouvaient déjà dans son premier recueil. « L'Angélus a sonné, dira plus tard un de ces jeunes poètes. A. Lafon, l'Angélus a sonné, et nous avons aimé la vie. » Mais, de plus en plus, elle éclatera dans son œuvre. *Le Triomphe de la Vie* la célébrera, ici et là, avec ferveur ; *Jean de Noarieu* ne commence-t-il pas ainsi :

> Je ne veux pas d'autre joie, quand l'été
> reviendra, que celle de l'an passé.
> Je ne veux pas d'autre joie...[7]

Jusqu'au jour où l'amour des choses et de la vie lui révélera la foi, cette foi pour laquelle il semblait fait dès le début de son œuvre, lui qui invoquait Dieu sans cesse et le priait déjà avant de croire. Ne disait-il pas dès l'*Angélus* :

> Je prie, parce que dans le ciel il y a Dieu[8].

Maintenant toute son œuvre s'éclaire. Dieu est au centre, et un monde surnaturel s'ordonne autour de lui. Non un monde métaphysique et platonicien, mais le monde des anges, des mystères familiers, où l'on est chez soi, où l'on cause avec le bon Dieu, père de toutes choses. Alors, nouveau poète

---

5 *De l'Angélus de l'Aube... : J'étais gai...*, p. 92.
6 *Le Deuil des Primevères : Prière pour que les autres aient le bonheur*, p. 168.
7 *Le Triomphe de la Vie*, p. 9.
8 *De l'Angélus de l'Aube... : La poussière des tamis...*, p. 161. Cf. le récit de sa conversion dans la *Revue de la Jeunesse*, et la discussion dans J. NANTEUIL (*L'inquiétude religieuse et les poètes d'aujourd'hui*, p. 171 sqq.) où l'auteur montre que « l'âme de Jammes, par toutes ses aspirations, réclamait les réalités religieuses », que « la croyance au surnatural l'a mené à la croyance en Dieu », et qu'il semble être arrivé à la foi « sans avoir connu les affres du doute. »

franciscain, Jammes, comme le dit J. Nanteuil, « reproduit l'âme candide d'un auditeur de mystères, et la vie lui apparaît comme une succession de chapitres de la *Légende dorée.* » Il exprime amoureusement la beauté poétique, la tendresse évangélique du christianisme. Il retrouve d'instinct le symbolisme naïf de ses paraboles. Pourtant, nul tourment, nulle trace d'expérience profonde n'apparaît dans son œuvre, nul grand thème non plus. D'ailleurs il n'y prétend pas. Sa seule ambition fut d'éprouver naïvement le monde, et de chanter son amour des choses en se dépouillant de toute littérature.

*
* *

On retrouve le même don de sympathie chez Stuart Merrill, sous l'influence de Walt Whitmann, dont il s'inspirera jusque dans son dernier recueil, *Une voix dans la foule,* où l'on entend l'écho des grands appels humanitaires du poète américain :

> Non, soleil de printemps ! Non, cœur de mes ancêtres !
> Je ris à tous les cieux, je vais vers tous les êtres !
> Je voudrais de mes bras étreindre l'univers
> Et mourir du parfum de la terre et des mers...

Il est par excellence le poète de la bonté, de l'amour tendre. Assurément, ce « Symboliste fidèle » est resté surtout symboliste par son esthétisme, par son culte fervent d'une Beauté idéale, plus que par la compréhension des véritables symboles. Mais il a fait plus : poète qui « a mis dans ses vers toute [son] âme », qui a dû à la poésie « les plus hauts transports de [sa] vie »[9], il a montré que la beauté transforme la vie, et qu'un poète issu du Symbolisme, s'il était sincère, pouvait, comme le voulait Ruskin, se tourner vers la vie, puiser son inspiration dans une sympathie universelle et découvrir la beauté de chaque chose sans pour cela trahir ou renier ses origines.

*
* *

Plus encore que Stuart Merrill, chanter la vie, pour Francis Vielé-Griffin, semble avoir été longtemps sa raison d'exister. Il est d'usage de rapprocher ces deux destinées poétiques. L'un et l'autre en effet, d'origine américaine et de culture française, pouvaient spontanément maintenir après Verlaine, dans notre poésie nationale, cette douce musicalité et ce mysticisme à peine avoué que leur langue et leur pays natal avaient pu leur communiquer. Et, de fait,

---

[9] Cf. M. L. HENRY, *Stuart Merrill,* p. 221.

même chez ces poètes de second ordre, la poésie symboliste conserve toujours quelque secrète résonance qui la défend contre le danger du prosaïsme. Pourtant, si de loin ces deux poètes semblent suivre des chemins parallèles, combien en réalité ne diffèrent-ils pas l'un de l'autre ! Par leur tempérament d'abord : Stuart Merrill, nature généreuse et tendre, se laisse conduire par la vie, par les circonstances ; Vielé-Griffin, né poète, ne vit que pour la poésie, et son existence n'est qu'un élan vers l'épanouissement de cette vocation impérieuse. Par leur conception de l'art ensuite : celui-là restant jusqu'au bout attaché à un idéalisme assez vague, générateur d'une poésie un peu molle et qui atteint rapidement ses limites ; celui-ci se renouvelant sans cesse, subordonnant au fond toute conception idéale à l'émotion directe que lui donne la vie. Enfin par leur forme, le premier demeurant dans l'ensemble fidèle aux normes traditionnelles, l'autre se montrant dès le début avide de s'en libérer et de trouver dans un vers complètement assoupli le vêtement adapté à son lyrisme personnel.

De fait l'œuvre de Vielé-Griffin accuse à nos yeux une personnalité mieux affirmée, en avance sur l'ensemble du mouvement : à l'heure où le Symbolisme cherchait sa formule à travers des forêts de légende ou le rêve d'Idées quintessenciées, il affirmait les droits de la sensation concrète en entrouvrant une porte sur la vie. Cette porte, il l'ouvre maintenant toute grande, et la *Clarté de Vie*, en 1897, n'est qu'un long hymne qui célèbre la nature et la joie. « Il est naturiste », dit de lui Joachim Gasquet en 1899[10]. Naturiste ? Symboliste ? Vielé-Griffin est poète avant tout, mais un poète qui *pense* ses émotions. Le Symbolisme, a dit Brunetière, est « la réintégration de l'idée dans la poésie ». Si on l'entend ainsi, Vielé-Griffin est bien Symboliste. Non pas l'Idée platonicienne, certes, avec tout ce qu'elle comporte de réalité métaphysique, mais seulement l'appréhension qu'il y a quelque chose d'essentiel dans l'existence, de général dans le particulier, voire d'universel et d'éternel. Comme spontanément, Vielé-Griffin, par delà les apparences les plus quotidiennes, rejoint ces régions moins explorées que hantent des forces invisibles et qui sont accessibles, non plus aux sens, mais à l'âme. Ainsi s'anime tel paysage familier :

> Et l'homme, endormi sous la treille,
> Écoute, en rêvant, le baiser
> De la Terre et du Soleil...[11]

Ainsi le silence le plus calme se charge de menaces :

> Tout est si calme que tu redoutes
> Ce galop, au loin sur la route,
> Comme un messager de malheur[12].

---

10 Jean DE COURS, *Francis Vielé-Griffin*, p. 144.
11 *La Clarté de Vie : Sieste.*
12 *Ibid. : Pluie d'Été.*

Ainsi, comme le dit Vielé-Griffin non sans grandeur :

> Le mystère s'illumine
> Des lentes choses éternelles[13].

Derrière cette nature simple et proche dont le poète suit pas à pas, tout au long de l'année, les métamorphoses, se profilent les deux grandes forces qui se disputent le monde : la Mort et la Vie. Lutte immense, mais dont Vielé-Griffin ne voit pas les aspects les plus tragiques. Dans *la Clarté de Vie,* si parfois

> la Mort, par les allées,
> Marche, rêveuse et diaphane,

le plus souvent elle accompagne la vie, elle en est le complément naturel, l'aboutissement et en quelque sorte l'épanouissement. Car la grande idée, le thème central de Vielé-Griffin est de plus en plus le thème de la vie. C'est lui qui assure l'unité de l'œuvre et lui confère son rythme et son pouvoir de suggestion.

Pour lui en effet ce n'est pas là seulement une idée, c'est la force qui transfigure les choses, qui réalise le rêve, en un mouvement par lequel le poète définit précisément le Symbolisme. Celui-ci n'est-il pas essentiellement une recherche de l'activité créatrice à l'état pur, de cette *faculté poétique* qui, en dernière analyse, est une participation à l'immense courant de l'énergie universelle ?[14] Comme Wieland le Forgeron, qui surmonte ses regrets, son amertume et ses désirs de vengeance, se détourne, pleure, et soudain sourit, le poète doit surmonter ses peines, tendre vers la création d'une œuvre toujours plus grande : « Hausse-toi plus avant, se dit Wieland à lui-même,

> Jusqu'à voir, dans la nuit radieuse de mystère,
> Le tourbillon sans fin des astres, par milliers,
> Roulant dans l'infini, sur l'orbite ployé
> Réaliser la forme qui t'éblouit de loin
> Du grand geste éternel, qui tourne et se rejoint ![15]

Ainsi, pour Vielé-Griffin, toute la vie, par l'exaltation et la joie, aboutit à l'art, fonction naturelle de l'homme, « forme suprême de la prière universelle ». Et le rôle du poète, c'est de communier avec la vie, d'achever et de réaliser en lui-même le monde imparfait qui l'entoure, et, de même que l'idée se cache sous l'apparence, de suggérer par le moyen de symboles cette perfection idéale.

Si la Vie, la Joie l'emplissent d'une noble ivresse, pourtant ce ne sont chez lui que des forces instinctives. C'est moins un univers qu'il s'est

---

[13] *Ibid. :* Sieste.
[14] Cf. Jean DE COURS, op. cit., p. 174 sqq.
[15] *Wieland le Forgeron :* Le Geste sacré.

construit qu'un décor de théâtre. Le metteur en scène vient-il à manquer, tout s'écroule. Ainsi, un jour arrive, un soir d'automne, un tournant de route, une fois la côte gravie : le poète s'arrête, il écoute. Tout est si calme ! Il entend des rires au fond de sa mémoire. Il a chanté la joie, il s'est enivré d'étés et d'automnes, il s'est prouvé « que la vie est toujours nouvelle ». Mais voici l'heure du doute. Peine d'amour ? C'est bien autre chose. Peine d'Amour, désir d'absolu, pressentiment d'un Dieu inconnu, promesse d'une réponse.

> Savons-nous si nos âmes sont prêtes
> Pour les lendemains que voici ?[16]

Il repartira cependant, « vers ailleurs, vers demain et sa rive ignorée », *Plus loin*. Plus loin, ce sera *l'Amour sacré,* où, en un mysticisme encore vague, Vielé-Griffin entrevoit ce qu'est l'Amour véritable,

> L'Amour, ce plus pur des rayons de Dieu.

Bientôt pourtant un instinct profond le rappelle. Sa vocation, c'est donc décidément de chanter le soleil de midi, *la Lumière de Grèce*, de célébrer, en une ample *Vision de Midi*, la vie « banale et sacrée », et qui « ne tend ses fleurs qu'aux mains éprises d'elle ». C'est donc d'achever de dissiper aux brûlants rayons d'un soleil païen le dernier voile symbolique qui revêtait son œuvre, au nom de cette clarté vers laquelle depuis toujours il tendait.

*
* *

C'est une vision spirituelle de l'univers que Paul Fort nous présente dans son œuvre, vision panthéiste, qu'anime sans cesse la joie de vivre. Nulle mélancolie en effet chez ce poète. Toujours ardent, il s'exalte de cette joie et « son rire est dans tous les échos ». Il célèbre la *Grande Ivresse* :

> « Suis-je Bacchus ou Pan ? je m'enivre d'espace, et j'apaise ma fièvre à la fraîcheur des nuits. La bouche ouverte au ciel où grelottent les astres, que le ciel coule en moi ! que je me fonde en lui ! »[18]

Ainsi son extrême sensibilité de poète donne par moments à Paul Fort le sens de l'universel. A ces moments-là, il ne serait pas loin d'une poésie cosmique si derrière ces amples visions il sentait ou du moins s'il pressentait un *ordre*. Mais précisément les qualités mêmes de Paul Fort marquent ses limites. En fait, il n'a aucunement le sens du mystère. Probablement lui a-t-il manqué d'avoir, au moins quelque jour, éprouvé l'inquiétude. Il y a, en un

---

[16] *La Partenza,* XXI.
[17] *La Lumière de Grèce : Vision de Midi.*
[18] *Anthologie des Ballades françaises,* p. 121.

sens, trop de soleil dans sa poésie, trop de clarté. Car celle-ci est limpide, comme une eau fraîche, comme ces paysages d'Ile-de-France dont il restera le chantre privilégié, et dont il a décrit en des vers admirables

> « ce jour mélodieux, couleur de tourterelle, où tous les gris roucoulent, entre ces nues d'argent, douces, nageant aux cieux et ces buées des champs qui filent leurs quenouilles »[19]

Mais encore, de ce paysage, a-t-il trop peu senti les pénombres. Trop souvent, Paul Fort reste le marchand d'images sous les traits duquel il s'est représenté dans *Coxcomb,* cet Homme tout nu tombé du Paradis, qui s'envole sur l'aile de la Fantaisie, au clair de lune, mais pour qui le monde n'est qu'un rêve, et qui est « venu pour vous faire rire »[20]. On peut bien, ainsi que le faisait Maeterlinck, qualifier Paul Fort de « poète intégral », entendant par là qu'il a rassemblé dans une vaste épopée tous les aspects et tous les âges, tous les sentiments et tous les thèmes[21] : il n'en reste pas moins que ce nouveau dieu Pan, « créateur du ciel et de la terre », comme disait Faguet et sacré « Prince des Poètes » par ses contemporains, a réduit trop volontiers la création à une immense carte enluminée. Coxcomb, qui est finalement le marchand d'images, le dit très justement :

> « J'ai beau faire, les sept ciels resteront dans mes yeux : leurs couleurs éternelles, suaves et magnifiques, leurs divines lumières flottent sous mes prunelles, quand je ferme pieusement mes paupières catholiques. »

Chez Paul Fort, poète symboliste, le symbole n'est plus généralement qu'une image : il est le grand imagier de l'univers.

*
* *

D'une autre façon que Paul Fort, ce fut aussi un grand imagier que Saint-Pol-Roux, « l'un des plus féconds et des plus étonnants inventeurs d'images et de métaphores », disait R. de Gourmont dans son *Livre des Masques.* Mais chez lui la métaphore n'est plus un moyen d'expression, un langage suggestif : en dépit de ses théories, elle devient une création libre, le plaisir gratuit d'un démiurge. Qu'importe que les « bavardes vertes » désignent les grenouilles, la « quenouille vivante » le mouton, et la « hargneuse breloque du portail » un vulgaire chien de garde ! Ce qui importe, c'est cet étincellement de vocables, cette génération spontanée d'images qui semble jaillie de l'inconscient ; c'est cela bien plutôt que ses théories qui annonce des procédés d'écriture méthodiquement exploités quelque vingt ans plus tard. La poésie

---

[19] *Ibid.*
[20] *Ibid.,* p. 137 sqq.
[21] *Figaro,* 26 avril 1913.

de Saint-Pol-Roux, par le cortège d'images qui se déroule tout au long des *Reposoirs de la Procession,* constitue ainsi l'enchaînement direct et comme nécessaire entre le Symbolisme et le Surréalisme. Mais, par son amour exubérant de la vie, elle se rattache étroitement aux années 1900, vers lesquelles elle s'épanouit. Déjà en 1891, ne répondait-il pas à Jules Huret que le poète Magnifique devait « promettre l'œuvre vibrante, sortie des rythmiques entrailles de la vie » ? En 1895, dans la première préface qu'il a écrite pour *la Dame à la Faulx,* il proclame :

> « Rayonnant de nous, une universelle exaltation d'idée pure et de vie se manifeste, et partout — si ce n'est un peu moins dans notre admirable patrie — partout l'esprit s'oriente d'après le nôtre, forçant nos négateurs eux-mêmes à nous faire d'hypocrites emprunts. »

Et l'année suivante, dans une seconde préface, il précise :

> « Par cette *Dame à la Faulx* j'ai voulu, en grande religion de la Joie, en grand respect de la Vie, faire œuvre de santé ; et j'estime que de ce drame élaboré en mars 1890 à Paris, revu plus tard parmi la nature, se dégage le robuste conseil de vivre, — de vivre son écot d'énergie commune et d'universelle harmonie. »

Dans son œuvre tout entière, la vie se presse, confuse, exubérante, désordonnée. Comment en effet trouver de l'ordre dans cette profusion ? La Beauté, pour Saint-Pol-Roux, c'est en effet « l'exaltation de la Vérité », c'est-à-dire de la vie, et plus précisément d'une vie meilleure : « De plus en plus, répondra-t-il bientôt à une nouvelle enquête, l'art appartient aux *vivants*. Le poète désire non plus copier la vie à la façon des naturalistes, mais créer de la vie meilleure avec les éléments intelligibles et sensibles de la vie universelle. » Partant de cette conception prométhéenne de l'homme, il conclut que la création poétique est analogue à la Conscience divine en train de produire les mondes, et que par conséquent « le poète continue Dieu, et la poésie n'est que le renouveau de l'archaïque pensée divine. »[22] Aussi, selon la doctrine qu'il nomme idéoréaliste et qui est imprégnée d'occultisme[23], la poésie, par le moyen de l'image, accomplit-elle la synthèse visible de l'idée et de la chose, et la réalité consiste-t-elle précisément en ces « Choses, corolles closes sur les essences, murailles dressées devant les vestales d'harmonie, pierres tumulaires des fantômes d'éternité », dont il parle magnifiquement à la fin de son *Liminaire.* Comment nous étonner après cela que Saint-Pol-Roux soit par excellence le poète des images, qu'il les cultive et s'en grise, puisqu'elles sont pour lui la forme concrète, seule accessible à nous, de la réalité spirituelle ?

---

[22] *Les Reposoirs de la Procession,* I, *Liminaire.*
[23] Ne contresignait-il pas en 1891 les « Mandements de la Rose-Croix Esthétique » élaborés par Péladan ?

Ainsi, avec Paul Fort et plus encore avec Saint-Pol-Roux, le Symbolisme prenait une direction nouvelle et, quittant plus ou moins délibérément les traces de Verlaine et de Mallarmé, cherchait volontiers à retrouver les voies que Rimbaud avait frayées. Paul Fort ne déclarait-il pas naguère encore : « Mes camarades et moi, Symbolistes de la seconde génération, nous ne jurions que par quatre saints : Verlaine, Mallarmé, Villiers de l'Isle-Adam, Lautréamont, mais Rimbaud était notre dieu — le Dieu maudit — dieu de la poésie, de la vraie vie poétique. »[24] Ils retrouvaient en effet un certain romantisme nervalien, et surtout rimbaldien, dans leur amour du verbe et de l'image, et, comme dit G.-A. Masson, « jusque dans cette allure aventureuse et ce goût du hasard, ou, pour employer l'expression de Paul Valéry, cette *initiative laissée au mot,* qui caractérisera jusqu'à Guillaume Apollinaire et aux disciples de Dada toute la lignée rimbaldienne du Symbolisme. »[25] Avec cette différence : c'est que l'aventure spirituelle d'un Nerval ou d'un Rimbaud n'était plus pour eux qu'une aventure littéraire.

Les forces tumultueuses

Stuart Merrill se préoccupait d'annoncer la Cité à venir. Verhaeren, de son côté, créait au même moment la poésie sociale. Là où les Romantiques, malgré leur engagement enthousiaste pour le « progrès », avaient tâtonné, Verhaeren, du premier coup, atteint à la grande poésie. Nous l'avons vu déjà, grâce à l'amour, retrouver l'optimisme et la joie de vivre. Mais l'amour ne l'a pas rendu égoïste : il l'a conduit à l'amour des hommes. Devant la crise économique qui sévit en Belgique autant qu'en France, devant la misère, les émeutes, les scandales d'un monde en proie au chaos, le cœur débordant de Verhaeren ne saurait rester froid : il devient socialiste, il fonde avec Vandervelde la section d'art de la Maison du Peuple. Mais surtout il se fait le chantre, tour à tour enthousiaste, pitoyable ou indigné, du monde moderne et de la condition humaine. « Comprendre la douleur du monde, participer à la joie de tout ce qui vit, telle est désormais à ses yeux la double condition de la poésie. »[26] Et cette poésie donne naissance à deux chefs-d'œuvre : *les Campagnes hallucinées* et *les Villes tentaculaires,* que suivront *les Aubes,* drame de l'avenir et de la révolution.

Verhaeren, d'un pays où la grande industrie a connu vers la fin du dix-neuvième siècle un essor soudain, a vu se manifester sous ses yeux un phénomène capital : le dépeuplement des villages et des campagnes au profit des villes. Ce contraste saisissant entre les deux paysages de son pays, rural et

---

[24] *Poésie* 44, numéro spécial sur Rimbaud.
[25] G.-A. Masson, *Paul Fort,* p. 32.
[26] A. Mockel, *Un poète de l'énergie, Émile Verhaeren,* p. 63.

urbain, cet exode de tout un peuple vers la ville, cette mort et cette naissance, il les vit, il les éprouve en lui-même. S'étant tourné vers l'effort humain, il endosse maintenant la peine des hommes et des choses, il retrouve même à propos des autres ses tourments et ses hallucinations d'antan. Son âme pénètre les êtres et les objets qu'il chante ; l'angoisse de la terre qui meurt, l'exaltation des foules qui croissent, il les fait siennes, et son expression, après avoir usé de correspondances subjectives et emprunté des images au monde extérieur pour suggérer son âme de poète, s'efforce maintenant vers un symbolisme tout court, où les choses qu'il voit et son âme ne feront plus qu'un.

Les campagnes, à l'heure où écrit le poète, donnent une impression de solitude et d'abandon. Un paysage, toujours le même : la plaine, immensément, « uniforme et morne », « vide et grise »,

>   Où mord l'averse, où mord la bise,
>   Où mord le froid[27].

La plaine aux mares livides, aux rivières taries, avec ses brouillards blancs et « leurs fils subtils de pestilence »[28], ses marais visqueux et ses fièvres. La plaine, sous un ciel lourd, fuligineux et gras, « ciel de pluie et de misère », aux carrefours du vent et de la pluie[29]. Çà et là, des chaumes troués par le vent, des torchis qui se lézardent, des étables vides, une auberge qui grelotte — « maisons de l'affre et du malheur »[30]. Quelques rares animaux, cormorans criant la mort, crapauds, « corbeaux noirs du sort qui passe », ajoutent à cette impression d'angoisse et de tristesse, qui trouve son écho dans « la tristesse et l'angoisse des cieux ». Car dans ces plaines désolées les hommes sont tristes. Verhaeren les voit défiler comme « une procession triste et noire », vieilles à manteaux, malades rapetissés, tenaillés par la soif et la faim, « le front pesant et le cœur las ». Ils s'en vont, « plus grêles que squelettes », portant leurs misères infinies, et

>   Chacun porte au bout d'une gaule,
>   Dans un mouchoir à carreaux bleus,
>   Chacun porte dans un mouchoir,
>   Changeant de main, changeant d'épaule,
>   Chacun porte
>   Le linge usé de son espoir[31].

Tout est mort en eux comme en cette terre dont « le sol et les germes sont damnés », et dans *les Campagnes hallucinées* la mort est partout présente. On dirait que tout y devient fou, mendiants, crapauds, épouvantails. Et en cet

---

27 *Les Campagnes hallucinées* : *Le Départ*.
28 *Ibid.* : *Les Fièvres*.
29 *Ibid.* : *Les Mendiants*.
30 *Ibid.* : *Le Fléau*.
31 *Ibid.* : *Le Départ*.

hallucinant recueil, avec *les Plaines, les Fièvres, le Péché, les Mendiants, le Fléau,* alternent d'étranges *Chansons de Fou,* aux lueurs parfois apocalyptiques :

> Le soir, sur les plaines envenimées,
> C'est un vol d'ailes allumées
> De soufre roux et de fumée[32].

Comme si ces campagnes qui pourrissent et qui meurent marquaient la fin d'un monde, car

> Tous les chemins vont vers la Ville[33].

Après le négatif, le positif. « La plaine est morte, et la Ville la mange. »[34] La Ville est en effet la pieuvre gigantesque, tentaculaire, qui suce le sang des campagnes jusqu'à la dernière goutte. Verhaeren connaît son âme, « son âme formidable et convulsée »[35] : il sait quelles sont, ici aussi, la misère et la détresse de ces foules, quels secrets se dissimulent sous les décors familiers : le port « lourd d'odeurs de naphte et de carbone » — car toute la mer aussi va vers la ville ! — ; les usines « se regardant avec les yeux cassés de leurs fenêtres », les forges

> Dont les meutes de feu et de lueurs grandies
> Mordent parfois le ciel, à coups d'abois et d'incendies[36] ;

la Bourse, où l'on croit voir « une âpre fièvre voler, de front en front, de lèvre en lèvre » ; le bazar où la foule tourne, monte, « s'érige, folle et sauvage, en spirale, vers les étages » et qui apparaît comme

> la bête et de flamme et de bruit
> Qui monte épouvanter le silence stellaire.

Sous l'œil visionnaire du poète, la Ville toute entière s'anime ainsi d'une vie étrange et fantastique, montrant à nu ses vices et ses misères. Mais le poète sait aussi que, dans *l'Âme de la Ville,* un rêve nouveau se forge, « plus haut que les fumées » ; que la révolte se lève,

> La rage immense, avec des cris,
> Avec du feu dans ses artères ;

en une vision grandiose, il nous montre la ville qui éclate, démolie, incendiée, haletante sous le meurtre et la vengeance, pour renaître un jour, telle que le sanglotent aux cieux ceux qui portent en eux ce rêve nouveau. Alors,

---

[32] *Ibid. : Chanson de Fou,* p. 68.
[33] *Ibid. : La Ville.*
[34] *Les Villes tentaculaires : La Plaine.*
[35] *Ibid. : l'Âme de la Ville.*
[36] *Ibid. : Les Usines.*

du fond de ce rêve, et comme pour répondre au Christ en croix des *Campagnes hallucinées,*

> Surgit un nouveau Christ, en lumière sculpté,
> Qui soulève vers lui l'humanité
> Et la baptise au feu de nouvelles étoiles.

Poésie sociale ? Non, mais plutôt poésie d'une société qui meurt, épopée d'une société qui veut naître. Le symbolisme ici n'est plus un simple procédé littéraire ; il est pour le poète le moyen à la fois de capter et d'exprimer l'âme secrète qui l'entoure[37].

D'ailleurs un recueil publié par Verhaeren quelques mois avant *les Villes tentaculaires* montrait à la fois l'ampleur et l'originalité de ce symbolisme. *Les Villages illusoires* passent à bon droit pour un des chefs-d'œuvre de l'école symboliste. Ne renferment-ils pas un des poèmes les plus souvent cités, *le Passeur d'eau* ? De fait, cette intuition aiguë des correspondances entre l'âme et les choses que nous avons rencontrée chez Verhaeren dès le début de sa carrière poétique semble avoir trouvé ici sa plus parfaite expression. Mais en dépit de ces ressemblances, le nouveau recueil apporte dans sa poésie un élément entièrement neuf : c'est la volonté, consciente et délibérée chez le poète, de conjurer et comme d'exorciser les démons intérieurs — ces complexes et ces images obsédantes — en les projetant hors de lui-même. C'est donc, si l'on excepte la poésie de Vielé-Griffin, le premier effort véritable du Symbolisme pour se libérer franchement, dans ses œuvres, de tout l'héritage décadent, pour sublimer ses tendances premières, pour passer du symbolisme subjectif à un symbolisme, sinon objectif, du moins objectivisé ; et par là *les Villages illusoires* constituent non seulement, comme le dit Charles Baudouin, « le pivot de l'art de Verhaeren »[38], mais le pivot de la poésie symboliste. En effet, avec « la vieille au mantelet de cotonnade » qui guette par sa fenêtre,

> Le soir, tout en mêlant les écheveaux
> De ses bontés ou de ses haines,

c'est l'âme de la contrée, mais ce sont aussi toutes les forces mauvaises, les « vieilles choses abolies » et tout un mystérieux destin que le poète en quelque sorte chasse hors de lui[39]. Et si le passeur d'eau, après s'être exténué à chercher par delà les brumes un idéal défunt, une sorte de paradis perdu, s'aperçoit qu'il n'a pas quitté le bord, il garde quand même,

---

[37] Cf. Ch. BAUDOUIN, *Le Symbole chez Verhaeren, passim.*
[38] *Ibid.,* p. 156.
[39] *Les Villages illusoires : la Vieille.*

> pour Dieu sait quand,
> Le roseau vert entre ses dents[40].

L'introversion n'est donc plus pour le poète la prison hors de laquelle il n'est pas d'évasion possible. Dans ces *Villages illusoires,* où la plupart des habitants s'épuisent en un rêve stérile, il en est, comme le cordier, qui savent pénétrer les forces qui nous mènent et qui tiennent les fils lointains venus des horizons : ceux-là savent que jadis c'était la vie écumante et livide — « regrets, fureurs, haines, combat » —, et que demain se dessineront d'autres horizons « en espérances d'avenir » : « lueurs, éveils, espoirs, combats » ; et le « blanc cordier visionnaire » aperçoit, là-haut, un double escalier d'or que gravissent en même temps le rêve et le savoir. Aussi *le Forgeron* n'est-il plus l'homme qui gémit sur le passé, mais celui qui forge l'avenir. Dans son brasier, il a jeté « révoltes, deuils, violences, colères » ; il a compté tous les maux : la misère, le mensonge, l'injustice ; et ses muscles se fortifient pour la conquête de temps où règneront l'amour et l'équité, où « tout sera simple et clair ». Ainsi le feu qui dévaste, qui brûle, une à une, les meules dans les campagnes, est aussi le feu purificateur et le feu créateur. Et Verhaeren, à la fin de son recueil, retrouve instinctivement la signification d'une des grandes images du symbolisme universel.

Car Verhaeren ne veut pas appliquer une théorie. C'est, par tempérament qu'il est symboliste, et il l'est profondément, si l'on entend par là qu'il a l'intuition d'une correspondance cachée entre son âme et les choses. Mais s'il a de plus en plus l'ambition de dépasser les apparences, ce sera, après s'être tourné vers le monde, pour y déceler, non pas, comme Mallarmé, quelque syntaxe idéale qui le sous-tendrait, mais les forces mystérieuses qui l'animent et le transforment.

A partir de 1896, il va s'abandonner vraiment à sa nouvelle inspiration dans *Les Visages de la Vie* et, plus encore, dans *Les Forces tumultueuses.*

> O vivre et vivre et vivre et se sentir meilleur
> A mesure que bout plus fervemment le cœur ;
> Vivre plus clair, dès qu'on marche en conquête...
> O vivre et vivre, éperdûment...[41]

C'est un départ, un essor, un « suprême et merveilleux voyage ». On ne saurait trop insister sur le dynamisme de cette poésie, qui n'est plus que mouvement, et qui entraîne le monde lui-même avec elle :

> Tout bouge — et l'on dirait les horizons en marche[42].

---

40   *Ibid. : Le Passeur d'eau.*
41   *Les Visages de la Vie : l'Action.*
42   *Ibid. : La Foule.*

Pour Verhaeren, la vie est désormais un ensemble de forces, qu'il s'agit de déchiffrer :

> L'âpre univers est un tissu de routes
> Tramé de vent et de lumière,

dit-il dans la pièce liminaire des *Visages de la Vie*. Et le vent en effet, ce même vent qui naguère encore balayait les plaines et les espoirs, et qui se mêlait aux arbres sinistres et aux morts, le vent est maintenant la force immense qui passe et qui entraîne, en attendant qu'il soit capable d'étreindre le monde. Or le vent, ce souffle qui emporte la nature à son rythme haletant, n'est autre chose que l'amour. L'amour est la grande loi de l'univers, c'est lui qui, mettant l'ivresse au cœur du poète, lui permettra par une véritable « fusion » de communier avec les choses[43]. Car il cherchera, en mettant son cœur au centre du monde, à saisir de l'intérieur les grandes lois de la vie, il s'identifiera avec la foule, il entrera « au cœur du mont », il « sera la mer »[44] et revivra « d'une vie atlantique et surhumaine » ; jusque dans la mort, il retrouvera la vie, puisque vivre, c'est ne plus faire qu'un avec l'univers[45]. Et, dans une magnifique vision cosmique, Verhaeren se voit comme absorbé à la fois et démesurément agrandi :

> Mon âme était anxieuse d'être elle-même ;
> Elle s'illimitait en une âme suprême
> Et violente, où l'univers se résumait ;
> Sur la vie et la mort planait même visage,
> Je ne distinguais plus leur forme au fond des âges ;
> Tout me semblait présent et je me transformais
> Moi-même, et je me confondais avec un être immense
> Qui ne voit plus quand tout finit, quand tout commence,
> Ni pourquoi la tragique humanité
> Avec ses cris, avec ses pleurs, avec ses plaintes,
> Traîne ses pas marqués de sang, au labyrinthe
> De la nocturne et flamboyante éternité[46].

Ainsi Verhaeren est maintenant le poète de l'univers, il est

> Celui qui s'est, hors de soi-même, enfui
> Vers le sauvage appel des forces unanimes[47].

Ces forces, il va maintenant les montrer poussant le navire « vers d'autres océans ». « Partons avec notre âme inassouvie », disent les plus exaltés. Et

---

43   *Les Visages de la Vie : L'Attente :*
        … Et réunir notre esprit et le monde…
44   *Ibid. : La Foule. Le Mont.*
45   *Ibid. : L'Eau.*
46   *Ibid. : Le Mont.*
47   *Ibid. : La Foule.*

ils aspirent à se plonger « dans la vie contradictoire mais enivrante », à s'abandonner aux *Forces tumultueuses*[48].

Voici l'art, qui veut maintenant le monde entier pour arène. Voici l'amour, qui sera désormais « la vie en lutte avec la mort », qui versera sa fièvre et sa jeunesse aux foules et animera l'humanité. L'amour véritable n'est-il pas ce qui rassemble, ce qui unit l'homme à la création tout entière ?

> Oh ! vivre ainsi, fervents et éperdus,
> Trempés de tout notre être, en les forces profondes
> Afin qu'un jour nos deux esprits fondus
> Sentent chanter en eux les grandes lois du monde[49].

A l'homme moderne de s'en rendre maître à son tour, par la science, qui saura découvrir les « neuves vérités », les secrets cachés qui joignent la terre au ciel[50] ; par une morale nouvelle, qui libérera enfin « le mal, le bien, le vrai, le faux, toutes forces barricadées », et lui permettra de s'exalter « du monde et de lui-même »[51]. Alors le poète se gonfle de toutes ces forces, et c'est la dernière partie du recueil, *les Cris de ma Vie* :

> L'ardeur de l'univers
> Me rajeunit et me pénètre,

s'écrie-t-il[52]. Il se sent un homme nouveau, c'est le matin sur la terre et il a sur toutes choses un regard neuf. Il vit « les rythmes fougueux de la nature entière » et en dégage une éthique : celle du *dépassement,* car seuls « les chevaux de l'impossible » jetteront, comme il dit, notre âme dans l'avenir. Le poète s'exalte jusqu'à vouloir percer les secrets de l'univers pour finalement s'abîmer et se fondre dans l'immensité. Et le recueil s'achève sur la vision du navire voguant au large, poussé par « les mains du vent et les bras des marées » et par ces quelques vers où s'annonce un nouvel art poétique :

> Or aujourd'hui, c'est la réalité
> Secrète encor, mais néanmoins enclose
> Au cours perpétuel et rythmique des choses,
> Qu'on veut, avec ténacité,
> Saisir pour ordonner la vie et la beauté,
> Selon tes causes.
>
> Le port lointain mais sûr, tout au bout de la mer ![53]

Sans avoir jamais fait de théorie, sans même s'être retrempé aux sources de l'ésotérisme, non seulement Verhaeren a réalisé les promesses du Sym-

---

48 *Les Forces tumultueuses : Sur la Mer.*
49 *Ibid. : L'Amour.*
50 *Ibid. : La Science.*
51 *Ibid. : L'Erreur.*
52 *Ibid. : Sur les Grèves.*
53 *Ibid. : Un Matin.*

bolisme en conférant à l'acte poétique toute sa puissance de suggestion grâce à une savante orchestration de l'image et de la musique, mais, mieux que ses contemporains, il lui a fait subir une reconversion décisive : comme Saint-Pol-Roux et mieux que lui sans doute, il lui a restitué son pouvoir de création et l'a élargi aux dimensions de l'univers dont il évoque magnifiquement les *Forces tumultueuses* et la *Multiple Splendeur*. « Homme nouveau », dépassement de soi, vision panthéiste et cosmique : visiblement Nietzsche est passé par là.

De Zarathoustra aux « nourritures terrestres »

Dans une société parisienne agitée par les scandales politiques et les luttes sociales, dans ces chapelles littéraires où étaient encore de mode langueurs évanescentes ou sensations raffinées, les premières pages traduites de Nietzsche avaient retenti comme un appel bouleversant. Ne faisait-il pas figure de prophète en effet, celui qui se dressait pour flétrir la dégénérescence d'une civilisation et pour libérer l'homme de ses entraves ? Certes, Nietzsche était bien moderne, lui aussi ; il était fait de contradictions, il était la proie de luttes terribles : à la fois tourné vers le monde et animé d'une intense vie intérieure ; attaché à son corps et à son âme ; mystique exalté et critique impitoyable de soi-même. Ces contradictions et ces luttes remplissaient son œuvre, au point qu'on avait rarement vu écrivain manier le paradoxe avec autant de désinvolture et que les routes divergentes, voire opposées dans lesquelles il s'engageait tour à tour avec la même passion autorisaient toutes les interprétations et sollicitaient les expériences les plus diverses. Mais ce qui faisait la force de Nietzsche, c'est que, loin de se faire la victime éplorée de ces conflits, il en vivait, il les exaltait, il les haussait au plan d'une philosophie : la vie n'est-elle pas essentiellement une lutte, et n'est-ce pas en combattant des ennemis que l'homme se découvre et s'affirme ? Ainsi Nietzsche faisait figure de soldat de l'esprit, se nourrissant de ses propres contradictions et exaltant tour à tour, par une sorte de dialectique vécue, les deux hommes qu'il y avait en lui, Apollon et Dionysos, comme il disait, ou l'Antéchrist et le Crucifié ; jusqu'au jour où, en une vision quasi mystique, il avait aperçu l'unité conciliatrice, et où sa route lui était apparue alors comme un chemin pointant vers les sommets à travers les éclairs et les orages.

C'est dans cette attitude un peu théâtrale qu'on se représentait volontiers, vers 1898, à travers la seule œuvre de lui qui fût encore traduite intégralement, *Ainsi parlait Zarathoustra*, le grand solitaire, le « voyageur sur la terre », comme il disait lui-même, celui qui avait volontairement quitté à trente-cinq ans une Allemagne empoisonnée pour aller demander la mesure de l'homme aux horizons ligures ou aux cimes de l'Engadine.

Dès lors il s'était identifié à ce Double lumineux qu'il portait en lui à son insu : Zarathoustra, le prophète descendu des cimes pour enseigner aux hommes le surhumain. Il est venu enseigner que Dieu est mort, et avec lui ses blasphémateurs. Que l'homme est maintenant libre, en face de lui-même. Que « l'homme est quelque chose qui doit être surmonté. » Et qu'enfin le surhumain, c'est le sens de la terre. L'homme, fils de la terre, ayant tué tous les dieux, partira donc à la découverte du monde, en même temps qu'à la conquête d'une nouvelle humanité :

> « Et ce sera le grand Midi, quand l'homme sera au milieu de sa route, entre la bête et le Surhumain, quand il fêtera, comme sa plus haute espérance, son chemin qui mène à un nouveau matin. »[54]

Après H. Rebell et avec d'autres, André Gide découvre Nietzsche en 1897 et c'est pour lui une véritable révélation. « Dès ce jour, chaque instant de ma vie prit pour moi la saveur de nouveauté d'un don absolument ineffable. »

Ivresse, joie de vivre, ferveur : tels vont être les mots-clés des *Nourritures terrestres*. « Que toute beauté se revête et se diapre de mon amour. » Il faut aimer : aimer son propre désir, aimer la sensation, car « toute sensation est d'une *présence* infinie » ; aimer l'émotion, car « toute émotion est capable de plénitude »[55] ; placer tout le bonheur dans l'instant et ne pas distinguer Dieu du bonheur[56] ; « assumer le plus possible d'humanité »[57] : par toutes ses exhortations, l'interlocuteur de Nathanaël ne rejoint-il pas Zarathoustra ? Lui aussi, il exalte l'ivresse dionysiaque — « Nathanaël, je t'enseignerai la ferveur » —, il retrouve l'univers, il aboutit — « où que tu ailles, tu ne peux rencontrer que Dieu » — à un nouveau panthéisme.

Il semble que nous soyons ici bien loin du Symbolisme. D'ailleurs, malgré toute l'admiration et la gratitude qu'il avait pour Mallarmé, André Gide n'était-il pas de ceux qui, en réaction contre cette littérature intellectuelle et désincarnée, réclamaient « le droit de vivre » ? Il avait beau s'en défendre, les Naturistes prétendaient l'annexer[58] ; et les *Nourritures terrestres,* cet hymne à la vie, n'étaient-elles pas, en bloc, une révolte contre tout son passé ? Narcisse semblait bien oublié, et avec lui la « fatale et illusoire rivière où les années passent et s'écoulent », le chaste Eden, paradis de l'Idée et de la virtualité pure. Il s'agissait maintenant de capter pour l'éternité la sensation présente, le monde concret des objets et des corps.

---

[54] *Ainsi parlait Zarathoustra,* p. 107.
[55] *Les Nourritures terrestres,* p. 22.
[56] *Ibid.,* p. 32.
[57] *Ibid.,* p. 23.
[58] *Prétextes,* p. 99 : « Naguère quelques critiques mal renseignés (ou du moins renseignés trop exclusivement par M. de Bouhélier lui-même) voulurent bien, dans l'ignorance des dates, me croire adepte d'une école qui simplement avait le goût naissant de m'approuver. Affamé de plus bruyante gloire, M. de Bouhélier entraînait mon nom à sa suite jusque dans les colonnes du *Figaro...* ».

Pourtant, quelque violentes que puissent être les palinodies ou les révolutions intérieures, elles ne sauraient être si totales qu'il ne subsiste après elles quelque chose de ce qui les a précédées. Ce quelque chose, plus ou moins inconsciemment, pénètre la sève nouvelle, se marie avec elle et la nourrit. Ainsi en fut-il du Symbolisme pour André Gide. Il lui avait appris qu'il y a dans l'homme des « régions basses, sauvages et fiévreuses », que l'art, et singulièrement la poésie, a pour rôle précisément d'ordonner[59]. Il lui avait enseigné la puissance de la suggestion, de l'implicite, et Gide, dès sa première œuvre, y était passé maître. Surtout, et de plus en plus, selon la remarque de Ramon Fernandez, Gide, se souvenant du platonisme du Narcisse, « s'efforcera de dégager de la peinture du réel la quintessence de la beauté », cherchant l'éternel dans le présent, et l'absolu dans la ferveur. En somme, « Gide a fait du symbolisme comme on fait ses gammes. Il s'y est formé une conscience poétique inflexible. Il y a dressé une carte schématique de la beauté qui devait l'empêcher de s'égarer au cours de ses explorations périlleuses. Il y a même fait plus : il y a pris un sens très profond et très précoce de son devoir d'artiste. »[60] Et ce sens-là lui permettra de s'orienter vers une esthétique classique diamétralement opposée au néo-classicisme d'un Maurras, vers une expression de densité, de dénûment et de ferveur par laquelle on ne saurait prétendre que Gide ait renié complètement ses origines.

Mais il faut dire davantage. C'est que, dans la pensée autant que dans la forme, il y a chez Gide, à travers les méandres de son aventure, une continuité presque rigide. « Dans les *Nourritures*, dit encore Fernandez, le platonisme du *Narcisse* est cultivé pour ainsi dire la tête en bas. L'essence du réel est enclose dans l'impression sensible la plus dépouillée des apports de l'idée... Le lieu des idées, c'est maintenant la terre... Pareillement, la ferveur a changé de source, mais non d'intensité. Le vœu passionné qui dans les *Cahiers* évoquait le fantôme de l'âme, dans les *Nourritures* réalise une véritable âme des sens. » Et n'est-ce pas l'âme des choses aussi qu'entend suggérer, par exemple, cette page étonnante :

> « Nathanaël, je te parlerai des attentes. J'ai vu la plaine, pendant l'été, attendre ; attendre un peu de pluie. La poussière des routes était devenue trop légère et chaque souffle la soulevait. Ce n'était même plus un désir ; c'était une appréhension.
> J'ai vu le ciel frémir de l'attente de l'aube. Une à une les étoiles se fanaient...
> J'ai vu d'autres aurores encore. J'ai vu l'attente de la nuit...
> Nathanaël, que chaque attente, en toi, ne soit même pas un désir, mais simplement une disposition à l'accueil... »[61]

---

[59] Cf. Léon PIERRE-QUINT, *André Gide*, p. 186.
[60] R. FERNANDEZ, *André Gide,* pp. 60-63.
[61] *Les Nourritures terrestres,* p. 30.

Comme un poème symboliste, mais d'un poète qui aurait retrouvé le sens de la vie, elle saisit « l'essence du réel », elle fait se joindre et communier, en une sorte d'état mystique, l'homme et la nature. Elle découvre un univers, tout à la fois visible et invisible. Elle dessine, à son départ, la courbe d'une aventure qui reprendrait, à distance, celle d'un Rimbaud, — si primordialement, chez Gide, l'éthique ne primait pas le poétique, et si le mysticisme ascétique qui était profondément ancré dans sa nature, en conflit permanent avec l'appel de la chair, n'eût pas déterminé en cette aventure une succession de mutations violentes et contradictoires qui le rendront insaisissable, jusqu'au jour où il croira trouver la sérénité dans l'acceptation pure et simple de sa double nature.

XII

PAUL VALÉRY
ou la poésie pure

En fait, depuis le tournant du siècle, même si bien des poètes en France se réclamaient encore du Symbolisme, l'essentiel du message de Mallarmé et de ceux qui autour de lui s'étaient efforcés d'en préciser la théorie semblait largement oublié. En quelques années, à la faveur d'une reconversion spectaculaire, tout s'était passé comme si l'amour de la vie et le désir d'exalter les joies de l'*existence* et la puissance de l'homme avaient occulté l'objet primordial de la quête à laquelle ils s'étaient voués, à savoir l'*essence* de la poésie. Or, par un nouveau renversement non moins remarquable, voici qu'aux environs de 1905 un groupe de poètes et de critiques, s'élevant contre ceux qui proclament à l'envi le mort du Symbolisme, décident de relever le gant en revenant aux sources mêmes du mouvement : ce sera, vingt ans après la révolution poétique de 1885, le dernier avatar du mouvement, désigné sous le nom de néo-Symbolisme.

Le néo-Symbolisme

Déjà, en 1904, Tancrède de Visan, dans l'important *Essai sur le Symbolisme* qu'il plaçait en guise de préface en tête de ses *Paysages introspectifs,* avait relevé le drapeau de l'école. Fervent disciple de Bergson, il tentait pour la première fois la synthèse du mouvement poétique et de la pensée du philosophe. Il intégrait la durée bergsonienne à la doctrine symboliste et esquissait un des premiers une théorie de la poésie pure.

La poésie, affirmait-il, suppose toute une métaphysique. Or la métaphysique va au delà du vrai jusqu'au réel : notre âme, l'âme des choses, « c'est-à-dire la réalité fondamentale, ou, si l'on aime les termes barbares, le *substratum.* » Et il s'expliquait ainsi : « Dans le vent qui fait frissonner les branches flotte du psychique, de l'*irrationnel,* et nous nous sentons en communication avec tout. Ces voix de l'au-delà qui nous caressent et font pleurer sans cause, ces phénomènes amis, ces *avertissements* dépassent la raison, vont jusqu'au *sentiment.* On ne les explique pas, on les subit, on les vit, on s'en imprègne, on s'y abandonne, on les entend, non avec l'intelligence discursive et représentative, mais grâce à une faculté spéciale qui est, je dirais, le fond même de nous, l'*intuition.* »[1] Ainsi, le premier, à la lumière du bergsonisme des *Données immédiates,* Tancrède de Visan définissait-il l'attitude poétique, à peu près dans les mêmes termes que l'avaient fait les Romantiques étrangers et, à leur suite, Poe et Baudelaire. Mais, allant plus loin qu'eux dans la précision, il affirmait avec Bergson que cette attitude consiste à se placer au centre même du réel, à compénétrer avec la chose, à fondre son âme avec la conscience universelle : « Je tiens un absolu : je ne réfléchis rien, je suis cela. » Telle est l'intuition poétique, qui est précisément l'attitude du poète symboliste, selon Tancrède de Visan. Tandis que le Parnassien analyse, décrit, s'en tient au relatif, le Symboliste, lui, avec toute son âme pénètre au delà des phénomènes, jusqu'au cœur du réel, sans le secours d'une dialectique. C'est ce que Plotin appelle « voir avec les yeux de l'âme »[2]. Pourtant, dit Tancrède de Visan, il n'y a rien là de proprement symbolique. C'est en effet, non dans l'attitude, mais dans l'acte poétique qu'apparaît le rôle du symbole. La fin de la poésie vraie, de la poésie *pure* consiste, explique-t-il, à créer de la beauté. Être poète, c'est savoir exprimer l'intuition du beau : « extériorisation d'une conscience spontanée », qui ne peut s'effectuer qu'au moyen de symboles, manière détournée et pourtant nécessaire de faire entendre ce que l'on ne peut exprimer par le langage habituel. Tancrède de Visan distingue ici deux processus possibles pour le poète. Ou bien, par une ascension progressive, il se livrera à une évocation lente et continue de son moi profond, et c'est exactement le lyrisme de la durée bergsonienne. Ou bien, en un raccourci symbolique, tel Mallarmé, « il foule ses émotions jusqu'à ce que jaillisse l'huile essentielle... Ce qu'il nous offre, c'est la dernière pressée, d'où ruisselle, comme en un spasme, l'intuition intellectuelle, le coup de hache suprême par quoi le fond de nous s'entr'ouvre soudain et se montre béant d'infini. » Alors le mot retrouve un pouvoir métaphysique, il est fin en soi, il s'identifie à la pensée. « Au toucher miraculeux du mot, des existences latentes ressuscitent, enfouies dans le tombeau de notre être, et montent vers la lumière de l'esprit. »[3]

On voit combien, de telles idées, sous l'impulsion du philosophe, revalorisaient les ambitions du Symbolisme. Donner toute sa valeur à l'intuition poétique, retrouver la portée métaphysique du langage était une tâche urgente et nécessaire. Tancrède de Visan, comme Bergson, méconnaissait sans doute la vraie signification du symbole. Cependant, grâce à lui, le Symbolisme pouvait se retrouver tel qu'en lui-même.

---

[1] *Paysages introspectifs,* préface, pp. XXIII-XXIV.
[2] *Ibid.,* p. XXXVIII.
[3] *Ibid.,* p. LXVIII.

C'est précisément ce qui était un train de se produire. De petites revues naissaient à nouveau. Déjà, en 1903, quelques jeunes s'étaient réunis autour d'Alfred Jarry et avaient fondé *le Festin d'Esope* : c'était Guillaume Apollinaire, André Salmon, Jean Royère, Han Ryner[4]. Deux ans plus tard, Paul Fort fondait à son tour *Vers et Prose,* avec l'intention bien définie de faire revivre le Symbolisme : « C'est parce qu'on dit volontiers que le Symbolisme est mort, disait-il dans sa réponse à une enquête de Georges Le Cardonnel et Charles Vellay, qu'il m'a paru nécessaire, pour la *défense de la langue française,* de permettre au groupement symboliste d'affirmer à nouveau sa vitalité, en vue de l'expression du symbolisme lyrique, et cela au moment même où ceux qui ont proclamé la mort du Symbolisme disparaissent de la littérature. »[5] Peu après, dans une sorte de manifeste intitulé *Où nous en sommes,* Robert de Souza montrait que le Symbolisme était encore en pleine vigueur et rappelait la définition de Vielé-Griffin :

> « Ce qui caractérise le Symbolisme, c'est la passion du mouvement au geste infini, de la Vie même, joyeuse ou triste, belle de toute la multiplicité de ses métamorphoses, passion agile et protéenne, qui se confond avec les heures du jour et de la nuit, perpétuellement renouvelée, intarissable et diverse comme l'onde et le feu, riche du lyrisme éternel, prodigue comme la terre puissante, profonde et voluptueuse comme le MYSTÈRE. »[6]

Certes, considéré ainsi, le Symbolisme prenait une extension singulière et risquait fort de se confondre avec la poésie en général, ou tout au moins avec le lyrisme. C'est bien ce que marquait Edmond Jaloux dans une lettre à Stuart Merrill : « Vos deux derniers petits poèmes du *Mercure* étaient adorables de couleur et de musique et parmi les plus parfaits que vous avez signés, mais c'est de la grande poésie, tout simplement, non de la poésie symboliste. Le Symbolisme a créé un des plus beaux mouvements de notre littérature, mais il n'a commencé d'être très bon que le jour où il a cessé d'être strictement le Symbolisme. »[7] Or on était précisément, en 1905, à l'heure où il fallait rendre à la doctrine toute sa pureté si l'on voulait en relever le drapeau. C'est ce que tenta Jean Royère.

*
* *

Enseignant, apprenti-philosophe, mais rebuté par l'esprit philosophique universitaire, Jean Royère avait débuté dans la littérature en 1898 par un

---

[4] Cf. Van Bever et Léautaud, *Poètes d'aujourd'hui,* passim. — Il faudrait y joindre Léon Deubel, cet autre « poète maudit ».
[5] *Mes mémoires,* p. 267.
[6] Cité dans *La Phalange,* 15 janvier 1907.
[7] Lettre inédite, 20 juillet 1905, citée dans M. L. Henry, *Stuart Merrill,* p. 147.

modeste recueil de vers, *Exil doré*. Puis, fervent admirateur à la fois de Mallarmé et de René Ghil, il s'était préoccupé de plus en plus du problème de la création poétique jusqu'au jour où — exactement en janvier 1902, nous dit-il[8] — lui vint « l'Idée platonicienne » de la poésie pure. Conception qu'il définissait deux ans plus tard dans la préface d'un nouveau recueil qui le révéla à la fois au public et à lui-même, *Eurythmies* :

> « Une Poésie qui contraignît le lisant à autant d'initiative que l'Écrivain, l'arrachant à cette route royale du verbe qui se déroule fertile et plate dans l'unanime majesté du paysage..., pour l'embellir des contours nuancés d'*Eurythmies*, quintessence, philosophie, rêves repliés — comme d'un peu d'infini bu aux lèvres d'enfantines confidences —, susurrements cueillis à l'Écoute dans le Silence des herbes qu'un crépuscule balance entre des tombes — l'impossible de la clarté enclos d'harmonie fuie et retrouvée, ductile à l'ouvrer de doigts ingénieux — le dû de l'intuitif d'ailleurs développé en discursifs théorèmes d'une géométrie vive et succincte pour l'œil ennemi de gloses honteuses à qui sait comprendre et sentir le Poème. »[9]

Il y avait bien de la préciosité dans ce style, et l'on pouvait se croire revenu aux plus beaux jours des *Écrits pour l'Art*. De fait, en 1905, sous le titre même de l'ancienne revue de René Ghil, puis, l'année suivante, dans *la Phalange,* Royère réunissait autour de lui quelques poètes décidés à intégrer dans la poésie française le meilleur de la pensée de Mallarmé. Vielé-Griffin y évoquait « la discipline mallarméenne, qui, par un procédé tant soit peu socratique, créa le Symbolisme. » Mallarmé fut, disait-il, un accoucheur d'esprits. « Il n'est personne d'entre les écrivains postérieurs à Mallarmé et dignes de considération, qui ne doive au poète d'*Hérodiade* et de *l'Après-Midi d'un Faune,* mais surtout au causeur prestigieux des Mardis de la rue de Rome, quelque chose de sa pensée et de son expression. » Une fois cet hommage rendu et cette dette reconnue, il s'agissait de préciser le sens dans lequel on devait poursuivre la recherche. Déjà Vielé-Griffin indiquait que la poésie est essentiellement expression rythmique : « C'est en conséquence de leur conception très haute de l'art du poète que les meilleurs Symbolistes, en même temps qu'ils édifiaient une philosophie de la vie et une éthique intellectuelle, interrogeaient critiquement les ressources mêmes du langage et abordaient expérimentalement l'étude de ses possibilités musicales. »[10] Mais tout cela restait encore vague. C'est Jean Royère qui devait préciser la recherche amorcée par Tancrède de Visan et s'efforcer d'élaborer, à la suite du Symbolisme mallarméen, une nouvelle synthèse doctrinale.

---

[8] Lettre à l'Abbé Bremond, dans *Le Musicisme,* p. 180 : « L'idée de poésie pure — le saviez-vous ? — m'est venue il y a exactement vingt-sept ans, en janvier 1902, et c'est cette Idée platonicienne qui m'a inspiré mes *Eurythmies*. »
[9] Cité dans *Le Musicisme,* pp. 180-181.
[10] *La Phalange,* 15 mai 1907 : *La discipline mallarméenne.*

Pour Jean Royère, « le poète doit pouvoir faire le silence en lui, vider son esprit, comme Descartes en philosophie, de toute réminiscence, se faire une âme neuve »[11]. La poésie est donc une découverte. Mais de quoi ? Après Mallarmé, Royère répond : de l'absolu. « Les poètes qui ont formé la génération symboliste, dira-t-il en effet, ont tous considéré leur art comme un *absolu.* »[12] Cet absolu, qu'il s'agit d'atteindre au fond du moi comme au fond des choses, ce sont les Idées, les essences platoniciennes ; et c'est bien là ce qu'exprime Royère dans la *Sœur de Narcisse nue* :

> Vous fûtes au rond-point du Rêve déserté
> Encore dénudant le front du paysage,
> Pour ouïr, sans dessein de la voir, la beauté
> Qui n'a pas de visage.
>
> Spirituelle — de la Nue où s'éternise,
> Essence, cette chair fluide du baiser...[13]

Ce « rêve de saisir l'Essence », ce narcissisme intellectuel est, on le voit, dans la meilleure tradition mallarméenne. Jean Royère, s'il en restait là, ne risquerait-il pas, à son tour, de ne trouver que le néant ? Mais c'est ici qu'il précise Mallarmé. Il met l'accent, non plus sur cette quête d'absolu, quête prétendue mystique, mais sur la création poétique elle-même. Car ce qui concerne le poète, ce n'est pas l'idée en soi, c'est *l'idée poétique.* « La poésie, dit-il, est, à sa manière, hautaine et philosophique, puisqu'elle se nourrit d'idées, mais d'idées *poétiques,* c'est-à-dire sensibles. »[14] Et, ailleurs, il explique : « Les idées poétiques sont des sensations sublimées par l'intelligence. Leurs rapports ne sont ni abstraits, ni simples, comme dans l'ordre des concepts ; ils sont concrets et complexes. » On voit apparaître ici la notion d'un nouveau langage, ou plutôt de cet usage esthétique du langage que Mallarmé opposait déjà à son emploi dialectique. A la trame de nos pensées, qui constitue un tissu d'analogies, de divinations, d'intuitions, sorte de musique intérieure, doit correspondre un langage musical, flot harmonieux de nuances, obscur certes pour la pensée abstraite, mais qui s'éclaire si l'on y cherche, non plus des raisonnements, mais précisément des intuitions : « L'obscurité essentielle de la poésie vient de ce qu'elle est l'histoire d'une âme et qu'elle en veut observer le mystère ; mais cette obscurité est lumineuse... » « Ma poésie est obscure comme un lys », disait Jean Royère en 1907, dans sa préface à *Sœur de Narcisse nue.* Il précisera plus tard dans le *Musicisme* : « La poésie pure n'est ni claire ni obscure : sa clarté et son obscurité ne sauraient être que physiques ou symboliques. »

---

11 Cité dans Florian-Parmentier, *Histoire contemporaine des Lettres françaises,* p. 158.
12 *La Phalange,* 1910, p. 610.
13 *Sœur de Narcisse nue* (1907) : *Intérieurement,* p. 74.
14 Cité dans M. Raymond, *De Baudelaire au Surréalisme,* p. 136.

Voilà comment, reprenant le problème central du Symbolisme, Jean Royère aboutissait à la notion d'une poésie pure, c'est-à-dire dépouillée de tout élément étranger à elle — abstraction, raisonnement, logique — et réduite à une musique exprimant le mystère de l'âme. « Le Symbolisme ne fut, n'est rien d'autre que la volonté de pénétrer la poésie dans son essence. »[15] Telle qu'il la concevait, cette formule contenait en germe sa future théorie du *Musicisme*. Mais, avant qu'il eût pris la peine de l'élaborer complètement, un autre poète, resté dans l'ombre et demeuré fidèle, lui aussi, à son maître Mallarmé, aboutissait de son côté, après de longues années de méditation, à une conception de la poésie pure qui devait un jour faire couler beaucoup d'encre.

« CHARMES »

C'est une étonnante aventure que celle de Paul Valéry. Une enfance nonchalante et paresseuse, quelques poèmes d'un hermétisme un peu précieux, une véritable passion pour Mallarmé, puis, soudain, un silence de près de vingt ans, que seule l'insistance d'André Gide parviendra à rompre. Alors une carrière brillante d'homme de lettres et, par la seule publication de quelques œuvres rares et difficiles, une des plus grandes gloires qu'écrivain ait connue de son vivant. Destinée qui laisse pressentir quelque propos intérieur, quelque décision solennelle qui engageait l'être tout entier.

De fait, après avoir tenté dans *Monsieur Teste*, par une ascèse intellectuelle sans précédent, de découvrir « les pouvoirs de l'esprit » en eux-mêmes, il s'efforcera plus précisément d'*expérimenter* l'acte poétique afin de lui arracher son secret grâce à une attention sans défaillance. Aussi les pièces qu'il écrira désormais et réunira en 1922 sous le titre de *Charmes,* le poète les considérera-t-il comme des « exercices » — comme *un* exercice, dirons-nous plutôt, toujours le même au fond, une recherche sur cet acte par excellence qu'est la poésie. Et si l'on veut, pour comprendre la place de la poésie valéryenne dans la ligne du Symbolisme, saisir le sens de cette recherche, il conviendra de rapprocher de *Charmes* les déclarations du poète, qui se sont multipliées depuis 1920, surtout dans *Littérature*.

Élucider l'acte poétique, c'est pour Valéry tenter de résoudre l'antinomie qui le constitue : à la fois labeur incessant, recherche technique, « effort au style » et à la versification — et don miraculeux, rencontres heureuses, pour ainsi dire involontaires et inconscientes ; bref le mystère de l'inspiration. Mais qui ne voit qu'en méditant sur l'acte poétique en son essence et dans toute sa généralité, c'est avant tout son propre drame intérieur que Valéry cherche à éclairer et à dénouer ? Christian Sénéchal l'a fort bien mar-

---

15 *La Phalange*, 1909, p. 86.

qué, qu'« en réalité ce retour à la poésie est une sorte de revanche de forces longtemps comprimées et tout autant que la substance même des poèmes, un aveu de l'échec auquel est vouée la tentative de ne s'intéresser aux choses du monde « que sous le rapport de l'intellect ». Ces poèmes, selon Sénéchal, « ne sont émouvants et beaux que dans la mesure où, cessant d'être des exercices » écrits en toute conscience et dans une entière lucidité, « Ils expriment la lutte intérieure entre l'aspiration vers la pure intellectualité et l'attrait puissant de la vie »[16]. Aussi, avant d'être « une fête de l'intellect », le poème est-il, en dépit de Valéry lui-même, « un jaillissement de forces irrationnelles », et le Valéry authentique est-il sans doute d'abord dans ce qu'il renie.

Notre âme, c'est « la dormeuse », l'ombre qui est en nous, l'inconscient, l'« âme absente »,

Souffle, songe, silence, invincible accalmie[17].

Son repos redoutable est chargé de secrets, de dons, de richesses insoupçonnées. Et ces richesses sont d'abord celles de notre tempérament, de notre nature, de notre sensualité. Elles dorment au fond de nous, tandis que notre âme est « occupée aux enfers ». Mais, à certaines heures, celle-ci se réveille : quand se dénoue la ceinture de la conscience, au crépuscule, cette Ombre danse : alors apparaît la solitude du poète, où se noue « le suprême lien de son silence avec le monde ». Ainsi, de temps en temps, le poète s'abandonne à l'ivresse des ondes[18]. Et c'est alors qu'il voit bondir

Les figures les plus profondes,

qu'il saisit des formes, des secrets dans la transparence de la mer. Par quel miracle ? C'est que si l'âme nous semble absente, elle est pourtant là, présente par sa *forme* qui veille. Présente par les Idées qui, secrètes araignées dans les ténèbres du moi, tissent leur toile sur la nature nue : « tremblants préparatifs » ![19] De la rencontre, aux profondeurs de notre inconscient, de ces élans de sensualité, « intention, impulsion imagée nombreuse », avec ces Idées, ces formes que Valéry appelle ailleurs « sensibilité formelle », naissent les heureux hasards dont parle sans cesse le poète[20]. Il a fallu pour cela une lente maturation, et la Muse procède à pas « muets et glacés ». Mais brusquement l'éclair luit, la grenade éclate : « lumineuse rupture » ![21] C'est l'inspiration. En ces moments privilégiés, nés d'une longue attente, le poète est comme doué d'une lucidité particulière, il saisit dans la nature des rap-

---

16 Cf. SÉNÉCHAL, *Les grands courants de la Littérature française contemporaine*, p. 400.
17 *Charmes : La Dormeuse.*
18 *Ibid. : Le Vin perdu.*
19 *Ibid. : Aurore.*
20 *Littérature*, pp. 36-37.
21 *Charmes : Les Grenades.*

ports ignorés : cette toile, dit-il, que telles des araignées, les Idées ont tissée sur les abîmes de la nature,

> Leur toile spirituelle,
> Je la brise, et vais cherchant
> Dans ma forêt sensuelle
> Les oracles de mon chant[22].

Alors la nature entière lui parle, « les images sont nombreuses à l'égal de ses regards »[23]. Alors il découvre la « secrète architecture » des choses, les « lois du ciel » qu'expriment et réalisent les colonnes du cantique, « filles des nombres d'or »[24]. Telle est la part de l'inspiration, ou, comme dit Valéry, de la « poésie » — de la poésie pure : les « vers donnés » ou venus ; une impression, un mouvement, un schème, né par hasard, un ensemble d'éléments fugitifs, trop discrets pour rendre l'œuvre viable. Car la fantaisie ne suffit pas. « Construire un poème qui ne contienne que poésie est impossible. »[25]

Car le moment même où vient l'inspiration doit être, pour le poète, le moment de la plus grande tension, du plus haut effort de volonté et de conscience. L'inspiration est comme le sylphe :

> A peine venu
> La tâche est finie.

Elle n'a fait que « promettre » une « erreur », une méprise : à la conscience lucide du poète d'en tirer maintenant parti. Lucide et « insinuante » :

> Je sais où je vais,
> Je t'y veux conduire...

dit-il à la Muse. Le grand secret maintenant, c'est la patience.

> Patience, patience,
> Patience dans l'azur !
> Chaque abîme de silence
> Est la chance d'un fruit mûr[26].

Le poète doit savoir contenir ses passions, éviter à tout prix de mordre le sein de la Poésie, s'il ne veut pas voir tarir le lait de « sa mère Intelligence ». Il doit savoir manier le ciseau, « appareiller » ses créations, telles les colonnes du temple, avec des « griffes de métal ». L'art poétique, comme l'architecture, est construction. L'inspiration, en se retirant, a laissé des trous à boucher : pour le poète, autant de problèmes à résoudre. La poésie est comme

---

[22] *Ibid. : Aurore.*
[23] *Ibid. : Le Vin perdu.*
[24] *Ibid. : Cantique des Colonnes.*
[25] *Littérature*, p. 41.
[26] *Ibid. : Palme.*

un jeu d'échecs : il faut transformer les échecs eux-mêmes, savoir utiliser les hasards ; ériger le trouble en système[27]. Alors « l'improvisation se concerte, l'impromptu s'organise : entre les « vers donnés » devront prendre place les « vers calculés », nés des règles, des conventions — rimes, prosodie, syntaxe — au choc desquels se forme l'œuvre.

On arrive ainsi à ce paradoxe : l'esthétique de Valéry est une esthétique de l'équilibre et de la clarté. Équilibre entre la sensualité et l'intelligence, entre la poésie et la construction, entre

> L'attirance de la terre
> Et le poids du firmament ![28]

Clarté aussi (terre et ciel ne sont-ils pas « départagés sans mystère » ?), car le rôle du poète est d'élucider ces rapports pressentis par l'inspiration, cette secrète architecture qu'il rêve et qui apparaît maintenant dans son œuvre :

> Vois quels hymnes candides !
> Quelle sonorité
> Nos éléments limpides
> Tirent de la clarté ![29]

Valéry nous a-t-il donné cet hymne candide, ce poème de la clarté où l'ordre du monde apparaîtrait dans son éclat et dans sa gloire ? C'est probablement avec cette ambition qu'il a écrit la pièce qui passe à juste titre pour son chef-d'œuvre : *le Cimetière marin*. N'est-ce pas le poème de « la lumière aux armes sans pitié », le poème du brûlant soleil de Midi et de la pleine conscience ? Nous ne sommes plus ici en présence d'un simple exercice, mais d'une somme poétique et philosophique : c'est le testament de Valéry, et, nous le verrons, un peu comme son *Coup de Dés*. Ici le poète rejoint le penseur. Monsieur Teste retrouvé ? Si l'on veut, mais à condition de savoir lire, entre les lignes de cette architecture impeccable, l'aveu d'une suprême confession.

Dans un paysage de paix, devant l'humble cimetière qui domine la mer, le poète médite. Il porte

> Un long regard sur le calme des dieux

et est comme fasciné par le miroitement du soleil sur la mer. L'union de la mer et du soleil, n'est-ce pas là le triomphe de Monsieur Teste, cette fusion de l'inconscient et du conscient à laquelle aspirait en vain la jeune Parque, ou plutôt la résorption du rêve dans la pleine conscience ?

> Le Temps scintille et le Songe est savoir.

---

[27] *Littérature*, p. 43.
[28] *Charmes : Palme*.
[29] *Ibid. : Cantique des Colonnes*.

Le poète a ressenti l'appel de la pureté et, à l'invitation du soleil de Midi, il s'est élevé jusqu'au « point pur », au degré suprême de conscience, auquel a abouti l'effort de concentration de toute une vie. Réplique du *Coup de Dés,* avons-nous dit ; mais chez ce prince de la pensée, l'heure de la conscience totale ce n'est pas minuit ; c'est « Midi le juste », instant de la lumière et du silence doré. Alors, de ce sommet, le héros de la conscience découvre l'ordre du monde : le ciel, le « vrai ciel », qui étale comme le poète lui-même son oisiveté pleine de pouvoir ; et, au regard du ciel, la mer. Intuitivement, Valéry retrouve ainsi les éléments du symbolisme primordial. Le ciel et la mer, la conscience et l'âme ; l'âme qui est comme un temple, « masse de calme » et réserve de silence, et que « compose » l'esprit selon un ordre qui se transforme sans cesse, de même que les feux étincelants de midi composent la mer :

> La mer, la mer, toujours recommencée !

Mais cet ordre immanent, sous son voile de flamme, et par delà la palpitation de la vie, reste froid dans sa pureté immuable. Il y manque l'amour, et le poète ne sait, comme offrande suprême, qu'accorder au monde un « dédain souverain ». Comment en serait-il autrement ? Debout sur le cap Pensée[30], Monsieur Teste considère le destin de l'homme, et sa seule jouissance est de savourer son néant comme un fruit qui fond dans la bouche. Il attend « l'écho de [sa] grandeur interne, mais il ne trouve en son âme qu'un creux toujours futur : car cette âme, qui maintenant se confond avec la mer, gardienne fidèle du petit cimetière, cette âme n'a à paître que des tombeaux. Oui, l'âme du poète renferme un cimetière. Parfois, comme Narcisse, elle est tentée par l'illusion : elle doute, elle espère...

> Le beau mensonge et la pieuse ruse !

Qu'est-ce que l'immortalité, la « maigre immortalité » qu'on nous promet, sinon un crâne vide ? Oui, comme Narcisse, l'âme se trompe sur elle-même et n'aime qu'une ombre. L'inquiétude, l'angoisse métaphysique est le vrai rongeur, le ver irréfutable qui est au cœur de la vie et s'en nourrit, le « défaut » de la cuirasse, ou plutôt de ce grand diamant qu'est la Pensée universelle. Voilà la constatation à laquelle aboutit le poète, quand il refuse d'être Narcisse — ou Monsieur Teste, quand il va jusqu'au bout de sa pensée :

> Le son m'enfante et la flèche me tue !

Il est pris dans les antinomies de sa raison. Zénon ou Narcisse... Comment en sortir ?

> Ah ! le soleil...

---

[30] *Monsieur Teste,* p. 120.

Oui, s'abandonner au soleil, non plus le soleil de la pensée pure, mais le soleil visible, qui fait jouer sur l'étendue marine ses mille et mille idoles ; s'abandonner au vent, aux flots de la mer, avec une jouissance toute païenne, pour en rejaillir vivant ! Les pages écrites peuvent bien alors s'envoler, emportées par le vent qui se lève. Qu'importe, puisqu'en plongeant dans l'ère successive le poète a retrouvé son âme ?

Le Cimetière marin conclut donc comme *la Jeune Parque,* par un hymne à la vie retrouvée. Qui ne voit cependant que rien n'est résolu ? Que cette frénésie d'amour sensuel cache un immense échec, dont, mieux encore que *la Jeune Parque, le Cimetière marin* renferme la confession à peine déguisée ? La pensée est toute-puissante, mais à condition de se refuser elle-même. L'ordre du monde est souverain, mais à condition d'en exclure l'homme, ou de faire taire son âme. « Il faut tenter de vivre ! » Cette exhortation à soi-même est, au fond, un aveu d'impuissance et la joie de vivre qu'exprimèrent en leur temps ceux de sa génération, n'est plus chez lui qu'une tentative, sinon une tentation. Si le cimetière de Valéry est plus calme en apparence que celui de Baudelaire, il n'en est pas moins hanté par les vers, qui ne quittent pas le poète et rongent son âme. Et c'est pour fuir cette âme irrémédiablement vide qu'il essaie de se replonger dans la vie comme en un paradis d'évasion.

Voilà ce qu'est devenu le poème idéal, le grand jeu, la fête de l'intellect d'où Valéry pensait abstraire totalement sa personnalité relative pour n'y laisser s'exprimer que le Moi absolu. Confession à peine voilée, *le Cimetière marin,* en dépit de strophes magnifiques, ou plutôt en des strophes magnifiques, est l'aveu d'un désastre. Lui aussi, il n'a trouvé au bout de son expérience qu'un cimetière intérieur. Valéry est bien l'héritier de Baudelaire et de Mallarmé. Ce chant désespéré fut d'ailleurs son chant du cygne. Après *le Cimetière marin,* le poète se tut. Et le penseur, devenu homme de lettres, ne fit plus guère que puiser indéfiniment, le plus souvent pour des publications de circonstance, dans les innombrables cahiers où, tout au long de sa vie, il avait appris à se connaître lui-même. L'intellect et la spéculation mathématique dominent désormais dans *Variétés* et dans les digressions des cahiers.

Le champion de la poésie pure

Pourquoi ce revirement ? Quel avait été le but réel de Valéry ? Dans quels termes avaient vécu en lui ces deux êtres, le penseur et le poète ? Et, en ce qui nous intéresse tout particulièrement, comment l'un et l'autre avaient-ils compris leurs rapports avec le Symbolisme et la poésie pure ? Un texte surtout nous renseignera, l'*Avant-Propos* qu'il écrivit, vers le même temps que *le Cimetière marin,* pour la *Connaissance de la Déesse* de Lucien Fabre.

Sous les traits de Monsieur Teste, héros de la conscience totale, Paul Valéry s'était d'abord efforcé de porter cette conscience du plan de la réalité mouvante au plan des idées pures, par un processus de détachement tout intellectuel qui consistait à être exclusivement attentif à la fonction de son esprit. On l'avait vu, une fois parvenu à ce Moi absolu et tout puissant, orgueilleux et solitaire, identifier alors conscience et puissance créatrice, rechercher à la suite de Léonard « la méthode », les conditions universelles de la création humaine, et prendre conscience du rôle du poète et de l'artiste dans cette création, qui est proprement pour eux, plus encore que pour le savant, une construction du monde selon l'esprit — « esprit symbolique » qui comble par les métaphores nées de son imagination les lacunes subsistant entre ses diverses perceptions. Mais il s'est vite aperçu que, sitôt qu'elle s'exprime en un langage quelconque, la construction rêvée se charge d'impuretés, la poésie devient prose, la volonté de conscience totale se trahit elle-même. Valéry renoncera donc à la poésie comme impure, jusqu'au jour où, amicalement exhorté, sinon à écrire de nouveaux poèmes, du moins à livrer au public ceux qu'il avait écrits autrefois, il ébauche son testament poétique, se prend au jeu, s'émerveille en poète, selon l'expression de Berne-Jouffroy, « devant le magnifique jouet de son intelligence »[31], se félicite aussi de ces heureux hasards qui s'offrent à lui, écrit *la Jeune Parque* en quatre ans, puis une série d'exercices où il s'efforce d'élucider l'acte poétique. Mais au fond, dans cette suprême expérience, pas plus *le Cimetière marin* que les autres poèmes de *Charmes* ne seront parvenus à dénouer le drame. Drame entre la prose et la poésie, entre le penseur et le poète, a-t-on dit. Je dirais plutôt : entre le conscient et l'inconscient. Valéry en effet, toute sa vie, a voulu faire coïncider l'un et l'autre, ou plus exactement éliminer peu à peu l'inconscient au profit de la conscience, et en particulier réduire la part de l'inconscient poétique, de l'inspiration, à un infiniment petit, pour faire de la poésie *un exercice de pensée pure*[32]. Aussi a-t-on pu dire de Valéry qu'il ne croyait pas à la poésie, et a-t-il pu déclarer lui-même à Gide : « On me prend pour un poète ! Mais je m'en fous, moi, de la poésie. Elle ne m'intéresse que par raccroc. C'est par accident que j'ai écrit des vers. Cela n'a pour moi aucune importance. » Il ne faudrait pas voir là une simple boutade. Il est bien vrai que la poésie, la création poétique n'importe pas à Valéry, il ne s'y engage pas, c'est pour lui un jeu. Comme le dit encore Berne-Jouffroy, « il se délecte des saillies de son esprit et, surtout, comme un enfant intelligent à qui l'on a donné un beau joujou, il s'amuse follement à rechercher ses trucs, à découvrir les secrets de son fonctionnement. »[33] Ce qui lui importe, c'est ce que lui apprend la poésie sur sa pensée, sur son esprit, c'est l'exercice poétique en tant qu'exercice. Aussi s'est-il intéressé exclusivement à la nature de cet exercice en soi, dégagé de toute autre préoccupation, et qu'il a appelé *poésie pure*.

---

[31] BERNE-JOUFFROY, *Présence de Valéry*, p. 177.
[32] *Ibid.*, pp. 194-200.
[33] *Ibid.*, p. 178.

La poésie pure, pour Valéry, c'est là la grande découverte du Symbolisme. Jusqu'à lui, les plus grands poèmes — le *De Natura rerum,* les *Géorgiques,* l'*Énéide,* la *Divine Comédie,* la *Légende des Siècles* — étaient contaminés d'éléments étrangers à l'ordre proprement poétique ; or « on voit enfin, vers le milieu du dix-neuvième siècle, dit Valéry dans son célèbre *Avant-Propos,* se prononcer dans notre littérature une volonté remarquable d'isoler définitivement la Poésie de toute autre essence qu'elle-même. » « Préparation de la poésie à l'état pur », ajoute-t-il, qu'Edgar Poe avait annoncée et réclamée[34]. Il s'est trouvé qu'en ce faisant, les poètes s'avisèrent qu'ils se rapprochaient de la musique. Ils reconnurent en elle — dans la musique de Berlioz et de Wagner — le moyen d'exprimer cet ineffable vers l'expression duquel, jusque là, la poésie n'avait fait que tendre sans jamais y parvenir. Aussi, continue Valéry, « ce qui fut baptisé le Symbolisme se résume très simplement dans l'intention commune à plusieurs familles de poètes (d'ailleurs ennemies entre elles) de reprendre à la Musique leur bien. Le secret de ce mouvement n'est pas autre. »[35] On rivalisa alors de ferveur et de hardiesse pour résoudre le problème de la beauté pure ; on purgea la poésie « de presque tous ces éléments intellectuels que la musique ne peut exprimer ; il s'en fallut de peu qu'une espèce de religion fût établie : « à l'horizon, toujours, la poésie pure... » Il s'agissait là en effet d'un idéal littéralement inaccessible : « Car c'est une limite du monde qu'une vérité de cette espèce ; il n'est pas permis de s'y établir. Rien de si pur ne peut coexister avec les conditions de la vie. » A quoi tendait-on en effet, selon Valéry ? « A quelque état presque inhumain », où les rencontres, les heureux hasards de l'inspiration devinssent parfaitement conscients, où l'esprit créateur conquît tous ses pouvoirs, « vers une beauté toujours plus consciente de sa genèse, toujours plus indépendante de tous *sujets* », c'est-à-dire réduite à un acte de pensée pure, au simple pouvoir de l'esprit. Par là, le Symbolisme, ou plus exactement Valéry-poète symboliste se réconcilie avec Valéry-Teste ; mais qui ne voit qu'en même temps il se nie lui-même en tant que poète ? Car cette « poésie absolue », on ne la conçoit même pas procédant, comme il le voudrait, par merveilles exceptionnelles, mais bien plutôt se confondant avec « le vide parfait ». L'aveu est à noter : il n'a retenu du Symbolisme que l'ambition mallarméenne d'atteindre une poésie-musique à l'état pur, et il n'a retenu de Mallarmé que sa tentative désespérée pour faire de cette poésie-musique une pure virtualité.

Que devient dans tout cela la notion de symbole ? Valéry l'avoue : ce mot ne l'intéresse pas. C'est pour lui un de ces « perroquets » à qui l'on fait dire tout ce qui vous passe par la tête : « C'est en vain que les observateurs de ces expériences, et que ceux mêmes qui les pratiquaient, s'en prenaient à

---

[34] *Variété,* p. 93.
[35] *Ibid.,* p. 95.

ce pauvre mot de symbole. Il ne contient que ce que l'on veut. » Loin de lui la « magie suggestive », la « sorcellerie évocatoire » du langage poétique ! Mallarmé, en dépit de son désespoir métaphysique, croyait encore, et comme malgré lui — voyez le *Démon de l'Analogie* et d'autres témoignages —, à quelque pouvoir surnaturel des mots, à quelque invitation mystérieuse du monde des essences par le truchement de la métaphore. Superstitions de poète dont Valéry n'est plus dupe : « On voudrait faire croire, dit-il, qu'une métaphore est une communication du ciel. Une métaphore est ce qui arrive quand on regarde de telle façon, comme un éternuement est ce qui arrive quand on regarde le soleil. » De quelle façon ? « Un jour, on saura peut-être le dire très précisément. » Pour l'instant, ce n'est que le fruit d'une analogie, d'un rapport établi audacieusement par notre imagination, au delà des bornes de la logique, ou plutôt selon une logique supérieure qui sache mettre en valeur les possibilités du langage et fasse du poème une fête de l'Intellect, où seront méthodiquement mises en œuvre toutes les ressources de l'esprit. Qu'on appelle symbole, si l'on veut, cette métaphore où l'esprit créateur du poète fait constamment l'expérience de ce pouvoir : le symbole n'a alors pour rôle que de transmettre au lecteur l'état dans lequel le poète se trouvait en écrivant, c'est-à-dire, à la limite idéale, le sentiment de sa personne et d'une parfaite connaissance de soi.

Ainsi, chez Valéry, le Symbolisme devient en théorie une sorte d'algèbre supérieure, un système de signes, destinés à exprimer des rapports trop subtils pour le truchement d'un langage direct. C'est pouquoi, malgré l'obscurité qui procède de cette transposition, il n'en résulte aucun mystère irréductible. Une telle poésie eût cependant risqué ainsi d'aboutir à quelque chose d'abstrait, de froid et de desséché, si en réalité, et comme malgré lui, Valéry n'en eût fait, poussé par sa sensibilité et sa sensualité, un être de chair.

Il y a, malgré qu'il en ait, une vie et une présence presque dans chaque page de *Charmes,* dans l'Hymne au soleil de l'*Ébauche d'un Serpent :*

>   Grand Soleil, qui sonnes l'éveil
>   A l'être, et de feux l'accompagnes...

il y a une chair vivante dans les grenades dont l'or sec « crève en gemmes rouges de jus », il y a une révolte contre l'intellect pur, jaillie des profondeurs de l'être, dans l'élan final du *Cimetière marin* :

>   Le vent se lève !... Il faut tenter de vivre !

Poète malgré lui, oui, en ce sens. Car Valéry est profondément et réellement poète, non quand il rêve d'une poésie pure où toute expression s'exténuerait, se résorbant, comme la poésie mallarméenne, en quelque virtualité faite de silence, mais quand l'écorce rigide où il a voulu emprisonner sa conscience crève sous l'impulsion de ses instincts et de sa chair gonflée de vie.

XIII

MARCEL PROUST
ou le temps retrouvé

Si l'œuvre de Paul Valéry prolongeait à sa manière la quête mallarméenne d'une poésie pure, c'est par d'autres voies, à la faveur d'une redécouverte du temps et de l'espace, que devait s'épanouir le Symbolisme dans les premières décennies du siècle.

« O Temps, suspens ton vol !... » Après Lamartine, bien des poètes furent hantés par la fuite du temps. Mais c'était en quelque sorte une donnée extérieure à l'homme, que celui-ci cherchait en vain à fixer par le souvenir. Décadents et Symbolistes, en fondant ensemble le présent et le passé, ont intériorisé le sentiment du temps, au moment même où Bergson faisait de la durée une donnée immédiate de la conscience, que seule l'intuition, selon lui, était capable de saisir, non comme un objet de connaissance relative, mais comme un absolu. Quinze ans plus tard, en 1903, dans l'*Introduction à la Métaphysique,* Bergson précisait ainsi cette notion d'un temps absolu ; non pas « une éternité conceptuelle, qui est une éternité de mort, mais une éternité de vie. Éternité vivante et par conséquent mouvante encore, où notre durée à nous se retrouverait comme les vibrations dans la lumière, et qui serait la concrétion de toute durée comme la matérialité en est l'éparpillement. »[1]

Une semblable conception qui faisait appel à la concentration intérieure pour tenter d'unir la richesse du vivant et l'exigence de l'absolu, était bien faite pour séduire des tempéraments intuitifs et mystiques en même temps que sensibles à l'appel de la vie. Aussi, dès les premières années du siècle, Bergson fut-il entouré de disciples enthousiastes. Nous avons déjà vu Tancrède de Visan chercher en 1904 dans la pensée bergsonienne les moyens de faire revivre le Symbolisme. Mais l'influence du philosophe devait se faire sentir plus profondément encore sur deux écrivains de première importance : Charles Péguy, resté jusqu'au bout le fidèle disciple que l'on nous montre assidu aux cours du Collège de France et qui s'est nourri sans cesse de la pensée du Maître, et surtout Marcel Proust.

---

[1] *Henri Bergson, Essais et témoignages,* éd. La Baconnière, p. 328.

La « recherche » de Proust

Comme chez Bergson, c'est vers l'intérieur que fut orientée dès l'origine la recherche de Marcel Proust. Il y était déjà porté par sa nature fragile, par une sensibilité dont les excès devaient tourner de bonne heure à la névrose. Une jeunesse mondaine en apparence, mais pendant laquelle s'amasse, sans qu'on s'en doute, le trésor qu'il s'agira plus tard de découvrir ; puis, sous la double contrainte de la maladie et de la vocation, un décor d'intérieur, une solitude de plus en plus totale consacrée sans restriction à l'œuvre unique et à la découverte de ce trésor : telle apparaît cette existence étrange, dont le monde littéraire mettra longtemps à reconnaître la rareté. Comme celle de Valéry, comme celle de Claudel aussi, l'œuvre de Proust fut, si l'on peut dire, une œuvre à retardement. Elle devra attendre, pour trouver audience, l'évolution des esprits.

En apparence, cette œuvre semble sans lien avec le Symbolisme, et l'on pourrait même évoquer certain texte de jeunesse qui montrent Marcel Proust partant en guerre *Contre l'Obscurité* et disant leur fait aux jeunes poètes qui se veulent inintelligibles par système, et dont pourtant « les princesses, les mélancolies, accoudées ou souriantes, les béryls sont à tout le monde ». Non seulement, dans la *Revue Blanche* — pourtant apparentée au Symbolisme —, Proust s'en prend ainsi en 1896 à la mode et à l'imagerie symbolistes, « vains coquillages, sonores et vides, morceaux de bois pourris ou ferrailles rouillés que le flux a jetés sur le rivage et que le premier venu peut prendre, s'il lui plaît, tant qu'en se retirant la génération ne les a pas emportés » ; mais il va plus loin, avertissant le Symbolisme qu'« en prétendant négliger les « accidents de temps et d'espace » pour ne nous montrer que des vérités éternelles, il méconnaît une autre loi de la vie qui est de réaliser l'universel ou l'éternel, mais seulement dans des individus. »[2]

Retrouver la vie véritable à travers les accidents individuels, telle sera l'étude de Marcel Proust. Mais n'était-ce pas, au même moment, le propos de certains Symbolistes, qui cherchaient dans le flux mouvant de leurs états d'âme, la saveur du temps perdu. Proust, d'ailleurs, les rejoignait, et rejoignait avec eux tout le mouvement symboliste, quand il définissait dans le même article la valeur poétique du langage :

> « Les mots ne sont pas de purs signes pour le poète. Les Symbolistes seront sans doute les premiers à nous accorder que ce que chaque mot garde, dans sa figure ou dans son harmonie, du charme de son origine ou de la grandeur de son passé, a sur notre imagination et sur notre sensibilité une puissance d'évo-

---

[2] Pourtant, en 1898, il collabore au *Mercure de France* — vrai bastion du Symbolisme — avec un article sur John Ruskin, l'esthète idéaliste anglais qui aura un si grand prestige pour lui, avec *les Pierres de Venise* et *la Bible d'Amiens,* hostiles à la société industrielle du XIXe siècle et nostalgiques du Moyen-Age.

cation au moins aussi grande que sa puissance de stricte signification. Ce sont ces affinités anciennes et mystérieuses entre notre langage maternel et notre sensibilité qui, au lieu d'un langage conventionnel comme sont les langues étrangères, en font une sorte de musique latente que le poète peut faire résonner en nous avec une douceur incomparable. Il rajeunit un mot en le prenant dans une vieille acception, il oscille entre deux images disjointes des harmonies oubliées, à tout moment il nous fait respirer avec délices le parfum de la terre natale. »[3]

Proust, dans toute son œuvre, cherchera à rendre au langage sa « puissance d'évocation ». Cela suffit-il cependant pour voir en lui, comme le fait Valéry-Larbaud, « le représentant le plus authentique du mouvement symboliste »[4] ? Non, la conception verlainienne et décadente d'un langage suggestif et impressionniste est encore loin de celle d'un langage véritablement symbolique. Or, pas plus que Verlaine, Proust ne soupçonne encore les ressources d'un tel langage. Toute son étude, ce sera de découvrir en soi-même, au tréfonds de l'âme, sa véritable individualité, et de comprendre le message, qu'un jour il a reçu, d'une mystérieuse réalité qui pour l'ordinaire nous échappe.

*
* *

Car la *Recherche du Temps perdu* est née d'une intuition fondamentale, ou, comme on l'a dit, d'une sorte de *révélation* : Proust en a rendu compte dès son premier volume, par l'analyse fameuse de la madeleine trempée dans du thé. Il s'efforcera de l'expliquer dans son dernier volume, par le triple exemple des pavés inégaux de l'hôtel de Guermantes, du bruit de la cuiller contre une assiette et de la serviette raide et empesée donnée par le maître d'hôtel. Ainsi, l'œuvre maîtresse de Proust tient tout entière entre la découverte et l'explication d'une intuition qui a littéralement bouleversé sa vie.

Révélation fortuite. Sous les yeux de Proust, devant son esprit, l'existence défile, jeu d'images successives qui disparaissent de la scène au fur et à mesure de leur passage et tombent dans l'oubli. Ainsi notre moi, en apparence, se fait et se défait sans cesse, usé par le temps qui passe et entraîne tout avec lui, laissant dans une détresse profonde le cœur avide de saisir un bonheur tangible qui ne soit pas une pure illusion. Mais voici que, soudain, une sensation fugitive déclenche en lui quelque chose d'extraordinaire : un « plaisir délicieux» l'envahit, il cesse de se sentir « médiocre, contingent, mortel », il a brusquement l'impression d'être « rempli d'une essence précieuse », comme si, par delà le moi fuyant et intermittent de la vie quotidienne, il avait

---

[3] Texte repris dans *Chroniques,* p. 140.
[4] Préface de Valéry Larbaud à l'ouvrage d'E. FISER, *L'Esthétique de Marcel Proust.*

découvert un autre moi plus vrai, un moi fondamental qui n'apparaît d'ordinaire à la conscience que dans des moments privilégiés[5]. Et c'est là justement ce qui s'est produit. La sensation de pavés inégaux ou le bruit d'une cuiller qui heurte une assiette, comme la madeleine trempée dans du thé, ont fait une déchirure dans le quotidien et ont permis à Proust — ou à son héros — de pressentir une vérité cachée. Or il est clair que la vérité qu'il cherche n'est pas dans ces objets, mais en lui-même. Que s'est-il donc passé ? Simplement, que la sensation a réveillé chez lui un souvenir, le souvenir d'une sensation passée, dont il ne subsiste, au fond de sa mémoire, que quelque chose d'immatériel, son, odeur, saveur, qui, après la mort des êtres, « restent encore longtemps, comme des âmes, à se rappeler, à attendre, à espérer, sur la ruine de tout le reste, à porter sans fléchir, sur leur gouttelette presque impalpable, l'édifice immense du souvenir »[6]. Ce fut donc, cette intuition fugitive, la saisie d'un rapport, « le miracle d'une analogie » perçue entre une sensation et un souvenir, et dont l'accomplissement comporte « beaucoup de hasard ».

Proust a passé de longues années de sa vie à rechercher ces moments d'extase qui semblaient lui livrer le secret d'un temps ou d'une patrie perdue. Et il sentait bien qu'il ne pourrait les conquérir qu'après avoir pris clairement conscience, non seulement de leur nature, mais des conditions mêmes de leur résurrection. Il a cherché les clefs magiques qui seraient capables de délivrer la Prisonnière, l'âme enchaînée par le temps et dont l'existence nous échappe. Et, peu à peu, grâce à l'art, et particulièrement à la musique, il pressentait la vérité. Il comprenait d'abord que les grands artistes, « en éveillant en nous le correspondant du thème qu'ils ont trouvé », nous rendent le service « de nous montrer quelle richesse, quelle variété cache à notre insu cette grande nuit impénétrable et décourageante de notre âme que nous prenons pour du vide et pour du néant. »[7] La petite phrase de la sonate de Vinteuil — ou, si l'on préfère, de Gabriel Fauré[8], allait alors le guider dans ce que Cattaui appelle « les étapes de son itinéraire, les épreuves successives de son initiation »[9]. Il apercevait que cette phrase « appartenait à un ordre de créatures surnaturelles et que nous n'avons jamais vues, mais que malgré cela nous reconnaissons avec ravissement quand quelque explorateur de l'invisible arrive à en capter une, à l'amener, du monde divin où il a accès, briller

---

5 *Du Côté de chez Swann*, p. 70.
6 *Ibid.*, p. 73.
7 *Ibid.*, II, p. 190.
8 « Dans la mesure où la réalité m'a servi, mesure très faible à vrai dire, la petite phrase de cette Sonate, et je ne l'ai jamais dit à personne, est (pour commencer par la fin), la phrase charmante mais enfin médiocre d'une sonate pour piano et violon de Saint-Saëns, musicien que je n'aime pas. » Cité en note par E. FISER, op. cit., p. 173. — Sur l'identification exacte de l'auteur de cette sonate, cf. *Figaro Littéraire*, novembre 1946.
9 CATTAUI, *L'Amitié de Proust*, p. 161.

quelques instants au-dessus du nôtre. »[10] Il comprenait qu'à ces moments-là un artiste comme Vinteuil « atteignait sa propre essence à ces profondeurs où, quelque question qu'on lui pose, c'est du même accent, le sien propre, qu'elle répond. »[11] Il distinguait peu à peu dans sa musique une prière et une espérance. « Ce chant, différent de celui des autres, semblable à tous les siens, où Vinteuil l'avait-il appris, entendu ? Chaque artiste semble ainsi comme le citoyen d'une patrie inconnue, oubliée de lui-même... Cette patrie perdue, les musiciens ne se la rappellent pas, mais chacun d'eux reste toujours inconsciemment accordé en un certain unisson avec elle. » Et il se demandait « si la musique n'était pas l'exemple unique de ce qu'aurait pu être — s'il n'y avait pas eu l'invention du langage, la formation des mots, l'analyse des idées — la communication des âmes », et si elle ne nous révélait pas « un monde entièrement différent de celui-ci et dont nous sortons pour naître à cette terre, avant peut-être d'y retourner revivre sous l'empire de ces lois inconnues auxquelles nous avons obéi parce que nous en portions l'enseignement en nous sans savoir qui les y avait tracées. »[12]

Alors, de même qu'à la fin d'une longue ascension, du sommet péniblement atteint on découvre soudain l'ensemble du paysage, et dans le paysage la place et la signification de chaque chose, Proust, à la fin de sa *Recherche,* apercevait brusquement l'ensemble de son œuvre et du même coup comprenait le sens et les limites de son effort. Il avait obstinément cherché à ressaisir son passé dans les sensations extérieures, mais le moi lui était apparu comme une succession d'impressions faites, comme l'amour de Swann, « de la mort, de l'infidélité d'innombrables désirs ». Or, comme le dit Cattaui, « un tel impressionnisme, un tel effritement de toutes les formes, une telle dissociation de tous les éléments de la personnalité » n'offraient-ils pas un grand danger[13] ? Proust le sentait maintenant :

> « J'avais trop expérimenté l'impossibilité d'atteindre dans la réalité ce qui était au fond de moi-même. Ce n'était pas plus sur la place Saint-Marc [...] que je retrouverais le Temps perdu [...] Je ne voulais pas me leurrer une fois de plus, car il s'agissait pour moi de savoir enfin s'il était vraiment possible d'atteindre ce que, toujours déçu comme je l'avais été en présence des lieux et des êtres, j'avais (bien qu'une fois la pièce pour concert de Vinteuil eût semblé me dire le contraire) cru irréalisable. Je n'avais donc pas tenté une expérience de plus dans la voie que je savais depuis longtemps ne mener à rien. Des impressions telles que celles que je cherchais à fixer ne pouvaient que s'évanouir au contact d'une jouissance directe qui a été impuissante à les faire naître. La seule manière de les goûter davantage c'était de tâcher de les connaître plus com-

---

10 *Du côté de chez Swann,* II, p. 191.
11 *La Prisonnière,* II, p. 73.
12 *Ibid.,* I, p. 256.
13 CATTAUI, op. cit., p. 148.

plètement, là où elles se trouvaient, c'est-à-dire en moi-même, de les rendre claires jusque dans leurs profondeurs. »[14]

C'était donc une reconversion totale qui s'imposait à Proust. Cette reconversion, il allait l'effectuer dans *le Temps Retrouvé,* qui contient, selon ses propres termes, « toute [sa] théorie de l'art ». Et c'est le dernier volume de son œuvre qu'il nous faut interroger si nous voulons surprendre à notre tour le secret de son expérience et le sens de sa révélation.

Le Temps retrouvé

Cette révélation consistait, on l'a vu, dans l'intuition d'analogies qui lui avaient paru mystérieuses et qui étaient pour lui autant de questions auxquelles il était « résolu aujourd'hui à trouver la réponse »[15] Or les images qui se présentaient ainsi — « un nuage, un triangle, un clocher, une fleur, un caillou » — étaient pour lui autant de pressentiments, de signes de « quelque chose de tout autre qu'il devait tâcher de découvrir ». Ainsi la petite phrase de la sonate de Vinteuil lui semblait-elle « symboliser un appel », et toutes ces impressions obscures qui le sollicitaient lui paraissaient cacher, « non une sensation d'autrefois, mais *une vérité nouvelle* »[16]. Quelle vérité ?

> « Rien qu'un moment du passé ? Beaucoup plus, peut-être : quelque chose qui commence à la fois au passé et au présent, est beaucoup plus essentiel qu'aux deux... La nature avait fait miroiter une sensation — bruit de la fourchette et du marteau, même inégalité de pavés — à la fois dans le passé, ce qui permettait à mon imagination de la goûter, et dans le présent où l'ébranlement effectif de mes sens par le bruit, le contact avait ajouté aux rêves de l'imagination ce dont ils sont habituellement dépourvus, l'idée d'existence, — et grâce à ce subterfuge avait permis à mon être d'obtenir, d'isoler, d'immobiliser — la durée d'un éclair — ce qu'il n'appréhende jamais : *un peu de temps à l'état pur.* »[17]

Ainsi, grâce à ces analogies, le passé rencontre le présent et s'identifie à lui. Un être nouveau apparaît alors en nous, qui « ne se nourrit que de l'essence des choses ». Car cette « essence permanente et habituellement cachée se trouve libérée et notre vrai moi qui parfois depuis longtemps semblait mort, mais ne l'était pas autrement, s'éveille, s'anime en recevant la céleste nourriture qui lui est apportée. Une minute affranchie de l'ordre du temps a recréé en nous pour la sentir l'homme affranchi de l'ordre du temps » — autrement dit « l'homme éternel ». Marcel Proust goûte alors, selon le mot de Jacques Maritain, « la saveur de vie éternelle perçue dans l'instant ». Telle est en effet « notre vraie vie, la réalité telle que nous l'avons sentie et qui

---

14 *Le Temps Retrouvé,* II, p. 22.
15 *Ibid.,* II, p. 9.
16 *Ibid.,* II, p. 23.
17 *Ibid.,* II, p. 15.

diffère tellement de ce que nous croyons que nous sommes emplis d'un tel bonheur, quand le hasard nous en apporte le souvenir véritable. »[18]

Le hasard ? Non pas seulement, car ce qui n'est que hasard dans la vie ordinaire devient un principe essentiel dans le domaine de l'art. L'art a précisément pour objet d'élucider le mystère de ces analogies habituellement furtives, « d'interpréter les sensations comme les signes d'autant de lois et d'idées », de déchiffrer « le livre intérieur de ces signes inconnus », de ces signes en relief que l'attention explorant l'inconscient heurte et contourne « comme un plongeur qui sonde ». Mais le propre de l'art, c'est que cette exploration se confond avec l'acte de création lui-même ; c'est que « l'impression est pour l'écrivain ce qu'est l'expérimentation pour le savant », et que, l'œuvre d'art « préexistant à nous, nous devons, à la fois parce qu'elle est nécessaire et cachée..., la découvrir ». Ainsi, « le style, pour l'écrivain aussi bien que pour le peintre, est une question non de technique, mais de vision. Il est la révélation... de *la différence qualitative qu'il y a dans la façon dont nous apparaît le monde.* »[19]

Si donc l'art nous révèle l'essence des choses, cette essence est « en partie subjective et incommunicable », parce que l'artiste la saisit à travers sa propre essence. Alors celui-ci, étant remonté aux sources et ayant retrouvé, comme dit Cattaui, « cet esprit de poésie qui est esprit d'enfance », découvre dans le monde « une signification poétique nouvelle » et crée véritablement un univers poétique. Par l'art seulement, en effet, nous pouvons, nous lecteurs ou spectateurs, « savoir ce que voit un autre de cet univers qui n'est pas le même que le nôtre »[20].

*
* *

Ainsi Proust, après avoir pris ouvertement parti contre le Symbolisme, avait peu à peu redécouvert un certain nombre de vérités que le Symbolisme proclamait. Il affirmait maintenant la nécessité pour le poète de descendre en lui-même, le caractère mystérieux de toute poésie — car, disait-il, « autour des vérités qu'on a atteintes en soi-même flottera toujours une atmosphère de poésie, la douceur d'un mystère qui n'est que le vestige de la pénombre que nous avons dû traverser » — ; il fondait cette poésie sur le miracle de l'analogie, révélatrice du vrai moi, de la vraie vie, c'est-à-dire d'un monde d'essences que précisément l'acte de création nous permet d'entrevoir. C'était donc dans le recueillement que pouvait naître l'œuvre — si du moins « les

---

[18] *Le Temps Retrouvé,* II, p. 24.
[19] *Ibid.,* p. 48.
[20] *Ibid.,* p. 138.

vrais livres doivent être les enfants non du grand jour et de la causerie, mais de l'obscurité et du silence » — et que le poète pouvait déchiffrer en écrivant « ce livre essentiel, le seul livre vrai, qu'un grand écrivain n'a pas à inventer puisqu'il existe déjà en chacun de nous, mais à traduire. »[21] Et ne croyait-on pas alors entendre Mallarmé proclamant que « tout au monde existe pour aboutir à un livre » ?

Il n'en est pas moins vrai qu'il existe entre Proust et les Symbolistes des différences fondamentales. Il est allé à la fois plus loin et moins loin qu'eux. Plus loin dans l'exploration de ces zones profondément cachées du moi où, à la lumière du bergsonisme, il redécouvrait un monde de richesses latentes enfouies dans le passé ; plus loin dans la notation de ces nuances insaisissables qui constituent la réalité mouvante d'un état d'âme, en créant une forme nouvelle de littérature, mi-poétique, mi-romancée, seule capable à ses yeux de « rendre continuellement sensible la dimension du Temps »[22] ; plus loin peut-être aussi dans sa quête mystique de ce Temps qui peu à peu se transmuait en réalité intemporelle, de cette sensation pure où peu à peu transparaissait l'essence éternelle, — en tout cas plus loin qu'un Mallarmé et qu'un Valéry, car, plus qu'eux et aussi plus que tout autre romancier contemporain, il a « approché de l'interprétation mystique » du monde et ébauché un univers poétique où chaque chose se retrouve comme transfigurée et rendue à sa signification primitive, tels ces falaises, ce clair de lune et ce ciel qu'il évoque quelque part :

> « Comment le monde eût-il pu durer plus que moi, puisque je n'étais pas perdu en lui, puisque c'était lui qui était enclos en moi, un moi qu'il était bien loin de remplir, un moi où, en sentant la place d'y entasser tant d'autres trésors, je jetais dédaigneusement dans un coin ciel, mer et falaises. »

Mais Proust, d'un autre point de vue, est allé moins loin que les Symbolistes, car, en dépit de l'intuition qu'il a eue d'un processus analogique, spécifiquement différent des enchaînements logiques de la science, il n'a fait que pressentir la valeur du véritable symbole. Dans une page du *Temps Retrouvé,* il semble près de découvrir le secret de la métaphore :

> « La vérité ne commencera qu'au moment où l'écrivain prendra deux objets différents, posera leur rapport, analogue dans le monde de l'Art à celui qu'est le rapport unique de la loi causale dans le monde de la Science, et les enfermera dans les anneaux nécessaires d'un beau style ou même ainsi que la vie, quand, en rapprochant une qualité commune à deux sensations, il dégagera leur essence en les réunissant l'une à l'autre pour les soustraire aux contingences du temps, dans une métaphore, et les enchaînera par le lien indescriptible d'une

---

[21] *Ibid.,* p. 41.
[22] *Ibid.,* II, p. 256.

alliance de mots. La nature elle-même, à ce point de vue, sur la voie de l'art, n'était-elle pas commencement d'art ? »[23]

Pourtant la métaphore reste pour lui « un certain rapport entre ces sensations et ces souvenirs qui nous entourent simultanément », autrement dit ce que Fiser appelle « symbole dynamique » et dont nous avons déjà dit qu'il n'était rien moins qu'un symbole. Ces correspondances qui ne sont généralement chez lui que les impressions fluides de notre moi profond — au sens bergsonien des *Données immédiates* —, entraînées dans le flot de notre subconscience, toute son œuvre s'est efforcée de les fixer, ou plutôt de les suggérer dans les anneaux savamment enchevêtrés de phrases souples et interminables. Il a ainsi dilué, disséqué, distendu une réalité que la poésie symboliste s'efforçait au contraire de circonscrire et de cristalliser en un langage dense qui se donnait pour tâche de retrouver les prérogatives du Verbe primitif. Romancier du Symbolisme ? Bien plutôt, romancier d'une expérience mystique, qui s'est cherché sans relâche, sachant qu'« il n'est pas de rendez-vous plus urgent, plus capital que celui que nous avons avec nous-mêmes. » Romancier qui a fouillé infatigablement les profondeurs de l'être, jusqu'au jour où, l'ayant découvert, et retrouvant par là le Temps qu'il croyait perdu, il était trop tard pour qu'il pût revenir au monde et y rendre continuellement sensible, par un symbolisme vraiment créateur, cette dimension horizontale du Temps qu'un jour, dans l'église de Combray, il avait pressentie.

---

[23] *Ibid.*, pp. 39-40.

XIV

PAUL CLAUDEL
poète cosmique

En 1899, Paul Claudel a déjà connu une authentique expérience spirituelle. Sur les traces de Rimbaud et Mallarmé, il s'est attaché à la recherche du secret de la création poétique du monde ; et Jacques Madaule a montré que dans *Connaissance de l'Est* il n'y avait pas qu'un exercice spirituel d'ascèse, mais de découverte de l'univers. C'est d'ailleurs ce que Claudel déclarera lui-même à Frédéric Lefèvre : « C'est un livre d'exercices... Je les compare à une grille diplomatique, artificieuse dentelle faite de pleins et de vides qui donnent un sens à un ensemble de mots quelconque. »[1] N'est-ce pas là Mallarmé tout pur ? Oui, mais d'un Mallarmé qui *aurait trouvé le sens,* et pour qui le monde s'illuminerait soudain :

> « Là-bas, dans cette fosse carrée que la montagne enclôt d'un mur sauvage, l'air et l'eau brûlent d'un feu mystérieux : je vois un or si beau que la nature tout entière me semble une masse morte, et au prix de la lumière même, la clarté qu'elle répand une nuit profonde. Désirable élixir ! par quelle route mystique, où me sera-t-il donné de participer à ton flot avare ? »[2]

N'est-ce pas là cette route que cherchait Rimbaud ? Mais Claudel a compris que c'est au fond du dépouillement, au fond de la nuit même que l'on trouve la lumière.

En 1900, il a regagné la France, et probablement à Ligugé, au cours d'une pieuse retraite, il a médité sur l'histoire et les transformations de l'édifice religieux, et, se prouvant par là à lui-même l'efficacité de sa nouvelle vision du monde, il écrit *Développement de l'Église,* qui viendra prendre place plus tard dans son *Art Poétique,* à la suite de deux autres traités.

Puis il est reparti. C'est de nouveau l'éloignement, la solitude, troublée cette fois par une crise sentimentale profonde dont nous trouvons l'écho dans *Partage de Midi* et dans la première des *Cinq Grandes Odes*. Mais voici que,

---
[1] *Une heure avec...,* 3e série, p. 156 (cité par J. MADAULE, *Le génie de Paul Claudel,* Desclée de Brouwer, 1933, p. 140).
[2] *Connaissance de l'Est, Novembre,* p. 84.

par un effort de volonté et un acte de foi retrouvée, à nouveau luit le soleil. Le présent est là, « le présent même qu'un dieu nous presse de déchiffrer ».

Nous sommes face au monde, et sans cesse se pose à nous la double question, la « question inépuisable » : *Où suis-je* et *Quelle heure est-il ? Où suis-je* et *Où en suis-je ?*[3] Qu'est ma vie dans l'espace et dans le temps, et l'homme n'a-t-il pas toujours pensé « que toutes choses à toute heure... élaboraient un mystère qu'il fallait de nécessité surprendre » ? Or le poète sait maintenant que « toutes les choses mouvantes et vivantes qui nous entourent nous donnent... l'explication éparse de cette poussée intérieure qui fait notre vie propre. » La clef de ce mystère, cette explication du sens de la vie que de longues années de méditation lui ont livrée, il brûle aujourd'hui de la « reporter sur le papier avec l'encre la plus noire »[4] ; et, coup sur coup, il écrit les deux traités qui formeront la partie maîtresse de son *Art Poétique : Connaissance du Temps* et *Traité de la Co-naissance au monde et de soi-même*.

L'ART POÉTIQUE DE L'UNIVERS

On ne saurait donner ici une analyse complète de cette œuvre immense, véritable somme, en moins de deux cents pages, d'une pensée qui s'est peu à peu, selon Claudel, « incorporée à toute son activité créatrice », mais seulement de marquer quelques points de repère. Et pour cela le mieux n'est-il pas de suivre au plus près le poète lui-même ? Non, l'*Art Poétique* n'est pas un simple traité sur la technique du vers, et l'épigraphe nous en avertit : *Sicut creator, ita moderator. Donec universi seculi pulchritudo... velut magnum carmen ineffabilis modulatoris.* La phrase de Saint Augustin fixe aussitôt les dimensions du sujet abordé, et nous livre en même temps l'intuition première d'où est parti l'auteur : le poète, son nom l'indique, est un créateur, il est l'image du Créateur. Or répondre à la « question inépuisable » de tout à l'heure, n'est-ce pas définir nos rapports avec la création, dans le temps et dans l'espace, n'est-ce pas nous *situer,* et aussi toutes choses, nous placer « devant l'ensemble des créatures comme un critique devant le produit d'un poète » ?[5] Chercher à définir la *poésie* en son essence, c'était bien là l'objet de Mallarmé et après lui de tous les Symbolistes. Claudel reste fidèle à la recherche de son maître.

Situer dans le temps d'abord. Situer un objet, c'est « l'insérer dans le continu », chercher la jointure, la cause qui l'a produit. « Pas d'effet sans cause ! » nous dit tout de suite une certaine logique, la seule que connaisse la science d'aujourd'hui. Et le poète réplique : « Pas d'effet sans *causes*. Sans *causes* au pluriel. »[6] Toute cause en effet implique une infinité d'effets,

---

[3] *Art Poétique,* p. 9.
[4] *Ibid.,* p. 12.
[5] *Ibid., Traité de la co-naissance.*
[6] *Ibid.,* p. 14.

selon le moyen qu'elle emploie pour parvenir à la fin qu'elle se propose. D'où la notion de « causalité plurivalente » et qui s'oppose au syllogisme. A une majeure indéterminée, la cause, vient s'appliquer le moyen qui la détermine, et qui crée, non plus un être général, mais un objet particulier, concret et *différent* des autres. Ainsi, nul être individuel n'est strictement soumis à des lois, mais à des formes qui se combinent et constituent ensemble « comme une étoffe que la main régulièrement tire de son rouleau », un dessin continu et sans cesse en cours de fabrication.

Et voici la première découverte de Claudel, celle qu'il fit ce même jour où il eut la révélation de Rimbaud : nous ne sommes pas au monde, le monde véritable est à découvrir par delà l'appareil logique où nous l'avons emprisonné, par delà le général, dans l'individuel et le concret. Maintenant Claudel se dresse contre le professeur qui engraisse ses élèves de « sa doctrine » :

> « Insensé — réplique Claudel —, qui penses que rien peut s'épuiser comme sujet de connaissance, jamais ! Je vous le dis : vous n'avez point tari le génie de sa liberté et de sa joie... Ouvrez les yeux ! Le monde est encore intact ; il est vierge comme au premier jour !... L'inconnu est la matière de notre connaissance... Les choses ne sont point comme les pièces d'une machine, mais comme les éléments en travail inépuisable d'un dessin toujours nouveau. »[7]

Et voici la double conséquence de cette intuition. C'est d'abord qu'il n'y a de nécessité que dans les formes elles-mêmes, dans ces noms qui désignent les choses dans leur plus grande généralité et dans leur essence, qui ont « un import typique, sacramentel, une authenticité, un sens indispensable » ; « nous sommes sûrs de notre lexique », dit Claudel. En effet c'est là comme un lexique et une morphologie, qui correspond à la première partie de la grammaire et qui constituait l'ancienne logique. Mais si nous considérons les choses dans leur réalité concrète et vivante, elles ne nous apparaissent plus comme un tableau inerte, mais comme *un dessin qui n'est pas fini.* « Nous le voyons qui se fait sous nos yeux », avec la complicité du temps, car « le temps est le *sens* de la vie. »[8] Ainsi le monde est comme un vaste poème en cours de création, et le poète goûte à son spectacle, non la marche d'une machine, mais « la pratique d'un instrument ». C'est donc là une attitude foncièrement opposée à celle du savant, qui ne cherche jamais qu'à comprendre le mécanisme des choses, non leur véritable raison d'être. Cette raison d'être relève en effet d'une autre logique, que Claudel désigne sous le nom de « seconde Logique », et qui n'est autre que l'attitude poétique ou « Art Poétique de l'univers ». « Il n'est de science que du général, il n'est création que du particulier ». La science se borne à construire, au-dessus de la donnée réelle, des « plans de simplification », des « moyens d'assimilation intellectuelle ».

---

[7] *Art Poétique,* p. 26.
[8] *Ibid.,* pp. 32-33.

Le poète, au contraire, cherche à rendre compte de la réalité concrète, dans son mouvement d'incessante création. C'est pourquoi il fait appel, non seulement à la première logique qui lui fournit le lexique et la forme des mots dont la création fait usage, mais à la seconde logique, qui « en est comme la syntaxe qui enseigne l'art de les assembler, et celle-ci est pratiquée devant nos yeux par la nature même. »[9]

Claudel reste donc bien toujours dans la ligne de la recherche mallarméenne. Mais tandis que Mallarmé, et ses disciples immédiats, considéraient la syntaxe de l'univers comme des rapports statiques et éternels entre les êtres, Claudel se place d'emblée dans le temps, dans la réalité concrète du devenir, et envisage le poème du monde comme le produit d'une *syntaxe dynamique* qui le fait et le refait sans cesse[10]. De même que l'ancienne logique avait le syllogisme pour organe, la nouvelle a la *métaphore*, c'est-à-dire le « mot nouveau » produit par cette syntaxe, le rapport pur et simple entre les choses créées, « l'opération qui résulte de la seule existence conjointe et simultanée de deux choses différentes ». Ainsi tout est métaphore à chaque instant de la création. Ne parlez pas de hasard : tout se tient dans cette immense *commedia dell'arte* où nous sommes engagés.

La création, immense poème dont le temps est le moyen, et que, mieux que la logique du savant, l'intuition du poète est apte à comprendre dans son déroulement infiniment multiple : voilà ce que nous enseigne le premier traité de l'*Art Poétique, Connaissance du Temps*. Mais, au moment de l'achever, Claudel hésite à « tirer une barre » : il reste en effet une question : « Le sens, ce *sens* de la vie que nous appelons le temps, quel, donc, est-il ? Tout mouvement, nous l'avons vu, est d'un point, et non pas *vers* un point. »[11] C'est vers ce point, centre de toutes choses, qu'il nous faut maintenant remonter.

*
* *

Pour ce faire, Claudel, après s'être situé dans le temps, en une nouvelle méditation se situera dans l'espace. Le *Traité de la Co-naissance au monde et de soi-même* part de cette découverte de l'univers qui semble être décidément chez lui l'intuition fondamentale, reçue de Rimbaud, et qui constituait déjà la clef de son premier traité. Après y avoir montré les choses « comme les éléments d'un dessin toujours nouveau », il ajoutait : « L'homme connaît le monde, non point par ce qu'il y dérobe, mais par ce qu'il y ajoute : lui-même. »[12] Cette phrase impliquait déjà la notion d'une solidarité entre

---

[9] *Ibid.*, p. 51.
[10] *Ibid.*, p. 44.
[11] *Ibid.*, p. 56.
[12] *Ibid.*, p. 26.

l'homme et les choses. Entre temps, Claudel a médité sur le mot *connaître,* et voici sa nouvelle découverte.

Nous ne naissons pas seuls. Naître, pour tout, c'est co-naître. Toute naissance est une connaissance. Ainsi, le monde naît avec nous à chaque instant. « Toujours nouveau », disait-il déjà dans *Connaissance du Temps.* Maintenant il ajoute : toujours solidaire. Les choses sont en effet « semblables en leur fond », car elles sont toutes soumises au mouvement, et la somme des mouvements, à chaque instant de la durée, aboutit dans l'étendue à un état d'équilibre. Mais en même temps, et par ce mouvement même, les choses se connaissent comme différentes. « Connaître donc, c'est être : cela qui manque à tout le reste. Rien ne s'achève sur soi seul ; tout est dessiné aussi bien que du dedans par lui-même du dehors par le vide qu'y tracerait absente sa forme. » Toutes choses sont différentes et complémentaires. Toutes « s'inscrivent dans une forme plus générale, s'agencent en un tableau : c'est une question de point de vue à chercher, ce regard à qui elles sont *dues,* le retrouver. »[13] Saint Thomas ne disait-il pas déjà : « Chacune des créatures existe pour la perfection de tout l'univers » ? Voilà donc Claudel, à la lumière de saint Thomas, découvrant la justification philosophique de cet *univers subjectif* que certains Symbolistes définissaient déjà comme l'univers poétique, et qui résulte d'une intuition de la coexistence des choses[14].

Mais si toutes choses sont solidaires, moi-même, qui « co-nais au monde », je suis solidaire de toutes choses, je complète le monde, et en même temps j'en diffère. Qui suis-je donc ? Qui est cet homme qui est moi, cette petite figure « qui se met à bouillonner » quand je l'observe ?

> « Comme il bat de tous mes membres ! Comme il travaille de ses mains pointues ! Je le considère. Je pense assis.
> J'ai retiré mes pieds de la terre, à toutes mains mes mains, à tous objets extérieurs mes sens, à mes sens mon âme. Je ne suis plus limité que par le ressentiment de moi-même, oreille sur mon propre débit. Je suis comme une roue dételée de sa courroie. Il n'y a plus un homme, il n'y a plus qu'un mouvement, il n'y a plus un mouvement, il n'y a plus qu'une origine. Je souffre naissance. Je suis forclos. Fermant les yeux, rien ne m'est plus extérieur, c'est moi qui suis extérieur. Je suis maintenu : hors du lieu j'occupe une place. Je ne puis aller plus avant ; j'endure ma source. »[15]

Telle est, lumineusement résumée en dix lignes, la voie de la méditation, l'expérience intérieure, qui, bien conduite, ne mène pas à proprement parler au vide, mais au sentiment, ou mieux à la *constatation d'une différence.* Ce que nous trouvons en effet à l'extrême pointe de toute méditation, c'est un manque, une insuffisance : « le sentiment de l'origine, le sentiment reli-

---

13 *Ibid.,* p. 74.
14 Cf. E. FRICHE, *Études claudéliennes,* Porrentruy, 1943, p. 222, n. 2.
15 *Art Poétique,* pp. 144-145.

gieux (*religare*), le mystérieux attachement placentaire. » Et ce qui nous manque, c'est l'Être. Voilà donc accompli le mouvement décisif, la *conversion* véritable, le saut que, faute d'un guide spirituel, Mallarmé n'avait su faire, le passage du Néant à l'Être. Il n'est plus question de terrasser Dieu, mais de le découvrir, Dieu caché, à travers nous-même, au delà de nous-même : Dieu transcendant à notre existence comme à l'existence du monde, mais Dieu nécessaire à notre existence comme à l'existence du monde. Dieu n'est plus ici une hypothèse, mais, comme le disait, en parlant de Claudel, Alain Fournier à Jacques Rivière : « Je pense que c'est un résultat, ou plutôt, à chaque instant de la recherche, à chaque ligne du texte, Dieu se révèle. »[16] Il est ce point, centre de toutes choses, cette Cause première à laquelle il faut inévitablement remonter, et d'où Claudel va maintenant redécouvrir le monde.

Car, à partir de cette *vision théocentrique,* tout s'éclaire. L'Être est immobile, infini. « Dieu étant l'Architecte de l'Univers, dit saint Thomas, l'idée de l'univers est en lui », non seulement comme une essence simple et unique, mais « sous tous les aspects qu'elle offre à la connaissance »[17]. En Dieu préexiste donc l'ordre parfait en puissance : c'est le monde des essences ou des Idées, exemplaires ou archétypes des créatures. Tel est le divin *lexique* dont Claudel soulignait, dans *Connaissance du Temps,* « l'import typique et l'authenticité ».

Mais l'Être est en même temps le Créateur, et la Création est à proprement parler le Poème divin. Ce passage de la conception à la création, c'est le passage de l'essence à l'existence, de la puissance à l'acte. Il a un sens par lui-même, car « toute chose créée acquiert de ce fait qu'elle ne vient pas d'elle-même un *sens*. De quoi la transcription générale est le mouvement, la fuite. » Le sens de la création ! Voilà ce qui échappait à Mallarmé, qui voyait dans la poésie une recherche des essences, c'est-à-dire d'un ordre statique, d'un monde purement virtuel. Alors que le poète, comme le Créateur, part des essences, et que la poésie, comme la création, est mouvement. Mouvement des essences vers leur forme, qui impose à ce mouvement un terme et une fin. Et le *terme* n'est-il pas précisément, Claudel le faisait déjà remarquer dans son premier traité, à la fois ce qui définit un objet et ce qui le nomme ?[19]

Voilà donc la créature prise entre la fuite hors de son origine et la résistance que lui oppose sa forme : d'où naît une *vibration* fondamentale, qui n'est autre que le « mouvement prisonnier de la forme »[20]. Or cette

---

[16] Cf. E. FRICHE, op. cit., p. 191.
[17] *Somme,* trad. Sertillanges, II, pp. 253-254 ; cité dans E. FRICHE, op. cit., p. 129.
[18] *Art Poétique,* p. 147.
[19] *Ibid.,* p. 27.
[20] *Ibid.,* p. 77.

notion de la vibration créatrice, du « sacré frisson primordial », comme dit encore Claudel[21], va être pour lui, selon la remarque d'Ernest Friche, « le noyau d'une grandiose synthèse. » Car, premièrement, elle contient l'explication de la vie :

> « C'est cette répulsion essentielle, cette *nécessité de ne pas être* Cela qui nous donne la vie et par suite d'être autre chose, qui ourdit notre substance, qui nous inspire et nous emmembre... C'est par ce mouvement que nous marchons. »[23]

A la fois fuite et résistance, tel est notre destin. Cette remarque ne contient-elle pas la définition du Drame par excellence, tel que Claudel le concevra ?

Deuxièmement, et ceci résulte de cela, il y a *homogénéité* foncière entre la matière et l'esprit, car « la matière et l'esprit ont ceci de semblable que ces deux réalités sont soumises au mouvement »[24]. Claudel en faisait déjà la remarque au début de son traité, mais voici que maintenant cette remarque prend toute sa valeur. Il constatait alors que « le monde et lui sont animés de la même force géométrisante ». Maintenant il découvre qu'il y a une analogie fondamentale entre l'esprit et la matière, et, dans une autre perspective, entre l'homme et l'univers. Par cette notion de l'analogie, qu'il doit à saint Thomas, Claudel rejoint ici les traditions les plus anciennes, sur la correspondance du macrocosme et du microcosme, l'un et l'autre reflet du monde des archétypes éternels, traditions dont était imprégné tout le mouvement symboliste ; et il tient en mains, nous le verrons bientôt, la clef du symbolisme[25].

En effet, cette analogie fondamentale est nécessaire à la justification de toute connaissance. Elle confirme la « vérité au fond de nous obstinément prenante », à savoir « que l'homme, parcelle consciente d'une activité homogène, infère à droit de lui-même aux choses extérieures ; qu'il porte en lui les racines de toutes les forces qui mettent le monde en œuvre, qu'il en constitue l'exemplaire abrégé et le document didactique. Comprendre, c'est communier, c'est joindre au fait ses clefs que nous avons avec nous. »[26] Mais, et c'est infiniment plus important encore, *elle nous révèle les buts de la création.*

Saint Thomas d'Aquin disait déjà :

> « Dans les parties de l'univers, chaque créature existe pour son acte propre et sa perfection ; secondement, les créatures inférieures existent pour les supé-

---

21 *Ibid.,* p. 96.
22 E. FRICHE, op. cit., p. 208.
23 *Art Poétique,* p. 97.
24 *Ibid.,* p. 61.
25 Cf. FRICHE, op. cit., p. 153.
26 *Art Poétique,* pp. 104-105.

rieures, comme les créatures inférieures à l'homme existent pour l'homme ; chacune des créatures existe pour la perfection de tout l'univers ; en outre tout l'univers avec chacune de ses parties est ordonné à Dieu comme à sa fin ; en tant que par une certaine imitation la divine Bonté est représentée en elles pour la gloire de Dieu. »[27]

A son tour, nous l'avons vu, Claudel considère la création comme un immense tableau, une composition, dont il s'agit de saisir et de goûter l'harmonie, en en élucidant la structure et la syntaxe. L'élément essentiel en sera la métaphore, qui consiste dans un rapport, non seulement entre deux objets, mais entre Dieu, l'homme et le monde. Et le rôle primordial du poète sera de saisir ces métaphores, puis, par un concours de métaphores, de *nommer* chaque chose, c'est-à-dire de lui restituer sa place dans le divin lexique, dans l'ensemble de la création. Il a donc un témoignage à porter. Mais c'est là encore un point de vue statique[28]. Or la création est sans cesse en mouvement. A côté de l'ordre de la conservation des choses, du maintien dans l'univers de ce qui est bon, à l'image de Dieu, il y a l'ordre de la direction des êtres, de la *réalisation toujours plus parfaite du plan divin*. Dans cet ordre, ou plutôt dans cette mise en ordre, essentiellement dynamique, chaque être assume un rôle, participe à l'action divine et, comme le dit magnifiquement Claudel, l'homme, « par rapport à Dieu, est le délégué aux relations extérieures, le *représentant* et le fondé de pouvoirs. »[29] Car il est « accordé sur l'acte créatif, il en contient en lui l'échelle et la réduction » ; il a été créé pour être, non seulement le témoin, mais « l'acteur d'un certain spectacle, pour en déterminer en lui le sens »[30]. Non, le dessin n'est pas fini. Comme le temps et avec le temps, l'homme, et singulièrement le *poète*, est « l'ouvrier de quelque chose de réel, que chaque seconde vient accroître. »[31] Il a l'écrasante responsabilité et le magnifique privilège de concourir avec le Créateur à la création d'un monde toujours plus harmonieux et plus spiritualisé. Et si nous songeons avec Claudel que l'esprit, c'est le souffle, nous comprendrons maintenant tout le sens dont est chargée cette magnifique formule : « A chaque trait de notre haleine, le monde est aussi nouveau qu'à cette première gorgée d'air dont le premier homme fit son premier souffle. »[32]

*
* *

---

[27] *Somme,* I a, qu. 65, art. 2 ; cité dans FRICHE, op. cit., p. 213.
[28] *Art Poétique,* p. 155.
[29] *Ibid.,* pp. 146-147. Cf. aussi p. 161 : « Comme il connaît c'est ainsi qu'il se connaît, leur auteur et leur maître, du fait de cet Auteur et de ce Maître dont il a reçu *pouvoir.* »
[30] *Ibid.,* p. 161.
[31] *Ibid.,* p. 44.
[32] *Ibid.,* pp. 45 et 158.

Le Symbolisme de Claudel

« L'*Art Poétique*, a-t-on dit, c'est la construction, une sorte de squelette portant. »[33] Construction du monde, « vision de l'univers dans son unité », esquisse d'une véritable cosmologie, qui prend à la fois sa source dans les plus grandes traditions de l'humanité et sa justification dans les derniers progrès de la science[34]. Mais aussi construction de l'œuvre claudélien, car on peut appliquer à l'*Art Poétique* ce que Claudel a dit des leçons de saint Thomas : « qu'elles se sont incorporées à toute [son] activité créatrice ». Ainsi son œuvre n'est qu'un long et magnifique développement des prémisses contenues dans l'*Art Poétique*, et tout particulièrement une élucidation et un épanouissement progressif du symbolisme qui y était en germe. Car l'axe de cet œuvre, c'est le symbolisme. Mais encore importe-t-il de préciser en quoi il consiste.

« Toute la *nature* ensemble est occupée à naître, dit Claudel dans l'*Art Poétique*. *Naître* (avec l'initiale négative), c'est-à-dire être ce qui n'est pas, c'est-à-dire l'image de ce qui est... Mais nulle chose ne peut être finie que par une autre ; nulle chose ne peut être à elle seule cette image complète... Tout cherche partout sa *fin*..., sa part dans la composition de l'image, le mot qui profère son *sens*. Et le mot total, c'est l'*univers* (« l'univers », version à l'unité), cela qui impose le sens et le devoir. »[35] Texte capital, dont il importe de peser chaque terme.

Et d'abord la nature est l'image de Dieu. « Dieu, dit plus loin Claudel, s'est complu dans l'univers comme dans l'image plastique de son étendue et de sa solidité. » C'est là la clef de la cosmologie claudélienne. Toute réalité visible est la figure d'une réalité invisible qui lui est supérieure. Il y a donc, fondamentalement, un rapport entre le Créateur et la chose créée. Plus précisément, Dieu, en *nommant* chaque chose, lui a donné un sens ; et son sens est très exactement de signifier Dieu. Claudel dira plus tard : « La véritable pensée chrétienne est que toute œuvre de Dieu est, non seulement bonne, mais *très* bonne... par rapport à Dieu qu'elle signifie. »[36] Il existe donc des noms naturels aux choses, car « nommer une chose, c'est la produire inexterminable »[37], c'est donner en quelque sorte un corps, une forme visible à l'idée ; chaque chose créée participe et *correspond* à son idée éternelle, et le mot, qui informe la chose, est l'image de la réalité divine.

---

33 *Rencontres avec Paul Claudel* : Henri POURRAT dans la *Vie Intellectuelle*, 10 juillet 1935, p. 89.
34 Cf. J. MADAULE, op. cit., p. 88, n. 1 (note capitale à cet égard).
35 *Art Poétique*, p. 149.
36 *Toi, qui est-tu ?* Cité dans A. MOLITOR, *Aspects de Paul Claudel*, p. 207.
37 Cité dans G. CATTAUI, *Vie Intellectuelle*, numéro cité, p. 66.

Mais par ailleurs nous avons vu que toutes les choses sont solidaires, que rien n'existe qu'en fonction de l'ensemble. Par conséquent on ne peut concevoir d'image séparée du tout. « Le mot total, et l'image totale, c'est l'univers ». Chaque image particulière n'est donc image que par rapport à l'ensemble, elle est le point de rencontre et la résultante d'une multiplicité de rapports, elle est constituée, dit encore Claudel, par « un ensemble de signes définissant complètement un objet par leurs rapports réciproques. »[38] Or si nous nous souvenons que Claudel, dans *Connaissance du Temps,* appelait métaphore « l'opération qui résulte de la seule existence conjointe et simultanée de deux choses différentes »[39], nous concevrons l'univers comme un immense réseau de métaphores, et la Création comme un Art Poétique consistant à combiner ces métaphores selon le plan divin. L'univers apparaît alors comme le miroir de Dieu et comme un témoignage de sa grandeur.[40]

Voilà donc, deux systèmes de rapports : les uns, horizontaux, reliant entre elles les choses créées ; les autres, verticaux, reliant ces choses, en tant qu'images, à leur idée, à leur archétype divin. D'où il résulte que le Créateur use de métaphores pour projeter ses idées dans les choses, et encore de métaphores pour maintenir l'unité entre les choses créées.

Or, parmi les créatures, il en est une qu'il a douée de conscience et d'intelligence, c'est l'homme. Il l'a créé, dit l'Écriture, « à son image », et c'est, là aussi, une métaphore primordiale. Cela signifie qu'il a mis en l'esprit de l'homme « l'exemplaire abrégé et le document didactique » de « toutes les forces qui mettent le monde en œuvre ». « Avant d'ouvrir les yeux, dit Claudel, je sais tout par cœur. » Et c'est ce qui lui permet, grâce à la sensation, de co-naître aux choses, ou plutôt de se connaître : « Se connaître, pour lui, c'est… faire naître par soi, avec soi, tous les objets dont il a connaissance. C'est se faire leur signe commun, l'image passante du moment où ils peuvent souffrir entre eux ce lien. »[41] Ainsi l'homme, en tant qu'« il constitue lui-même, partout où il est, un centre », et que, « du fait seul de son existence, [il] devient le point de coordination des phénomènes divers auxquels il apporte son témoignage commun », l'homme porte en lui l'image subjective de l'univers tout entier. C'est ce qui permet à Claudel de dire : « L'image n'est pas une portion du tout ; *elle en est le symbole.* »[42]

---

38   *Art Poétique*, p. 130.
39   *Ibid.,* p. 50.
40   Cf. p. 51 : « La métaphore est l'art autochthone employé par tout ce qui naît. » Et p. 155 : « Dieu de sa création se réserve à tout moment des témoins. Ils ont à porter des témoignages divers selon leur ordre. »
41   *Ibid.,* p. 112. Claudel ajoute : « Il les explique, il les accorde, il les *connaît* par sa seule présence. »
42   *Ibid.,* p. 151 (c'est moi qui souligne).

Nous arrivons là au point essentiel de la doctrine, que Claudel n'a élucidé que peu à peu, et par lequel il rejoint et prolonge le mouvement symboliste, et avec lui la mystique naturelle qui est, comme le dit André Molitor, « un des thèmes les plus anciens de toute culture humaine et principalement de toutes les grandes formes de pensée religieuse. »[43] Qu'entend donc Claudel quand il affirme que l'image est le *symbole* du tout ? Puisque l'homme à la fois est à l'image de Dieu et porte en soi l'image de l'univers, dans sa totalité et sa solidarité, il est capable par là, s'il sait rapprocher l'une de l'autre, c'est-à-dire rapporter l'image du monde au plan divin, de retrouver dans chaque image le symbole, l'analogue visible de la réalité invisible[44]. Pour cela il lui faut, grâce à l'*intelligence* que Dieu lui a donnée, nommer les choses à son tour, en comprendre et en proférer le sens, c'est-à-dire la signification métaphorique, le rapport qu'elles entretiennent avec leurs origines, autrement dit déchiffrer le *lexique symbolique* de la création. Et c'est précisément en conférant à l'image sa valeur de symbole qu'« en elle comme en une monnaie marquée de la face du souverain, il rend cet être qu'il a reçu. »[45] Mais d'autre part chaque chose ne prend son sens que par rapport aux autres, elle est reliée aux autres par des rapports cachés ; il y a une unité secrète au sein de la variété, une sorte de chiffre qui n'est autre que la divine *syntaxe* du monde. Et l'homme placé devant le monde a pour tâche de déchiffrer, non seulement chaque symbole du lexique, mais l'ensemble de ces symboles, leur syntaxe, reflet de l'*ordre* divin[46].

Ainsi, pour Claudel comme pour le kabbaliste, non seulement « chaque objet est symbole par rapport à la constellation des autres objets qui le contouchent et qu'il connaît »[47], mais le symbole est une réalité, ou plus exactement il est ce qui permet le passage d'une réalité à une autre. « Par le symbole on va réellement et substantiellement à Dieu. » Le symbolisme devient alors une véritable voie spirituelle, il est la communion par excellence, à la condition précisément que l'exploration et le « déchiffrement » de ce symbolisme soient conduits « pour la plus grande gloire de Dieu ». Et le rôle de

---

[43] Op. cit., p. 192.
[44] *Art Poétique*, pp. 178-179.
[45] *Ibid.*, pp. 151-152.
[46] Cf. A. Molitor : « La nature est un code qui nous cache et nous livre à la fois la réalité. Elle nous la cache parce qu'elle n'est pas la réalité tout entière mais seulement son image, sa trace et sa participation. Elle nous la livre parce qu'en la contemplant et en lui appliquant le principe fécond de l'analogie, nous arrivons peu à peu à une idée approximative de ce qui, derrière le sens obvie des êtres et des choses, constitue leur face cachée et leur relation universelle à la Réalité absolue. » Op. cit., p. 191.
[47] CATTAUI, *Claudel et l'Âme juive*, dans la *Vie Intellectuelle*, numéro cité, p. 61 sqq.

l'homme, et particulièrement du poète, est de dégager « des choses leur essence pure qui est de créatures de Dieu et de témoignage à Dieu. »

*
* *

Mais quand l'homme a découvert dans le monde qui l'entoure les traces de la splendeur originelle et les marques de la grandeur divine et en a porté témoignage, il lui reste une tâche encore plus importante à accomplir. Car si Dieu l'a créé à son image, ce n'est pas seulement en mettant en lui l'« exemplaire abrégé » du plan divin, mais, Claudel nous l'a dit, en lui déléguant ses pouvoirs, en lui confiant le droit et le devoir de participer à sa création. Et c'est là le second sens de cette métaphore primordiale. Dieu, précise encore Claudel, « s'est réservé dans l'homme une image de son activité créatrice, une image intelligible, jointe aux bondes mêmes de la vie inépuisable, jouissant de la vie qu'elle donne, de l'ordre autour d'elle qu'elle commande, de ses épousailles immenses avec la Cause première dont elle porte à son doigt l'anneau. »[48] Ici l'homme assume vraiment son rôle de poète, c'est-à-dire de « fondé de pouvoirs » du Créateur. Celui-ci, à l'origine, par un acte pur de sa volonté, d'où est issu le mouvement, principe de la vie, puis par une infinité de métaphores, a créé le monde. Chez l'homme aussi, le mouvement « a pour origine un acte pur de la volonté »[49], mais, avant d'agir, il connaît et se connaît, c'est-à-dire qu'il se fait l'image de toutes choses, et par là il fournit à ces choses le moyen d'exercer une action sur son propre mouvement. Il nomme chaque objet, et « ce nom est une formule conjuratoire... qui désormais pourra lui servir d'image, de mise en marche, de *clef*. C'est une force qui agit » sur lui, il se déguise sous ce nom, il lui emprunte sa force créatrice. Et, plus loin, Claudel reprend la même idée pour l'expliciter encore davantage : Cette image, dit-il, « est pareille à une clef, dont la figure est la forme de son mouvement adapté au pertuis où on l'insère, ses dents et ses encoches aux barbes du pène. D'elle, des séries de mobiles attendent leur déclenchement. » Ainsi les choses agissent sur l'homme, « elles suscitent en lui une image animée, leur symbole commun. Elles lui fournissent le moyen de produire et de diriger la force nécessaire pour assurer entre les deux termes contact. »[50] Il fait appel alors aux ressources de son fonds propre, il se connaît comme énergie, comme source. Il participe à la création.

Nous voyons ici le symbolisme apparaître dans une perspective toute nouvelle, qu'on n'avait, jusqu'à Claudel, qu'à peine pressentie. De statique,

---

[48] *Art Poétique,* p. 159.
[49] *Ibid.,* p. 158.
[50] *Ibid.,* pp. 138-139 et 152-153.

il est devenu dynamique, c'est-à-dire qu'il ne considère plus l'univers seulement dans ses rapports avec une constellation idéale, mais dans son mouvement et dans son action. Alors que chez Rimbaud il n'y avait qu'une tentative pour réaliser par la poésie une création purement gratuite, hors de tout symbolisme, la poésie, avec Claudel, devient une re-création, une tentative, comme le note justement E. Friche, pour établir « une sorte de correspondance synchronique entre les mouvements, les attitudes de l'univers — et des hommes, ajouterai-je — et les faits d'ordre spirituel dont la nature est le cadre. »[51] C'est ce que fit Claudel instinctivement dès le début de sa carrière. Sa nature le portait vers le théâtre, et dès le premier *Tête d'Or* il représentait, à travers les personnages, des forces en conflit. Mais il n'élucida, semble-t-il, que peu à peu le rapport fondamental de son théâtre à sa doctrine. Ce rapport, il l'expliquait de la façon suivante dans une lettre écrite en 1922 :

> « Il n'est pas une action de notre vie quotidienne qui ne soit en imitation et en participation du grand drame de notre salut. Quand nous ouvrons une porte, quand nous allumons une lampe, quand nous donnons de l'argent à un pauvre, quand nous vengeons une injure, et spécialement toutes ces actions poignantes et mystérieuses auxquelles donnent lieu nos relations avec les femmes. La femme dans la Bible est toujours le symbole de l'âme, et l'amour des époux est le plus haut symbole de celui qui nous unit au Christ, notre chef. C'est pourquoi la morale chrétienne attache à ces relations tant de dignité et tant d'importance et dit qu'elles sont entre toutes un grand *sacrement,* un grand mystère (magnum sacramentum). Tout le péché originel, tout le mystère de la création, de la rédemption, de la grâce, de l'union hypostatique, s'y trouve renfermé. »[52]

Ainsi, la métaphore devient chez Claudel, selon l'expression de Molitor, un « symbole en action », ou, mieux encore, *un symbole auquel on a restitué son sens, le sens même de la Création.* N'est-ce pas ce que vient confirmer cette page qui est tirée d'un des derniers ouvrages de Claudel, l'*Introduction au Livre de Ruth,* et qui offre en même temps une sorte de raccourci lumineux de toute sa doctrine :

> « Tout devient par rapport à Dieu. Tout ce qui passe est promu à la dignité d'expression, tout ce qui passe est promu à la dignité de signification. Tout est symbole ou parabole. Tout est figure, ou bien, comme disaient nos ancêtres, *moralité,* un drame comportant une morale, une application et une explication pratique au moyen de la réalité d'un enseignement, un fait relatif à Dieu, la mise en scène et en acte sous la forme d'une histoire d'une intention de notre régisseur.
>
> « A l'adage que *de l'amour des choses visibles nous sommes entraînés,* ou du moins nous devrions l'être, *à celui des choses invisibles,* il y a une contre-parole : c'est que, plus souvent, de l'amour et de la connaissance des choses invisibles nous sommes induits à la connaissance et à l'amour des

---

51 Op. cit., p. 139.
52 *Et toi, qui es-tu ?* Cité dans A. MOLITOR, p. 176.

choses visibles. Le Créateur sait seul comment s'y prendre pour nous expliquer sa création, qui est un tout ensemble. Il nous fait voir le lien, le réseau de causes, de compléments et de provocations, de besoins, de désirs, de vocations et d'analogies qui réunit les êtres l'un à l'autre et tous ensemble à lui. Le monde cesse d'être un vocabulaire éparpillé, il est devenu un poème, il a un sens, il a un ordre, il vient de quelque chose et il va quelque part. Alors se font comprendre à nous ces paroles de l'Écriture : *Au Seigneur est la terre et sa plénitude* (Ps. 23, I). *Nous avons tous reçu de sa plénitude* (Joann. I, 16). Nous tenons là-dedans notre place et notre rôle. Nous sommes associés à une liturgie. Tout ce que la science, qui ne s'occupe que des quantités et des moyens mécaniques, laisse de côté, l'individuel, le concret, la couleur, l'accord, la beauté, l'humour, la fin dernière et l'intelligence à tous innée de cette fin, la foi nous le fait comprendre. Elle nous rend le jardin d'Eden pour y travailler. Elle met un temple à notre disposition. Elle ouvre nos yeux et nos oreilles à un office. Voici l'Être devant nous qui est la source de toute existence. Nous sommes en paix et en intelligence avec toute la nature... »[53]

« Tout devient par rapport à Dieu » : c'est le fondement théocentrique de la doctrine. « Tout est symbole ou parabole » : c'en est l'application esthétique sous la forme d'une affirmation du symbolisme universel. « Sa création, qui est un tout ensemble » : c'est la notion de solidarité et la syntaxe de l'univers. « Le monde est devenu un poème, il a un sens, il a un ordre » : c'est la grande découverte de Claudel, l'intuition du sens — et du sens *poétique* — de la Création. « Nous sommes associés à une liturgie » : c'est le rôle du poète. « La foi nous rend le jardin d'Eden pour y travailler » : c'est, en une formule saisissante, la finalité de l'homme dans l'univers, qu'il devra restituer au Seigneur dans la paix, l'intelligence et la plénitude. Conception qui non seulement se rattache au symbolisme le plus authentique, mais dont toute l'œuvre de Claudel n'est qu'une grandiose justification.

* * *

L'UNIVERS SYMBOLIQUE DE CLAUDEL

Comment donc le poète selon Claudel s'acquittera-t-il de sa fonction divine ? Assurément pas, certes, en faisant comme Animus, qui a lu un tas de choses dans les livres et qui parle sans cesse. Le poète est celui qui sait d'abord faire silence en lui-même, se rendre disponible, être attentif à la voix d'Anima, c'est-à-dire de la Grâce[54]. Alors il entend « une étrange et merveilleuse chanson » :

---

[53] *Commentaire sur le Livre de Ruth,* Préface, pp. 59-60.
[54] *Parabole d'Animus et d'Anima.*

> « Ah ! je suis ivre ! ah, je suis livré au dieu ! j'entends une voix en moi et la mesure qui s'accélère, le mouvement de la joie... »[55]

Cette voix, c'est l'inspiration, qui « n'est pas sans analogie, dit le poète, avec l'esprit prophétique, que les Livres Saints ont bien soin de distinguer de la sainteté »[56]. Alors,

> « Après le long silence fumant...
> Soudain l'Esprit de nouveau, soudaine le souffle de nouveau... »[57]

Car c'est le souffle de l'Esprit qui emplit alors l'âme du poète, le souffle créateur. Il lui dicte ses grands poèmes lyriques, les *Odes*, le *Magnificat*, la *Cantate*. Il lui confère le don d'image, et grâce à lui « le poète est comme un homme qui est monté en un lieu plus élevé et qui voit autour de lui un horizon plus vaste où s'établissent entre les choses des rapports nouveaux. » Ces rapports sont les métaphores : « ils ne sont pas déterminés par la logique ou la loi de causalité, mais par une association harmonique ou complémentaire en vue d'un *sens*. » Cependant il y a métaphore et métaphore, et l'inspiration à elle seule — autrement dit la découverte de métaphores — ne suffit pas à faire un vrai poète. Il faut, dit Claudel, qu'à l'œuvre de la grâce réponde « une intelligence à la fois hardie, prudente et subtile »[58]. « Par l'intelligence, le poète, qui ne reçoit le plus souvent de l'inspiration qu'une vision incomplète, qu'un appel ou mot énigmatique et informe, devient capable, par une recherche diligente et audacieuse, par une sévère interrogation de ses matériaux... de constituer un certain monde intérieur à lui-même dont toutes les parties sont gouvernées par des rapports organiques et par des proportions indissolubles. » Mieux encore, chez de tels poètes, « la création est une image et une vue de la création tout entière. »

Or n'est-il pas précisément, pour l'intelligence du poète, un guide sûr qui lui révèle les rapports organiques de l'univers créé ? Ce guide, c'est le Livre des Livres, c'est la Bible. « Si l'on admet, dira Claudel, que la Bible est l'œuvre essentiellement d'un seul auteur qui est l'Esprit-Saint, c'est donc à elle qu'il faut se référer, et l'on trouve qu'elle est à elle-même sa propre glose, son répertoire et son illustration. »[59] Bien plus, c'est dans la Bible que le poète trouvera la clef du symbolisme vrai. En effet, « quand la Bible se sert des choses créées pour désigner des réalités éternelles, elle le fait non pas comme un littérateur étourdi qui choisit au petit bonheur dans son répertoire d'images, mais *en vertu d'une convenance intime et naturelle,* puisque

---

[55] *Cinq Grandes Odes*, p. 121.
[56] *Positions et Propositions*, I, p. 162.
[57] *Cinq Grandes Odes*, p. 43.
[58] *Positions et Propositions*, I, pp. 162-3.
[59] *Les Aventures de Sophie*, p. 160.

de la bouche de Dieu qui a créé chaque être en le nommant ne peut sortir rien que d'éternel. »[60] Voilà pourquoi Claudel n'a cessé de pratiquer la Bible depuis sa conversion, et que, de plus en plus, non seulement elle est devenue pour lui « l'objet d'une étude continue et appliquée »[61], mais elle a nourri son œuvre tout entière, au point qu'on ne peut, sans se reporter sans cesse à la Bible, en saisir le sens profond. Voilà pourquoi, comme il apparaît particulièrement dans l'*Introduction au Livre de Ruth,* Claudel a voulu continuer « la grande enquête symbolique qui fut pendant douze siècles l'occupation des Pères de la Foi et de l'Art. »[62] C'est en déchiffrant le sens figuré des Révélations, en effet, qu'on a chance de retrouver, la signification des symboles éternels. Les Symbolistes l'avaient plus d'une fois pressenti. Et Claudel le savait bien.

> « Mon Dieu, qui au commencement avez séparé les eaux supérieures des eaux inférieures... »[63]

Symbolisme de l'eau, de l'Eau-Mère — « La matière première ! C'est la mère, je dis, qu'il me faut ! » —, des Eaux primordiales, « infiniment divisibles », de ces Eaux qui sont l'élément par excellence, qui contiennent tous les possibles, et d'où naîtra le monde. Car, dit la Genèse, l'Esprit se mouvait au-dessus des eaux.

> « Ah ! je le sens, l'esprit ne cesse point d'être porté sur les eaux ! »[64]

Bien mieux, il les « couve », et, par le Verbe, il sépare la lumière des ténèbres. Ainsi la Parole ouvre la porte, et voici que le monde apparaît aux yeux du poète :

> « Salut donc, ô monde nouveau à mes yeux, ô monde maintenant total !
> O Credo entier des choses visibles et invisibles, je vous accepte avec un cœur catholique !
> Où que je tourne la tête
> J'envisage l'immense octave de la Création ! »[65]

Alors le poète voit cette Création dans son unité, et toutes choses et toutes créatures réunies comme par un « lien liquide ». « Monde inépuisable et fermé »[66], où il peut tendre « l'immense rets de sa connaissance », à travers

---

[60] *Positions et Propositions,* I, p. 174. CARROUGES (*Éluard et Claudel,* p. 84) dit très justement : « Dans la cosmologie de Claudel se trouve placée en vedette cette pensée capitale qu'il existe un *symbolisme objectif et cosmique* qui sert à fonder le symbolisme poétique lui-même et ainsi à faire participer les puissances de notre imagination aux trésors des révélations religieuses. »
[61] Cf. *Pages de Prose,* p. 268.
[62] *Positions et Propositions,* I, p. 207.
[63] *Cinq Grandes Odes : L'Esprit et l'Eau,* p. 44.
[64] *Ibid.,* p. 73.
[65] *Ibid.,* p. 57.
[66] *Ibid. : La Maison fermée,* p. 161.

les Neuf ordres des Esprits et le texte de la nature où « tout est écrit d'un bout à l'autre ». Texte indéchiffrage au profane, car la terre est une immense forêt. « La forêt des arbres, c'est cette jungle des temps, des lieux et des circonstances, toute cette végétation naturelle issue avec Adam de l'ancien Paradis. » N'y a-t-il pas eu la Faute, et l'homme ne s'est-il pas condamné à errer dans cette jungle, à chercher à tâtons dans les ténèbres un point de lumière,

> Ce point fulgurant là-bas, pareil à la vision de la mort,[67]

et auquel un jour il devra son salut ? C'est ici que le symbolisme de l'univers, aux yeux de Claudel, prend son véritable sens. De lyrisme, sa poésie devient drame. Car au centre de son œuvre il y a le Christ rédempteur, et la Croix.

Pour Claudel, comme pour tout vrai chrétien, le Christ est venu révéler aux hommes le sens caché de la création. Tout, sur la terre, est l'image de la Passion, et « il n'est pas une action de notre vie quotidienne qui ne soit en imitation et en participation du grand drame de notre salut. » Symbolisme dialectique donc, puisque, si nous savons comprendre son langage, il doit nous conduire de la terre au ciel. Symbolisme ambivalent aussi, puisque le destin de l'homme, c'est à la fois de fuir devant Dieu et de retourner en Dieu. Voilà pourquoi, comme le dit excellemment Michel Carrouges, « la terre se trouve susciter un symbolisme double et dramatiquement contradictoire », et que « la poésie de Claudel rassemble dans sa plénitude réaliste les aspects solaires du monde et sa face de ténèbres. »[68] Aussi l'arbre, pour lui, est-il à la fois un élément de la forêt, « cet obstacle au chemin et à la lumière », que forment les intérêts, les passions, les égoïsmes, les vices, les ignorances, les superstitions » — et l'image même de l'homme et de son œuvre qui, profondément enracinée dans le sol, croît et s'efforce vers le soleil. L'*Arbre*, c'est donc le titre collectif que Claudel a donné à ses cinq premiers drames, mais c'est aussi l'image de la Croix, cet autre symbole du Sacrifice divin, comme le dit une des *Odes* :

> Mon Dieu, je vois le parfait homme sur la croix, parfait sur le parfait Arbre...[69]

Le parfait Arbre, la Croix : c'est bien là le symbole-clef de son œuvre, l'image qui se projette sans cesse derrière elle comme sur une toile de fond, depuis *Tête d'Or* où elle apparaît au détour d'un vers, « comme un germe

---

[67] *Le Soulier de Satin,* I, p. 63. Cf. dans *Le Père humilié* : « Et qui sait si la lumière n'existe pas, et si pour la voir il ne suffirait pas de rompre tous ces corps morts autour de nous comme une affreuse forêt. »
[68] M. CARROUGES, op. cit., p. 87 ; A. MOLITOR, p. 176.
[69] *Cinq Grandes Odes : L'Esprit et l'Eau,* p. 54.

confié au sol »[70], jusqu'au *Soulier de Satin,* placé sous le signe de cette Croix à laquelle est fixé, au lever du rideau, le Père Jésuite en agonie :

> Seigneur, je vous remercie de m'avoir ainsi attaché...

Elle donne son sens à l'ensemble de l'œuvre, car le *Soulier de Satin* n'est pas autre chose que l'histoire de deux âmes qui font le sacrifice de ce qu'elles ont de plus cher ici-bas ; mais elle donne aussi le sens du Drame claudélien dans sa totalité ; car, comme dit ailleurs le poète, « la Religion n'a pas seulement mis le Drame dans la vie, elle a mis à son terme, dans la Mort, la forme la plus haute du drame, qui, pour tout vrai disciple de notre Divin Maître, est le *Sacrifice.* »[71] La croix nous révèle donc le sens même de notre vie, cette double aspiration de l'Homme Dieu partagé entre le « désir de la Création tout entière dont Il réclame l'amour et l'aveu » et le « désir du Père coéternel de qui Il a reçu vocation de rejoindre Son humanité », ce « double abîme à qui ce corps tendu sert de lien, et aussi la double traction qu'exerce sur le ciel et la terre ce Cœur qui les rejoint dans une espèce d'agonie respiratoire. »[72]

Par ce symbole souverain du monde catholique, le poète retrouve les symboles éternels pour leur conférer une nouvelle vie spirituelle. Par lui, l'Eau n'est plus seulement l'élément originel, mais la sève et la nourriture de tous les hommes, symbole du Corps Mystique, cette humidité secrète dont parle Pierre de Craon, « par quoi toutes les âmes d'hommes adhèrent d'une certaine manière »[73]. Elle est en même temps notre âme elle-même, « cette eau qui ne connaît point la mort », — cette goutte isolée dans le désert et qui meurt du désir d'être réunie à l'océan. Oui, Claudel retrouve grâce au Christ cet « immense symbolisme de l'eau » auquel, dit-il, peut se ramener tout ce que le cœur désire[74] ; car l'eau véritable est « plus que le sang, et que le lait, et que les larmes : elle est le sang du Christ, elle est les larmes de la Passion, elle est le lait de la Grâce. C'est d'elle que procède le symbolisme de la Création tout entière, animée par un autre symbole qui lui est intimement lié : celui du Feu.

Le Feu, c'est-à-dire l'Amour, c'est-à-dire l'Esprit, Celui qui anima les Apôtres le jour de la Pentecôte, Celui qui est en Dieu comme un feu ardent et inextinguible, feu ambivalent, car il brûle et purifie à la fois. C'est lui qui brûle Dona Prouhèze, qui « s'empare de tous [ses] éléments pour les dissoudre et les recomposer »[75] ; c'est lui qui est en nous « pour détruire et refondre

---

[70] Quelle satisfaction trouvera devant lui qui reste,
L'arbre humain bâti d'os et d'esprit ?
[71] *Positions et Propositions,* I, p. 19.
[72] *Un poète regarde la Croix,* p. 120.
[73] *La jeune fille Violaine,* pp. 137-138.
[74] *Positions et Propositions,* II, p. 235.
[75] Cf. CARROUGES, op. cit., pp. 134-135.

cette idole que nous avons substituée en nous à l'image de Dieu »[76]. Et Claudel ajoute : « La flamme nous obligera à cette transparence que nous avons refusée au rayon. » En effet, à la limite, à la fin comme au commencement, l'Eau et le Feu se confondent. « Bienvenue, Prouhèze, dans la flamme ! dit l'Ange Gardien du *Soulier de Satin*. Les connais-tu à présent, ces eaux où je voulais te conduire ? »[77] L'âme, par la voie de la purification, devient transparente, la goutte d'eau intérieure devient cristal, — « la perle qui est le grain métaphysique, quelque chose de pur et d'éternel »[78] ; — en même temps que le feu devient lumière. C'est là cette étoile que l'homme aperçoit un jour du fond de sa forêt, et avec laquelle il tend dès lors à se confondre : « Une seule étoile en lui faite de tant de sacrifices ! »

> « C'est la perle, d'après [l'Apocalypse], c'est le pépin de la Grâce, c'est cette conception immaculée de l'essence, c'est ce Un nécessaire, c'est ce résumé entre nos doigts de toute possession qui sert de porte à la Jérusalem mystique. »[79]

Alors seulement, en franchissant cette porte, l'homme pourra laisser pénétrer en lui « ce silence essentiel qui est comme un or visible » et s'immerger dans la Lumière...

*
* *

Mieux que Valéry, Claudel est un poète symboliste. Il a su reconnaître dans l'intuition poétique, non le fruit d'un heureux hasard, mais un état de grâce, la grâce d'un dieu, ou mieux encore la grâce de Dieu ; à la suite de Rimbaud et de Mallarmé, il a su voir, dans ces joyaux que nous livre l'inconscient, « les débris de quelque grand jeu », dans ces métaphores nées à la lueur d'un éclair, les traces d'un symbolisme primordial dont il ne nous resterait que de pâles reflets. Mais il a su voir aussi tout ce que ces reflets comportent de subjectif et précisément de hasardeux, et il a compris que si le poète doit unir l'intelligence à l'intuition, ce n'est pas pour conférer à ceux-ci, à l'instar de la science positive, l'ordre et l'enchaînement d'une logique prétendue universelle, mais pour lui restituer leur valeur de symboles et de signification ; qu'il est donc, par delà les métaphores subjectives que nous découvrons en nous, un symbolisme objectif, qui nous livre la clef d'une vision cosmique de l'univers, et que le devoir du poète est d'élucider.

---

[76] *L'Épée et le Miroir*, p. 173.
[77] *Le Soulier de Satin*, II, p. 69.
[78] *L'Épée et le Miroir*, p. 44.
[79] *L'Épée et le Miroir*, texte cité.

Mieux que Verlaine, que Péguy et que d'autres, Claudel est un poète chrétien. Il a su trouver cette clef dans les Écritures, voir dans l'Ancien Testament un divin témoignage de ce symbolisme, et dans le Christ, qui est venu l'accomplir, le Symbole par excellence, qui a rendu vivante la Lettre sacrée qu'autrefois l'homme avait reçue de Dieu. Poète catholique même, comme il tient à dire, puisque l'Église catholique est par définition l'incarnation de du divin Symbole, et en constitue le Corps Mystique, par la communion de tous ses fidèles ; et que pour lui l'univers cosmique est devenu un univers catholique, c'est-à-dire conforme à l'ordre vrai.

Mieux que tout autre, Claudel est un poète complet. Car cette vision intuitive d'un univers symbolique et catholique, il l'a réellement vécue. Il a vu dans le poète, non pas seulement le chantre d'une Création harmonieuse, mais l'aide et le délégué de Dieu pour continuer et parfaire sa Création ; restituant ainsi au Poète le rôle auquel le destine son nom.

Certes, Claudel n'a fait que parvenir au seuil d'un monde inépuisable. Pour progresser dans l'interprétation symbolique de ce monde, nul ne peut affirmer que sa méthode soit sans défaillance, et que lui-même, en avançant, ait su se garder de tout faux-pas. Probablement, lorsqu'on aura pu, par l'étude comparée des diverses Révélations, conduite selon une véritable discipline spirituelle[80], faire progresser la connaissance d'un authentique symbolisme, trouvera-t-on des erreurs dans la symbolique claudélienne. Et par ailleurs on peut estimer que cette parole abondante et un peu lâche parfois, l'ample verset lyrique qu'il adopta dès sa première œuvre pour ne jamais l'abandonner, malgré sa force incantatoire, est encore loin de restituer au Verbe, par une condensation et une tension qu'on voudrait extrêmes, la vertu de ses antiques pouvoirs. Néanmoins, Claudel n'a pas seulement exprimé pleinement dans ses théories la vérité qu'avait cherchée et formulée plus ou moins maladroitement le mouvement symboliste, mais il a ouvert des voies nouvelles au poète moderne, lui assignant une ambition dont le grandiose édifice de son œuvre porte témoignage.

---

[80] Étude amorcée par les travaux de R. GUÉNON, en particulier *Le Symbolisme de la Croix*.

ÉPILOGUE

Il n'est pas que des individus. Il est aussi des êtres collectifs, dont la manifestation est de plus ou moins longue durée. Mythologie ? Non pas, du moins au sens où l'entend un langage qui méconnaît la valeur du mythe et voudrait n'en faire qu'un pur produit de l'imagination. De plus en plus, nous découvrons la présence de ces réalités matérielles et spirituelles à la fois, nous éprouvons, hélas ! la violence avec laquelle elles peuvent s'affronter. Et la sociologie moderne, avec un imposant déploiement d'observations et de preuves, ne fait que retrouver peu à peu ce que l'homme un peu attentif aux avertissements venus du fond de lui-même avait toujours pressenti : ni l'âme du terroir, ni l'âme de telle ou telle nation, ni l'âme populaire ne sont des entités abstraites ; ce sont au contraire des êtres réellement et solidement incarnés, et dont les racines plongent profondément dans le sol de l'Histoire. Chacun d'eux a sa place dans l'ordre du monde, et l'Idée, ou plutôt le noyau d'idées qui présida à sa naissance le rattache en tous points à la terre dont il est issu, et lui rappelle à chaque minute sa *situation*. Mais elle lui rappelle aussi sa *vocation*, qui est précisément de rendre manifeste cette Idée par laquelle et au nom de laquelle il existe.

Il est ainsi des êtres collectifs immenses, dont l'existence par sa durée est à l'échelle d'une civilisation. Il en est d'autres dont la manifestation semble plus brève, bien qu'en réalité leur influence puisse dépasser considérablement leur existence effective en tant que collectivité : ce sont les ordres, religieux ou laïcs, les partis en politique, en art et en littérature les écoles, les groupes ou les cénacles, et d'une façon plus générale toute espèce de communauté du moment qu'elle *communie* dans une idée et milite pour en assurer le triomphe.

On comprendra mieux peut-être, à la fin de ce travail, que ce n'est pas aussi fortuitement qu'il le semble que ces communautés ou ces groupes prennent un nom, et qu'un obscur pressentiment puisse irrésistiblement les conduire vers ce nom même qui par avance les désigne, et leur désigne du même coup leur destin et leur vocation.

*
* *

Dans le monde moderne où règne le désordre, un être est né. Il est de la race des poètes, de ceux-là même en qui le cœur et l'âme, en dépit des remontrances de l'intelligence, ne sauraient jamais complètement renoncer ; simplement, quand la société ne veut plus les connaître, ils se replient sur eux-mêmes et s'isolent. Mais, depuis quelque temps, c'est beaucoup plus grave : on ne se contente plus de les écarter comme des gens inutiles et des parasites, on les refoule comme des trouble-fête, on les dénonce comme des charlatans, on les sacrifie aux dieux nouveaux. Alors, ces refoulés, ces sacrifiés se révoltent, car quelque chose en eux leur dit qu'ils ont raison, plus raison que ceux qui raisonnent, que ce monde-ci où on veut les enfermer n'est qu'un bagne ou une parodie, et que la réalité est ailleurs. Et ils plongent en eux-mêmes à la recherche de cette réalité.

Il a donc, celui qui vient de naître, une « hérédité chargée ». Chargée des malédictions de toute une société, des tares que porte avec lui tout refoulement : hypertrophie du sentiment, amour démesuré de soi-même, penchant à la mélancolie, voire, parfois, des réserves de haine et de violence ; chargée des vices qui peuvent en résulter : luxure, sadisme, masochisme, abus de tous les excitants, le tout conduisant parfois à la folie. Et pourtant des fées silencieuses et invisibles se sont penchées sur son berceau et il a reçu en naissant des dons magnifiques : l'imagination, qui transforme et qui a le secret d'édifier des palais merveilleux ; le don d'aimer, d'aimer la nature, comme une confidente de ses joies et de ses peines, d'aimer la femme, en laquelle il sent son complément et sa différence nécessaire, d'aimer les hommes ses semblables, comme des compagnons de misère et d'espoir ; le don de chanter, de trouver les mots qui traduisent et qui émeuvent. Et surtout il a reçu le don le plus précieux de tous : une âme. C'est l'âme qui a donné de tous temps à ceux de sa race une inquiétude qui parfois devient de l'angoisse, le sentiment d'une insuffisance péremptoire, d'une impuissance devant des forces inexplicables, mais aussi certains pressentiments : que l'homme n'est pas seul irrémédiablement, que l'univers n'est pas étranger à l'homme, et que ces choses que ses yeux voient ne sont que les débris de quelque grande splendeur. Mais comment en retrouver la clef ? Les hommes de ce temps l'ont jetée aux oubliettes, pêle-mêle avec l'espérance et les superstitions.

Au demeurant son père spirituel réunissait déjà en lui toutes ces promesses ; et l'imagination qui fait voir, et l'amour qui fait chanter, et l'âme qui fait pressentir. Mais il avait aussi reçu de son temps un don précieux et cruel à la fois : l'intelligence critique. C'est elle qui lui permit d'entrevoir des rivages oubliés, tandis qu'il nourrissait en son âme l'ambition monstrueuse de « dérober le Paradis d'un seul coup ». Mais c'est elle aussi qui décupla son tourment, et le mena, au bout d'un douloureux voyage, à la pire détresse, incapable qu'elle était, à elle seule, de le conduire jusqu'à l'unité. Il avait misé sa vie entière sur la poésie, s'accrochant à elle comme à une bouée lumineuse, la seule qu'il aperçût en cet océan de ténèbres. Trouver le secret de la poésie, ce serait peut-être trouver le secret de l'univers et de l'homme. Et son cœur lui murmurait : la poésie serait-elle donc une musique impalpable ? Et son intelligence lui suggérait : serait-elle l'écho affaibli d'un ordre souverain ? Et son imagination lui soufflait : serait-elle une sorcellerie évocatrice de mondes inconnus ? Mais, bien qu'il fût arrivé en vue de la Terre Promise, qu'il eût senti déjà ses parfums frais et aperçu, au loin, la forêt des symboles, — abandonné à ses propres forces, épuisé, il avait perdu courage et il avait sombré.

Après lui, ses trois fils aînés se sont partagé l'héritage. L'un, qui n'écoutait que son cœur, a fini, après y avoir trouvé le secret de cette musique qu'un autre avait cherchée en vain, par y découvrir une Présence, par y entendre une Voix qui l'a subjugué ; mais ce n'a été qu'un éclair, et le mauvais garçon, succombant peu à peu aux pentes d'habitude, a délaissé le mysticisme pour la sensualité. L'autre, d'une imagination exubérante, s'est torturé les yeux pour apercevoir le monde véritable, la réalité brute, dans la pureté et l'innocence du premier matin, et il a cru pouvoir donner corps à sa vision au moyen du langage ; mais il a succombé dans les tourments de l'Enfer et y a renoncé. Le troisième a demandé à son intelligence la parole infaillible qui reproduirait la structure essentielle de l'univers ; et, bien qu'il eût dès le départ désespéré de la découvrir, il a consacré son existence à la chercher obstinément. Tous les trois, ils ont poursuivi seuls leur aventure ; parfois cependant ils se sont rencontrés ; deux d'entre eux, même, ont osé demander un moment à une union contre nature l'unité qu'ils ne pouvaient retrouver qu'en eux. Tous les trois ils ont voulu saisir la poésie en son essence ; mais, au moment où ils ont cru l'atteindre, voilà qu'elle s'est dérobée. Ils ont abouti l'un à la prose, l'autre au chaos, l'autre au silence ; et tous les trois, à leur tour, ils ont renoncé.

Pourtant leur effort ne sera pas perdu. Car voici le dernier-né. Il est là pour recueillir l'héritage : on peut compter sur lui. Il a grandi au milieu des souffrances. Encore enfant, il a vu la guerre dévaster son pays, il a vu ce pays en proie aux luttes intérieures. Des maîtres autorisés lui ont dispensé des enseignements sévères et contradictoires. On lui a appris le déterminisme, le mécanisme, l'évolutionnisme, le rationalisme. Les livres qu'il lisait en cachette, s'ils entretenaient en lui une inquiétude salutaire, ne lui offraient eux aussi qu'un pessimisme désespéré. Alors il a voulu se distraire, vivre sa vie, il a fréquenté les salons d'artiste, les cabarets et cultivé le détraquage. Comme il convient à un jeune homme élevé dans les bons principes, il s'est acoquiné avec la bohème et a crié : Mort au bourgeois ! Il a dit *zut* à la société, en attendant de lui lancer en plein visage le mot de Cambronne. Bref, il a été jeune. Cependant cette gaîté bruyante n'était pas sans ombres. Il sentait bien en lui des aspirations contradictoires, des désirs refoulés. Quand il chantait ses névroses, histoire de mystifier le bourgeois et de lui faire un peu peur, tout n'était pas que littérature ; le détraquage chez lui cachait autre chose, qui finissait par produire ses effets. Un jour vient où il fait un retour sur soi, et il s'aperçoit qu'il est gravement atteint. Un mal indéfinissable le ronge, fait de tout ce qu'il apprit hier, scepticisme, pessimisme, et aussi de tout ce qu'il trouve aujourd'hui en lui-même : l'inquiétude, la détresse, l'angoisse, le sentiment du chaos. Il a l'impression qu'il arrive trop tard, il sent la décadence de la civilisation où il a vu le jour : aussi se nomme-t-il lui-même décadent... Mais il s'aperçoit surtout qu'il a une âme, et que cette âme est lasse et désabusée ; alors il chante sa peine et, parfois, il s'abandonne au désespoir et songe au suicide.

Et voici qu'un jour il découvre le message de ses aînés. N'est-il donc pas un autre monde que ce monde triste et fermé ? Une vérité se cache derrière leurs oracles sibyllins. Il y a peut-être d'autres valeurs que celles qu'on lui a enseignées, d'autres critères que cette raison dont on lui a affirmé la puissance absolue. La poésie affirme quelque chose, à la fois une libération et une promesse. Cela qu'on sait maintenant, il ne s'agit plus d'aller à sa recherche, mais de le crier au monde. Qu'importent les tourments et les pleurs ? Il faut aujourd'hui prêcher la révolution.

Aux armes, citoyens ! Il n'y a plus de raison.

Un monde nouveau se découvre à lui, libéré des conventions et des contraintes, un monde plus vrai, où l'on peut être enfin soi-même. Et la clef qui donne accès à ce monde, c'est la poésie.

Qu'est-ce donc que la poésie ? C'est d'abord le vers. Les anciens, il y a un demi-siècle, avaient escamoté la révolution du vers ; mais, depuis, d'autres ont montré le chemin. La poésie ne réside pas dans l'apparence extérieure, dans le compte des syllabes : la forme doit se plier aux exigences de l'âme. Déjà le vers est libéré. Bientôt il sera libre.

Pourtant il sent bien que la poésie, c'est encore autre chose. Un de ses aînés est là qui lui dit qu'elle est un autre langage, proche de la musique et ramené à son rythme essentiel, un langage qui se sert de mythes et de symboles, qui ne décrit pas, mais qui suggère, et qui a donc pour tâche de tout reprendre à la musique. Un mot l'a frappé au passage : le mot symbole. Il se souvient qu'un autre déjà l'avait employé, et qu'il lui avait paru chargé de promesses. Quelques leçons apprises, peu à peu, s'éclairent : Platon, Hegel... Peut-être aussi quelques souvenirs de traditions oubliées. Alors, brusquement, sa vocation lui apparaît : il découvre l'Idée pour laquelle il est né. Il a reconnu son nom : il s'appellera le *Symbolisme*.

Il mettra cinq ans à comprendre l'immensité de sa découverte ; à reconnaître qu'au fond la poésie suppose une attitude d'esprit très différente de celle que suppose la science, et qu'à la pensée logique elle oppose la pensée analogique ; que le poète, en créant des métaphores, ne fait que saisir en soi et autour de soi des analogies et des correspondances ; qu'il aperçoit ainsi tout à la fois la structure de l'homme et la structure de l'univers, l'une et l'autre étant la projection d'un monde spirituel ; que le symbole est une véritable synthèse vivante, une source jaillissante qui rayonne sur tous les plans de la réalité ; et que le mot, en retrouvant ses pouvoirs et en redevenant symbole, est véritablement une force de la nature et permet au poète, en quelque sorte, de réaliser l'ordre divin. Il mettra cinq ans aussi à imposer son nom et à faire admettre par d'autres sa découverte, à prêcher et à faire triompher la révolution des esprits et des âmes, cinq ans de luttes, de batailles ; mais cinq ans au bout desquels le préfet de police de la littérature lui-même reconnaîtra que le nom seul de *Symboliste* constitue une espèce de révélation.

On sait donc, grâce au Symbolisme, ce qu'est la poésie, ce qu'elle veut, ce qu'elle peut. Et maintenant on attend de le voir à l'œuvre. Mais que se passe-t-il donc ? Le voici qui plastronne dans les salons, en prenant des poses avantageuses, entouré d'un halo de légende et de rêve, s'affublant même parfois d'accoutrements ridicules. On dirait qu'une fois parvenu au cœur des choses il ne sait plus où aller : tantôt on le surprend en flirt avec l'Anarchie et la Société en révolte ; tantôt il se retourne vers le théâtre, flatté à l'idée de se voir enfin sur les planches ; il lui arrive aussi de se remettre à gémir sur son sort. Quand il veut jouer à l'initié, il est parfois grotesque. Quand par hasard il lui arrive de chanter sa joie, ce n'est plus le même homme, et lui-même semble ne plus se reconnaître. Peut-être a-t-il visé trop haut. Il a oublié le monde, il a perdu le sens de la vie. Sa recherche était esthétique, psychologique, métaphysique : elle n'avait rien d'une expérience lyrique. A force de discuter et de réfléchir, il ne savait plus chanter.

Mais d'autres, plus jeunes, sont venus, qui réclament bruyamment le droit à la vie. Alors, peu à peu, le Symbolisme comprend ce qui lui manquait. Il découvre ce qu'il portait en lui à son insu : le don d'aimer, la joie de vivre. Des œuvres naissent. Son chant s'élève. Ce sont d'abord des balbutiements, des chansons, des refrains populaires. Puis sa voix s'enfle. Il renoue avec la nature. Sa démarche est peut-être encore hésitante, son passé récent pèse encore sur lui ; mais il sait maintenant ce qu'il veut : intégrer à sa philosophie en même temps qu'à sa poésie ce qu'il vient de découvrir : le monde.

Alors son lyrisme l'entraîne. Il pressent bien, ici et là, de grands symboles ; mais, le plus souvent, il se répand en hymnes à la gloire de l'homme, de l'univers. Pourtant, sans qu'il s'en doutât, des cadets ont repris, dans le silence, la tâche à l'endroit même où il l'avait abandonnée. Ces cadets ont d'ailleurs été formés à ses côtés, et sont comme sa propre image. L'un d'eux se voue à la pensée pure, et croit enfin, dans l'extrême rigueur d'un esprit universel, pouvoir saisir à son tour la poésie en son essence. Mais, comme cet aîné qui fut son maître, à son tour il a renoncé.

Et voici que, mûri par une authentique expérience spirituelle, un autre de ces cadets, du bout du monde, lance son message. Lui aussi a compris qu'il est un langage poétique, qui est la métaphore ; qu'il est une logique de la poésie, une attitude poétique, qui est proprement analogique ; qu'il est un univers poétique, et que celui-ci n'est qu'un immense symbole. Mais tout cela n'est pas resté lettre morte à ses yeux. Ce n'a pas été seulement pour lui une métaphysique, mais avant tout une religion. Il a *relié* la poésie à l'essentiel, il a fait don de sa poésie, par un acte de foi et d'amour. Alors le monde s'est illuminé, et tout a retrouvé la vie. Le symbole s'est mis en mouvement, il l'a nourri de sa chair et de son âme, et le voici qui se déploie dans l'univers. Par l'amour, il a découvert ce qu'avaient pressenti ses aînés : la mission créatrice du poète. Pour lui, le symbole n'est plus un postulat métaphysique, mais une incarnation de l'Amour divin. Et le Symbolisme, qui revit en son frère cadet avec une plénitude qu'il n'avait pas connue, s'épanouit enfin dans l'œuvre immense de celui-ci.

Aux environs de 1910, le Symbolisme, en tant qu'être collectif incarné, sentait sa fin prochaine. La guerre vint lui porter le dernier coup. Pourtant, on peut dire qu'il a vécu à nouveau en ce frère génial comme jamais il n'avait vécu lui-même, et que sa mort véritable correspond alors à la fin de la carrière du poète, à ce *Soulier de Satin* qui sera son apothéose.

*
* *

De tous temps il y eut en art et en littérature *du* symbolisme. Mais le Symbolisme a réellement vu le jour en France dans la deuxième moitié du dix-neuvième siècle, il a vécu quelque trois-quarts de siècle, quoique, par l'œuvre qui l'incarne avec le plus de gloire, il vienne, comme vivant encore, jusqu'à nous. Préparé par une convergence remarquable de thèmes et d'idées, mais plus encore peut-être par une convergence non moins remarquable de disciplines — poétique, psychologique, esthétique, métaphysique —, fondé sur la *sensation*, c'est-à-dire au point exact où se rencontrent l'homme et l'univers, il y éprouve avec hantise le relatif et le mouvant de l'existence, et a une soif ardente, non plus de perfection ni d'infini, mais d'*absolu*. Cet absolu, ce ne sont, pense-t-il, ni l'intelligence ni le sentiment ou l'émotion qui lui permettront de l'atteindre, mais une attitude de pensée que l'Occident a depuis longtemps méconnue et qu'un jeune philosophe vient de lui révéler : l'*intuition*. Or cette intuition, ce n'est ni dans l'art, ni dans le lyrisme, qu'elle pourra s'incarner, mais très exactement dans la poésie. De même que le Classicisme avait recherché l'essence de l'art et le Romantisme l'essence du lyrisme, le Symbolisme va donc rechercher l'essence de la poésie, c'est-à-dire la *poésie pure*, celle qui lui dira comment sont « faits » l'esprit et le monde en lui révélant la structure idéale de l'univers. Et il cherche alors à parvenir, par delà l'inconscient, à une sorte de supra-conscience qui lui permette d'entrer en communication avec la Réalité suprême. Ainsi, grâce au Symbolisme, la poésie a rejoint la *métaphysique* et remonte à l'Être. En même temps, au moins avec le plus grand de ses poètes, le Symbolisme invite la poésie à rejoindre la *mystique,* et à découvrir le Principe universel qui est l'Amour. Il donne ainsi le signal d'une conversion spirituelle, grâce à laquelle seulement il pourra découvrir la structure qu'il cherchait. Alors il comprend que cette structure est symbolique, et que le symbole est le principe même de la Création.

Mais voici le paradoxe de la poésie : son essence, c'est précisément de créer. Son nom le lui désigne. L'univers le lui réclame. Une fois retrouvée la source il faut donc retrouver le *sens* de la création. Et c'est ici que le Symbolisme rejoint vraiment sa raison d'être. Il s'éprouve alors, non plus seulement comme le principe, mais comme le *moyen* de la création, comme le rayonnement des Idées et du Verbe à tous les degrés de la réalité, dans tous les domaines de l'Être. Il devient participation au Grand Œuvre de l'univers, et le poète prend conscience avec lui de sa fonction quasi-divine.

*
* *

A l'heure où, en France, il ne semblait plus que se survivre à lui-même, à l'extérieur son influence prenait une prodigieuse extension. Toutes les littératures d'Europe lui étaient gagnées tour à tour, et l'on voyait Baudelaire, Verlaine et Mallarmé pénétrer, entre 1900 et 1910, en Hongrie, en Roumanie, avec le poète Blaga, en Bulgarie, en Pologne, en Espagne surtout, où Nervo, puis Lopez Pico passaient du modernisme au Symbolisme. Le mouvement gagnait même l'Amérique anglo-saxonne, où il s'épanouissait, aux environs de 1910, avec Pound, Lowell et surtout T.S. Éliot. Mais, hors de France, l'admiration ne se limitait pas aux maîtres du Symbolisme, elle s'étendait dès cette époque aux meilleurs de ses héritiers. Sitôt après la guerre de 1914, on commençait ici et là à unir dans un même culte le Symbolisme, Paul Valéry et Paul Claudel, qui aidaient plus d'une nation à prendre conscience de cet univers poétique où baignait déjà leur littérature.

En France, par contre, le Symbolisme n'était déjà plus qu'une étape sur une route encore incertaine. Le Symbolisme avait cherché l'essence de la poésie. Après lui, Jean Royère, puis Paul Valéry avaient parlé de poésie pure. Mais, incapable qu'on était encore de dégager des diverses affirmations de l'école le message qu'elles contenaient, on se demandait ce qu'il fallait entendre par là, et certains posaient alors le problème des rapports de la mystique et de la poésie. On voyait s'instituer un débat vite fameux entre un prêtre et un poète-philosophe[1], d'où il ressortait que la poésie pure recherchée par

---

[1] C'est l'abbé Bremond qui porta le débat sur le forum. On connaît le retentissement de sa lecture sur la Poésie pure faite à l'Académie le 24 octobre 1925, et qui fut suivie, dans les *Nouvelles Littéraires,* d'un certain nombre d'« éclaircissements ». De son côté, Frédéric Lefèvre avait eu avec Valéry une série d'entretiens auxquels il avait donné une

un Mallarmé ou un Valéry n'était qu'un aspect, tout intellectuel, de la poésie, et que celle-ci prend sa source, comme l'avait pressenti Proust et comme le montrait Claudel dans sa parabole d'Animus et d'Anima, au delà de l'intellect, dans une vision intuitive qui, pour être naturelle, n'en est pas moins analogue à l'intuition mystique.

D'autres cependant, ayant plus ou moins bien interprété le message du Symbolisme, mais jugeant celui-ci à ses œuvres, estimaient qu'il avait trahi. Le monde poétique qu'il créait était-il vraiment capable de transformer le réel ? Était-ce là cette révolution totale à laquelle on avait naguère aspiré ? Déjà, autour de Jarry, dont le Dr Faustroll réclamait « l'univers supplémentaire à celui-ci », s'étaient groupés de nouveaux poètes maudits : André Salmon cherchait les *Clés ardentes* d'un paradis qu'il s'agissait toujours de reconquérir, Apollinaire écrivait une *Onirocritique* et Jacques Rivière une *Introduction à la métaphysique du rêve*. Ils voulaient descendre dans l'abîme, retrouver « la vertigineuse réalité des premiers âges »[2]. Et voici qu'on publiait la Lettre du Voyant, qui projetait sur l'œuvre de Rimbaud une lumière nouvelle et lui conférait une ambition que le Symbolisme n'était pas à même de comprendre. Que restait-il donc de cette révolte intégrale, de cette quête d'une réalité inconnue à laquelle cet autre frère avait dû renoncer ? « Nous ne sommes pas au monde », avait dit Rimbaud. Ne fallait-il pas reprendre l'effort au point où il l'avait laissé, rechercher une poésie qui dépassât la poésie, une réalité qui fût au delà de la réalité poétique ? Justement les psychologues, explorant le tréfonds de l'âme humaine, sont en passe d'y découvrir de nouveaux trésors. Peut-être cet « inconnu » qu'avaient cherché en vain Baudelaire et Rimbaud, cette « surréalité » dont a parlé Apollinaire avant de mourir ?[3] Pour la conquérir, il faut à nouveau d'horribles travailleurs. Un groupe se forme, dont le premier mot d'ordre est la révolte : révolte intégrale cette fois, contre le monde tout fait, contre la logique, contre la pensée, contre la science, contre la littérature. Pour un monde de rêve, ou plutôt pour une surréalité où n'existeraient plus de barrières entre la réalité et le rêve. Pour la création, non plus

---

large diffusion et qu'il réunit en volume l'année suivante. Cette même année, Robert de Souza résumait le débat qui s'était ainsi engagé autour de Valéry, en publiant « *Un débat sur la poésie* » à la suite de l'édition en librairie de la fameuse Lecture. Enfin l'abbé Bremond, toujours en 1926, développait dans *Prière et Poésie* les prémisses que contenait celle-ci. Trois ans plus tard enfin, après de nouveaux débats, Jean Royère, dans une lettre à l'abbé Bremond, revendiquait la paternité de la poésie pure, devenue pour lui, à cette date, le Musicisme. Au même moment paraissait à Lausanne la première thèse universitaire sur la poésie pure (R. Vittoz).

[2] Cf. M. RAYMOND, op. cit., p. 253 sq.
[3] Lettre à Paul Dermée, mars 1917 ; cité dans Maurice NADEAU, *Histoire du Surréalisme*, p. 35.

d'un univers poétique, mais d'un monde neuf, enfin libéré de toutes les contraintes ; non plus d'une poésie pure, mais d'une *vie pure*[4].

Le Surréalisme a été beaucoup plus loin encore que le Symbolisme dans ses revendications. Il en a poussé les exigences à l'extrême, et dans le sens même qu'avait indiqué Rimbaud. Révolution poétique ? Peut-être, disait-il. Mais ce n'est pas suffisant. Ce qu'il faut, c'est la révolution *par* la poésie. Vieux rêve, que celui d'une poésie efficace, d'un Poète-Mage et magicien, rêve qui a toujours hanté les hommes, et dont le Romantisme de 1830 ou le Symbolisme social de 1891 ne sont que les derniers avatars. Vieux rêve, mais qui aujourd'hui prend une importance toute nouvelle. Car, pour la première fois, il est rejoint par la science, qui précisément découvre le rêve et, en quelque sorte, l'authentifie. Grâce à la science, l'homme vient de saisir avec une nouvelle évidence que ce qu'il appelait sa raison n'est pas seule agissante, qu'il y a d'autres puissances au monde, et comme une sorte de surréalité qui nous échappe.

Ainsi, en demandant au rêve la clef de l'univers, le Surréalisme ne risquait-il pas de se perdre en route. Victime de son ambition démesurée, il s'est laissé alternativement séduire par les deux tentations : le rêve et la politique, sans parvenir à réaliser la synthèse de la poésie et de l'action, peut-être parce qu'il avait voulu entraîner tout dans sa révolte, faire table rase. Peut-on jamais partir du zéro absolu ? Le Surréalisme n'inventait pas, mais il découvrait un monde, le monde du rêve — mieux que ne l'avait fait le Symbolisme. Il sentait que cette découverte pouvait, allait peut-être transformer la vie. Mais il n'a pas su voir que ce monde-là n'était pas entièrement gratuit, qu'il avait ses lois, son ordre, caché sous un apparent désordre. Dans sa hâte révolutionnaire, il a tout confondu, et il a jugé sacré le simple désordre, purement subjectif, de son esprit.

Il est normal qu'on renie les aînés, qu'on les combatte, ou simplement qu'on les oublie. Pourtant, si les Surréalistes eussent été plus attentifs au message de ceux qui les avaient précédés, s'ils avaient su mieux lire, eussent-ils abouti à une sorte d'échec ? Les Symbolistes leur auraient dit que tout n'est pas hasard dans ces révélations ; ils leur auraient laissé entendre ce que les psychologues nous déclarent aujourd'hui plus explicitement : que derrière l'inconscient individuel, lieu d'événements pyschiques subjectifs, il est un inconscient plus profondément et plus universellement humain, qui vibre et vit à l'unisson des rythmes fondamentaux et des images primordiales de l'univers ; qu'il est au fond même de l'homme comme à l'origine de la création un ordre latent, dont toutes les grandes productions humaines — dans l'art, dans la philosophie ou dans la religion — sont l'expression et le reflet plus ou moins déformé ; et que là gisent des forces insoupçonnées, capables de transformer un monde, à condition de les reconnaître et de les capter.

---

4   *Ibid.*, p. 99.

Avec le Surréalisme comme avec la psychanalyse, des horizons immenses se découvrent. Un monde nouveau peut naître, selon le vœu d'André Breton. Pour cela, il est nécessaire, certes, de changer les conditions matérielles d'une vie où tout n'est plus que désordre, où l'homme opprime l'homme au moyen de l'argent, de la machine ou de principes périmés. Mais cela ne suffit pas. Il ne suffit pas non plus d'ouvrir toutes grandes les vannes du rêve, de faire entrer à flots dans un monde en détresse la poésie, avec toutes les scories qu'elle charrie pêle-mêle, complexes, désirs, débris épars d'une autre réalité. Il faut rejoindre en l'homme cette réalité, faire ressurgir du fond de l'homme une âme authentiquement primitive. Il faut comprendre l'importance révélatrice de la pensée intuitive, prélogique, analogique, spontanément accordée aux grands rythmes, aux grandes images, aux symboles de la création. Mais il importe de la restituer à l'état pur, et l'on n'y saurait parvenir que par une discipline rigoureuse. Pour cela, ce qu'il nous faut, ce n'est pas seulement une révolution matérielle, ni une révolution poétique, mais comme l'avaient pressenti les Symbolistes, une véritable révolution spirituelle, une conversion à l'unité. Réconcilier la poésie et la science, retrouver l'unité de la pensée et de l'action, c'est d'abord retrouver l'unité de l'homme, du conscient et de l'inconscient. C'est libérer ses ressources les plus profondes, sa sensibilité primitive, et toutes les traces d'une pensée analogique ; car il y dans cette intuition première des symboles, non toute la vérité, mais l'embryon de toute vérité. C'est ensuite prendre conscience de ces richesses retrouvées ; savoir lire à travers les images individuelles spontanées ou les grands mythes collectifs, l'ordre du monde ; appeler à l'aide, pour une analyse et une critique rigoureuses dans le cadre d'une conscience ainsi élargie, toutes les forces de la science et de la raison. C'est enfin, ayant capté les forces inconscientes, savoir les transmettre et rendre au langage une partie au moins de ses pouvoirs. Alors la poésie, cessant d'être un jeu gratuit de mandarins, pourra redevenir un guide efficace.

PERSPECTIVES

RAYONNEMENT DU SYMBOLISME

par Alain MERCIER
Chargé de Recherche au C.N.R.S.

Il a fallu du temps, dans l'histoire des Lettres et des Arts, pour donner au Symbolisme une dimension européenne, voire occidentale (Amériques du Sud et Nord). Les souvenirs ou synthèses qui paraissent en France de 1924 environ à 1940 — A. Fontainas, G. Kahn, etc... — distinguent avant tout le Symbolisme français et le Symbolisme belge francophone et n'évoquent qu'accessoirement des annexes allemandes — le cercle de Stefan George — ou anglo-irlandaises — Arthur Symons et W.B. Yeats. Pour le Cinquantenaire du Symbolisme, à Paris, en 1936, il est fait peu appel à la participation étrangère. Dans le domaine hispanophone, le nom de Rubén Darío n'est jamais oublié, non sans préciser que le Nicaraguayen est à l'origine d'un mouvement, *El Modernismo*, qui ne dérive qu'indirectement de son prédécesseur franco-belge. Il faut attendre les années soixante-dix du XXe siècle pour que s'ébauche une appréhension globale du Symbolisme dont les ramifications paraissent aussi lointaines qu'accidentelles : Symbolisme hongrois, Symbolisme portugais et, plus ample et doctrinal, Symbolisme russe. C'est la confrontation des écoles et productions en arts plastiques (de 1850 à 1914) qui conforte les historiens dans leur hypothèse qu'un Symbolisme européen a émergé, en marge du romantisme, du réalisme ou de l'impressionnisme ; des expositions, notamment sous l'égide de Philippe Jullian, proposent alors des rétrospectives à Paris et à Londres. Mais l'on s'interroge : quoi de commun, a priori, entre un D.G. Rossetti, un Gauguin, un Segantini, un E. Munch ou un Rodin ?

Plus près de nous, les travaux abondamment illustrés de l'historien d'art José Pierre, de 1970 à 1990, rétablissent une sorte de « Musée Imaginaire » du Symbolisme dans les arts plastiques, y compris les arts décoratifs — l'Art Nouveau ou le Jugendstil — qui suggère une filiation avec les écoles contemporaines, de l'expressionnisme au surréalisme et au fantastique.

Le mérite de tels historiens est d'avoir dégagé l'art symboliste du soupçon de collusion avec l'art académique ou même pompier qui pesait sur lui. Le même esprit de synthèse et de rigueur n'a pas été respecté au Musée d'Orsay de Paris où, par exemple, le centenaire des Salons Rose + Croix — qui firent la part belle aux Belges et Néerlandais — n'a pas été célébré, tandis qu'une reconstitution, « l'année 1893 », tendait à l'éclectisme et prêtait à confusion. C'est que la valeur représentative des artistes symbolistes — hormis les indiscutés, O. Redon et G. Moreau — suscite le scepticisme d'une partie de la critique. On veut bien reconnaître du génie à un G. Klimt mais pas à un J.M. Whistler, un H. de Groux ou un C. Schwabe (E.U., Belgique, Suisse) ; tel est le point de vue d'un critique autorisé du *Monde* très réservé sur les valeurs « symbolistes » en peinture. Mais le correspondant à Moscou du même quotidien salue la remise en honneur de Vroubel à la Galerie Tretiakov.

On se prend aujourd'hui à douter et à se demander si l'Europe symboliste « dans les Arts » ne relève pas finalement d'un système d'analogies artificielles où ce qu'on a appelé « le Symbolisme à la mode » s'impose au delà des grandes créations ou plutôt en marge de celles-ci. La grande variété des familles d'artistes dans l'espace franco-belge est remarquable avec le recul du temps. La réhabilitation des Symbolistes provençaux a paru, toutefois, une tentative éphémère, sinon pour prendre date ; le marseillais Valère Bernard, le niçois Gustave-Adolphe Mossa sont-ils plus que des redécouvertes locales ? On a du mal à situer le franco-anglais Louis-Welden Hawkins et le franco-néerlandais Georges de Feure auxquels des monographies ont été consacrées. En marge du Symbolisme pictural peut-être. Tous d'origine alsacienne, Charles Filiger — de l'école de Pont-Aven — Peter Cornélius, Rupert Carabin et Jean-Jacques Henner — avant tout mondain — ne présentent aucun trait commun. En résumé, si l'on peut affirmer que le Symbolisme dans les arts plastiques a connu à la fin du XIXe siècle une dimension internationale, c'est autour d'idées, de mythes et d'innovations techniques qui ne doivent rien à une « doctrine » cohérente. Le besoin de réunir a conduit à s'interroger sur l'existence hypothétique d'une musique symboliste ou typique de l'évolution symboliste. Claude Debussy, en dépit de ses démêlés avec Maeterlinck, a été classé tel, comme caractéristique. Mais peut-on rapprocher des mélodistes comme Ernest Chausson et Henri Duparc le russe Alexandre Scriabine, authentique inventeur et précurseur ? On sait que l'objet de plusieurs écrivains symbolistes était d'aboutir à une synthèse « de tous les arts » dans une harmonie retrouvée. Le regard historique ramène à plus de modestie. Ce ne fut qu'une utopie pieuse. En outre, un Paul Valéry et un Paul Claudel — malgré ses belles réussites avec Honegger — sont restés indifférents, à l'inverse d'un Léon-Paul Fargue, aux prestiges de la musique. L'exemple de Charles Baudelaire, envoûté par Wagner et séduit par peintres et graveurs, n'a guère été suivi par les Symbolistes de la seconde génération.

*
* *

En liaison avec les spécialistes des littératures nationales, les comparatistes des années quatre-vingts ont mis au jour des courants symbolistes dans les aires linguistiques de l'Europe et des deux Amériques. Dans leurs travaux collectifs, on discernera des lacunes et des points d'interrogation. Suffit-il à un poète européen, — ou américain, ou latino-américain —, d'avoir écrit « à la manière de » Verlaine et de Verhaeren pour être en droit de figurer dans une encyclopédie du Symbolisme ? A l'échelle de l'histoire littéraire de son pays, n'est-il pas considéré comme un poète *mineur* ? En Angleterre, par exemple, un Ernest Dowson ou un Lionel Johnson semblent moins prisés qu'un Gerard Manley Hopkins ou un Coventry Patmore, qui n'ont rien à voir avec le Symbolisme français. Le cosmopolite Valery Larbaud ne s'y est pas trompé.

Hors de France et de la Belgique francophone, gardons-nous des amalgames, des identifications et démonstrations trop faciles. Cherchons des paramètres et critères d'appréciation qui autorisent le rapprochement entre des individualités, des revues et des familles d'écrivains que la chronologie et l'environnement culturel ne favorisent pas toujours, loin de là. Dans chaque pays, dans chaque « aire » linguistique, nous rencontrerons des cas de figures, voire des cas d'espèce qui mériteront un examen particulier. Nous n'échapperons pas aux paradoxes et à certaines contradictions. Si nous prenons le cas de la Suisse, pays trilingue mais conservateur, nous y voyons naître des artistes dont l'ensemble représente la plus riche et diverse contribution au Symbolisme européen. Arnold Böcklin, Ferdinand Hodler, Carlos Schwabe, Félix Valloton, Giovanni Segantini… et nous n'y observons l'éclosion que de peu d'œuvres poétiques correspondantes : Louis Duchosal, en Suisse romande, est un isolé ; C. Spitteler, en Suisse alémanique — qui reçut le prix Nobel — construisit une somme allégorique peu novatrice dans l'espace germanophone. En langue allemande, Conrad-Ferdinand Meyer, de Zürich, eut un renom et une considération que la postérité n'a pas vraiment confirmés ; on dit pourtant qu'il fut parfois un Symboliste à sa manière, ayant beaucoup produit. C'est que les Suisses sont avant tout des intercesseurs, des miroirs, des traducteurs. C'est une Suissesse qui traduisit les premiers poèmes de Stefan George en français, en 1921. Certes, quelques poèmes de George avaient paru en traduction dans l'*Ermitage* en 1891 et 1892 et six autres, tirés de *Algabal* dans une petite revue liégeoise, *Floréal*, en 1892, par les soins respectifs d'Albert Saint-Paul et Achille Delaroche, tous deux belges. C'est un universitaire suisse, Marcel Raymond, qui, au XXe siècle, rédigea *De Baudelaire au Surréalisme*.

Le théâtre symboliste

Le théâtre symboliste s'est manifesté en réaction contre le théâtre bourgeois et commercial et même s'il s'est opposé au théâtre naturaliste, il en dérive pourtant chez les auteurs scandinaves, allemands et autrichiens. Théâtre du Rêve ? Théâtre de l'Âme ? Entre le projet d'un théâtre idéaliste et celui du drame sacré, s'insèrent bien des possibilités : la reconstitution historique et mythique, le recours à la légende et aux archétypes occidentaux et orientaux, sans exclure l'Imaginaire, qui fait appel aux inconscients collectifs des peuples. Ce théâtre n'attirera pas les foules, mais un public plus restreint déjà familiarisé avec la poésie, la musique, la métaphysique et la psychologie des profondeurs. Il s'agit peut-être d'un théâtre expérimental, théâtre de chambre et pour la lecture, car le théâtre dit « poétique » passe mal l'épreuve du temps ; mais n'a-t-on pas remis en scène, pour un auditoire élargi, les pièces de Ramón de Válle-Inclán, *Comédies barbares, Divines Paroles, Lumières de Bohème*, peut-être parce que l'on redécouvre le Calderon de *La Vie est un Songe* et que l'Espagne n'a jamais cessé d'être un pays de grands dramaturges, jusqu'aux *Noces de Sang* de F. Garcia Lorca ? Válle-Inclán enrichissait le Symbolisme d'un burlesque et d'un baroque repris au « Siècle d'Or ».

L'heureuse fortune du théâtre de Maeterlinck en Europe commence dès les années 1890 et se confirme bien au-delà. C'est un fait attesté en Pologne, en Scandinavie, en Autriche et surtout en Russie grâce à des metteurs en scène de génie comme Stanislavski et Meyerhold.

Chez les Symbolistes russes, Alexandre Blok est un auteur de théâtre fécond et varié : relativement proche d'Alfred Jarry dans ses premiers *Drames lyriques* (1906), Blok touche à l'ésotérisme dans son chef d'œuvre, *La Rose et la Croix* (1913), construit sur des bases historiques — un troubadour au XIIIe siècle — mais dans un espace fictif et intemporel. C'est une tentative apparentée au poème philosophique de Villiers de l'Isle-Adam, *Axël*, de même qu'aux drames du Sâr Péladan.

Antérieure à celle de Blok, l'œuvre théâtrale du Polonais Stanislas Wyspianski a des visées monumentales qui n'excluent ni la satire ni le fantastique ; retenons-en *Les Noces* (1902) et *L'Acropole* (1904) en ajoutant que ce Cracovien à l'existence brève et tourmentée (1869-1907) fut aussi architecte, décorateur, peintre et dessinateur de génie.

Les pièces de Yeats tirées du passé historique et du fonds légendaire irlandais eurent une réputation qui dépassa l'*Abbey Theatre* de Dublin où la plupart d'entre elles furent représentées, comme *Cathleen li Houlihan* et *La Terre du désir du cœur,* bien que leur caractère précieux et incantatoire les rende difficilement transposables hors de la verte Erin. Ce n'est pas par son théâtre que W.B.Yeats est un grand poète et touche à l'universel, mais par sa poésie et ses essais.

Oscar Wilde, que l'on range auprès des Symbolistes, a donné, au contraire, des pièces à succès dont l'humour et la vivacité font oublier le côté un peu superficiel, — sa seule pièce dite « Symboliste », *Salomé,* fut rédigée en français et non en anglais et n'eut qu'un public très confidentiel (1897). Mais comment ne pas penser à Laforgue et à Richard Strauss ?

Théâtre d'esthète que celui de Wilde, d'un talent éblouissant et d'un raffinement rare, comme celui de G. d'Annunzio qui semble aujourd'hui plus « daté », bien qu'il fît scandale par son amoralisme vers 1900 et que « La Duse » lui donnât une portée internationale (France, Autriche...), qu'il n'a plus. Mais comment oublier *Le Martyre de Saint-Sébastien* (avec musique de C. Debussy), interdit par l'archevêque de Paris en 1911, mais finalement représenté, avec la danseuse russe Ida Rubinstein, dans des décors de Léon Bakst ? Cette pièce avait été composée en français, non en italien ; d'Annunzio s'était voulu une sorte de Maeterlinck italien, mais héroïque et voluptueux. De tout son théâtre, c'est *Francesca da Rimini* et *La Gioconda* qui rencontrèrent le plus d'écho en Italie et valurent à leur auteur une « aura » qui le menèrent aux ambitions politiques... loin de tout Symbolisme ! Mais on n'oubliera pas *La Ville Morte,* dont la première, nouveauté hardie, fut réservée à Paris en 1898.

Le rêve de grandeur de d'Annunzio n'était pas sans risque : joindre l'action à la parole, énoncer que « le drame ne peut être qu'un rite ou un message » ; de là son ambition de bâtir un théâtre au bord du lac d'Albano, sur le modèle du théâtre antique d'Orange. Malgré les encouragements de la Duse, il dut y renoncer ; plus tard, il songea à ranimer par la poésie et la musique les ruines en plein air de Fiesole. Son orgueil n'était pas à la mesure de telles ambitions. Il n'en demeure pas moins que d'Annunzio, lecteur aussi bien de Maeterlinck que de Péladan, est une figure incontournable au tournant du siècle ; son anticonformisme, son sens de la provocation et son érotisme diffus secouèrent les bonnes consciences italiennes. C'est en pensant à lui que le poète américain Ezra Pound se rallia au fascisme de Mussolini après 1922. Le meilleur de d'Annunzio est peut-être *Laus Vitæ,* hymne aux archétypes pré-chrétiens.

D'une toute autre génération et d'une culture antinomique, le néo-Grec Angelos Sikelianos (1884-1951) sut faire revivre les mystères de Delphes sur les lieux mêmes où ils se célébraient dans l'Antiquité. Après 1918, Sikelianos étudie les mythes et les symboles de la « Grèce des Mystères » qui est celle d'Orphée et d'Eleusis et non d'Apollon ; il s'inspire de Nietzsche comme son ami Kazantzakis mais il lit les *Grands Initiés* de Schuré, écrivain déjà âgé quand il entame avec lui une longue correspondance en 1924. Or Schuré voit en Sikelianos le réalisateur de ce « Théâtre de l'Âme » dont il avait jeté les bases vingt ans avant. « Sikelianos tenta de faire la synthèse de tous les cultes du passé : orphisme, rites éleusiniens, christianisme des premiers âges. La Grèce une fois de plus lui paraissait la terre élue — et plus particulièrement Delphes, l'ancien nombril du monde (...). Le Mouvement

Delphique — dont le début fut marqué par de grandioses représentations d'Eschyle — souleva d'enthousiasme, à travers le monde, quantité d'esprits » (in : Robert Lévesque, *Domaine Grec,* Genève, 1947, pages 20 et 21). A l'encontre de d'Annunzio, Sikelianos s'engage vers l'extrême-gauche et, sous l'occupation italienne puis allemande, il est sacré poète national de l'Hellénie. Au seuil de la guerre civile de 1947, Paul Eluard vient le saluer d'un fraternel hommage. Il est notable que le rédacteur du premier manifeste symboliste, en 1886, fut un Grec français, J. Moréas, et que l'ultime porteur de cette flamme... dans le temps —, au milieu du XXe siècle, — fut aussi un Grec ami de la France, où il avait peu séjourné.

Vers l'horizon germanique — Scandinavie, Allemagne, Autriche — les formulations qu'emprunta le Symbolisme au théâtre furent plus inattendues. Maturation chez les trois dramaturges qui eurent une audience européenne, le Suédois A. Strindberg, le Norvégien H. Ibsen et l'Allemand Gerhardt Hauptmann. Cette évolution se produit vers 1890 et, même si elle n'est pas durable, situe l'éclosion d'œuvres majeures et puissantes : *Le Songe* (1901) précédé de *Vers Damas* de Strindberg ; *Les Revenants* (1882) d'Ibsen, *L'Assomption d'Hannerle* (1894) et *La Cloche Engloutie* (1897) de Hauptmann — tous ces drames marquent, à leur manière propre, une interrogation de la « vie mystérieuse » qui relève de la doctrine symboliste. *L'Assomption d'Hannerle* sera représentée en français, au *Théâtre Libre,* en 1894, avec un programme illustré féeriquement par Paul Sérusier. Hauptmann aura un renom égal aux Scandinaves — parmi lesquels le Danois G. Brandes — chez les élites françaises et parfois anglo-américaines, mais son attitude pendant la première guerre mondiale — il refusa, malgré l'injonction de R. Rolland de se placer « au-dessus de la mêlée » —, lui aliéna les suffrages des pacifistes, des anarchistes et des socialistes. Le passage insensible du naturalisme au Symbolisme dans le Drame fut étudié par Hermann Bahr dans un essai qui parut à Vienne en 1891 et qui concernait aussi bien Hugo von Hofmannsthal. Ce livre, *Le Dépassement du Naturalisme,* fut suivi en 1894 par *Études pour une critique de la modernité.* Ayant séjourné à Paris en 1888 et 1889, Bahr allait introduire à Vienne ses traductions de Baudelaire, Villiers de l'Isle-Adam, Huysmans, Maeterlinck et Péladan. Un critique a écrit qu'à Vienne, H. Bahr fut « le champion du Symbolisme ». Il s'est efforcé, non sans mal, de distinguer les Décadents des Symbolistes ; il s'opposa au dilettantisme d'Oscar Wilde et de Robert de Montesquiou et fut le témoin du théâtre expressionniste en gestation (Frank Wedekind, Franz Werfel) en Allemagne et en Autriche, avant le premier conflit mondial. Le rôle d'H. Bahr ne doit pas faire oublier qu'il est l'auteur d'une pièce, *Les Mères,* qui veut illustrer ses critiques par l'exemple. G. Hauptmann reviendra au théâtre symboliste avec *Devant le soleil couchant,* à une époque tardive (1932), sorte de *retour* aux thèmes et aux mythes de la période 1900.

A. Strindberg a narré, dans ses écrits autobiographiques — *Légendes, Inferno, Le Plaidoyer d'un fou* — ses hantises et ses expériences dans les milieux occultistes, ses lectures de Swedenborg et son attrait pour l'alchimie. Il se détournait de Péladan, côtoyait les martinistes, il était sous l'emprise de son compatriote Ola Hansson, du Polonais Stanislas Przybyszewski, deux écrivains dont l'influence se manifestait aussi à Berlin et à Vienne. Il n'aimait pas Ibsen qui eut, après 1900, la vogue que l'on sait dans l'avant-garde parisienne et berlinoise. En lisant les poèmes (écrits entre 1846-1870) et la correspondance d'Ibsen — traduits en français après 1900 — on ne voit rien qui puisse le rattacher au Symbolisme. On a cherché dans ses pièces — grâce à Antoine et Lugné Poë — une sorte de quête solitaire de l'Absolu qui fustige la mesquinerie des conventions sociales ; l'ibsenisme a conquis les anarchistes, les féministes, les révoltés avec le même élan qui souleva les lecteurs de Léon Tolstoï : c'est le milieu de la *Revue Blanche,* de la revue *Le Canard Sauvage* et Alfred Jarry se laissait surnommer le Troll par allusion à *Peer Gynt...*

Le dramaturge autrichien qui nous intéresse ici, Hugo von Hofmannsthal, est avant tout un poète. Quand il débute en 1891, avec un drame en vers, *Hier (Gestern),* il s'est déjà doté d'une riche culture européenne et son érudition comme son éclectisme s'accentueront par la suite, de même que sa facilité d'adaptation, qui lui sera souvent reprochée. Avant d'écrire *Hier*, il connaissait les préraphaélites anglais, Baudelaire et d'Annunzio ; la description des « Flagellants » et l'éloge du mensonge sont, dans *Hier,* d'essence baudelairienne. Hofmannsthal est aussi disciple de Calderon, dont il adaptera, pour le public viennois, *La Vie est un Songe.* A-t-il songé au *Crayonné au théâtre,* de Mallarmé, qui place dans le langage le nouvel enjeu du ressort dramatique ? C'est possible. Il est en partie Symboliste avec *La Mort du Titien,* qui n'est pas une pièce de théâtre, au sens usuel du terme, mais un poème dialogué. *Jedermann, (Chacun)* en 1911 est plutôt une moralité en vers renouvelée des allégories médiévales, comme les Danses de Mort. Le critique H. Bahr voulait voir en Hofmannsthal un esprit de tournure française, non germanique.

De 1890 à 1900, la capitale austro-hongroise est le siège de tentatives individuelles qui touchent à la psychologie, à la musique et à la mystique. S. Freud s'y fait connaître, Rudolf Steiner — théosophe puis anthroposophe — y compte des disciples. T. Herzl y conçoit le sionisme.

Avec beaucoup de bonne volonté, on peut rapprocher du Symbolisme dramatique les drames initiatiques de Rudolf Steiner, inspirés par Gœthe et la Grèce antique ; à vocation sacrée comme l'eurythmie, son auteur les fera représenter de 1908 à 1924 à Munich, puis dans l'architecture du « Gœtheanum » à Dornach, près de Bâle. Ces tentatives atypiques attirèrent avant et après 1914 les poètes et les artistes d'une partie de l'Europe, mais est-ce digne de *Faust* et de *La Flûte Enchantée* ? Citons, pour mémoire, *La Porte de l'Initiation* (1910), mystère rosicrucien, et *Le Gardien du seuil,* inférieurs au *Drame sacré d'Eleusis,* de Schuré. Trop d'intentions didactiques nuisent aux scénographies de R. Steiner. En Hongrie, dès 1859, on admirait *La Tragédie de l'Homme,* d'Emeric Madách, proche de *Faust* et de *Manfred,* poème dramatique où s'affrontent Adam et Lucifer. L'œuvre, traduite en allemand et en français, consacra Madách comme précurseur du Symbolisme. Le critique marxiste G. Lucaks sous-estima, après 1950, la pièce de Madách.

*
* *

L'époque symboliste a préféré, en général, l'expression dramatique et la poésie aux genres narratifs que sont le roman, le conte et la nouvelle. On range, à juste titre, dans la catégorie du « roman décadent » les œuvres romanesques de Paul Adam, Péladan et surtout Jean Lorrain. En langue française, le Symbolisme essaime dans des formes qui étaient l'apanage du réalisme et du naturalisme : *Bruges-la-Morte* de G. Rodenbach, les récits d'Elémir Bourges, de Marcel Schwob, les proses d'idées de Remy de Gourmont, etc. précèdent les réussites d'Alfred Jarry et, dans un autre registre, d'André Gide. Le poids du roman psychologique (P. Bourget) et du roman à thèse (M. Barrès) infléchit un courant qui va s'affirmer, selon les termes du Professeur P. Citti, contre la Décadence. Mais l'esthétique aristocratique de Barrès en sa première période le rapproche des Symbolistes. La prose de Pierre Loüys et celle de Francis Jammes *(Clara d'Ellebeuse)* n'ont rien d'artificiel et illustrent, à leur manière, ce roman suggestif qui date un peu par sa préciosité.

En Europe, et plus encore outre-Atlantique, le Symbolisme présente un équilibre moins affirmé, le roman étant délaissé au profit d'autres formes narratives. Le *Portrait de Dorian Gray* d'O. Wilde est une exception. A l'encontre, se développent l'autobiographie, l'essai, la « confession » ou journal intime, — ainsi la *Lettre à Lord Chandos* de H.v. Hofmannsthal — et la critique d'Art. La réussite la plus indéniable est celle du Danois Johannes Joergensen dont nous citerons *Eva, Le Feu Sacré* et *Paraboles* plutôt que ses monographies hagiographiques. C'est un autre Danois, Jens Peter Jacobsen, qui fut le précurseur direct de R.M. Rilke et S. George. Son roman, *Niels Lyhne,* récit d'angoisse nuancé, eut une fortune égale à celle des naturalistes chez les poètes allemands. Dans deux pays d'Europe, de grandes œuvres narratives compteront chez les Symbolistes autant que la poésie : La Hongrie et la Russie ; Michel Bábits et Désiré Kósztolanyi furent prolifiques dans tous les domaines d'écriture, bien après 1900. Le Russe Fedor Sologoub, parallèlement à ses poèmes manichéens, fait paraître les *Songes pesants* et surtout *Le Démon mesquin* (1905) tandis que son compatriote André Biely, sur un ton apocalyptique, fait se succéder *Petersbourg* (1911) et *Kotik Letaiev* (1915). La correspondance échangée entre Sologoub et Biely éclaire l'ésotérisme messianique qui tourmenta ces deux « Symbolistes » russes à la veille de la révolution bolchevique. En langue anglaise, retenons que George Moore, Irlandais comme W.B. Yeats, et si proche de l'esprit français (des naturalistes aux Symbolistes) a produit récits, romans et confessions qui intéressèrent André Gide. Proche des pré-raphaélites, Walter Pater ne fut pas un « décadent », comme on l'a écrit longtemps, mais un esthète original, ce dont témoignent *Portraits Imaginaires* (1887) et *Marius l'Épicurien*, qui « cousinent » avec les proses de Marcel Schwob, bien qu'elles soient chronologiquement antérieures et moins tendues vers le fantastique.

SYMBOLE ET SYMBOLISMES

Chaque pays d'Europe, chaque aire linguistique des Amériques prétendrait à avoir connu une « période dite symboliste », de 1890 environ à 1930, soit postérieurement à la France. L'étude des sources et celle des influences, comme la différenciation d'avec les autres courants poétiques —, voilà qui demanderait des volumes entiers et des esprits encyclopédistes s'y sont essayés, avec courage et avec plus ou moins de bonheur... On dénombrerait à la fin du compte plus d'une centaine de poètes apparentés au Symbolisme, du Portugal au Canada et de la Grèce à la Finlande. Pour le lecteur de langue française, les traductions manquent souvent ou sont peu fidèles ; alors que — dans le domaine français — des poètes qui eurent leur gloire comme Charles Guérin et Léon Deubel sont assez oubliés, vaut-il la peine de rappeler au lecteur ou au chercheur de la Doctrine Symboliste l'existence de ces revues, petits groupes, créations individuelles, certes attachantes mais d'inégal intérêt ? Il convient d'abord de ne pas considérer comme paramètres essentiels les critères de la suggestivité, musicalité ou post-romantisme élégiaque. Ces poètes furent-ils des « poètes à symboles », tel est le problème...

Dans son étude globale, *L'Ésotérisme*, Pierre A. Riffard (Paris, Laffont, « Bouquins », 1990) distingue ce qu'il appelle les poètes à symboles des poètes à clefs. Citons-le : « Le poète à symboles se signale d'abord par une écriture ésotérique, ésotérique non pas au sens de difficile, technique, mais au sens d'anagogique, d'initiatique : ses mots traversent l'être, le rythme fait vibrer aux mouvements du cœur du monde, les images véhiculent les mystères de la nature ». (p. 832). Comme exemples, le V. Hugo des *Contemplations,* G. de Nerval, Baudelaire et Rimbaud. Chez les poètes à clefs, « il ne s'agit pas d'un ésotérisme rendu en vers, mais d'un ésotérisme ressenti : en images, en noms, en ellipses ». (*op. cit.,* p. 897). Dans cette catégorie, Stefan George, Christian Morgenstern, W.B. Yeats et Fernando Pessoa et, au XXe siècle, Philéas Lebesgue et O.V. de L. Milosz. Moins connues en Europe, les poétesses américaines Ella W. Wilcox et Mary Corelli ont écrit des milliers de vers « dont quelques-uns méritent la lecture ». Parmi les « poètes-magiciens », P.A. Riffard range Aleister Crowley, initié à « l'Aube dorée » en 1898 et auteur d'un *Hymne à Pan* d'une violence incantatoire qui s'étale en litanies, inclus dans *Magie,* dont la rédaction commence en 1903. Crowley, de passage à Paris, avait connu Auguste Rodin dont l'art l'inspira plus brutalement que R.M. Rilke.

Les classifications et les comparaisons, si elles permettent de ne pas s'égarer dans la « nébuleuse » symboliste hors de France, n'en sont pas moins assez arbitraires. Dans une appréhension stricte de la doctrine qui nous concerne ici, à la lettre, on soutiendrait que Rilke est un poète majeur mais qu'il ne fut pas symboliste, que Ady est un poète important (à l'échelle hongroise), mais qu'il ne fut pas symboliste. Du moins partagent-ils avec le Symbolisme français assez de points caractéristiques pour qu'ils ne soient pas écartés d'un panorama non exhaustif : ainsi en est-il de l'Américain Ezra Pound et de l'anglo-américain T.S. Eliot. Prêtant à confusion, un essai du Professeur Bowra plaçait la théorie du symbolisme poétique sur un plan très général, démonstration séduisante mais non étayée sur des convergences précises. Une autre illusion d'optique, si l'on peut dire, nous fut suggérée par de solides thèses universitaires publiées entre 1928 et 1935 : le Symbolisme français dans la poésie allemande, vu par Enid Duthie, donnait au groupe littéraire des *Feuilles pour l'Art* (S. George, etc.) une place qu'il n'occupe pas réellement dans l'histoire de cette poésie entre 1890 et 1918 ; le Symbolisme français dans la poésie américaine, vu par René Taupin — travail en lui-même utile et méthodique — occupe un espace disproportionné au regard de l'histoire de la poésie aux États-Unis, de 1890 à 1930. Une problématique majeure, et qui mérite d'être abordée, est celle de l'influence des poètes franco-belges de langue française à l'étranger. On sait que Baudelaire, Verlaine et Verhaeren furent lus et traduits un peu partout en Europe, entre 1892 et 1920. Les zones linguistiques où le français était une langue pratiquée par l'élite — Pologne, Russie, Bulgarie, Roumanie, Portugal, Grèce — eurent une réceptivité plus grande à « ce qui venait de France », du moins jusqu'au premier conflit mondial. Mais des poètes parnassiens — surtout Heredia — et « naturalistes » — M. Rollinat et J. Richepin — leur firent concurrence sans que la distinction avec les Symbolistes fût apparente. Notons ainsi que, dans un florilège réuni pour les hispanophones par Ruben Darío, Lautréamont est traduit entre Catulle Mendès et Heredia ! Parmi les singularités signalées par les comparatistes, dans les courants d'échange, on retiendra que les Belges — Maeterlinck, Verhaeren, G. Rodenbach, Van Lerberghe... — furent en priorité appréciés chez les Polonais de Cracovie ; qu'Albert Samain fut connu et imité chez les Espagnols — J.J. Jimenez... — et les Hispano-américains et plus encore par une Américaine comme Amy Lowell. N'étaient-ce pas les poètes les plus aisés à traduire qui eurent le plus de capacité de réception ?

Jules Laforgue est lu bien avant Rimbaud en Amérique du Sud, en Angleterre — et en Roumanie. La perspective historiciste de notre doctrine symboliste française est donc modifiée, sinon bouleversée par la chronologie des réseaux de pénétration. Un fait digne d'être souligné, parmi d'autres, avant quelque tour d'horizon, touche la faiblesse de la « réception » de l'œuvre (partielle ou complète) rimbaldienne, à l'exception de la Russie où des extraits de Rimbaud circulent dès 1892. En Allemagne, il faut attendre 1905 pour que S. George introduise des poèmes majeurs *(Voyelles, Le Dormeur du Val, Tête de Faune)* dans ses « Poètes contemporains » en traduction ; en 1906, un poète allemand en garnison en Ruthénie, Karl Klammer, publie à son tour d'autres traductions de Rimbaud ; à la suite du pré-expressionniste Theodor Däubler, le poète maudit commence à être mieux connu Outre-Rhin, soit près de vingt ans après Baudelaire. Aux États-Unis, c'est beaucoup plus tardif ; le poète marginal Hart Crane (1899-1932) traduit *Le Bateau Ivre, Illuminations* et *Une saison en enfer* après 1920 et il intègre la vie hallucinée de Rimbaud dans son propre destin tragique et son œuvre brève. En Angleterre, c'est surtout grâce à l'imagiste Richard Aldington, à la veille de 1914, que Rimbaud fut transposé avec fidélité. Les théoriciens français furent inégalement compris à l'étranger ; Rémy de Gourmont était lu en Angleterre, en Russie et aux États-Unis, Charles Morice et Péladan aux Pays-Bas ; René Ghil, chez les Russes comme V. Brioussov et C. Balmont, passa pour un maître. Quant à Mallarmé, il eut une influence diffuse, mais attestée, qui dépasse le cercle des mardis de la Rue de Rome et le cas des étrangers qui furent ses correspondants : Authur Symons, Georg Brandes, et surtout Stefan George, disciple fervent et traducteur habile. Seul, peut-être, Hofmannsthal — qui ne le connut pas — comprit son esthétique. Oscar Wilde partage avec Mallarmé le goût du paradoxe intellectuel ; nostalgique d'un « monde antérieur où fleurit la beauté », il fait de sa *Salomé* une Hérodiade plus perverse et plus jeune. Son compatriote George Moore est un individualiste aussi mallarméen que verlainien. Ruben Darío connaissait bien la poésie et les théories de Mallarmé, mais il voyait en lui « le chef célèbre, l'étrange et cabalistique poète avec le passeport de sa musique incantatoire et de ses brumes hermétiques... » pour échapper au diagnostic de Max Nordau sur la décadence (extrait de *Les Rares,* éd. 1905). En Italie, c'est après 1900 que de jeunes poètes s'imprègnent de la poétique mallarméenne ; G. Ungaretti le situe, avec Apollinaire et Cavafy, parmi ses sources, Eugenio Montale — tel Wallace Stevens aux E.U., ou Rilke en Autriche — accorde Mallarmé aux expériences de la modernité du XXe siècle. Moins connu, le Brésilien Manoël Bandeira sera, dès les années 1910, le plus fervent et savant mallarméen de l'aire lusitanienne. En Russie, Mallarmé fut connu dès 1892, mais peu influent sauf pour A. Blok et Max Volochine.

*
* *

Le Symbolisme russe

La poésie lyrique russe connaît, après 1892, un renouveau qui s'apparente à celui qu'a vécu la France après 1880, entre Parnasse et Symbolisme. A Moscou et à Saint-Petersbourg, *le Messager de l'Europe* s'ouvre sur les poètes français et anglais ; les revues, les manifestes et les anthologies suscitent la formation de cercles de rencontres qui se renouvelleront dans un désordre et une fébrilité qu'encourage l'agitation politique et philosophico-mystique. Les revues s'appellent *Apollon, Le Monde de l'Art, La Balance.* Le chef de file de la première vague est Valéri Brioussov, théoricien exigeant pour qui le Poète doit être prêtre et mage ; toute création d'art doit s'entourer pour lui de mystère et de contemplation ; après *Chefs d'œuvre,* titre ambitieux (1895), il évolue, sous l'influence de Verhaeren, vers une poésie de la grande ville (*Urbi et Orbi*, 1905), et plus tard exalte la modernité sur des accents paroxystiques qui nous rappellent le Nicolas Beauduin de 1911. Introducteur de Remy de Gourmont en Russie, il se complaît dans la dissociation des idées et dans l'érudition, englobant les atlas, les traités d'alchimie et le bas latin. « Au fond de l'inédit pour trouver du nouveau » pourrait être la devise de Brioussov ; il se rallie à la révolution bolchevique tout en manifestant son dédain envers la politique.

Son renom avait grandi après 1900, au point d'éclipser celui de Constantin Balmont, émule comme lui de René Ghil, mais d'un tempérament plus artiste et plus déséquilibré. En 1915, Balmont publie un essai théorique, *La Poésie comme magie* où il propose d'organiser la langue poétique autour d'une symbolique sacrée analogue à la musique et au « chant du monde » ; lui-même s'efforcera de modifier le vers russe par des sonorités et des allitérations qui surprennent l'oreille. Après ses premiers recueils, *Sous le ciel du Nord, Dans l'Infini, Soyons comme le Soleil,* (1895-1902), cet aristocrate cosmopolite est l'objet d'une admiration sans borne dans un vaste public qui le lit sur les estrades ou dans les salons provinciaux, jusqu'en 1905. Assez vite, la vogue qui l'entoure va s'éclipser, il sera critiqué mais il aura le mérite de rester fidèle à lui-même, sensible au lyrisme de tous les pays, de la Lituanie au Mexique, inlassable voyageur tant que sa fortune l'y autorise et exilé en France — où il retrouve Ghil jusqu'en 1924 — à la suite de son refus de la dictature des Soviets. Poète généreux, sincère, amical, tenace, C. Balmont aura connu un long purgatoire (décédé en 1942 à Menton) jusque dans les milieux de l'émigration russe.

Balmont et Brioussov avaient ouvert des voies nouvelles au Symbolisme russe. Comme précurseurs, on appréciait diversement Nadson, F. Tioutchev, A. Maïkov et surtout A. Fet, la génération parnassienne des années 1850-80. Ces esthétiques étaient-elles révolues après 1900 ? De nouveaux enjeux préoccupent les poètes qui constituent la seconde génération des Symbolistes. Débats entre slavophiles et occidentalistes, élans messianiques ou apocalyptiques, etc. Les mages, les starets et les sectes tendent à proliférer, jusque dans l'entourage de Nicolas II. La philosophie mystique de Vladimir Soloviev s'insère jusqu'en 1900 et après la mort du théosophe à cette date. Métaphysicien de la « Sophia », cette image de la sagesse divine, il avait laissé en outre de beaux poèmes lyriques ; s'en inspirèrent les nouveaux venus, Alexandre Blok et Andréi Biely, les deux plus grands poètes du Symbolisme russe. Idéalistes et raffinés, ces deux amis ne cessèrent de se remettre en cause, de s'enrichir de leurs controverses, qu'il s'agisse de la Révolution, du rôle de la femme aimée ou de la théosophie de R. Steiner. Biely est le plus tourmenté, le plus exalté (*Or sur Azur,* 1903 et *Symphonies,* 1902-1908) et son imagerie violente et contrastée va aboutir à *Cendre* (1909) et aux longs récits dont nous avons parlé plus haut. L'œuvre lyrique de Blok est plus subtile et plus raffinée ; alors que Biely s'était rendu jusqu'en Norvège pour entendre R. Steiner, Blok séjourne à Paris et voyage en Bretagne ; l'esprit celtique le séduit et le romantisme anglais de J. Keats et P.B. Shelley lui fournissent des motifs médiévaux : la « Belle Dame » des trouvères, la « Reine de Pureté », figurations successives de l'Éternel Féminin. Des *Poèmes de la Belle Dame* (1905) aux *Poèmes sur la Russie* (1915) et aux *Douze* (1918), une évolution considérable — ou une rupture avec des amis — a ramené le poète vers la Sainte Russie et la religion orthodoxe ; mais il accueille la Révolution avec des accents d'apocalypse avant de s'éteindre, miné par le doute et les déceptions, en 1921.

*
* *

Un personnage controversé, celui que Biely aurait appelé « le Faust de notre temps », est plus mal connu : Viatcheslav I- Ivanov (Moscou 1866 — Rome 1950) n'était pas, avant tout, poète mais penseur : élève de Mommsen, latiniste et helléniste, il fréquente en pensée les oracles de Delphes, les mystères de Dionysos et y intègre l'eschatologie chrétienne et les traités de magie ; entre 1905 et 1907, il apparaît comme le théoricien des Symbolistes. Jouant au mage, il reçoit dans sa « Tour » de Saint-Petersbourg l'élite du monde artistique, mais quand il publie, en 1910, dans la revue *Apollon,* un article : « Les préceptes du Symbolisme », le mouvement est en déclin ; Ivanov, opposé aux « occidentalistes » (comme Balmont et Brioussov) ne cesse d'avoir des disciples et est respecté ; ses poésies, *Cor Ardens* (1911-1912) et *Les Tendres Mystères* (1912) ont le mérite de faire revivre les vieux mots slaves, les tournures archaïques et périmées, les images usées... C'est un poète à clefs, donc une sorte de Jean Moréas, en plus « ésotérique » et professoral ; son essai *D'après les Étoiles* (1908) eut une foule de lecteurs curieux sinon convaincus et détermina son influence durable sur la littérature russe à venir. Ivanov s'adapta à la république des Soviets, enseigna dans les campagnes, mais finit par se convertir au catholicisme et s'exila en Italie où, devenu prêtre, il publia *Sonnets Romains* en 1936.

En marge des « écoles » symbolistes, Innocent Annenski (1856-1909) n'en est pas moins considéré comme le meilleur ou le plus pur représentant de cette tendance par la critique spécialisée : il fut « Symboliste au sens que les Français donnent à ce mot » (V. Pozner, *Littérature russe,* 1929) ; il aime à saisir le crépusculaire, l'impalpable, le flou : ombres, fumées, fleurs rares, ce directeur de collège méticuleux mais subversif a des répondants chez les Symbolistes d'Europe occidentale : Gustave Kahn et Stuart Merrill en France, J.R. Jimenez en ses débuts pour l'Espagne ou Arthur Symons en langue anglaise, peut-être Rilke en allemand. De son vivant parurent des drames, des traductions et des essais critiques (*Le Livre des Reflets,* 1906) mais ses poèmes majeurs, *Le Coffret de Cyprès,* furent publiés après sa mort en 1910. On s'aperçoit ainsi que, si différent qu'il fût du Symbolisme franco-belge, l'ensemble russe offre une égale diversité dans ses périodes successives et ses oppositions internes : aux épanchements musicistes ou criards de C. Balmont, la postérité récente aura préféré la retenue d'Annenski, mais n'est-ce pas déjà un *âge d'or* de la poésie russe que celui qui va de 1890 à 1910 ?

Il y eut, certes, des symbolistes mineurs que les tenants du « réalisme socialiste » n'ont pas manqué de désigner comme décadents : ainsi l'épigone de C. Balmont, Igor Severianine, un Robert de Montesquiou qui eut le succès d'un Paul Géraldy ! *La Coupe bouillante de Tonnerre* (1911 et huit rééditions) fut suivie de six volumes entre 1913 et 1916, diffusés à cinquante mille exemplaires. On comprend que devant les excès et les débordements, une réaction contre le Symbolisme s'affirme vers 1909 : l'acméisme de Goumiliev et O. Mandelstam, le formalisme de G. Victor Khlebnikov, etc... On brûle ce qu'on a adoré, « du passé » on veut « faire table rase », tel est le credo des Futuristes. L'emprise de D. Merejkovski (*Poèmes,* 1888, *Symboles,* 1888, et *Léonard de Vinci,* 1901, etc.), celle de son épouse Zénaïde Hippius (*Poèmes,* 1904, *Nouveaux Poèmes,* 1910) seront durables et elles s'ancreront en France grâce aux chroniques du « *Mercure de France* » bien après 1918... La lecture de Merejkovski passionnera Édouard Schuré, qui le préférait secrètement à R. Steiner. La peinture russe de l'époque symboliste est peu connue en Europe ; le visionnaire Michel Vroubel (1856-1910) fut trop longtemps occulté ; ce n'est qu'avec la réouverture de la Galerie Tretiatov en 1994 que ses sublimes chefs d'œuvre (« La Princesse-Cygne, etc.) sont ré-exposés. Une leçon pour la France et la routine des prudentes rétrospectives !

En langue allemande

Un dessin moins net et non moins gênant figure pour nous la poésie de langue allemande à l'époque symboliste. Les dates ? Éliminons D.V. Liliencron et Platen pour aborder Stefan George et son rayonnement grâce aux *Feuilles pour l'Art,* de 1892 à 1900 ; d'autre part, occupons-nous de l'école dite autrichienne, naguère simplifiée par G. Bianquis en trois poètes : H. v. Hofmannsthal, Peter Altenberg et R.M. Rilke... Nous ne rencontrerons aucune unité d'inspiration de Berlin à Prague et de Munich à Vienne... Les « vrais » poètes seront des individualistes, des isolés et même des marginaux, ceci pour des raisons historico-politiques : après les victoires de Sadowa (1865) contre l'Autriche-Hongrie et celle de Sedan (1870) contre la France, la Prusse manifeste sa puissance et sa supériorité depuis les confins de la Mazurie jusqu'à l'Alsace-Lorraine.

L'Allemagne bismarckienne des années 1870-1890 n'est guère propice à une renaissance littéraire et aux effusions lyriques ; R. Wagner et F. Nietzsche sont des exceptions parmi les leurs ; la vie intellectuelle se concentre à Berlin où Jules Laforgue, lecteur de l'impératrice Augusta, découvre l'art tourmenté de Max Klinger, mais la vie théâtrale y est prédominante. Les correspondants de presse berlinois à Paris, en 1886, ne traitent que de la saison théâtrale et ignorent les manifestes de Jean Moréas et Anatole Baju. Les poètes allemands de la génération de 1880 sont loin de ces préoccupations. Richard Dehmel s'oppose à la conception de l'art pour l'art ; naturaliste, nietzschien, érotique, humanitaire... il n'aurait qu'un lointain cousinage avec « la poésie à symboles » qui s'affiche à Paris. Tout aussi distants de notre doctrine, après T. Storm et T. Fontane, sont Arno Holz (*Le Livre du Temps,* Dresde, 1884) et Johannes Schlaf, qui précèdent le « néo-romantisme » de la fin du siècle. Mais Dehmel et Schlaf ont traduit Verlaine.

C'est en 1890 que Stefan George va se familiariser avec les Symbolismes français et belges. Mais il ne s'en réclame pas directement pour ses premiers recueils : *Hymnes* (1890), *Pèlerinages* (1891) *Algabal* (1892), qui sont assez différents, dans leur tonalité, du registre mallarméen, accentuent le goût du rituel et du cérémonial hautain ; la poésie de George tend à être une célébration, un geste sacré et une liturgie ; chez lui, pas de « divagations » ni de « crise de vers » comme chez Mallarmé. En 1898, la critique française — le germaniste H. Albert — lui devient réticente pour *l'Année de l'Âme,* recueil paru en 1897. Les liens de George sont toujours plus ténus avec les poètes belges qu'avec les français ; Albert Saint-Paul ou Paul Gérardy — des noms presque oubliés — lui ont servi d'intercesseurs en langue française ; dans la revue liégeoise *« Floréal »,* en septembre 1892, Achille Delaroche, émule de Mallarmé et R. Ghil, transcrit sept poèmes tirés d'*Algabal* et, en octobre 1892, il traduit un essai de George sur la littérature contemporaine, sous la signature de Karl-August. En 1893, le critique du « Mercure de France », le Suisse Louis Dumur, encourage les débuts des *« Feuilles pour l'Art »,* périodique qui paraîtra jusqu'en 1900 et sera ouvert aux Néerlandais et aux Belges. Il n'y a pas d'école symboliste allemande à la suite de George ; des disciples, L. Klages, L. Derleth, F. Gundolf, K.G. Vollmoeller, etc., aucun ne fera une grande carrière de poète, la plupart s'orientant vers l'essai ou la critique ; réservons le cas du poète juif au souffle messianique, Karl Wolfskehl (*Ulysse,* recueil paru en 1897) qui s'exila en Nouvelle-Zélande après 1933. L'influence de George, vers 1900, est sensible chez des poètes plus personnels, Max Dauthendey (*Ultra-Violet,* 1893) et R.M. Rilke à ses débuts. L'élaboration d'un édifice de plus en plus savant en matière poétique, du *Septième Anneau* (1907) à *l'Étoile d'Alliance* (1914) et au *Nouvel Empire* (1928), éloigne bientôt le maître du « Cercle de Maximin » de toutes tendances novatrices comme l'expressionnisme ; il reste de lui le sens du chevaleresque, des valeurs hiérarchiques et de l'amitié virile ; l'image de la Femme, l'idéal porté par la Femme et sa présence même, manquent dans l'univers de George ; ni muse, ni femme-poète dans son entourage —, aucune poétesse allemande entre la romantique Annette von Droste-Hüsloff et l'expressionniste Else Laske-Schüler... soit une période de plus de cinquante années. Les poètes allemands restent entre hommes ; mais ceci à l'exception de la comtesse Franziska de Reventlow (1871-1918) qui recevait à Munich, dans son salon excentrique, les disciples de George ; elle ne fut pas une aventurière comme Lou Andréas-Salomé. Les plus proches des Symbolistes français parmi les poètes des *Feuilles pour l'Art* sont malheureusement bien oubliés : Emil Rudolf Weiss, auteur de *L'Errant* (1906) et du *Livre du pauvre fou* s'intéressa à Maeterlinck, J. Laforgue et A. Gide, — qu'il traduisit —, ou encore Oskar Schmitz à ses débuts, qui fut introduit aux réunions du *« Mercure de France »* en 1897 par S. George. Il connut surtout Alfred Jarry à l'époque d'*Ubu-Roi*, et lut en français *Axël*, de Villiers de l'Isle-Adam, Stanislas de Guaita, dont il prit le goût pour les sciences occultes ; il publia *Orpheus* à Berlin en 1898, et un article à Paris : *Les Vêpres de l'Art* (mai 1898) ; il rédigea par la suite des traités d'astrologie et de mancie.

Bien qu'ayant contribué à remettre à l'honneur les romantiques mystiques comme Novalis, Jean-Paul, Eichendorff — par des rééditions — Stefan George ne fut pas lui-même un néo-romantique, au sens courant du terme. Chez les Allemands, Ch. Morgenstern (1871-1914) représente une autre génération, celle des poètes « cosmiques » et « extatiques », plus apparentés à la « doctrine symboliste » que leurs prédécesseurs. Sa vie est une recherche de l'absolu minée par la tuberculose. Issu d'une famille d'artistes munichois aisés, doué pour le théâtre et le dessin, il entreprit de sévères études à Breslau (Silésie), qu'il dut interrompre. Il lut les écrits mystiques de J. Bœhme et A. Silesius et se lança un moment dans le journalisme, à Berlin ; la Scandinavie l'attirait, il traduisit l'*Inferno* de Strindberg et *Brand* d'Ibsen. En Norvège, il rencontra Grieg et Ibsen lui-même. Il cherche encore sa voie, vers 1900, quand il écrit ses premiers textes d'humour et de fantaisie après avoir hésité entre la philosophie de Nietzsche et une carrière théâtrale ; se succèdent des écrits confidentiels : *Sur maintes voies* (1892), *Moi et le Monde* (1898), avant les confirmations de *Mélancolies* (1906) et des *Chants du Gibet* (1905). Après 1910 et la révélation des conférences de R. Steiner qui le conduisent jusqu'à Christiana (1909), C. Morgenstern n'écrira plus que de courts poèmes mystiques souvent dignes de Novalis ; ailleurs, quand il joue sur les mots avec un humour sarcastique, il est près de Lichtenberg et de Tristan Corbière... en somme précurseur de « Dada » et du Surréalisme.

D'autres poètes, cosmiques ou extatiques, se sont intéressés à la gnose, comme Otto zur Linde (1873-1938), qui se réclame de Nicolas de Cuse et a publié le recueil *La Balle,* — en 1909, — avec le sous-titre, « une philosophie en vers ». Né à Trieste, d'inspiration méditerranéenne, Theodor Daübler est, sans aucun doute, un poète « à symboles », dont la cosmogonie est inspirée de Giordano Bruno (*Lumière du Nord,* 1910, *Le Chemin des étoiles,* 1915) ; inlassable voyageur, découvreur de peintres modernes comme Chagall, Daübler n'est pas sans rappeler le Russe C. Balmont.

Vers la poésie expressionniste, le poète « extatique » Alfred Mombert (1872-1942) représente une étape encore plus avancée : des visions fantastiques, traversées par les éons de la gnose antique, hantent ses poèmes recueillis dans *Jour et Nuit* (1894), *Le Sang du chaos,* (1905), etc. Comme Daübler, Mombert fut un inlassable vagabond qui sillonna l'Europe, de la Scandinavie à l'Italie, la Grèce et l'Espagne et s'aventura en Égypte et au Proche-Orient pour engranger des expériences, des sensations et des visions nouvelles. Bien que ses extases paraissent — à la longue — monotones, il manie le vers libre avec audace, crée des rythmes personnels et son univers allégorique est moins figé que celui de Carl Spitteler. Le Symbolisme et l'Expressionnisme se fécondent mutuellement dans l'œuvre de Georg Heym (1887-1912), qui illustre en vers réguliers les thèmes de la mélancolie, de l'angoisse et de la décrépitude ; ce n'est pas à la manière de Baudelaire, de Rimbaud ou de Lautréamont que Heym projette ses fantasmagories, qui procèdent pourtant d'un imaginaire voisin : cités englouties, vampires, Ophélie emportée par les eaux ; lui-même est décédé en de troubles circonstances (accidentelles) après avoir publié *Le Jour éternel* en 1911. Considéré comme expressionniste, le poète alsacien de langue allemande, Ernst Stadler (1883-1914) pousse son lyrisme exacerbé jusqu'à l'outrance rhétorique ; traducteur de H. de Régnier, de C. Péguy, de F. Jammes, il connaît aussi bien la poésie de Arno Holz, de S. George et de Hofmannsthal ; ses *Préludes,* parus à Strasbourg en 1904 se ressentent de ces influences mêlées ; en 1913, Stadler — co-fondateur de la revue *Der Stürmer* — avait réuni sous le titre « *Aufbruch* » des textes plus violents mais qui ne sont éloignés ni de Verhaeren ni d'Apollinaire.

La poésie autrichienne est dominée, pendant la période symboliste, par les personnalités de R.M. Rilke et H.v. Hofmannsthal. L'auteur des *Cahiers de Malte Laurids Brigge* et celui de *La Mort du Titien* sont, quoi qu'on en ait écrit, des écrivains qui ne relèvent pas d'un mouvement esthétique ni d'une doctrine ou d'une école déterminées ; néo-romantiques, classiques à leur façon, ils entrent bien entendu dans la perspective du Symbolisme européen : « La Nature entière est le reflet de notre âme, comme notre âme est le reflet de l'univers. Le rêve même est fait d'images prises au réel, groupées avec une fantaisie plus haute » ; a écrit Hofmannsthal, qui a traduit Vielé-Griffin en 1895. Dans ses *Lettres à un jeune poète,* Rilke ne cite, comme poètes de référence, que J.P. Jacobsen et R. Dehmel. A Paris, il lira Verlaine, Baudelaire. Il ira jusqu'à traduire six poèmes de J. Moréas. Est-il symboliste ? On en doute, d'après sa correspondance... Poète des expériences nécessaires, de l'ascèse et de la contemplation réfléchie, Rilke a certes rencontré Rodin, il a échangé des idées avec Paul Valéry, mais son « hermétisme » (celui des *Sonnets à Orphée*), sa religiosité diffuse sont si particuliers qu'ils échappent au champ littéraire qui nous occupe. Son attirance vers les sciences exactes, sa croyance même dans la linéarité du progrès scientifique — qu'il partage avec Paul Valéry — sont peu compatibles avec les principes fondateurs de la poésie symboliste. Le poète autrichien de la modernité, Georg Trakl (1887-1913), a vécu, lui, jusqu'au « dérèglement de tous les sens », comme Rimbaud, qu'il avait lu dans la traduction de 1906. Sa vie et sa poésie ne font qu'un : une sorte de saison en enfer où ne manquent ni les drogues, ni les échecs, ni la tentation du suicide ; Trakl a senti peser sur lui une sorte de malédiction, mais déjà Hofmannsthal se jugeait en proie à la fatalité : Trakl est un halluciné, mais son génie réside dans les rapprochements d'images inattendus, soutenus par une symbolique des sons et couleurs très curieuse ; si Rilke, comme on l'a écrit, interroge l'Énigme du monde, Trakl insère cette même énigme dans la tourmente de son lyrisme ; ce « mystique à l'état sauvage » n'a pas été reconnu par ses contemporains : l'ensemble de ses poèmes ne sera réuni qu'après sa mort en 1913 ; sur le plan plastique, ce pré-expressionniste fait penser à Van Gogh, à Kokokshka et à Egon Schiele ; Hofmannsthal, précédemment, admirait la peinture d'Arnold Böcklin. En Autriche, la poésie évolue dans un cadre où la musique, la peinture et la sculpture constituent un ensemble indissociable.

Ailleurs en Europe

Ailleurs qu'en Russie, et même en Allemagne et en Autriche, on peut déceler, de 1850 à 1920, des poètes qui illustrent l'évolution du phénomène symboliste, avec plus ou moins d'authenticité : en Pologne, Jan Kasprowicz et W. Rolicz-Lieder répondent à ce critère ; mais Cyprian Norwid, une sorte de Nerval polonais (1821-1883) issu du romantisme, n'est-il pas le plus français des poètes d'une Pologne en quête d'identité nationale ? En Hongrie, André Ády (1877-1919), M. Bábits et D. Kósztólaniy se sont d'abord tournés résolument vers un Occident (revue *Nyugat*) qui devait les éloigner de l'enracinement d'Europe centrale ; mais Ády évoluera après 1910 vers un retour aux valeurs nationales de la Hongrie. Le spécialiste A. Káratson a cru pouvoir distinguer une école symboliste hongroise. Mais ce cas d'espèce est aussi discutable que le cas polonais à la même époque.

S'il n'existe pas, dans le sillage du romantisme et du réalisme, d'école symboliste polonaise comme nous l'avons vu en Russie, des centres actifs se signalent par des revues comme *La Chimère* et *La Vie (Zycie)*, à Cracovie, foyer des poètes de « La Jeune Pologne ». Les aspirations identitaires se nourrissent d'un héritage messianique : les doctrines ésotériques de H. Wronski, A. Towianski, J. Slowacki, Z. Krasinski. Notre Balzac les avait déjà explorées... L'esthétique parnassienne précède le credo symboliste chez un T. Micinski et chez K. Tetmayer ; elle n'est pas rejetée par le poète de transition, L. Staff ; longtemps minimisé par la critique contemporaine après 1945. S. Przybyszewski (1868-1927) a une envergure européenne (cf. M. Herman, *Un Sataniste Polonais*, Paris, 1939) et il fut en 1897 le rédacteur en chef de *La Vie*. Son rôle efficace de mage nietzschéen et occultisant le place en éclaireur à la croisée des champs littéraires polonais, germanique et scandinave, il fut proche de Strindberg comme Ola Hansson et il influença R. Dehmel ; en marge des écoles littéraires, sinon des avant-gardes, l'Anglais Aleister Crowley se réfère, aussi vers 1900, à un magisme érotique qui l'éloignera assez vite de la poésie. Przybyszewski fut, pour sa part, rejeté par les générations polonaises d'après 1910.

Après l'indépendance de 1918, viennent les « scamendristes », souvent d'origine juive : le plus doué est J. Tawin, qui finira par quitter et maudire la Pologne — qu'il accusera, dans son exil russe, d'antisémitisme et de chauvinisme ; en langue yiddish, Y-L. Peretz domine sa génération, de Pologne en Galicie et en Bohême ; il est esthète, et mystique quand il se ressource aux leçons du hassidisme.

En Roumanie, comme en Bulgarie, les révolutions poétiques se font à l'encontre des gloires nationales : M. Eminescu chez les uns, Ivan Vazov chez les autres. Le Parnasse joue un rôle pour l'adversaire d'Eminescu, Alexandre Macedonski (1854-1920), qui, à la façon du Portugais Eugenio de Castro, évoluera vers le Symbolisme. La connaissance de Baudelaire, de Rollinat, de Laforgue et de Péladan est notoire en un pays déjà très francophone. Après 1890, le décadentisme le dispute à l'esprit moderne ; les superstitions et les sectes font florès dans le Bucarest des années 1900. En contraste avec la nonchalance de Ian Minulescu (1881-1944), l'ironie névrotique de Gheorgie Băcovia (1881-1957) témoigne d'un profond malaise ; autres émules de Baudelaire : N. Davidescu et Al. A. Philippide, auxquels seront reprochés leur superficialité et leur formalisme. Après 1918, une nouvelle génération dite moderniste rajeunit un lyrisme à clefs ou symboles : Tŭdor Arghězi, Dan Botta, une sorte de R.M. Rilke roumain, Lucian Blaga, qui nous rappelle Paul Valéry et Ion Barbú, fidèle au Parnasse, mais surtout très mallarméen par sa mise en cause du verbe poétique, jusqu'à l'abstraction.

La richesse de la production poétique roumaine, sur trois générations (de 1890 à 1930), est malheureusement sous-estimée en France et en Europe. Il en est de même du renouveau lyrique néo-hellénique, dont on ne connaît que peu avant Séféris et Cavafy. Comment cette péninsule méditérranéenne aurait-elle acclimaté les brumes du Symbolisme ? Et pourtant... au delà du Parnasse, il y a Constantinople (Byzance ou Istanboul) et Alexandrie, villes cosmopolites aux limites de l'Occident et de l'Orient. Constantin Ouranis (1890-1954) et Apollon Melachrinos (1880-1950) ont publié leurs recueils *Comme des songes* et *Nostalgies* pour le premier et *Le Chemin, Alternances,* pour le second, — soit à des dates tardives (après 1900) si l'on remonte aux années 1880 qui virent les débuts de George Drossinis et Jean Moréas. Petros Vassilikos avait fondé en 1899, sous l'égide de F. Vielé-Griffin, la revue *Technii,* qui ne dura qu'un an mais révéla Lambros Porphyros (1879-1932), disciple d'Albert Samain, et Miltiade Malakassis (1879-1932) fervent de H. Heine et J. Moréas. Poètes mineurs ? Sans doute. Le génie de Costis Palamas (1859-1943) domine son époque par la variété de ses dons et son souffle d'aède : de toute son œuvre, *Le Dodécalogue du Tzigane* (1907) se détache par son ésotérisme savant et bigarré qu'explicite une longue préface-manifeste dont on extrait ce passage : « De quelle sorte est donc l'art littéraire créateur ? Charles Morice semble l'avoir superbement défini : le rêve du vrai ». Dans cette suite au ton prophétique, « Les Crucifiés ressemblent à des Apollons et les Christs tiennent la lyre des Orphées » (trad. : Eug. Clément). Le cas d'A. Sikelianos a été abordé ci-dessus à propos de ses drames delphiques ; sa poésie lyrique emprunte trop souvent les voies épiques de Pindare et des vieux Hymnes pour que nous la situions au seuil de la modernité.

Les néo-helléniques bénéficièrent en France, vers 1920, de l'appui non négligeable d'Anna de Noailles et Philéas Lebesgue. Comme en Grèce, les poètes bulgares hésiteront entre Parnasse et Symbolisme ; c'est le cas de P. Slaveikov (1827-1895) et même de C. Khristov (né en 1875) plus verlainien que baudelairien ou de Peio Iavorov (1877-1914), le maître de la poésie métaphysique en Bulgarie. L'étude de leur poésie, pas assez engagée dans le social, fut négligée à Sofia depuis 1945 au profit du révolutionnaire K. Botev.

S'il faut reconnaître que le Parnasse s'allie au Symbolisme chez les Roumains, Grecs et Bulgares, — le Nord de l'Europe accorde beaucoup moins de place aux questions formelles : le Suédois Gustav Fröding est un lyrique personnel, comme le Finnois Eino Leino, le Danois Sophus Claussen, le Norvégien S. Obtfelder ; beaucoup sont de purs lyriques qui interrogent le mystère de la nature avec émotion et sensibilité mais avec plus ou moins de profondeur et de finesse. Emule de Leino, l'Estonien G. Suits (1883-1956) avait lu Baudelaire « à travers » George et Hofmannsthal. G. Baltrusaitis est le seul connu des Symbolistes lituaniens.

*
* *

Un « tour d'horizon » européen de la poésie lyrique à l'heure du Symbolisme — c'est-à-dire de 1890 à 1920, — exigerait de ne rien négliger et d'examiner l'ensemble des littératures, ce qui est impossible en si peu de pages... En langue tchèque, la création de *Moderni Revue* en 1895 introduisit Verlaine, Mallarmé, Samain, J. Laforgue, etc. En 1894 paraît *Les Lointains mystérieux* d'O. Brĕzina (1868-1929), un morave que l'on pourrait qualifier d'extatique et cosmique ; Stefan Zweig l'avait comparé à Verhaeren, Dehmel et Hofmannsthal ; en 1897, voici le premier recueil d'A. Sŏva (1864-1921), *Les Tristesses apaisées,* que suivront d'autres livres, avant *Luttes et Destinées,* hymnes à la vie, en 1910. Chez les décadents J. Kărăsek, lecteur de Huymans et Wilde, est l'auteur de poésies érotiques et de romans néo-gothiques qui s'apparentent à l'art décoratif d'Alphonse Mŭcha. Aux Pays-Bas, après la génération de 1885 et sa revue *Le Nouveau Guide* qu'illustrent les sonnets de W. Kloos, il faut attendre le début du XXe siècle pour qu'apparaissent des poètes à symboles : C. Boutens (1870-1943), P.N. Van Eyk (1887-1954), qui édite *Les Ornements du Labyrinthe* en 1909, G. Gossaërt (*Expériences,* en 1911), J.C. Bloem, le Moréas hollandais (1906, *Vers la Lumière*) et J. Van Nijlen, le F. Jammes flamand, continuateur de Karel Van de Voestijne, gantois et figure de proue de la revue *Van nu en Strak* (« De maintenant à tout à l'heure ») fondée en 1893, sous un titre qui fait référence à Charles Morice.

La Hollande avait été sensible aussi bien aux lyriques anglais, de Shelley à C.A. Swinburne, qu'aux Allemands comme S. George. La pénétration française est plus tardive. En Angleterre, Arthur Symons (1865-1945) — ami de Verlaine — avait acclimaté le Symbolisme vers la fin du XIXe siècle avec *Jours et Nuits* (1889) et *Silhouettes* (1892) ; son recueil le plus notable est *Nuits de Londres* (1898) et son essai sur le *Mouvement Symboliste en littérature* paraît à la même époque, en réaction contre l'opprobre qui s'attache au décadentisme. Dans ses *Aventures Spirituelles* (1905), il témoigne d'un mysticisme angoissé proche de Maeterlinck et de W.B. Yeats. Du poète irlandais majeur de son temps, Yeats, quelle part retiendrons-nous ici ? Celle du chantre du Lac d'Innisfree plutôt que l'interrogateur des traditions rosicruciennes ou le nostalgique de l'Irlande celtique (*Le Crépuscule celte, La fin du Romantisme...*) ? Autre poète irlandais et théosophe, G. Russel (A.E.) est connu par *Le Flambeau de la Vision,* paru en 1918. Yeats se situait dans la lignée de W. Blake. C.A. Swinburne, plus païen que Baudelaire (*Chants et Ballades*), établit une esthétique de la perversité dont le chef d'œuvre est *Laus Veneris,* que traduira en français F. Vielé-Griffin en 1895. Son ambiguïté est celle des pré-raphaëlites.

A l'initiative de Yeats, le « Rhymer's Club » réunit, de 1891 à 1894 des poètes nouveaux, R. Le Gallienne, J. Davidson, L. Johnson, E. Dowson qui regroupent leurs productions confidentielles en anthologies pour bibliophiles. L'Angleterre rivalise avec la France dans l'introduction de revues de luxe :

Le Livre Jaune d'Aubrey Beardsley, *Le Savoy,* en 1896, et, plus raffiné si possible, *Le Studio,* périodiques réservés à une élite de connaisseurs.

Il serait impossible d'envisager sous le même angle la poésie lyrique en Espagne, en Italie et au Portugal. On classerait volontiers parmi les Symbolistes le J.R. Jimenez d'*Âmes de violettes,* l'Antonio Machado de *Nympheas,* entre jardins d'Andalousie et parfums de Castille —, plus volontiers encore : R. de Válle-Inclan, Galicien épris d'ésotérisme à l'œuvre multiforme (en poésie, les *Sonates*) et J.P. Lopez-Pico qui composa en catalan ses poèmes des Baléares. Manuel Machado, frère d'Antonio, se rapproche du modèle parnassien. Le Portugal est plus sensible aux courants anglais et français. Qui retenir, avant F. Pessoa et M.Sâ Carneiro parmi la dizaine de « présumés » Symbolistes qui écrivent entre 1880 et 1910 ? A. Nobre, C. Pessanha, C. Verde et l'élégiaque du « Saudadismo », Texeira de Pascoais expriment à leur façon une mélancolie amère et une nostalgie d'âges d'or et d'horizons inaccessibles. Ils témoignent de leur peuple et du sentiment de sa décadence, non sans révolte. En marge, Gomes Leal (1848-1921), auteur de *Clartés du Sud,* est sans doute le plus personnel de sa génération.

Les poètes majeurs de l'Italie ne partagent pas l'esthétisme de d'Annunzio. G. Pascoli ((1855-1912) est un artiste du spontané et de l'ingénuité ; au Symbolisme peuvent se rattacher ses *Chants de Castelvecchio* (1903). De G. Carducci, la profession de foi « sataniste » émane d'un humaniste sans états d'âme mais fourmillant d'idées neuves ; le philosophe B. Croce réagira contre tous les conformismes qui étouffent l'Italie officielle d'avant 1900 ; à la revue *La Voix* succède *Lacerba* (qui paraît de 1913 à 1915), d'A. Soffici, amateur d'art qui introduira la lecture de Rimbaud et d'Apollinaire en Italie après avoir séjourné à Paris de 1900 à 1907. Dans le milieu toscan de Soffici naît l'école des « fragmentistes » ; parmi eux, deux figures originales peuvent nous retenir : Dino Campana, dont les *Chants orphiques,* composés en 1914 sont une œuvre rimbaldienne et Arturo Onofri — disciple de R. Steiner —, qui préconise une poésie de puriste. Vers la poésie pure ?... Les débuts de G. Ungaretti ont lieu sous le signe de Mallarmé et P. Valéry ; Eugenio Montale a la densité transparente de Rilke. Mais ne les considérons que comme héritiers du Symbolisme, et d'assez loin. Les poètes « crépusculaires », G. Govoni et S. Corrazini ont des inflexions naïves à la F. Jammes ou G. Nouveau. Ils sont inclassables, comme le furent les « échevelés » (scapigliati) de Milan entre 1870 et 1880, des anarchistes cousins des « Vilains Bonshommes » et « Hirsutes » parisiens. La vie culturelle italienne est longtemps demeurée provinciale, quoiqu'ouverte aux courants cosmopolites.

... ET OUTRE-ATLANTIQUE

Aux E.U. d'Amérique, dès le milieu du XIXe siècle, R.W. Emerson, comme poète, et non plus comme métaphysicien, excelle à construire des symboles à partir d'archétypes : Uriel, archange banni, Merlin, Brahma et surtout le Sphinx sont l'objet de poèmes lyriques que l'on connaît moins bien que les essais idéalistes du philosophe. Edgar Poe ne sera pas tenu pour un précurseur ni même un auteur majeur par les Américains. En 1892 paraissent dans la presse new-yorkaise des articles et des traductions autour de Baudelaire, Mallarmé et Rimbaud, sans grand effet. Il revient à Stuart Merrill d'avoir, dès 1889, entrepris une tournée de conférences dans son pays d'origine et fait connaître le Symbolisme français par une série d'articles, dont l'un sur G. de Nerval dans le « *New-York Times* », mais il se heurta à des préjugés défavorables ; dans sa correspondance, en anglais, avec F. Vielé-Griffin, il épilogue sur ce manque d'intérêt relatif de ses compatriotes, qui ne le surprend guère. Dans le même temps, Henry James avait donné aux cercles intellectuels de Boston une image déformée de la poésie française, confondue avec les outrances païennes de C.A. Swinburne et le décadentisme anglais en général : de quoi effrayer le puritanisme de la Nouvelle-Angleterre. Plus tard, Richard Hovey (1864-1900) fut le premier poète américain à correspondre avec S. Mallarmé, de 1893 à 1898, et même le seul à lui rendre visite à Valvins peu avant sa mort. En marge de ses essais dramatiques, R. Hovey publia ses *Chants de Vagabondage,* de 1894 à 1896, bien qu'il fût un universitaire respecté ; ses traductions de Mallarmé et de Maeterlinck laissaient froide l'élite de Harvard et de Boston ; le poète de *La Princesse Maleine* pâtissait d'un préjugé défavorable depuis que O. Mirbeau, dans un article retentissant du « *Figaro* », l'avait comparé à « un nouveau Shakespeare », assertion contestée par F. Vielé-Griffin dans *Les Entretiens politiques et littéraires*. R. Hovey rendit public une sorte de manifeste d'une « nouvelle école », en 1895, en conjonction avec les poètes canadiens anglais, Bliss Carman et C.G.D. Roberts, qui étaient actifs à New-York, mais déjà bien connus au Canada pour leurs poèmes affiliés à la veine de Matthew Arnold, Shelley et Swinburne (*Orion*, de Roberts datait de 1880). Il n'y eut pas de nouvelle école, les principes énoncés par Hovey étant trop vagues et moralisateurs : renouveau de la démocratie et du sens national, etc... Les magazines américains insérèrent alors de multiples poèmes de faible niveau, qui déprécièrent cette entreprise désintéressée. Vers la fin du XIXe siècle, une réaction s'amorce contre l'emprise de W. Whitman, mais désordonnée. On sent confusément un refus de la « modernité » telle que celui-ci l'avait exaltée.

Une riche excentrique de Boston, Amy Lowell (1874-1925) relance, en 1912, la mode de la poésie française de la fin du siècle précédent ; les Parnassiens, mais aussi A. Samain et H. de Régnier. Précédant l'Imagisme, — dont elle est une des théoriciennes avec Ezra Pound —, elle joue sur la musicalité et les assonances, les subtilités de couleurs rares ou chatoyantes, mais sa poésie reste décorative et précieuse et évoluera peu ; plus jeune, John Gould Fletcher (1886-1950) est originaire du Sud des E.U. et il répugne à la vie urbaine du Nord-Est ; grâce au vers libre, il évoquera des paysages à demi-rêvés, qu'il appelle des « symphonies colorées » comme le peintre J.M.N. Whistler ; Fletcher est un des premiers imagistes américains avec E.E. Cummings. André Fontainas, dont il fut le biographe, parle dans ses *Souvenirs du Symbolisme* du « magnifique poète américain J.G. Fletcher »... En 1913, Ezra Pound, de passage à Paris va rencontrer Remy de Gourmont par son intermédiaire et c'est par Fletcher, encore, qu'il lit et traduit J. Laforgue, T. Corbière, H. de Régnier et d'autres. E. Pound se sépare des imagistes A. Lowell, H. Doolittle (H.D.) et J.G. Fletcher pour fonder le « vorticisme » qui assigne à l'écriture poétique un rôle de désintégration et de remembrement suivant le mythe d'Isis et Osiris. Par l'entremise de W.B. Yeats, Pound avait été introduit dans la presse de la « Théosophie », comme l'hebdomadaire londonien « Le Nouvel Âge » qui publiait ses essais. C'est par J.G. Fletcher que Pound se penchera sur la symbolique de Dante ; d'une certaine façon le futur poète des *Cantos* est un héritier de la doctrine symboliste. D'une autre façon, mais plus insidieuse, T.S. Eliot intègre à sa manière poétique cet héritage, tout en rejetant Mallarmé ; dans *Pruffock* et *La Terre Gâste,* Eliot se souvient de Laforgue, de Corbière et des poètes métaphysiques comme John Donne. On retiendra que, quand ils n'ont pas quitté leur pays après 1914, les Américains associent la poésie à la vie universitaire, ce qui est plus inhabituel en Europe continentale. On a du mal à définir les liens de Wallace Stevens avec le Symbolisme (1876-1953). Né en Pennsylvanie, cet avocat d'affaires new-yorkais fut tout le contraire de Pound et Eliot : un silencieux, un isolé, un non-engagé. Son premier recueil, *Harmonium,* est tiré à cent exemplaires en 1923. Poète pour « happy fews », Stevens se serait réclamé de Mallarmé et P. Valéry par son choix de la poésie close sur son propre objet. A l'inverse, le poète maudit Hart Crane (1899-1932) avait amorcé un retour à Edgar Poë et à Rimbaud ; comme chez G. Trakl ou Dino Campana, on trouve dans les vers libres et proses lyriques de H. Crane, datés de 1923-24, des accents de révolte empruntés au *Bateau Ivre,* à *Une Saison en Enfer* et aux *Illuminations.* H. Crane se suicida dans des circonstances troubles (il se jeta d'un bateau) qui seraient liées à la crise économique de 1929.

    Pour l'Amérique du Nord, le Canada francophone est représenté par un autre poète maudit, Émile Nelligan, d'ascendance franco-irlandaise, supérieurement doué dès son adolescence, inspirateur de « l'école de Montréal », disciple de M. Rollinat, E. Poë, A. Rimbaud... Son œuvre poétique parvient à son point d'incandescence quand il devient fou et doit passer la fin de son existence dans une institution religieuse ; on a redécouvert récemment des « poèmes de la folie », comme chez Hölderlin.

    L'Amérique latine hispanophone est dominée par la réputation de Rubén

Darío qui, de ses séjours parisiens et madrilènes, importa le « Modernismo » du Mexique à l'Argentine en passant par Cuba. Le lyrisme de Darío est à facettes, il emprunte aux Symbolistes, aux Parnassiens et à la « théosophie ». Le Mexicain Amado Nervó (1870-1919) avait connu Darío à Paris ; sa poésie vise à l'appréhension du Sacré, des sources chrétiennes jusqu'à l'hindouisme — de *Ma sœur l'eau* à *L'Étang aux lotus*. En Uruguay, J. Herrera Y Reissig (1873-1910) est souvent proche des Symbolistes français en ses associations audacieuses d'images et de vocables et ses accents visionnaires permettent de le situer au-dessus des virtuoses de la simple suggestion verbale. Son compatriote E. Rodo (1872-1917) a entrepris de ramener à ses racines la poésie hispano-américaine en la définissant par opposition aux modes européennes et nord-américaines ; son recueil *Ariel* (1900) engendre le courant de l'ariélisme, qui pose le problème des identités culturelles et prélude aux réactions contre le « modernismo » dont le XXe siècle débutant sera fertile, surtout au Pérou et au Chili. Le Péruvien Cesar Vallejo (1898-1938) est un lyrique majeur de la période avant-gardiste du XXe siècle et sa mystique hétérodoxe prend racine chez Baudelaire et Verlaine. Puis viendront les chantres de l'indianisme et de la Révolution, comme P. Neruda. Le poète national cubain, Jose Marti (1853-1893) est mort trop tôt pour avoir pu dépasser le stade de l'esthétique « moderniste ». Il en est de même du Colombien J.A. Silva (1865-1896), auteur d'un *Nocturne* désespéré qui anticipe sur son suicide ; même destin tragique pour l'Argentin L. Lugones (1874-1938) aux curiosités aussi vastes que celles de son compatriote J.L. Borges, de Lautréamont à A. Samain, en passant par J. Laforgue. On découvre — aujourd'hui seulement — la marque que laissèrent à Montevideo les Français I. Ducasse et J. Laforgue, qui quittèrent très jeunes l'Uruguay. Mais cette empreinte passe aussi par Buenos-Aires. Dans le Brésil lusitanien, le Parnasse précède le « modernismo » et le seul Symboliste notoire est le mulâtre J. da Cruz e Sousa (1863-1898).

Ces indications ne sont que des points de repère, on s'en doute, et il est difficile d'éviter les énumérations fastidieuses. La langue afrikaans, en terre du Transvaal, n'a pas ignoré le Symbolisme, grâce à Eugène Marais (1871-1936) dont l'œuvre majeure, écrite en 1905, ne paraîtra qu'en 1925 (*Nuit d'Hiver*).

*
* *

L'expansion des idées symbolistes en Europe, dans la prose, au théâtre et en poésie, est un fait progressif, alternatif, irrégulier ; dans l'espace, des deux Amériques à l'Afrique du Sud, c'est un phénomène plus tardif, bien postérieur à 1900 et ne touchant que des *cas d'espèces*. On aurait pu recenser une thématique commune aux diverses familles d'écrivains ; par exemple, le mythe de l'Atlantide, qui est un motif que se partagent Parnassiens et Symbolistes et qui serait l'objet d'une étude comparatiste. Dans certaines situations, les cas d'espèces concerneraient l'influence des Symbolistes, et non des *idées,* dans tel ou tel pays ; par exemple Elémir Bourges est mieux apprécié en Hollande, en Bohème et en Italie (chez Ungaretti, notamment) que chez ses compatriotes. Le Symbolisme vu d'ailleurs, de l'extérieur, transformé, transfiguré... déformé ou rendu à son essence, c'est une tentation séduisante. Contrairement au Parnasse, il n'a pas concerné que les poètes, il a pénétré — au-delà des frontières — les champs d'activités du théâtre, des arts plastiques, de la décoration, mais sans uniformité de ton ni de style. Une équivoque terminologique, en Angleterre ou en Italie, l'a fait confondre avec le décadentisme. Des images simplifiées de Verlaine et Baudelaire ont contribué à cette déformation.

Bibliographie : *Encyclopédie du Symbolisme*
Paris, Budapest, éd. Somogy, 1988.
Collectif, avant-propos de Jean Cassou avec les collaborations de Pierre Brunel, Francis Claudon, Georges Pillement, Lionel Richard.

The Symbolist movement in the literatures of european languages,
direction Anna Balakian, 732 pages, Budapest, 1982.

Août-septembre 1994.

TEXTES ET DOCUMENTS

DÉFENSE ET ILLUSTRATION DE LA DOCTRINE SYMBOLISTE

Cette anthologie pense répondre à un double besoin. S'il est relativement facile de connaître les œuvres des poètes symbolistes, du moins des plus grands d'entre eux, il est beaucoup plus malaisé d'avoir des informations de première main concernant leur doctrine : celle-ci en effet se trouve dispersée, soit dans des ouvrages dont la plupart sont depuis longtemps épuisés, soit dans les petites revues de l'époque, qui sont encore plus difficilement accessibles. Il pouvait donc sembler souhaitable qu'en complément d'une étude sur l'histoire du mouvement symboliste fût réuni l'essentiel des textes qui en contiennent la doctrine.

Mais de plus on sait qu'il est de tradition chez les critiques de contester, dans une plus ou moins large mesure, l'unité de cette doctrine, et d'affirmer, comme René Lalou, que « sa meilleure définition consiste à étudier les œuvres que couvre cette étiquette commode ». Il ne faisait d'ailleurs que reprendre à peu de chose près une formule d'un Symboliste défroqué, Adolphe Retté, qui déclarait dès 1892 dans la Plume : « Nous ne considérons le terme de symbolisme que comme une étiquette désignant les poètes idéalistes de notre génération. C'est une épithète commode et rien de plus. »[1] Cependant, si, au lieu de condamner la doctrine symboliste sur la foi de témoins suspects, on avait les moyens de la juger sur pièces, peut-être en irait-il tout autrement. Ce sont ces pièces qu'on a tenté de rassembler ici.

Au demeurant, disons tout de suite qu'on ne saurait trouver d'unité organique dans la doctrine symboliste si l'on persiste à la considérer selon la logique classique ; et c'est ce qui explique sans doute le jugement de tant de contemporains qui, tel Jules Lemaître, protestaient au nom du bon sens en déclarant : « Je ne comprends pas ». Dans une perspective purement rationaliste — du moins au sens où l'on entendait ce terme en 1890 —, le Symbolisme ne saurait en effet apparaître que comme une somme de recherches individuelles, d'expériences subjectives, qui ont donné le jour à un certain nombre d'œuvres plus ou moins déconcertantes et, plus généralement, à des poèmes de second ordre, dans lesquels il entre plus de talent que de génie.

Pourtant tous ces poètes ont quelque chose en commun. Qu'ils aient du génie ou seulement du talent, ils partent tous d'une donnée singulièrement concrète : l'expérience qu'ils ont de la poésie. Refusant de faire entrer celle-ci dans les cadres d'une logique conventionnelle, ils commencent par la vivre pleinement, authentiquement ; ce faisant, ils prennent peu à peu conscience de ce qu'elle est et ,oubliant tout ce qu'ils ont appris, ils conçoivent l'ambition d'en découvrir l'essence et la nature. Tel est le sens de leur

---

[1] *La Plume*, 15 février 1892.

recherche ; telle est aussi la voie sur laquelle nous devons nous efforcer de les suivre si nous voulons les comprendre.

Or, en dépit de la diversité de leurs tempéraments et de leur philosophie ou de leur croyance, nous discernons d'abord chez tous ces poètes une même inquiétude devant l'aspect quotidien des choses, le sentiment qu'il y a un mystère *au fond de tout : aux uns comme aux autres, l'expérience poétique a révélé une réalité cachée sous l'apparence. Ils appellent cela le monde des Idées, et se disent* idéalistes. *Premier élément d'unité doctrinale, qui apparaît à la lecture des textes les plus connus, que ce soit l*'Avant-Dire *de Mallarmé, le* Traité du Verbe *de Ghil, les articles de Wyzewa ou le Manifeste de Moréas.*

Mais il y a plus. L'idéalisme à lui seul ne saurait rendre compte de la nature de l'acte poétique. Celui-ci, comme Baudelaire l'avait pressenti, repose sur la métaphore, qui suppose elle-même une attitude de pensée foncièrement différente de la pensée logique : la pensée analogique. *Le poète a l'intuition que tout se tient dans l'univers, qu'il y a une connivence secrète entre le monde et lui, et le voici conduit par son expérience propre à procéder, non plus à partir de la multiplicité des apparences, mais de l'unité originelle de la création. Intuition dont font foi de nombreux textes symbolistes qui, pour être moins connus, n'en ont pas moins une importance capitale dans l'histoire du mouvement, comme la préface des* Grands Initiés *de Schuré, l'*Art symboliste *de Georges Vanor, les ouvrages de Charles Morice ou les déclarations faites à Jules Huret par Saint-Pol-Roux ou par d'autres.*

Une fois que l'on a admis comme une attitude fondamentale *et une hypothèse de travail nécessaire cette conversion à l'unité, l'ensemble du mouvement symboliste s'éclaire alors d'un jour nouveau. On aperçoit l'unité du mouvement lui-même, et de sa doctrine. Car c'est bien une doctrine, et non une théorie. Autrement dit, le Symbolisme est plus qu'un quelconque système, qu'une théorie esthétique s'ajoutant à d'autres dans l'évolution d'une littérature. Il est un effort pour retrouver la* doctrine traditionnelle, *celle qui est à la base de toutes les philosophies antiques et des grandes religions et dont les échos affaiblis sont parvenus jusqu'à nous*[2]. *On comprend que dès lors le sort de la poésie ait été lié à la métaphysique, seule capable de rendre compte au poète de ses nostalgies et de ses intuitions. On comprend aussi la fortune du mot* Symbolisme, *si l'on songe que la notion de symbole est la pierre angulaire de cette métaphysique traditionnelle fondée sur le principe de la constitution analogique de l'univers.*

Il n'y a plus lieu de s'étonner alors de ce que la doctrine de la nouvelle école se soit constituée autour de cette notion. En effet, celle-ci en est

---

[2] Voir en particulier les ouvrages de R. Guénon, notamment l'Avant-Propos du *Symbolisme de la Croix* (éd. Véga, Paris, 1931).

vraiment le centre organique, et le symbole y joue en quelque sorte le rôle de catalyseur. Autour de lui viennent s'ordonner les autres idées qui sont dans l'air à cette époque — émotion, suggestion, poésie-musique — et la méthode même que suit le poète depuis le moment de l'inspiration jusqu'à l'accomplissement de l'acte poétique. Cette notion du symbole commande aussi la technique de l'expression poétique *et les conditions de sa libération, en même temps qu'elle rend compte de la nature de l'*obscurité *qu'elle implique nécessairement.*

Considérée dans cette perspective, on conçoit mieux la force révolutionnaire *d'un mouvement qui s'oppose aussi totalement à des habitudes de pensée coutumières ; on aperçoit la cohésion de sa doctrine et la volonté de synthèse qu'elle représente ; on comprend aussi qu'après être remonté aux origines, il ait retrouvé le* sens *de la création poétique et se soit retourné vers la vie.*

Ces constatations conduisaient donc à présenter la doctrine symboliste, non plus historiquement, mais synthétiquement ; elles invitaient, non plus à faire un commentaire des textes, mais à laisser parler ces textes eux-mêmes. Tel est le but que l'on s'est proposé dans cette dernière partie.

Il était bien entendu impossible de citer tous les documents où l'on peut trouver l'expression de cette doctrine. En règle générale, on a donc choisi de reproduire, et les plus caractéristiques d'entre eux, et les plus difficilement accessibles. De plus, pour présenter autant que possible la doctrine à l'état pur, on a cru devoir limiter d'ordinaire le choix des textes à la période 1886-1896 *et aux écrivains qui ont participé plus ou moins directement au mouvement symboliste pendant cette même période. Aussi a-t-on, a fortiori, évité systématiquement les jugements émanant de critiques extérieurs au mouvement lui-même*[3].

Le principe de cette partie en commandait le plan. Il n'était plus question ici de suivre l'ordre historique de découverte d'une vérité, mais l'ordre organique de la pensée, une fois cette vérité découverte. On est donc parti, comme il a été dit plus haut, du postulat métaphysique sur lequel repose la doctrine, pour déduire les aspects esthétiques et psychologiques de cette doctrine et aboutir enfin à la réalisation formelle qui en découle.

Néanmoins ce plan entraînait un morcellement parfois excessif des textes et risquait d'en fausser le sens. On a tenté de pallier cet inconvénient en présentant les principaux textes en une seule fois et à l'endroit où ils semblaient avoir le mieux leur place. Pour les autres, qui supportaient ce mor-

---

[3] Exception faite toutefois pour un extrait d'article de Brunetière de 1888, qu'il semblait indispensable de citer parmi les documents. On a jugé inutile par ailleurs de citer les textes qui concernent le théâtre, les principaux de ces textes ayant été déjà réunis par D. KNOWLES (*La réaction idéaliste au théâtre,* passim).

cellement avec moins de dommage, l'index des noms[4] permettra de les reconstituer dans leur ensemble.

* * *

On n'a pas voulu intervenir autrement que pour lier les textes les uns aux autres, le but qu'on s'était proposé ici n'étant ni de les commenter, ni de les discuter, mais seulement de les rapprocher, pour qu'ils « s'allument de leurs feux réciproques », selon le mot du poète.

Le lecteur en déplorera souvent le style, fatigant et prétentieux, voire abscons : c'est la rançon d'une mode ou, chez certains, d'une recherche trop systématique. Qu'il veuille bien du moins les aborder avec cette sympathie compréhensive sans laquelle il ne saurait prétendre porter ensuite de jugement assuré.

Il resterait à montrer que cette doctrine n'est pas demeurée lettre morte. Chez la plupart des poètes —j'entends des minores — elle est, de toute évidence, plus ou moins inconsciente. Pourtant, s'ils n'ont pas pensé profondément la doctrine, ils l'ont vécue sur le plan poétique. En eux, les idées que professe tel ou tel de leurs compagnons ne sont peut-être pas claires, mais elles prennent corps sous forme de thèmes et pénètrent ainsi leur poésie. Il faudrait étudier comment, tout comme les idées elles-mêmes, ces thèmes se commandent et s'enchaînent, depuis l'inquiétude, le pessimisme, le sens du mystère, la nostalgie des paradis perdus ou la révolte, jusqu'au mysticisme, à l'élan vers l'absolu, puis à l'intuition d'un ordre caché, à l'amour de la vie et de la nature, à l'enthousiasme et à la joie de vivre. La poésie symboliste apparaîtrait ainsi comme l'expression plus ou moins consciente de la doctrine symboliste et comme sa réalisation. Mais ceci serait l'objet d'un autre travail, dont les linéaments, à travers le présent ouvrage, ont apparu peut-être au lecteur attentif.

---

[4] Où l'on trouvera ces références imprimées en *italiques* à la fin de celles qui concernent chaque auteur.

I

L'AMBITION DU SYMBOLISME

> *Le Romantisme, en France, n'avait fait que réaffirmer, après plusieurs siècles de rationalisme, les droits de la poésie. Mais la poésie romantique restait tout imprégnée d'éloquence, et les flots de son lyrisme charriaient avec eux mille impuretés. L'objet même de la poésie se définissait encore assez mal. L'Art pour l'Art ? L'Art pour le Progrès ? Tant de controverses montrent que le Romantisme marque chez nous le temps de la révolte, et que l'heure de la poésie véritable n'a pas encore sonné.*
>
> *Cependant l'exercice de la poésie, combiné à l'influence grandissante de l'esprit critique, conduit plus d'un poète à s'interroger sur son art. On sent plus ou moins confusément que l'expérience poétique est irréductible à toute autre, que l'acte poétique porte en soi-même sa justification. Déjà Vigny parlait incidemment de poésie pure.*
>
> *A la suite d'Edgar Poe, Baudelaire fut hanté par ce problème. Mais c'est Mallarmé et ses successeurs, comme le montre Valéry, qui ont tenté les premiers de le définir avec rigueur.*

isoler définitivement la Poésie de toute autre essence qu'elle-même

PAUL VALÉRY. — *Avant-Propos à la Connaissance de la Déesse* (1920).

On voit enfin, vers le milieu du XIXe siècle, se prononcer dans notre littérature une volonté remarquable d'isoler définitivement la Poésie de toute autre essence qu'elle-même. Une telle préparation de la poésie à l'état pur avait été prédite et recommandée avec la plus grande précision par Edgar Poe. Il n'est donc pas étonnant de voir commencer dans Baudelaire cet essai d'une perfection qui ne se préoccupe plus que d'elle-même.

Variété, p. 23 (Gallimard, éd.).

Pourtant les Symbolistes sentent bien que la poésie porte en soi sa propre transcendance, et que poser le problème de la poésie, c'est en même temps poser le problème de l'esprit qui la crée. Chercher l'essence de la poésie, c'est, non plus chercher la vérité dans *l'art, mais la vérité* de *l'art, c'est faire de l'art l'objet d'une véritable religion, c'est canoniser en quelque sorte ces états exceptionnels où le poète prend conscience de tous ses pouvoirs.*

une espèce de religion

PAUL VALÉRY. — *Ibid.*

Ce fut un temps de théories, de curiosités, de gloses et d'explications passionnées. Une jeunesse assez sévère repoussait le dogme scientifique qui commençait de n'être plus à la mode et elle n'adoptait pas le dogme religieux qui n'y était pas encore ; elle croyait trouver dans le culte profond et minutieux de l'ensemble des arts une discipline, et peut-être une vérité, sans équivoque. Il s'en est fallu de très peu qu'une espèce de religion fût établie... Mais les œuvres mêmes de ce temps-là ne trahissent pas positivement ces préoccupations. Tout au contraire, il faut observer avec soin ce qu'elles interdisent, et ce qui cessa de paraître dans les poèmes pendant cette période dont je parle. Il semble que la poésie abstraite, jadis admise dans le Vers même, étant devenue presque impossible à combiner avec les émotions immédiates que l'on souhaitait de provoquer à chaque instant ; exilée d'une poésie qui se voulait réduire à son essence propre ; effarouchée par les effets multipliés de surprise et de musique que le goût moderne exigeait, se soit transportée dans la phase de préparation et dans la théorie du poème...

Parler aujourd'hui de poésie philosophique (fût-ce en invoquant Alfred de Vigny, Leconte de Lisle et quelques autres), c'est naïvement confondre des conditions et des applications de l'esprit incompatibles entre elles. N'est-ce pas oublier que le but de celui qui spécule est de fixer ou de créer une notion — c'est-à-dire un *pouvoir* et un *instrument de pouvoir,* cependant que le poète moderne essaye de produire en nous un *état,* et de porter cet état exceptionnel au point d'une jouissance parfaite ?...

Variété, pp. 97-99 (Gallimard, éd.).

Or quels sont ces pouvoirs ? Mallarmé tentait d'en donner dès 1884 une définition fort condensée, fruit de vingt ans de méditations ; définition capitale, puisqu'on peut dire que d'elle procédera tout le Symbolisme.

la poésie, expression du sens mystérieux de l'existence

MALLARMÉ. — *Définition de la Poésie* (1884).

La poésie est l'expression, par le langage humain ramené à son rythme essentiel, du sens mystérieux des aspects de l'existence : elle *doue* ainsi d'authenticité notre séjour et constitue la seule tâche spirituelle.

La Vogue, 18 avril 1886.

Formule très riche, où l'on peut sommairement distinguer :

1° le sens du mystère ;

2° plus précisément, la conviction que le monde, derrière les apparences sensibles, comporte une signification cachée qu'il s'agit pour le poète de découvrir, et que c'est là la suprême science à laquelle l'homme puisse atteindre ;

3° qu'après avoir découvert les rythmes essentiels de la création, la tâche du poète est de trouver le langage qui en sera l'expression ;

4° que là se trouve la justification de notre présence sur terre, justification qui lui confère une grandeur quasi-religieuse.

Ces affirmations s'éclairent d'ailleurs par d'autres textes de Mallarmé ou de ses contemporains.

la poésie, sens du mystère

MALLARMÉ. — *Le Mystère dans les Lettres* (1896).

Il doit y avoir quelque chose d'occulte au fond de tous, je crois décidément à quelque chose d'abscons, signifiant fermé et caché, qui habite le commun : car, sitôt cette masse jetée vers quelque trace que c'est une réalité, existant, par exemple, sur une feuille de papier, dans tel écrit — pas en soi —, cela qui est obscur : elle s'agite, ouragan jaloux d'attribuer les ténèbres à quoi que ce soit, profusément, flagramment.

Divagations.

Découverte véritable. Déjà, derrière le monde conscient, la réalité quotidienne, les Décadents avaient pressenti un mystère ; ils découvraient, selon le mot de Brunetière, que « *les choses ont une âme aussi* », *ils voyaient dans la poésie une* « *reprise par l'âme de ses propres profondeurs* », *et cette découverte du « moi profond » leur ouvrait une porte sur l'invisible. Ils opposaient la réalité objective, l'univers abstrait, les choses telles qu'elles sont, sèches et privées de vie, et la réalité subjective, non seulement ce monde intérieur que nous portons en nous, mais le monde extérieur tel qu'il est pour l'homme, tel que celui-ci l'éprouve, savoureux et proche. Ce monde-là trouve en l'âme ses résonances, il est en correspondance avec elle, et c'est de tels harmoniques mystérieusement perçus que le poète tire ses images. Oui, il y a bien là tout un univers entrevu, à la faveur de visions fugitives, et que le poète, par le jeu des métaphores, cherche à saisir et à* comprendre. *Un Verlaine interrogeait son subconscient et le mouvement fuyant de ses images se modelait sur la mélodie intérieure. Mais ce n'étaient là qu'heureuses rencontres, traductions approximatives, ou tout au plus équivalences. La poésie décadente tâtonnait dans la pénombre du subconscient, dans la relativité des réactions individuelles. Verlaine était le poète du relatif. Mallarmé a donné au Symbolisme la soif de l'absolu.*

le poète doit pénétrer le « secret ouvert »

V.-E. MICHELET. — *De l'Ésotérisme dans l'Art* (1891).

Il est des hommes qui ont mission de révéler la Beauté. Ce sont les Poètes. Qu'est-ce que le Poète ?

C'est une des incarnations sous lesquelles se manifeste le Révélateur, le Héros, l'homme que Carlyle appelle « un messager envoyé de l'impénétrable infini avec des nouvelles pour nous ». Cette conception du héros, exprimée par un visionnaire de génie, est la directe conséquence d'une autre conception universellement admise par les occultistes et les mystiques, et formulée ainsi par Novalis : « Tout être créé est une révélation de la chair ». Cette conception, nous la retrouverons dans tous les poèmes sacrés de l'antiquité...

Le poète doit avoir pénétré ce que Gœthe appelait « le secret ouvert ».

De l'Ésotérisme dans l'Art, pp. 9-11.

la poésie est la plus haute science

V.-E. MICHELET. — *Ibid.*

Un préjugé qui commence à disparaître, un vieux lieu commun qui a été trop répandu, prétend qu'entre le monde de la science et le monde de la poésie, il y a un abîme. Nous avons entendu souvent affirmer que science et poésie sont deux sœurs ennemies, deux antagonistes irréconciliables.

Pour quiconque a quelque peu entrevu la synthèse occulte, pour quiconque a risqué des regards sur le monde du Divin, cet antagonisme n'existe pas plus que celui qu'on trouve entre les religions diverses et la science.

Ibid., p. 11.

Cf. ci-dessous les textes d'E. Schuré et de Ch. Morice (p. 20).

tout, au monde, existe pour aboutir à un livre

MALLARMÉ. — *Le Livre, instrument spirituel* (1895).

Une proposition qui émane de moi — si, diversement, citée à mon éloge ou par blâme — je la revendique avec celles qui se presseront ici — sommaire vœu, que tout, au monde, existe pour aboutir à un livre.

Les qualités, requises en cet ouvrage, à coup sûr le génie, m'épouvantent un parmi les dénués : ne s'y arrêter et, admis le volume ne comporter aucun signataire, quel est-il : l'hymne, harmonie et joie, comme pur ensemble groupé dans quelque circonstance fulgurante, des relations entre tout. L'homme chargé de voir divinement, en raison que le lien, à volonté, limpide, n'a d'expression qu'au parallélisme, devant son regard, de feuillets.

Divagations.

Mais si Mallarmé a mis surtout l'accent sur la nécessité, pour la poésie, de rechercher les rythmes essentiels de l'univers, de nombreux poètes symbolistes, après lui, partant au contraire de cette essence, se sont retournés vers la vie et, préoccupés de retrouver le sens véritable de l'existence, *ont considéré la poésie comme une sorte de seconde création.*

la poésie, seconde création

SAINT-POL-ROUX. — *Réponse à une Enquête* (1891).

Je cherche donc les lignes de la Beauté parmi la Vérité, son essence parmi Dieu, puisqu'en lui permane l'intègre et vierge Idée de la Beauté. La Beauté étant la forme de Dieu, il appert que la chercher induit à chercher Dieu, que la montrer c'est le montrer. Et l'on trouve le Bien par le seul fait que l'on trouve la Beauté, en dehors même de toute marotte didactique. Le rôle du Poète consiste donc en ceci : réaliser Dieu. L'œuvre du Poète est une création, mais une seconde création, puisqu'il met à contribution les membres de Dieu.

Le Poète a pour boussole son intuition. La Beauté, châtiée, qui rôde parmi l'imagination humaine, lui sussure sa nostalgie. La Beauté brisée ne retrouvera sa perfection qu'à travers son grand regret de la Splendeur perdue : le Poète est le chancelier de ce regret.

On le voit, mon idéo-réalisme est un arbre immense ayant ses racines en Dieu, ses fruits et sa frondaison ici-bas. Les sensations nous apprennent les fruits, l'esprit dialecticien remonte à l'amande du noyau de ces fruits, cette amande mène l'esprit aux rameaux, et ces rameaux d'Ézéchiel conduisent l'esprit vers les racines, au Principe enfin, puisque ces fruits émanent de la raison séminale.

Dans J. Huret, Enquête sur l'Évolution littéraire,
pp. 148-149 (Fasquelle, éd.).

le poète, fondé de pouvoirs de Dieu

CLAUDEL. — *Art Poétique* (1904).

Par rapport au monde, (l'homme) est chargé du rôle d'origine, de « faire » le principe selon quoi tout vient s'ordonner..., il est général, il est le sceau de l'authenticité. Par rapport à Dieu, il est le délégué aux relations extérieures, le *représentant* et le fondé de pouvoirs.

Art Poétique, pp. 146-147
(Mercure de France, éd.).

II

LES FONDEMENTS DU SYMBOLISME : L'ÉVANGILE DES CORRESPONDANCES

*Comme de longs échos qui de loin se confondent
Dans une ténébreuse et profonde unité...*
                                Ch. BAUDELAIRE.

1. POÉSIE ET TRADITION

Le Symbolisme s'est proposé de rechercher l'essence de la poésie. Il a été conduit par là à rechercher l'essence de l'univers, pour en inférer le sens même de l'acte poétique. Une telle ambition lui imposait donc une démarche qui devait l'amener — que cette démarche fût elle-même mystique ou proprement métaphysique — à retrouver les fondements de toute métaphysique authentique.

Voici donc les Symbolistes naturellement portés à renouer avec d'antiques traditions pour lesquelles, d'ailleurs, ils voient se dessiner une nouvelle faveur. Qu'ils s'adressent, par le truchement plus ou moins suspect des théosophes, aux plus anciennes disciplines hindoues, ou, par l'occultisme, à tel ésotérisme occidental, ils retrouvent le chemin de la spiritualité et, par là, la clef de ces correspondances qu'ils pressentaient dans le monde, en un mot les fondements du symbolisme universel.

la doctrine ésotérique c'est à la fois « la » science et « la » philosophie

SCHURÉ. — Préface des *Grands Initiés* (1889).

Ces aperçus suffisent à démontrer que la science et l'esprit moderne se préparent sans le savoir et sans le vouloir à une reconstitution de l'antique théosophie avec des instruments plus précis et sur une base plus solide. Selon le mot de Lamartine l'humanité est un tisserand qui travaille en arrière à la trame des temps. Un jour viendra où, passant de l'autre côté de la toile, elle contemplera le tableau magique et grandiose qu'elle aura tissé pendant des siècles de ses propres mains, sans en voir autre chose que le pêle-mêle des fils enchevêtrés à l'envers. Ce jour-là, elle saluera la Providence manifestée en elle-même. Alors se confirmeront les paroles d'un écrit hermétique contemporain, et elles ne sembleront pas trop audacieuses à ceux qui ont pénétré assez profondément dans les traditions occultes pour soupçonner leur merveilleuse unité : « La doctrine ésotérique n'est pas seulement une science, une philosophie, une morale, une religion. Elle est *la* science, *la* philosophie, *la* morale, *la* religion dont toutes les autres ne sont que des préparations ou des dégénérescences, des expressions partielles ou faussées, selon qu'elles y acheminent ou en dévient. »

Les Grands Initiés, Préface (Perrin, éd.).

la tradition est la source commune de l'art

CHARLES MORICE. — *La Littérature de tout à l'heure* (1889).

Les Religions, les Légendes, les Traditions, les Philosophies sont les plus évidentes émanations de l'Absolu vers nous et les plus incontestables récurrences de nos âmes vers l'Absolu, ce songe dont nous ne pouvons nous déprendre quoique nous ne puissions davantage le pénétrer.

Eh bien, Philosophies, Traditions, Religions, Légendes sont les communes et seules sources de l'Art, celui qui, selon le précepte de Pythagore et de Platon, *ne chante que sur la lyre.*

P. 31 (Perrin, éd.).

A la suite de nombreux poètes modernes qui prirent plus ou moins conscience de l'existence d'une source commune à toute poésie, Baudelaire a exprimé à son tour l'intuition de ces vérités premières dans le sonnet Correspondances, *qui est véritablement par là le point de départ de la poésie symboliste.*

2. LES IDÉES DE BAUDELAIRE

la nature est un temple...

CHARLES BAUDELAIRE. — *Correspondances.*

La Nature est un temple où de vivants piliers
Laissent parfois sortir de confuses paroles ;
L'homme y passe à travers des forêts de symboles
Qui l'observent avec des regards familiers.

Comme de longs échos qui de loin se confondent
Dans une ténébreuse et profonde unité,
Vaste comme la nuit et comme la clarté,
Les parfums, les couleurs et les sons se répondent.

Il est des parfums frais comme des chairs d'enfants,
Doux comme les hautbois, verts comme les prairies,
— Et d'autres corrompus, riches et triomphants,

Ayant l'expansion des choses infinies,
Comme l'ambre, le musc, le benjoin et l'encens,
Qui chantent les transports de l'esprit et des sens.

Les Fleurs du Mal, IV.

Ces quatorze vers contiennent, implicitement et sous une forme poétique, les éléments de la doctrine :

1° *unité de la création ;*
2° *matérialité et spiritualité de la créature ;*
3° *correspondance entre le monde matériel et le monde spirituel par le moyen des symboles (analogie universelle) ;*
4° *correspondance entre les divers ordres de sensations (synesthésie).*

*Le sens de ces vers est parfaitement élucidé par le célèbre passage de l'*Art romantique *où Baudelaire se réfère à Swedenborg.*

les mystères de l'universelle analogie

Charles Baudelaire. — *Victor Hugo.*

Ceux qui ne sont pas poètes ne comprennent pas ces choses. Fourier est venu un jour, trop pompeusement, nous révéler les mystères de *l'analogie.* Je ne nie pas la valeur de quelques-unes de ses minutieuses découvertes, bien que je croie que son cerveau était trop épris d'exactitude matérielle pour ne pas commettre d'erreurs et pour atteindre d'emblée la certitude morale de l'intuition. Il aurait pu tout aussi précieusement nous révéler tous les excellents poètes dans lesquels l'humanité lisante fait son éducation aussi bien que dans la contemplation de la nature. D'ailleurs Swedenborg, qui possédait une âme plus grande, nous avait déjà enseigné que *le ciel est un très grand homme* ; que tout, forme, mouvement, nombre, couleur, parfum, dans le *spirituel* comme dans le *naturel,* est significatif, réciproque, converse, *correspondant.* Lavater, limitant au visage de l'homme la démonstration de l'universelle vérité, nous avait traduit le sens spirituel du contour, de la forme, de la dimension. Si nous étendons la démonstration (non seulement nous en avons le droit, mais il nous serait infiniment difficile de faire autrement), nous arrivons à cette vérité que tout est hiéroglyphe, et nous savons que les symboles ne sont obscurs que d'une manière relative, c'est-à-dire selon la pureté, la bonne volonté, ou la clairvoyance native des âmes. Or, qu'est-ce qu'un poète (je prends le mot dans son acception la plus large), si ce n'est un traducteur, un déchiffreur ? Chez les excellents poètes, il n'y a pas de métaphore, de comparaison ou d'épithète qui ne soit d'une adaptation mathématiquement exacte dans la circonstance actuelle, parce que ces comparaisons, ces métaphores, ces épithètes sont puisées dans l'inépuisable fonds de *l'universelle analogie* et qu'elles ne peuvent être puisées ailleurs.

Art Romantique.

3. LE SYMBOLISME IDÉALISTE

Tous les Symbolistes n'ont pas adhéré à cette mystique traditionnelle. Beaucoup d'entre eux, tel Remy de Gourmont, se sont contentés d'affirmer un idéalisme de caractère intellectualiste selon lequel « nous ne connaissons que des phénomènes, nous ne raisonnons que sur des apparences ».

Remy de Gourmont. — Préface du *Livre des Masques* (1896).

Une vérité nouvelle, il y en a une pourtant, qui est entrée récemment dans la littérature et dans l'art, c'est une vérité toute métaphysique et toute d'*a priori* (en apparence) ; toute jeune puisqu'elle n'a qu'un siècle et vraiment neuve, puisqu'elle n'avait pas encore servi dans l'ordre esthétique. Cette vérité évangélique et merveilleuse, libératrice et rénovatrice, c'est le principe de l'idéalité du monde. Par rapport à l'homme, sujet pensant, le monde, tout ce qui est extérieur au moi, n'existe que selon l'idée qu'il s'en fait. Nous ne connaissons que des phénomènes, nous ne raisonnons que sur des apparences ; toute vérité en soi nous échappe ; l'essence est inattaquable. C'est ce que Schopenhauer a vulgarisé sous cette formule si simple et si claire : Le monde est ma représentation. Je ne vois pas ce qui est ; ce qui est, c'est ce que je vois. Autant d'hommes pensants, autant de mondes divers et peut-être différents. Cette doctrine que Kant laissa en chemin pour se jeter au secours de la morale naufragée est si belle et si souple qu'on la transpose sans en froisser la libre logique de la théorie à la pratique, même la plus exigeante, principe universel d'émancipation de tout homme capable de comprendre. Elle n'a pas révolutionné que l'esthétique, mais ici il n'est question que d'esthétique.

Livre des Masques, pp. 11-12
(Mercure de France, éd.)

Cependant, chez la plupart des Symbolistes, l'idéalisme comporte un mysticisme plus ou moins avoué et teinté de platonisme ; prémisses philosophiques qu'en dépit d'un style amphigourique Moréas définissait assez bien dans son fameux Manifeste.
(On trouvera p. 475 des extraits du premier Manifeste de Moréas (1885).

les analogies extérieures, apparences des Idées primordiales

Jean Moréas. — *Un Manifeste littéraire* (1886).

Depuis deux ans, la presse parisienne s'est beaucoup occupée d'une école de poètes et de prosateurs dits « décadents ». Le conteur du *Thé chez Miranda* (en collaboration avec M. Paul Adam, l'auteur de *Soi*), le poète des *Syrtes* et des *Cantilènes*, M. Jean Moréas, un des plus en vue parmi ces révolutionnaires des lettres, a formulé, sur notre demande, pour les lecteurs du Supplément, les principes fondamentaux de la nouvelle manifestation d'art.

LE SYMBOLISME

Comme tous les arts, la littérature évolue : évolution cyclique avec des retours strictement déterminés et qui se compliquent des diverses modifications apportées par la marche du temps et les bouleversements des milieux. Il serait superflu de faire observer que chaque nouvelle phase évolutive de l'art correspond exactement à la décrépitude sénile, à l'inéluctable fin de l'école immédiatement antérieure. Deux exemples suffiront : Ronsard triomphe de l'impuissance des derniers imitateurs de Marot, le romantisme éploie ses oriflammes sur les décombres classiques mal gardés par Casimir Delavigne et Étienne de Jouy. C'est que toute manifestation d'art arrive fatalement à s'appauvrir, à s'épuiser ; alors, de copie en copie, d'imitation en imitation, ce qui fut plein de sève et de fraîcheur se dessèche et se recroqueville ; ce qui fut le neuf et le spontané devient le poncif et le lieu commun.

Ainsi le romantisme, après avoir sonné tous les tumultueux tocsins de la révolte, après avoir eu ses jours de gloire et de bataille, perdit de sa force et de sa grâce, abdiqua ses audaces héroïques, se fit rangé, sceptique et plein de bon sens ; dans l'honorable et mesquine tentative des Parnassiens, il espéra de fallacieux renouveaux, puis finalement, tel un monarque tombé en enfance, il s'est laissé déposer par le naturalisme auquel on ne peut accorder sérieusement qu'une valeur de protestation, légitime mais mal avisée, contre les fadeurs de quelques romanciers alors à la mode.

Une nouvelle manifestation d'art était donc attendue, nécessaire, inévitable. Cette manifestation, couvée depuis longtemps, vient d'éclore. Et toutes les anodines facéties des joyeux de la presse, toutes les inquiétudes des critiques graves, toute la mauvaise humeur du public surpris dans ses nonchalances moutonnières ne font qu'affirmer chaque jour davantage la vitalité de l'évolution actuelle dans les lettres françaises, cette évolution que des juges pressés notèrent, par une inexplicable antinomie, de décadence. Remarquez pourtant que les littératures décadentes se révèlent essentiellement coriaces, filandreuses, timorées et serviles : toutes les tragédies de Voltaire, par exemple, sont marquées de ces tavelures de décadence. Et que peut-on reprocher, que reproche-t-on à la nouvelle école ? L'abus de la pompe, l'étrangeté de la métaphore, un vocabulaire neuf où les harmonies se combinent avec les couleurs et les lignes : caractéristiques de toute renaissance.

Nous avons déjà proposé la dénomination de « SYMBOLISME » comme la seule capable de désigner raisonnablement la tendance actuelle de l'esprit créateur en art. Cette dénomination peut être maintenue.

Il a été dit au commencement de cet article que les évolutions d'art offrent un caractère cyclique extrêmement compliqué de divergences ; ainsi, pour suivre l'exacte filiation de la nouvelle école, il faudrait remonter jusqu'à certains poèmes d'Alfred de Vigny, jusques à Shakespeare, jusques aux mystiques, plus loin encore. Ces questions demanderaient un volume de commentaires ; disons donc que Charles Baudelaire doit être considéré comme le véritable précurseur du mouvement actuel ; M. Stéphane Mallarmé le lotit du sens du mystère et de l'ineffable ; M. Paul Verlaine brisa en son honneur les cruelles entraves du vers que les doigts prestigieux de M. Théodore de Banville avaient assoupli auparavant. Cependant le Suprême Enchantement n'est pas encore consommé : un labeur opiniâtre et jaloux sollicite les nouveaux venus.

*
* *

Ennemis de l'enseignement, la déclamation, la fausse sensibilité, la description objective, la poésie symbolique cherche à vêtir l'Idée d'une forme sensible qui, néanmoins, ne serait pas son but à elle-même, mais qui, tout en servant à exprimer l'Idée, demeurerait sujette. L'Idée, à son tour, ne doit point se laisser voir privée des somptueuses simarres des analogies extérieures ; car le caractère essentiel de l'art symbolique consiste à ne jamais aller jusqu'à la concentration de l'Idée en soi. Ainsi, dans cet art, les tableaux de la nature, les actions des humains, tous les phénomènes concrets ne sauraient se manifester eux-mêmes ; ce sont là des apparences sensibles destinées à représenter leurs affinités ésotériques avec des Idées primordiales.

L'accusation d'obscurité lancée contre une telle esthétique par des lecteurs à bâtons rompus n'a rien qui puisse surprendre. Mais qu'y faire ? Les *Pythiques* de Pindare, l'*Hamlet* de Shakespeare, la *Vita Nuova* de Dante, le *Second Faust* de Gœthe, la *Tentation de Saint-Antoine* de Flaubert ne furent-ils pas aussi taxés d'ambiguïté ?

Pour la traduction exacte de sa synthèse, il faut au Symbolisme un style archétype et complexe : d'impollués vocables, la période qui s'arcboute alternant avec la période aux défaillances ondulées, les pléonasmes significatifs, les mystérieuses ellipses, l'anacoluthe en suspens, tout trope hardi et multiforme ; enfin la bonne langue — instaurée et modernisée —, la bonne et luxuriante et fringante langue française d'avant les Vaugelas et les Boileau-Despréaux, la langue de François Rabelais et de Philippe de Commines, de Villon, de Rutebeuf et tant d'autres écrivains libres et dardant le terme du langage, tels des Toxotes de Thrace leurs flèches sinueuses.

Le RYTHME : l'ancienne métrique avivée ; un désordre savamment ordonné ; la rime illucescente et martelée comme un bouclier d'or et d'airain, auprès de la rime aux fluidités absconses ; l'alexandrin à arrêts multiples et mobiles ; l'emploi de certains nombres premiers — sept, neuf, onze, treize — résolus en les diverses combinaisons rythmiques dont ils sont les sommes.

Figaro littéraire, 18 septembre 1886.

Moréas ne précise pas la nature de l'Idée qui se cache sous la forme sensible. Pour Mallarmé au contraire, de la parole doit se dégager l'essence pure des choses qui n'est que virtualité.

de la parole du poète émane la notion pure

MALLARMÉ. — Avant-dire au *Traité du Verbe* de R. Ghil (1885).

Tout, au long de ce cahier écrit par M. Ghil, s'ordonne en vertu d'une vue, la vraie : le titre TRAITÉ DU VERBE et les lois par maint avouées à soi seul, qui fixent une spirituelle INSTRUMENTATION parlée.

Le rêveur de qui je tiens le manuscrit fait pour s'évaporer parmi la désuétude de coussins ployés sous l'hôte du château d'Usher ou vêtir une reliure lapidaire aux sceaux de notre des Esseintes permet que d'une page ou moins d'Avant-Dire, je marque le point singulier de sa pensée au moment où il entend la publier.

Un désir indéniable à l'époque est de séparer, comme en vue d'attributions différentes, le double état de la parole, brut ou immédiat ici, là essentiel.

Narrer, enseigner, même décrire, cela va et encore qu'à chacun suffirait peut-être, pour échanger toute pensée humaine, de prendre ou de mettre dans la main d'autrui en silence une pièce de monnaie, l'emploi élémentaire du discours dessert l'universel REPORTAGE dont, la Littérature exceptée, participe tout, entre les genres d'écrits contemporains.

A quoi bon la merveille de transposer un fait de nature en sa presque disparition vibratoire selon le jeu de la parole cependant, si ce n'est pour qu'en émane, sans la gêne d'un proche ou concret rappel, la notion pure ?

Je dis : une fleur ! et, hors de l'oubli où ma voix relègue aucun contour, en tant que quelque chose d'autre que les calices sus, musicalement se lève, idée rieuse ou altière, l'absente de tous bouquets.

Au contraire d'une fiction de numéraire facile et représentatif, comme le traite d'abord la foule, le parler qui est, après tout, rêve et chant, retrouve chez le poète, par nécessité constitutive d'un art consacré aux fictions, sa virtualité.

Le vers qui de plusieurs vocables refait un mot total, neuf, étranger à la langue et comme incantatoire, achève cet isolement de la parole : niant, d'un trait souverain, le hasard demeuré aux termes malgré l'artifice de leur retrempe alternée en le sens et la sonorité, et vous cause cette surprise de n'avoir ouï jamais tel fragment ordinaire d'élocution, en même temps que la réminiscence de l'objet nommé baigne dans une clairvoyante atmosphère.

L'ensemble de feuillets qui espace autour de pareille visée de délicieuses recherches dans tout l'arcane verbal, a de l'authenticité, non moins qu'il s'ouvre à l'heure bonne.

Texte repris en partie dans Divagations,
Crise de Vers.

MALLARMÉ. — *Richard Wagner* (1885).

Si l'esprit français, strictement imaginatif et abstrait, donc poétique, jette un éclat, ce ne sera pas ainsi : il répugne, en cela d'accord avec l'Art dans son intégrité, qui est inventeur, à la Légende. Voyez-le, des jours abolis ne garder aucune anecdote énorme et fruste, comme une prescience de ce qu'elle apporterait d'anachronisme dans une représentation théâtrale, Sacre d'un des actes de la Civilisation. A moins que la Fable, vierge de tout, lieu, temps et personne sus, ne se dévoile empruntée au sens latent en le concours de tous, celle inscrite sur la page des Cieux et dont l'Histoire même n'est que l'interprétation, vaine, c'est-à-dire un Poème, l'Ode. Quoi ! le siècle ou notre pays, qui l'exalte, ont dissous par la pensée les Mythes, pour en refaire ! Le Théâtre les appelle, non : pas de fixes, ni de séculaires et de notoires, mais un, dégagé de personnalité, car il compense notre aspect multiple : que, de prestiges correspondant au fonctionnement national, évoque l'Art, pour le mirer en nous. Type sans dénomination préalable, pour qu'émane la surprise : son geste résume vers soi nos rêves de sites ou de paradis, qu'engouffre l'antique scène avec une prétention vide à les contenir ou à les peindre. Lui, quelqu'un ! ni cette scène, quelque part (l'erreur connexe, décor stable et acteur réel, du Théâtre manquant de la Musique) : est-ce qu'un fait spirituel, l'épanouissement de symboles ou leur préparation, nécessite endroit, pour s'y développer, autre que le fictif foyer de vision dardé par le regard d'une foule ! Saint des Saints, mais mental... alors y aboutissent, dans quelque éclair suprême, d'où s'éveille la Figure que Nul n'est, chaque attitude mimique prise par elle à un rythme inclus dans la symphonie, et le délivrant ! Alors viennent expirer comme aux pieds de l'incarnation, pas sans qu'un lien certain les apparente ainsi à son humanité, ces raréfactions et ces sommités naturelles que la Musique rend, arrière prolongement vibratoire de tout comme la Vie.

Richard Wagner, Rêverie d'un poète français
(Revue Wagnérienne, 8 août 1885).

MALLARMÉ. — *Solennité* (1887).

Ainsi lancé de soi le principe qui n'est — que le Vers ! attire non moins que dégage pour son épanouissement (l'instant qu'ils y brillent et meurent dans une fleur rapide, sur quelque transparence comme d'éther) les mille éléments de beauté pressés d'accourir et de s'ordonner dans leur valeur essentielle. Signe ! au gouffre central d'une spirituelle impossibilité que rien soit exclusivement à tout, le numérateur divin de notre apothéose, quelque suprême moule qui n'ayant pas lieu en tant que d'aucun objet qui existe : mais il emprunte, pour y aviver un sceau tous gisements épars, ignorés et flottants selon quelque richesse, et les forger.

Divagations.

RENÉ GHIL. — *Le Symbole* (1886).

L'Idée, qui seule importe, en la Vie est éparse.
Aux ordinaires et mille visions (pour elles-mêmes à négliger) où l'Immortelle se dissémine, le logique et méditant poète les lignes saintes ravisse, desquelles il composera la vision seule digne : le réel et suggestif SYMBOLE d'où, palpitante pour le rêve, en son intégrité nue se lèvera l'Idée prime et dernière, ou Vérité.

Traité du Verbe, éd. 1887, pp. 32-33.

Ce rêve de l'Idée pure, le jeune André Gide le définit comme un regret du Paradis perdu. Le poète, éternel Narcisse, rêve au paradis et, derrière les apparences, il discerne la seule réalité, « paradisiaque et cristalline », l'Idée, qui soutient la forme imparfaite.

le Jardin des Idées, ou le Paradis perdu

ANDRÉ GIDE. — *Le Traité du Narcisse* (1891).

Le Paradis n'était pas grand ; parfaite, chaque forme ne s'y épanouissait qu'une fois ; un jardin les contenait toutes. — S'il était, ou s'il n'était pas, que nous importe ? mais il était tel, s'il était. Tout s'y cristallisait en une floraison nécessaire, et tout était parfaitement ainsi que cela devait être. — Tout demeurait immobile, car rien ne souhaitait d'être mieux. La calme gravitation opérait seule lentement la révolution de l'ensemble.

Et comme aucun élan ne cesse, dans le Passé ni dans l'Avenir, le Paradis n'était pas devenu — il était simplement depuis toujours.

Chaste Eden ! Jardin des Idées ! où les formes, rythmiques et sûres, révélaient sans effort leur nombre ; où chaque chose était ce qu'elle paraissait ; où prouver était inutile.

Six Traités, 1912, pp. 13-14 (Gallimard, éd.).

ANDRÉ GIDE. — *Ibid.*

Triste race qui te disperseras sur cette terre de crépuscule et de prières ! le souvenir du Paradis perdu viendra désoler tes extases, du Paradis que tu rechercheras partout — dont viendront te reparler des prophètes — et des poètes, que voici, qui recueilleront pieusement les feuillets déchirés du Livre immémorial où se lisait la vérité qu'il faut connaître.

Ibid., p. 17.

le Poète est celui qui, à travers la contemplation des choses, redécouvre le Paradis

ANDRÉ GIDE. — *Ibid.*

Si Narcisse se retournait, il verrait, je pense, quelque verte berge, le ciel peut-être, l'Arbre, la Fleur — quelque chose de stable enfin, et qui dure, mais dont le reflet tombant sur l'eau se brise et que la fugacité des flots diversifie.

Quand donc cette eau cessera-t-elle sa fuite ? et résignée enfin, stagnant miroir, dira-t-elle en la pureté pareille de l'image — pareille enfin, jusqu'à se confondre avec elles les lignes de ces formes fatales, — jusqu'à les devenir, enfin.

Quand donc le temps, cessant sa fuite, laissera-t-il que cet écoulement se repose ? Formes, formes divines et pérennelles ! qui n'attendez que le repos pour reparaître, oh ! quand, dans quelle nuit, dans quel silence, vous recristalliserez-vous ?

Le Paradis est toujours à refaire ; il n'est point en quelque lointaine Thulé. Il demeure sous l'apparence. Chaque chose détient, virtuelle, l'intime harmonie de son être, comme chaque sel, en lui, l'archétype de son cristal ; — et vienne un temps de nuit tacite, où les eaux plus denses descendent : dans les abîmes imperturbés fleuriront les trémies secrètes...

Tout s'efforce vers sa forme perdue ; elle transparaît, mais salie, gauchie, et qui ne se satisfait pas, car toujours elle recommence ; pressée, gênée par les formes voisines qui s'efforcent aussi chacune de paraître, — car, être ne suffit plus : il faut que l'on se prouve, — et l'orgueil infatue chacune. L'heure qui passe bouleverse tout...

(...) Tout est à refaire, à refaire éternellement — parce qu'un joueur de dés n'avait pas arrêté son vain geste, parce qu'un soldat voulait gagner une tunique, parce que quelqu'un ne regardait pas.

Car la faute est toujours la même et qui reperd toujours le Paradis : l'individu qui songe à soi tandis que la Passion s'ordonne, et, comparse orgueilleux, ne se subordonne pas[1].

Inépuisables messes, chaque jour, pour remettre le Christ en agonie, et le public en position de prière... un public ! — quand il faudrait prosterner l'humanité entière : — alors une messe suffirait.

Si nous savions être attentifs et regarder...

Le Poète est celui qui regarde. Et que voit-il ? — Le Paradis.

Car le Paradis est partout ; n'en croyons pas les apparences. Les apparences sont imparfaites : elles balbutient les vérités qu'elles recèlent ; le Poète, à demi-mot, doit comprendre, — puis redire ces vérités. Est-ce que le Savant fait rien d'autre ? Lui aussi recherche l'archétype des choses et les lois de leur succession ; il recompose un monde enfin, idéalement simple, où tout s'ordonne normalement.

Mais, ces formes premières, le Savant les recherche, par une induction lente et peureuse, à travers d'innombrables exemples ; car il s'arrête à l'apparence, et, désireux de certitude, il se défend de deviner.

Le Poète, lui, qui sait qu'il crée, devine à travers chaque chose — et une seule lui suffit, symbole, pour révéler son archétype ; il sait que l'apparence

---

[1] Les Vérités demeurent derrière les Formes-Symboles. Tout phénomène est le Symbole d'une Vérité. Son seul devoir est qu'il la manifeste. Son seul péché : qu'il se préfère.

Nous vivons pour manifester. Les règles de la morale et de l'esthétique sont les mêmes : toute œuvre qui ne manifeste pas est inutile et par cela même mauvaise. Tout homme qui ne manifeste pas est inutile et mauvais; (En s'élevant un peu, l'on verrait pourtant que tous manifestent — mais on ne doit le reconnaître qu'après).

Tout représentant de l'Idée tend à se préférer à l'Idée qu'il manifeste. Se préférer — voilà la faute. L'artiste, le savant, ne doit pas se préférer à la Vérité qu'il veut dire ; voilà toute sa morale ; ni le mot, ni la phrase, à l'Idée qu'ils veulent montrer : je dirais presque, que c'est là toute l'esthétique.

Et je ne prétends pas que cette théorie soit nouvelle ; les doctrines de renoncement ne prêchent pas autre chose.

La question morale pour l'artiste n'est pas que l'Idée qu'il manifeste soit plus ou moins morale et utile au grand nombre ; la question est qu'il la manifeste bien. — Car tout doit être manifesté, même les plus funestes choses : « Malheur à celui par qui le scandale arrive », mais « il faut que le scandale arrive ». — L'artiste et l'homme vraiment homme, qui vit pour quelque chose, doit avoir d'avance fait le sacrifice de soi-même. Toute sa vie n'est qu'un acheminement vers cela.

Et maintenant que manifester ? — On apprend cela dans le silence. (Note écrite en 1890).

n'en est que le prétexte, un vêtement qui la dérobe et où s'arrête l'œil profane, mais qui nous montre qu'Elle est là[2].

Le Poète pieux contemple ; il se penche sur les symboles, et silencieux descend profondément au cœur des choses, — et quand il a perçu, visionnaire, l'Idée, l'intime Nombre harmonieux de son Être, qui soutient la forme imparfaite, il la saisit, puis, insoucieux de cette forme transitoire qui la revêtait dans le temps, il sait lui redonner une forme éternelle, *sa* Forme véritable enfin, et fatale, — paradisiaque et cristalline.

Car l'œuvre d'art est un cristal — paradis partiel où l'Idée refleurit en sa pureté supérieure ; où, comme dans l'Eden disparu, l'ordre normal et nécessaire a disposé toutes les formes dans une réciproque et symétrique dépendance, où l'orgueil du mot ne supplante pas la Pensée, — où les phrases rythmiques et sûres, symboles encore, mais symboles purs, où les paroles se font transparentes et révélatrices.

De telles œuvres ne se cristallisent que dans le silence ; mais il est des silences parfois au milieu de la foule, où l'artiste, réfugié, comme Moïse sur le Sina, s'isole, échappe aux choses, au temps, s'enveloppe d'une atmosphère de lumière au-dessus de la multitude affairée. En lui, lentement, l'Idée se repose, puis lucide s'épanouit hors des heures. Et comme elle n'est pas dans le temps, le temps ne pourra rien sur elle. Disons plus : on se demande si le Paradis, hors du temps lui-même, n'était peut-être jamais que là — c'est-à-dire qu'idéalement...

Traité du Narcisse, pp. 18-25 (Gallimard, éd.).

le Poète est celui qui rappelle l'Idée éternelle de la Beauté

STUART MERRILL. — *Credo* (1892).

Je crois que la Beauté est une condition de la parfaite vie, au même titre que la Vertu et la Vérité.

Le Poète doit être celui qui rappelle aux hommes l'Idée éternelle de la Beauté dissimulée sous les formes transitoires de la vie imparfaite.

Parmi toutes les formes que lui présente la Vie, il ne doit donc choisir, pour symboliser son idée de la Beauté, que celles qui correspondent à cette idée. Des formes de la Vie imparfaite, il doit recréer la Vie parfaite.

En d'autres mots, il doit être le maître absolu des formes de la Vie, et non en être l'esclave comme les réalistes et les naturalistes.

---

2 A-t-on compris que j'appelle *symbole* tout ce qui paraît.

Cependant il ne doit pas se contenter, comme les Romantiques et les Parnassiens, d'une beauté toute extérieure, mais par le symbolisme des formes de beauté il doit suggérer tout l'infini d'une pensée ou d'une émotion qui ne s'est pas encore exprimée.

La Poésie, étant à la fois Verbe et Musique, est merveilleusement apte à cette suggestion d'un infini qui n'est souvent que de l'indéfini. Par le Verbe, elle dit et pense, par la Musique elle chante et rêve. Aussi la seule Poésie est-elle la Poésie lyrique, fille du Verbe descriptif et de la Musique rêvante.

Et la seule Poésie lyrique qui puisse à cette heure prévaloir est la Poésie symbolique qui est supérieure, par la force de l'idée inspiratrice, à la vaine réalité de la Vie, puisqu'elle n'emprunte à la Vie que ce qu'elle offre d'éternel : le Beau, qui est le signe du Bien et du Vrai.

Mallarmé. — *Lettre à Cazalis* (1867).

Il n'y que la Beauté ; — et elle n'a qu'une expression parfaite — la Poésie.

4. LE SYMBOLISME SPIRITUALISTE

L'idéalisme de Mallarmé et de ses disciples rejoint ainsi, insensiblement, le spiritualisme mystique des grandes traditions philosophiques et religieuses. C'est d'ailleurs là une pensée qui, selon Schuré, s'impose à tout esprit qui considère avec suffisamment de hauteur le développement de l'histoire de l'humanité.

la vérité se trouve au fond de toutes les grandes religions

Édouard Schuré. — Préface des *Grands Initiés* (1889).

Oui, cette pensée s'impose : ou la vérité est à jamais inaccessible à l'homme, ou elle a été possédée dans une large mesure par les plus grands sages et les premiers initiateurs de la terre. Elle se trouve donc au fond de toutes les grandes religions et dans les livres sacrés de tous les peuples. Seulement il faut savoir l'y trouver et l'en dégager. Si l'on regarde l'histoire des religions avec des yeux dessillés par cette vérité centrale que l'initiation intérieure peut seule donner on demeure à la fois surpris et émerveillé. Ce qu'on aperçoit alors ne ressemble guère à ce qu'enseigne l'Église qui borne la révélation au christianisme et ne l'admet que dans son sens primaire. Mais cela ressemble tout aussi peu à ce qu'enseigne la science purement naturaliste dans notre Université. Celle-ci se place cependant à un point de vue plus large. Elle met toutes les religions sur la même ligne et leur applique une méthode unique d'investigation. Son érudition est profonde, son zèle admirable, mais elle ne s'est pas encore élevée au point de vue de l'ésotérisme comparé, qui montre l'histoire des religions et de l'humanité sous un aspect entièrement nouveau. De cette hauteur, voici ce qu'on aperçoit :

Toutes les grandes religions ont une histoire extérieure et une histoire intérieure : l'une apparente, l'autre cachée. Par histoire extérieure, j'entends les dogmes et les mythes enseignés publiquement dans les temples et les écoles, reconnus dans les cultes et les superstitions populaires. Par l'histoire intérieure, j'entends la science profonde, la doctrine secrète, l'action occulte des grands initiés, prophètes ou réformateurs qui ont créé, soutenu, propagé ces mêmes religions. La première, l'histoire officielle, celle qui se lit partout, se passe au grand jour ; elle n'en est pas moins obscure, embrouillée, contradictoire. La seconde, que j'appelle la tradition ésotérique ou la doctrine des Mystères, est très difficile à démêler. Car elle se passe dans le fond des Temples, dans les confréries secrètes, et ses drames les plus saisissants se déroulent tout entiers dans l'âme des grands prophètes qui n'ont confié à aucun parchemin ni à aucun disciple leurs crises suprêmes, leurs extases divines. Il faut la deviner. Mais une fois qu'on la voit, elle apparaît, lumineuse, organique, toujours en harmonie avec elle-même. On pourrait aussi l'appeler l'histoire de la religion éternelle et universelle. En elle se montre le dessous des choses, l'endroit de la conscience humaine dont l'histoire n'offre que l'envers laborieux. Là, nous saisissons le point générateur de la Religion et de la Philosophie qui se rejoignent à l'autre bout de l'ellipse par la science intégrale. Ce point correspond aux vérités transcendantes. Nous y trouvons la cause, l'origine et la fin du prodigieux travail des siècles.

la doctrine ésotérique est un spiritualisme évolutif et transcendant

Schuré. — *Ibid.*

L'application de la méthode que j'ai appelée l'ésotérisme comparé à l'histoire des religions nous conduit donc à un résultat d'une haute importance : l'antiquité, la continuité et l'unité essentielle de la doctrine ésotérique, fait bien remarquable. Car il suppose que les sages et les prophètes des temps les plus divers sont arrivés à des conclusions identiques pour le fond quoique différentes dans la forme, sur les vérités premières et dernières, et cela toujours par la même voie de l'initiation intérieure et de la méditation. Ces sages furent les plus grands bienfaiteurs de l'humanité, les sauveurs dont la force rédemptrice arracha les hommes au gouffre de la nature inférieure et de la négation.

Ne faut-il point dire après cela qu'il y a, selon l'expression de Leibniz, une sorte de philosophie éternelle, qui constitue le lien primordial de la science et de la religion et leur unité finale ? La théosophie antique professée en Inde, en Égypte et en Grèce constituait une encyclopédie véritable, divisée généralement en quatre catégories : 1. La Théogonie ou science des principes absolus. 2. La Cosmogonie, réalisation des principes éternels dans l'espace et le temps. 3. La Psychologie. 4. La Physique. La méthode inductive et la méthode expérimentale se combinaient et se contrôlaient l'une par l'autre dans ces divers ordres de sciences et à chacune d'elles correspondait un art. C'étaient, en les prenant dans l'ordre inverse : 1. Une Médecine spéciale fondée sur la connaissance des propriétés occultes des minéraux, des plantes et des animaux : l'Alchimie ou transmutation des métaux, désintégration de la matière par l'agent universel, art pratiqué dans l'Égypte ancienne selon Olympiodore. 2. Les Arts psychurgiques correspondant aux forces de l'âme, magie et divination. 3. La Généthliaque céleste ou Astrologie, ou l'art de découvrir des rapports entre les destinées des peuples et des individus et les mouvements de l'univers marqués par les révolutions des astres. 4. La Théurgie, l'art suprême du mage, aussi rare que périlleux et difficile, celui de mettre l'âme en rapport conscient avec les diverses ordres d'esprits et d'agir sur eux.

On le voit, sciences et arts, tout se tenait dans cette théosophie et découlait d'un même principe que j'appellerai le monisme intellectuel, le spiritualisme évolutif et transcendant. On peut formuler comme il suit les principes essentiels de la doctrine ésotérique :

— L'esprit est la seule réalité. La matière n'est que son expression inférieure, changeante, éphémère, son dynamisme dans l'espace et le temps.

— La création est éternelle et continue comme la vie.

— Le microscosme-homme est par sa constitution ternaire (esprit, âme et corps) l'image et le miroir du macrocosme-univers (monde divin, humain et naturel), qui est lui-même l'organe du Dieu ineffable, de l'Esprit absolu, lequel est par sa nature : Père, Mère et Fils (essence, substance et vie).

— Voilà pourquoi l'homme, image de Dieu, peut devenir son verbe vivant. La gnose ou la mystique rationnelle de tous les temps est l'art de trouver Dieu en soi en développant les profondeurs occultes, les facultés latentes de la conscience.

— L'âme humaine, l'individualité est immortelle par essence. Son développement a lieu sur un plan tour à tour descendant et ascendant, par des existences alternativement spirituelles et corporelles.

— La réincarnation est la loi de son évolution. Parvenue à la perfection, elle y échappe et retourne à l'Esprit pur, à Dieu dans la plénitude de sa conscience. De même que l'âme s'élève au-dessus de la loi du combat pour la vie lorsqu'elle prend conscience de son humanité, de même elle s'élève au-dessus de la loi de la réincarnation lorsqu'elle prend conscience de sa divinité. Les perspectives qui s'ouvrent au seuil de la théosophie sont immenses, surtout lorsqu'on les compare à l'étroit et désolant horizon où le matérialisme enferme l'homme ou aux données enfantines et inacceptables de la théologie cléricale. En les apercevant pour la première fois on éprouve l'éblouissement, le frisson de l'infini. Les abîmes de l'Inconscient s'ouvrent en nous-mêmes, nous montrent le gouffre d'où nous sortons, les hauteurs vertigineuses où nous aspirons.

Les Grands Initiés (Perrin, éd.).

Remonter à l'Idée divine, à l'unité de l'Esprit, pour concevoir l'unité de la Création et en déduire l'analogie fondamentale qui existe entre l'homme et l'univers, telle est en effet la démarche première de tout symbolisme. Et c'est précisément une semblable démarche que, pour Paul Adam, prépare et annonce le siècle finissant.

l'époque à venir sera mystique et théiste

PAUL ADAM. — Préface à *l'Art Symboliste* (1889).

De sa méditation féconde naît instantanément la lumière qui conduira le voyageur par des sentes fleuries d'efforts efficaces. Son sang neuf chante à ses artères, il écoute ses pensées lui bruire. Le voici libre, en plein jeu de ses forces souples, de ses membres vigoureux, tout imprégné de soleil, tout plein de la grâce du Créateur.

Il sait. Il comprend. Ses douleurs passées, ses douleurs futures, il les concentrera ; elles seront l'huile pour la lutte, la dynamique raisonnée de ses gestes futurs, la raison de sa vie. Méprisant les sollicitations des plaisirs inutiles, il ira vers la science des choses, la contemplation des rythmes et des causes, l'adoration du Dieu. La douleur, essence de la vie et qui faisait sa faiblesse, il en tirera sa force, il la transformera jusqu'à l'extase, jusqu'à l'hallucination mystique. Les féeries des entrelacs sidéraux paraderont à ses regards. Il se combinera par l'ampleur de sa science et la vigueur de sa pensée à l'harmonie des mondes. Il synthétisera les séries des phénomènes dans l'Idée-Une, dans l'Idée-Mère, dans l'Œuf générateur des Mondes, dans l'Idée divine, dans Dieu. Il sera mystique.

Donc, après avoir résumé si exactement au cours de ses âges les étapes d'éducation propres à la genèse sentimentale, le Siècle prépare évidemment la période nouvelle, la période de Force, de Science consciente et de bonheur : l'Époque à venir sera mystique. Car s'il est des analogies entre les évolutions des choses, nulle de ces analogies ne saurait paraître vaine. La sagesse des Temps a toujours montré, elle montre encore le microcosme humain, symbole harmonique du macrocosme universel. Les éphémères naissent, évoluent et meurent suivant les lois essentielles qui président au développement, aux paraboles, à l'extinction des comètes.

L'Époque à venir sera mystique. Mystique et théiste. Elle inaugurera le miracle de l'homme dédaignant la douleur, abstrait dans les rêves imaginatifs, dans l'hallucination habituelle, rendu à l'essence primitive et divine, devenu aussi créateur, créateur de ses extases et de ses Paradis.

L'Art Symboliste, pp. 9-11 (Vanier éd.).

le Symbolisme repose sur une philosophie de l'unité

G. VANOR. — *L'Art Symboliste* (1889).

L'Art est l'œuvre d'inscrire un dogme dans un symbole humain et de le développer par le moyen de perpétuelles variations harmoniques.

A quelle plus haute formule d'esthétique sauraient répondre les littératures mourantes qui vainement agitent cette fin de siècle ?

... M. Zola a dit quelque part que le Symbolisme faillirait parce qu'il ne s'appuyait pas sur une philosophie. M. Zola s'est trompé. L'illustre auteur naturaliste en reste encore au positivisme d'Auguste Comte, et aux compilations documentaires des Spencer, des Stuart Mill. Il ignore le phénoménisme de Renouvier, aussi bien que le spinozisme scientifique des plus modernes métaphysiciens. La science et la philosophie actuelles tendent à ramener tous les phénomènes à une unité d'essence dont les simples modifications créent la vie sensible.

... Or la littérature symboliste tâche à ramener les phénomènes intellectuels et sensoriels à la source initiale, cette essence unique perpétuellement féconde en ses modes.

Elle est avant tout la littérature des métaphores et des analogies ; elle recherche les affinités possibles entre les phénomènes hétéroclites d'apparence. De là ces fréquentes expressions dont s'ébahirent les naïfs et qui évoquent le son d'une odeur, la couleur d'une note, le parfum d'une pensée.

L'Art Symboliste, pp. 35-37 (Vanier éd.).

5. ANALOGIES ET CORRESPONDANCES

Cette philosophie, comme le dit Claudel, repose sur « une nouvelle logique », ou, mieux encore, sur un mode de pensée nettement distinct de la pensée logique : la pensée analogique.

un nouvel Art poétique de l'Univers

PAUL CLAUDEL. — *Art Poétique* (1903).

Jadis au Japon, comme je montais de Nikkô à Chuzenji, je vis, quoique grandement distants, juxtaposés par l'alignement de mon œil, la verdure d'un érable combler l'accord proposé par un pin. Les présentes pages commentent ce texte forestier, l'énonciation arborescente, par Juin, d'un nouvel Art poétique[1] de l'Univers, d'une nouvelle Logique. L'ancienne avait le syllogisme pour organe, celle-ci a la métaphore, le mot nouveau, l'opération qui résulte de la seule existence conjointe et simultanée de deux choses différentes. La première a pour point de départ une affirmation générale et absolue, l'attribution, une fois pour toutes, au sujet, d'une qualité, d'un caractère. Sans précision de temps ou de lieux, le soleil brille, la somme des angles d'un triangle est égale à deux droits. Elle crée, en les *définissant,* les individus abstraits, elle établit entre eux des séries invariables. Son procédé est une nomination. Tous ces termes une fois arrêtés, classés par genres et par espèces aux colonnes de son répertoire, par l'analyse un par un, elle les applique à tout sujet qui lui est proposé. Je compare cette logique à la première partie de la grammaire qui détermine la nature et la fonction des différents mots. La seconde Logique en est comme la syntaxe qui enseigne l'art de les assembler, et celle-ci est pratiquée devant nos yeux par la nature même. Il n'est de science que du général, il n'est création que du particulier. La métaphore[2], l'iambe fondamental ou rapport d'une grave et d'une aiguë, ne se joue pas qu'aux feuilles de nos livres : elle est l'art autochtone employé par tout ce qui naît. Et ne parlez pas de hasard. La plantation de ce bouquet de pins, la forme de cette montagne n'en sont pas plus l'effet que le Parthénon ou ce diamant sur qui vieillit le lapidaire à l'user, mais le produit d'un trésor de desseins certes plus riche et plus savant.

Art Poétique, pp. 50-52. (Mercure de France, éd.).

---

[1] *Poiein,* — faire (note de Claudel).
[2] Avec ses transpositions dans les autres arts : « valeurs », « harmonies », « proportions ». (Note de Claudel).

La philosophie sur laquelle repose le Symbolisme, ainsi que l'indiquait déjà Baudelaire (voir ci-dessus, pp. 399-400), implique donc :

—que, de même que l'homme comprend un esprit et un corps, de même l'univers, au-dessus du plan matériel, comporte un plan spirituel ;

—qu'il y a dans la création un double système d'analogies : d'une part entre les choses matérielles et les choses spirituelles ; d'autre part entre l'homme et l'univers, sur les divers plans (matériel et spirituel) de la réalité.

le Symbolisme : un ferment nouveau

BRUNETIÈRE. — *Symbolistes et Décadents* (1888).

Dans un temps où, sous prétexte de *naturalisme,* on avait réduit l'art à n'être plus qu'une imitation du contour extérieur des choses, les *Symbolistes,* rien qu'en se nommant de leur nom, ou en l'acceptant, ont paru rapprendre aux jeunes gens que les choses ont une âme aussi, dont les yeux du corps ne saisissent que l'enveloppe, ou le voile, ou le masque. « Un paysage est un état de l'âme » : on se rappelle ce mot d'Amiel ; c'est le seul que l'on ait sauvé du naufrage de son *Journal intime.* Cela ne veut pas du tout dire, comme je vois pourtant qu'on le croit, qu'un paysage change d'aspect avec l'état de l'âme, aujourd'hui mélancolique et demain souriant, selon que nous sommes tristes ou joyeux nous-mêmes. Il n'y aurait rien de plus banal, et surtout de moins hégélien. Mais cela veut dire au contraire qu'indépendamment du genre ou de l'espèce d'émotion qu'il éveille en nous, qu'indépendamment de nous et de ce que nous pouvons apporter de nous-mêmes, un paysage est en soi de la « tristesse » ou de la « gaîté », de la « joie » ou de la « souffrance », de la « colère » ou de l'« apaisement ». Ou, en d'autres termes, encore plus généraux, cela veut dire qu'entre la nature et nous il y a des « correspondances », des « affinités » latentes, des « identités » mystérieuses et que ce n'est qu'autant que nous les saisissons que, pénétrant à l'intérieur des choses, nous en pouvons vraiment approcher l'âme. Voilà le principe du *Symbolisme,* voilà le point de départ ou l'élément commun de tous les *mysticismes,* et voilà ce qu'il était bon que l'on essayât d'introduire, comme un ferment nouveau, pour le faire lever, si je puis ainsi dire, dans la lourde masse du *naturalisme.*

C'est à saisir ces rapports à travers le langage lui-même que s'applique toute véritable poésie. Et c'est de cela que, dépassant la « chanson instinc-

tive » des Décadents, capable seulement de traduire approximativement des nuances fugaces de l'âme, les Symbolistes prennent conscience. Par l'aspiration même de leur poésie, ils se trouvent naturellement amenés à supposer entre le monde matériel et le monde spirituel des relations immuables, des correspondances, et par là à rechercher cette unité primordiale dont leurs aînés, déjà, ont exprimé l'insurmontable nostalgie. S'il est vrai que le Beau, selon une définition fort ancienne, c'est « l'unité dans le multiple », chercher cette unité fondamentale, « reconnaître les lignes et les sons primitifs » à travers l'infinie multiplicité de l'univers matériel comme de l'univers spirituel, telle sera donc la démarche incessante du poète.

le poète symboliste est le servant de la Loi de l'Analogie et de l'Évangile des Correspondances

CH. MORICE. — *La Littérature de tout à l'heure* (1889).

Nous cherchons la Vérité dans les lois harmonieuses de la Beauté, déduisant de celle-ci toute métaphysique — car l'harmonie des nuances et des sons symbolise l'harmonie des âmes et des mondes — et toute morale : puisque nous avons dérivé notre mot « honnêteté » du mot « honestus » qui signifie « beau ». Au défaut des certitudes défaillies d'une Religion — à qui, toutefois, nous gardons la gratitude du sentiment de noble piété dont elle berça et purifia notre enfance — nous pressons les vestiges des Traditions lointaines, d'alors que l'histoire était encore à naître, des Légendes mystérieuses que colportent, à travers le monde moderne qui s'inquiète de les entendre sans les comprendre, des peuples nomades partout en exil ; nous recueillons les enseignements des grands Penseurs, Mages et Métaphysiciens, héros de l'esprit humain ; plus avant qu'eux essaierons-nous d'aller dans les voies qu'ils ont ouvertes ; nous irons à l'école aussi des Cultes antiques, extrayant de toutes les mines la parcelle d'or éternel que nous gardait encore leur sein avare ; et quand la joie de la foi ébranlera d'enthousiasme nos âmes, nous célèbrerons cette joie mystique par les Sacrifices et les Fêtes de l'Art. A quelques-uns cette joie viendra d'une intuition du génie en face de la Nature : ils laisseront chanter dans leur œuvre la loi somptueuse et simple des formes et des sentiments éternels, de la ligne et de la physionomie ; à d'autres toutes les ressources de toutes les connaissances humaines — qui sont comme autant de mains agiles destinées à appréhender les Vérités dans leurs retraites — seront nécessaires, et ceux-ci, plus particuliers servants de l'Évangile des Correspondances et de la Loi de l'Analogie, donneront, selon les forces de leur esprit et la bonne foi de leur cœur, en de vastes synthèses, une explication mélodieuse et lumineuse des Mystères glorifiés dans la Réalité des Fictions. Mais, pour les uns comme pour les autres, l'Art a cessé d'être la gaîté secondaire qu'approuvaient ou plutôt toléraient les générations qui ont passé et qu'exigeraient encore de nous les générations qui viennent. Les uns et les autres se considèrent comme investis d'un indéfectible sacerdoce ; ils sont les ordonnateurs des fêtes sacrées de la Vérité et de la juste Joie. Cette joie, qui peut parfois sourire à l'esprit en son sens complémentaire et à la brillante gaîté, pourtant reste d'essence grave : sa voie n'est que vers l'Absolu, sa pâture n'est que d'Éternité.

Pp. 65-67.

De son côté, Albert Aurier rappelle la façon dont Swedenborg, conformément à toutes les traditions, définit les correspondances.

A. AURIER. — *Le Symbolisme en Peinture* (1891).

Oh ! combien rares, en vérité, parmi ceux qui se targuent de « dispositions artistiques », combien rares les heureux dont les paupières de l'âme se sont entr'ouvertes et qui peuvent s'écrier avec Swedenborg, le génial halluciné : « Cette nuit même, les yeux de mon homme intérieur furent ouverts : ils furent rendus propres à regarder dans les cieux, dans le monde des idées et dans les enfers !... ». Et pourtant, n'est-ce point là la préalable et nécessaire initiation que doit subir le vrai artiste, l'artiste absolu ?

Ailleurs, dans un traité rempli, au reste, des plus grotesques divagations, le même Swedenborg, de l'autorité un peu contestable duquel je ne voudrais cependant point abuser, surtout en des questions d'art, écrit ces phrases profondément divinatrices, que je souhaiterais voir en épigraphe de tous les traités d'esthétique et méditées par tous les artistes et par tous les critiques :

« Il en est peu qui connaissent ce que c'est que les Représentations, et ce que c'est que *les Correspondances,* et nul ne peut savoir ce que c'est, à moins qu'il ne sache qu'il y a un monde spirituel, et que ce monde est distinct du monde naturel ; car entre les Spirituels et les Naturels, il y a des Correspondances, et les choses qui existent par les Spirituels dans les Naturels sont des Représentations ; il est dit Correspondance parce que les Spirituels et les Naturels correspondent, et Représentations parce que ces choses représentent... Il m'a été donné de savoir, par de nombreuses expériences, que dans le Monde Naturel et dans ses trois règnes il n'y a pas le plus petit objet qui ne représente quelque chose dans le monde spirituel, ou qui n'ait là quelque chose à quoi il corresponde ».

Paul GAUGUIN me semble, lui aussi, un de ces sublimes voyageurs. Il m'apparaît comme l'initiateur d'un art nouveau, non point dans l'histoire, mais, au moins, dans notre temps.
Mercure de France, mars 1891.

Cet art consistera donc à chercher la réalité qui correspond *à l'apparence, à découvrir, derrière les choses visibles, l'essence des réalités éternelles.*
Considérée ainsi, la poésie ne saurait plus s'opposer à la science. A la condition toutefois que l'on restitue en même temps à la science tous ses droits et toute sa noblesse. Il ne s'agit donc pas de cette science qui, « faisant abstraction du monde psychique et intellectuel, est devenue agnostique dans sa méthode, matérialiste dans ses principes comme dans sa fin », de cette science qui se fait de la Vérité une idée toute extérieure et matérielle. Il s'agit de la science véritable, celle qui se propose pour objet de connaître la Réalité tout entière. Alors, de même que la science rejoint la métaphysique et conclut avec elle « le pacte d'une alliance féconde », de même aussi la poésie rejoint la métaphysique et, comme le pressentait Nerval, se fonde sur elle et, du moment où elle s'est révélée à elle-même, ne saurait plus s'en séparer. Car la réalité de la poésie dépasse le domaine des apparences, des contingences individuelles, des froides descriptions ou des confidences. Compagne de la science, elle lui donne ce que la science ne saurait connaître ni pénétrer par ses voies propres : la chaleur d'une vie, une expérience *humaine de la réalité. Par là elle la devance, en lui proposant sans cesse de nombreux symboles à comprendre, de nouvelles intuitions à vérifier.*

le poète continue la grande enquête symbolique de l'univers

CH. MORICE. — *La Littérature de tout à l'heure* (1889).

En attendant que la Science ait décidément conclu au Mysticisme, les intuitions du Rêve y devancent la Science, y célèbrent cette encore future et déjà définitive alliance du Sens Religieux et du Sens scientifique dans une fête esthétique où s'exalte le désir très humain d'une réunion de toutes les puissances humaines par un retour à l'originelle simplicité.

Ce retour à la simplicité, c'est tout l'Art. Le Génie consiste — comme l'Amour et comme la Mort — à dégager des accidents, des habitudes, des préjugés, des conventions et de toutes les contingences l'élément d'éternité et d'unité qui luit, au delà des apparences, au fond de toute essence humaine.
P. 355.

P. Claudel. — *La Catastrophe d'Igitur.*

Nous sommes sortis de ce fatal engourdissement, de cette attitude écrasée de l'esprit devant la matière, de cette fascination de la quantité. Nous savons que nous sommes faits pour dominer le monde et non pas le monde pour nous dominer. Le soleil est revenu au ciel, nous avons arraché les rideaux et nous avons envoyé par la fenêtre l'ameublement capitonné, les bibelots de bazar et le « pallide buste de Pallas ». Nous savons que le monde est en effet un texte et qu'il nous parle, humblement et joyeusement, de sa propre absence, mais aussi de la présence éternelle de quelqu'un d'autre, à savoir son Créateur. Non pas seulement l'écriture, mais le scripteur, non pas seulement la lettre morte, mais l'esprit vivant, et non pas un grimoire magique, mais le Verbe en qui toutes choses ont été proférées. Dieu ! Nous savons par l'*Écriture* — l'Écriture par excellence, celle-là ! la Sainte Écriture — que *nous sommes un certain commencement de la créature,* que nous *voyons toutes choses en énigme, et comme dans un miroir* (le miroir d'Igitur précisément), *que le monde est un livre écrit au dedans et au dehors* (ce livre dont Igitur cherchait à établir un fac-similé) et *que les choses visibles sont faites pour nous amener à la connaissance des choses invisibles.* Avec quelle attention ne devons-nous donc pas, non seulement les regarder, mais les étudier et les questionner, et comme il faut remercier la philosophie et la science d'avoir mis pour cela à notre disposition tant d'instruments admirables ! Rien ne nous empêche plus de continuer, avec des moyens multipliés à l'infini, une main sur le Livre des Livres et l'autre sur l'Univers, la grande enquête symbolique qui fut pendant douze siècles l'occupation des Pères de la Foi et de l'Art.

Positions et Propositions, I, pp. 205-207.
(Gallimard, éd.).

III

LE SYMBOLE — NATURE ET DÉFINITION

L'homme y passe à travers des forêts de symboles...
Ch. BAUDELAIRE.

l'art supérieur est symboliste

A. AURIER. — *Le Symbolisme en Peinture* (1891).

Il est évident — et l'affirmer est presque une banalité — qu'il existe dans l'histoire de l'art deux grandes tendances contradictoires qui, incontestablement, dépendent, l'une, de la cécité, l'autre de la clairvoyance de cet « œil intérieur de l'homme » dont parle Swedenborg, la *tendance réaliste* et la *tendance idéiste* (je ne dis point idéaliste, on verra pourquoi).

Sans doute, l'art réaliste, l'art dont l'unique but est la représentation des extériorités matérielles, des apparences sensibles, constitue une manifestation esthétique intéressante. Il nous révèle, en quelque sorte, par contre-coup, l'âme de l'ouvrier, puisqu'il nous montre les déformations qu'a subies l'objet en la traversant. D'ailleurs, nul ne conteste que le réalisme, s'il fut prétexte à bien des hideurs, impersonnelles et banales comme des photographies, a aussi parfois produit d'incontestables chefs-d'œuvre, qui resplendissent dans le musée de toutes les mémoires. Mais, pourtant, il n'en est pas moins indiscutable qu'à qui veut loyalement réfléchir l'art idéiste apparaît plus pur et plus élevé — plus pur et plus élevé de toute la pureté et de toute l'élévation qui sépare la matière de l'idée. On pourrait même affirmer que l'art suprême ne saurait être qu'idéiste, l'art, par définition, n'étant (nous en avons l'intuition) que la matérialisation représentative de ce qu'il y a de plus élevé et de plus vraiment divin dans le monde, de ce qu'il y a, en dernière analyse, de seul existant, l'Idée. Ceux donc qui ne savent ni voir l'Idée, ni y croire, ne sont-ils pas dignes de nos compassions, ainsi que l'étaient pour les hommes libres les pauvres stupides prisonniers de la Caverne allégorique de Platon ?

Mercure de France, mars 1891.

Pour le poète symboliste, comme pour le philosophe platonicien, le monde visible n'est donc que l'apparence du monde invisible, et l'objet sensible que le symbole d'une réalité spirituelle. Aussi peut-on dire avec Georges Vanor que « la théorie du symbolisme littéraire exista de tout temps. »

l'univers n'est qu'un ensemble de symboles

G. VANOR. — *L'Art Symboliste* (1889).

Quelque neuve que paraisse la théorie du symbolisme littéraire, elle exista de tout temps. Saint Cyrille d'Alexandrie enseigne qu'il faut « du monde des corps, comme d'une image très claire, remonter aux choses spirituelles », et le grammairien Didyme affirme que « le devoir du poète sage est d'user du symbole et de saisir le mystère caché sous la forme symbolique. » Saint Augustin déclare : « En toute créature visible, il y a quelque chose de caché ; Dieu veut que nous le cherchions, et qu'après l'avoir trouvé, nous nous réjouissions de cette découverte. » Beaucoup plus tard, Schiller encore écrit que le monde n'est intéressant pour le poète que parce qu'il indique symboliquement les manifestations diverses de l'être pensant. Enfin, l'on sait le mot de Jouffroy : « L'univers n'est qu'un ensemble de symboles. » L'œuvre du poète symboliste serait donc de découvrir l'idée à travers sa représentation figurée ; de saisir les rapports des choses visibles, sensibles et tangibles du monde avec l'essence intelligible dont elles participent ; de remonter des effets à la cause, des images aux prototypes, des phénomènes et des apparences aux sens mystérieux ; — et réciproquement, de présenter une chose par ses qualités extérieures, de revêtir l'idée d'une signification figurative et d'exprimer des vérités par des images et des analogies. Et le génie, devenu la parfaite intelligence des symboles renfermés dans le monde visible, ne consistera plus dans des narrations de légendes et des analyses de passions, mais dans la divination des correspondances des choses avec nos idées et nos rêves.

L'Art Symboliste, pp. 37-38 (Vanier éd.).

le symbole est à la base de toute religion

G. VANOR. — *Ibid.*

Cependant l'histoire du symbole à travers les âges et la théorie même du symbolisme apporteraient à ce programme une modification ou une addition énorme : nous voulons parler du symbolisme religieux.

L'origine du symbole, fils de la religion, remonte aux spéculations des prêtres zoroastriens qui symbolisèrent le monde par un œuf plein de génies bienfaisants et malfaisants, et des mystagogues du temple de Thèbes qui pensèrent que dans l'œuf cosmique Osiris enferma douze pyramides blanches et douze pyramides noires, emblèmes de la promiscuité du pur et de l'impur, de la lumière et des ténèbres. L'on sait aussi que le serpent symbolisa en Égypte la sagesse, la prudence, l'esprit divin qui pénètre toutes choses. Et jusqu'à nos jours chaque religion revêtit de symboles les idées primordiales de son culte.

Mais aujourd'hui c'est surtout la religion catholique qui offre une magnifique et poétique profusion de symboles ; tous les prototypes plastiques de cette symbolique sacrée qui exprime par des figurations évidentes et claires les mystères et les enseignements de la loi évangélique, elle les présente aux hommes dans ses temples et pendant ses cérémonies. Les églises, dont la façade est tournée vers l'Orient, dont les clochers se terminent en aiguilles qui montrent le ciel, dont les nefs ont la forme cruciale, dont les murs extérieurs sont décorés de démons bizarres contrastant avec les anges et les saints sculptés dans le sanctuaire ; les cérémonies fastueuses où, sur le chant de l'orgue et sur l'odeur spirituelle de l'encens, s'élève la prière des âmes ; la messe où chaque geste de l'officiant exprime et commande une pensée au cœur des fidèles ; les vêtements mêmes des prêtres, comme la ceinture, double emblème des cordes qui lièrent Jésus et de la préservation des sens ; et la Croix aux deux bras étendus qui appellent tous les malheureux, cette Croix où resplendit la beauté physique de l'Homme-Dieu multipliée par la beauté morale, voilà quelques-uns des symboles augustes qu'a conservés le culte catholique.

Le symbolisme religieux s'impose par ses faits ; et la pure magnificence de ses manifestations assure un trésor infini et varié d'inspirations poétiques. Les chœurs de prêtres et de vierges processionnant par les champs sanctifiés, les premières communiantes que l'on a comparées, passant à travers la luxure des villes, à un vol d'anges intercesseurs, sont, entre mille, des spectacles offerts au sens artistique du poète, plutôt que les drames banals de notre bourgeoisie.

Ibid., pp. 38-40.

> *S'il s'agit pour le poète « patient, austère et studieux, c'est-à-dire méditant » de saisir « l'Idée qui en la vie est éparse », c'est pour trouver le « réel et suggestif Symbole » d'où se lèvera la vérité. Rendre au mot son rôle de symbole, c'est lui restituer sa fonctions primitive et centrale, c'est retrouver, autant qu'il est possible, le verbe primitif dans toute sa puissance et ses virtualités. Oui, la question est bien, comme le dit Saint-Pol-Roux, de « ressusciter le Symbole enseveli » et de le ressusciter à sa place, qui est « le centre de tout ».*

le poète a pour tâche de découvrir
les symboles cachés en toutes choses

G. Vanor. — *Ibid.*

Mais le symbolisme religieux n'existe pas que dans les cérémonies liturgiques et les représentations des religions. C'est selon lui que le monde a été ordonné ; la vie des êtres et des choses est sa manifestation, et c'est pour sa synthèse explicative que l'homme, mais particulièrement le poète, a été envoyé. Les apparences tangibles, les formes et les couleurs, les développements de l'existence dans la nature revêtent son idée intime, existante et mystérieuse. Si l'on a pu dire des cieux qu'ils racontent la gloire de Dieu, le soleil symbolisera sa providence et sa splendeur, les nuages la majesté dont il s'environne, l'arbre figurera un homme aux bras élevés pour la prière, et la forêt sera la cathédrale. Cette dernière interprétation qui ferait de l'univers un vaste temple élevé à la glorification de Dieu ne serait cependant pas très précisément celle du symbolisme religieux, celui-ci démontrant que l'univers n'est que le symbole d'un autre monde.

Les visions paradisiaques des mystiques qui consistaient en spectacles de la nature idéalisée suffiraient aux crédules pour expliquer cette vérité du monde présent apparu comme réalisation extérieure d'un autre univers, mais elle est rigoureusement prouvée par le système du symbolisme simple.

Les philosophes nous ont appris que les formes visibles étaient les images d'une beauté invisible et correspondaient par une affectueuse sympathie avec les formes idéales que l'âme porte en elle-même ; nous savons d'autre part que les objets matériels et inanimés se rapportent aux idées morales par les accidents de leurs apparences extérieures : et c'est selon cette théorie que l'œuvre du poète fut déclarée la pénétration des emblèmes et la réunion des idées à leurs expressions. Or, de cette affirmation, par un analogue raisonnement, se déduit le symbolisme religieux. Les choses tangibles étant la figure des choses intelligibles, celles-ci se révèlent la figure des choses divines ; par déduction, chaque objet de la création, correspondant à une idée, correspond à un idéal divin, est un signe de la pensée divine. La relation existant entre le monde physique et le monde moral s'établira entre le monde moral et le monde surnaturel ; l'esprit de l'homme, c'est-à-dire le monde intelligible, sera comme un écran de verre transparent entre ces deux miroirs, et, la nature étant l'image de l'homme, l'homme sera l'image de Dieu, et, nous ajoutons : sa preuve.

Par ce système et dans cette science, la création apparaît comme le livre de Dieu, devant lequel l'homme placé ne connaît pas les mots : mais le poète doué de la science de cette langue en déchiffrera et en expliquera les hiéroglyphes ; ce qui est en dehors de lui le conduisant à la connaissance de ce qui est en lui, et ce qui est en lui le conduisant à la connaissance de ce qui est au-dessus de lui, après avoir pénétré les symboles du monde intelligible dans le monde de la matière, il devinera les symboles du monde surnaturel par le monde intelligible, et, un jour, dira aux hommes le mot de Dieu et le secret de la vie.

Ibid., pp. 40-42.

Bien que les poètes de l'École symboliste ne professent pas tous le même spiritualisme mystique, les mêmes prémisses sont cependant impliquées dans toutes les définitions qu'ils donnent des symboles, définitions qui, par là, malgré leur diversité, se rejoignent et s'éclairent réciproquement. On parviendra même, dans une certaine mesure, à les classer, en partant du fait poétique pur et simple, pour aboutir à la conception selon laquelle c'est le symbole qui donne son sens véritable à la création.

le Symbole, condition essentielle de l'art

H. DE RÉGNIER. — *Réponse à une Enquête* (1891).

Quant à moi, si je suis symboliste, ce n'est pas — croyez-le bien — par amour des écoles et des classements. J'ajoute l'épithète, parce que je mets du symbole dans mes vers. Mais vraiment l'enrégimentement sous des théories, un drapeau, des programmes, n'est pas pour me séduire.

J'adore l'indépendance — en art surtout. J'admets, comme un fait indiscutable, une grande poussée des esprits artistes vers un art purement symboliste. Oui, je le sais, nous n'inventons pas le symbole, mais jusqu'ici le symbole ne surgissait qu'instinctivement dans les œuvres d'art, en dehors de tout parti pris, parce qu'on sentait qu'en effet il ne peut pas y avoir d'art véritable sans symbole.

Le mouvement actuel est différent : on fait du symbole la condition essentielle de l'art. On veut en bannir délibérément, en toute conscience, ce qu'on appelle — je crois — les contingences, c'est-à-dire les accidents de milieu, d'époque, les faits particuliers.

Et ce n'est pas seulement chez nous que ce mouvement a lieu : d'Amérique, de Belgique, d'Angleterre, de Suisse, les jeunes écrivains tourmentés du même besoin viennent à Paris chercher la bonne parole parce qu'ils sentent que c'est là que la crise est la plus aiguë et qu'elle doit aboutir.

J. Huret, *Enquête sur l'Évolution littéraire*, pp. 92-93.

Mais qu'est-ce que le Symbole ? Pour le définir, il convient de le distinguer à la fois de l'image pure et simple, du mythe et de l'allégorie.

SAINT-ANTOINE. — *Qu'est-ce que le Symbolisme ?* (1894).

Symbolisme, telle est sans doute l'étiquette sous laquelle notre période sera classée dans l'histoire de la littérature française. Résignons-nous donc puisque toute protestation serait vaine ; d'autant que l'indication a du moins un mérite, son insignifiance même...

Le symbolisme, dit Littré, est l'état de la pensée et de la langue, dans lequel les dogmes ne sont exprimés que par des symboles.

Et le symbole, à son tour, est la figure ou l'image employée comme signe d'une chose : la faucille est le symbole des moissons. Plus spécialement, en littérature, le symbole est une trope du genre de la métonymie : ex. A la fin j'ai quitté la robe pour l'épée.

Tout ceci ne nous avance guère. D'une part, la poésie vit d'images, comme la musique d'accords, et définir par là les vers symboliques serait insuffisant. Toute poésie s'étoile de métaphores, et la prose ne se poétise que par l'image. D'autre part, ce n'est pas l'us ou l'abus d'une figure de rhétorique qui caractérise. Le symbole lui-même est une trope d'application restreinte et qui n'ajoute pas toujours à la beauté de l'expression.

Il faut élargir le sens du symbole. Marmontel a déjà dit : « le Symbole est un signe relatif à l'objet dont on veut réveiller l'idée ». Éveiller, c'est le dire de Mallarmé : « Suggérer, voilà le rêve : c'est le parfait usage de ce mystère qui constitue le symbole ».

Poursuivons : le mot *suggérer* à deux sens. D'abord, ce sera éveiller, indiquer sans désigner. C'est l'allusion, et Mallarmé dit : « Je crois qu'il faut qu'il n'y ait qu'allusion ». En second lieu, ce sera : prolonger au plus loin une émotion. C'est en ce sens qu'on qualifie une poésie de suggestive ; on dira de même que la musique est l'art suggestif par excellence.

Cette émotion prolongée peut naître — le génie du poète aidant — de l'expression simple. Le plus souvent, elle résultera de l'expression imagée ; alors la sensation qui s'éveille sera prolongée et renforcée par une impression d'ordre différent ; ce sera par exemple une émotion intime réfléchie et universalisée dans la nature ambiante, ou réciproquement, un décor extérieur soudain animé par la passion du poète. Les poètes symbolistes ont fréquemment recouru à ce procédé de suggestion, mais ils ne l'ont pas inventé, et l'on trouverait sans peine chez Hugo l'équivalent du vers qui chez Verlaine « fait sangloter d'extase les jets d'eau ».

Une poésie ne se caractérise pas par l'emploi d'une métaphore, mais par la possession d'une âme.

Élargissons encore l'idée du symbole en lui adjoignant ses dérivés, le mythe et l'allégorie ; nous arriverons à reconstituer l'actuelle poésie symboliste.

Le mythe et l'allégorie ne sont que des symboles continués, mais pas de la même façon, ce qu'il importe de préciser.

Le mythe n'est pas seulement un trait fabuleux concernant des divinités ou des personnages qui ne sont que des divinités défigurées, c'est avant tout un récit à double sens, le trait fabuleux n'étant que la figuration transposée, soit d'un événement historique, soit d'une théorie cosmogonique ou théologique ; ainsi d'une part les travaux de l'Hercule que représentent les marais de Lerne et de Stymphale desséchés, l'Achéloüs canalisé, les brigands et les grands fauves détruits ; d'autre part, l'arbre de la science et le fruit défendu peuvent symboliser le libre arbitre, la chute, le péché originel. Si ce double sens manquait, il n'y aurait plus mythe mais légende ; de même si l'un des deux s'oubliait. La religion grecque était dite *Légende* à une époque où le sens symbolique des mythes était perdu. Ce n'est donc pas la qualité humaine ou divine des personnages qui différenciera, comme on le dit communément, le mythe de la légende, ce sera son double sens. D'ailleurs ils n'en restent pas moins apparentés et l'on comprend qu'une poésie symboliste ne soit bien souvent qu'une poésie légendaire.

Mais l'allégorie aussi a un double sens, et il importe de la distinguer du mythe. Le mythe trouve sa fin en lui-même, tandis que l'allégorie s'impose un but étranger. Le mythe s'adresse à l'âme plus qu'à l'intelligence, il émeut au lieu de convaincre, se dérobe au lieu d'éveiller la curiosité ; il naît en quelque sorte spontanément sous l'influence de l'esprit religieux.

Au contraire l'Allégorie est toujours didactique ; son double sens n'est qu'un voile de coquetterie ; elle n'est point spontanée mais réfléchie, voulue, fille du raisonnement et non de l'inspiration, s'adressant à la pensée plus qu'au sentiment. Le mythe produit des épopées ou des chants lyriques ; l'allégorie produit des apologies ou des paraboles.

Donc : le mythe est de nature religieuse ; l'allégorie de nature morale, le symbole actuel de nature esthétique.

Autres différences : l'allégorie, manquant d'inspiration et de spontanéité, sera presque toujours hostile à l'art ; rarement elle atteindra la vie et à plus forte raison la passion. Notre actuel symbole est plus voisin du mythe que de l'allégorie ; c'est que l'esthétique a plus de rapport avec l'esprit religieux qu'avec le raisonnement utilitaire ; il n'y a rien de didactique dans la poésie symbolique d'aujourd'hui.

L'expression musicale est toujours en quelque sorte symbolique, l'expression plastique ne l'est jamais. Le symbolisme est étranger à l'art plastique parce qu'il est aussi indépendant que possible de la réalité ; il ne prend à la nature que les éléments formels de son œuvre ; sa raison d'être est l'idée qu'il personnifie.

Le symbole en art ne peut avoir que sa signification habituelle, qui est l'attribution d'un second sens à l'objet représenté.

Est-il vrai, comme on l'a dit, que tous les poètes ont été symbolistes ? — Si on réduit le symbole à l'idée de trope, tous les poètes ont pratiqué l'image et il n'y a pas à chercher s'ils ont préféré les comparaisons aux métaphores, préférence où l'on a voulu voir le caractère de la poésie symboliste. Dire : la fleur du souvenir se fane, au lieu de : le souvenir se fane comme une fleur, n'est nullement faire du symbolisme au lieu de naturalisme, c'est remplacer une comparaison par une métaphore. Mais si l'on donne au mot symbole le sens élargi que nous lui avons donné, on avouera que les poètes symbolistes ont été rares. Je ne vois guère qu'Eschyle, Dante, Rabelais, Gœthe. On ne peut classer comme symboliste Homère, Lucrèce, Virgile, Cervantès, Shakespeare, Racine et même Victor Hugo. Ce n'est vraiment que de nos jours, avec Vigny, Baudelaire, Shelley, Tennyson, Swinburne, Ibsen, que la préoccupation symboliste a vraiment imprégné la littérature et l'art. Le caractère est donc assez spécial pour personnifier notre époque.

Donc, finalement, le symbolisme, au sens précis du mot, est une forme littéraire caractérisée par la fréquence d'œuvres à double sens, c'est-à-dire mythiques et allégoriques. D'une façon plus générale, ce fut une période où, par réaction contre un temps antérieur soucieux d'exactitude et de réalisme, l'art se rejeta vers les sujets de rêve et de légende, et s'attacha à donner à ses œuvres une signification plus lointaine en s'inspirant d'idées philosophiques et religieuses.

L'Ermitage, juin 1894.

MAETERLINCK. — *Réponse à une Enquête* (1891).

— Oui, disait Maeterlinck, je crois qu'il y a deux sortes de symboles : l'un qu'on pourrait appeler le symbole *a priori* ; le symbole de *propos délibéré* ; il part d'abstraction et tâche de revêtir d'humanité ces abstractions. Le prototype de cette symbolique, qui touche de bien près à l'allégorie, se trouverait dans le *Second Faust* et dans certains contes de Gœthe, son fameux « Märchen aller Märchen », par exemple. L'autre espèce de symbole serait plutôt inconscient, aurait lieu à l'insu du poète, souvent malgré lui, et irait, presque toujours, bien au delà de sa pensée : c'est le symbole qui naît de toute création géniale d'humanité ; le prototype de cette symbolique se trouverait dans Eschyle, Shakespeare, etc.

Je ne crois pas que l'œuvre puisse naître viablement du symbole ; mais le symbole naît toujours de l'œuvre si celle-ci est viable. L'œuvre née du symbole ne peut être qu'une allégorie, et c'est pourquoi l'esprit latin, ami de l'ordre et de la certitude, me semble plus enclin à l'allégorie qu'au symbole. Le symbole est une force de la nature, et l'esprit de l'homme ne peut résister à ses lois. Tout ce que peut faire le poète, c'est se mettre, par rapport au symbole, dans la position du charpentier d'Emerson. Le charpentier, n'est-ce pas ? s'il doit dégrossir une poutre, ne la place pas au-dessus de sa tête, mais sous ses pieds, et ainsi, à chaque coup de hache qu'il donne, ce n'est plus lui seul qui travaille, ses forces musculaires sont insignifiantes, mais c'est la terre entière qui travaille avec lui ; en se mettant dans la position qu'il a prise, il appelle à son secours toute la force de gravitation de notre planète, et l'univers approuve et multiplie le moindre mouvement de ses muscles.

Il en est de même du poète, voyez-vous ; il est plus ou moins puissant, non pas en raison de ce qu'il fait lui-même, mais en raison de ce qu'il parvient à faire exécuter par les autres, et par l'ordre mystérieux et éternel et la force occulte des choses ! Il doit se mettre dans la position où l'Éternité appuie ses paroles, et chaque mouvement de sa pensée doit être approuvé et multiplié par la force de gravitation de la pensée unique et éternelle ! Le poète doit, me semble-t-il, être passif dans le symbole, et le symbole le plus pur est peut-être celui qui a lieu à son insu et même à l'encontre de ses intentions ; le symbole serait la fleur de la vitalité du poème : et, à un autre point de vue, la qualité du symbole deviendrait la contre-épreuve de la puissance et de la vitalité du poème. Si le symbole est très haut, c'est que l'œuvre est très humaine. C'est à peu près ce que nous disions cette après-midi, s'il n'y a pas de symbole, il n'y a pas d'œuvre d'art.

Mais si le poète part du symbole pour arriver à l'œuvre, il est semblable au charpentier qui équarrit une poutre placée au-dessus de sa tête, et il a à vaincre toute la force de gravitation de son poème. Il navigue contre vents et contre marée. Il n'est plus entraîné bien au delà de ses pensées par la force, les passions et la vie de ses créations, mais il est en guerre ouverte avec elles ; car le symbole qui émane de la vie de tout être est bien plus haut et plus impénétrable que le plus merveilleux symbole préconçu, et la simple vie des êtres contient des vérités mille fois plus profondes que toutes celles que peuvent concevoir nos plus hautes pensées.

Si je parviens à créer des êtres humains, et si je les laisse agir en mon âme aussi librement et aussi naturellement qu'ils agiraient dans l'univers, il se peut que leurs actions contredisent absolument la vérité primitive qui était en moi et dont je les croyais fils ; et cependant je suis sûr qu'ils ont raison contre cette vérité provisoire et contre moi, et que leur contradiction est la fille mystérieuse d'une vérité plus profonde et plus essentielle. Et c'est pourquoi mon devoir est alors de me taire, d'écouter ces messagers d'une vie que je ne comprends pas encore, et de m'incliner humblement devant eux.

A un point de vue plus restreint, il en serait de même des images qui sont les assises en quelque sorte madréporiques sur lesquelles s'élèvent les îles du symbole. Une image peut faire dévier ma pensée ; si cette image est exacte et douée d'une vie organique, elle obéit aux lois de l'Univers bien plus strictement que ma pensée ; et c'est pourquoi je suis convaincu qu'elle aura presque toujours raison contre ma pensée abstraite ; si je l'écoute, c'est l'univers et l'ordre éternel des choses qui pensent à ma place, et j'irai sans fatigue au-delà de moi-même ; si je lui résiste, on peut dire que je me débats contre Dieu...

J. Huret, Enquête, pp. 124-127.

A. MOCKEL. — *Propos de Littérature* (1894).

L'allégorie, comme le symbole, exprime l'abstrait par le concret. Symbole et allégorie sont également fondés sur l'analogie, et tous deux contiennent une image développée.

Mais je voudrais appeler allégorie l'œuvre de l'esprit humain où l'analogie est artificielle et extrinsèque, et j'appellerai symbole celle où l'analogie apparaît naturelle et intrinsèque.

L'allégorie serait la représentation explicite ou analytique, par une image, d'une idée abstraite PRÉCONÇUE ; elle serait aussi la représentation *convenue* — et par cela même explicite — de cette idée, comme on le voit dans les attributs des héros, des dieux, des déesses, lesquels sont en quelque manière les étiquettes de cette convention.

Au contraire le symbole suppose la RECHERCHE INTUITIVE des divers éléments idéaux épars dans les Formes.

Les images du monde extérieur sont comme les mots d'une langue. Séparément ils ne savent où ils vont et n'ont qu'une sorte de signification latente. Mais lorsqu'ils sont unis harmonieusement en une phrase, chacun d'eux s'est pour ainsi dire orienté et leur ensemble exprime un sens complet. Une œuvre d'art est une phrase dont les Formes sont les mots[1] ; l'idée émane naturellement des Formes coordonnées.

Dans la nature, toute la représentation est symbolique, car l'âme s'y certifie et, comme je voudrais le dire, toutes choses convergent au but unique. Les Formes sont le verbe de l'être qui écrivit avec des mondes sa pensée ou

---

[1] N'y a-t-il pas une analogie séduisante entre ceci et ce que M. Stéphane Mallarmé disait si heureusement du vers « qui de plusieurs vocables refait un mot total » ? — Le poème est donc une phrase dont les vers sont les mots. (Note de Mockel).

lui-même. Pour le concevoir, il faudrait saisir l'universalité des Formes, ce qui est impossible ; mais nous reconnaissons Brahma dans Maya lorsque la concordance parfaite de quelques formes nous présente un reflet de la toute Harmonie future.

Car il existe déjà virtuellement en nous. Puisque nous avons la notion d'Harmonie, une harmonie aussi est secrètement incluse dans les propres mouvements du moi vers l'être qu'il veut atteindre. Condition invisible et sacrée de ces mouvements, elle se révèle mystérieusement avec notre désir lorsqu'entre les images par nous comparées jaillit un nécessaire rapport.

En cherchant dans les choses l'image de l'infini, en forçant les choses à exprimer l'infini, le Poète en découvre le signe en lui-même.

Pp. 25-26 (Libr. de l'*Art indépendant*, éd.).

Selon Saint-Antoine, le symbole est donc l'attribution d'un second sens à l'objet représenté ; selon Mockel, il est l'idéal épars dans les formes. Selon Verhaeren, il est, plus précisément, l'épuration de la sensation en idée.

le symbole est un sublimé de sensations

VERHAEREN. — *Le Symbolisme* (1887).

Définir le Symbolisme, qui donc y réussirait ? Au plus, peut-on essayer d'éclaircir quelque peu le brouillard ambiant, et encore avec la volonté de n'émettre que des idées personnelles.

Et tout d'abord aucune confusion entre le Symbolisme et l'allégorie, encore moins la Synthèse. Non plus avec le Symbolisme païen, car le Symbolisme actuel, contrairement au Symbolisme grec, qui était la concrétion de l'abstrait, sollicite vers l'abstraction du concret. C'est là, croyons-nous, sa haute et moderne raison d'être.

Jadis, Jupiter, incarné en statue, représentait la domination ; Vénus, l'amour ; Hercule, la force ; Minerve, la sagesse.

Aujourd'hui ?

On part de la chose vue, ouïe, sentie, tâtée, goûtée, pour en faire naître l'évocation et la somme par l'idée. Un poète regarde Paris fourmillant de lumières nocturnes, émietté en une infinité de feux et colossal d'ombre et d'étendue. S'il en donne la vue directe, comme pourrait le faire Zola, c'est-à-dire en le décrivant dans ses rues, ses places, ses monuments, ses rampes de gaz, ses mers nocturnes d'encre, ses agitations fiévreuses sous les astres immobiles, il en présentera, certes, une sensation très artistique, mais rien ne sera moins symboliste. Si, par contre, il en dresse pour l'esprit la vision indirecte, évocatoire, s'il prononce : « une immense algèbre dont la clef est perdue », cette phrase nue réalisera, loin de toute description et de toute notation de faits, le Paris lumineux, ténébreux et formidable.

Le Symbole s'épure donc toujours à travers une évocation, en idée : il est un sublimé de perceptions et de sensations ; il n'est point démonstratif, mais suggestif ; il ruine toute contingence, tout fait, tout détail ; il est la plus haute expression d'art et la plus spiritualiste qui soit.

Impressions, III, pp. 113-115.
(Mercure de France, éd.).

Plus tard, Henri de Régnier précisera encore cette définition. Pour lui, le symbole dépasse toutes les autres opérations « intellectuelles » et rejoint le mythe dans la signification permanente d'une Idée.

le symbole est la plus complète figuration de l'Idée

H. DE RÉGNIER. — *Poètes d'aujourd'hui* (1900).

Le Symbole est le couronnement d'une série d'opérations intellectuelles qui commencent au mot même, passent par l'image et la métaphore, comprennent l'emblème et l'allégorie. Il est la plus parfaite, et la plus complète figuration de l'Idée. C'est cette figuration expressive de l'Idée par le Symbole que les Poètes d'aujourd'hui tentèrent et réussirent plus d'une fois. Ce très haut et très difficile désir artistique est tout à leur honneur. Par là, ils se rattachent à ce qu'il y a de plus essentiel en poésie. La visée est ambitieuse peut-être, mais il n'est point interdit de chercher haut, et même, si parfois la corde de l'arc se rompt, il est des buts qu'il est déjà méritoire d'avoir envisagés, même en pensée.

Si le Symbole semble bien être la plus haute expression de la poésie, son emploi ne va pas sans certains inconvénients. En pratique, tout symbolisme comporte une certaine obscurité inévitable. Un poème ainsi conçu, quelles que soient les précautions qu'on prenne pour le rendre accessible, n'est jamais d'un accès immédiatement facile. La raison en est qu'il porte son sens en lui, non pas d'une façon apparente, mais d'une manière secrète, de même que l'arbre porte en sa graine le fruit qui en naîtra. Un symbole est, en effet, une comparaison et une identité de l'abstrait au concret, comparaison dont l'un des termes reste sous-entendu. Il y a là un rapport qui n'est que suggéré et dont il faut rétablir la liaison.

Le nombre des symboles est infini. Chaque idée a le sien ou plus exactement les siens. Ce n'est pas seulement dans la nature que les poètes ont cherché les symboles de leurs idées. Ils ont également puisé au vaste répertoire des Mythes et des Légendes.

Les Légendes et les Mythes ont été, de tous temps, en faveur chez les poètes, chez ceux d'autrefois comme chez ceux d'aujourd'hui. Le Mythe et la Légende n'offrent-ils pas des images transfigurées et grandies de l'Homme et de la Vie ? Ne constituent-ils pas une sorte de réalité idéale où l'humanité aime à se représenter à ses propres yeux ?

L'utilisation de la Légende et du Mythe est constante. Sans remonter haut, comme il serait aisé de le faire, disons de suite que le Romantisme et le Parnasse y recoururent. Hugo, par exemple, et Leconte de Lisle, pour ne nommer qu'eux, s'en servirent. Mais tous deux, il importe de le remarquer, prennent et utilisent la Légende et le Mythe dans leur beauté plastique et leur réalité supérieure. Ils la racontent ou la décrivent. Ils se font les contemporains volontaires de ce passé fabuleux. Ce sont pour eux des anecdotes grandioses et séculaires. Les Dieux et les Héros demeurent pour eux des personnages du passé, à demi historiques, personnages d'une histoire sans doute merveilleuse qui est celle d'un monde plus beau, plus grand, plus pittoresque, par l'éloignement et la distance où il est du nôtre.

Les Poètes récents ont considéré autrement les Mythes et les Légendes. Ils en cherchèrent la signification permanente et le sens idéal ; où les uns virent des contes et des fables, les autres virent des symboles. Un Mythe est sur la grève du temps comme une de ces coquilles où l'on entend le bruit de la mer humaine. Un mythe est la conque sonore d'une idée.

Cette faveur de la Légende et du Mythe fut donc une conséquence naturelle de la préoccupation d'exprimer symboliquement des idées qui a valu aux poètes d'aujourd'hui le nom sous lequel on les désigna. Cette caractéristique s'ajoute aux tendances idéalistes que j'ai déjà signalées et qui sont un des traits marquants de l'école actuelle.

Figures et Caractères, pp. 333-336.
(Mercure de France, éd.).

S'il est vrai que l'objet n'est que la figuration d'une réalité cachée, le monde se présente alors aux yeux du poète comme une immense énigme à déchiffrer. C'est là l'idée chère à Mallarmé, et que l'on retrouve chez tous ses disciples, jusqu'à Claudel.

l'acte poétique est de saisir
les rapports existant dans le monde

MALLARMÉ. — *La Musique et les Lettres* (1895).

La Nature a lieu, on n'y ajoutera pas ; que des cités, les voies ferrées et plusieurs inventions formant notre matériel.

Tout l'acte disponible, à jamais et seulement, reste de saisir les rapports, entre temps, rares ou multipliés ; d'après quelque état intérieur et que l'on veuille à son gré étendre, simplifier le monde.

A l'égal de créer : la notion d'un objet, échappant, qui fait défaut.

Semblable occupation suffit, comparer les aspects et leur nombre tel qu'il frôle notre négligence : y éveillant, pour décor, l'ambiguïté de quelques figures belles, aux intersections. La totale arabesque, qui les relie, a de vertigineuses sautes en un effroi que reconnue ; et d'anxieux accords. Avertissant par tel écart, au lieu de déconcerter, ou que sa similitude avec elle-même, la soustraie en la confondant. Chiffration mélodique tue, de ces motifs qui composent une logique, avec nos fibres. Quelle agonie, aussi, qu'agite la Chimère versant par ses blessures d'or l'évidence de tout l'être pareil, nulle torsion vaincue ne fausse ni ne transgresse l'omniprésente Ligne espacée de tout point à tout autre pour instituer l'Idée ; sinon sous le visage humain, mystérieuse, en tant qu'une Harmonie est pure.

Pp. 46-47 (Perrin, éd.).

la poésie est l'explication « orphique » du Monde

MALLARMÉ. — *Autobiographie* (1885).

J'ai toujours rêvé et tenté autre chose, avec une patience d'alchimiste, prêt à y sacrifier toute vanité et toute satisfaction, comme on brûlait jadis son mobilier et les poutres de son toit, pour alimenter le fourneau du Grand Œuvre. Quoi ? c'est difficile à dire : un livre, tout bonnement, en maints tomes, un livre qui soit un livre, architectural et prémédité, et non un recueil des inspirations de hasard, fussent-elles merveilleuses... J'irai plus loin, je dirai : Le Livre, persuadé qu'au fond il n'y en a qu'un, tenté à son insu par quiconque a écrit, même les Génies. L'explication orphique de la Terre, qui est le seul devoir du Poète et le jeu littéraire par excellence : car le rythme même du livre, alors impersonnel et vivant, jusque dans sa pagination, se juxtapose aux équations de ce rêve, ou Ode

Écrits pour l'Art (1887).

Paul Valéry. — *Lettre à Mallarmé* (1891).

La poésie m'apparaît comme une explication du Monde délicate et belle, contenue dans une musique singulière et continuelle. Tandis que *l'art métaphysique* voit l'Univers construit d'idées pures et absolues, la peinture, de couleurs, l'*art poétique* sera de le considérer vêtu de syllabes, organisé en phrases.

Considéré en sa splendeur nue et magique, le mot s'élève à la puissance élémentale d'une note, d'une couleur, d'un claveau de voûte. Le vers se manifeste comme un accord permettant l'introduction des deux modes, où l'épithète mystérieuse et sacrée, miroir des souterraines suggestions, est comme un accompagnement prononcé en sourdine.

Une dévotion toute particulière à Edgar Poe me conduit alors à donner pour royaume au Poète l'analogie. Il précise l'écho mystérieux des choses et leur secrète harmonie, aussi réelle, aussi certaine qu'un rapport mathématique à tous esprits artistiques, c'est-à-dire, et comme il sied, idéalistes violents...

Alors s'impose la conception suprême d'une haute symphonie, unissant le monde qui nous entoure au monde qui nous hante, construite selon une rigoureuse architectonique, arrêtant des types simplifiés sur fond d'or et d'azur, et libérant le poète du pesant secours des banales philosophies et des fausses tendresses et des descriptions inanimées...

L'*Après-Midi d'un Faune* est seule en France à réaliser cet idéal esthétique, et la perfection inouïe qu'elle exige démontre la disparition future des faux poètes exaspérés, et que leur médiocrité anéantit en quelque sorte mécaniquement.

Et voilà close cette confession que vous devez trouver ingénue et puérile...

Je pense ceci, j'ai écrit cela, où est la vérité ?... De nos jours, l'antique foi s'est dispersée entre des savants et des artistes.

L'on croit à son art comme à un éternel crucifié, on l'exalte, on le renie et dans les heures pâles et sanglantes, l'on cherche une bonne parole, un geste lumineux vers le futur et c'est ce que j'ai osé venir vous demander, cher Maître.

Là-haut, c'est la paix mystique des plaines, le calme immense ; des nuages s'élargissent sur le ciel triangulaire entre les montagnes, et leur fuite glisse sur des lacs oubliés.

Quelques figures blanches et mélancoliques paissent leurs souvenirs larges et purs, et courbent en les attirant vers leurs visages les hautes fleurs de nuances tendres dont les simples calices palpitent...

18 avril 1891. Cité dans H. Mondor,
Vie de Mallarmé, pp. 607-608 (Gallimard, éd.).

Paul Claudel. — *Art Poétique* (1903).

Mais le dessin n'est pas fini. Nous le voyons qui se fait sous nos yeux. Il ne nous suffit pas de saisir l'ensemble, la figure composée dans ses traits, nous devons juger des développements qu'elle implique, comme le bouton la rose, attraper l'intention et le propos, la direction et le *sens*. Le temps est le *sens* de la vie.

(*Sens* : comme on dit le sens d'un cours d'eau, le sens d'une phrase, le sens d'une étoffe, le sens de l'odorat.)

Comme la main de celui qui écrit va d'un bord à l'autre du papier, donnant naissance dans son mouvement uniforme à un million de mots divers qui se prêtent l'un à l'autre force et couleur, en sorte que la masse entière ressent dans ses aplombs fluides chaque apport que lui fait la plume en marche, il est au ciel un mouvement pur dont le détail terrestre est la transcription innombrable.

Pp. 32-33.

Ainsi, de par la structure analogique du monde, chaque objet est inséparable de tout le reste de la création. Il est le reflet, non seulement de sa propre essence, mais, en un certain sens, de toutes les autres essences réunies. Il est un monde à lui seul, un microcosme, il est, non seulement l'image d'une idée, mais le symbole et la synthèse de la création tout entière.

l'image est le symbole du tout

Paul Claudel. — *Art Poétique* (1904).

L'image n'est pas une portion du tout ; elle en est le symbole. Elle est ce qu'il fait ; en elle comme en une monnaie marquée de la face du souverain, il rend cet être qu'il a reçu.

... Cette image n'est point seulement le moulage inerte du vide que laissent entre eux des termes irréductibles. Elle n'est point contenue, elle est adaptée. Ce ne sont pas des parois autour d'elle, mais des points de mise en marche. Elle est pareille à une clef, dont la figure est la forme de son mouvement adapté au pertuis où on l'insère, ses dents et ses encoches aux barbes du pène. D'elle, des séries de mobiles attendent leur déclenchement.

... Les choses ne sont pas seulement des objets de connaissance, mais des motifs de co-naissance. Elles provoquent, elles déterminent dans le sujet toutes les attitudes impliquées par sa construction. Elles suscitent en lui une image animée, leur symbole commun.

Pp. 151-153.

A l'origine, σύμβολον signifie « rapprochement, rencontre, carrefour ». *Mais ce beau mot signifie davantage.* Βάλλειν, *c'est lancer. Le symbole est plus qu'un carrefour : c'est un rayonnement. C'est plus qu'une position privilégiée : c'est un centre dynamique d'où la vérité se répand, dans tous les sens, et sur tous les plans de la réalité. A ce prix seul, le mot symbole peut retrouver sa force et sa valeur véritable ; à ce prix seul il sera ce que veulent les Symbolistes :* une *synthèse.*

Une synthèse, car en lui-même le symbole exprime à la fois différents degrés de réalité, ou plus exactement il exprime des vérités qui sont valables à la fois sur différents plans. Une « synthèse vivante », car elle unit dans leur complexité tous les aspects de la vie. Ce sont ces sens multiples et hiérarchiquement superposés qui font du symbolisme le langage initiatique par excellence : langage plurivoque, dont les résonances et les possibilités sont infinies, puisqu'elles s'exercent simultanément dans une infinité de domaines. Langage musical aussi, non plus mélodie et musique instinctive, mais musique essentielle, qui tente de saisir et de reproduire la souveraine harmonie du monde. Ainsi le poète retrouve et traduit les « prestigieuses parties du symbole universel », il recompose la Vérité et, grâce au symbole, lui restitue son intégrale et harmonieuse Beauté.

le symbole est une synthèse vivante

G. KAHN. — *Les Origines du Symbolisme* (1902).

Le mot symbolisme avait pris dès lors sa carrure et son sens. Ce n'était pas qu'il fût très précis, mais il est bien difficile de trouver un mot qui caractérise bien des efforts différents, et symbolisme valait à tout prendre romantisme. Paul Adam proposait d'écrire un dogme dans le symbole ; le mot dogme répugnait à des tempéraments plutôt anarchistes et critiques comme le mien ; c'était Mallarmé qui avait surtout parlé du symbole, y voyant un équivalent au mot synthèse et concevant que le symbole était une synthèse vivante et ornée, sans commentaires critiques.

Symbolistes et Décadents, p. 51 (Messein, éd.).

F. VIELÉ-GRIFFIN. — *Qu'es-ce que c'est ?* (1891).

Le symbole qui ne peut avoir d'existence que corrélativement à l'objet de la symbolisation est la synthèse d'une série antérieure à celle-ci par hypothèse ; le symbolisme, donc, en tant que doctrine esthétique, comporterait, en principe, la *réalisation* symbolique d'un rêve d'art synthétique d'idées et de décors ; ce rêve d'art peut rester une virtualité — plusieurs de nos contemporains l'ont prouvé — mais sa symbolisation demeure, alors, moins que l'ombre d'une ombre, et c'est, peut-être, parce que cet axiome n'a pas suffisamment frappé le concept de plusieurs « symbolistes » qualifiés, que même les chefs-d'œuvre du genre incitent au scepticisme. Quoi qu'il en soit, et si nous admettions que la méthode synthétique est constitutive de la poésie, comme l'analytique est constitutive de la prose, nous pourrions conclure, non sans apparence logique, que les mots symbolisme et Poésie sont proches synonymes : pour autant que *symboliser,* c'est créer une nouvelle entité idéale et que « poiein », c'est opérer (même au sens cosmogonique) la synthèse.

Entretiens politiques et littéraires, 1891.

le symbole est le lien
entre toutes les manifestations d'un principe unique

JEAN THOREL. — *Les Romantiques allemands et les Symbolistes français* (1891).

Schelling proclama, en plaçant l'art au-dessus de toute science : « L'intuition esthétique est la révélation la plus profonde de l'identité qui existe dans l'absolu entre la conscience et l'inconscience », et aussi : « La nature est pour l'artiste ce qu'elle est pour le philosophe, le monde idéal apparaissant sans cesse sous des formes fictives, le pâle reflet d'un monde qui n'est pas hors de sa pensée, mais en lui-même. L'esprit de la nature n'est donc opposé à l'âme qu'en apparence ; en soi, il est son organe et son symbole ».

D'après Brunetière, c'est là ce que tentent aussi de faire les Symbolistes, dont le but lui a semblé être de tâcher à produire l'impression toujours plus profonde des correspondances intimes qui peuvent exister entre la nature et l'homme, des rapports secrets du sensible et de l'intelligible, de vouloir enfin « atteindre l'essence dont les manifestations se jouent à la surface des choses ».

Nous sommes amenés ainsi à la question du symbole dans l'art.

Si tous les phénomènes de la vie physique et de la vie morale ne sont que des manifestations différentes d'un principe unique, chacun de ces phénomènes pourra être appelé à suggérer cette existence supérieure qui est partout présente, et chaque objet de la nature, chaque fait de la vie morale devra devenir symbole. Et puisque tout conduit à l'esprit absolu, on conçoit l'infinie complexité d'interprétation de toute chose, qui laissera donc aux poètes une source intarissable de symboles. Quant à donner plus de profondeur au symbole, c'est là ce qui constituera le vrai poète et le distinguera des simples manieurs de mots et d'images.

Dans ce sens, le Symbolisme date de toujours, puisqu'il est le fond même de toute poésie. C'est précisément parce que le symbole joue ce rôle synthétique, aliment aux sens, à l'âme, à l'esprit, qu'il est d'essence supérieure à la comparaison et à l'allégorie, lesquelles distinguent et séparent ce que le symbole unit et joint ensemble pour en faire une seule et même chose.

Ce nom de « symbolisme », quoique n'étant pas l'apanage d'un groupe de poètes quelconque, était tout aussi bon qu'un autre. Le groupe des romantiques allemands y avait autant de droit que nos symbolistes les plus récents. Les romantiques allemands cherchaient les plus riches symboles aussi bien dans la nature que dans les légendes, les contes ou les mythes de partout qu'ils étudiaient sans relâche. C'est ce mouvement qui a déterminé Creuzer à écrire sa « Symbolique » où il analyse tous les mythes des peuples de l'antiquité.

Entretiens politiques et littéraires,
septembre 1891.

Le rôle du poète est alors de révéler l'ordre de la création, de faire, comme dit Saint-Pol-Roux, une « seconde création » avec les éléments épars de la première et de « ressusciter le symbole enseveli ».

le Symbolisme restitue l'ordre de l'univers

SAINT-POL-ROUX. — *Réponse à une Enquête* (1891).

Le Romantisme n'a glorifié que les micas, insectes et coquillages de ce sable, le Naturalisme a dressé la comptabilité de ses grains ; les écrivains à venir joueront de ce sable, puis lui souffleront dessus afin de ressusciter le symbole enseveli, l'hamadryade essentielle, le cœur qui bat de l'aile au centre de tout, l'esprit de la substance. Le monde physique est un vase empli de métaphysique. Chaque chose est un tabernacle d'Isis, chaque chose est une idée ayant sur elle la poussière de l'exil. La Vérité, c'est la charbonnière avant le débarbouillage, la Beauté cette même charbonnière débarbouillée. En étreignant la première c'est la seconde qu'il faut violer. Mais que l'on soit avant tout possédé de cette foi qui permettait à sainte Thérèse de voir Dieu *réellement* dans l'hostie.

Puisque la Toute-Beauté, cette *résultante,* s'est évanouie du monde sensible et que parmi nous grouillent, çà et là, ses *composantes,* le problème à résoudre est : quelles sont les forces à marier pour inventer la Toute-Beauté ? L'univers figurant une catastrophe d'Idées, comment les réordonner pour ériger leur Idée, leur Synthèse ?

J. Huret, *Enquête...*, p. 150.

le Symbolisme est le rayonnement de la vérité dans les formes

Ch. Morice. — *La Littérature de tout à l'heure* (1889).

Le Rêve du Vrai. Il ne serait pas difficile de ramener à cette formule les définitions mêmes qui semblent s'en écarter le plus. Toutes, et jusqu'à celle de Fichte, supposent un au-delà où se reposent des mornes incertitudes les âmes dans une clarté, dans un jour de fête, dans une illumination pour l'esprit de par ceux de nos sens qui sont accessibles aux jouissances des lignes et des nuances, des sons et des modulations, soit qu'elle se confine dans cette sphère des sens spiritualisés, soit, et comme le veut Fichte, qu'elle éclaire aussi la conscience. Mais qu'est-ce que cette jouissance des « sens spiritualisés », sinon le rayonnement de la Vérité en des symboles qui la dépouillent des sécheresses de l'Abstraction et l'achèvent dans les joies du Rêve ? — du Rêve, c'est-à-dire de cet Au-delà où se recule et s'estompe l'Affirmation éblouissante et qui nous aveuglerait, trop proche, tandis qu'elle gagne à cet éloignement plus de profondeur et de ces lointaines résonances qui entraînent l'esprit dans le toujours plus loin.

Dans cette acception du Beau, n'est œuvre d'art que celle qui précisément commence où elle semblerait finir, celle dont le symbolisme est comme une porte vibrante dont les gonds harmonieux font tressaillir l'âme dans toute son humanité béante au Mystère, et non pas s'exalter dans une seulement des parts du composé humain, et non plus dans l'esprit seulement que seulement dans les sens ; celle qui révèle, celle dont la perfection de la forme consiste surtout à effacer cette forme pour ne laisser persister dans l'ébranlement de la Pensée que l'apparition vague et charmante, charmante et dominatrice, dominatrice et féconde d'une entité divine de l'Infini. Car la forme, dans l'œuvre ainsi parfaite et idéale, n'est que l'appât offert à la séduction sensuelle pour qu'ils soient apaisés, endormis dans une ivresse délicieuse et laissent l'esprit libre, les sens enchantés de *reconnaître les lignes et les sons primitifs,* les formes non trahies par l'artifice et que trouve le génie dans sa communion avec la Nature. Ainsi entendu, l'Art n'est pas que le révélateur de l'Infini : il est au Poète un moyen même d'y pénétrer. Il y va plus profond qu'aucune Philosophie, il y prolonge et répercute la révélation d'un Évangile, il est une lumière qui appelle la lumière, comme un flambeau éveille mille feux aux voûtes naguère endormies d'une grotte de cristal ; — il sait ce que l'artiste ne sait pas.

Pp. 33-35.

Mais cet univers n'est pas statique. Il est sans cesse en mouvement, il est le théâtre d'un immense drame, dont le poète doit déchiffrer, puis exprimer les actes successifs.

l'art, expression de tous les symboles, doit être un drame idéal

T. DE WYZEWA. — *Stéphane Mallarmé* (1886).

Il avait senti que la source suprême des émotions était pour lui la recherche de la vérité ; et que le monde était une réalité de fiction, vivant dans l'âme du poète, contemplée, créée par ses yeux. Il a voulu ensuite analyser cette vision ; et, pour le considérer plus joyeusement, il a créé un monde plus subtil. Alors il a découvert que les parties de son rêve étaient liées impérieusement ; chacune étant l'image profonde du reste. L'idée de la *monadologie* s'est offerte à lui, dans l'apparat de son ornementation esthétique. Tout est symbole, toute molécule est grosse des univers ; toute image est le microcosme de la nature entière. Le jeu des nuages dit au poète les révolutions des atomes, les conflits des sociétés, et le choc des passions. Ne sont-ils point, tous les êtres, des créations pareilles de nos âmes, issues de mêmes lois, appelées à la vie par les mêmes motifs ?

Les jeux des nuages, les mouvements des eaux, les agitations humaines, ce sont maintes scènes variées du seul Drame éternel. Et l'art, expression de tous les symboles, doit être un *drame* idéal, résumant et annulant ces représentations naturelles qui ont trouvé leur pleine connaissance dans l'âme du poète. Donc, un drame. Mais à qui offert ? — A tous ! répond M. Mallarmé. La meilleure joie étant la compréhension du monde, cette joie doit être donnée à tous. L'œuvre d'art suprême sera donc un drame, et tel que tous le puissent recréer, c'est-à-dire suggéré par le Poète, non exprimé directement sous l'empreinte de son caractère individuel.

Ainsi M. Mallarmé a cherché les intimes corrélations des choses. Peut-être n'a-t-il point vu, dans sa curiosité, que le nombre des symboles était indéfini, qu'il avait en lui le pouvoir de les renouveler sans cesse, et qu'il s'épuiserait vainement à les vouloir tous saisir ?

La Vogue. Cité dans *Nos Maîtres,*
pp. 111-112 (Perrin éd.).

PAUL CLAUDEL. — *Lettre au* Figaro (1914).

Au théâtre la Foi donne à chacune de nos actions, si elles sont représentées, et d'ailleurs coupables ou non, un caractère symbolique. Rien ne se passe plus isolément, mais au regard d'une réalité supérieure, du grand drame de la Création et du Salut qui sert de fond et dont voici une espèce de commentaire particulier, une parabole en action.

Positions et Propositions, I, pp. 249-250.
(Gallimard, éd.).

IV

LE POÈTE SYMBOLISTE : LA MÉTHODE

1. L'ÉMOTION POÉTIQUE

*Pour intellectuelle que puisse paraître une démarche qui invite le poète à faire un constant effort pour déchiffrer l'univers, le Symbolisme ne nie pas la nécessité de l'inspiration. Au contraire, jamais la recherche de l'*état poétique *pur n'a été, autant qu'à cette époque, l'objet des préoccupations des poètes. Charles Morice le définit comme un état d'« exception ».*

l'art est une reprise par l'âme de ses propres profondeurs

CH. MORICE. — *La Littérature de tout à l'heure* (1889).

Établir d'abord que l'Art est une reprise, par l'âme, de ses propres profondeurs, que l'âme s'y libère de toutes entraves pour la joie et pour l'intelligence du monde et d'elle-même : préciser ainsi l'atmosphère métaphysique de toute l'œuvre...

Mais cette liberté, cette libération prouve, par le fait même, le désordre du monde. Car la liberté, c'est l'ordre naturel, et si tout ce qui vit vit esclave, rien n'est selon les lois de la nature. Pourtant il n'y a pas de liberté dans le monde. Toute vie est enchaînée par une autre vie, ou par un vice, ou par des factices obligations que résume la Société telle qu'elle est. — L'esprit aperçoit donc immédiatement : que cette reprise de soi dans la liberté naturelle crée un état d'EXCEPTION, que le retour à l'ordre par la liberté crée dans l'âme de qui a cette audace une personnelle solitude.

C'est cette solitude-là qu'il faut se faire dans l'âme « pour écouter Dieu ». Et en effet, de ces trois vertus fondamentales, Liberté, Ordre, Solitude, résulte aussitôt un sentiment d'illimitée puissance, qui est le conseil même de l'Infini ; aussitôt, l'âme acquiert la certitude de sa propre éternité dans cette solitude d'exception, et qu'il n'y a pas de mort comme il n'y a pas de naissance, *et que la vie véritable est d'être un des centres conscients de la vibration infinie.*

Pp. 367-368.

*Ce que l'âme du poète découvre dans ce silence, c'est l'*émotion : *émotion toute particulière, qui naît, non pas du contact des choses matérielles ou des sentiments grossiers, mais de l'idée même des choses.*

l'artiste a le don de s'émouvoir au spectacle des Idées

T. DE WYZEWA. — *Stéphane Mallarmé* (1886).

Par quelle forme la poésie devait-elle exprimer les émotions de ces rêves philosophiques ? Le problème était malaisé. Il se rattachait à ce problème plus général : par quelle forme la poésie peut-elle exprimer les idées qui émeuvent le poète, et en même temps suggérer les émotions définies qui accompagnent ces idées ? C'est ce problème que s'est nettement posé M. Mallarmé : et il l'a résolu, comme on pouvait l'attendre de lui, en logicien et en artiste.

Nos Maîtres, p. 104 (Perrin, éd.).

A. AURIER. — *Le Symbolisme en peinture* (1891).

Mais est-ce encore tout ? Ne manquerait-il point encore quelque élément à l'art ainsi compris pour être vraiment l'art ?

Cet homme qui, grâce à son génie natif, grâce à des vertus acquises, se trouve, devant la nature, sachant lire en chaque objet la signification abstraite, l'idée primordiale et supplantante, cet homme qui, par son intelligence et par son adresse, sait se servir des objets comme d'un sublime alphabet pour exprimer les Idées dont il a la révélation, serait-il vraiment, par cela même, un artiste complet ? Serait-il l'Artiste ?

N'est-il pas plutôt un génial savant, un suprême formuleur qui sait écrire les Idées à la façon d'un mathématicien ? N'est-il pas en quelque sorte un algébriste des Idées, et son œuvre n'est-elle point une merveilleuse équation, ou plutôt une page d'écriture idéographique rappelant les textes hiéroglyphes des obélisques de l'antique Égypte ?

Oui, sans doute, l'artiste, s'il n'a point quelque autre don psychique, ne sera que cela, car il ne sera qu'un *compréhensif exprimeur,* et si la compréhension, complétée par le *pouvoir d'exprimer,* suffit à constituer le savant, elle ne suffit pas à constituer l'artiste.

Il lui faudra, pour être réellement digne de ce beau titre de noblesse — si pollué en notre industrialiste aujourd'hui — joindre à ce pouvoir de compréhension un don plus sublime encore, je veux parler du don d'*émotivité*, non point certes cette émotivité que sait tout homme devant les illusoires combinaisons passionnelles des êtres et des objets, non point cette émotivité que savent les chansonniers de café-concert et les fabricants de chromo — mais cette transcendantale émotivité, si grande et si précieuse, qui fait frissonner l'âme devant le drame ondoyant des abstractions. Oh ! combien sont rares ceux dont s'émeuvent les corps et les cœurs au sublime spectacle de l'Être et des Idées pures ! Mais aussi cela est le don *sine qua non*, cela est l'étincelle que voulait Pygmalion pour sa Galatée, cela est l'illumination, la clef d'or, le Daimôn, la Muse...

Grâce à ce don, les symboles, c'est-à-dire les Idées, surgissent des ténèbres, s'animent, se mettent à vivre d'une vie qui n'est plus notre vie contingente et relative, d'une vie éblouissante qui est la vie essentielle, la vie de l'Art, l'être de l'Être.

Grâce à ce don, l'art complet, parfait, absolu, existe enfin.

Œuvres posthumes, pp. 216-218.

L'état poétique est donc, en quelque sorte, l'émotion réduite à son essence. Plus exactement encore, il est la faculté d'éprouver subjectivement des rapports essentiels. Heureux hasards, « vers donnés », comme dit Valéry, que le poète appréhende par un genre d'intuition particulière, l'intuition poétique.

un chant intérieur méconnu jusqu'ici

MALLARMÉ. — *Lettre à Péladan.*

Cette architecture musicale du livre, qui, avec ses concordances de coupes et une mystérieuse soudaineté, ôte toute trace de fabrication personnelle et permet de croire à quelque audition de soi, selon les reprises et les jeux d'un chant intérieur méconnu jusqu'ici.

Corr. XI, p. 67.

PAUL VALÉRY. — *Littérature* (1930).

Poète est aussi celui qui cherche le système intelligible et imaginable, de l'expression duquel ferait partie un bel accident de langage : tel mot, tel accord de mots, tel mouvement syntaxique — telle entrée —, qu'il a rencontrés, éveillés, heurtés par hasard, et remarqués — de par sa nature de poète.

Pp. 23-24 (Gallimard, éd.).

PAUL VALÉRY. — *Ibid.*

Deux sortes de vers : les *vers donnés* et les *vers calculés*.

Les vers calculés sont ceux qui se présentent nécessairement sous forme de *problèmes à résoudre* — et qui ont pour conditions initiales d'abord les vers donnés, et ensuite la rime, la syntaxe, le sens déjà engagés par ces données.

Nous sommes toujours, même en prose, conduits et contraints à écrire ce que nous n'avons pas voulu et que veut ce que nous voulions.

Vers. L'idée vague, l'intention, l'impulsion imagée nombreuse se brisant sur les formes régulières, sur les défenses invincibles de la prosodie conventionnelle, engendre de nouvelles choses et des figures imprévues.

Pp. 35-37.

2. INSPIRATION ET CONSCIENCE

Mais heureux hasards dont le poète doit se rendre maître. En effet, si le caractère essentiel de la poésie symboliste est probablement de prendre conscience de ce qu'est la poésie en soi, le propre du poète symboliste est d'être conscient de son inspiration et de savoir faire un choix parmi les données brutes de son intuition.

le poète moderne est conscient de son inspiration

CH. MORICE. — *La Littérature de tout à l'heure* (1889).

Vigny a le sentiment juste du rôle définitif du poète, qu'il désigne : « le tardif conquérant ». Il a même le pressentiment que le vrai devoir, le devoir premier et dernier de ce Poète soit, au lieu d'accumuler de belles ruines de hasard, d'ériger un monument, et le pressentiment plus admirable encore que ce Poète sera *conscient de son inspiration*.

P. 183.

CH. MORICE. — *Sur le mot Poésie* (1893).

C'est de cette union nécessaire de l'esprit critique et de l'esprit poétique qu'est née la poésie nouvelle, dénommée (après avoir subi bien des étiquettes comme autant d'injures) la Poésie Symbolique.

Du sens religieux de la poésie, pp. 44-45.

CH. MORICE. — *Demain* (1888).

Je ne vous opposerai guère que des intuitions et ne puis compter que sur l'incertain avenir pour légitimer par des œuvres les théories.

Car, Monsieur, et ce point me tient trop à cœur pour que je néglige de le préciser d'abord, si j'*esthétise,* comme vous me le reprochez un peu, ce n'est du moins pas d'une sorte byzantine et désintéressée. Non plus que vous, je n'estime les théories qui se perpétuent dans l'abstraction. Je n'ai foi qu'aux œuvres. Pourtant j'ai cru pouvoir formuler une doctrine avant de la réaliser. Me trompé-je ? Ils sont spéciaux à notre siècle, les poètes esthètes, c'est vrai ; mais n'y ont-ils pas, de par Edgar Poe, Wagner et Baudelaire, droit de cité ? — Quoi ! si un poète *sachant ce qu'il fait* (n'est-ce pas toute la définition du poète moderne ?) l'annonce et l'expose par le pourquoi avant de l'accomplir, faut-il donc de toute nécessité que même les esprits les plus hauts et les plus fins du monde entrent en méfiance, laissent percer sous l'ambiguïté de leur jugement une vague accusation de pédantisme et se tiennent à peine de prononcer les mots sacramentels : absence d'inspiration ? N'en finira-t-on jamais avec cette antique confusion de l'*inspiration* et de l'*inconscience* ?

PAUL VALÉRY. — *Littérature* (1930).

Construire un poème qui ne contienne que poésie est impossible.

Si une pièce ne contient que *poésie,* elle n'est pas construite ; elle n'est pas un *poème.*

La fantaisie, si elle se fortifie et dure quelque peu, se forge des organes, des principes, des lois, des formes, etc., des moyens de se prolonger, de s'assurer d'elle-même. L'improvisation se concerte, l'impromptu s'organise, car rien ne peut demeurer, rien ne s'affirme et ne franchit l'instant qu'il ne se produise ce qu'il faut pour additionner les instants.

Pp. 40-41.

Plus exactement, selon Mallarmé, le poète « cède l'initiative aux mots », mais contrôle cette initiative et cherche sans cesse le mot nécessaire, celui qui niera le hasard et révélera l'absolu.

le hasard n'entame pas un vers

MALLARMÉ. — *Lettre à François Coppée* (1866).

Le hasard n'entame pas un vers, c'est la grande chose. Nous avons, plusieurs, atteint cela, et je crois que, les lignes si parfaitement délimitées, ce à quoi nous devons viser surtout est que, dans le poème, les mots — qui déjà sont assez eux pour ne plus recevoir d'impression du dehors — se reflètent les uns sur les autres jusqu'à paraître ne plus avoir leur couleur propre, mais n'être que les transitions d'une gamme.

Corr. I, p. 234.

MALLARMÉ. — *Crise de Vers* (1892).

L'œuvre pure implique la disparition élocutoire du poète, qui cède l'initiative aux mots, par le heurt de leur inégalité mobilisés ; ils s'allument de reflets réciproques comme une virtuelle traînée de feux sur des pierreries, remplaçant la respiration perceptible en l'ancien souffle lyrique ou la direction personnelle enthousiaste de la phrase.

... Le vers qui de plusieurs vocables refait un mot total, neuf, étranger à la langue et comme incantatoire, achève cet isolement de la parole : niant, d'un trait souverain, le hasard demeuré aux termes malgré l'artifice de leur retrempe alternée en le sens et la sonorité, et vous cause cette surprise de n'avoir ouï jamais tel fragment ordinaire d'élocution, en même temps que la réminiscence de l'objet nommé baigne dans une neuve atmosphère.

Divagations.

le hasard vaincu mot par mot

MALLARMÉ. — *Le Mystère dans les Lettres* (1896).

Appuyer, selon la page, au blanc, qui n'inaugure son ingénuité, à soi, oublieuse même du titre qui parlerait trop haut ; et, quand s'aligna, dans une brisure, la moindre, disséminée, le hasard vaincu mot par mot, indéfectible-

ment le blanc revient, tout à l'heure gratuit, certain maintenant, pour conclure que rien au delà et authentiquer le silence.
Divagations.

MALLARMÉ. — *A Charles Morice* (1893).

Je révère l'opinion de Poe : nul vestige d'une philosophie, l'éthique et la métaphysique, ne transparaîtra ; j'ajoute qu'il la faut, incluse et latente. Éviter quelque réalité d'échafaudage demeuré autour de cette architecture spontanée et magique, n'y implique pas le manque de puissants calculs et subtils, mais on les ignore, eux-mêmes se font mystérieux exprès. Le chant jaillit de source innée, antérieure à un concept, si purement que refléter, au dehors, mille rythmes d'images. Quel génie pour être un poète ; quelle foudre d'instinct renfermer : simplement la vie, vierge, en sa synthèse et loin illuminant tout. L'armature intellectuelle du poème se dissimule et tient — a lieu — dans l'espace qui isole les strophes et parmi le blanc du papier : significatif silence qu'il n'est pas moins beau de composer que les vers.

La poésie pure, vers laquelle tend l'effort d'un Mallarmé ou d'un Valéry, ne saurait connaître que des réussites exceptionnelles. Un poète comme Valéry le sait bien, et c'est là ce qui fait son désespoir.

à l'horizon, toujours, la poésie pure

PAUL VALÉRY. — *Avant-Propos à Connaissance de la Déesse* (1920).

Il faut supposer, au contraire, que notre voie était bien l'unique ; que nous touchions par notre désir à l'essence même de notre art, et que nous avions véritablement déchiffré la signification d'ensemble des labeurs de nos ancêtres, relevé ce qui paraît dans leurs œuvres de plus délicieux, composé notre chemin de ces vestiges, suivi à l'infini cette piste précieuse, favorisée de palmes et de puits d'eau douce ; à l'horizon, toujours, la poésie pure... Là le péril ; là, précisément, notre perte ; et là même, le but.

Car c'est une limite du monde qu'une vérité de cette espèce ; il n'est pas permis de s'y établir. Rien de si pur ne peut coexister avec les conditions de la vie. Nous traversons seulement l'idée de la perfection comme la main impunément tranche la flamme ; mais la flamme est inhabitable ; et les demeures de la plus haute sérénité sont nécessairement désertes. Je veux dire que notre tendance vers l'extrême rigueur de l'art — vers une conclusion des prémisses que nous proposaient les réussites antérieures, — vers une beauté toujours plus consciente de sa genèse, toujours plus indépendante de tous *sujets,* et des attraits sentimentaux vulgaires comme des grossiers effets de l'éloquence, — tout ce zèle trop éclairé, peut-être conduisait-il à quelque état presque inhumain. C'est là un fait général : la métaphysique, la morale, et même les sciences, l'ont éprouvé.

La poésie absolue ne peut procéder que par des merveilles exceptionnelles ; les œuvres qu'elle compose entièrement constituent dans les trésors impondérables d'une littérature ce qui s'y remarque de plus rare et de plus improbable. Mais, comme le vide parfait, et de même que le plus bas degré de la température, qui ne peuvent pas être atteints, ne se laissent même approcher qu'au prix d'une progression épuisante d'efforts, ainsi la pureté dernière de notre art demande à ceux qui la conçoivent de si longues et de si rudes contraintes qu'elles absorbent toute la joie naturelle d'être poète, pour ne laisser enfin que l'orgueil de n'être jamais satisfait.

Variété, pp. 100-102 (Gallimard, éd.).

*Mais Claudel est venu qui a rendu à la poésie son sens véritable. Pour lui, le « vide parfait » n'est plus le point d'arrivée, mais le point de départ. Le poète doit d'abord faire en soi le vide, le silence. C'est alors seulement qu'il entend son âme, son inspiration, sa Muse, comme dans la parabole d'*Animus et Anima. *Inspiration autour de laquelle, peu à peu, « cristallise » le poème.*

le poème : on prend un trou et on met quelque chose autour

PAUL CLAUDEL. — *Jules ou l'homme aux deux cravates.*

Si vous voulez mon avis, je vous dirai que les poèmes se font à peu près comme les canons. On prend un trou et on met quelque chose autour.

Jules. — Cela veut dire, je suppose, que le poème serait moins une construction ligne à ligne et brique à brique et une matière à coups de marteau que le résultat d'un effondrement intérieur dont une série d'expéditions ensuite auraient pour objet de déterminer les contours.

Le Poète. — Les barrières rompues, notre âme est envahie et beaucoup d'hectares de terre cultivable sont remplacés par cette eau désirante en nous qui regarde et qui est sensible (les eaux de ce miroir dont nous parlions tout à l'heure, et où toute la Création peut s'inscrire comme dans le regard même de Dieu ; mais ce qui les rend désirantes, c'est moins le désir de la lumière sensible que celui de la lumière incréée, pour laquelle elles sont faites).

Jules. — De sorte qu'un poème n'a de limites que provisoires et derrière l'horizon écrit, par les jours de grande visibilité, il serait possible de distinguer les essais d'une autre enceinte bleue.

Le Poète. — Idée qui se corrompt dès qu'on la formule, mais il est certain que toute émotion qui se produit dans le cœur est toujours à la recherche de nouveaux rivages.

L'Oiseau noir dans le soleil levant, p. 212.

3. LA SUGGESTION

De toute façon, qu'il s'agisse de poésie pure ou de poésie créatrice, il existe une différence fondamentale entre la poésie et la prose. S'il est vrai en effet que ce que veut exprimer le poète, ce sont des émotions, des états d'âme, le langage apte à les exprimer ne saurait être en aucune manière le langage de tous les jours, « d'universel reportage », comme dit Mallarmé. Ce langage, qui est celui de la prose, désigne des objets ou traduit des concepts. Il est donc simple, univoque, parfaitement adéquat au contenu qu'il entend exprimer. Au contraire, le langage poétique ne cherche pas à décrire ni à expliquer, mais à suggérer. *C'est là une des grandes découvertes du Symbolisme.*

suggérer un objet, voilà le rêve

T. DE WYZEWA. — *Stéphane Mallarmé* (1886).

La musique n'est point comprise — certes — sans une éducation musicale ; pourquoi donc la Poésie devrait-elle être offerte, cuite à point, aux appétits faciles des passants ?

M. Mallarmé s'est ainsi résigné à n'être point clair pour ceux qui, avant d'être initiés, demandaient le temps de rire. Il a pu, à ce prix, atteindre le but qu'il avait en vue : traduire des idées, et suggérer en même temps les émotions de ces idées.

Nos Maîtres, pp. 104-105.

STUART MERRILL. — *Lettre à Vielé-Griffin* (1887).

Je ne suis pas le seul Américain qui essaye d'introduire dans l'alexandrin français un peu de la musique enchanteresse du vers anglais. Exprimer l'idée à l'aide de mots, suggérer l'émotion par la musique de ces mots, tel est, je pense, l'alpha et l'oméga de notre doctrine.

CH. MORICE. — *Réponse à une Enquête* (1891).

Quant au symbole, c'est le mélange des objets qui ont éveillé nos sentiments et de notre âme, en une fiction. Le moyen, c'est la suggestion : il s'agit de donner aux gens le souvenir de quelque chose qu'ils n'ont jamais vu.

J. Huret, *Enquête...*, p. 85.

MALLARMÉ. — *Réponse à une Enquête* (1891).

Je pense qu'il faut, au contraire, qu'il n'y ait qu'allusion. La contemplation des objets, l'image s'envolant des rêveries suscitées par eux, sont le chant : les Parnassiens, eux, prennent la chose entièrement et la montrent ; par là ils manquent de mystère ; ils retirent aux esprits cette joie délicieuse de croire qu'ils créent. *Nommer* un objet, c'est supprimer les trois-quarts de la jouissance du poème qui est faite du bonheur de deviner peu à peu ; le *suggérer*, voilà le rêve. C'est le parfait usage de ce mystère qui constitue le symbole : évoquer petit à petit un objet pour montrer un état d'âme, ou, inversement, choisir un objet et en dégager un état d'âme, par une série de déchiffrements.

J. Huret, *Enquête...*, p. 60.

symboliser est évoquer

RENÉ GHIL. — *Notre École* (1886).

Symboliser est évoquer, non dire et narrer et peindre : la chose n'est maîtresse que lorsque (elle-même mise en oubli) de par ses qualités seules de rêve et de suggestion elle renaît idéalement et perce de la pensée qu'elle devient le voile volontaire.

... Faire prédominer le Rêve par le Symbole, le Chant par une retrempe alternée des mots en le sens et la sonorité, c'est le vouloir de cette École.

La Décadence, n° 1, 1er octobre 1886.

A. MOCKEL. — *Propos de Littérature* (1894).

Je disais que l'œuvre symbolique exprime la signification des formes par ces formes elles-mêmes, en les présentant sous une certaine clarté qui en laisse deviner le sens caché. Mais le Poète doit chercher moins à conclure qu'à donner à penser, de telle sorte que le lecteur, collaborant par ce qu'il devine, achève en lui-même les paroles écrites. Les formes diverses dont l'œuvre est composée s'orientent alors comme un ensemble de lignes qui, sans atteindre le point précis de leur jonction, le révèlent au moins par leur unanime tendance, projetant ainsi dans l'espace le signe de leur raison d'être et de leur unité. Ce point où surgirait toute idée incluse en des strophes variées est ici dans l'esprit même qui communie avec l'œuvre. L'inclinaison des lignes convergentes peut être à peine indiquée : l'esprit qui les reçoit est illimité par le songe — et ne croira-t-il pas saisir un certain aspect de l'Infini si de toutes ces lignes le point de jonction unique, si de toutes ces formes l'unique et radieux symbole s'illumine en lui-même ?

C'est la suggestion : on sait par quelles admirables paroles la glorifia Schopenhauer. M. Brunetière, qui n'en nie point la force, l'appelle non sans malice « l'épicuréisme de l'imagination ».

... Préciser une idée, c'est la borner et c'est enlever d'avance au poème qui la contient ce frémissement *illimité* que donne le chef-d'œuvre. Il faut évidemment qu'un poème ou un tableau puissent être compris, fût-ce de quelques-uns seulement. Mais il appartient au tact de l'artiste de dessiner sa pensée jusqu'à la rendre aisément perceptible en ses lignes générales sans la restreindre à une idée particulière.

L'idée particulière n'embrasse que le relatif, ce qui est éternel lui échappe ; elle ne peut s'envelopper de songe, elle ne nous conduit pas au delà de nous-mêmes et rapetisse l'œuvre d'art à une réalité immédiate et tangible, lorsque la fonction même de cette œuvre est de nous suggérer l'infini. L'art ne marche point pas à pas avec l'homme, il le devance ; il ne s'adresse pas au raisonnement mais à l'intuition.

Pp. 33-34.

Évoquer un objet, c'est-à-dire l'émotion que fait naître en nous un objet, ou évoquer un état d'âme dans sa plus grande pureté, comme l'explique encore Bergson, telles sont les deux recherches du poète.

BERGSON. — *Le Rire* (1899).

D'autres se replieront plutôt sur eux-mêmes. Sous les mille actions naissantes que dessinent au dehors un sentiment, derrière le mot banal et social qui exprime et recouvre un état d'âme individuel, c'est le sentiment, c'est l'état d'âme qu'ils iront chercher simple et pur. Et pour nous induire à tenter le même effort sur nous-mêmes, ils s'ingénieront à nous faire voir quelque chose de ce qu'ils auront vu : par des arrangements rythmés de mots, qui arrivent ainsi à s'organiser ensemble et à s'animer d'une vie originale. Ils nous disent, ou plutôt ils nous suggèrent des choses que le langage n'était pas fait pour exprimer.

Pp. 158-159 (Alcan, éd.).

En effet, il s'agit en poésie de suggérer l'inexprimable, c'est-à-dire ces affinités, ces correspondances mystérieuses que le poète perçoit entre la nature et l'âme.

la suggestion est le langage des correspondances

CH. MORICE. — *La Littérature de tout à l'heure* (1889).

La Suggestion peut ce que ne pourrait l'expression. La suggestion est le langage des correspondances et des affinités de l'âme et de la nature. Au lieu d'*exprimer* des choses leur reflet, elle pénètre en elles et devient leur propre voix. La suggestion n'est jamais indifférente et, d'essence, est toujours nouvelle car c'est le caché, l'inexpliqué et l'*inexprimable* des choses qu'elle dit. D'un mot ancien elle donne l'illusion qu'on le lise pour la première fois. Surtout, comme elle parle dans les choses dont elle parle, elle parle aussi dans les âmes auxquelles elle parle : comme le son, l'écho, elle éveille le sentiment de l'expression impossible dans l'esprit de l'attentif, et jamais n'usitant la banalité stérile d'une écriture conventionnelle, elle fuit les termes scientifiques, froids ; plutôt que le nom d'une couleur dira l'effet, général ou particulier, qu'elle produit ; ni ne décrira une fleur, ni sans but ne l'énoncera, mais à l'apparition obtenue de la fleur ajoutera le sentiment produit par elle. — La suggestion seule, ainsi, peut rendre par quelques lignes l'entrecroisement perpétuel et la mêlée des détails auxquels l'expression consacrerait des pages.

D'ailleurs, et bien plus que l'expression souvent contrainte de la brutaliser pour s'effacer ou faire saillie, la suggestion respecte la langue traditionnelle, y suivant seulement, il est vrai, les traditions de vie, réluctant contre l'appauvrissement du lexique, se souvenant de Rabelais et des Trouvères qui parlaient si joli ! priant le lecteur de savoir les mots.

Et d'autant plus respecte-t-elle la langue qu'au lieu de la parler aveuglément et servilement, elle est remontée aux sources mêmes de tout langage : aux lois de l'appropriation des sons et des couleurs des mots aux idées.

Pp. 378-379.

4. POÉSIE ET MUSIQUE

*Suggérer l'inexprimable, n'est-ce pas là le rôle de la musique ? On comprend qu'en mettant l'accent sur le caractère essentiellement suggestif du langage poétique, le Symbolisme ait été conduit à rapprocher la poésie de la musique. Ce fut là, dès Baudelaire et l'*Art Poétique *de Verlaine, une de ses principales démarches.*

de la musique avant toute chose

VERLAINE. — *Art poétique* (1874).
De la musique avant toute chose...
De la musique encore et toujours !
Que ton vers soit la chose envolée
Qu'on sent qui fuit d'une âme en allée
Vers d'autres cieux à d'autres amours...

Jadis et Naguère.

VERLAINE. — *Projet de préface* (1890).

Mais, plus on me lira, plus on se convaincra qu'une sorte d'unité relie mes choses premières à celles de mon âge mûr : par exemple les *Paysages tristes* ne sont-ils pas, en quelque sorte, l'œuf de toute une volée de vers chanteurs, vagues ensemble et définis, dont je reste peut-être le premier en date oiselier ?

Œuvres posthumes, II, p. 948 (Messin, éd;).

MALLARMÉ. — *Crise de Vers* (1892).

Toute âme est une mélodie, qu'il s'agit de renouer ; et pour cela, sont la flûte ou la viole de chacun.

Divagations.

C'est Mallarmé, comme le montre Théodor de Wyzewa, qui a le premier tenté d'éliminer de la poésie toute intention « notionnelle » et de réaliser la poésie véritable, qui, tout comme la musique, a pour rôle de suggérer des émotions.

la poésie est une musique émotionnelle de syllabes et de rythmes

T. DE WYZEWA. — *L'Art wagnérien : La Littérature* (1886).

La littérature a produit un art symphonique, la Poésie, évoquant l'émotion par l'agencement musical des rythmes et des syllabes.

Ainsi entendue, la Poésie fut très postérieure à la forme du vers — qu'elle n'implique pas nécessairement — et aux écrivains qu'on nomme les poètes. Le vers avait été, d'abord, un appareil mnémonique : exigé, aussi, par les premières convenances du chant, en raison de sa coupe régulière, favorable aux retours de la mélodie. Mais ni les chanteurs homériques, ni les tragiques grecs, n'étaient soucieux de produire une musique purement verbale.

... Par la suite des âges, un pouvoir pareil de signification émotionnelle s'attacha aux syllabes des mots ; c'est un progrès tout comparable à celui de la musique pure, qui, d'abord, fut la mélodie, valant par les seuls rythmes et mouvements, et qui fut enfin l'harmonie, où chaque note (accord) acquit une force spéciale et propre d'émotion. Certaines âmes affinées connurent la tristesse alanguie et la brûlante joie de maintes syllabes ; elles y trouvèrent la notation d'émotions musicales, mais aussi différentes des émotions de la pure musique que des émotions produites par les procédés classiques. Une harmonie des mots apparut possible, légitime : après la musique parlée des orateurs, naquit la musique écrite des poètes.

Dois-je dire que ni Corneille, ni Molière, ni la plupart des écrivains en vers de notre siècle ne furent vraiment des poètes ? Une convention les forçait à déformer leurs pensées pour les soumettre à un rythme fixe et inintelligent, à des rimes superflues. Dois-je dire encore que je n'attribue point à la poésie les pensées dites *poétiques,* toute pensée me paraissant plus facile à exprimer en prose ? La poésie véritable, la seule qui demeure irréductible à la littérature proprement dite, est une musique émotionnelle de syllabes et de rythmes. Aussi voyons-nous les poètes, empêchés encore d'une poésie pure par maintes conventions, et par l'insuffisance de leur vision théorique, les voyons-nous du moins sans cesse plus indifférents au sujet notionnel de leurs œuvres.

... Le premier, M. Mallarmé a tenté une poésie savamment composée en vue de l'émotion totale. Volontiers il a pris pour sujet l'émotion produite par la création et la contemplation de rêves philosophiques. Et il a cherché la forme idéale d'une poésie purement émotionnelle, mais indiquant la raison des émotions en même temps qu'elle les traduisait. Il nous a offert d'admirables musiques, liées entre elles et avec leur sujet par le mystère d'un nécessaire lien ; exigeant seulement des âmes délicates à qui il s'adressait ce qu'exige des jeunes pianistes le dernier de nos auteurs de polkas : la patience préalable d'une préparation, la résignation à ne point recréer d'emblée, mais bien après un légitime effort, les sereines et nobles émotions de son noble esprit.

M. Mallarmé a cru devoir encore conserver la forme fixe du poème ; à d'autres artistes cette forme apparut une entrave, et qu'ils tentèrent de rompre. Ils pensèrent que les rimes, la régularité des rythmes, étaient des procédés musicaux précis, ayant une signification notionnelle spéciale ; que, dès lors, ces choses ne devaient plus être imposées d'avance aux poètes, ainsi que des cadres, mais employées suivant l'appel des complications émotionnelles qu'elles suggéraient. Ils rêvèrent une rénovation de la musique verbale comparable à la rénovation faite dans la musique instrumentale par Wagner, qui n'a point annulé les airs, et les cadences, et les retours, mais leur a donné un sens particulier, et les a employés seulement pour produire certaines émotions très spéciales.

... Ainsi une littérature nouvelle s'est — par les lois mêmes des formes artistiques — constituée avec les procédés de la littérature notionnelle ; et comme une couleur, aujourd'hui, peut diversement suggérer une sensation ou une émotion, de même les syllabes de nos mots sont ensemble les signes de notions et d'émotions. Ce sont deux arts, ayant les mêmes moyens : deux littératures toutes différentes, mais également précieuses pour la destination commune de tous les arts. Car la littérature des notions et la littérature musicale recréent des modes différents de la vie, mais de la même vie.

Nos Maîtres, pp. 45-50.

MALLARMÉ. — *La Musique et les Lettres* (1895).

Alors, on possède, avec justesse, les moyens réciproques du Mystère — oublions la vieille distinction entre la Musique et les Lettres, n'étant que le partage, voulu, pour sa rencontre ultérieure, du cas premier : l'une évocatoire de prestiges situés à ce point de l'ouïe et presque de la vision abstrait, devenu l'entendement ; qui, spacieux, accorde au feuillet d'imprimerie une portée égale.

Je pose, à mes risques, esthétiquement, cette conclusion (si par quelque grâce, absente, toujours, d'un exposé, je vous amenais à la ratifier, ce serait pour moi l'honneur cherché ce soir) que la Musique et les Lettres sont la face alternative ici élargie vers l'obscur ; scintillante là, avec certitude, d'un phénomène, le seul, je l'appelai l'Idée.

Pp. 51-52.

Pourtant, pour Mallarmé comme pour tous les Symbolistes, c'est la poésie qui doit rester, en fin de compte, l'art suprême, celui dans lequel doit venir se fondre la musique.

reprendre notre bien à la Musique

MALLARMÉ. — *Richard Wagner* (1886).

Singulier défi qu'aux poètes dont il usurpe le devoir avec la plus candide et splendide bravoure, inflige Richard Wagner !

Divagations.

MALLARMÉ. — *Crise de Vers* (1892).

Ouïr l'indiscutable rayon — comme des traits dorent et déchirent un méandre de mélodies : ou la Musique rejoint le Vers pour former, depuis Wagner, la Poésie.

... Certainement, je ne m'assieds jamais aux gradins des concerts, sans percevoir parmi l'obscure sublimité telle ébauche de quelqu'un des poèmes immanents à l'humanité où leur originel état, d'autant plus compréhensible que tu et que pour en déterminer la vaste ligne le compositeur éprouva cette facilité de suspendre jusqu'à la tentation de s'expliquer. Je me figure par un indéracinable sans doute préjugé d'écrivain, que rien ne demeurera sans être proféré ; que nous en sommes là, précisément, à rechercher, devant une brisure des grands rythmes littéraires (il en a été question plus haut) et leur éparpillement en frissons articulés proches de l'instrumentation, un art d'achever la transposition, au Livre, de la symphonie ou uniment de reprendre notre bien : car, ce n'est pas sonorités élémentaires par les cuivres, les cordes, les bois, indéniablement mais de l'intellectuelle parole à son apogée que doit avec plénitude et évidence, résulter, en tant que l'ensemble des rapports existant dans tout, la Musique.

Divagations.

PAUL VALÉRY. — *Avant-Propos* (1920).

Ce qui fut baptisé le *Symbolisme,* se résume très simplement dans l'intention commune à plusieurs familles de poètes (d'ailleurs ennemies entre elles) de « reprendre à la Musique leur bien ». Le secret de ce mouvement n'est pas autre. L'obscurité, les étrangetés qui lui furent tant reprochées, l'apparence de relations trop intimes avec les littératures anglaise, slave ou germanique ; les désordres syntaxiques, les rythmes irréguliers, les curiosités de vocabulaire, les figures continuelles..., tout se déduit facilement sitôt que le principe est reconnu. C'est en vain que les observateurs de ces expériences, et que ceux-mêmes qui les pratiquaient, s'en prenaient à ce pauvre mot de *Symbole.* Il ne contient que ce que l'on veut ; si quelqu'un lui attribue sa propre espérance, il l'y retrouve ! — Mais nous étions nourris de musique, et nos têtes littéraires ne rêvaient que de tirer du langage presque les mêmes effets que les causes purement sonores produisaient sur nos êtres nerveux. Les uns, Wagner ; les autres chérissaient Schumann. Je pourrais écrire qu'ils les haïssaient. A la température de l'intérêt passionné, ces deux états sont indiscernables.

Variété, p. 95 (Gallimard, éd.).

V

LA POÉSIE SYMBOLISTE : L'EXPRESSION

Tout se tient dans la doctrine symboliste, et l'on ne saurait dissocier de la recherche d'une poésie musicale ou des principes métaphysiques du Symbolisme la révolution formelle à laquelle il a abouti. Car cette métaphysique des analogies conduit directement le poète symboliste, on l'a vu, à s'interroger sur la métaphore et d'une façon générale sur la nature et les pouvoirs du langage, sur ses rapports avec les sons et les couleurs (synesthésies), sur ses lois propres — image, rythme —, et enfin à remettre en question la structure même du vers.

1. SYNESTHÉSIES ET INSTRUMENTATION VERBALE

« Les parfums, les couleurs et les sons se répondent », disait déjà Baudelaire. Les phénomènes d'audition colorée ont persuadé maint Symboliste qu'il y a des analogies et des correspondances non seulement entre les objets, mais entre les divers ordres de sensations au moyen desquelles nous appréhendons ces objets. Sensations qui se combinent et se fondent dans l'émotion poétique, puis dans le langage même qui suggérera cette émotion.

René Ghil, s'appuyant sur les travaux d'Helmholtz, a cru pouvoir les ériger en système.

        RENÉ GHIL. — *En Méthode à l'Œuvre* (1891).

Nous parlerons succinctement de l'audition colorée — de la couleur des Sons.

L'exception imprudemment dite, un temps, pathologique, de percevoir en même temps que de son une sensation de couleur, — peut-être vient-elle à se généraliser et à l'état normal des individus. Il se peut que la rareté du phénomène ait pu provenir du peu d'aptitude ou de l'inattention à en prendre conscience. Mais, en assentiment, en Musique le timbre n'est-il pas pris pour « couleur du son », — alors qu'en langue allemande il n'a même d'autre dénomination ?

Éd. 1904, p. 54.

En particulier, René Ghil prétend découvrir les rapports scientifiques qui unissent le langage (voyelles et consonnes) à la musique et aux timbres instrumentaux, d'où il aboutit à « l'instrumentation verbale » ; —théorie que les amis mêmes de Ghil réduiront bientôt, d'ailleurs, à ses justes limites.

le poète pense par les mots-musique d'une langue-musique

RENÉ GHIL. — *Ibid.*

Tout instrument de musique, il est su depuis les travaux de Helmoltz, a ses harmoniques propres dont le groupement le distingue d'autre : d'où son timbre, qui n'est ainsi qu'une couleur particulière du son. Mais la voix, il est su du même temps, est un instrument essentiel et multiple : essentiel et multiple par les diverses VOYELLES produites, ainsi qu'Instruments divers, des groupements divers d'harmoniques. L'instrument de la voix humaine est, à note variée, une anche — complétée d'un résonateur à résonance variée.

Or, et sans nous attarder à d'ingénieux instruments-parlants par la suite inventés, alors qu'Helmoltz a pu, en ordonnant divers groupes de diapasons, donner les sons tels qu'articulés, de toutes les VOYELLES : il est avéré que les diverses VOYELLES, « voix » du langage, sont divers instruments-vocaux. Et leur sonnante succession harmonise une « instrumentation-Verbale ».

... Or, l'instrumentation-Verbale prétend, en déterminant aux mots le timbre, la hauteur, l'intensité et la direction, à la réintégration de la valeur phonétique en la langue. Et si le poète pense par des mots, il pensera désormais par des mots redoués de leur sens originel et total, par les mots-musique d'une langue-musique. Donc, devons-nous admettre la langue poétique seulement sous son double et pourtant unique aspect, phonétique et idéographique, et n'élire au mieux de notre re-créateur désir que les mots où multiplient les uns ou les autres des timbres-vocaux : les mots qui ont, en plus de leur sens précis, la valeur émotive en soi, du Son, et que nous verrons spontanément exigés en tant que sonores par la pensée, par les Idées, qui naissent en produisant de leur genèse même leurs musiques propres et leurs RYTHMES.

La langue-musique ainsi restituée, similitude intime entre les émissions phonétiques de la Parole et les sons matériellement instrumentaux, « voix » dont le Vers multipliera et opposera les sonorités : nous voulons maintenant nous trouver en droit de relier à tel et tel ordre de ses sons, de ses timbres-vocaux, — tel et tel ordre de sentiments et d'idées...
Pp. 42-49.

c'est surtout idéalement que le langage est musique

A. Delaroche, A. Mockel, A. Saint-Paul. —
Lettre à René Ghil (1889).

Nous ne saurions admettre autrement que comme une charmante fantaisie l'Instrumentation poétique telle qu'elle est exprimée en le *Traité du Verbe*.

Le langage est à la fois un son et un signe : comme signe, il est la représentation figurée de l'Idée. Comme son, il est susceptible d'être ordonnancé musicalement, et jusqu'à un certain point assimilable au son inarticulé. Mais sa qualité de signe ou symbole indique que c'est surtout idéalement qu'on peut le considérer comme musique, et qu'il ne saurait se dissoudre, comme son inarticulé, en une combinaison de notes harmoniques exprimant l'émotion par les seuls accords vibratoires.

D'ailleurs, les expériences de Helmholtz, de Willis, de Donders, démontrent que les voyelles ont leurs harmoniques propres, moins nombreux, distincts des instruments ordinaires et variables selon les idiomes et les dialectes, selon la voix parlée, psalmodiée ou chantée. L'intensité des harmoniques qu'elles présentent ne dépend pas, comme dans la plupart des instruments, du numéro d'ordre, mais de la hauteur absolue. En outre, Wheastone et Wundt ont remarqué que, dans les sons musicaux, les « tons partiels » jouent un rôle secondaire, tandis qu'ils servent de base aux sons articulés, et que l'émission de certains sons partiels caractérise chaque voyelle. Si donc le langage a sa musique spéciale, il ne nous semble pas permis de conclure autrement que par analogie ou métaphore à l'identité des voyelles avec les instruments.

Quant à la coloration, s'il est légitime de dire que l'association des idées nous fait lier telle syllabe à tel fait coloré, à telle forme extérieure, — s'il y a des correspondances *certaines* entre la vibration sonore et la vibration lumineuse, on ne saurait préciser scientifiquement la couleur de chaque lettre et les nuances perçues sont du domaine de la pathologie...

La Revue Indépendante, 13 juin 1889.

MALLARMÉ. — *Lettre à E. Raynaud* (1887).

Je le trouve exquis ce petit recueil que j'ai relu deux ou trois soirs, merci. Sa très rare originalité c'est, procédant de tout l'art musical de ces derniers temps, que le vers, aussi mobile et chanteur qu'il peut l'être, ne perd rien de sa couleur ni de cette richesse de tons qui s'est un peu évaporée dans la subtile fluidité contemporaine. Les deux, vision et mélodie, se fondent en ce charme indécis pour l'ouïe et pour l'œil, qui me semble la poésie même...

Corr. III, p. 141.

2. L'IMAGE ET LE RYTHME

En réalité, c'est la valeur plastique du mot tout entier, non chaque lettre ni chaque son en particulier, qu'il faut considérer en poésie. Grâce au poète, le mot retrouve sa valeur d'image, il suggère avant tout une vision ou, si l'on préfère, une émotion visuelle, laquelle est intimement liée d'ailleurs à l'émotion musicale qu'il fait naître. Pourtant le Symbolisme s'est peu préoccupé de la puissance poétique de l'image considérée en elle-même. Pour lui en effet, comme on l'a vu, l'image n'a pas de valeur en soi, mais en tant qu'elle correspond à une réalité d'un autre ordre, qu'elle est une métaphore, et qu'elle fait naître en nous, non seulement une vision, mais l'intuition d'un rapport.

Plus encore que l'image, ce qui permet au poète de suggérer l'état de son âme, c'est le rythme. Celui-ci est « le mouvement même de la pensée » (Verhaeren), il est « à la mesure de chaque poète » (J. Royère).

le rythme est le geste de l'image

E. VERHAEREN. — *Réponse à une Enquête* (1909).

Le rythme est le mouvement même de la pensée. Pour le poète, toute pensée, toute idée même la plus abstraite se présente sous la forme de l'image. Le rythme n'est donc que le geste, la marche ou l'allure de cette image.

Les mots traduisent la couleur, le parfum, la sonorité de celle-ci. Le rythme, sa dynamique ou sa statique.

Grâce aux anciennes formules — qui ne tenaient compte que de la mesure syllabique — le poète était obligé d'emprisonner tout geste, toute marche, toute attitude de sa pensée dans une forme invariable, ne se souciant jamais de la vie spéciale de chaque image. En certains cas heureux, elle s'y adaptait comme le gant s'adapte à la main ; le plus souvent l'adaptation ne pouvait se faire. C'était alors comme si dans ce même gant on s'acharnait à fourrer une tête ou le bras tout entier.

La poétique nouvelle supprime les formes fixes, confère à l'idée-image le droit de se créer sa forme en se développant, comme le fleuve crée son lit.

Toutefois cette réelle liberté ne confère aucun droit ni à la fantaisie, ni à l'arbitraire. Liée à la pensée-image, faisant corps avec elle, la nouvelle forme poétique obéit aux règles les plus strictes. Elle cesse d'être une forme et devient un chaos, dès qu'elle ne détermine pas scrupuleusement un geste, une marche ou une attitude de la pensée présente. Les bons poètes y réussissent avec aisance, les autres s'y appliquent en vain. Il leur reste la ressource de se cantonner dans les vieilles formules, de les user de plus en plus au frottement de leurs pensées banales.

Marinetti. Enquête internationale sur le Vers libre.
Milan, 1909, p. 35.

voici l'union de l'homme et de la nature réalisée par le rythme

JEAN ROYÈRE. — *Sur la poésie actuelle* (1910).

Le rythme souple et musical du vers libre, s'il est aujourd'hui celui de la poésie lyrique, c'est parce que l'objet même de notre art s'est spécifié et parce que sa matière s'est précisée. Les deux sources de notre lyrisme sont toujours la Nature et l'Âme, mais, descriptif ou intime, qu'il aille de la contemplation à la méditation, ou qu'il jaillisse du dedans au dehors, notre art serre de plus près la réalité pure, la pénétrant mieux, la transforme avec plus de bonheur. Une plus profonde dissociation de la Nature permet à notre imagination synthétique de recomposer des paysages plus expressifs ; c'est comme un Univers tout neuf que nos poètes nous découvrent.

La description lyrique ne s'arrête plus aux contours ; elle pénètre l'âme et l'effusion est telle, des sentiments dans les images, que l'on ne distingue plus, dans le lyrisme, les sources de l'inspiration. Voici l'union, réalisée par le rythme, de l'homme et de la Nature. On comprend que cette poésie puisse être perpétuellement renouvelée. Elle est à la mesure de chaque poète qui choisit son inspiration et crée librement sa forme ; mais essentiellement subjective, elle demeure pourtant objective et humaine puisqu'elle n'exprime que le fond immuable de l'Être. Elle est à sa manière hautaine et philosophique, puisqu'elle se nourrit d'idées, mais d'idées poétiques, c'est-à-dire sensibles ; enfin elle est religieuse. Son *obscurité* essentielle vient de ce qu'elle est l'histoire d'une âme et qu'elle veut observer le mystère ; mais cette obscurité est lumineuse, simple et claire comme le sentiment et comme la vie. Le rythme, lui, est à ce point intérieur qu'il en est aussi inséparable que le son l'est de la musique.

La Phalange, 1910, p. 381.

Rythme et harmonie sont en effet les éléments constitutifs de la poésie comme de tout art.

les lois du vers sont des lois de rythme et d'harmonie

T. THOREL. — *Les Romantiques allemands et les Symbolistes français* (1891).

Les symbolistes français et les romantiques allemands se sont persuadés que les lois constitutives de l'art du vers sont des lois musicales de rythme et d'harmonie, et qu'il convient de demander au vers non plus un rythme trop souvent factice, mais un rythme basé réellement sur les sensations auditives produites par la lecture normale du vers. Ils désirèrent des combinaisons harmoniques plus fines, plus discrètes, plus immatérielles, ce qui fut la cause des réformes de langage : extension du vocabulaire usuel, emploi de mots archaïques et de néologismes.

Entretiens politiques et littéraires.
Septembre 1891.

A. MOCKEL. — *Propos de Littérature* (1894).

La musique existe selon deux modes fondamentaux, non point harmonie et mélodie, mais Harmonie et Rythme — ces deux mots étant pris ici avec leur signification musicale la plus large. L'Harmonie, en ce sens, comprend les timbres aussi bien que les harmonies proprement dites, ou rapports organiques des tons sonores ; elle est tout ce qui est son, c'est-à-dire vibration et rayonnement. Le Rythme, en ce sens, comprend la mesure, comme les rythmes proprement dits ; il est le mouvement dans la durée. (...) Le rythme spontané et libre correspond au geste, c'est la mesure qui correspond à l'attitude. Bien que le mouvement ne puisse exprimer strictement le repos (et pourtant la musique ne peut-elle évoquer le silence ?) il est tel Rythme qui le suggère ; un Rythme lent, dont la mesure immuable est énergiquement perçue, désigne une attitude avec assez de force. [...]

L'harmonie proprement dite me paraît correspondre à ce que sont les rapports des « valeurs » dans un dessin ou un tableau ; mais elle peut, par son objectivité, susciter aussi le reflet d'une prose arrêtée et permanente. Sans être une attitude dans la durée comme le geste est un rythme dans l'étendue, l'harmonie prête à cette ressemblance par sa stabilité.

Pp. 70-77.

3. LE VERS LIBRE

Ainsi, remontant aux principes mêmes de la poésie, le Symbolisme est fatalement conduit à libérer le vers français de toutes les contraintes que lui avait imposées une longue tradition pour ne plus le fonder que sur le rythme. C'est là une révolution, mais une révolution qui tend à retrouver, au delà de l'ordre abstrait de la symétrie, la liberté d'un « ordre vivant ».

le vers est libre !

F. VIELÉ-GRIFFIN. — *Préface de « Joies »* (1889).

Le vers est libre ; — ce qui ne veut nullement dire que le « vieil » alexandrin à « césure » unique ou multiple, avec ou sans « rejet » ou « enjambement », soit aboli ou instauré ; mais — plus largement — que nulle forme fixe n'est plus considérée comme le moule nécessaire à l'expression de toute pensée poétique ; que, désormais comme toujours, mais consciemment libre cette fois, le Poète obéira au rythme personnel auquel il doit d'être, sans que M. de Banville ou tout autre « législateur du Parnasse » ait à intervenir ; et que le talent devra resplendir ailleurs que dans les traditionnelles et illusoires « difficultés vaincues » de la poétique rhétoricienne : — L'Art ne s'apprend pas seulement, il se recrée sans cesse ; il ne vit pas que de transition, mais d'évolution.

(Messein, éd.).

MALLARMÉ. — *Réponse à une Enquête* (1891).

Ce qui explique les récentes innovations, c'est qu'on a compris que l'ancienne forme du vers était non pas la forme absolue, unique et immuable, mais un moyen de faire à coup sûr de bons vers. On dit aux enfants : « Ne volez pas, vous serez honnêtes ! » C'est vrai, mais ce n'est pas tout ; en dehors des préceptes consacrés, est-il possible de faire de la poésie ? On a pensé que oui, et je crois qu'on a eu raison. Le vers est partout dans la langue où il y a rythme, partout, excepté dans les affiches et à la quatrième page des journaux. Dans le genre appelé prose, il y a des vers, quelquefois admirables, de tous rythmes. Mais en vérité, il n'y a pas de prose : il y a l'alphabet, et puis des vers plus ou moins serrés, plus ou moins diffus. Toutes les fois qu'il y a effort au style, il y a versification.

J. Huret, Enquête..., p. 57.

R. DE SOUZA. — Réponse à une Enquête (1909).

Il n'y a de « liberté » que pour aller plus profondément au fond des choses ; et cette liberté n'est point le « désordre », comme certains veulent le croire, mais un « ordre vivant » qui s'organise contre « l'ordre abstrait » : la symétrie. Tous les arts se sont insurgés depuis longtemps contre l'expression symétrique continue, fruit d'une tradition fausse. (On sait que rien n'était moins symétrique que l'art grec, depuis le galbe d'une colonne jusqu'à la place des statues toutes disposées sur l'Acropole en diagonales). La poésie est le dernier des arts qui cherche à s'exprimer par un ordre qui ne soit que de la symétrie « momentanée » et qui voudrait participer d'une formation moins élémentaire que celle des cristaux. Or, beaucoup n'entendent le rythme que dans l'ordre géométrique du minéral, ils figent la rivière du mouvement, ils ne comprennent l'onde que glacée.

Mais comment faire pour que la lettre ne soit pas un son et la parole un chant, le chant du mouvement qui coule ? Et il y a encore des poètes qui croient que la parole est séparable de la musique, n'est pas de la musique, elle dont chaque son verbal est une note dont les vibrations sont mieux fixées que les rayonnements de l'étoile polaire !

La parole est un « ordre qui fuit » dans le temps, une suite de vibrations qui se nouent et se dénouent les unes des autres, s'étalent ou s'enflent, équilibrées et correspondantes suivant l'impulsion de l'émoi générateur. Étant reconnue la nature de l'onde — et celle du français l'est parfaitement depuis que son accent tonique sur la dernière syllabe sonore des mots métriques est déterminé —, notre émotion gouverne l'ordre de la parole, comme le cœur, suivant la nature de ses contractions, sa systole.

Les alexandrins et tous les vers français syllabiques à points de repère symétriques, dits césures ou rimes, peuvent être des instants de ce mouvement, ils n'en sauraient être toutes les formes possibles. Et de ce qu'à tant de bateaux il a fallu, pour qu'ils passent, ces placides écluses, nous refuserions-nous de connaître le large courant d'aujourd'hui, ses faux dangers et comment ses rapides mêmes ont un rythme qui porte, à travers toutes les effervescences de l'onde ?

Marinetti, *Enquête sur le Vers libre,*
pp. 99-101.

après le vers brisé, le vers libre

F. Vielé-Griffin. — *Le mouvement poétique* (1898).

On parle du vers libre, comme on parlait en 1843 du vers brisé. Plutôt que de redire les mêmes choses, laissons la parole à Victor Hugo, le « barbare fou » des zoïles ses contemporains :

« ... Ce fameux vers brisé qu'on a pris pour la négation de l'Art... en est, au contraire, le complément. Le vers brisé a mille ressources, aussi a-t-il mille secrets... Le vers brisé est un peu plus difficile à faire que l'autre vers... Il y a une foule de règles dans cette prétendue violation de la règle. Ce sont là les mystères de l'art... Ce qui est vrai pour nous, poètes, va devenir vrai pour tous les lecteurs... et fera, un jour, partie de la loi littéraire. »

Que dirions-nous de plus ? Nous sommes à ce point dans la tradition que c'est Victor Hugo qui prend aujourd'hui la parole pour défendre et justifier ses petits-neveux ; car le vers libre moderne n'est que la forme logique du vers brisé, l'oiseau chanteur enfin échappé de la cage rigide des alexandrins, où il s'agita si longtemps qu'il en aurait désappris le vol si la fatale évolution — et non MM. X, Y, Z — ne lui en avait ouvert la porte.

Mercure de France. Avril 1898.

Donc le vers libre, c'est le vers qui est assez souple pour se soumettre au rythme naturel, et pour ne faire plus qu'un avec le mouvement même de l'âme du poète.

le vers est né à sa propre vie

A. Mockel. — *Propos de Littérature* (1894).

Désormais, c'est le rythme qui va régir le vers ; mais non plus un rythme caché par l'artificielle et raide mesure comme la chevelure de Brunehilde sous le fer de son casque. A la dernière aurore Siegfried est venu réveiller l'endormie et, le casque enlevé, les boucles enfin qui se dénouent ondulent toutes dans la clarté.

Si les Romantiques avaient dû, pour amoindrir la monotonie de la strophe, entrelacer souvent par des dispositions contrariées le mouvement de la phrase et l'armature fixe du vers, il n'est plus besoin d'un tel artifice dans les techniques d'aujourd'hui. L'enjambement, autrefois constamment nécessaire, est devenu un moyen d'expression nullement distinct des autres et ne sera plus employé que dans un but prévu, et par exception : l'analyse logique peut dorénavant coïncider avec le vers sans amener l'uniformité, car elle s'unit au rythme désinvolte et primesautier, et chaque ligne nouvelle (ou presque !) peut offrir un nombre de syllabes nouveau. Le vers est né à sa propre vie ; sa longueur comme sa force rythmique ne dépendent plus que du sens grammatical qu'il contient — du sens plus élevé qu'il apporte par sa plastique et par tout ce qu'il suggère — et de son importance comme élément musical : il est désormais logiquement conçu. Tout le travail de l'artiste sera donc celui-ci : faire concorder selon l'eurythmie l'analyse logique de la phrase, les plans des images et les formes musicales qui en sont le naturel support. Ces trois éléments doivent rester dans une dépendance réciproque et rigoureuse sans se nuire ; mais l'unité qui les assemble possède une élasticité plus grande qui permet au poète de les faire plus sûrement converger vers leut but de Beauté. La phrase, chargée des images qui l'éclairent, sera longtemps assouplie jusqu'à ce qu'elle se coordonne heureusement avec le rythme et l'harmonie ; et le rythme pourra s'étendre ici, là s'accourcir pour donner à chacun des fragments de la période sa totale valeur et en se juxtaposant au langage qu'il vivifie, faire naître en celui-ci, comme par merveille, la Musique.

Pp. 87-88.

assurer à chacun le plein épanouissement de ses rêves

A. RETTÉ. — *Sur le rythme des vers* (1899).

La poésie étant, avant tout, une chose d'instinct, bien plus que le fruit d'un raisonnement, nous n'avons pas à nous excuser d'avoir transgressé les coutumes auxquelles obéissaient nos prédécesseurs pour la disposition de leurs vers. Si nous avons émancipé le rythme, c'est parce que notre tempérament et notre tournure d'esprit nous portaient à rechercher un moyen d'exprimer nos émotions que ne nous fournissaient pas les techniques anciennes. Nous ne pouvions, par exemple, concevoir qu'il fût interdit de faire rimer un singulier avec un pluriel. Il nous semblait absurde qu'un alexandrin dût être forcément suivi d'un autre alexandrin. On avait beau nous dire : « Mais force poètes ont donné des chefs-d'œuvre qui se soumirent à l'arbitraire que vous prétendez supprimer ». Nous répondions : « Est-ce une raison pour que nous ne tentions pas le chef-d'œuvre en usant des rythmes personnels à chacun de nous, hormis toute loi promulguée par un chef d'école ou un fabricant d'esthétique ? ».

Il n'y eut ni conciliabules, ni manifestes collectifs pour préparer cette évolution. Elle fut un fait spontané marquant, peut-être, une conception nouvelle de la vie. Et c'est ce qui est cause que personne ne peut se dire l'*inventeur* du vers libre. Laforgue et Rimbaud s'en étaient servis sans se soucier d'en formuler la théorie. Moréas vint ensuite qui, depuis, a cru devoir l'abandonner pour des pastiches de la manière classique. Puis, presque simultanément, Gustave Kahn qui, mû par un sentiment de gloriole assez puéril, aimerait à se faire passer pour le créateur exclusif de cette forme d'art, Vielé-Griffin, avec *Joies,* et moi-même, avec *Cloches dans la Nuit.* Puis Verharen et, lorsque le mouvement s'accentua, Henri de Régnier. Puis enfin toute une légion d'écrivains. Aujourd'hui on peut considérer la partie comme gagnée. Aussi, désormais, le poète qui *chevillera,* plutôt que d'accoupler à la rime un singulier et un pluriel ou plutôt que de réunir dans une strophe des vers d'inégale longueur, n'aura aucune excuse...

Le propre du vers libre, c'est d'assurer à chacun le plein épanouissement de ses rêves. Flexible comme les joncs, ondoyant et chatoyant comme une rivière au soleil, varié comme une prairie en fleurs, sonore comme les feuillages agités par la brise, il chante, rit, sanglote, se transforme à notre vouloir. Il est Pégase ressuscité, il est Protée — il nous fait goûter la joie de créer en beauté, selon que le Grand Pan se manifeste en nous.

Mercure de France, Juillet 1899.

Comment définir le vers libre ? Ce n'est ni le vers régulier ou libéré, car il n'est plus syllabique, mais rythmique, — ni le poème en prose, car il reste un vers, c'est-à-dire un ensemble organique.

une succession de coupes rythmiques
typographiquement apparentes

E. DUJARDIN. — *Les premiers poètes du vers libre* (1922).

Pour nous résumer, le vers libre, comme le vers régulier ou libéré et comme le poème en prose, consiste en une succession de pieds rythmiques, mais se distingue du vers régulier ou libéré en ce qu'il reste une unité formelle et en ce qu'il n'a aucun égard au nombre de syllabes (outre qu'il s'affranchit d'un certain nombre de règles accessoires), et se distingue du poème en prose en ce que, comme le vers régulier ou libéré, il est essentiellement *un vers*.

P. 23.

R. GHIL. — *Lettre inédite à E. Dujardin* (1920).

Je préciserai d'abord la caractéristique, pour moi, du « vers libre » tel qu'il est entendu généralement : c'est — le vers classiquement mesuré et césuré aboli — la succession de rythmes, de *coupes rythmiques* rendues, par les à la ligne, *typographiquement apparentes,* visuelles.

Lettre communiquée par H. Mondor.

Pour Gustave Kahn, qui pousse à l'extrême les conséquences de la doctrine, le vers libre est le moule dans lequel s'exprimera une idée poétique. Le vers constitue alors une unité autonome.

le vers libre doit exister en lui-même

G. KAHN. — *Réponse à une Enquête* (1891).

Pour moi personnellement, l'art symbolique serait d'inscrire en un cycle d'œuvres « autant que possible toutes les modifications et variations intellectuelles d'un poète, épris d'un but déterminé par lui ».

Ses premiers livres doivent donner sous forme déjà symbolique sa recherche de la vérité d'art. Ses livres de maturité doivent donner sa connaissance de la vérité, — ses derniers livres l'hypothèse de vérité nouvelle qu'il laisse à ses successeurs.

Le symbole de la vie humaine, soit la traduction essentielle de la vie humaine, serait ainsi donné en ses trois formes élevées, la recherche, la connaissance du vrai et du beau, la divination d'un nouveau beau et d'un nouveau vrai ou plutôt d'une évolution plus neuve du beau et du vrai.

Voici ce qu'est pour moi en but général l'art symboliste.

Les moyens de cette œuvre d'art appartenant à la littérature sont le poème, le livre en prose et le drame. Pour moi, le poème c'est l'évocation tout entière d'une idée poétique en vers libres.

Qu'est-ce qu'un vers ? — C'est un arrêt simultané de la pensée et de la forme de la pensée. — Qu'est-ce qu'une strophe ? C'est le développement par une phrase en vers d'un point complet de l'idée. — Qu'est-ce qu'un poème ? C'est la mise en situation par ses facettes prismatiques, qui sont les strophes, de l'idée tout entière qu'on a voulu évoquer.

Un livre de vers, c'est-à-dire le poème le plus long et le plus complet qu'on puisse se figurer, doit donc présenter un tout homogène éclairant de toutes ses facettes de strophes un courant de sensations poétiques conçu dans une unité.

Le vers libre, au lieu d'être comme l'ancien vers des lignes de prose coupées par des rimes régulières, doit exister en lui-même par des allitérations de voyelles et de consonnes parentes. La strophe est engendrée par son premier vers ou son vers le plus important en son évolution verbale. L'évolution de l'idée génératrice de la strophe crée le poème particulier ou chapitre en vers d'un poème en vers.

L'ensemble de tous ces chapitres ou facettes constitue le livre.

J. Huret, *Enquête...*, pp. 394-396.

G. KAHN. — *A M. Brunetière* (1888).

Il fallait d'abord comprendre la vérité intrinsèque de tentatives antérieures et se demander pourquoi les poètes s'étaient bornés dans leurs essais de réforme. Or, il appert que si la poésie marche très lentement dans la voie de l'émancipation, c'est qu'on a négligé de s'enquérir de son *unité* principale (analogue de l'*élément* organique), ou que, si on perçut quelquefois cette unité élémentaire, on négligea de s'y arrêter et même d'en profiter.

... L'unité vraie n'est pas le *nombre* conventionnel du vers, mais un *arrêt simultané du sens et de la phrase sur toute fraction organique des vers et de la pensée*. Cette unité consiste en : un nombre (ou rythme) de voyelles et de consonnes qui sont cellule organique et indépendante.

... L'unité du vers peut se définir encore : un fragment le plus court possible figurant un arrêt de voix et un arrêt de sens.

Pour assembler ces unités et leur donner la cohésion de façon qu'elles forment un vers, il les faut apparenter. Ces parentés s'appellent allitérations (soit : union de voyelles similaires par des consonnes parentes). On obtient par des allitérations des vers comme celui-ci :

Des mirages / de leurs visages / garde / le lac / de mes yeux.

Tandis que le vers classique ou romantique n'existe qu'à la condition d'être suivi d'un second vers ou d'y correspondre à brève distance, ce vers pris comme exemple possède son existence propre et intérieure. Comment l'apparenter à d'autres vers ? Par la construction logique de la strophe se constituant d'après les mesures intérieures et extérieures du vers qui, dans cette strophe, contient la pensée principale ou le point essentiel de la pensée.

... L'importance de cette technique nouvelle (en dehors de la mise en valeur d'harmonies forcément négligées) sera de permettre à tout vrai poète de concevoir en lui son vers, ou plutôt sa strophe originale, et d'écrire son rythme propre et individuel au lieu d'endosser un uniforme taillé d'avance et qui le réduit à n'être que l'élève de tel glorieux prédécesseur.
Symbolistes et Décadents, pp. 164-167 (Messein, éd.).

le vers libre est une conquête morale

F. VIELÉ-GRIFFIN. — *Une Conquête morale* (1907).

En poésie le don est essentiel, sans lui pas de poète. Mais il faut le faire fructifier.

C'est en conséquence de leur conception très haute de l'art du poète que les meilleurs symbolistes, en même temps qu'ils édifiaient une philosophie de la vie et une éthique intellectuelle, interrogeaient critiquement les ressources mêmes du langage et abordaient expérimentalement l'étude de ses possibilités musicales. Cette recherche expérimentale d'une base réelle et logique à l'expression rythmée de la pensée fut générale. Aussi bien la prétention enfantine d'avoir été la première à ressentir ce besoin d'un renouvellement de l'instrument poétique est-elle philosophiquement inacceptable (priorité de Marie Kryzinska pour le vers libre).

La nécessité de recréer la forme des arts est normale et périodique. Si le Symbolisme semble rompre trop brutalement avec les traditions séculaires, c'est que notre critique impressionniste n'avait pas regardé d'assez près, ni surtout sans préjugés, le mouvement intérieur de la formule rythmique française considérée historiquement. Chez les artistes du verbe, depuis Hugo qui brise et détruit l'alexandrin de Racine, jusqu'à Baudelaire dont le lyrisme s'en évade et trouve pour exutoire le poème en prose, la préoccupation est continue de cette nécessité d'une formule logique. L'esprit scientifique aidant, le Symbolisme accentue ses traditions et débute, comme un Lavoisier, par des expériences qui ne furent pas toujours concluantes.

Le vers libre est une conquête morale essentielle à toute activité poétique ; le vers libre n'est pas qu'une forme graphique, c'est avant tout une attitude mentale... Ce qui doit intéresser dans ce mouvement poétique, c'est l'esprit qui le détermine : ainsi seulement sera-t-il fécond et durable.

La Phalange, 1907, p. 415.

4. L'OBSCURITÉ EN POÉSIE

> *La nécessité de trouver un langage et des rythmes qui permettent de suggérer l'inexprimable a conduit les poètes symbolistes à pratiquer une poésie qui risque de paraître souvent obscure, voire hermétique. Mais elle les a conduits aussi à prendre conscience de ce qu'une certaine obscurité était inhérente à toute poésie, soit que, comme Mallarmé, le poète veuille de parti-pris créer le mystère, soit que, comme le dit Royère, cette obscurité résulte du caractère mystérieux de la réalité que veut suggérer le poète.*

l'obscurité vient de la suggestion

JEAN MORÉAS. — *Réponse à Paul Bourde* (1885).

... Les prétendus décadents cherchent avant tout dans leur art le pur Concept et l'éternel Symbole, et ils ont la hardiesse de croire avec Edgar Poe « ... que le Beau est le seul domaine légitime de la poésie. Car le plaisir qui est à la fois le plus intense, le plus élevé et le plus pur, ce plaisir-là ne se trouve que dans la contemplation du Beau. Quand les hommes parlent de Beauté, ils entendent, non pas précisément une qualité, comme on le suppose, mais une impression ; bref, ils ont justement en vue cette violente et pure élévation de l'*âme* — non pas de l'intellect, non plus que du cœur — qui est le résultat de la contemplation du Beau. »

... Ce que M. Bourde reproche le plus amèrement aux décadents, c'est l'*obscurité* de leurs œuvres. Consultons encore sur ce sujet Edgar Poe : « Deux choses sont éternellement requises : l'une, une certaine somme de complexité, ou plus proprement, de combinaison ; l'autre, une certaine quantité d'esprit *suggestif,* quelque chose comme un courant souterrain de pensée, non visible, indéfini... C'est l'*excès* dans l'expression du *sens* qui ne doit être qu'*insinué,* c'est la manie de faire du courant souterrain d'une œuvre le courant visible et supérieur qui change en prose, et en prose de la plate espèce, la prétendue poésie de quelques soi-disant poètes ». Et puis Stendhal n'a-t-il pas écrit : « Malgré beaucoup de sons pour être clair et lucide, je ne puis faire de miracles ; je ne puis donner des oreilles aux sourds ni des yeux aux aveugles » ?

M. Bourde... n'a pas su ou n'a pas voulu apprécier à sa juste valeur l'*ésotérisme* de la poésie soi-disant décadente...

Les poètes décadents — la critique, puisque sa manie d'étiquetage est incurable, pourrait les appeler plus justement des *symbolistes* — que M. Bourde a estrapadés d'une main courtoise sont : MM. Stéphane Mallarmé, Paul Verlaine, Laurent Tailhade, Charles Vignier, Charles Morice et le signataire de cet article.

Le XIXe Siècle, 11 août 1885.

il doit y avoir toujours énigme en poésie

Mallarmé. — *Réponse à une Enquête* (1891).

— Nous approchons ici, dis-je au maître, d'une grosse objection que j'avais à vous faire... L'obscurité !

— C'est, en effet, également dangereux, me répond-il, soit que l'obscurité vienne de l'insuffisance du lecteur, ou de celle du poète... Mais c'est tricher que d'éluder ce travail. Que si un être d'une intelligence moyenne, et d'une préparation littéraire insuffisante, ouvre par hasard un livre ainsi fait et prétend en jouir, il y a malentendu, il faut remettre les choses à leur place. Il doit y avoir toujours énigme en poésie, et c'est le but de la littérature, — il n'y en a pas d'autres, — d'*évoquer* les objets.

J. Huret, *Enquête...*, pp. 60-61.

l'obscurité de l'expression n'est pas l'expression de l'obscur

J. Thorel. — *Les Romantiques allemands et les Symbolistes français* (1891).

Mais il y a danger d'obscurité ; aussi bien c'est là le reproche principal qu'on adressera aux Romantiques allemands d'il y a cent ans, comme on le fait aux Symbolistes d'aujourd'hui. Novalis pensait que seules les impressions vagues, les sensations imprécises, les sentiments divinement indéterminés sont en puissance de faire pressentir ce qu'est le bonheur et qu'il était donc du devoir de la poésie de chercher à faire naître ce genre d'impressions par du vague et de l'indéterminé aussi dans le style, dans la contexture de l'œuvre, et parfois même dans la pensée.

De même, les Symbolistes possèdent la vertu de l'obscurité. Poe a écrit : « L'erreur des poètes novices est de croire qu'ils sont sublimes chaque fois qu'ils sont obscurs, parce que l'obscurité est une des sources du sublime ; ils confondent ainsi l'obscurité de l'expression avec l'expression de l'obscur. » — Certains Symbolistes ont oublié cette dernière parole de Poe.

Entretiens politiques et littéraires.
Septembre 1891.

CONCLUSION

LES PERSPECTIVES DU SYMBOLISME

On ne saurait clore ce panorama de la doctrine symboliste sans insister sur certaines notions qui ne correspondent pas à tel ou tel point précis de cette doctrine, mais qui se trouvent implicitement contenues dans la plupart des déclarations précédentes. Aussi pourrait-on les considérer plutôt comme des thèmes dominants du Symbolisme, qui en conditionnent le mouvement et en définissent les perspectives. Pour cette raison même, il serait difficile de les trouver formulés en clair, et l'on se contentera de donner ici deux ou trois textes à titre d'exemple.

C'est d'abord le thème de la révolution. *Il se trouve inclus, on le voit assez, dans toutes les déclarations du Symbolisme comme dans toutes ses démarches. A l'appel de Laforgue :*

Aux armes, citoyens ! Il n'y a plus de raison,

les poètes ont répondu. Non seulement ils ont renversé la bastille de l'indifférence, mais celle du positivisme. Non seulement ils ont libéré le vers français, mais les profondeurs de l'âme. Révolution totale donc, ou du moins qu'ils voudraient totale.

Mais cette révolution n'est pas seulement négative. Tout son effort au contraire est de construire, de fonder un ordre, ou plutôt de redécouvrir, grâce à la poésie, et autour du symbole, l'ordre vrai du monde. Le Symbolisme est donc un immense effort de synthèse, *comme l'atteste maint témoignage : synthèse des arts, synthèse de l'homme, synthèse créatrice.*

le poète a le devoir d'accomplir une synthèse

CH. MORICE. — *La Littérature de tout à l'heure* (1889).

Loi commune qui dirige, à cette heure, tous les efforts artistiques : l'Art remonte à ses origines et, comme au commencement il était un, voici qu'il rentre dans l'originelle voie de l'Unité, où la Musique, la Peinture et la Poésie, triple reflet de la même centrale clarté, vont accentuant leurs ressemblances à mesure qu'elles s'approchent davantage de ce point de départ de l'expansion, de ce but, maintenant, de la concentration.

(...) Or, tous ces efforts qui correspondent si justement avec ses propres désirs, le Poète les observe en tremblant. Vaguement pressent-il qu'une tâche énorme lui est incombée. Plus près, comme je l'ai déjà dit, que tout art de la source de tous les arts, qui est la Pensée, la Poésie ne pourrait concourir à une mêlée suprême de toutes les formes humaines de la Beauté, qu'à la condition de régner. Le théâtre, où sans doute, si cette civilisation ne s'effondre pas trop tôt, s'accomplira le rite de la Religion esthétique, appartient au Poète d'abord. — Mais comment oser parler de théâtre ! Cet art, malgré le talent dont l'honorent les écrivains de qui je constatais les beaux efforts, est perdu. C'est à lui pourtant qu'est promise la Fête suprême. Mais sans doute il faudra bien des révolutions pour que le miracle entrevu se réalise, pour que puisse être conclu le radieux syllogisme esthétique dont Wagner a seulement posé les claires prémisses.

Du moins, pour se préparer à porter le formidable honneur futur, le Poète se sent le devoir d'accomplir en lui-même, en son art même une Synthèse comme symbolique de la Synthèse finale ordonnée par l'évolution de l'idée esthétique, — et s'étonne, et s'attriste que les conditions de sa vie dans le monde soient pires qu'en aucun temps.

(...) Oui, on peut s'unir pour l'Analyse ; la Synthèse sépare. Le « tout en un » fait que personne n'a besoin de personne. Il faut la solitude pour laisser la vie converger toute en une seule intelligence et toute fleurir sous une seule main. — Cet aspect lui-même, cette dispersion des jeunes poètes me révèle ce qu'il y a au fond de leur pensée, ce qu'ils cherchent. Ils ne sont pas d'ambition médiocre ! Au fond de leur pensée il y a le désir : TOUT. La synthèse esthétique, voilà ce qu'ils cherchent.

Pp. 287-297.

suggérer tout l'homme par tout l'art

CH. MORICE. — *Ibid.*

J'ai montré, donnant comme il le fallait la majeure importance aux représentants du Passé, l'esprit moderne d'abord par l'Analyse décomposant le composé humain et successivement étudiant : — l'Âme dans ses passions idéalement distinctes du tempérament, — puis le Sentiment dans le Mouvement de l'Âme passionnée, — enfin la Sensation. Ensuite j'ai indiqué comment, après ce vaste labeur, l'esprit moderne tente de reconstruire par la synthèse ce qui avait été divisé par l'Analyse. Cette tentative n'est pas achevée : c'est l'œuvre même de la « Littérature de Tout à l'heure ».

On a vu, au principe du siècle, deux génies, Gœthe et Chateaubriand, se dresser comme les pôles négatif et positif de la Pensée, la Science et la Mysticité. Puis des esprits, qu'on n'ose nommer secondaires, mais qui, du moins, ne sont pas les étoiles de première grandeur de ce ciel et de ce siècle, appliquent à des êtres vivants les lois de la psychologie passionnelle et inventent la vérité humaine, — dignifiant l'Art qui va devenir religieux, rendent sa majesté à l'instrument de la Poésie, au Vers, conçoivent l'idée du Monument littéraire et pressentent la conscience se mêlant à l'inspiration pour la régler et la fortifier, — retrouvent une poésie de l'homme originel, tout près du cœur de la nature dont le langage muet leur redevient intelligible, et précisent l'asile humain de l'homme dans l'homme même, dans sa vie intérieure, — révèlent l'aspect merveilleux, l'expression métaphysique de cette vie intérieure et qui se dédouble, retournent à la simplicité des légendes, en même temps maintiennent le vers dans l'atmosphère lyrique et le rendent plus apte à porter des pensées transformées en idées.

... La Littérature de Tout à l'heure est synthétique : elle rêve de *suggérer tout l'homme par tout l'art.*

Pp. 266-269.

Enfin, ce qu'il faut répéter, c'est que, après une période d'introversion nécessaire où le Symbolisme, à la suite de Mallarmé, a tenté l'aventure de la pureté et du silence, cet effort de synthèse se tourne vers la vie. *Pour ces poètes, l'amour de la vie n'est pas une idée abstraite : c'est un besoin fondamental, un élan, qui de plus en plus animera leurs œuvres.*

le Symbolisme, c'est la passion de la Vie

F. VIELÉ-GRIFFIN. — *Le Symbolisme.*

Ce qui caractérise le Symbolisme, c'est la passion du mouvement au geste infini, de la Vie même, joyeuse ou triste, belle de toute la multiplicité de ses métamorphoses, passion agile et protéenne, qui se confond avec les heures du jour et de la nuit, perpétuellement renouvelée, intarissable et diverse comme l'onde et le feu, riche du lyrisme éternel, prodigue comme la terre puissante, profonde et voluptueuse comme le MYSTÈRE.

Cité dans *la Phalange,* 15 janvier 1907.

C'est grâce à cette passion de la vie que la doctrine symboliste n'est pas restée lettre morte.

Tel est le message du Symbolisme. Le moment n'est pas venu pour nous de discuter en valeur absolue ce message, d'indiquer ce qui manque à la doctrine symboliste pour être, comme elle le voudrait, une véritable synthèse, synthèse de la poésie et de la science, synthèse de la poésie et de la métaphysique, synthèse de la poésie et de la religion. Il importait ici, avant tout, de la comprendre, de saisir ce qu'elle apportait et ce qu'elle voulait. Dans cette tentative de compréhension et de sympathie sans réticence, avons nous forcé les textes ? Je ne le crois pas. Nous nous sommes borné à les confronter, à les rapprocher pour que mutuellement ils s'éclairent et se soutiennent, et nous avons constaté qu'ils formaient un tout, non seulement cohérent, mais solide. Nous avons constaté que, pour le Symboliste, la poésie ne saurait être séparée de la métaphysique, et qu'elle trouve sa raison et son explication dans cette doctrine de l'Être que nous révèlent toutes les traditions. Mais nous avons constaté aussi qu'il était possible d'extraire de cette métaphysique une doctrine esthétique et littéraire non moins cohérente et non moins solide. Celle-ci n'est autre que la définition même de la poésie, non pas une définition extensive, car elle exclut précisément toute poésie « impure » — qu'elle soit imitative, descriptive, didactique, formelle —, mais une définition essentielle, où la poésie se définit par ce qu'elle est en soi : à la fois expérience intuitive, conscience critique et création fictive, dans et par le symbole, qui unit en son essence tous les aspects de la Réalité.

POST-SCRIPTUM

> Tel qu'en lui-même enfin l'éternité le change...
> MALLARMÉ, *Tombeau d'Edgar Poe*

Lorsque le présent ouvrage fut écrit, il était sans doute trop tôt pour qu'il fût possible de porter sur le mouvement symboliste et la révolution qu'il avait engendrée un regard objectif : bien des documents faisaient défaut qui depuis lors ont été mis au jour cependant qu'en France et à l'étranger une somme considérable de travaux, consacrés notamment à Mallarmé et à nombre de ses héritiers plus ou moins directs, renouvelaient les perspectives et invitaient à une nouvelle lecture. Un siècle s'est maintenant écoulé depuis que le Symbolisme s'imposait à l'attention de la critique et du public et le temps paraît venu, aujourd'hui où l'on dispose du recul nécessaire, de tenter de le juger tel qu'en lui-même, sinon devant l'éternité, du moins devant l'Histoire. Encore faut-il auparavant s'efforcer d'en bien comprendre l'ambition et la portée.

Si les recherches les plus récentes ne nous paraissent pas remettre en question dans son ensemble la thèse développée tout au long de cet ouvrage, thèse qui affirmait à la fois la continuité du mouvement et la cohérence d'une doctrine, elles permettent du moins de prendre clairement conscience de ce qui n'y était qu'implicite, à savoir que ce que j'ai appelé la révolution symboliste reposait sur une équivoque : celle qui s'attache à la notion même de symbole dont Mallarmé, au dire de Gustave Kahn, « parlait comme un prêtre suprêmement initié » et dont s'empara Moréas, bientôt suivi par les jeunes poètes assidus des Mardis de la rue de Rome, pour en faire, sous le nom de Symbolisme, le drapeau de la nouvelle École. Or les termes même employés par Gustave Kahn sont révélateurs du grave malentendu qui s'est alors instauré entre un Maître aux propos sibyllins et des disciples en quête d'une vérité et pressés de trouver « le lieu et la formule ». Malentendu qu'éclaire singulièrement la récente thèse de Bertrand Marchal sur La Religion de Mallarmé *qui y voit le signe d'une véritable « coupure épistémologique » dont l'explication relève à la fois, me semble-t-il, du langage, de l'histoire et de la métaphysique.*

Il s'agit d'abord en effet d'un problème de communication. Comment les auditeurs les plus fidèles auraient-ils pu percer le mystère et l'hermétisme calculé de la parole mallarméenne alors qu'ils ignoraient à peu près tout du long cheminement d'une pensée dont l'exigence et la cohérence ne devaient se révéler à l'historien que beaucoup plus tard ?

Par ailleurs on ne saurait méconnaître ce qui oppose la génération de 1885 à celle de ses aînés. L'expérience spirituelle de Mallarmé dans les années 60 est contemporaine d'un positivisme triomphant qui rejetait en bloc toutes les traditions et pour qui, comme le souligne Bertrand Marchal, « kabbalistes ou alchimistes sont les témoins d'un âge révolu, un âge pré-scientifique et encore théologique ». Même si la méditation du poète se situe aux antipodes de ce qu'on appellera plus tard le scientisme, il ne saurait totalement échapper à l'atmosphère de l'époque, ainsi qu'en témoigne l'intérêt qu'il porte vers 1870 à la physique, à la chimie, à l'anatomie, voire aux mathématiques, dans le but de fonder « scientifiquement » les recherches qu'il entreprend alors dans cette discipline nouvelle qu'est la linguistique (ibid., p. 130). Or dans les années 80 le contexte est bien différent. Entre temps, certains philosophes ont contesté la prétention de la science à détenir seule la vérité, comme Spencer qui lui oppose l'« Inconnaissable », tandis que se produit un regain d'intérêt pour les sciences dites occultes et les doctrines ésotériques. Chez les jeunes intellectuels la mode est au mysticisme : Wagner, et aussi Villiers et Schuré sont passés par là.

En fait le malentendu qui s'instaure alors entre deux générations est d'ordre philosophique et métaphysique : il porte à la fois sur le sens qu'on donne aux mots mystère *et* symbole *et sur les rapports entre la poésie, le mythe et la religion. Ce n'est pas que Mallarmé méconnaisse l'intérêt de ces doctrines traditionnelles auxquelles l'initiait son ami Villiers de l'Isle-Adam vingt ans plus tôt en l'incitant à lire Eliphas Lévi. Mais, comme il l'écrit à Charles Morice, ceux qui aujourd'hui se prétendent kabbalistes, alchimistes, voire astrologues sont précisément victimes à ses yeux d'un « malentendu » : ils ont en effet le tort de « détacher d'un Art des opérations qui lui sont intégrales et fondamentales ». Alors que si celles-ci ont un « sens initial et sacré », c'est parce qu'elles éclairent l'origine du langage et, plus encore, de l'Art et de la poésie. « La référence mallarméenne aux traditions ésotériques, conclut B. Marchal, ne va jamais au-delà d'une parité métaphorique », ainsi que le prouve la suite de cette lettre pourvu qu'on la lise attentivement :*

> Avec ses vingt-quatre signes, cette Littérature exactement dénommée les Lettres, ainsi que par de multiples fusions en la figure de phrases puis le vers, système agencé *comme* un spirituel zodiaque, implique sa doctrine propre, abstraite, ésotérique *comme quelque* théologie. (*C'est nous qui soulignons*).

Telle est bien la religion de Mallarmé : une « théologie des Lettres », à commencer par celles qui composent l'alphabet, dont le zodiaque donnerait la clef, et par là même celle de l'origine des langues, de même que le Grand Œuvre alchimique symbolise l'Œuvre parfaite rêvée par le poète, le symbolisme se ramenant pour lui à un jeu de métaphores qui constitue l'es-

sence même de la Poésie, seule capable de révéler le Grand Jeu du monde. Ainsi, transposant la pratique et le vocabulaire de la religion, Mallarmé organise-t-il autour de l'acte poétique une véritable liturgie où le sacre du Poète s'entoure de tous les attributs de la « solennité ».

Il n'y a dès lors rien d'étonnant à ce que les jeunes poètes qui se pressaient le mardi rue de Rome se soient mépris sur la parole du Maître. Lorsque celui-ci parlait de mystère, de sacre ou de symbole, ils le prenaient au mot, mais en en inversant le sens. Marqués par leur époque, séduits, sans toujours bien les comprendre, par les traditions occultes que leur ont révélé les ouvrages d'Édouard Schuré ou du Sâr Péladan et dont ils découvrent soudain la cohérence, la poésie leur apparaît moins comme une fin que comme un moyen de connaissance au service d'une nouvelle religion fondée sur « l'Évangile des Correspondances » : en quelques mois, le culte mallarméen du symbole donne ainsi naissance au « Symbolisme », par un glissement sémantique que Mallarmé ne désavoue pas pour désigner le mouvement dont il reste à son corps défendant l'initiateur incontesté.

*
* *

Le développement du mouvement symboliste hors de la frontière linguistique franco-belge semble bien confirmer une telle analyse et l'on y retrouverait aisément les traces de cette coupure épistémologique qui oppose en somme une conception immanente et une conception transcendante de la Poésie. S'il n'est pas douteux en effet que la révolution poétique qui s'est produite entre 1885 et 1891 dans les cercles parisiens a été le creuset du Symbolisme européen et a joué le rôle de détonateur, les étrangers qui à l'époque ont fréquenté le salon de Mallarmé, tels que Stefan George, Arthur Symons ou George Moore et dont l'action dans leurs pays respectifs a été déterminante ont dû intégrer celle-ci dans des contextes culturels spécifiques où s'entrecroisaient des influences multiples héritées du passé.

Au demeurant, comme le montre le dernier chapitre qui complète aujourd'hui cet ouvrage et dans lequel Alain Mercier résume les résultats d'une longue et minutieuse enquête, il apparaît que, du fait de son hermétisme aussi bien que des difficultés de traduction, l'influence directe de Mallarmé s'est en somme limitée hors de France à quelques groupes assez fermés et à des revues telles que les Feuilles pour l'Art *de Stefan George*, alors que les audaces d'un Rimbaud ou l'ironie d'un Jules Laforgue séduisaient davantage, non moins que la musique des poèmes de Verlaine ou d'Albert Samain et le mystère dans lequel baigne le théâtre de Maeterlinck. Vus à distance, Décadentisme et Symbolisme se différencient mal, et en Roumanie par exemple on fait autant de cas de Rollinat ou de Laforgue que de Mallarmé. En fait, ainsi que le constate Alain Mercier, le mouvement symboliste à l'étranger offre de multiples visages qu'on ne saurait réduire à une formule.

Du moins, si l'on observe attentivement ce vaste panorama, une constatation s'impose : alors qu'en France après 1900 la vague mystique cède la place aux « forces tumultueuses » de la vie, presque partout ailleurs on voit l'occultisme et les doctrines ésotériques transparaître et s'affirmer, notamment sous la forme de la théosophie dont le grand prêtre est l'Autrichien Rudolf Steiner qui, sous le nom d'« anthroposophie », suscite dans toute l'Europe centrale de nombreux adeptes comme H. Bahr, lequel, après avoir séjourné à Paris en 1888-9, passe à Vienne pour le champion du Symbolisme. Car l'influencē du théosophe ne connaît pas de frontière, qu'il s'agisse de la Pologne où se multiplient groupes et revues autour du « mage » Przybyzcysky qui s'inspire du Sâr Péladan ou, mieux encore, de la Russie où se fonde autour de 1900 une « école symboliste » imprégnée de théosophie avec Soloviev, Alexandre Blok, André Biely, Constantin Balmont et dont Ivanov est le théoricien incontesté. Mais c'est peut-être en Grèce, sous l'influence tardive de Moréas et de Vielé-Griffin, que ce retour aux sources a trouvé le terrain le plus favorable, comme en témoignent au théâtre le Mouvement delphique inspiré des mystères antiques ou, sur le plan doctrinal, un Sikelianos imprégné des idées d'Édouard Schuré ou encore un Palamas qui s'inspire directement de l'ouvrage de Charles Morice, la Littérature de tout à l'heure.

*
* *

En fin de compte on pourrait dire que le Symbolisme présente un double visage, d'où le malentendu qui se prolonge encore aujourd'hui. D'un côté, celui d'une révolution de l'art et de la poésie, à laquelle Mallarmé en particulier a voulu rendre tous ses pouvoirs en l'opposant radicalement au langage dénotatif d'« universel reportage » et en en faisant l'objet d'une véritable religion fondée sur des bases qu'il pensait scientifiques. A cet égard l'intérêt qu'il porte à la linguistique et sa méditation sur le Livre font de lui le remarquable précurseur d'une modernité qui, au cours du XXe siècle, prendra des formes aussi diverses que la sémiotique, les recherches sur la poétique, voire l'« œuvre ouverte » selon Umberto Eco qui favorise entre celle-ci et son lecteur une manière d'inter-activité à laquelle il rêvait sans doute[1] en composant le Coup de Dés, *ce fragment issu comme un météore du Livre conçu et médité durant trente ans et qui restera comme une tentative unique dans toutes les littératures : un texte où la puissance du symbole fait écla-*

---

1 Comme en témoignent les nombreuses notes où il s'imagine lisant, devant un public restreint et calculé, le Livre dont il a distribué auparavant les feuillets, chacun pouvant en varier l'ordre à volonté, créant ainsi, dit-il, « une nouvelle façon de lire simultanée » qui permet des interprétations multiples (cf. J. Scherer, Le « Livre » de Mallarmé).

ter le mot, la phrase et la page elle-même dans un espace tridimensionnel, et où, par le jeu du noir et du blanc, de la typographie et des silences, le hasard est finalement vaincu mot par mot, symbolisant le voyage de l'homme aux prises avec l'ordre mystérieux du cosmos.

L'autre visage, indissociable du premier et qui en est le prolongement et comme le double occulte, c'est celui d'un Symbolisme pour lequel la poésie n'est plus seulement une fin en soi ou un moyen de connaissance d'une réalité supérieure, mais une « magie » seule capable, ainsi que l'affirmait Saint-Pol Roux, de retrouver le sens de la création. Dans cette perspective, c'est sans doute la doctrine qu'Édouard Schuré, Charles Morice et d'autres ont élaborée en France à la fin du siècle dernier qui donne au mouvement symboliste tel qu'il s'est propagé depuis lors en Europe et en Amérique — et dont, avec André Breton, les Surréalistes seront pour une part les héritiers — sinon son unité, du moins sa véritable signification.

*
* *

Même si le public en général ne lit plus guère aujourd'hui, du moins en France, la plupart des poètes qui s'intitulèrent symbolistes, les plus grands de leurs aînés ou de leurs héritiers, de Baudelaire à Claudel, n'ont cessé de fasciner. Grâce à l'abondante littérature critique dont ils ont été l'objet s'est maintenue à travers le monde la présence d'un mouvement dont l'influence directe ou indirecte sur l'art et la poésie se fait encore sentir. On peut cependant penser qu'un certain nombre de circonstances donnent aujourd'hui au Symbolisme, cent ans après un triomphe relativement éphémère, un regain d'actualité.

Sur le plan du langage d'abord. Le développement de la linguistique et de la sémiotique sont venus apporter une confirmation et une caution scientifique aux intuitions de Mallarmé et des Symbolistes sur le double aspect du langage, dénotatif et connotatif, et sur une « langue plurielle » porteuse de suggestion, tandis que la complémentarité entre l'axe paradigmatique et l'axe syntagmatique éclaire la pluridimensionnalité du symbole et du mythe. Plus largement, la confrontation des systèmes de signes à l'œuvre dans les différents arts pourrait justifier a posteriori bien des déclarations des Symbolistes sur la correspondance des arts et montrer que la méditation mallarméenne sur les rapports entre la poésie, la danse, le mime et la musique était l'ébauche, près d'un demi-siècle à l'avance, d'une théorie générale des signes.

Or l'émergence de la sémiotique et sa promotion au premier rang des sciences humaines n'est qu'un aspect d'un phénomène plus général qui s'est produit au cours du XXe siècle : la révolution de l'esprit scientifique. Dès

1979, Ilya Prigogine et Isabelle Stengers ont montré dans La nouvelle alliance : Métamorphose de la science *qu'à l'ancien credo lié à l'idéologie positiviste et scientiste et fondé sur les concepts de vérité absolue, d'objectivité, d'ordre, de déterminisme, et de spécificité des disciplines est en passe de se substituer un nouveau paradigme associant des concepts qui leur sont opposés tels que le relativisme, le désordre et l'aléatoire, la complexification, la transdisciplinarité et le caractère problématique et provisoire de toute vérité. La science nouvelle rompt ainsi avec la raison raisonnante, elle s'ouvre, comme l'a souligné Edgar Morin, non seulement à l'irrationnel, mais à l'a-rationnel, voire au sur-rationnel :* « Homo n'est pas seulement sapiens, mais sapiens/demens. » *Belle revanche pour les Symbolistes, aux yeux desquels la poésie est, comme la science, mais par la voie de l'intuition, un moyen de connaissance, et singulièrement pour Mallarmé, hanté toute sa vie par le hasard et qui demandait à Valéry en lui montrant les épreuves du* Coup de Dés *:* « Ne trouvez-vous pas que c'est un acte de démence ? » Homo demens *: l'artiste ou le poète n'est pas celui qui sait, mais celui qui crée, aux confins de la raison et de la déraison, un monde où se conjuguent le déterminisme et l'aléatoire. Éloge de la folie...*

Le conflit séculaire entre la science et la poésie tend ainsi à se résoudre par leur complémentarité, comme l'affirmaient les Symbolistes. La science est aujourd'hui en quête d'une unité perdue, cette unité qui permettait aux savants de la Renaissance, tels Kepler ou Galilée, d'unir dans un même mouvement la pensée traditionnelle et l'observation des phénomènes, l'ésotérisme et l'exotérisme. Or cet ésotérisme, dont se sont nourris la plupart des Symbolistes, n'a pas cessé depuis lors de séduire des poètes et des artistes. Le fait nouveau, c'est qu'au cours de ce siècle les sciences dites occultes se sont progressivement désoccultées. Après que la psychanalyse eut redécouvert l'importance du rêve et de l'inconscient et Jung retrouvé dans l'imaginaire collectif l'écho d'un univers des archétypes, la science s'est annexé la parapsychologie tandis que se multipliaient de savantes études sur le symbole et la symbolique commune aux différentes traditions.

Le prochain siècle sera mystique, prophétisait, dit-on, André Malraux. Peut-être l'avenir lui donnera-t-il raison. Ce qui est sûr, c'est que la fin du second millénaire est marquée, comme ce fut le cas il y a une centaine d'années, par une renaissance du mysticisme. Mais ce qui n'était alors qu'une mode limitée à de petits cercles occidentaux prend aujourd'hui des dimensions spectaculaires et des formes souvent alarmantes, qu'il s'agisse de l'intégrisme religieux générateur d'intolérance et de fanatisme ou de la prolifération des sectes de toute nature animées par de prétendus « gourous » avides de pouvoir et de profit, la personnalité de chacun étant, dans un cas comme dans l'autre, systématiquement détruite. Leur succès n'en témoigne pas moins chez leurs adeptes d'un besoin généralisé de retour aux sources et de spiritualité. Devant ces excès, le véritable antidote ne peut venir aujourd'hui que de la synthèse de la tradition et du modernisme dans une « transmodernité » qui réconcilierait l'homme avec la nature et avec lui-même. N'est-ce pas ce que, pressentant l'imminence de grands bouleversements, exprimaient plus ou moins confusément bien des esprits au tournant du dernier siècle ? Les temps semblent mûrs pour une re-connaissance du Symbolisme.

G. M. Octobre 1994

INDEX DES NOMS

Les chiffres en **caractères gras** renvoient pour chaque auteur aux pages les plus importantes, ceux en *italique* à la dernière partie, « Textes et documents ».

ADAM (Paul) : 206 n., 229, **237-8**, 257, *413-4*.
ALLAIS (Alphonse) : 112,123.
AMIEL (H.F.) : 149.
ANNENSKI (Innocent) : 372.
ANNUNZIO (G. d') : 363.
APOLLINAIRE (Guillaume) : 307.
AURIER (Albert) : 252-4, *418, 421-2, 444-5*.

BAHR (Hermann) : 364, 454.
BAJU (Anatole) : 194-5, 206, 207, 208.
BALMONT (Constantin) : 370.
BANVILLE (Théodore de) : 19, 110, 116, 121, 134.
BARBEY D'AUREVILLY : 119, 135, 144.
BARRÈS (Maurice) : 151, 153, 176, 179, 207, 254.
BAUDELAIRE (Charles) : 19, 21, **29-43**, 52, 59, 74, 75, 76, 109, 114, 116, 118, 119, 130, 137, 139, 144, 187-8, 315, 350, 355, 360, *399, 400*.
BERGSON (Henri) : 176, 305-6, 319, *453-4*.
BERLIOZ (Hector) : 113.
BERNARD (Émile) : 253.
BERNHARDT (Sarah) : 118, 121, 135.
BERTRAND (Aloysius) : 19.
BIELY (André) : 366, 371.
BLAVATSKY (H.) : 233.
BLOK (Alexandre) : 362, 369, 371.
BLOY (Léon) : 113, 151.
BOIS (Jules) : 258, 264, 268.
BONNARD (Pierre) : 253.

BOURGES (Elémir) : 148, 283.
BOURGET (Paul) : 121-2, 149-152, 206-8.
BRANDES (Georg) : 369.
BRETON (André) : 7.
BRIOUSSOV (Valeri) : 370.
BRUNETIÈRE (Ferdinand) : 137 n., 227-8, 259-260, 289, *416*.

CARLYLE (Thomas) : 102, 103, 114.
CÉZANNE (Paul) : 116.
CHABRIER (Emmanuel) : 111, 117.
CHANTAVOINE (Henri) : 225.
CHARBONNEL (Victor) : 280.
CHAUSSON (Ernest) : 117, 252.
CLADEL (Judith) : 269.
CLAUDEL (Paul) : 51, 71, 79 n., 84, 263, 265, **329-354**, *396, 415, 419-420, 436, 441, 450-1*.
COLERIDGE (S.T.) : 14, 22, 38.
CORBIÈRE (Tristan) : 137, 140.
COUSIN (Victor) : 17-18.
CRANE (Hart) : 382.
CROS (Charles) : 97, **110-116**.
CROWLEY (Aleister) : 368, 377.

DANTE : 13 n.
DARÍO (Rubén) : 359, 369, 383.
DAÜBLER (Theodor) : 375.
DEBUSSY (Claude) : 252, 264, 360.
DELACROIX (Eugène) : 34, 40.
DENIS (Maurice) : 253.
DUJARDIN (Édouard) : 147, 148, 153, 184-5, 215, 217, 267, *471*.

ECKHOUD (Georges) : 132-3.
EICHENDORFF (Joseph von) : 15.
ELIOT (T.S.) : 368, 382.
EMERSON (R.W.) : 381.

FANTIN-LATOUR (Henri) : 116.
FAURÉ (Gabriel) : 117, 322.
FICHTE (J.G.) : 16.
FLAUBERT (Gustave) : 143.
FLETCHER J.G.) : 382.
FONTAINAS (André) : 248, 264 n.
FORT (Paul) : 264, **291-2,** 307.
FOUILLÉE (Alfred) : 118.
FOURIER (Charles) : 32-33.
FRANCE (Anatole) : 201, 226, 234 n., 255.
FRANCK (César) : 117.

GAUGUIN (Paul) : 252-3.
GAUTIER (Théophile) : 98, 132, 139.
GEORGE (Stefan) : 361, 369, 373-4.
GHIL (René) : 71, 153-4, 183, **187-190,** 199, 204-6, 209, **210-11,** 214-5, 247, 259, 369, 373, *406, 452, 461-2, 471.*
GIDE (André) : 250, 251, 302, *406-9.*
GILKIN (Iwan) : 133.
GIRAUD (Albert) : 132.
GONCOURT (J. et E. de) : 46.
GOUDEAU (Émile) : 121-2.
GOURMONT (Rémy de) : 207, 269, 369, *401.*
GUAÏTA (Stanislas de) : 234.
GUIRAUD (E.) : 17.

HARTMANN (Nicolai) : 110.
HAUPTMANN (Gerhardt) : 364.
HEGEL (Friedrich) : 87.
HELLO (Ernest) : 119-120, 144, 242 n.
HOFFMANN (E.T.A.) : 32.
HOFMANNSTHAL (Hugo von) : 365-6, 376.
HOVEY (Richard) : 381.
HUGO (Victor) : 116, 134.
HURD : 14 n.
HURET (Jules) 255-259.
HUYSMANS (J.K.) : 117, **141-146.**

IBSEN (Henrik) : 364, 365.

INDY (Vincent d') : 117.
IVANOV (V.) : 371-2.

JACOB (Max) : 19.
JACOBSEN (Jans Peter) : 366.
JALOUX (Edmond) : 307.
JAMES (Henry) : 381.
JAMMES (Francis) : 286-8.
JARRY (Alfred) : 272-3, 307, 365.

KAHN (Gustave) : 178, 195, 206, **219-220,** 247, *437, 472, 473.*
KANT (Emmanuel) : 15.
KEATS (John) : 104, 213.
KIERKEGAARD (Søren) : 28.
KRYSINSKA (Marie) : 221.

LAFORGUE (Jules) : 110, 132, 150, 153, 154, **170-174,** 175, 195, 203, 352, 369, 373, 383.
LANGE (Antoni) : 210.
LAUTRÉAMONT (Isidore Ducasse, comte de) : 383.
LAVATER (J.K.) : 32-33.
LECONTE DE LISLE (C.M.) : 110.
LEMAÎTRE (Jules) : 226.
LEMONNIER (Camille) : 130-133.
LE ROY (Grégoire) : 131, 133, 153, 163, 194.
LÉVI (Eliphas) : 24, 119.
LOUŸS (Pierre) : 250.
LOWELL (Amy) : 382.
LUGNÉ-POE (A.M.) : 265, 273.

MAETERLINCK (Maurice) : 131, 133, 153, **163-165,** 250, 263, 265, 266, **269-272,** 362, 381, **428-430.**
MALLARMÉ (Stéphane) : 7, 43, 51, **73-100,** 110, 111, 113, 116, 121, 130, 139, 11-2, 144, **177-186,** 188, 190, 192-3, 195, 197-9, 203-5, 210, 212, **216-218,** 220, 250, 252, 255, 258, **273-9,** 308-310, 315, 317, 318, 326, 332, 334, 351, 355, 369, 370, 373, 380-2, *393, 395, 404, 405, 406, 410, 434, 441, 445, 448-9, 452, 457-8, 464, 467, 476,* 481-483.

MAUCLAIR (Camille) : 264-7, 274, 282.
MAUPASSANT (Guy de) : 143.
MENDÈS (Catulle) : 111, 112, 148.
MEREJKOVSKI (D.) : 372.
MERRILL (Stuart) : 153, 210, 212-214, 288-9, 381, *409, 452.*
MICHELET (Victor-Émile) : 282, *394.*
MIKHAËL (Ephraïm) : 153, 157-8.
MIRBEAU (Octave) : 263.
MOCKEL (Albert) : 133, 153, *430-1, 453, 463, 466, 469.*
MOMBERT (Alfred) : 375.
MONET (Claude) 116.
MONTÉGUT (E.) : 102.
MONTESQUIOU (Robert de) : 139, 142.
MOORE (George) : 367, 369.
MORÉAS (Jean) : 121, 138, **153-155,** 191-2, 200-206, 221, 232, 254-7, *401-404, 475.*
MOREAU (Gustave) : 117, 145, 360.
MORGENSTERN (Ch.) : 374-5.
MORICE (Charles) : 122, 137, 151, **239-246,** 259, 264, 269, 369, 378, *398, 417-8, 440, 443, 446-7, 452, 454, 477-9.*

NELLIGAN (Émile) : 383.
NERVAL (Gérard de) : 19.
NIETZSCHE (Friedrich) : 17, 301-2.
NOVALIS (Friedrich) : 14, 15, 16, 38, 106.

ORFER (Leo d') : 200.

PALAMAS (Costis) : 378, 484.
PAPUS (Dr Encausse, dit) : 234, 258.
PATER (Walter) : 367.
PAULKHAN (François) : 279-280.
PÉGUY (Charles) : 319.
PÉLADAN (Joséphin, dit Le Sâr) : 267-8, **281-2,** 293 n., 369.
PESSOA (Fernando) : 380.
PICARD (Edmond) : 130-1.
PISSARRO (Camille) : 116.
POE (Edgar) : **21-23,** 32, 38, 74, 77-8, 98, 100, 135, 144, 161, 381, 391.
POUND (Ezra) : 368, 382.
PROUST (Marcel) : **319-327.**

PRZYBYSZEWSKI : 377.
PUVIS DE CHAVANNES (Pierre) : 117.

QUILLARD (Pierre) : 180, 194, 252, 264.

RACHILDE : 268, 272-3.
RAYNAUD (Ernest) : 110-113, 207, 209, 214.
REDON (Odilon) : 145, 360.
RÉGNIER (Henri de) : 153, **155-157,** 203, 210, 214, 243, 258, *425-6, 432-3.*
RETTÉ (Aldolphe) : 247-8, 387, *470.*
RICHEPIN (Jean) : 175 n.
RILKE (R.M.) : 368, 376.
RIMBAUD (Arthur) : 7, 12, 23, 42, 47, 48, 51, **55-72,** 140, 11, 195, 221, 294, 304, 329, 331, 332, 341, 351, 369, 382.
RODENBACH (Georges) : 131, 134, 153.
RODO (E.) : 383.
ROINARD (P.N.) : 264-5, 268.
ROLLINAT (Maurice) : 112, 118, 121-3, **134-137.**
ROPS (Félicien) : 117.
ROSSETTI (DANTE G.) : 104.
ROYÈRE (Jean) : 7, 73-4, **307-310,** *465-6.*
RUSKIN (John) : 105, 320 n.
RYNER (Han) : 307.

SAINT-ANTOINE : *426.*
SAINTE-BEUVE (Ch. A.) : 18, 19, 20, 116.
SAINT-POL-ROUX : 71, 153, 194, 258, 266, 292, *395, 439.*
SAINT-SAËNS (Camille) : 117.
SALIS (Rodolphe) : 122.
SAMAIN (Albert) : 153, **158-163**.
SARRAZIN (Gabriel) : 177.
SCHELLING (F.W.J. von) : 15, 119.
SCHMITZ (Oskar) : 374.
SCHOPENHAUER (Arthur) : 110, 119.
SCHUBERT (G.H.) : 15.
SCHURÉ (Edouard) : 106, 109, 119, 147, 231, **234-237,** 266, 363, 366, 372, *397, 410-413.*
SCRIABINE (Alexandre) : 360.
SÉRUSIER (Paul) : 252-3.

SEVERIANINE (Igor) : 372.
SIKELIANOS (Angelos) : 363,364, 378.
SOFFICI (A.) : 380.
SOLOVIEV (Vladimir) : 371.
SOUZA (Robert de) : 307.
STADLER (Ernst) : 375.
STEINER (Rudolf) : 365, 366, 371, 375, 484.
STEVENS (Wallace) : 382.
STRINDBERG (August) : 364, 365.
SULLY PRUDHOMME : 182.
SWEDENBORG : 20, 32, 33, 35, 119.
SWINBURNE (A. Ch.) : 213, 379.
SYMONS (Arthur) : 369, 379.

TAILHADE (Laurent) : 122, 134.
TAINE (Hippolyte) : 102, 103.
TANCRÈDE DE VISAN : 305, 306, 308.
THOREL (Jean) : *438-9, 466, 476*.
TIECK (Ludwig) : 14, 16.
TRAKL (Georg) : 376.
TURNER (William) : 104, 116.

UNGARETTI (G.) : 380.

VALÉRY (Paul) : 7, 85, 87 n., 250, **305-310**, 353, 376, 380, 382, *392, 445, 446-7, 449-450*.
VALLE-INCLAN (R. de) : 362, 380.
VALLETTE (Alfred) : 205, 248.
VAN LERBERGHE (Charles) : 131, 132 n., 133, 153, 163.
VANOR (Georges) : 237-239, *414, 422-425*.
VERHAEREN (Émile) : 7, 131-3, 153, **165-169**, 223-4, 294-301, *431-2, 464*.

VERLAINE (Paul) : 42, **45-53**, 61, 76, 77, 100, 110, 111, 113, 116, 121, 122, 137-141, 144, 150, 151, 160, 178, 188, 255, 351, 355, 373, 394, *455*.
VIELÉ-GRIFFIN (Francis) : 153, 210, 214, **221-223**, 248-9, **288-191**, 308, 378, *437-8, 461-2, 467, 469, 474, 479*.
VIGNY (Alfred de) : 17, 18.
VILLARD (Nina de) : 45, 111, 114, 134.
VILLIERS DE L'ISLE-ADAM (Auguste, comte de) : 80, 87 n., 91 n., 97, 109, 111, 113, 114, 118, 119.
VOGÜE (Eugène-Melchior, vicomte de) : 177.
VROUBEL (Michel) : 373.

WACKENRODER (W.H.) : 14.
WAGNER (Richard) : 21, 34, 39, **105-110**, 113, 119, 147-9, 184-7, 192, 198, 218, 224-5, 266-7.
WALLER (Max) : 131, 132.
WATTEAU (Antoine) : 46, 160.
WHISTLER (J.A. McNeill) : 117, 360.
WHITMAN (Walt) : 285, 288, 382.
WILDE (Oscar) : 363, 366, 369.
WORDSWORHT (William) : 18.
WYSPIANSKI (Stanislav) : 362.
WYZEWA (Teodor de) : 148-150, 184, 196-8, 204, **215-217**, *441, 44, 451, 456-7*.

YEATS (W.B.) : 359, 362, 379.

ZOLA (Émile) : 143.

BIBLIOGRAPHIE
(ouvrages essentiels sur le Symbolisme)

Études et bibliographies

ABASTADO C., *Mythes et rituels de l'écriture,* Bruxelles, Éd. Complexe, 1979.

ANDERSON D.L. ed. *Symbolism. A bibliography of Symbolism as an International and Multi-Disciplinary Movement.* New York University Press, 1975.

Arthur Rimbaud, Cahier de l'Herne dirigé par A. Guyaux, 1993.

AUSTIN L. J., *Poetic Principles and Practice, Occasional Papers on Baudelaire, Mallarmé & Valéry,* Cambridge Univ. Press, 1987.

BALAKIAN A. éd., *The Symbolist movement in the literature of european languages,* Budapest, 1982.

BARRE A., *Le Symbolisme,* Jouve, 1912, 2 vol. (le 2e vol. constitue une importante *bibliographie* sur le mouvement symboliste).

BERNARD S., *Le Poème en prose de Baudelaire jusqu'à nos jours,* Nizet, 1959.

BLIN G., *Baudelaire,* Gallimard, 1939.

BLOCK H. M., *Mallarmé and the Symbolist Drama,* Detroit, Wayne State Univ. Press, 1963.

CASSOU J. et *al., Encyclopédie du Symbolisme,* Somogy, 1972.

CHADWICK Ch., *Symbolisme,* Londres, Methuen & Co ltd, 1971.

CHARBONNEL V., *Les mystiques dans la littérature présente,* Mercure de France, 1897.

CITTI P., *Contre la Décadence, Histoire de l'imagination française dans le roman, 1890-1914,* P.U.F., 1987.

CŒUROY A., *Wagner et l'esprit romantique,* Gallimard, coll. Idées, n° 86.

CORNELL K., *The Symbolist Movement,* New Haven, Yale Univ. Press, 1951.

DÉCAUDIN M., *La Crise des valeurs symbolistes, vingf ans de poésie française 1895-1914,* Prévot, 1960, rééd. Slatkine, 1981.

DÉCAUDIN M. et LEUWERS D., *Littérature française 8 , de Zola à Apollinaire,* Arthaud, 1986.

DELEVOY R.L., *Journal du Symbolisme,* Skira, 1977, rééd. sous le titre *Le Symbolisme,* Skira, 1982.

ETIEMBLE P., *Le Mythe de Rimbaud,* Gallimard, 1952-1961 (3 vol.).

FISER E., *Le symbole littéraire chez Wagner, Baudelaire, Mallarmé, Bergson et Proust,* Corti, 1942.

GRAUBY F., *La Création mythique à l'époque du Symbolisme,* Nizet, 1994.

GUICHARD L., *La Musique et les Lettres en France au temps du wagnérisme,* P.U.F., 1963.

GUIRAUD P., *Index du vocabulaire des symbolistes,* Klincksieck, 7 fasc., 1954-1962

KNOWLES D., *La réaction idéaliste au théâtre depuis 1890,* Droz, 1934.

KRISTEVA J., *La Révolution du langage poétique,* Le Seuil, 1974.

LAWLER J. R., *The Language of French Symbolism,* Princeton Univ. Press, 1969.

LEBOIS A., *Les Tendances du Symbolisme à travers l'œuvre d'Elémir Bourges,* L'Amitié par le Livre et le Cercle du Livre, 1952.

LEHMANN A. G., *The Symbolist aesthetics in France,* Oxford, Blackwell, 1950.

LEMAIRE M., *Le Dandysme de Baudelaire à Mallarmé,* Presses de l'Univ. de Montréal, 1978.

LEMAITRE H., *La Poésie depuis Baudelaire,* Armand Colin, 1970.

LETHÈVE J., *Impressionnistes et Symbolistes devant la presse,* Armand Colin, 1959.

MARCHAL B., *La Religion de Mallarmé,* Corti, 1988.

— *Lire le Symbolisme,* Dunod, 1993.

MARIE A., *La Forêt symboliste,* Didot, 1936.

MARIE G., *Le théâtre symboliste,* Nizet, 1973.

MARTINO P., *Parnasse et Symbolisme,* Armand Colin, 1965.

MAURON C., *Mallarmé l'obscur,* Denoël, 1941.

MERCIER A., *Les Sources ésotériques et occultes de la Poésie symboliste (1870-1914),* Nizet, 1969 (2 vol.).

MICHAUD G., *Message poétique du Symbolisme,* Nizet, 1947, rééd. en un vol. 1978.

— *Mallarmé, l'homme et l'œuvre,* Hatier-Boivin, 1960.

MONDOR H., *Vie de Mallarmé,* Gallimard, 1941.

PAQUE J., *Le Symbolisme belge,* Bruxelles, Ed. Zabor, 1989.

PEYRE H., *Qu'est-ce que le Symbolisme ?* P.U.F., 1974.

PIERROT J., *L'Imaginaire décadent, 1880-1900,* P.U.F., 1977.

POMMIER J., *La mystique de Baudelaire,* Belles-Lettres, 1932.

POSTIC M., *Maeterlinck et le Symbolisme,* Nizet, 1978.

POUILLIART R., *Le Romantisme III, 1869-1896,* Coll. Littérature française, Arthaud, 1968.

PRAZ M., *La Chair , la mort et le diable dans la littérature du 19e siècle,* trad. C. Thompson Pasquali, Denoël, 1977.

RAIMOND M., *La Crise du roman, des lendemains du naturalisme aux années vingt,* Corti, 1966.

RAITT A. W., *Villiers de l'Isle-Adam et le mouvement symboliste,* Corti, 1965.
RAYMOND M., *De Baudelaire au Surréalisme,* Corti, 1933.
RICHARD N., *A l'aube du symbolisme,* Nizet, 1961.
— *Le Mouvement décadent,* Nizet, 1968.
— *Profils symbolistes,* Nizet, 1978.
ROBICHEZ J., *Le Symbolisme au théâtre,* L'Arche, 1957.
SCHMIDT A.-M., *La Littérature symboliste,* Coll. « Que sais-je ? », P.U.F., 1948.
VAN BEVER A. et LÉAUTAUD P., *Poètes d'aujourd'hui,* Mercure, 3 vol., 1930.

Anthologies

DELVAILLE B., *La Poésie symboliste,* Seghers, 1971.
DÉCAUDIN M., *Anthologie de la poésie française du XIXe siècle,* vol. II, de Baudelaire à Saint-Pol-Roux, Coll. « Poésie », Gallimard, 1992.

Textes théoriques, enquêtes et souvenirs

CLAUDEL P., *Positions et propositions sur le vers français,* 1928-1934, Gallimard.
DUJARDIN E., *Les premiers poètes du vers libre,* Mercure de France, 1922.
— *Mallarmé par un des siens,* Messein, 1936.
FONTAINAS A., *Mes souvenirs du Symbolisme,* N.R.C, 1928.
GHIL R., *Les Dates et les œuvres,* Crès, 1923.
— *Traité du Verbe,* rééd. Tiziana Gowppi, Nizet, 1978.
GOURMONT R. de, *Le Livre des masques,* Mercure de France, 1963 (rééd.).
HURET J., *Enquête sur l'évolution littéraire,* Charpentier, 1891, rééd. Thot, 1982.
KAHN G., *Symbolistes et décadents,* Messein, 1902.
MALLARMÉ S., *Divagations,* 1897 ; *La Musique et les Lettres,* 1894.
MAUCLAIR C., *Servitude et grandeur littéraires,* Ollendorf, 1922.
— *Mallarmé chez lui,* Grasset, 1935.
MAZEL H., *Aux beaux temps du Symbolisme,* Mercure de France, 1943.
MENDÈS C., *Le Mouvement poétique jusqu'en 1900,* Fasquelle, 1903.
MICHELET V. E., *De l'ésotérisme dans l'art,* 1891.
MOCKEL A., *Esthétique du Symbolisme,* Bruxelles, Palais des Académies, 1962.
MORÉAS J., *Les Premières armes du Symbolisme,* Vanier, 1889, rééd. University of Exeter, 1972.
MORICE Ch., *La Littérature de tout à l'heure,* Perrin, 1889.
RAYNAUD E., *La Mêlée symboliste,* rééd. Nizet, 1971.
RÉGNIER H. de, *Figures et caractères,* Mercure de France, 1911.

Retté A., *Le Symbolisme, anecdotes et souvenirs,* Messein 1903.
Schuré E., *Le Drame musical,* Sandoz et Fisehbacher, 1875 (2 vol.).
— *Les Grands Initiés,* Perrin, 1883.
Valéry P., *Variété,* Gallimard, 1924-1945.
Vanor G., *L'Art symboliste,* Vanier, 1889.
Verlaine P., *Les Poètes maudits,* rééd. Slatkine, 1979.
Wyzewa T. de, *Nos maîtres,* Perrin, 1895.

TABLE DES MATIÈRES

AVERTISSEMENT 7
PROLOGUE 11

PREMIÈRE PARTIE : L'AVENTURE POÉTIQUE

I. BAUDELAIRE L'INITIATEUR 29
Une mystique poétique : 30. — « Sorcellerie évocatrice » : 34. — Surnaturalisme et ironie : 39.

II. VERLAINE OU LA MUSIQUE PURE 45
Un art poétique : 45. — De la musique avant toute chose : 49.

III. RIMBAUD OU L'IMAGE PURE 55
Rimbaud le voyant : 55. — Le voleur de feu : 60. — Illuminations : 63. — Rimbaud le maudit : 67.

IV. MALLARMÉ OU L'IDÉE PURE 73
Le refus du lyrisme : 74. — La conquête de l'Absolu : 79. — Découverte de la Beauté : 86. — L'Œuvre : 91.

V. CONVERGENCES 101
Carlyle et l'idéalisme : 102. — Wagner et le mysticisme : 105. — La mode de la bohème : 110. — Le refus d'une société : 112. — Du mystère au mysticisme : 118. — Cafés et cabarets : 120.

DEUXIÈME PARTIE : LA RÉVOLUTION POÉTIQUE

VI. DE LA DÉCADENCE AU SYMBOLISME 129
La jeune Belgique : 129. — Névrosés et décadents : 134. — La révélation des « Poètes maudits » : 139. — Le pessimisme à la mode : 146. — Décadents et déliquescents 150. — Le mal de fin de siècle : 154. — Du mystère à la parodie de l'angoisse : 163.

VII. DÉCOUVERTE DU SYMBOLISME 175
Le tournant de 1885-1886 : 176. — De la rive gauche à la rive droite : 178. — Découverte de la musique : 182. — Découverte du symbole : 186. — Découverte du Symbolisme : 192.

VIII. LA BATAILLE 203
Agitations de poètes : 204. — L'École décadente : 207. — Querelles intérieures : 209. — Mallarmé chef d'école : 215. — Les champions du vers libre : 219. — Conquête d'un public : 224.

IX. L'HEURE DE LA SYNTHÈSE 231

A la recherche de l'unité : 233. — La littérature de tout à l'heure : 239. — Le mouvement s'élargit : 247. — La consécration : 254.

TROISIÈME PARTIE : L'UNIVERS POÉTIQUE

X. L'ÂGE SYMBOLISTE 263

Le Symbolisme au théâtre : 236. — « Toute pensée émet un coup de dés » : 273. — La vague mystique : 279.

XI. L'APPEL DE LA VIE 285

Un hymne à la joie : 286. — Les forces tumultueuses : 294. — De Zarathoustra aux *Nourritures terrestres* : 301.

XII. PAUL VALÉRY OU LA POÉSIE PURE 305

Le néo-Symbolisme : 305. — *Charmes* : 310. — Le champion de la poésie pure : 315.

XIII. MARCEL PROUST OU LE TEMPS RETROUVÉ 319

La « recherche » de Proust : 320. — Le Temps retrouvé : 324.

XIV. PAUL CLAUDEL POÈTE COSMIQUE 329

L'Art poétique de l'Univers : 330. — Le symbolisme claudélien : 337. — L'univers symbolique de Paul Claudel : 342.

ÉPILOGUE 349

PERSPECTIVES : RAYONNEMENT DU SYMBOLISME, par Alain Mercier 359

TEXTES ET DOCUMENTS

DÉFENSE ET ILLUSTRATION DE LA DOCTRINE SYMBOLISTE 385

I. L'AMBITION DU SYMBOLISME 391
II. LES FONDEMENTS : l'Évangile des correspondances 397
III. LE SYMBOLE : nature et définitions 421
IV. LE POÈTE SYMBOLISTE : la méthode 443
V. LA POÉSIE SYMBOLISTE : l'expression 461

POST-SCRIPTUM 481

INDEX DES NOMS 489

BIBLIOGRAPHIE (Ouvrages essentiels sur le Symbolisme 493

Photocomposé en Times et achevé d'imprimer en Janvier 1995
par l'Imprimerie de la Manutention à Mayenne
N° 6-95